中华传世藏书

【图文珍藏版】

二十四史

精 华

二十四史

[西汉]司马迁 等·原著

姜涛·主编

线装书局

二十四史

二十四史

后汉书

导　读

　　《后汉书》是一部由我国南朝刘宋时期的历史学家范晔编撰的记载东汉历史的纪传体史书。与《史记》《汉书》《三国志》合称"前四史"。全书一百二十卷，包括本纪十卷，列传八十卷，志三十卷，如果包括子卷，全书一百三十卷，主要记载了东汉光武帝刘秀到献帝刘协近两百年的历史。纪、传的作者是南朝刘宋的范晔，志的作者是晋司马彪。

　　《汉书》是一个皇帝一篇本纪。东汉一代，殇、冲、质三帝在位时间短促，事迹不多，《后汉书》从实际出发，把他们附在其他帝纪后面。本纪的最后一篇是《皇后纪》，相当于《汉书》的《外戚传》。汉高祖死后，吕后曾专权多年，所以司马迁和班固把吕后列入本纪，范晔则不加区别地把皇后全部写进本纪，实际上反映了作者对君权的尊崇。

　　《后汉书》记人叙事喜欢以类相从，不论年代的先后。《论衡》的作者王充是东汉初期人，《潜夫论》的作者王符和《昌言》的作者仲长统是东汉末年人，因为他们都擅长著述，淡于功名利禄，所以三人同传。张纯和郑康成也不同时，因为都以经学见长，所以合为一传。

　　在《史记》《汉书》已有的类传之外，《后汉书》新创了《党锢传》《宦者传》《文苑传》《独行传》《方术传》《逸民传》等，把同类的人物纳入一编。东汉时，宦官和外戚是统治阶级内部两个不同的政治集团，它们更迭执政，鱼肉人民。特别是桓帝(147~167年在位)、灵帝(168~189年在位)两朝，宦官把持朝政，劳动人民的灾难日益深重。当时地主阶级出身的知识分子反对宦官势力，崇尚名节，互相标榜，结党诽议朝政，遭到宦官的迫害和禁锢。这场斗争，是当时政治斗争的一个重要侧面。《党锢传》《宦者传》反映了这一社会内容。《文苑传》与《儒林传》不同，前者重在辞章，后者以经学儒术为主。《独行传》是那些所谓"特立卓行"获得声誉的人物专传。《方术传》主要记载阴阳占卜的人物，名医郭玉、华佗也见于这篇传。《逸民传》主要记述地主阶级中那些自命清高、隐居不仕的知识分子。

　　《后汉书》的《列女传》特别值得注意。范晔认为史书不为妇女立传是不对的，他选择"才行"优秀的各种类型妇女写了传记，在纪传体史书中，继《东观汉记》之后为妇女立传。人们熟知的蔡文姬就收在《列女传》。

　　《后汉书》的《舆服志》《百官志》是前史所没有的。《舆服志》记载反映封建等级制度的车服沿革和式样，《百官志》记述东汉分官设职的情况。志中不立《食货志》，漏载一代经济制度，显然是一大缺点。后来《晋书·食货志》追述了前代经济状况，才弥补了这一不足。

　　志的作者司马彪著有《续汉书》八十三卷，梁刘昭给《后汉书》作注，把《续汉书》的志抽出来，加以注释，补入《后汉书》。但在宋代以前，两书仍各自单行。宋真宗乾兴元年(1022年)，孙奭把两书合并刻印，才形成了今天我们看到的《后汉书》。唐高宗的儿子李贤等人的《后汉书》注出现后，刘昭注不再被人们看重。今本《后汉书》，纪、传是李贤注，志是刘昭注。

汉光武帝纪

【题解】

刘秀（前6~57），字文叔，南阳蔡阳（今湖北枣阳西南）人。西汉皇族。东汉王朝的奠基者。公元25~57年在位，谥号光武，庙号世祖。王莽末年，爆发农民大起义，他和哥哥刘縯乘机在南阳起兵，加入绿林军，在昆阳大捷中发挥过重要作用。王莽失败后，他经略河北，开始脱离更始帝刘玄而自立，先后镇压了铜马、赤眉等多股起义军，也陆续平灭了王郎、刘永、隗嚣、公孙述等许多割据者，统一了全国。在位期间，他一方面多次发布释放奴婢的命令，减轻赋税徭役，废止地方兵役制，精简官员，裁并郡县，兴修水利，发展生产，以缓和社会矛盾；一方面又辞退功臣而任用文官，加强尚书的权力，削弱三公的权限，限制外戚的干政，以强化中央集权的政治体制，使新兴的东汉政权得稳定而迅速地发展起来，史称"光武中兴"。然而他是靠豪族的支持才夺取天下的，在豪族的压力下，不得不中止度田令的推行，只能行"柔道"，以缓和统治集团内部的矛盾，在一定的程度上抵消了他加强皇权的努力。由于他的登基与先前"刘秀当为天子"的谶语相符，所以笃信图谶，也加重了儒学神学化的倾向，助长迷信思想的泛滥。

【原文】

世祖光武皇帝讳秀，字文叔，南阳蔡阳人，高祖九世之孙也，出自景帝生长沙定王发。发生春陵节侯买，买生郁林太守外，外生钜鹿都尉回，回生南顿令钦，钦生光武。光武年九岁而孤，养于叔父良。身长七尺三寸，美须眉，大口，隆准，日角。性勤于稼穑，而兄伯升好侠养士，常非笑光武事田业，比之高祖兄仲。王莽天凤中，乃之长安，受《尚书》，略通大义。

莽末，天下连岁灾蝗，寇盗起。地皇三年，南阳荒饥，诸家宾客多为小盗，光武避吏新野，因卖谷于宛。宛人李通等以图谶说光武云："刘氏复起，李氏为辅。"光武初不敢当，然独念兄伯升素结轻客，必举大事，且王莽败亡已兆，天下方乱，遂与定谋，於是乃市兵弩。十月，与李通从弟轶等起于宛，时年二十八。

十一月，有星孛于张。光武遂将宾客还春陵。时伯升已会众起兵。初，诸家子弟恐惧，皆亡逃自匿，曰："伯升杀我。"及见光武绛衣大冠，皆惊曰："谨厚者亦复为之"，乃稍自安。伯升于

汉武帝刘秀

是招新市、平林兵，与其帅王凤、陈牧西击长聚。光武初骑牛，杀新野尉乃得马。进屠唐

子乡，又杀湖阳尉。军中分财物不均，众恚恨，欲反攻诸刘。光武敛宗人所得物，悉以与之，众乃悦，进拔棘阳，与王莽前队大夫甄阜、属正梁丘赐战于小长安，汉军大败，还保棘阳。

更始元年，正月甲子朔，汉军复与甄阜、梁丘赐战于沘水西，大破之，斩阜、赐。伯升又破王莽纳言将军严尤、秩宗将军陈茂于淯阳，进围宛城。二月辛巳，立刘圣公为天子，以伯升为大司徒，光武为太常偏将军。三月，光武别与诸将徇昆阳、定陵、郾，皆下之。多得牛马财物，谷数十万斛，转以馈宛下。莽闻阜、赐死，汉帝立，大惧，遣大司徒王寻、大司空王邑将兵百万，其甲士四十二万人，五月到颍川，复与严尤、陈茂合。初，光武为舂陵侯家讼逋租于尤，尤见而奇之。及是时，城中出降尤者言光武不取财物，但会兵计策。尤笑曰："是美须眉者邪？何为乃如是！"

初，王莽征天下能为兵法者六十三家数百人，并以为军吏；选练武卫，招募猛士，旌旗辎重，千里不绝。时有长人巨无霸，长一丈，大十围，以为垒尉；又驱诸猛兽虎豹犀象之属，以助威武。自秦、汉出师之盛，未尝有也。光武将数千兵，徼之于阳关。诸将见寻、邑兵盛，反走，驰入昆阳，皆惶怖，忧念妻孥，欲散归诸城。光武议曰："今兵谷既少，而外寇强大，并力御之，功庶可立；如欲分散，执无俱全。且宛城未拔，不能相救，昆阳即破，一日之间，诸部亦灭矣。今不同心胆共举功名，反欲守妻子财物邪？"诸将怒曰："刘将军何敢如是！"光武笑而起。会候骑还，言大兵且至城北，军陈数百里，不见其后，诸将遽相谓曰："更请刘将军计之。"光武复为图画成败。诸将忧迫，皆曰："诺。"时城中唯有八九千人，光武乃使成国上公王凤、廷尉大将军王常留守，夜自与骠骑大将军宗佻、五威将军李轶等十三骑，出城南门，于外收兵。时莽军到城下者且十万，光武几不得出。既到郾、定陵，悉发诸营兵，而诸将贪惜财货，欲分留守之。光武曰："今若破敌，珍宝万倍，大功可成；如为所败，首领无余，何财物之有！"众乃从。

严尤说王邑曰："昆阳城小而坚，今假号者在宛，亟进大兵，彼必奔走；宛败，昆阳自服。"邑曰："吾昔以虎牙将军围翟义，坐不生得，以见责让。今将百万之众，遇城而不能下，何谓邪？"遂围之数十重，列营百数，云车十余丈，瞰临城中，旗帜蔽野，埃尘连天，钲鼓之声闻数百里。或为地道，冲棚橦城。积弩乱发，矢下如雨，城中负户而汲。王凤等乞降，不许。寻、邑自以为功在漏刻，意气甚逸。夜有流星坠营中，昼有云如坏山，当营而陨，不及地尺而散，吏士皆厌伏。

六月己卯，光武遂与营部俱进，自将步骑千余，前去大军四五里而陈。寻、邑亦遣兵数千合战。光武奔之，斩首数十级。诸部喜曰："刘将军平生见小敌怯，今见大敌勇，甚可怪也！且复居前，请助将军！"光武复进，寻、邑兵却，诸部共乘之，斩首数百千级。连胜，遂前。时伯升拔宛已三日，而光武尚未知，乃伪使持书报城中，云："宛下兵到。"而阳堕其书。寻、邑得之，不喜。诸将既经累捷，胆气益壮，无不一当百。光武乃与敢死者三千人，从城西水上冲其中坚，寻、邑阵乱，乘锐崩之，遂杀王寻。城中亦鼓噪而出，中外合执，震呼动天地，莽兵大溃，走者相腾践，奔殪百余里间。会大雷风，屋瓦皆飞，雨下如注，滍川盛溢，虎豹皆股战，士卒争赴，溺死者以万数，水为不流。王邑、严尤、陈茂轻骑乘死人度水逃去。尽获其军实辎重，车甲珍宝，不可胜算，举之连月不尽，或燔烧其余。

光武因复徇下颍阳。会伯升为更始所害，光武自父城驰诣宛谢。司徒官属迎吊光武，光武难交私语深引过而已。未尝自伐昆阳之功，又不敢为伯升服丧，饮食言笑如平常。更始以是惭，拜光武为破虏大将军，封武信侯。

九月庚戌，三辅豪桀共诛王莽，传首诣宛。更始将北都洛阳，以光武行司隶校尉，使前整修宫府。于是置僚属，作文移，从事司察，一如旧章。时三辅吏士东迎更始，见诸将过，皆冠帻，而服妇人衣，诸于绣镼，莫不笑之，或有畏而走者。及见司隶僚属，皆欢喜不自胜。老吏或垂涕曰："不图今日复见汉官威仪！"由是识者皆属心焉。

及更始至洛阳，乃遣光武以破虏将军行大司马事。十月，持节北度河，镇慰州郡。所到部县，辄见二千石、长吏、三老、官属，下至佐史，考察黜陟，如州牧行部事。辄平遣囚徒，除王莽苛政，复汉官名。吏人喜悦，争持牛酒迎劳。进至邯郸，故赵缪王子林说光武曰："赤眉今在河东，但决水灌之，百万之众可使为鱼。"光武不答，去之真定。林于是乃诈以卜者王郎为成帝子子舆，十二月，立郎为天子，都邯郸，遂遣使者降下郡国。

二年正月，光武以王郎新盛，乃北徇蓟。王郎移檄购光武十万户，而故广阳王子刘接起兵蓟中以应郎，城内扰乱，转相惊恐，言邯郸使者方到，二千石以下皆出迎。于是光武趣驾南辕，晨夜不敢入城邑，舍食道傍。至饶阳，官属皆乏食。光武乃自称邯郸使者，入传舍。传吏方进食，从者饥，争夺之。传吏疑其伪，乃椎鼓数十通，绐言邯郸将军至，官属皆失色。光武升车欲驰；既而惧不免，徐还坐，曰："请邯郸将军入。"久乃驾去。传中人遥语门者闭之。门长曰："天下讵可知，而闭长者乎？"遂得南出。晨夜兼行，蒙犯霜雪，天时寒，面皆破裂。至呼沱河，无船，适遇冰合，得过，未毕数车而陷，进至下博城西，遑惑不知所之。有白衣老父在道旁，指曰："努力！信都郡为长安守，去此八十里。"光武即驰赴之，信都太守任光开门出迎。世祖因发旁县，得四千人，先击堂阳、贳县，皆降之。王莽和成卒正邳彤亦举郡降。又昌城人刘植，宋子人耿纯，各率宗亲子弟，据其县邑，以奉光武。于是北降下曲阳，众稍合，乐附者至有数万人。复北击中山，拔卢奴。所过发奔命兵，移檄边部，共击邯郸，郡县还复响应。南击新市、真定、元氏、防子，皆下之，因入赵界。

时王郎大将李育屯柏人，汉兵不知而进，前部偏将朱浮、邓禹为育所破，亡失辎重。光武在后闻之，收浮、禹散卒，与育战于郭门，大破之，尽得其所获。育还保城，攻之不下，于是引兵拔广河，会上谷太守耿况、渔阳太守彭宠各遣其将吴汉、寇恂等将突骑来助击王郎，更始亦遣尚书仆射谢躬讨郎，光武因大飨士卒，遂东围钜鹿。王郎守将王饶坚守，月余不下。郎遣将倪宏、刘奉率数万人救钜鹿，光武逆战于南䜌，斩首数千级。四月，进围邯郸，连战破之。王月甲辰，拔其城，诛王郎。收文书，得吏人与郎交关谤毁者数千章。光武不省，会诸将军烧之，曰："令反侧子自安。"

更始遣侍御史持节立光武为萧王，悉令罢兵诣行在所。光武辞以河北未平，不就征。自是始贰于更始。

是时长安政乱，四方背叛。梁王刘永擅命睢阳，公孙述称王巴蜀，李宪自立为淮南王，秦丰自号楚黎王，张步起琅琊，董宪起东海，延岑起汉中，田戎起夷陵，并置将帅，侵略郡县。又别号诸贼铜马、大肜、高湖、重连、铁胫、大抢、尤来、上江、青犊、五校、檀乡、五幡、五楼、富平、获索等，各领部曲，众合数百万人，所在寇掠。

　　光武将击之，先遣吴汉北发十郡兵。幽州牧苗曾不从，汉遂斩曾而发其众。秋，光武击铜马于鄡，吴汉将突骑来会清阳。贼数挑战，光武坚营自守，有出卤掠者，辄击取之，绝其粮道。积月余日，贼食尽，夜遁去，追至馆陶，大破之。受降未尽，而高湖、重连从东南来，与铜马余众合，光武复与大战于蒲阳，悉破降之，封其渠帅为列侯。降者犹不自安，光武知其意，敕令各归营勒兵，乃自乘轻骑按行部陈。降者更相语曰："萧王推赤心置人腹中，安得不投死乎！"由是皆服。悉将降人分配诸将，众遂数十万，故关西号光武为"铜马帝"。赤眉别帅与大肜、青犊十余万众在射犬，光武进击，大破之，众皆散走。使吴汉、岑彭袭杀谢躬于鄴。

　　青犊、赤眉贼入函谷关，攻更始。光武乃遣邓禹率六裨将引兵而西，以乘更始、赤眉之乱。时更始使大司马朱鲔、舞阴王李轶等屯洛阳，光武亦令冯异守孟津以拒之。

　　建武元年春正月，平陵人方望立前孺子刘婴为天子，更始遣丞相李松击斩之。光武北击尤来，大抢、五幡于元氏，追至右北平，连破之。又战于顺水北，乘胜轻进，反为所败。贼追急，短兵接，光武自投高岸，遇突骑王丰，下马授光武，光武抚其肩而上，顾笑谓耿弇曰："几为虏嗤。"弇频射却贼，得免。士卒死者数千人，散兵归保范阳。军中不见光武，或云已殁，诸将不知所为。吴汉曰："卿曹努力！王兄子在南阳。何忧无主？"众恐惧，数日乃定。贼虽战胜，而素慑大威，客主不相知，夜遂引去。大军复进至安次，与战，破之，斩首三千余级。贼入渔阳，乃遣吴汉率耿弇、陈俊、马武等十二将军追战于潞东，及平谷，大破灭之。

　　朱鲔遣讨难将军苏茂功温、冯异、寇恂与战，大破之，斩英将贾强。于是诸将议上尊号。马武先进曰："天下无主。如有圣人承敝而起，虽仲尼为相，孙子为将，犹恐无能有益。反水不收，后悔无及。大王虽执谦退，奈宗庙社稷何！宜且还蓟即尊位，乃议征伐。今此谁贼而驰骛击之乎？"光武惊曰："何将军出是言？可斩也！"武曰："诸将尽然。"光武使出晓之，乃引军还至蓟。

　　夏四月，公孙述自称天子。光武从蓟还，过范阳，命收葬吏士。至中山，诸将复上奏曰："汉遭王莽，宗庙废绝，豪杰愤怒，兆人涂炭。王与伯升首举义兵，更始因其资以据帝位，而不能奉承大统，败乱纲纪、盗贼日多，群生危蹙。大王初征昆阳，王莽自溃，后拔邯郸，北州弭定；参分天下而有其二，跨州据土，带甲百万。言武力则莫之敢抗，论文德则无所与辞。臣闻帝王不可以久旷；天命不可以谦拒，惟大王以社稷为计，万姓为心。"光武又不听。行到南平棘，诸将复固请之。光武曰："寇贼未平，四面受敌，何遽欲正号位乎？诸将且出。"耿纯进曰："天下士大夫捐亲戚，弃土壤，从大王于矢石之间者，其计固望其攀龙鳞，附凤翼，以成其所志耳。今功业即定，天人亦应，而大王留时逆众，不正号位，纯恐士大夫望绝计穷，则有去归之思，无为久自苦也。大众一散，难可复合。时不可留，众不可逆。"纯言甚诚切，光武深感，曰："吾将思之。"

　　行至鄗，光武先在长安时同舍生强华自关中奉《赤伏符》，曰："刘秀发兵捕不道，四夷云集龙斗野，四七之际火为主。"群臣因复奏曰："受命之符，人应为大，万里合信，不议同情，周之白鱼，曷足比焉？今上无天子，海内淆乱，符瑞之应，昭然著闻，宜答天神，以塞群望。"光武于是命有司设坛场于鄗南千秋亭五成陌。

六月己未,即皇帝位。燔燎告天,禋于六宗,望于群神。其祝文曰:"皇天上帝,后土神祇,眷顾降命,属秀黎元,为人父母,秀不敢当。群下百辟,不谋同辞,咸曰:'王莽篡位,秀发愤兴兵,破王寻、王邑于昆阳,诛王郎、铜马于河北,平定天下,海内蒙恩。上当天地之心,下为元元所归。'谶记曰:'刘秀发兵捕不道,卯金修德为天子。'秀犹固辞,至于再,至于三。群下佥曰:'皇帝大命,不可稽留。敢不敬承。'"于是建元为建武,大赦天下,改鄗为高邑。

是月,赤眉立刘盆子为天子。

甲子,前将军邓禹击更始定国公王匡于安邑,大破之,斩其将刘均。秋七月辛未,拜前将军邓禹为大司徒。丁丑,以野王令王梁为大司空。壬午,以大将军吴汉为大司马,偏将军景丹为骠骑大将军,大将军耿弇为建威大将军,偏将军盖延为虎牙大将军,偏将军朱祐为建义大将军,中坚将军杜茂为大将军。时宗室刘茂自号"厌新将军",率众降,封为中山王。

己亥,幸怀。遣耿弇率强弩将军陈俊军五社津,备荥阳以东。使吴汉率朱祐及廷尉岑彭、执金吾贾复、扬化将军坚镡等十一将军围朱鲔于洛阳。

八月壬子,祭社稷。癸丑,祠高祖、太宗、世宗于怀宫,进幸河阳。更始廪丘王田立降。

九月,赤眉入长安,更始奔高陵。辛未,诏曰:"更始破败,弃城逃走,妻子裸袒,流冗道路。朕甚愍之。今封更始为淮阳王。吏人敢有贼害者,罪同大逆。"甲申,以前密令卓茂为太傅。辛卯,朱鲔举城降。

冬十月癸丑,车驾入洛阳,幸南宫却非殿,遂定都焉。遣岑彭击荆州群贼。

十一月甲午,幸怀。刘永自称天子。十二月丙戌,至自怀。

赤眉杀更始,而隗嚣据陇右,卢芳起安定。破虏大将军叔寿击五校贼于曲梁,战殁。

二年春正月甲子朔,日有食之。大司马吴汉率九将军击檀乡贼于邺东,大破降之。庚辰,封功臣皆为列侯,大国四县,余各有差。下诏曰:"人情得足,苦于放纵,快须臾之欲,忘慎罚之义。惟诸将业远功大,诚欲传于无穷,宜如临深渊,如履薄冰,战战栗栗,日慎一日,其显效未詶,名籍未立者,大鸿胪趣上,朕将差而录之。"博士丁恭议曰:"古帝王封诸侯不过百里,故利以建侯,取法于雷,强干弱枝,所以为治也。今封诸侯四县,不合法制。"帝曰:"古之亡国,皆以无道,未尝闻功臣地多而灭亡者。"乃遣谒者即授印绶,策曰:"在上不骄、高而不危,制节谨度,满而不溢,敬之戒之。传尔子孙,长为汉藩。"壬午,更始复汉将军邓晔、辅汉将军于匡降,皆复爵位。壬子,起高庙,建社稷于洛阳,立郊兆于城南,始正火德,色尚赤。

是月,赤眉焚西京宫室,发掘园陵,寇掠关中。大司徒邓禹入长安,遣府掾奉十一帝神主,纳于高庙。

真定王杨、临邑侯让谋反,遣前将军耿纯诛之。二月己酉,幸修武。大司空王梁免。壬子,以太中大夫宋弘为大司空。遣骠骑大将军景丹率征虏将军祭遵等二将军击弘农贼,破之,因遣祭遵围蛮中贼张满。渔阳太守彭宠反,攻幽州牧朱浮于蓟。延岑自称武安王于汉中。辛卯,至自修武。

三月乙未，大赦天下，诏曰："顷狱多冤人，用刑深刻，朕甚愍之。孔子云：'刑罚不中，则民无所措手足。'其与中二千石、诸大夫、博士、议郎议省刑法。"

遣执金吾贾复率二将军击更始郾王尹遵，破降之。

骁骑将军刘植击密贼，战殁。遣虎牙大将军盖延率四将军伐刘永。夏四月，围永于睢阳。更始将苏茂杀淮阳太守潘蹇而附刘永。

甲午，封叔父良为广阳王，兄子章为太原王，章弟兴为鲁王，春陵侯嫡子祉为城阳王。五月庚辰，封更始元氏王歙为泗水王，故真定王杨子得为真定王，周后姬常为周承休公。癸未，诏曰："民有嫁妻卖子欲归父母者，恣听之。敢拘执，论如律。"

六月戊戌，立贵人郭氏皇后，子强为皇太子，大赦天下。增郎、谒者、从官秩各一等。丙午，封宗子刘终为淄川王。

秋八月，帝自将征五校。丙辰，幸内黄，大破五校于羛阳，降之。

遣游击将军邓隆救朱浮，与彭宠战于潞，隆军败绩。盖延拔睢阳，刘永奔谯。破虏将军邓奉据淯阳反。

九月壬戌，至自内黄。骠骑大将军景丹薨。延岑大破赤眉于杜陵。关中饥，民相食。

冬十一月，以廷尉岑彭为征南大将军，率八将军讨邓奉于堵乡。

铜马、青犊、尤来余贼共立孙登为天子于上郡。登将乐玄杀登，以其众五万余人降。遣偏将军冯异代邓禹伐赤眉。使太中大夫伏隆持节安辑青徐二州，招张步降之。

十二月戊午，诏曰："惟宗室列侯为王莽所废，先灵无所依归，朕甚愍之。其并复故国。若侯身已殁，属所上其子孙见名尚书，封拜。"

是岁，盖延等大破刘永于沛西。初，王莽末，天下旱蝗，黄金一斤易粟一斛；至是野谷旅生，麻菽尤盛，野蚕成茧，被于山阜，人收其利焉。

三年春正月甲子，以偏将军冯异为征西大将军，杜茂为骠骑大将军。大司徒邓禹及冯异与赤眉战于回溪，禹、异败绩。征虏将军祭遵破蛮中，斩张满。辛巳，立皇考南顿君已上四庙。壬午，大赦天下。闰月乙巳，大司徒邓禹免。

冯异与赤眉战于崤底，大破之，余众南向宜阳，帝自将征之。己亥，幸宜阳。甲辰，亲勒六军，大陈戎马，大司马吴汉精卒当前，中军次之，骁骑、武卫分陈左右。赤眉望见震怖，遣使乞降。丙午，赤眉君臣面缚，奉高皇帝玺绶，诏以属城门校尉。戊申，至自宜阳。己酉，诏曰："群盗纵横，贼害元元，盆子窃尊号，乱惑天下。朕奋兵讨击，应时崩解，十余万众束手降服，先帝玺绶归之王府。斯皆祖宗之灵，士人之力，朕曷足以享斯哉！其择吉日祠高庙，赐天下长子当为父后者爵，人一级。"

二月己未，祠高庙，受传国玺。刘永立董宪为海西王，张步为齐王。步杀光禄大夫伏隆而反。幸怀。遣吴汉率二将军击青犊于轵西，大破降之。

三月壬寅，以大司徒司直伏湛为大司徒。彭宠陷蓟城，宠自立为燕王。帝自将征邓奉，幸堵阳。夏四月，大破邓奉于小长安，斩之。冯异与延岑战于上林，破之。吴汉率七将军与刘永将苏茂战于广乐，大破之。虎牙大将军盖延围刘永于睢阳。

五月己酉，车驾还宫。乙卯晦，日有食之。

六月壬戌，大赦天下。耿弇与延岑战于穰，大破之。

秋七月，征南大将军岑彭率三将军伐秦丰，战于黎丘，大破之，获其将蔡宏。

庚辰，诏曰："吏不满六百石，下至墨绶长、相，有罪先请。男子八十以上，十岁以下，及妇人从坐者，自非不道，诏所名捕，皆不得系。当验问者即就验。女徒雇山归家。"

盖延拔睢阳，获刘永，而苏茂、周建立永子纡为梁王。

冬十月壬申，幸舂陵，祠园庙，因置酒旧宅，大会故人父老。十一月乙未，至自舂陵。涿郡太守张丰反。

是岁，李宪自称天子。西州大将军隗嚣奉奏。建义大将军朱祐率祭遵与延岑战于东阳，斩其将张成。

四年春正月甲申，大赦天下。二月壬子，幸怀。壬申，与至自怀。

遣右将军邓禹率二将军与延岑战于武当，破之。

夏四月丁巳，幸邺。己巳，进幸临平。遣大司马吴汉击五校贼于箕山，大破之。

五月，进幸元氏。辛巳，进幸卢奴。遣征虏将军祭遵率四将军讨张丰于涿郡，斩丰。

六月辛亥，车驾还宫。

七月丁亥，幸谯。遣捕虏将军马武、偏将军王霸围刘纡于垂惠。

董宪将贲休以兰陵城降，宪围之。虏牙大将军盖延率平狄将军庞萌救贲休，不克，兰陵为宪所陷。

秋八月戊午，进幸寿春。太中大夫徐恽擅杀临淮太守刘度，恽坐诛。遣扬武将军马成率三将军伐李宪。九月，围宪于舒。

冬十月甲寅，车驾还宫。太傅卓茂薨。

十一月丙申，幸宛。遣建义大将军朱祐率二将军围秦丰于黎丘。十二月丙寅，进幸黎丘。

是岁，征西大将军冯异与公孙述将程焉战于陈仓，破之。

五年春正月癸巳，车驾还宫。二月丙午，大赦天下。

捕虏将军马武、偏将军王霸拔垂惠。乙丑，幸魏郡。壬申，封殷后孔安为殷绍嘉公。

彭宠为其苍头所杀，渔阳平。

大司马吴汉率建威大将军耿弇击富平、获索贼于平原，大破降之。复遣耿弇率二将军讨张步。

三月癸未，徙广阳王良为赵王，始就国。平狄将军庞萌反，杀楚郡太守孙萌而东附董宪。

遣征南大将军岑彭率二将军伐田戎于津乡，大破之。

夏四月，旱、蝗。河西大将军窦融始遣使贡献。

五月丙子，诏曰："久旱伤麦。秋种未下，朕甚忧之。将残吏未胜，狱多冤结，元元愁恨，感动天气乎？其令中都官、三辅、郡、国出系囚，罪非犯殊死一切勿案，见徒免为庶人。务进柔良，退贪酷，各正厥事焉。"

六月，建义大将军朱祐拔黎丘，获秦丰；而庞萌、苏茂围桃城。帝时幸蒙，因自将征之。先理兵任城，乃进救桃城，大破萌等。

秋七月丁丑，幸沛，祠高原庙。诏修复西京园陵。进幸湖陵，征董宪。又幸蕃，遂攻董宪于昌虑,大破之。

八月己酉,进幸郯,留吴汉攻刘纡、董宪等,车驾转徇彭城、下邳。吴汉拔郯,获刘纡;汉进围董宪、庞萌于胸。

冬十月,还,幸鲁,使大司空祠孔子。

耿弇等与张步战于临淄,大破之。帝幸临淄,进幸剧。张步斩苏茂以降,齐地平。

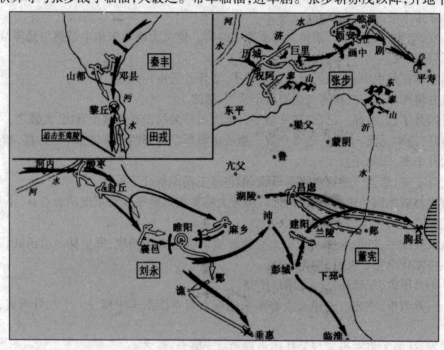

刘秀统一吴东作战经过示意图

初起太学。车驾还宫,幸太学,赐博士弟子各有差。

十一月壬寅,大司徒伏湛免,尚书令侯霸为大司徒。

十二月,卢芳自称天子于九原。西州大将军隗嚣遣子恂入侍。交阯牧邓让率七郡太守遣使奉贡。诏复济阳二年徭役。是岁,野谷渐少,田亩益广焉。

六年春正月丙辰,改春陵乡为章陵县。世世复徭役,比丰、沛,无有所豫。辛酉,诏曰:"往岁水旱蝗虫为灾,谷价腾跃,人用困乏。朕惟百姓无以自赡,恻然愍之。其命郡国有谷者,给禀高年、鳏、寡、孤、独及笃癃、无家属贫不能自存者,如《律》。二千石勉加循抚,无令失职。"扬武将军马成等拔舒、获李宪。

二月,大司马吴汉拔胸,获董宪、庞萌,山东悉平。诸将还京师,置酒赏赐。

三月,公孙述遣将任满寇南郡。

夏四月丙子,幸长安,始谒高庙,遂有事十一陵。遣虎牙大将军盖延等七将军从陇道伐公孙述。

五月己未,至自长安。

隗嚣反,盖延等因与嚣战于陇坻,诸将败绩。

辛丑，诏曰："惟天水、陇西、安定、北地吏人为隗嚣所诖误者，又三辅遭难赤眉，有犯法不道者，自殊死以下，皆赦除之。"

六月辛卯，诏曰："夫张官置吏，所以为人也。今百姓遭难，户口耗少，而县官吏职所置尚繁，其令司隶、州牧各实所部，省减吏员。县国不足置长吏可并合者，上大司徒、大司空二府。"于是条奏并省四百余县，吏职减损，十置其一。

代郡太守刘兴击卢芳将贾览于高柳，战殁。初，乐浪人王调据郡不服。秋，遣乐浪太守王遵击之，郡吏杀调降。

遣前将军李通率二将军，与公孙述将战于西城。破之。

夏，蝗。秋九月庚子，赦乐浪谋反大逆殊死已下。丙寅晦，日有食之。

冬十月丁丑，诏曰："吾德薄不明，寇贼为害，强弱相陵，元元失所。《诗》云：'日月告凶，不用其行。'永念厥咎，内疚于心。其敕公卿举贤良，方正各一人；百僚并上封事，无有隐讳；有司修职，务遵法度。"

十一月丁卯，诏王莽时吏人没入为奴婢不应旧法者，皆免为庶人。

十二月壬辰，大司空宋弘免。癸巳，诏曰："顷者师旅未解，用度不足，故行什一之税。今军士屯田，粮储差积。其令郡国收见田租三十税一，如旧制。"隗嚣遣将行巡寇扶风，征西大将军冯异拒破之。

是岁，初罢郡国都尉官，始遣列侯就国。匈奴遣使来献，使中郎将报命。

七年春正月丙申，诏中都官、三辅、郡、国出系囚，非犯殊死，皆一切勿案其罪。见徒免为庶人。耐罪亡命，吏以文除之。

又诏曰："世以厚葬为德，薄终为鄙，至于富者奢僭，贫者单财，法令不能禁，礼义不能止，仓卒乃知其咎。其布告天下，令知忠臣、孝子、慈兄、悌弟薄葬送终之义。"

二月辛巳，罢护漕都尉官。

三月丁酉，诏曰："今国有众军，并多精勇，宜且罢轻车、骑士、材官、楼船士及军假吏，令还复民伍。"公孙述立隗嚣为朔宁王。

癸亥晦，日有食之，避正殿，寝兵，不听事五日。诏曰："吾德薄致灾，谪见日月，战栗恐惧，夫何言哉！今方念愆，庶消厥咎。其令有司各修职任，奉遵法度，惠兹元元。百僚各上封事，无有所讳。其上书者，不得言圣。"

夏四壬午，诏曰："比阴阳错谬，日月薄食。百姓有过，在予一人，大赦天下。公、卿、司隶、州牧举贤良、方正各一人，遣诣公车，朕将览试焉。"

五月戊戌，前将军李通为大司空。甲寅，诏吏人遭饥乱及为青、徐贼所略为奴婢下妻，欲去留者，恣听之。敢拘制不还，以卖人法从事。是夏，连雨水。汉忠将军王常为横野大将军。

八月丁亥，封前河间王邵为河间王。隗嚣寇安定，征西大将军冯异、征虏将军祭遵击却之。

冬，卢芳所置朔方太守田飒、云中太守乔扈各举郡降。是岁，省长水、射声二校尉官。

八年春正月，中朗将来歙袭略阳，杀隗嚣守将而据其城。夏四月，司隶校尉傅抗下狱死。隗嚣攻来歙，不能下。闰月，帝自征嚣，河西太守大将军窦融率五郡太守与车驾会高平。陇右溃,隗嚣奔西城,遣大司马吴汉、征南大将军岑彭围之;进幸上邽,不降,命虎牙大将军盖延、建威大将军耿弇攻之。颍川盗贼寇没属县,河东守守兵亦叛,京师骚动。

秋,大水。八月,帝自上邽晨夜东驰。九月乙卯,车驾还宫。庚申,帝自征颍川盗贼,皆降。安丘侯张步叛归琅玡,琅玡太守陈俊讨获之。戊寅,至自颍川。

冬十月丙午,幸怀。十一月乙丑,至自怀。

公孙述遣兵救隗嚣,吴汉、盖延等还军长安。天水、陇西复反归嚣。

十二月,高句丽王遣使奉贡。是岁大水。

九年春正月,隗嚣病死,其将王元、周宗复立嚣子纯为王。徙雁门吏人于太原。

三月辛亥,初置青巾左校尉官。公孙述遣将田戎、任满据荆门。

夏六月丙戌,幸缑氏,登辕辕。遣大司马吴汉率四将军击卢芳将贾览于高柳,战不利。

秋八月,遣中郎将来歙监征西大将军冯异等五将军讨隗纯于天水。

骠骑大将军杜茂与贾览战于繁畤,茂军败绩。是岁,省关都尉,复置护羌校尉官。

十年春正月,大司马吴汉率捕虏将军王霸等五将军击贾览于高柳,匈奴遣骑救览,诸将与战,却之。修理长安高庙。

夏,征西大将军冯异破公孙述将赵匡于天水,斩之。征西大将军冯异薨。

秋八月己亥,幸长安,祠高庙,遂有事十一陵。戊戌,进幸湃。隗嚣将高峻降。

冬十月,中郎将来歙等大破隗纯于落门,其将王元奔蜀,纯与周宗降,陇右平。

先零羌寇金城、陇西,来歙率诸将击羌于五溪,大破之。

庚寅,车驾还宫。是岁,省定襄郡,徙其民于西河。泗水王歙薨。淄川王终薨。

十一年春二月己卯,诏曰:"天地之性人为贵。其杀奴婢,不得减罪。"

三月己酉,幸南阳;还,幸章陵,祠园陵。城阳王祉薨。庚午,车驾还宫。

闰月,征南大将军岑彭率三将军与公孙述将田戎、任满战于荆门,大破之,获任满。威虏将军冯骏围田戎于江州,岑彭遂率舟师伐公孙述,平巴郡。

夏四月丁卯,省大司徒司直官。先零羌寇临洮。

六月,中郎将来歙率扬武将军马成破公孙述将王元、环安于下辩。安遣间人刺杀中朗将来歙。帝自将征公孙述。秋七月,次长安。八月,岑彭破公孙述将侯丹于黄石。辅威将军臧宫与公孙述将延岑战于沈水,大破之。王元降。至自长安。癸亥,诏曰:"敢炙灼奴婢,论如律,免所炙灼者为庶。"

冬十月壬午,诏除奴婢射伤人弃市律。

公孙述遣间人刺杀征南大将军岑彭。马成平武都,因陇西太守马援击破先零羌,徙致天水、陇西、扶风。十二月,大司马吴汉率舟师伐公孙述。

是岁,省朔方牧,并并州。初断州牧自还奏事。

十二年春正月,大司马吴汉与公孙述将史兴战于武阳,斩之。

三月癸酉,诏陇、蜀民被略为奴婢自讼者,及狱官未报,一切免为庶。夏,甘露降南行唐。六月,黄龙见东阿。

秋七月,威虏将军冯骏拔江州,获田戎。九月,吴汉大破公孙述将谢丰于广都,斩之。

辅威将军臧宫拔涪城，斩公孙恢。大司空李通罢。

　　冬十一月戊寅，吴汉、臧宫与公孙述战于成都，大破之。述被创，夜死。辛巳，吴汉屠成都，夷述宗族及延岑等。

　　十二月辛卯，扬武将军马成行大司空事。

　　是岁，九真徼外蛮夷张游率种人内属，封为归汉里君。省金城郡属陇西。参狼羌寇武都，陇西太守马援讨降之。诏边吏力不足战则守，追虏料敌不拘以逗留法。横野大将军王常薨。遣骠骑大将军杜茂将众郡施刑屯北边，筑亭候，修烽燧。

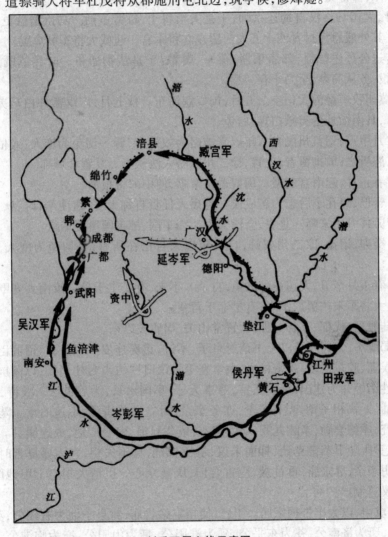

刘秀灭蜀之战示意图

　　十三年春正月庚申，大司徒侯霸薨。戊子，诏曰："往年已敕郡国，异味不得有所献御，今犹未止，非徒有豫养导择之劳，至乃烦忧道上，疲费过所。其令太官勿复受。明敕下以远方口实所以荐宗庙，自如旧制。"

二月，遣捕虏将军马武屯滹沱河以备匈奴。卢芳自五原亡入匈奴。

丙辰，诏曰："长沙王兴、真定王得、河间王郡、中山王茂，皆袭爵为王，不应经义。其以兴为临湘侯，得为真定侯，郡为乐成侯，茂为单父侯。"其宗室及绝国封侯者凡一百三十七人。丁巳，降赵王良为赵公，太原王章为齐公，鲁王兴为鲁公。庚午，以殷绍嘉公孔安为宋公，周承休公姬武为卫公。省并西京十三国：广平属钜鹿，真定属常山，河间属信都，城阳属琅邪，泗水属广陵，淄川属高密，胶东属北海，六安属庐江，广阳属上谷。

三月辛未，沛郡太守韩歆为大司徒。丙子，行大司空马成罢。

夏四月，大司马吴汉自蜀还京师，于是大飨将士，班劳策勋。功臣增邑更封，凡三百六十五人。其外戚恩泽封者四十五人。罢左右将军官。建威大将军耿弇罢。

益州传送公孙述瞽师、郊庙乐器、葆车、舆辇，于是法物始备。时兵革既息，天下少事，文书调役，务从简寡，至乃十存一焉。

甲寅，冀州牧窦融为大司空。五月，匈奴寇河东。秋七月，广汉徼外白马羌豪率种人内属。九月，日南徼外蛮夷献白雉、白兔。

冬十二月甲寅，诏益州民自八年以来被略为奴婢者，皆一切免为庶人；或依托为人下妻，欲去者，恣听之；敢拘留者，比青、徐二州以略人法从事。复置金城郡。

十四年春正月，起南宫前殿。匈奴遣使奉献，使中郎将报命。

夏四月辛巳，封孔子后志为褒成侯。越巂人任贵自称太守，遣使奉计。秋九月，平城人贾丹杀卢芳将尹由来降。是岁，会稽大疫。莎车国、鄯善国遣使奉献。

十二月癸卯，诏益、凉二州奴婢，自八年以来自讼在所官，一切免为庶人，卖者无还直。

十五年春正月辛丑，大司徒韩歆免，自杀。丁未，有星孛于昴。汝南太守欧阳歙为大司徒。建义大将军朱祐罢。丁未，有星孛于营室。

二月，徙雁门、代郡、上谷三郡民，置常山关、居庸关以东。

初，巴蜀既平，大司马吴汉上书请封皇子，不许，重奏连岁。三月，乃诏群臣议。大司空融、固始侯通、胶东侯复、高密侯禹、太常登等奏议曰："古者封建诸侯，以藩屏京师。周封八百，同姓诸姬并为建国，夹辅王室，尊事天子，享国永长，为后世法。故诗云'大启尔宇，为周室辅'。高祖圣德，光有天下，亦务亲亲，封立兄弟诸子，不违旧章。陛下德横天地，兴复宗统，虖德尝勋，亲睦九族，功臣宗室，咸蒙封爵，多受广地，或连属县。今皇子赖天，能胜衣趋拜，陛下恭谦克让，抑而未议，群臣百姓，莫不失望，宜因盛夏吉时，定号位，以广藩辅，明亲亲，尊宗庙，重社稷，应古合旧，厌塞众心。臣请大司空上舆地图，太常择吉日，具礼仪。"制曰："可。"

夏四月戊申，以太牢告祠宗庙。丁巳，使司空融告庙，封皇子辅为右翊公，英为楚公，阳为东海公，康为济南公，苍为东平公，延为淮阳公，荆为山阳公，衡为临淮公，焉为左翊公，京为琅邪公。癸丑，追谥兄伯升为齐武公，兄仲为鲁哀公。

六月庚午，复置屯骑、长水、射声三校尉官；改青巾左校尉为越骑校尉。诏下州郡检核垦田顷亩及户口年纪，又考实二千石长吏阿枉不平者。冬十一月甲戌，大司徒欧阳歙下狱死。十二月庚午，关内侯戴涉为大司徒。卢芳自匈奴入居高柳。是岁，骠骑大将军杜茂免。虎牙大将军盖延薨。

十六年春二月，交阯女子征侧反，略有城邑。三月辛丑晦，日有蚀之。

秋九月，河南尹张伋及诸郡守十余人，坐度田不实，皆下狱死。

郡国大姓及兵长、群盗处处并起，攻劫在所，害杀长吏。郡县追讨，到则解散，去复屯结。青、徐、幽、冀四州尤甚。冬十月，遣使者下郡国，听群盗自相纠摘，五人共斩一人者，除其罪。吏虽逗留回避故纵者，皆勿问，听以擒讨为效。其牧守令长坐界内盗贼而不收捕者，又以畏懦捐城委守者，皆不以为负，但取获贼多少为殿最，唯蔽匿者乃罪之。于是更相追捕，贼并解散。徙其魁帅于它郡，赋田受禀，使安生业。自是牛马放牧，邑门不闭。卢芳遣使乞降。十二月甲辰，封芳为代王。

初，王莽乱后，货币杂用布、帛、金、粟。是岁，始行五铢钱。

十七年春正月，赵公良薨。二月乙未晦，日有食之。

夏四月乙卯，南巡狩，皇太子及右翊公辅、楚公英、东海公阳、济南公康、东平公苍从，幸颍川，进幸叶、章陵。五月乙卯，车驾还宫。六月癸巳，临淮公衡薨。秋七月，妖巫李广等群起据皖城，遣虎贲中郎将马援、骠骑将军段志讨之。九月，破皖城，斩李广等。冬十月辛巳，废皇后郭氏为中山太后，立贵人阴氏为皇后。进右翊公辅为中山王，食常山郡。其余九国公，皆即旧封进爵为王。

甲申，幸章陵。修园庙，祠旧宅，观田庐，置酒作乐，赏赐。时宗室诸母因酳悦，相与语曰："文叔少时谨信，与人不款曲，唯直柔耳，今乃能如此！"帝闻之，大笑曰："吾理天下，亦欲以柔道行之。"乃悉为春陵宗室起祠堂。有五凤凰见于颍川之郏县。十二月，至自章陵。是岁，莎车国遣使贡献。

十八年春二月，蜀郡守将史歆叛，遣大司马吴汉率二将军讨之，围成都。

甲寅，西巡狩，幸长安。三月壬午，祠高庙，遂有事十一陵。历冯翊界，进幸蒲坂，祠后土。夏四月癸酉，车驾还宫。

甲戌，诏曰："今边郡盗谷五十斛，罪至于死，开残吏妄杀之路，其蠲除此法，同之内郡。"

遣伏波将军马援率楼船将军段志等击交阯贼征侧等。

甲申，幸河内。戊子，至自河内。五月，旱。卢芳复亡入匈奴。

秋七月，吴汉拔成都，斩史歆等。壬戌，赦益州所部殊死已下。

冬十月庚辰，幸宜城。还，祠章陵。十二月乙丑，车驾还宫。是岁，罢州牧，置刺史。

十九年春正月庚子，追尊孝宣皇帝曰中宗。始祠昭帝、元帝于太庙，成帝、哀帝、平帝于长安，春陵节侯以下四世于章陵。

妖巫单臣、傅镇等反，据原武，遣太中大夫臧宫围之。夏四月，拔原城，斩臣、镇等。

伏波将军马援破交阯，斩征侧等。因击破九真贼都阳等，降之。

闰月戊申，进赵、齐、鲁三国公爵为王。

六月戊申，诏曰："春秋之义，立子以贵。东海王阳，皇后之子，宜承大统。皇太子强，崇执谦退，愿备藩国。父子之情，重久违之。其以强为东海王，立阳为皇太子，改名庄。"

秋九月，南巡狩。壬申，幸南阳，进幸汝南南顿县舍，置酒会，赐吏人，复南顿田租岁。

父老前叩头言："皇考居此日久，陛下识知寺舍，每来辄加厚恩，愿赐复十年。"帝曰："天下重器，常恐不任，日复一日，安敢远期十岁乎？"吏人又言："陛下实惜之，何言谦也？"帝大笑，复增一岁。进幸淮阳、梁、沛。

西南夷寇益州郡，遣武威将军刘尚讨之。越巂太守任贵谋叛。十二月，刘尚袭贵，诛之。是岁，复置函谷关都尉。修西京宫室。

二十年春二月戊子，车驾还宫。夏四月庚辰，大司徒戴涉下狱死。大司空窦融免。

五月辛亥，大司马吴汉薨。匈奴寇上党、天水，遂至扶风。

六月庚寅，广汉太守蔡茂为大司徒，太仆朱浮为大司空。壬辰，左中郎将刘隆为骠骑将军，行大司马事。乙未，徙中山王辅为沛王。秋，东夷韩国人率众诣乐浪内附。

冬十月，东巡狩，甲午，幸鲁，进幸东海、楚、沛国。

十二月，匈奴寇天水。壬寅，车驾还宫。是岁，省五原郡，徙其吏人置河东。复济阳县徭役六岁。

二十一年春正月，武威将军刘尚破益州夷，平之。

夏四月，安定属国胡叛，屯聚青山，遣将兵长史陈䜣讨平之。

秋，鲜卑寇辽东，辽东太守祭肜大破之。

冬十月，遣伏波将军马援出塞击乌桓，不克。匈奴寇上谷、中山。

其冬，鄯善王、车师王等十六国皆遣子入侍奉献，愿请都护。帝以中国初定，未遑外事，乃还其侍子，厚加赏赐。

二十二年春闰月丙戌，幸长安，祠高庙，遂有事十一陵。二月己巳，至自长安。夏五月乙未晦，日有食之。

秋七月，司隶校尉苏邺下狱死。

九月戊辰，地震裂。制诏曰："日者地震，南阳尤甚。夫地者，任物至重，静而不动者也。而今震裂，咎在君上。鬼神不顺无德，灾殃将及吏人，朕甚惧焉。其令南阳勿输今年田租刍稿。遣谒者案行，其死罪系囚在戊辰以前，减死罪一等；徒皆弛解钳，衣丝絮。赐郡中居人压死者棺钱，人三千。其口赋逋税而庐宅尤破坏者，勿收责。吏人死亡，或在坏垣毁屋之下，而家羸弱不能收拾者，其以见钱谷取佣，为寻求之。"

冬十月壬子，大司空朱浮免。癸丑，光禄勋杜林为大司空。

是岁，齐王章薨。青州蝗。匈奴奥鞬日逐王比遣使诣渔阳请和亲，使中郎将李茂报命。乌桓击破匈奴，匈奴北徙，幕南地空。诏罢诸边郡亭候吏卒。

二十三年春正月，南郡蛮叛，遣武威将军刘尚讨破之，徙其种人于江夏。

夏五月丁卯，大司徒蔡茂薨。秋八月丙戌，大司空杜林薨。九月辛未，陈留太守玉况为大司徒。冬十月丙申太仆张纯为大司空。高句丽率种人诣乐浪内属。

十二月，武陵蛮叛，寇掠郡县，遣刘尚讨之，战于沅水，尚军败殁。

是岁，匈奴奥鞬日逐王比率部曲遣使诣西河内附。

二十四年春正月乙亥，大赦天下。

匈奴奥鞬日逐王比遣使款五原塞，求扞御北虏。

秋七月，武陵蛮寇临沅，遣谒者李嵩、中山太守马成讨蛮，不克，于是伏波将军马援率冬十月，匈奴奥鞬日逐王比自立为南单于，于是分为南、北匈奴。

二十五年春正月，辽东徼外貊人寇右北平、渔阳、上谷、太原，辽东太守祭肜招降之。乌桓大人来朝。

南单于遣使诣阙贡献，奉蕃称臣；又遣其左贤王击破北匈奴，却地千余里。三月，南单于遣子入侍。戊申晦，日有食之。伏波将军马援等破武陵蛮于临沅。冬十月，叛蛮悉降。夫余王遣使奉献。是岁，乌桓大人率众内属，诣阙朝贡。

二十六年春正月，诏有司增百官奉。其千石已上，减于西京旧制；六百石已下，增于旧秩。

初作寿陵。将作大匠窦融上言园陵广袤，无虑所用。帝曰："古者帝王之葬，皆陶人瓦器，木车茅马，使后世之人不知其处。太宗识终始之义，景帝能述遵孝道，遭天下反覆，而霸陵独完受其福，岂不美哉！今所制地不过二三顷，无为山陵陂池，裁令流水而已。"

遣中郎将段郴授南单于玺绶，令入居云中，始置使匈奴中郎将，将兵卫护之。南单于遣子入侍，奉奏诣阙。于是云中、五原、朔方、北地、定襄、雁门、上谷、代八郡民归于本土。遣谒者分将施刑补理城郭。发遣边民在中国者，布还诸县，皆赐以装钱，转输给食。

二十七年夏四月戊午，大司徒玉况薨。

五月丁丑，诏曰："昔契作司徒，禹作司空，皆无'大'名。其令二府去'大'。"又改大司马为太尉。骠骑大将军行大司马刘隆即日罢，以太仆赵熹为太尉，大司农冯勤为司徒。益州郡徼外夷蛮率种人内属。北匈奴遣使诣武威乞和亲。

冬，鲁王兴、齐王石始就国。

二十八年春正月己巳，徙鲁王兴为北海王，以鲁国益东海。赐东海王强虎贲、旄头、钟虡之乐。

夏六月丁卯，沛太后郭氏薨，因诏郡县捕王侯宾客，坐死者数千人。

秋八月戊寅，东海王强、沛王辅、楚王英、济南王康、淮阳王延始就国。

冬十月癸酉，诏死罪系囚皆一切募下蚕室，其女子宫。北匈奴遣使贡献，乞和亲。

二十九春二月丁巳朔，日有食之。遣使者举冤狱，出系囚。庚申，赐天下男子爵，人二级；鳏、寡、孤、独、笃癃、贫不能自存者粟，人五斛。

夏四月乙丑，诏令天下系囚自殊死已下及徒各减本罪一等，其余赎罪输作各有差。

三十年春正月，鲜卑大人内属，朝贺。

二月，东巡狩。甲子，幸鲁，进幸济南。闰月癸丑，车驾还宫。有星孛于紫宫。

夏四月戊子，徙左翊王焉为中山王。五月，大水。赐天下男子爵，人二级；鳏、寡、孤、独、笃癃、贫不能自存者粟，人五斛。秋七月丁酉，幸鲁国。复济阳县是年徭役。冬十一月丁酉，至自鲁。三十一年夏五月，大水。

戊辰，赐天下男子爵，人二级；鳏、寡、孤、独、笃癃、贫不能自存者粟，人六斛。癸酉晦，日有食之。是夏，蝗。秋九月甲辰，诏令死罪系囚皆一切募下蚕宝，其女子宫。是岁，陈留雨谷，形如稗实。北匈奴遣使奉献。

中元元年春正月，东海王强、沛王辅、楚王英、济南王康，淮阳王廷、赵王盱皆来朝。

丁卯，东巡狩。二月己卯，幸鲁，进幸太山。北海王兴，齐王石朝于东岳。辛卯，柴望岱宗，登封太山；甲午，禅于梁父。三月戊辰，司空张纯薨。

夏四月癸酉，车驾还宫。己卯，大赦天下。复赢、博、梁父、奉高，勿击今年田租刍稿。改年为中元。行幸长安。戊子，祀长陵。五月乙丑，至自长安。

六月辛卯，太仆冯鲂为司空。乙未，司徒冯勤薨。

是夏，京师醴泉涌出，饮之者固疾皆愈，惟眇、蹇者不瘳。又有赤草生于水崖。郡国频上甘露。群臣奏言："地祇灵应而朱草萌生。孝宣帝每有嘉瑞，辄以改元，神爵、五凤、甘露、黄龙，列为年纪，盖以感致神祇，表彰德信。是以化致升平，称为中兴。今天下清宁，灵物仍降。陛下情存损挹，推而不居，岂可使祥符显庆，没而无闻？宜令太史撰集，以传来世。"帝不纳。常自谦无德，每郡国所上，辄抑而不当，故史官罕得记焉。秋，郡国三蝗。冬十月辛未，司隶校尉东莱李䜣为司徒。

甲申，使司空告祠高庙曰："高皇帝与群臣约，非刘氏不王。吕太后贼害三赵，专王吕氏，赖社稷之灵，禄、产伏诛，天命几坠，危朝更安。吕太后不宜配食高庙，同祧至尊。薄太后母德慈仁，孝文皇帝贤明临国，子孙赖福，延祚至今。其上薄太后尊号曰高皇后，配食地祇。迁吕太后庙主于园，四时上祭。"

十一月甲子晦，日有食之。是岁，初起明堂、灵台、辟雍，及北郊兆域。宣布图谶于天下。复济阳、南顿是年徭役。参狼羌寇武都，败郡兵，陇西太守刘旴遣军救之，及武都郡兵讨叛羌，皆破之。

二年春正月辛未，初立北郊，祀后土。东夷倭奴国王遣使奉献。

二月戊戌，帝崩于南宫前殿，年六十二。遗诏曰："朕无益百姓，皆如孝文皇帝制度，务从约省。刺史、二千石长吏皆无离城郭，无遣吏及因邮奏。"

初，帝在兵间久，厌武事，且天下疲耗，思乐息肩。自陇、蜀平后，非儆急，未尝复言军旅。皇太子尝问攻战之事，帝曰："昔卫灵公问陈，孔子不对，此非尔所及。"每旦视朝，日仄乃罢。数引公卿、郎、将讲论经理，夜分乃寐。皇太子见帝勤劳不怠，承间谏曰："陛下有禹汤之明，而失黄老养性之福，愿颐爱精神，优游自宁。"帝曰："我自乐此，不为疲也。"虽身济大业，兢兢如不及，故能明慎政体，总揽权纲，量时度力，举无过事。退功臣而进文吏，戢弓矢而散马牛，虽道未方古，斯亦止戈之武焉。

【译文】

世祖光武皇帝讳名秀，字文叔，南阳郡蔡阳县人，汉高祖第九代孙子，出自汉景帝所生长沙定王刘发的那个支系。刘发生春陵节侯刘买，刘买生郁林太守刘外，刘外生钜鹿都尉刘回，刘回生南顿令刘钦，刘钦生光武。光武九岁时成了孤儿，由叔父刘良收养。他身高七尺三寸，须眉浓秀，大嘴，高鼻梁，额骨隆起，生性喜欢种植庄稼，而哥哥刘伯升好行侠养士，曾讥笑光武经营农业，把他比作汉高祖的哥哥刘仲。王莽天凤年间，光武来到长安，拜师学习《尚书》，略通大义。

王莽末年，天下连年闹蝗灾，盗贼蜂起，地皇三年，南阳发生饥荒，各家的宾客大多去偷盗抢劫。光武为逃避官吏躲到新野，顺便在宛城出售粮食。宛人李通等人用图谶鼓动光武说:"刘氏复兴,李氏为辅。"光武起初不敢答应,然而暗自思量哥哥伯升一向结交无业游民,必将发动起义,况且王莽败亡的征兆已经明显,天下正在动荡起来,于是同李通等人定下大计,从此就购置兵刃弩箭。十月,与李通从弟李轶等起兵于宛城,当时他二十八岁。

十一月,有彗星出现在张星星区。光武于是率领宾客回到舂陵。当时伯升已经聚众起兵。起初,各家子弟十分恐惧,都逃散躲藏起来,说:"伯升要害我们。"等到看见光武身着武将的绛衣大冠,都吃惊地说:"谨慎厚道的人也干这种事。"这才稍微心安了一些。伯升于是请来新市军和平林军,同他们的主帅王凤、陈牧一道向西进攻长聚。光武开始骑牛,杀死新野尉后才得以骑马,进占并屠戮了唐子乡,又杀死了湖阳尉。军中瓜分财物不均,众人愤恨不平。想反攻刘姓各部。光武收敛起宗族成员所得到的财物,全部给了他们,众人才喜悦起来。进占棘阳后,与王莽前队大夫甄阜、属正梁丘赐交战手小长安,汉军被打得大败,退守棘阳。

更始元年正月初一,汉军重又与甄阜、梁丘赐交战于沘水西岸,大败敌军,斩杀了甄阜、梁丘赐。伯升又在淯阳击败王莽的纳言将军严尤和秩宗将军陈茂,进而包围了宛城。二月初一,拥立刘圣公为天子,以伯升为大司徒,光武为太常偏将军。三月,光武另与一些将领征讨昆阳、定陵、郾等地,全都攻占下来,缴获大批的牛马和财物,粮食数十万斛,转运到了宛城城下,王莽获悉甄阜、梁丘赐战死,汉帝已经登基,十分恐惧。派遣大司徒王寻、大司空王邑统兵百万,可以作战的士兵为四十二万人。五月,抵达颍川,又和严尤、陈茂会合。当初,光武曾替舂陵侯家向严尤申诉拖欠租赋事。严尤召见后,很欣赏他的风度。到此时,汉军城中出来投降严尤的人说光武不掠夺财物,只是筹划军事策略。严尤笑道:"是那位须眉俊美的人吗?他怎么竟做这种事!"

起初,王莽征调天下精通兵法的六十三家学派中的数百人,一并任用为军吏;又选拔训练卫兵,招募猛士,组成庞大的军队开赴战场,各种军旗和军用物资在千里大道上络绎不绝。当时军中有巨人叫巨无霸,身高一丈,腰大十围,任命为垒尉;又驱赶各种猛兽如虎、豹、犀牛、大象之类,以助军威。自秦汉以来,出征的军队如此声势浩大,还从未有过。光武率领数千名士兵,巡逻到阳关。众将领见到王寻、王邑军容盛大,转而顺原路撤退,奔回昆阳城,全都心惊胆战,忧虑后方的妻子儿女,想分别返回各自原来驻守的城池。光武建议道:"现在士兵和军粮都很少,而外敌强大,合力抵御他们,或许可以立功;如果力量分散,势必全都难以保全。而且宛城尚未夺取,主力不能前来救援,昆阳一旦被攻破,一日之间,各部也将被消灭,今天不同心协力共同谋取功名,反而要去守护各自的妻子儿女和财物吗?"众将发怒道:"刘将军怎敢这样说话!"光武笑着起身走了。恰巧侦察的骑兵回来,说王莽大军将进抵城北,军队绵延数百里,看不见后尾。众将领窘迫地相互商量说:"还是重新请刘将军来商议对策吧。"光武再度剖析成败得失。众将忧虑窘迫,都同声称是。当时城中只有八九千人,光武便让成国上公王凤、廷尉大将军王常留守昆阳,晚上自己同骠骑大将军宗佻、五威将军李轶等十三人骑马,出昆阳城南门,到外地调集兵马。这时王莽军队来到城下的近十万人,光武等人几乎不能出城。他们到了郾、定陵,调动各营所有兵马,而那些将领贪恋钱财,想分兵留守它。光武说:"现在如果能够击败敌人,所

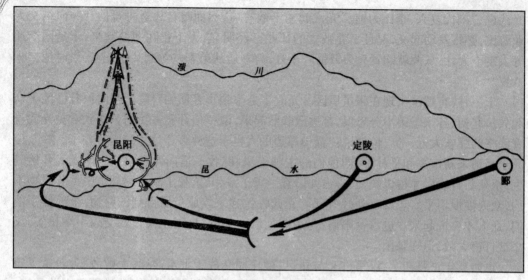

昆阳之战作战经过示意图

得珍宝是已有的万倍,大功可以告成;如果被莽军打败,脑袋都没有了,还用什么财物!"大家这才听从了他的命令。

严尤劝说王邑说:"昆阳城小但坚固,现在假冒帝号的人在宛城,速派大兵前往,他们一定逃走;宛城敌人被打败了,昆阳自然降服。"王邑说:"我过去以虎牙将军的身份围攻翟义,因为没能将他生擒,所以受到责备。今天率领百万大军,遇到敌人据守的城池而不能攻取,如何交代?"于是围绕昆阳城设下数十道防线,建立百座营盘,竖起云车高十余丈,靠近昆阳俯视城中,各类旗帜遮盖了田野,人马搅得尘埃满天,敲鼓击钲的军乐声传出数百里之远。莽军有的挖掘地道攻城,有的用冲车撞城和用篷车攀城。大批弓弩手连续不断发射,箭如雨下,城中军民不得不背着门板而汲水。王凤等人乞求投降,遭到拒绝。王寻、王邑自以为胜利已为时不远,神态十分安闲,晚上有流星坠落在王莽军营地之中,白天有云,形如山丘,从营盘上空直落而下,离地一尺左右才崩散开来,莽军将士全部都匍匐在地上。

六月初一,光武即与各部人马一齐进发,自己亲率步、骑兵一千余人,在离莽军大约四五里的地方排开阵势。王寻、王邑也派兵数千人前来交战。光武冲击敌营,斩下数十名敌军首级。其他各部将士高兴地说:"刘将军平生见到小股敌人就害怕,今天遇到强敌却勇猛无畏,真叫人奇怪!还是继续在前,请让我们帮助将军!"光武再次进攻,王寻、王邑派出的军队又退去,义军各部一同乘机进攻,杀死莽军数百近千人。义军连续获胜,继续向昆阳进军。此时伯升攻取宛城已有三天了,而光武还不知道,于是派人伪装成宛城的使者携带书信通知昆阳守军,说:"宛城的救兵即刻赶到。"却故意失落了这封书信。王寻、王邑得知后,十分不快。义军众将领屡战屡捷,胆气更壮,无不以一当百。光武就与三千名敢死队员,从城西涉水直扑莽军的中军,王寻、王邑的阵势大乱,义军一鼓作气打垮敌军,于是杀死了王寻。昆阳守军也击鼓呐喊着冲杀出来,内外夹击,喊杀声惊天动地,莽军大溃退,逃跑的士兵互相践踏,死尸僵卧在百余里的路上。恰逢雷声大作,狂风骤起,屋瓦全被风刮得乱飞,暴雨如注,滍水水势猛涨,吓得虎豹都四肢颤抖,士兵们争着渡河,淹死的人以万计,河水为之断流。王邑、严尤、陈茂轻装骑马踏着死尸渡河逃走。义军全部缴获了莽军的各种军用物资,兵车、盔甲和珍宝,多得无法计算,运了几个月都没运完,有人把剩余的物资烧掉了。

光武再接再厉夺取颍阳。恰在此时伯升被更始帝所杀害,光武从父城赶回宛城请罪。伯升司徒府的属吏迎接光武并表示慰问,光武不便述说心里话,只能沉痛地引咎自责而已。他未曾自我表白昆阳的功劳,又不敢为伯升服丧,吃饭说笑如同平时一样。更始因此心中有愧,便任命光武为破虏大将军、封武信侯。

九月初三,三辅的豪杰共同杀死了王莽,将首级送到宛城。更始帝将北上建都洛阳,以光武兼管司隶校尉事,命他前去整修宫室和官府。于是光武任命了属吏,写好文书发到各属县,行使起督促文书,察举非法的职责,一切按照汉朝的旧规定办事。当时三辅地区的官吏和士人到洛阳城东迎接更始帝,看见诸位将军经过,都是头上戴帻,身穿如同妇女所穿的衣裳,即诸于和绣𪋸之类,无不感到可笑,甚至有人害怕不吉利而走掉了。等到看见司隶校尉的部下,都高兴得不知如何是好。老年的官吏有的流着泪说:"不料想今天还能重新看到汉朝官员的威仪!"从此有识之士都倾心于光武。

待更始帝到达洛阳,就派光武以破虏将军的身份代理大司马事务。十月,持节向北渡过黄河,镇抚河北各州郡。所到郡县,便接见二千石、长吏、三老、官属,下至一般佐史,考察治政得失,如同州牧巡行辖区一样。他一到某地就审查释放囚徒,革除王莽苛政,恢复汉朝官吏的名称。吏民欢欣鼓舞,争着带上牛肉和酒,迎接慰劳光武一行人。进抵邯郸,原赵缪王之子刘林劝说光武道:"赤眉军现在在河东,只要决堤放水淹他们,百万赤眉军全可以让他们成为鱼。"光武不理睬,又前往真定。刘林于是诡称卜者王郎是成帝的儿子刘子舆,在十二月,拥立王郎为天子,建都邯郸,并派遣使者劝降了许多郡国。

二年正月,光武鉴于王郎一兴起就比较强大,于是向北攻取蓟县。王郎下达快递文书,悬赏十万户侯捉拿光武。而原广阳王之子刘接于蓟城中起兵,以响应王郎。城内很混乱,谣言四起,人人惊恐,说邯郸使者刚刚到达,二千石以下官吏都前去迎接。于是光武急忙坐车南逃,无论白天黑夜都不敢进入城市,吃住全在道旁。到达饶阳,部下全断了炊。光武就自称是邯郸使者,进入传舍。传舍的官吏刚送进食物,光武的随从因为饥饿,争抢食物。传吏怀疑他们是伪装的使者,就击鼓数十下,假称邯郸的将军来到,光武的部下都大惊失色。光武上车想跑,既而害怕出不去,慢慢回到座位,说:"请邯郸的将军进来。"过了许久才驾车离去。传舍中的人远远地喊守护城门的人关闭大门。门长说:"天下形势还难预料,而能随便关闭长者吗?"于是光武得以从南门离去。他们日夜兼程,冒着霜雪,天气正寒冷,脸都冻裂了。到了呼沱河,没有船只,恰遇河水结冰,得以通过,还没全部过完而后面的几辆车陷入河中,进抵下博县城西,彷徨犹豫不知该向何方。有一个白衣老人在路边,指示说:"努力!信都郡仍忠于刘玄,离这里八十里。"光武立即奔赴信都。信都太守任光开门出迎。世祖因此征发附近各县的兵卒,得到四千人。先攻打堂阳、贳县,全都降服。王莽和成卒正邳彤也率全郡归降。又昌城人刘植、宋子人耿纯,各领宗亲子弟,占领各自的县城,以拥戴光武。于是北上迫降下曲阳,兵马初步集结,乐意投靠的人达到数万人。接着向北进攻中山,夺取卢奴。所过之处调发"奔命"兵,向周围各郡传递文书,要求共同打击邯郸势力,郡县又再次响应号召。又南下进攻新市、真定、元氏、防子,都占领下来,因此进入赵国地界。

当时王郎大将李育驻扎在柏人,汉兵不知情况而进军,前部偏将军朱浮、邓禹被李育打败,丧失了辎重。光武在后面听说此事,收容了朱浮、邓禹的溃散的士兵,与李育大战于柏人的外城城门,大获全胜,全部夺回了被李育缴获的物资。李育退守城池,光武攻不下它,就率军夺取广阿。恰好上谷太守耿况、渔阳太守彭宠各派他们的将领吴汉、寇恂等人统帅突骑来协助攻打王郎,更始帝也派遣尚书仆射谢躬讨伐王郎,光武因而大肆犒劳士兵,于是东进围困钜鹿。王郎守将王饶坚守,经过一个多月仍攻打不下。王郎派将军倪宠、刘奉领兵数万援救钜鹿,光武迎战于南栾,斩杀数千人。四月,围攻邯郸,连战连胜。五月初一,攻取邯郸,处死王郎。收缴文书,得到自己部下向王郎联络或诽谤自己的信件数千封。光武不查看,集合众将当面把信烧掉,说:"让为此事担忧的人心安。"

更始帝派侍御史持节封光武为萧王,命令他遣散军队回到更始帝身边。光武以河北地区尚未平定为由推辞,不应征召,从此开始脱离更始帝。

那时长安政治混乱,四方背叛。梁王刘永专命于睢阳,公孙述称王于巴、蜀,李宪自立为淮南王,秦丰自号楚黎王,张步起事于琅玡,董宪起事于东海,延岑起事于汉中,田戎起事于夷陵,都各任命将帅,侵占郡县。又有各种名号的贼兵如铜马、大肜、高湖、重连、铁胫、大抢、尤来、上江、青犊、五校、檀乡、五幡、五楼、富平、获索等,各自率领部队,人数合计达数百万人,在当地劫掠。

光武将攻击诸寇贼,先派遣吴汉到北方征发十郡兵马。幽州牧苗曾不听从调兵,吴汉就斩杀苗曾而征发了他的部下。秋天,光武进攻铜马于鄡县,吴汉率领突骑来到清阳会合。贼兵多次挑战,光武坚守营垒,贼兵有出外抢掠的人,就发兵消灭他们,断绝了贼兵的粮道。累计过了一月有余,贼兵粮食吃光,乘夜色逃去,光武追击到馆陶,大败贼军。接受投降一事尚未结束,而高湖、重连军从东南方前来,与铜马残部会合,光武又与他们大战于蒲阳,全部打败并降服了他们,封他们首领为列侯。降人仍然心中不安,光武懂得他们的心意,命令他们各自回营整顿队伍,于是自己轻装骑马一一巡视各部队列。降人互相说道:"萧王以赤心待我等,我等怎能不以死报效呢!"从此都顺服。光武把降人全部分配给各位将领,士兵于是多达数十万,因而关西称光武为"铜马帝"。赤眉一个别帅与大肜、青犊军共十万人驻扎射犬,光武进击,大败他们,各军全都逃散。派吴汉、岑彭袭杀谢躬于邺城。

青犊、赤眉贼开进函谷关,进攻更始帝。光武就派遣邓禹率领六员副将引兵向西进发,以利用更始、赤眉相争的动乱机会。当时更始帝派大司马朱鲔、舞阴王李轶等屯守洛阳,光武也命令冯异据守孟津予以抗衡。

建武元年春正月,平陵人方望拥立原来的孺子刘婴为天子,更始帝派遣丞相李松进攻并斩杀了他们。光武帝北上进攻尤来、大抢、五幡军于元氏,追击到右北平,连续打败他们。又战于顺水之北,乘胜冒进,反而被打败。贼兵追击得很紧,短兵相接,光武自己从高坡上跳下去，遇到突骑王丰，王丰下马让给光武，光武扶着王丰的肩膀上马，回过头来笑着对耿弇说："几乎被敌人所耻笑！"耿弇频频射箭击退贼兵，得以幸免。光武的士兵死了数千人，散兵回来后退守范阳。军中不见光武，有人说他已战死，众将不知如何是好。吴汉说："大家努力！萧王哥哥的儿子在南阳，何愁没有主公？"众人恐惧，几天以后才安定下来。贼兵虽然取胜，但平素折服于汉军军威，客主双方互不摸底，晚上就撤走了。大军重又前进到安次，与敌交锋，击败他们，斩首三千余级。贼兵退入渔阳，于是派遣吴汉率领耿弇、陈俊、马武等十二位将军追击于潞县之东，一直进抵平谷，大败并消灭了贼军。

朱鲔派遣讨难将军苏茂进攻温县，冯异、寇恂与他们交锋，大败敌军，斩杀苏茂的将领贾强。于是众将商议给光武上尊号，马武先向光武进言："天下无主。如果有圣人利用天下凋敝的时候崛起，我们虽有仲尼为相，孙子为将，也恐怕难有作为。泼水难收，后悔无及。大王虽然执意谦让，叫宗庙社稷怎么办！应该返回蓟县登基，再商议征伐的事情。否则现在能说谁是逆贼而放手攻打他们呢？"光武震惊地说："将军为何说出这样的话？该斩首的！"马武说："众将领都这样说。"光武让他出去劝说众将。于是引军回到蓟县。

夏四月，公孙述自称天子。光武从蓟县返回，路过范阳，下令收葬以前阵亡的将士。抵达中山，众将又上奏说："汉朝遭遇王莽之乱，宗庙废弃，祭祀断绝，豪杰愤怒，兆民惨遭涂炭。大王与伯升首举义兵，更始凭靠你们的努力才得以占有帝位，而不能维护好大业，破坏搅乱了纲纪，盗贼日益增多，百姓处于危难和窘境之中。大王初征昆阳，王莽不战自溃；后来夺取邯郸，河北的州郡归顺平定；三分天下而有其二，据有数州领土，军队多达百万。谈武力没有人敢于对抗，论文德更是无可挑剔。臣等听说帝王之位不可以长久空着，天命不可以谦让拒绝，愿大王一心以社稷为重，以百姓为念。"光武又不听从。行进到南平棘，众将又坚决地请求光武登基。光武说："贼寇尚未平定，四面受敌，怎么能立即考虑正号位的事呢？诸位将军暂且出去吧。"耿纯又进来说："天下士大夫丢弃亲戚，别离故土，追随大王于箭石横飞的战场，他们的打算原本是想攀龙鳞，附凤翼，以实现建功立业的志向。现在功业已成，天人也相应合，而大王拖延良机而违逆众心，不定尊号，我恐怕士大夫失去希望，没有办法，就会有离去而归家的想法，不愿长此苦守下去。大军一旦离散，难以再度招集。良机不可久留，众心不可违背。"耿纯言辞十分诚挚恳切，光武深受感动，说："我将考虑这件事。"

进抵鄗城，与光武过去同在长安居住求学的强华从关中送来赤伏符，符文是："刘秀发兵捕不道，四夷云集龙斗野，四七之际火为主。"群臣因而再次上奏道："承受天命之符，与之相应的人当居大位，相距万里而符信相合，不经商议而情思相同，周代的白鱼之信，何足相比！现今上无天子，海内混乱，符瑞所示，昭然若揭，应该顺从天神的意愿，以满足大家的希望。"光武于是命令有关部门设立坛场于鄗县城南千秋亭的五成陌。

六月二十二日，即皇帝位。烧柴祭告上天，升烟以享六宗，望祭群神。祭祀祝文说："皇天上帝，后土神祇，垂青于我而降下天命，将百姓托付给我刘秀，为人父母，秀不敢当。手下群臣，不谋而合，都说：'王莽篡位，刘秀发愤起兵，破王寻、王邑于昆阳，杀王郎、铜马于河北，平定天下，海内蒙受恩惠。上应天地之心，下为百姓所归。'谶记说：'刘秀发兵捕不道,卯金修德为天子。'秀仍然坚辞,以至于一而再,再而三。群臣都说:'皇天大命,不可拖延。'敢不恭敬受命。"于是定年号为建武,大赦天下,改鄗县名为高邑。

这个月,赤眉军拥立刘盆子为天子。

二十七日,前将军邓禹攻击更始定国公王匡于安邑,大败王匡,斩杀将领刘均。秋天七月五日,拜前将军邓禹为大司徒。十一日,以野王令王梁为大司空。十六日,以大将军吴汉为大司马,偏将军景丹为骠骑大将军,大将军耿弇为建威大将军,偏将军盖延为虎牙大将军,偏将军朱祐为建义大将军,中坚将军杜茂为大将军。当时宗室刘茂自号"厌新将军",率众投降,封为中山王。

(八月)初三,驾临怀县,派遣耿弇率领强弩将军陈俊驻扎五社津,守备荥阳以东。派吴汉率领朱祐以及廷尉岑彭、执金吾贾复、扬化将军坚镡等十一位将军,围困朱鲔于洛阳。

八月十六日,祭祀社稷。十七日,拜祭高祖、太宗、世宗于怀县离宫。进抵河阳,更始廪丘王田立归降。

九月,赤眉军攻入长安,更始帝逃到高陵。六月,诏书说:"更始失败,弃城逃走,妻子儿女裸露,流散道路。朕非常怜悯他们。今天封更始为淮阳王。吏民有敢于伤害他们的,罪与大逆相同。"十九日,以原密县县令卓茂为太傅。二十六日,朱鲔举城投降。

冬天十月十八日,车驾进入洛阳,来到南宫却非殿,于是定都于此。派岑彭进攻荆州群贼。

十一月三十日,驾临怀县。刘永自称天子。十二月十一日,从怀县返回洛阳。

赤眉军杀死更始帝,而隗嚣占据陇右,卢芳起兵于安定。破虏大将军叔寿进攻五校贼于曲梁,战死。

二年春天正月初一,有日食。大司马吴汉率领九位将军进攻檀乡贼于邺城的东边,大败并降服了他们。十七日,封全部功臣为列侯,大国有四县,其余各有等差。下诏说:"人情得到满足,常被放纵所苦,为快一时的欲望,忘却应当谨慎对待刑法的宗旨。只因诸位将军功业远大,真诚希望能传之无穷,应当像面临深渊,或脚踏薄冰一样,战战慄慄,一天比一天谨慎。凡有显著功劳而未得到报答,没有列入封侯名册的人,大鸿胪迅速奏上,朕将分别封赏他们。"博士丁恭议论说:"古时候帝王分封诸侯,地不超过百里,所以有利于建侯,取法于雷卦,实行强干弱枝,以此来把国家治理好。现在封给诸侯四县,不符合法制。"光武帝说:"古代凡是灭亡的国家,都是因为无道,没听说是因为功臣封地多而亡国的。"于是派遣谒者立即颁发印绶,策文说:"在高位而不骄傲,位虽高而没有危险;约束自己遵守法度,势虽盈满也不会溢出。要谨慎小心地对待此事,传爵位给你的子孙,长久成为汉朝的藩属。"十九日,更始的复汉将军邓晔、辅汉将军于匡投降,都恢复原有爵位。某日,筑起高庙,建社稷坛于洛阳,立郊兆坛于城南,开始以火德为正,以赤色为上色。

这个月,赤眉焚烧西京的宫室,挖掘园陵,抢掠关中。大司徒邓禹进入长安,派司徒府官吏护送西汉十一帝的神主,放入高庙。

真定王刘杨、临邑侯刘让谋反,派遣前将军耿纯杀了他们。二月十六日,驾临修武。

大司空王梁被免除职务。十九日，以太中大夫宋弘为大司空。派遣骠骑大将军景丹率领征虏将军祭遵等二位将军进攻弘农贼，打败了他们，因而派遣祭遵围攻蛮中贼张满。渔阳太守彭宠造反，攻打幽州牧朱浮于蓟县。延岑自称武安王于汉中。某日，从修武返回到洛阳。

三月某日，大赦天下，诏书说："近来狱中多有冤屈的人，用刑深刻，朕非常怜悯他们。孔子说：'刑罚不得当，那么百姓的手脚就慌得不知所措。'和中二千石、诸大夫、博士、议郎商议削减刑法。"

派遣执金吾贾复率领二位将军进攻更始郾王尹遵，打败并降服了他。

骁骑将军刘植进攻密县贼，战死。派遣虎牙大将军盖延率领四位将军讨伐刘永。夏四月，包围刘永于睢阳。更始将领苏茂杀死淮阳太守潘蹇而依附刘永。

二日，封叔父刘良为广阳王，兄子刘章为太原王，刘章弟刘兴为鲁王，春陵侯正妻之子刘祉为城阳王。

五月十九日，封更始元氏刘歙为泗水王，原真定王刘杨之子刘得为真定王，周朝后代姬常为周承休公。二十二日，诏书说："百姓有被迫嫁出的女儿，卖掉的儿子想回到父母身边的，任凭他们抉择。敢于扣留不放的，按律论处。"

六月七日，立贵人郭氏为皇后，儿子刘强为皇太子，大赦天下。增加郎、谒者、从官的官阶各一等。十五日，封宗子刘终为淄川王。

秋八月，光武帝亲自率军征伐五校。二十六日，驾临内黄，大败五校于羛阳，降服了他们。派遣游击将军邓隆救援朱浮，与彭宠交战于潞县，邓隆战败。盖延夺取睢阳，刘永逃到谯县。破虏将军邓奉占据淯阳反叛。

九月二日，从内黄返回京师。骠骑大将军景丹死了。延岑大败赤眉于杜陵。关中饥荒，百姓相食。

冬十一月，以廷尉岑彭为征南大将军，率领八位将军讨伐邓奉于堵乡。

铜马、青犊、尤来剩余贼军共同于上郡拥立孙登为天子。孙登将领乐玄杀死孙登，率领他的部下五万余人投降。派遣偏将军冯异代替邓禹讨伐赤眉。让太中大夫伏隆持节安集青、徐二州，招降张步归顺。

十二月三十日，诏书说："宗室列侯被王莽所废黜，先祖灵魂无所归依，朕十分哀愍。一并恢复他们的故国。如果列侯已经身亡，所在郡县将他的子孙的名字上报到尚书那里，予以封拜。"

这一年，盖延等大败刘永于沛县之西。起初，王莽末年，天下闹旱灾、蝗灾，黄金一斤换小米一斛；到这时野谷丛生，麻和菽尤其多，野蚕结茧，覆盖在山岗之上，百姓从中得到好处。

三年春天正月初六，以偏将军冯异为征西大将军，杜茂为骠骑大将军。大司徒邓禹和冯异与赤眉战于回溪，邓禹、冯异被击败。征虏将军祭遵攻破蛮中，杀了张满。二十三日，立皇父南顿君以上四庙。二十四日，大赦天下。闰月十八日，大司徒邓禹被免职。

冯异与赤眉战于崤底，大败赤眉，赤眉残部向南逃往宜阳，光武帝亲自率军征讨他们。十二日，驾临宜阳。十七日，亲自统辖六军，大量布置兵马，大司马吴汉的精兵排列于前,中军在其后,骁骑、武卫分列左右。赤眉望见后震惊恐怖,派出使者请投降。十九日,赤眉君臣反绑双臂,献上高皇帝玺印绶带,光武命令交付城门校尉。二十一日,从宜阳回到洛阳。二十二日,诏书说:"群盗纵横,残害百姓,刘盆子窃据尊号,扰乱迷惑天下。朕出兵征伐,立刻土崩瓦解,十余万人束手降服。先帝的玺印归于王府。这都是仰仗祖宗之灵,士人之力,朕怎么配有此荣耀! 选择吉日祭祀高庙,赏赐天下长子并将成为父亲后嗣的人以爵位,每人一级。"

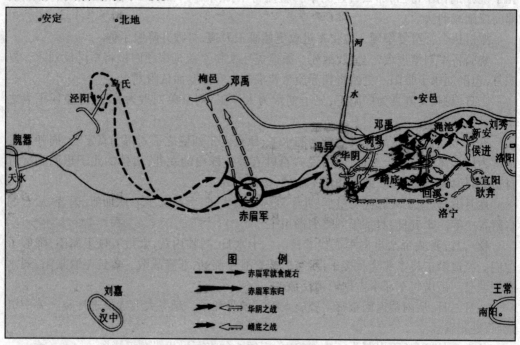

华阳、崤底之战示意图

二月二日,祭祀高庙,接受传国玺。刘永立董宪为海西王,张步为齐王。张步杀死光禄大夫伏隆而造反。驾监怀县。派遣吴汉率领二位将军攻击青犊于轵县之西,大败并降服了他们。

三月十六日,以大司徒司直伏湛为大司徒。彭宠攻陷蓟城,自立为燕王。光武帝亲自率兵征伐邓奉,抵达堵阳。夏四月,大败邓奉于小长安,斩了他。冯异与延岑战于上林,击破了他。吴汉率领七位将军与刘永将领苏茂战于广乐,大败茂军。虎牙大将军盖延围困刘永于睢阳。

五月二十四日,车驾回宫。三十日,有日食。

六月七日,大赦天下。耿弇与延岑战于穰县,大败岑军。

秋七月,征南大将军岑彭率三位将军讨伐秦丰,战于黎丘,大败丰军,俘获他的将领蔡宏。

(八月)二十六日,诏书说:"官吏不满六百石,下至墨绶县长、国相,有罪需处置必先请示。男子八十岁以上,十岁以下,只要不是犯了不道罪,或下诏具名特捕的人,都不许囚禁。应当查问的立即接受查问。女犯出钱雇山的可以放回家。"

盖延攻占睢阳，俘获刘永，而苏茂、周建拥立刘永的儿子刘纡为梁王。

冬天十月十九日，驾临舂陵，祭祀陵园祖庙，因而摆酒于旧住宅，广招故友和父老聚会。十一月十二日，从舂陵返京。涿郡太守张丰造反。

这一年，李宪自称天子。西州大将军隗嚣上书。建义大将军朱祐率祭遵与延岑交战于东阳，斩杀延岑的将领张成。

四年春天元月二日，大赦天下。

二月初一，驾临怀县。二十一日从怀县抵京师。派遣右将军邓禹率领二位将军与延岑战于武当，打败了延岑。

夏天四月七日，驾临郏城。十九日，驾临临平。派遣大司马吴汉进攻五校贼于箕山，大败五校。

五月，驾临元氏。初一，驾临卢奴。派遣征虏将军祭遵率领四位将军讨伐张丰于涿郡，斩了张丰。

六月二日，车驾还洛阳宫。

七月八日，驾临谯县。派遣捕虏将军马武、偏将军王霸围攻刘纡于垂惠。

董宪将领贲休以兰陵城归降，董宪围困了该城。虎牙大将军盖延率平狄将军庞萌援救贲休，未成功，兰陵被董宪所攻陷。

秋天八月十日，驾临寿春。太中大夫徐恽擅自杀死临淮太守刘度，徐恽因此被处死。派遣扬武将军马成率领三位将军讨伐李宪。九月，围困李宪于舒城。

冬天十月七日，车驾回到洛阳宫中。太傅卓茂死了。

十一月十九日，驾临宛城。派遣建义大将军朱祐率二位将军围攻秦丰于黎丘。十二月二十日，驾临黎丘。

这一年，征西大将军冯异与公孙述的将领程焉交战于陈仓，打败了他。

五年春天正月十七日，车驾回到洛阳宫中。二月初一，大赦天下。捕虏将军马武、偏将军王霸攻取垂惠。二十日，驾临魏郡。二十七日，封殷朝后人孔安为殷绍嘉公。

彭宠被他的苍头奴所杀死，渔阳平定。

大司马吴汉率建威大将军耿弇进攻富平，获索贼等于平原郡，大败并降服他们。又派耿弇率领二位将军征讨张步。

三月八日，改封广阳王刘良为赵王，开始前往封国。平狄将军庞萌造反，杀死楚郡太守孙萌而东去投靠董宪。派遣征南大将军岑彭率领二位将军讨伐田戎于津乡，大败田戎。

夏四月，天旱，有蝗灾。河西大将军窦融开始派遣使者进贡。

五月二日，诏书说："久旱伤害麦子，秋粮未能下种，朕十分忧虑。是因为将领残暴，官吏不胜任，狱中多有冤枉之人，百姓既愁又恨，而引起天气失调吗？命令中都官、三辅、郡、国释放关押的囚犯，不是犯殊死之罪的人一概不再追究，现有的囚徒免罪为百姓。务必选用和柔贤良的人为官吏，斥退贪婪残暴的官吏，各自处理好政事。"

六月，建义大将军朱祐攻取黎丘，俘获秦丰；而庞萌、苏茂围困了桃城。光武帝当时驾临蒙县，因而亲自率兵征讨庞萌等。先整顿兵马于任城，才进而援救桃城，大败庞萌等军。

秋天七月四日，驾临沛县，祭祀高祖原庙。下诏修复西京的园陵。进而驾临湖陵，征讨董宪。又驾临蕃县，于是进攻董宪于昌虑，大败董宪。

八月六日，进而驾临郯县，留吴汉攻打刘纡、董宪等人，车驾转而攻取彭城、下邳。吴汉攻占郯县，俘获刘纡；吴汉进而围攻董宪、庞萌于朐县。

冬十月，开始回京，驾临鲁国，派大司空祭祀孔子。

耿弇等与张步交战于临淄，大败张步。光武帝驾临临淄，进而驾临剧县。张步杀苏茂来投降，齐地平定。

初建太学。车驾回到洛阳宫中，驾临太学，赏赐博士弟子各有等差。

十一月初一，大司徒伏湛被免职，尚书令侯霸为大司徒。

十二月，卢芳于九原自称天子。西州大将军隗嚣派遣儿子隗恂入侍。交阯牧邓让率领七郡太守派遣使者进贡。诏书免除济阳二年的徭役。这一年，野生谷物逐渐减少，田地更加广泛开垦出来。

六年春天正月十六日，改春陵乡为章陵县。世世代代免除徭役，如同丰、沛一样，没有差遣。二十一日，诏书说："去年水、旱、蝗虫为灾，粮价飞涨，民用物品缺乏。朕因百姓没有东西养活自己，忧伤地怜悯他们。命令郡国有粮食的，分发给年事已高的人，鳏夫、寡妇、孤儿、没有后代的老人和有痼疾或残废的人，无家可归贫困不能自谋生存的人，按《律》所规定的办理。二千石官员要尽力加以抚慰，不要出现失职现象。"扬武将军马成等人攻取舒城。俘获李宪。

二月，大司马吴汉夺取朐城，俘获董宪、庞萌，山东全部平定。众将军领回到京师，安排酒宴并颁行赏赐。

三月，公孙述派遣将军任满侵犯南郡。

夏天四月八日，驾临长安，首次拜谒高庙，于是逐个祭祀十一陵。派遣虎牙大将军盖延等七位将军从陇道讨伐公孙述。

五月二十一日，从长安回到洛阳。

隗嚣反叛，盖延等因此与隗嚣交战于陇坻，众将被打败。

某日，诏书说："天水、陇西、安定、北地各郡官吏百姓被隗嚣诱入歧途的人，又三辅遭赤眉之难时，犯有不道罪的人，从殊死罪以下，全部予以赦免。"

六月二十四日，诏书说："设官置吏，是为了管理百姓。现在百姓遭难，户口减少，而县级官吏设置仍很繁冗，命令司隶校尉，州牧各自核实所辖各部，裁减官员。县、国不足以安置长吏而可以合并的，上报大司徒、大司空二府。"于是分别上奏合并削减四百余县，吏职裁撤，十留其一。

代郡太守刘兴于高柳进攻卢芳将领贾览，战死。起初，乐浪人王调占据乐浪郡不归服。秋天，派遣乐浪太守王遵进攻他，郡吏杀死王调投降。

派遣前将军李通率领二位将军，与公孙述的将军交战于西城，打败了他们。

夏天，有蝗灾。秋天九月四日，赦免乐浪郡犯谋反、大逆、殊死罪以下的犯人。三十冬天十月十一日,诏书说:"我德薄不明智,寇贼为害,强弱相陵,百姓失所。《诗经》说:'日月显示凶兆,不按其道运行。'长久考虑这一灾祸,心中很内疚。敕令公卿荐举贤良、方正各一人;百官都可以呈上密封的奏章,不要有所隐讳;各自办理职责内的事务,务必遵守法度。"

十一月某日,诏命王莽时吏民被罚为奴婢而不合乎旧有法律规定的,都释放为百姓。

十二月二十七日,大司空宋弘被免职。二十八日,诏书说:"此前战事不断,费用不足,所以实行十一之税。现在军队屯田,粮食储备略有增加。命令郡国收取田租实行三十税一,如同旧制。"隗嚣派遣将领行巡侵犯扶风,征西大将军冯异抵御并击败了他。

这一年,初次废除郡国都尉官。开始派遣列侯前往各自的封国。匈奴派使者来进贡,让中郎将回报。

七年春天正月初二,诏命中都官、三辅、郡、国释放囚犯,不是犯死罪的人,都一律不再追究他的罪。现有囚徒释放为平民。犯耐罪而逃亡的人,官吏行文免除他们的罪名。

又下诏说:"世上以厚葬为有德,薄葬为鄙陋,以至于富有的人奢侈无度,贫穷者耗尽资财,法令不能禁止。礼义不能劝阻,战乱时坟墓被盗挖,才明白厚葬的祸害。布告天下,叫大家知道忠臣、孝子、慈兄、悌弟薄葬送终的道理。"

二月十七日,废除护漕都尉官。

三月四日,诏书说:"现在国家有众多的军队,并且大多精壮勇武,应当暂且遣散轻车、骑士、材官、楼船士以及临时设置的军吏,令他们重新成为百姓。"公孙述立隗嚣为朔宁王。

三十日,有日食,光武避开正殿,停止军事行动,不听政事五天。诏书说:"我德薄招来灾祸,谴责见于日月,战栗恐惧,还能说什么呢!现在正在考虑自己的过失,希望能消弭灾祸。命令官吏各自负起职责,遵守法令制度,加恩惠给百姓。众官僚各自呈上密封奏章,不要有所隐讳。凡上书的人,不得称我圣明。"

夏天四月十九日,诏书说:"近年阴阳错乱,出现日食、月食、百姓有过失,责任全在我一人,大赦天下。公、卿、司隶、州牧荐举贤良、方正各一人,叫他们前往公车报到,朕将亲自召见考察他们。"

五月六日,前将军李通为大司空。二十二日,诏命吏民因遭遇饥荒战乱以及被青、徐二州贼人劫掠为奴婢或小妾的人,愿意离去或留下的,听任其便。敢于拘留不放的,以卖人法处置。这年夏天,出现连阴雨。以汉忠将军王常为横野大将军。

八月二十六日,封前河间王刘郡为河间王。隗嚣侵犯安定,征西大将军冯异、征虏将军祭遵打退了他们。

冬天,卢芳所任命的朔方太守田飒、云中太守乔扈各自举郡投降。这一年,撤销长水、射声二校尉官。

八年春正月,中郎将来歙袭击略阳,杀死隗嚣守将而占领了该城。夏天四月,司隶校尉傅抗下狱死。隗嚣进攻来歙,不能攻陷城池。闰月,光武帝亲自讨伐隗嚣,河西大将军窦融率领五郡太守与车驾相会于高平。陇右溃败,隗嚣逃到西城,派遣大司马吴汉、征南大将军岑彭围困了西城；车驾进抵上邽，敌军不降，命虎牙大将军盖延、建威大将军耿弇攻打敌军。颍川盗贼侵占属县，河东郡的守军也叛变了，京师骚动。

秋天，发了大水。八月，光武帝从上邽日夜东进。九月初一，车驾回到洛阳宫中。六日，光武帝亲自征讨颍川盗贼，盗贼全部投降了。安丘侯张步叛逃回琅玡，琅玡太守陈俊征讨并俘获了他。二十四日，从颍川回到京师。

冬天十月二十二日，驾临怀县。十一月二日，从怀县回到京师。

公孙述派兵援救隗嚣，吴汉、盖延等回到长安驻扎。天水、陇西重又叛变归顺隗嚣。

十二月，高句丽王派使者进贡。这一年闹大水。

九年春天正月，隗嚣病死，他的将领王元、周宗又拥立隗嚣的儿子隗纯为王。迁移雁门郡吏民到太原。

三月某日，初次设置青巾左校尉官。公孙述派遣将军田戎、任满据守荆门。

夏天六月六日，驾临缑氏，登上轘辕山。派遣大司马吴汉率四位将军打败卢芳的将领贾览于高柳，战斗不利。

秋天八月，派遣中郎将来歙监督征西大将军冯异等五位将军讨伐隗纯于天水。

骠骑大将军杜茂与贾览交战于繁畤，杜茂被战败。这一年，撤销关都尉，重新设置护羌校尉官。

十年春正月，大司马吴汉率领捕虏将军王霸等五位将军进攻贾览于高柳，匈奴派骑兵援救贾览，众将同他们交战，击退了他们。修理长安的高庙。

夏天，征西大将军冯异打败公孙述将领赵匡于天水，斩杀了他。征西大将军冯异病死。

秋天八月二十五日，驾临长安，祭祀高庙，于是又祭十一陵。二十四日，进而驾临汧县。隗嚣将领高峻投降。

冬十月，中郎将来歙等人大败隗纯于落门，隗纯的将领王元逃奔蜀地，隗纯与周宗投降，陇右平定。

先零羌人侵犯金城、陇西，来歙率领众将进攻羌人于五溪，大败羌人。

十七日，车驾回到洛阳宫中。这一年，撤销定襄郡，迁移该郡百姓到西河。泗水王刘歙死了。淄川王刘终死了。

十一年春天二月八日，诏书说："天地之性以人为贵。杀奴婢，不许减罪。"

三月九日，驾临南阳；返回的路上，驾临章陵，祭祀园陵。城阳王刘祉死了。三十日，车驾回到洛阳宫中。

闰月，征南大将军岑彭率领三位将军与公孙述将领田戎、任满交战于荆门，大败他们，俘获了任满。威虏将军冯骏围困田戎于江州，岑彭率领水军征伐公孙述，平定巴郡。

夏四月二十八日，撤销大司徒司直官。先零羌人侵犯临洮。

六月，中郎将来歙率领扬武将军马成打败公孙述的将领王元、环安于下辩。环安派遣间谍刺杀了中郎将来歙。光武帝亲自率军征讨公孙述。秋天七月，临时驻扎长安。八月，岑彭击败公孙述的将领侯丹于黄石。辅威将军臧宫与公孙述将领延岑交战于沈水，大败岑军。王元投降。车驾从长安回到洛阳。

二十六日，诏书说："敢于烧灼奴婢的人，按律论罪。赦免被烧灼的人为平民。"

冬天十月某日，下诏废除奴婢射伤人要弃市的律令。

公孙述派间谍刺杀了征南大将军岑彭。马成平定武都，依靠陇西太守马援击败先零羌，将羌人分别迁到天水、陇西、扶风三郡。十二月，大司马吴汉率领水军讨伐公孙述。

这一年，撤销朔方牧，并入并州。初次停止州牧亲自进京奏事。

十二月春正月，大司马吴汉与公孙述将领史兴交战于武阳，斩了他。

三月九日，诏命陇、蜀百姓被掠卖为奴婢而自己到官府鸣冤的人，以及狱官未处理的，一概免为平民。夏天，甘露降于南行唐。六月，黄龙出现于东阿。

秋七月，威虏将军冯骏攻取江州，俘获田戎。九月，吴汉大败公孙述的将领谢丰于广都，斩了他。辅威将军臧宫夺取涪城，斩了公孙恢。大司空李通被罢免。

冬天十一月十八日，吴汉、臧宫与公孙述交战于成都，大败述军。公孙述受伤，夜里死去。二十一日，吴汉血洗成都，诛灭公孙述的宗族以及延岑等人。

十二月初一，扬武将军马成代理大司空事务。

这一年，九真境外蛮夷人张游率领种族民众内附，封为归汉里君。撤销金城郡划归陇西。参狼羌侵犯武都，陇西太守马援讨伐并降服了他们。诏命边地官员力量不足以出战的就固守，追击敌虏根据敌情以决定进退，不受逗留法的约束。横野大将军王常死了。派遣骠骑大将军杜茂率各郡驰刑徒驻屯北方边疆，建筑亭候，修造烽燧。

十三年春天正月初一，大司徒侯霸死了。二十九日，诏书说："往年已敕命郡国，地方特产不许有所贡献，现在仍未停止，非但有预先饲养选择的劳顿，还导致频频递送于路上，使所经过的地方劳扰破费。命令太官不再接受贡品，明确告诫地方远方的膳食只用来献给宗庙，自应按照旧规定办理。"

二月，派遣捕虏将军马武屯守呼沱河以防御匈奴。卢芳从五原逃亡到匈奴。二十七日，诏书说："长沙王刘永、真定王刘得、河间王刘邵、中山王刘茂，都袭爵为王，不符合经义。以刘兴为临湘侯，刘得为真定侯，刘邵为乐成侯，刘茂为单父侯。"刘氏皇族及原封国撤销而后代封侯的共计一百三十七人。二十八日，降赵王刘良为赵公，太原王刘章为齐公、鲁王刘兴为鲁公。(三月)十一日，以殷绍嘉公孔安为宋公，周承休公姬武为卫公。省并西京十三国：广平国属钜鹿，真定国属常山，河间国属信都，城阳国属琅玡，泗水国属广陵，淄水国属高密，胶东国属北海，六安国属庐江，广阳国属上谷。

三月十二日，沛郡太守韩歆为大司徒。十七日，代理大司空事务的马成被免职。

夏四月，大司马吴汉从蜀地返回京师，于是大宴将士，并普遍慰劳将士，以策书记录下他们的功勋。功臣增加食邑重新封拜，凡三百六十五人。因外戚恩泽受封的人有四十五人。废除左右将军官。建威大将军耿弇被罢免。

益州传送来公孙述的瞽师、用于郊庙礼仪的乐器、葆车、舆辇，于是皇帝的车马仪仗才开始齐备。当时战争已经停息，天下很少有警事，公文的往来和差役的调遣，力求从简从少，以至于仅有过去的十分之一。

二十六日，以冀州牧窦融为大司空。五月，匈奴侵犯河东。秋七月，广汉境外的白马羌首领率领他的族人内附。九月，日南境外蛮夷进贡白雉、白兔。

冬天十二月三十日,诏命益州百姓自建武八年以来被掠卖为奴婢的人,全部释放为平民;有依托他人为妾的,愿意离去,听任离去;敢于扣留不放的,按照青、徐二州的前例以掠人法处置。重新设置金城郡。

十四年春正月,建起南宫前殿。匈奴派遣使者进贡,命中郎将报聘。

夏天四月二十九日,封孔子后人孔志为褒城侯。越巂人任贵自称太守,派遣使者上报民户簿籍。秋九月,平城人贾丹杀死卢芳将领尹由来降。这一年,会稽郡闹瘟疫。莎车国、鄯善国派遣使者进贡。

十二月某日,诏命益、凉二州奴婢,从建武八年以来向所在地方官提出申诉的人,一律释放为平民,被卖者无须偿还卖身钱。

十五年春天正月二十三日,大司徒韩歆被免职,自杀。二十九日,有彗星出现在昴星一带。汝南太守欧阳歙为大司徒。建义大将军吴祐被罢免。二十九日,有彗星出现于营室星区。

二月,迁徙雁门、代郡、上谷三郡的百姓,安置到常山关、居庸关以东。

起初,巴蜀已平定,大司马吴汉上书请求分封皇子,不许,连续几年反复上奏。三月,才诏命群臣商议。大司空窦融、固始侯李通、胶东侯贾复、高密侯邓禹、太常登等的奏议说:"古代封建诸侯,用来藩卫京师。周代封侯八百,同姓诸姬氏都因此建国,辅佐王室,尊事天子,享国久长,成为后世的法范。所以《诗经》说:'大开你的领地,成为周王室的辅弼。'汉高祖圣德,君临天下,也务必亲亲,分封兄弟和诸子,不违背过去的规定。陛下圣德通贯天地,恢复了刘氏的大统,褒扬宿德,奖励功勋,和睦九族,功臣和宗室都蒙受封爵,大多授予广大的封地,有的拥有数县。现今皇子仰仗天恩,已能穿成人衣冠出入迎拜,陛下恭廉克让,有意压制而不让论议封爵,群臣百姓无不失望。应当在此盛夏吉时,定下号位,以增广藩辅,明示亲亲之道,尊宗庙,重社稷,应古法,合旧规,满足大家的心愿。臣等请求由大司空送上舆地图,由太常选择吉日,安排礼仪。"制书说:"可以。"

夏天四月二日,以太牢祭告宗庙。十一日,派大司空窦融祭告先祖,封皇子刘辅为右翊公,刘英为楚公,刘阳为东海公,刘康为济南公,刘苍为东平公,刘延为淮阳公,刘荆为山阳公,刘衡为临淮公,刘焉为左翊公,刘京为琅玡公。七日,追谥帝兄伯升为齐武公,帝兄仲为鲁哀公。

六月二十五日,重新设置屯骑、长水、射声三个校尉官;改青巾左校尉为越骑校尉。诏下州郡核实垦田亩数和户口年龄,并查实二千石长吏中徇私舞弊的人。冬天十一月初一,大司徒欧阳歙下狱死。十二月二十七日,关内侯戴涉为大司徒。卢芳从匈奴进占高柳。这一年,骠骑大将军杜茂被免职,虎牙大将军盖延死了。

十六年春天二月,交阯女子征侧造反,占据城邑。三月三十日,有日食。

秋九月,河南尹张伋以及诸郡太守十余人,由于丈量田亩不实,都被下狱处死。

郡国大姓以及私人武装首领、群盗在各地纷纷起兵,在当地攻杀抢劫,杀害长吏。郡县派兵追击,兵马一到他们就逃散,兵马一走他们又集结在一起。青、徐、幽、冀四州尤为严重。冬十月,派遣使者到郡国,允许群盗自相揭发,五人共同斩杀一人的,免去他们的罪。官吏虽然曾经犯有拖延、回避、放纵的过失,都不追究,允许以讨伐盗贼来弥补。州牧、郡太守、县令、县长中因治内有盗贼而不去搜捕的，又有因畏惧放弃城池、擅离职守的，都不认为是失职，只按他们现在俘获盗贼多少来考察政绩的优劣，唯独藏匿盗贼的人才予以治罪。于是官吏们争相追捕盗贼，盗贼一并瓦解。迁徙盗贼的首领到其他郡，分给土地和粮食，让他们安心生产。从此以后牛马可以安心放牧，城门也可以不关闭。卢芳派遣使者来请求投降。十二月某日，封卢芳为代王。

起初，王莽之乱以后，布、帛、金、粟都可以当货币用。这一年，开始通行五铢钱。

十七年春正月，赵公刘良死了。二月三十日，有日食。

夏天四月某日，巡视南方，皇太子和右翊公刘辅、楚公刘英、东海公刘阳、济南公刘康、东平公刘苍随行，驾临颍川，进而驾临叶县、章陵。五月二十一日，车驾返回洛阳宫中。六月二十九日，临淮公刘衡死了。秋七月，妖巫李广等聚众占据皖城，派遣虎贲中郎将马援、骠骑将军段志讨伐他们。九月，攻破皖城，斩杀李广等人。冬天十月十九日，废皇后郭氏为中山太后，立贵人阴氏为皇后。进封右翊公刘辅为中山王，食常山郡的赋税。其余九个国公，都依据旧封晋爵为王。

二十二日，驾临章陵。修缮园庙，祭祀旧居，视察田地房舍，摆酒作乐，颁发赏赐。当时宗室中的女性长辈由于酒喝得高兴了，互相说道："文叔小的时候恭谨诚实，待人不殷勤，只是温和罢了。今天竟能如此！"光武帝听说后，大笑道："我治理天下，也想用柔道行事。"于是为春陵的宗室都建起祠堂。有五只凤凰出现在颍川郡的郏县。十二月，从章陵返回京师。这一年，莎车国派遣使者进贡。

十八年春二月，蜀郡守将史歆叛变，派遣大司马吴汉率领二位将军讨伐，包围了成都。

某日，巡视西方，驾临长安。三月某日，祭祀高庙，于是逐一祭拜十一陵。经过冯翊郡界，进而驾临蒲坂，祭祀后土。夏天四月十四日，车驾返回洛阳宫中。

十五日，诏书说："当今边郡偷盗粮食五十斛，论罪可判处死刑，开酷吏妄杀之路，废除此法，处理和内郡相同。"

派遣伏波将军马援率领楼船将军段志等进攻交阯征侧等人。

二十五日，驾临河内。二十九日，从河内回到京师。五月，有旱灾。卢芳重新逃入匈奴。

秋七月，吴汉攻取成都，斩了史歆等人。某日，赦免益州辖区犯殊死罪以下的罪徒。

冬天十月二十四日，驾临宜成。回来的路上，祭祀了章陵。十二月十日，车驾回到宫中。这一年，废除州牧官，改置刺史。

十九年春天正月十五日，追尊孝宣皇帝为中宗。开始祭祀昭帝、元帝于太庙，祭祀成帝、哀帝、平帝于长安，祭祀春陵节侯以下四世于章陵。

妖巫单臣、傅镇等造反，占据原武，派遣太中大夫臧宫围攻他们。夏天四月，夺取原武，斩了单臣、傅镇等人。

伏波将军马援击败交阯贼，斩了征侧等人。接着击败九真贼都阳等人，降服了他们。

闰月二十五日，进封赵、齐、鲁三国公爵为王。

六月二十六日，诏书说："《春秋》大义，立皇后的儿子为太子。东海王刘阳是皇后儿子,应该继承大统。皇太子刘强崇尚谦让之道,愿意退居藩国地位。父子的情谊,应以不长久违背儿子的心愿为重。以刘强为东海王,立刘阳为皇太子,改名为刘庄。"

秋九月,巡视南方。二十一日,驾临南阳,进而驾临汝南郡顿县县衙,摆酒聚会,赏赐吏民,免征南顿县田租一年。父老上前叩头说:"皇上的父亲担任南顿县令时间很长,陛下熟悉这个县衙,每次一来就施加厚恩,希望能降恩免征十年的赋税。"光武帝说:"我享有天下重器,常常害怕不能胜任,过一天算一天,怎么敢预定十年这么远呢?"吏民又说:"陛下实际上是舍不得,为什么说得这样谦恭呢?"光武帝大笑,又增免一年。进而驾临淮阳、梁、沛等地。

西南夷侵犯益州郡,派遣武威将军刘尚讨伐他们。越巂太守任贵谋反。十二月,刘尚袭击任贵,杀了他。这一年,重新设置函谷关都尉。修复西京的宫室。

二十年春天二月十日,车驾返回宫中。夏天四月三日,大司徒戴涉被下狱处死。大司空窦融被免职。

五月四日,大司马吴汉死了。匈奴侵犯上党、天水,直至扶风。

六月十四日,广汉太守蔡茂为大司徒,太仆朱浮为大司空。十六日,左中郎将刘隆为骠骑将军,代理大司马事务。十九日,改封中山王刘辅为沛王。秋天,东夷韩国人率众到乐浪郡内附。

冬天十月,巡视东方。二十日,驾临鲁国,进而驾临东海、楚、沛等国。

十二月,匈奴侵犯天水。二十八日,车驾回到宫中。这一年,撤销五原郡,迁移该郡吏民,安置到河东。免除济阳县徭役六年。

二十一年春正月,武威将军刘尚击败益州夷人,平定该地。

夏四月,安定属国胡人叛变,屯聚在青山,派遣将兵长史陈诉讨伐平定了他们。

秋天,鲜卑侵犯辽东,辽东太守祭肜大败鲜卑。

冬十月,派遣伏波将军马援出塞攻击乌桓,未取胜。匈奴侵犯上谷、中山。

这年冬天,鄯善王、车师王等十六国都派遣儿子入侍皇帝,并进献贡品,请求设置都护。光武帝因中国刚刚安定,顾不上境外的事情,于是送还他们的侍子,给予优厚的赏赐。

二十二年春天闰月十九日,驾临长安,祭祀高庙,于是逐一祭祀十一陵。二月某日,从长安回到京师。夏天五月三十日,有日食。

秋七月,司隶校尉苏邺死于狱中。

秋九月,地震造成地裂。下诏说:"日前有地震,南阳尤为严重。大地,承受物体极重,所以静而不动。而今震裂,罪在君上。鬼神不顺从无德的人,灾祸降到吏民的头上,朕十分恐惧。令南阳不必交今年的田租和饲草。派遣谒者巡察。凡死罪囚犯在地震那天以前定罪的,减死罪一等,囚徒全都解去脚镣,穿上丝绵衣服。赐给郡中被压死的人以棺材钱,每人三千。凡人头税和拖欠的田租而房屋损坏尤其严重的,不再收取。吏民死亡,或者还压在断垣毁屋下面,而家人羸弱不能收敛的,官府就出钱粮雇人,为他们寻找。"

冬天十月十九日,大司空朱浮被免职。二十日,光禄勋杜林为大司空。

这一年，齐王刘章死了，青州有蝗灾。匈奴奥鞬日逐王比派遣使者到渔阳请求和亲，派中郎将李茂回报。乌桓击败匈奴，匈奴北迁，大漠以南空虚。诏命撤去边郡亭候的吏卒。

二十三年春正月，南郡蛮人造反，派武威将军刘尚征伐击败了他们，迁移蛮族人到江夏。

夏天五月八日，大司徒蔡茂死了。九月十三日，陈留太守玉况为大司徒。冬天十月九日，太仆张纯为大司空。高句丽率族人到乐浪归附。

十二月，武陵蛮人造反，抢掠郡县，派刘尚去讨伐，交战于沅水，军败，刘尚战死。

这一年，匈奴奥鞬日逐王比率领部下并派使者到西河郡归附。

二十四年春天正月十九日，大赦天下。

匈奴鞬日逐王比率领部下并派遣使者到五原塞通好，请求替汉朝抵御北匈奴。

秋天七月，武陵蛮侵犯临沅，派遣谒者李嵩、中山太守马成讨伐蛮人，未能取胜，于是伏波将军马援率领四位将军去征伐。诏有关部门申明过去制定的阿附蕃王法。

冬天十月，匈奴奥鞬日逐王比自立为南单于，于是分化为南、北匈奴。

二十五年春天正月，辽东境外貊人侵犯右北平、渔阳、上谷、太原，辽东太守祭肜招降了他们。乌桓首领来朝见。

南单于派遣使者到京都进贡，自称藩臣；又派他的左贤王打败北匈奴，开地一千余里。三月，南单于派子入侍。三十日，有日食。伏波将军马援等击败武陵蛮人于临沅。冬天十月，反叛的蛮人全部投降。夫余王派遣使者进贡。这一年，乌桓首领率众内属，到京师朝贡。

二十六年春天正月，诏命有关部门增加百官的俸禄。千石以上，少于西汉旧制；六百石以下，多于旧俸禄。

初建寿陵。将作大匠窦融上书说园陵广袤，不必计较花费。光武帝说："古时候帝王的葬具，都是陶俑瓦器，木车草马，让后世的人不知道墓室的所在。太宗懂得生死真义，景帝能谨遵孝道，遭遇大乱的变故之后，而唯独霸陵有幸保全，岂不是美事吗！今所建墓地不许超过二、三顷，不堆土为山陵，不修池，只要不存水就可以了。"

派遣中郎将段彬授予南单于玺印绶带。令他居云中，开始设置使匈奴中郎将一职，率兵保护南单于。南单于派儿子入侍，奉奏章来到京师。于是云中、五原、朔方、北地、定襄、雁门、上谷、代等八个郡的百姓回到了本土。派遣谒者分别带着弛刑徒修补整治城郭。发送尚在中原地区的边民，陆续返回各县，都赐给治装费，转运粮食供给他们。

二十七年夏天四月二十一日，大司徒玉况死了。

五月十一日，诏书说："过去契担任司徒，禹担任司空，都没有'大'字。命令二府去掉'大'字。"又改大司马为太尉。骠骑大将军行大司马事的刘隆当天被罢免，以太仆赵憙为太尉，大司农冯勤为司徒。益州郡境外蛮夷率族人内属。北匈奴派遣使者到武威乞求和亲。

冬天，鲁王刘兴、齐王刘石开始前往封国。

二十八年春天正月某日，徒封鲁王刘兴为北海王，把鲁国加封给东海王。赐给东海王刘强虎贲武士、骑兵仪仗、以木架钟磬设礼乐。

夏天六月七日,沛国太后郭氏死了,于是下诏郡县捕捉王侯的宾客,受牵连而死的有数千人。

秋天八月十九日,东海王刘强、沛王刘辅、楚王刘英、济南王刘康、淮阳王刘延开始前往封国。

冬天十月十五日,诏命死罪囚徒都一律叫到蚕室受腐刑,女子受宫刑。北匈奴派遣使者进贡,乞求和亲。

二十九年春天二月初一,有日食。派遣使者清理冤狱,释放囚徒。四日,赐给天下男子以爵位,每人二级;赐给鳏夫、寡妇、孤儿、无子女的老人、有痼疾或残废的人、贫困不能自保的人以粮食,每人五斛。

夏天四月十日,诏命天下关押起来的殊死罪以下的囚犯直到一般的刑徒减去原罪一等,其余的罪可用钱财赎罪或罚劳役各有差别。

三十年春正月,鲜卑头领内属,入朝庆贺。

二月,巡视东方。十三日,驾临鲁国,进而驾临济南。闰月十三日,车驾回到洛阳宫中。有彗星出现于紫宫星区。

夏天四月九日,徙封左翊王刘焉为中山王。五月,发生严重水灾。赐给天下男子以爵位,每人二级;赐给鳏夫、寡妇、孤儿、无子女的老人、有痼疾或残废的人、贫困不能自保的人以粮食,每人五斛。秋天七月某日,驾临鲁国。免除济阳县当年的徭役。冬天十一月某日,从鲁国回到京师。

三十一年夏天五月,发生严重水灾。

二十五日,赐给天下男子以爵位,每人二级;赐给鳏夫、寡妇、孤儿、无子女的老人、有痼疾或残废的人、贫困不能自保的人以粮食,每人六斛。三十日,有日食。这年夏天,闹蝗灾。秋天九月三日。诏令死罪囚犯都一律募集到蚕室接受腐刑,女子接受宫刑。这一年,陈留下了谷子雨,形状像稗草籽。北匈奴派遣使者进贡。

中元元年春天正月,东海王刘强、沛王刘辅、楚王刘英、济南王刘康、淮阳王刘延、赵王刘盱都来朝见光武帝。二十八日,巡视东方。二月十日,驾临鲁国,进而驾临泰山。北海王刘兴、齐王刘石朝见光武帝于东岳。二十二日,焚柴望祭岱宗,登临泰山,聚土为坛而祭天;二十五日在梁父打扫干净场地而祭地。三月三十日,司空张纯死了。

夏天四月五日,车驾回到洛阳宫中。十一日,大赦天下。免征赢、博、梁父、奉高等地的徭役,不交今年的田租和饲草。改年号为中元。驾临长安。二十日,祭祀长陵。五月二十八日,从长安回到洛阳。

六月二十四日,太仆冯鲂为司空。二十八日,司徒冯勤死了。

这年夏天,京师发现有甘美的泉水涌出,喝了这泉水的人所有顽症都可以痊愈,唯有盲人、跛人不能治。又有赤草长在水边。郡国频频报告发现甘露。群臣上奏道:"地神显灵而朱草萌生。孝宣帝每有嘉瑞,就改年号,神爵、五凤、甘露、黄龙,都用来纪年,这是为了把感应送达天地神灵,表彰德信。因此化为升平,称作中兴。当今天下清平安宁,灵物不断降世。陛下心存谦虚退让,推辞而不愿自应瑞征,然而怎么可以让吉祥的符应和明显的喜庆湮没而无闻呢？应当命令太史把祥瑞记录编集起来，传给后世。"光武帝不同意。他常常自己谦称无德，每当郡国上奏祥瑞，就压下而不接受，因此史官很少能记载下来。秋天，有三个郡国出现蝗灾。冬天十月六日，司隶校尉东莱人李䜣为司徒。

十九日，派司空告祭高庙说："高皇帝与群臣约定，非刘氏不封王。吕太后残害三个赵王，擅自封吕氏为王，仰仗社稷之灵，吕禄、吕产被诛除，天命几乎旁落，危急的朝廷重新安定。吕太后不应该配享高庙，与至尊同在祖庙。薄太后德性仁慈，孝文皇帝贤明治国，子孙仰赖他们的福荫，延续皇祚至今。上薄太后尊号为高皇后，配享地神。迁吕太后庙主到园寝，四时上祭。"

十一月三十日，有日食。这一年，初建明堂、灵台、辟雍，以及北郊兆域。宣布图谶于天下。免除济阳、南顿本年的徭役。参狼羌人侵犯武都，打败郡兵，陇西太守刘盱派兵援救武都，与武都郡兵一起讨伐反叛的羌人，全都打败了他们。

二年春天正月初八，开始建立北郊，祭祀后土。东夷倭奴国国王派来使者进贡。

二月五日，光武帝死于南宫前殿，享年六十二岁。遗诏说："朕无益于百姓，全照孝文皇帝制度，后事务必节省。刺史、二千石长吏都不要离开城池，不要派属吏或用邮传上书致哀。"

当初，武光帝久在军中，讨厌战争，而且知道天下疲惫不堪，盼望安定的生活。自从陇、蜀平定以后，不是紧急情况，未曾再谈论军事。皇太子曾经问起攻战的事情。光武帝说："过去卫灵公问战阵，孔子不回答，这种事不是你所该做的。"他每天一大早就上朝，日头偏西才退朝。多次召见公卿、郎将讲论经书的道理，夜半时分才睡觉。皇太子见到光武帝勤劳不怠，找机会劝说道："陛下具有夏禹、商汤的贤明，而没有黄帝、老子养性的福气，希望能保养精神，优游自宁。"光武帝说："我自己乐意这样，不为此感到劳累。"虽然亲身建立大业，却兢兢业业如同能力不够一样，所以能贤明慎重地对待国事，总揽大权，量时度力，所办的事没有什么过失。他辞退功臣而任用文官，收藏起弓箭而放马牛回归民间，虽然治国之道未能和古代圣贤的时候相比，这也算是配得上止息干戈的"武"字了。

献帝本纪

【题解】

东汉献帝刘协，生于光和四年(181)。其母王美人被何皇后毒死，故由董太后抚养长大。中平六年(189)，灵帝死，立其兄刘辩为帝，封刘协为陈留王。在外戚与宦官的激烈斗争中，董卓控制了中央政权，废除少帝刘辩，立刘协为帝，是为汉献帝。从此年仅九岁的刘协，开始了他作为傀儡皇帝的漫长生涯。董卓死后，王允、吕布主持朝政，刘协又成为他们的傀儡。后王允被杀，献帝又落入李傕郭汜的手中。兴平二年(195)，李傕、郭汜内讧，李傕将献帝劫去。不久，献帝在李傕部将杨奉、牛辅的部曲董承等的护卫下，摆脱了李、郭的控制，逃往弘农。又辗转东行到达洛阳，落入曹操之手。曹操利用献帝"挟天子以令诸侯"，挟持献帝迁都许昌。从此，献帝在曹氏父子的夹持下度过了余生。建安二十五年(220)，曹操病死，其子曹丕袭爵为魏王。就在这一年，曹丕逼献帝逊位，自称天子，东汉政权最后灭亡。献帝废后被封为山阳公，又过十四年献帝死去，终年五十四岁，以汉天子礼仪葬于禅陵，谥号为孝献帝。

【原文】

孝献皇帝讳协，灵帝中子也。母王美人，为何皇后所害。中平六年四月，少帝即位，封帝为渤海王，徒封陈留王。

九月甲戌，即皇帝位，年九岁。迁皇太后于永安宫。大赦天下。改昭宁为永汉。丙子，董卓杀皇太后何氏。

初令侍中、给事黄门侍郎员各六人。赐公卿以下至黄门侍郎家一人为郎，以补宦官所领诸署，侍于殿上。乙酉，以太尉刘虞为大司马。董卓自为太尉，加铁钺、虎贲。丙戌，太中大夫杨彪为司空。甲午，豫州牧黄琬为司徒。遣使中祠故太傅陈蕃、大将军窦武等。冬十月乙巳，葬灵思皇后。白波贼寇河东，董卓遣其将牛辅击之。

汉献帝刘协

十一月癸酉，董卓自为相国。十二月戊戌，司徒黄琬为太尉，司空杨彪为司徒，光禄勋荀爽为司空。省扶风都尉，置汉安都护。诏除光熹、昭宁、永汉三号，还复中平六年。

初平元年春正月，册东州郡起兵以讨董卓。辛亥，大赦天下。癸酉，董卓杀弘农王。白波贼寇东郡。二月乙亥，太尉黄琬、司徒杨彪免。庚辰，董卓杀城门校尉伍琼、督军校尉周。以光禄勋赵谦为太尉，太仆王允为司徒。丁亥，迁都长安。董卓驱徒京师百姓悉西入关，自留顿毕圭苑。壬辰，白虹贯日。三月乙巳，车驾入长安，幸未央宫。乙酉，董卓焚洛阳宫庙及人家。戊午，董卓杀太傅袁隗、太仆袁基，夷其族。

夏五月，司空荀爽薨。六月辛丑，光禄大夫种拂为司空。

大鸿胪韩融、少府阴脩、执金吾胡母班、将作大匠吴修、越骑校尉王瑰安集关东，后将军袁术、河内太守王匡各执而杀之，唯韩融获免。董卓坏五铢钱，更铸小钱。

冬十一月庚戌，镇星、荧惑、太白合于尾。

是岁，有司奏，和、安、顺、桓四帝无功德，不宜称宗；又恭怀、敬隐、恭愍三皇后并非正嫡，不合称后，皆请除尊号。制曰："可。"孙坚杀荆州刺史王叡，又杀南阳太守张咨。

二年春正月辛丑，大赦天下。二月丁丑，董卓自为太师。

袁术遣将孙坚与董卓将胡轸战于阳人，轸军大败。董卓遂发掘洛阳诸帝陵。夏四月，董卓入长安。六月丙戌，地震。秋七月，司空种指免，光禄大夫济南淳于嘉为司空。太尉违法赵谦罢，太常马日磾为太尉。九月，岂尤旗见于角、亢。冬十月壬戌，董卓杀卫尉张温。十一月，青州黄巾寇太山，太山太守应劭击破之。黄巾转寇渤海，公孙瓒与战于东光,复大破之。是岁,长沙有人死经月复活。

三年春正月丁丑,大赦天下。

袁术遣将孙坚攻刘表于襄阳,坚战殁。袁绍及公孙瓒战于界桥,瓒军大败。夏四月辛巳,诛董卓,夷三族。司徒王允录尚书事,总朝政,遣使者张种抚慰山东。青州黄巾击杀兖州刺史刘岱于东平。东郡太守曹操大破黄巾于寿张,降之。五月丁酉,大赦天下。丁未,征西将军皇甫嵩为车骑将军。

董卓部曲将李傕、郭汜、樊稠、张济等反,攻京师。六月戊午,陷长安城,太常种拂、太仆鲁旭、大鸿胪周奂、城门校尉崔烈、越骑校尉王颀并战殁,吏民死者万余人。李傕等并自为将军。已未,大赦天下。

李傕杀司隶校尉黄琬,甲子,杀司徒王允,皆灭其族。丙子,前将军赵谦为司徒。

秋七月庚子,太尉马日磾为太傅,录尚书事。八月,遣日磾及太仆赵岐,持节慰抚天下。车骑将军皇甫嵩为太尉。司徒赵谦罢。

九月,李傕自为车骑将军,郭汜后将军,樊稠右将军,张济镇东将军。济出屯弘农。甲申,司空淳于嘉为司徒,光禄大夫杨彪为司空,并录尚书事。冬十二月,太尉皇甫嵩免。光禄大夫周忠为太尉,参录尚书事。

四年春正月甲寅朔,日有食之。丁卯,大赦天下。三月,袁术杀扬州刺史陈温,据淮南。长安宣平城门外屋自坏。夏五月癸酉,无而雷。六月,扶风大风,雨雹。华山崩裂。太尉周忠免,太仆朱俊为太尉,录尚书事。下邳贼阙宣自称天子。雨水。遣侍御史裴茂讯诏狱,原轻系。六月辛丑,天狗西北行。九月甲午,试儒生四十余人,上第赐位郎中,次太子舍人,下第者罢之。诏曰:"孔子叹'学之不讲',不讲则所识日忘。今者儒年逾六十,去离本土,营求粮资,不得专业。结童入学,白首空归,长委农野,永绝荣望,朕甚愍焉。其依科罢者,听为太子舍人。"冬十月,太学行礼,车驾幸永福城门,临观其仪,赐博士以下各有差。辛丑,京师地震。有星孛于天市。司空杨彪免,太常赵温为司空。公孙瓒杀大司马刘虞。十二月辛丑,地震。司空赵温免,乙巳,卫尉张喜为司空。是岁,琅邪王容薨。

兴平元年春正月辛酉,大赦天下,改元兴平。甲子,帝加元服。二月壬午,追尊谥皇妣王氏为灵怀皇后,甲申,改葬于文昭陵。丁亥,帝耕于藉田。

三月,韩遂、马腾与郭汜、樊稠战于长平观,遂、腾败绩,左中郎将刘范、前益州刺史种劭战殁。夏六月丙子,分凉州河西四郡为雍州。丁丑,地震;戊寅,又震。乙巳晦,日有食之,帝避正殿,寝兵,不听事五日。大蝗。秋七壬子,太尉朱俊免。戊午,太常杨彪为太尉,录尚书事。

三辅大旱,自四月至于是月。帝避正殿请雨,遣使者洗囚徒,原轻系。是时谷一斛五十万,豆麦一斛二十万,人相食啖,白骨委积,帝使侍御史侯汶出太仓米豆,为饥人作糜粥,经日而死者无降。帝疑赋恤有虚,乃亲于御坐前量试作糜,乃知非实,使侍中刘艾出让有司。于是尚书令以下皆诣省阁谢,奏收侯汶考实。诏曰:"未忍致汶于理,可杖五十。"自是之后,多得全济。八月,冯诩羌叛,寇属县,郭汜、樊稠击破之。九月,桑复生椹,人得以食。司徒淳嘉罢。冬十月,长安市门自坏。以卫尉赵温为司徒,录尚书事。十二月,分安定、扶风为新平郡。

是岁，扬州刺史刘繇与袁术将孙策战于曲阿，繇军败绩，孙策遂据江东。太傅马日磾薨于寿春。

二年春正月癸丑，大赦天下。二月乙亥，李傕杀樊稠而与郭汜相攻。三月丙寅，李傕胁帝幸其营，焚宫室，夏四月甲午，立贵人伏氏为皇后。丁酉，郭汜攻李傕，矢乃御前。是日，李傕移帝幸北坞。大旱。五月壬午，李傕自为大司马。六月庚午，张济自陕来和，汜。秋七月甲子，车驾东归，郭汜自为车骑将军，杨定为后将军，杨奉为兴义将军，董承为安集将军，并侍送乘舆。张济为骠骑将军，还屯陕。八月甲辰，幸新丰。冬十月戊戌，郭汜使其将伍习夜烧所幸学舍，逼胁乘舆。杨定、杨奉与郭汜战，破之。壬寅，幸华阴，露次道南。是夜有赤气贯紫宫，张济复反，与李傕、郭汜合。十一月庚午，李傕、郭汜等追乘舆，战于东涧，王师败绩，杀光禄勋邓泉、卫尉士孙瑞、廷尉宣播、大长秋苗祀、步兵校尉魏桀、侍中朱展、射声校尉沮俊。壬申，幸曹阳，露次田中。杨奉、董承引白波帅胡才、李乐、韩暹及匈奴左贤王去卑，率师奉迎，与李傕等战，破之。十二月庚辰，车驾乃进。李傕等复来追战，王师大败，杀略宫人，少府田芬、大司农张义等皆战殁。进幸陕，夜度河。乙亥，幸安邑。

是岁，袁绍遣将麴义与公孙瓒战于鲍丘，瓒军大败。

建安元年春正月癸酉，郊礼上帝于安邑，大赦天下，改元建安。二月韩暹攻卫将军董承。夏六月乙未，幸闻喜。秋七月甲子，车驾至洛阳，幸故中常侍赵忠宅。丁丑，郊祀上帝，大赦天下，已卯，谒太庙。八月辛丑，幸南宫杨安殿。癸卯，安国将军张杨为大司马，韩暹为大将军，杨奉为车骑将军。

是时，宫室烧尽，百官披荆棘，依墙壁闻，州郡各拥强兵，而委输不至，群僚饥乏，尚书郎以下自出采稆，或饥死墙壁间，或为兵士所杀。辛亥，镇东将军曹操自领司隶校尉，录尚书事。曹操杀侍中台崇、尚书冯硕等。封卫将军董承为辅国将军，伏完等十三人为列侯，赠沮俊为弘农太守。庚申，迁都许。己巳，幸曹操营。九月，太尉杨彪、司空张喜罢。冬十一月丙戌，曹操自为司空，行车骑将军事，百官总己以听。

二年春，袁术自称天子。三月，袁绍自为大将军。夏五月，蝗。秋九月、汉水溢。是岁饥，江淮间民相食。袁术杀陈王宠。孙策遣使奉贡。

三年夏四月，遣谒者裴茂率中郎将段煨讨李傕、夷三族。吕布叛。冬十一月，盗杀大司马张杨。十二月癸酉，曹操击吕布于徐州，斩之。

四年春三月，袁绍攻公孙瓒于易京，获之。卫将军董承为车骑将军。夏六月，袁术死。是岁，初置尚书左右仆射。武陵女子死十四日复活。

五年春正月，车骑将军董承、偏将军王服、越骑校尉种辑受密诏诛曹操，事泄。壬午，曹操杀董承等。夷三族。秋七月，立皇子冯为南阳王。壬午，南阳王冯薨。

九月庚午朔，日有食之。诏三公举至孝二人，九卿，校尉、郡国守相各一人。皆上封事。靡有所讳。曹操与袁绍战于官度。绍败走。冬十月辛亥，有星孛于大梁。

东海王祗薨。是岁，孙策死，弟权袭其余业。

六年春二月丁卯朔，日有食之。

七年夏五月庚戌，袁绍薨。

于寘国献驯象。是岁，越巂男子化为女子。

八年冬十月己巳，公卿初迎冬于北郊，总章始复备八佾舞。

初置司直官，督中都官。九年秋八月戊寅，曹操大破袁尚，平冀州，自领冀州牧。冬十月，有星孛于东井。十二月，赐三公已下金帛各有差。自是三年一赐，以为常制。

十年春正月，曹操破袁谭于青州，斩之。夏四月，黑山贼张燕率众降。秋九月，赐百官尤贫者金帛各有差。十一年春正月，有星孛于北斗。

三月，曹操破高干于并州，获之。秋七月，武威太守张猛杀雍州刺史邯郸商。

是岁，立故琅邪王容子熙为琅邪王。齐、北海、阜陵、下邳、常山、甘陵、济北、平原八国皆除。

十二年秋八月，曹操大破乌桓于柳城，斩其蹋顿。

冬十月辛卯，有星孛于鹑尾。乙巳，黄巾贼杀济南王赟。十一月，辽东太守公孙康杀袁尚、袁熙。

十三年春正月，司徒赵温免。夏六月，罢三公官。置丞相、御史大夫。癸巳，曹操自为丞相。秋七月，曹操南征刘表。八月丁未，光禄勋郗虑为御史大夫。壬子，曹操杀太中大夫孔融，夷其族。是月，刘表卒，少子琮立，琮以荆州降操。冬十月癸未朔，日有食之。曹操以舟师伐孙权，权将周瑜败之于乌林、赤壁。

十四年冬十月，荆州地震。

十五年春二月乙巳朔，日有食之。

十六年秋九月庚戌，曹操与韩遂、马越战于渭南，遂等大败，关西平。是岁，赵王赦薨。

十七年夏五月癸未，诛卫尉马腾，夷三族。六月庚寅晦，日有食之。

秋七月，洧水、颍水溢。螟。八月，马超破凉州，杀刺史韦康。九月庚戌，立皇子熙为济阴王，懿为山阳王，邈为济北王，敦为东海王。冬十二月，星孛于五诸侯。

十八年春正月庚寅，复《禹贡》九州。夏五月丙申，曹操自立为魏公，加九锡。大雨水。徙赵王珪为博陵王。是岁，岁星、镇星、荧惑俱入太微。彭城王和薨。

十九年，夏四月，旱。五月，雨水。刘备破刘璋，据益州。冬十月，曹操遣将夏侯渊讨朱建于枹罕。获之。十一月丁卯，曹操杀皇后伏氏，灭其族及二皇子。

二十年春正月甲子，立贵人曹氏为皇后。赐天下男子爵，人一级，孝悌、力田二级。赐诸王侯公卿以下谷各有差。秋七月，曹操破汉中，张鲁降。

二十一年夏四月甲午，曹操自进号魏王。

五月己亥朔，日有食之。秋七月，匈奴南单于来朝。是岁，曹操杀琅邪王熙，国除。

二十二年夏六月，丞相军师华歆为御史大夫。冬，有星孛于东北。是岁大疫。

二十三年春正月甲子，少府耿纪、丞相司直韦晃起兵诛曹操，不克，夷三族。三月，有星孛于东方。

二十四年春二月壬子晦，日有食之。夏五月，刘备取汉中。

秋七月庚子，刘备自称汉中王。八月，汉水溢。冬十一月，孙权取荆州。

二十五年春正月庚子，魏王曹操薨。子丕袭位。二月丁未朔，日有食之。三月改元冬十月乙卯，皇帝逊位，魏王丕称天子。奉帝为山阳公，邑一万户，位在诸侯王上，侍奉不称臣，受诏不拜，以天子车服郊祀天地，宗庙、祖、腊皆如汉制，都山阳之浊鹿城。四皇子封王者，皆降为列侯。

明年，刘备称帝于蜀，孙权亦自王于吴，于是天下遂三分矣。

魏青龙二年三月庚寅，山阳公薨。自逊位至薨，十有四年，年五十四，谥孝献皇帝。八月壬申，以汉天子仪葬于禅陵，置园邑令丞。

太子早卒，孙康立五十一年，晋太康六年薨。子瑾立四年，太康十年薨。子秋立二十年，永嘉中为胡贼所杀。国除。

论曰："传称鼎之为器，虽小而重，故神之所宝，不可夺移。至今负而趋者，此亦穷运之归乎！天厌汉德久矣，山阳其何诛焉！"

赞曰：献生不辰，身播国屯。终我四百，永作虞宾。

【译文】

东汉献帝名刘协，是汉灵帝的中子，刘协的母亲王美人被何皇后杀害，中平六年四月，少帝刘辩即位，封刘协为勃海王，后又迁封为陈留王。

九月甲戌日，刘协即皇帝位，当时才九岁。把皇太后迁到永安宫。大赦全国犯人。改年号昭宁为永汉。丙子日，董卓杀死皇太后何氏。

开始规定侍中、给事黄门侍郎各六名。赐给公卿以下至黄门侍郎每家一人作郎，用来补充宦官所领管的各个部门，并在殿上侍奉。乙酉日，任命太尉刘虞为大司马。董卓自封为太尉，外加铁钺仪仗、虎贲卫士。丙戌日，太中大夫杨彪升为司空。甲午日，豫州牧黄琬升为司徒。派遣使臣到祠庙祭吊已故太傅陈蕃、大将军窦武等。冬季十月乙巳日，为灵思皇后举行葬礼。白波贼侵犯河东，董卓派遣他的将领牛辅前去攻打。

十一月癸酉日，董卓自封为相国。二十月戊戌日，司徒黄琬升为太尉，司空杨彪升为司徒，光禄勋荀爽升为司空。裁去扶风都尉，设置汉安都护。颁布诏书除去光熹、昭宁、永汉三个年号，仍然恢复中平六年的年号。

初平元年春正月，崤山以东各州郡起兵讨伐董卓。辛亥日，大赦全国犯人。癸酉日，董卓杀死了弘农王。白波贼又侵犯东郡。

二月乙亥日，罢免太尉黄琬、司徒杨彪。庚辰日，董卓杀死城门校尉伍琼、督军校尉周珌。任命光禄勋赵谦为太尉，太仆王允为司徒。丁亥日，将都城迁到长安。董卓驱赶京城内的百姓全部向西迁移入关内。自己留在毕圭苑屯驻。壬辰日，白色长虹穿过太阳。

三月乙巳日，皇帝御驾驶入长安，到达未央宫。己酉日，董卓放火焚烧洛阳城内的宫殿，庙宇及民房。戊午日，董卓杀害了太傅袁隗、太仆袁基，并诛杀了他们的族人。

夏五月，司空荀爽去世。六月辛丑日，任命光禄大夫种拂为司空。大鸿胪韩融、少府阴修、执金吾胡母班、将作大匠吴修、越骑校尉王安团集在关东，后将军袁术，河内太守王匡分别将他们逮捕并杀害，唯独韩融幸免。董卓废除五铢钱，改铸小钱使用。

冬季十一月庚戌日,镇星、荧惑、太白三颗星在苍龙七宿的第六宿尾相汇合。

这一年,有关部门奏报,和帝穆宗、安帝恭宗、顺帝敬宗、桓帝威宗四位皇帝因为没什么功德,称号为宗不适宜,又因为和帝母亲恭怀皇后、安帝的祖母敬隐皇后、顺帝母亲恭愍皇后并非嫡妻,称为皇后也不适宜,请求将他们的尊号都除去。刘协批示:"可以"。孙坚杀死荆州刺史王叡,又杀死南阳太守张咨。

初平二年春正月辛丑日,大赦全国犯人。二月丁丑日,董卓自封为太师。

袁术派遣大将孙坚与董卓的大将胡轸在阳人大战,胡轸的军队大败。于是董卓挖掘了在洛阳诸帝王的陵墓。夏季四月,董卓进入长安。六月丙戌日,发生地震。秋季七月,司空种拂免官,光禄大夫济南淳于嘉升为司空。太尉赵谦免职,太常马日磾升为太尉。

九月,蚩尤旗星出现在苍龙星角、亢星中。冬十一月壬戌日,董卓杀死卫尉张温。十一月,青州黄巾军侵犯太山,被太山太守应劭击败。黄巾军转而侵犯渤海,与公孙瓒大战于东光,再次被打败。这年,长沙有人死了一月后又复活。

初平三年春正月丁丑日,大赦全国犯人。袁术派遣大将孙坚到襄阳攻打刘表,孙坚战死。袁绍与公孙瓒在界桥相战,公孙瓒的军队大败。

夏四月辛巳日,杀死董卓,并诛杀了他的三族。司徒王允总领尚书事,掌管朝政,派遣使臣张种去崤山以东安抚慰问。

青州黄巾军攻打兖州,在东平杀死兖州刺史刘岱。东郡太守曹操在寿张攻打黄巾军,黄巾军投降。

五月丁酉日,大赦全国犯人。丁未日,征西将军皇甫嵩升为车骑将军。

董卓的部下将领李傕、郭汜、樊稠、张济等谋反,攻打京师。六月戊午日,攻陷京城长安,太常种拂、太仆鲁旭、大鸿胪周奂、城门校尉崔烈、越骑校尉王颀都战死,官吏百姓死了一万余人。李傕诸人都自封为将军。已未日,大赦全国犯人。李傕杀死司隶校尉黄琬,甲子日,又杀死司徒王允,将两家族人一并诛杀。丙子日,前将军赵谦升为司徒。

秋七月庚子日,大尉马日磾升为太傅,总领尚书事。八月,派遣马日磾与太仆赵岐,持符节前往全国各地慰问安抚。车骑将军皇甫嵩升为太尉。罢免司徒赵谦。

九月,李傕自封勾车骑将军,郭汜为后将军,樊稠为右将军,张济为镇东将军。张济出兵屯驻弘农。甲申日,司空淳于嘉升为司徒,光禄大夫杨彪升为司空,都总领尚书事。冬十二月,太尉皇甫嵩初免官。光禄大夫周忠升为太尉,参与总领尚书事。

初平四年春正月禄一甲寅日,出现日食。丁卯日,大赦全国犯人。

三月,袁术杀害扬州刺史陈温,占据淮南。长安宣平城门外有房屋自己倒塌。

夏五月癸酉日,天空有雷声但没有阴云。六月,扶风刮起大风,并下雨加冰雹。华山出现山崩。太尉周忠被免官,太仆朱俊为太尉,总领尚书事。下邳的贼人阙宣自称天子。

大雨,派遣御史裴茂审讯奉皇帝命令拘禁的犯人,酌情从轻处理。六月辛丑日,西北出现天狗星。

九月甲午日,儒生四十余人参加考试,考试成绩最优等的赐为郎中,差一点的为太子舍人,落第者罢免官职。并颁布诏书说:"孔子曾叹息'所学的不讲习'。不讲习,所学的知识就会逐日忘记。现在这些老年儒生已年过六十,背井离乡,为生存奔波,不能专心于所学知识。从幼小时入学，直到头发白了空空而归，长年地从事田间劳作，断绝了做官的念头，我非常同情他们。依照规定应罢官的人，仍保留为太子舍人。"冬十月，皇帝到太学巡视，车驾到永福城门，观看太学生们的礼仪，分别等级赏赐博士以下的人。辛丑日，京城发生地震，彗星扫过天市星。司空杨彪被罢免，太常赵温升为司空。公孙瓒杀死大司马刘虞。十二月辛丑日，发生地震。司空赵温被免官。乙巳日，卫尉张喜升为司空。这一年，琅玡王刘容去世。

兴平元年春正月辛酉日，大赦全国犯人，改年号为兴平。甲子日，皇帝举行加冕礼。二月壬午日，追封皇母谥号为灵怀皇后，甲申日，将皇母改葬在文昭陵。丁亥日，皇帝耕种籍田。

三月，韩遂，马腾和郭汜、樊稠在长平观大战、韩遂、马腾战败，左中郎将刘范、前益州刺史种邵战死。夏六月丙子日，分凉州河西四郡为雍州。丁丑日，发生地震；戊寅日，再次地震。乙巳晦，有日食出现，皇帝不去正殿，停止用兵，五天不上朝听政。有严重蝗虫灾害。秋七月壬子日，太尉朱俊被免职。戊午日，太常杨彪升为太尉，总领尚书事。

京城周围三辅地区发生严重的旱灾，自四月开始，直到这月。皇帝不去正殿，请求降雨，派遣使者释放囚徒，酌情从轻处理。这时，一斛谷价值五十万钱，一斛豆麦价值二十万钱，人吃人，四处堆积着白骨。皇帝派侍御史侯汶取出太仓的米豆，给饥饿的人做粥，过了一天死者仍没减少。皇帝怀疑发放的救济有虚假，于是亲自在御坐前叫人量米做粥，才知果然有假，派遣侍中刘艾责备有关部门。于是，尚书令以下所有官吏到宫中谢罪，奏请拘捕候汶审问。颁布诏书说："不忍心将侯汶交大理司治罪，可以杖打五十。"自此以后，多数人得到救济活了下来。八月，冯翊羌叛乱，侵犯所属各县，郭汜、樊稠战胜了叛军。九月，桑树又结出桑葚，饥民有东西可吃。司徒淳于嘉罢免。冬季十月，长安市门自己塌坏。任命卫尉赵温为司徒，总领尚书事务。十二月，将安定，扶风分出划为新平郡。

这一年，扬州刺史刘繇与袁术的大将孙策在曲阿大战，刘繇的军队大败，孙策乘胜占据江东。太傅马日磾日在与太仆在寿春去世。

兴平二年春正月癸丑日，大赦全国犯人。二月乙亥日，李傕因杀死樊稠而与郭汜相互攻打。三月丙寅日，李傕胁迫皇帝到他的军营中，并放火焚烧了宫室。夏季四月甲午日，立贵人伏氏为皇后。丁酉日郭汜攻打李傕，箭射到了皇帝的在前。这一日，李傕将皇帝转移到北坞。发生严重的旱灾。五月壬午日，李傕自封为大司马。六月庚午日，张济从陕西来为李傕、郭汜和好。秋七月甲子日，皇帝车驾东归。郭汜自封为车骑将军，杨定为后将军、杨奉为兴义将军，董承为安集将军，一起护送皇帝车驾。任命张济为骠骑将军，仍然屯驻陕西。八月甲辰日，皇帝到新丰。冬十月戊戌日，郭汜派他的将伍习趁夜晚放火焚烧了皇帝居住的学舍。胁迫皇帝车驾起程。杨定，杨奉与郭汜大战，郭汜战败。壬寅日，皇帝到华阴，露宿在大道南面。这天夜里，有红光贯穿紫微星区。张济再次反叛，与李傕、郭汜汇合。十一月庚午日，李傕、郭汜等追赶皇帝车驾，在东涧相战，皇帝军队惨败，杀死了光禄勋邓泉、卫尉士孙瑞、廷尉宣播、大长秋苗祀、步兵校尉魏桀、侍中朱展、射声校尉沮俊。壬申日，皇帝到曹阳，露宿在田野中。杨奉、董承带领白波军将领胡才、李乐、韩迟及匈奴左贤王去卑，率军队迎接皇帝，与李傕等大战，李傕大败。十二月庚辰日，皇帝车驾前行。李傕等又追来相战，皇帝军队大败，李傕等残杀抢劫宫人，少府田芬、大司农张义等都战死。皇帝继续前行，到达陕西，夜晚渡过共河。乙亥日，到达安邑。

这一年，袁绍派遣将领麴义与公孙瓒在鲍丘大战，公孙瓒的军队惨败。

建安元年春正月癸酉日，在安邑郊外祭礼上帝，大赦全国犯人，改年号为建安元年。三月，韩暹攻击卫将军董承。夏六月乙示日，皇帝到达闻喜。秋七月甲子日，皇帝车驾到洛阳，到已故中常侍赵忠的府中，丁丑日，在郊外祭礼上帝，大赦全国犯人。已犯日，朝拜太庙。八月辛丑日，皇帝到南宫杨安殿。癸卯日，安国将军张杨升为大司马，韩暹升为大将军，杨奉升为车骑将军。

这时，宫室都被烧光，百官披荆斩棘，在墙壁之间栖身。各州郡都拥有强大的军队与朝廷对抗，该运送的粮食又不到，群臣饥饿疲乏，尚书郎以下的官吏自己出来采集野谷充饥，有的饿死在墙壁之间，有的被士兵杀死。辛亥日，镇东将军曹操自封司隶校尉，总领尚书事务。曹操杀死侍中台崇，尚书冯硕等人。任命卫将军董承为辅国将军，封伏完等十三人为列侯，任命沮俊为弘农太守。庚申日，廷都城到许。已巳日，皇帝到曹操军营中。九月，罢免太尉杨彪、司空张喜。冬十一月丙戌日，曹操自封为司空，行使车骑将军的职权，总领百官。

建安二年春季，袁术自称为天子。三月，袁绍自封为大将军。夏五月，发生蝗虫灾害。秋九月，汉水泛滥。

这年发生饥荒，江、淮地区的百姓相互蚕食。袁术杀死陈王宠。孙策派遣使者各朝廷进贡。

建安三年夏四月，派遣谒者裴茂率领中郎将段煨讨伐李傕，并诛杀其三族。吕布叛乱。冬十一月，强盗杀死大司马张扬。十二月癸酉日，曹操在徐州袭击吕布，杀死了吕布。

建安四年秦三月，袁绍在易京攻打公孙瓒，将其俘虏。卫将军董承升为车骑将军。夏六月，袁术去世。

这一年，开始设置尚书左右仆射，武陵一女子死了十四天又复活了。

建安五年春正月，轻骑将军董承、偏将军王服、越骑校尉种辑接受皇帝的密诏诛杀曹操，事情泄露。壬午日，曹操杀列董承等人，并诛杀其三族。秋七月，立皇子刘冯为南阳王。壬午日，南阳王刘冯去世。九月庚午日初一，有日食出现。颁布诏书命令三公推举最孝顺的二人，九卿、校尉、郡国守相各推举一人。让被推举的人上书，畅所欲言。

曹操与袁绍在官渡大战，袁绍战败逃走。

冬十月辛亥日，彗星扫过大梁星区。东海王刘祇去世。

这一年，孙策去世，其弟孙权承袭孙策的事业。

建安六春二月丁卯初一日，有日食出现。

建安七年夏五月庚戌日，袁绍去世。于寘国贡献驯象。这一年，越嶲有一男子变为女子。

建安八年冬季十月己巳日，公卿在北郊开始举行迎冬祭礼。乐宫又开始准备八佾舞。开始设置司直官,监督中都官。

建安九年秋八月戊寅日,曹操大败袁尚,平安冀州,自封为冀州牧。冬十月,彗星扫过东井星区。十二月,按不同等级赏赐给三公以下官吏金钱布帛。自此以后每三年赏赐一次,成为常规。

建安十年春正月,曹操在青州打败袁谭,杀死了他。夏四月,黑山贼寇张燕率领部下反降朝廷。秋九月,按不同等级赏赐特别贫穷的官吏金钱和布帛。

建安十一年春季正月,彗星扫过北斗星。三月,曹操在并州战败高干,将其俘虏。秋七月,武威太守张猛杀死雍州刺史邯郸商。这一年,立已故琅玡王刘容的儿子刘熙为琅玡王。齐、北海、阜陵、下邳、常山、甘陵、济阴、平原八国都废除。

建安十二年秋八月,曹操在柳城打败乌桓,并将其首领杀死。冬十月辛卯日,彗星扫过鹑尾星。乙己日,黄巾贼杀死济南主刘赟。十一月,辽东太守公孙康杀死袁尚、袁熙。

建安十三年春正月,司徒赵温被免职。夏六月,取消三公官职,设置丞相、御史大夫。癸巳日,曹操自封为丞相。秋七月,曹操南征刘表。八月丁未日,光禄勋郗虑升为御史大地。壬子日,曹操杀死太中大夫孔融,诛杀其族人。这一月,刘表去世,小儿子刘琮继位。刘琮带荆州投降曹操。冬十月癸未初一日,有日食现象。曹操用水军攻打孙权,孙权的将领周瑜在乌林、赤壁打败曹军。

建安十四年冬十月,荆州发生地震。

建安十五年春二月乙己初一日,有日食发生。

建安十六年秋九月庚戌日,曹操与韩遂、马超在渭地大战,韩遂等大败,曹操平定关西。这一年,赵王刘赦去世。

建安十七年夏五月癸末日,杀死卫尉马腾,并诛杀其三族。六月庚寅日,有日食列象出现。秋七月,洧水、颍水泛滥。发生虫灾。八月,马超攻破凉州,杀死凉州刺史韦康。九月庚戌日,立皇子刘熙为济阴王,刘懿为山阳王,刘邈为济北王,刘郭为东海王。冬十二月,彗星扫过五诸侯星区。

建安十八年春正月庚寅日,恢复禹贡所载九州。夏五月丙申日,曹操自立为魏公,加九锡。下大暴雨。将赵王刘珪迁为博陵王。这一年,岁星、镇星、火星都进入太微星区。彭城王刘和去世。

建安十九年,夏四月,天大旱。五月,有雨。刘备攻破刘璋,占据益州。

冬十月,曹操派遣将领夏侯渊去枹罕讨伐宋建,将其俘虏。十一月丁卯日,曹操杀害皇后伏氏,并杀死其族人和二位皇子。

建安二十年春正月甲子日,立曹贵人为皇后。赐全国男子爵位一级,推举的孝悌、力田者二级。按不同等级赏赐各王侯公卿以下的人谷物。秋七月,曹操攻下汉中,张鲁投降。

建安二十一年夏四月甲午日,曹操自称魏王。五月已亥初一日,有日食出现。秋七月,匈奴南单于来朝见。这一年,曹操杀死琅玡王刘熙。封国被废除。

建安二十二年夏六月,任命丞相军师华歆为御史大夫。冬季。彗星在东北方出现。这一年发生严重瘟疫。

建安二十三年春正月甲子日,少府耿纪、丞相司直韦晃起兵杀曹操,没有成功,结果曹操诛杀了耿纪、韦晃的三族。三月,彗星在东方出现。

建安二十四年春二月壬子日,有日食出列。夏五月,刘备攻取汉中。秋七月庚子日,刘备自称为汉中王。八月,汉水泛滥。冬十一月,孙权攻取荆州。

建安二十五年春正月庚子日,魏王曹操去世。其子曹丕继位。二月丁未初一日,有日食出现。三月,改年号为延康。冬十月乙卯日,皇帝让位,魏王曹丕称天子,尊奉皇帝为山阳公,封邑一万户,地位在诸侯王之上,奏报事情不必称臣,接受诏书不必行拜礼,可用天子的车驾衣服参加郊祀天地的仪式,祭祀宗庙、祭祖、腊祭都仍依从汉代制度,都城定在山阳的浊鹿城。皇帝四个封王的儿子,都降为列侯。

第二年,刘备在蜀称帝,孙权在吴也自称为王。于是天下形成三分之势。

魏青龙二年三月庚寅日,山阳公去世。从让位到死共十四年,死时五十四岁,谥号孝献皇帝。八月壬申日,以汉朝天子的礼仪在禅陵入葬,设置园中邑令丞。

太子早死。孙子刘康在位五十一年,晋太康六年去世。儿子刘瑾在位四年,太康十年去世。儿子刘秋在位二十年,永嘉年间被胡贼杀死,封国废除。

评讼说:"史传说鼎这个器物,虽然小但很重,所以被神化为宝物,不能夺走。到了让人背着逃走时,国运也就到了尽头! 上天对汉朝的德行厌倦很久了,山阳公又有什么罪过呢!"

议论说:"汉献帝生不逢时,身处动荡,国遇艰难。结束了汉刘王朝四百年的历史,山阳公永远做魏的宾客。"

明德马皇后传

【题解】

马氏(? ~79 年),东汉著名功臣马援的小女儿。由于家庭失势受权贵欺侮,被堂兄送入宫中,侍奉太子。汉明帝即位后,被封为贵人,后由于品德出众,被册封为皇后。马氏是东汉著名的贤后,博学多才,仁慈恭谨,又极为俭朴。她对自己亲属严加约束,奉公守法,并协助政务,使国家安定,颇受后人赞颂。

【原文】

明德马皇后讳某,伏波将军援之小女也。少丧父母,兄客卿敏惠早夭,母蔺夫人悲伤发疾慌惚。后时年十岁,干理家事,敕制僮御,内外诸禀,事同成人。初,诸家莫知者,后闻之,咸叹异焉。后尝久疾,太夫人令筮之。筮者曰:"此女虽有患状而当大贵,兆不可言也。"后又呼相者使占诸女。见后,大惊曰:"我必为此女称臣。然贵而少子,若养它子者得力,乃当逾于所生。"

初,援征五溪蛮,卒于师。虎贲中郎将梁松、黄门侍郎窦固等因潜之。由是家益失势，又数为权贵所侵侮。后从兄严不胜忧愤，白太夫人绝窦氏婚，求进女掖庭。乃上书曰："臣叔父援孤恩不报，而妻子特获恩全，戴仰陛下，为天为父。人情既得不死，便欲求福，窃闻太子、诸王妃匹未备。援有三女，大者十五、次者十四、小者十三，仪状发肤，上中以上。皆孝顺小心，婉静有礼。愿下相工，简其可否。如有万一，援不朽于黄泉矣。又援姑姊妹并为成帝婕妤，葬于延陵。臣严幸得蒙恩更生，冀因缘先姑，当充后宫。"由时选后入太子宫。时年十三。奉承阴后，傍接同列，礼则修备。上下安之。遂见宠异，常居后堂。

显宗即位，以后为贵人。时后前母姊女贾氏亦以选入，生肃宗。帝以后无子，命令养之。谓曰："人未必当自生子，但患爱养不至耳。"后于是尽心抚育，劳悴过于所生。肃宗亦孝性淳笃，恩性天至，母子慈爱，始终无纤介之间。后常以皇嗣未广，每怀忧叹，荐达左右，若恐不及。后宫有进见者，每加慰纳。若数所宠引，辄增隆遇。永平三年春，有司奏立长秋宫，帝未有所言。皇太后曰："马贵人德冠后宫，即其人也。"遂立为皇后。

先是数日，梦有小飞虫无数赴著身，又入皮肤中而复飞出。既正位宫闱，愈自谦肃。身长七尺二寸，方口，美发。能诵《易》，好读《春秋》《楚辞》，尤善《周官》《董仲舒书》。常衣大练，裙不加缘。朔望诸姬主朝请，望见后袍衣疏粗，反以为绮縠，就视，乃笑。后辞曰："此缯特宜染色，故用之耳。"六宫莫不叹息。帝尝幸苑囿离宫，后辄以风邪露雾为戒，辞意款备，多见详择。帝幸濯龙中，并召诸才人，下邳王已下皆在侧，请呼皇后。帝笑曰："是家志不好乐，虽来无欢。"是以游娱之事希尝从焉。

十五年，帝案地图，将封皇子，悉半诸国。后见而言曰："诸子裁食数县，于制不已俭乎？"帝曰："我子岂宜与先帝子等乎？岁给二千万足矣。"时楚狱连年不断，囚相证引，坐系者甚众。后虑其多滥，乘间言及，恻然。帝感悟之，夜起仿徨，为思所纳，卒多有所降宥。时诸将奏事及公卿校议难平者，帝数以试后。后辄分解趣理。各得其情，每于侍执之际，辄言及政事，多所毗补，而未尝以家私干。故宠敬日隆，始终无衰。

及帝崩，肃宗即位。尊后曰皇太后。诸贵人当徙居南宫，太后感析别之怀，各赐王赤绶，加安车驷马，白越三千端，杂帛二千匹，黄金十斤。自撰《显宗起居注》，削去兄防参医药事。帝请曰："黄门舅旦夕供养且一年，既无褒异，又不录勤劳，无乃过乎！"太后曰："吾不欲令后世闻先帝数亲后宫之家，故不著也。"

建初元年，帝欲封爵诸舅，太后不听。明年夏，大旱。言事者以为不封外戚之故，有司因此上奏，宜依旧典。太后诏曰："凡言事者皆欲媚朕以要福耳。昔王氏五侯同日俱封，其时黄雾四塞，不闻澍雨之应。又田蚡、窦婴，宠贵横恣，倾覆之祸，为世所传。故先帝防慎舅氏，不令在枢机之位，诸子之封，裁令半楚、淮阳诸国，常谓：'我子不当与先帝子等。'今有司奈何欲以马氏比阴氏乎！吾为天下母，而身服大练，食不求甘，左右但著帛布，无香薰之饰者，欲身率下也。以为外亲见之，当伤心自敕，但笑言太后素好俭。前过濯龙门上，见外家问起居者，车如流水，马如游龙，仓头衣绿，领袖正白，顾视御者，不及远矣。故不加谴怒，但绝岁用而已，冀以默愧其心，而犹懈怠，无忧国忘家之虑。知臣莫如君，况亲属乎？吾岂可上负先帝之旨，下亏先人之德，重袭西京败亡之祸哉！"固不许。

帝省诏悲叹，复重请曰："汉兴，舅氏之封侯，犹皇子之为王也。太后诚存谦虑，奈何令臣独不加恩三舅乎？且卫尉年尊，两校尉有大病，如令不讳，使臣长抱刻骨之恨。宜及吉时，不可稽留。"

太后报曰："吾反覆念之，思令两善。岂徒欲获谦让之名，而使帝受不外施之嫌哉！昔窦太后欲封王皇后之兄，丞相条侯言受高祖约，无军功，非刘氏不侯。今马氏无功于国，岂得与阴、郭、中兴之后等邪？常观富贵之家，禄位重叠，犹再实之木，其根必伤。且人所以愿封侯者，欲上奉祭祀，下求温饱耳。今祭祀则受四方之珍，衣食则蒙御府余资，斯岂不足，而必当得一县乎？吾计之孰矣，勿有疑也。夫至孝之行，安亲为上，今数遭变异，谷价数倍，忧惶昼夜，不安坐卧，而欲先营外封，违慈母之拳拳乎！吾素刚急，有匈中气，不可不顺也。若阴阳调和，边境清静，然后行子之志。吾得当含饴弄孙，不能复关政矣。"

时新平主家御者失火，延及北阁后殿。太后以为己过，起居不欢。时当谒原陵。自引备不慎，惭见陵园，遂不行。初，太夫人葬，起坟微高，太后以为言，兄廖等即时减削。其外亲有谦素义行者，辄假借温言，赏以财位。如有纤介则先见严恪之色，然后加谴。其美车服不轨法度者，便绝属籍，遣归田里。广平、钜鹿、乐成王车骑朴素，无金银之饰，帝以白太后，太后即赐钱各五百万。于是内外从化，被服如一，诸家惶恐，倍于永平时，及置织室，蚕于濯龙中，数往观视，以为娱乐。常与帝旦夕言道政事，及教授诸小王，论议经书，述叙平生，雍和终日。

四年，天下丰稔，方垂无事，帝遂封三舅廖、防、光为列侯，并辞让，愿就关内侯。太后闻之，曰："圣人设教，各有其方，知人情性莫能齐也。吾少壮时，但慕竹帛，志不顾命。今虽已老，而复'戒之在得'，故日夜惕厉，思自降损。居不求安，食不念饱。冀乘此道，不负先帝。所以化异兄弟，共同斯志，欲令瞑目之日，无所复恨。何意老志复不从哉？万年之日长恨矣！"廖等不得已，受封爵而退位归第焉。

太后其年寝疾，不信巫祝小医，数敕绝褥祀。至六月，崩。在位二十三年，年四十余。合葬显节陵。

【译文】

明德马皇后名叫某，是伏波将军马援的小女儿，少年时父母都去世了。她的哥哥马客卿聪明灵敏，很早就死了，她的母亲蔺夫人由于悲伤得了病，神志不清。马皇后当时才十岁，管理家中事务，指挥使用仆人，内外事务都要向她请示报告，她处理起来和成年人一样。当初，各家都不知道这种情况，以后听说了，全都感叹她不一般。马皇后曾经病了很长时间。太夫人让巫师占卜。卜筮的人说："这个女子虽然有病，但应该有极大的富贵，卦象不能对人说呀！"以后又叫来相面的人让他给各个女儿看相。相面的人见到马皇后，大吃一惊，说："我一定会向这个女子称臣。但是她尊贵却缺少儿子，如果抚养别人的儿子，得到他帮助，就会比自己生的儿子还有用。"

当初，马援征讨五溪的蛮夷部族，在军中去世。虎贲中郎将梁松、黄门侍郎窦固等人趁机说他的坏话，从此马家逐渐失势，又多次被权贵欺侮。马皇后的堂兄马严非常愤怒，忧心忡忡，禀告了太夫人，与窦氏废除婚约，请求把马援的女儿送入宫中。马严就上奏章说:"臣子的叔父马援辜负了陛下的恩典,未能报答,而他的妻子儿女蒙受特殊的恩典被保全生命,感念陛下,把陛下当作上天和父亲。人们的心理是能免除死难后就想要求得幸福。臣子私下听说太子和各亲王的王妃还没有配备全。马援有三个女儿,大的十五岁,第二个十四岁,小的十三岁。她们的容貌仪表头发肌肤,都在上中等,全都孝顺谨慎,安静柔和,有礼貌。愿意让她们到相面挑选妃子的官员处,去判断一下她们可不可以入宫。如果万一被取上,马援在黄泉之下也永垂不朽了。又有马援的姑姑姐妹二人同时做成帝的婕妤,葬在延陵。臣子马严幸运地蒙受恩典,得以再生,希望能借先姑的缘故,让她们选入后宫。"因此把马皇后选入太子宫中。当时十三岁。马皇后侍奉阴皇后,和同级的妃嫔们交好,礼仪十分周到。宫中上下都和她和睦相处。因此就受到特殊的恩宠,经常居住在后堂中。当时马皇后前母姐姐的女儿贾氏也被选进宫,生了肃宗汉章帝。汉明帝因为马皇后没有儿子,命令她抚养汉章帝,对她说:"人不一定非要自己生儿子,只怕爱护养育得不周到罢了。"马皇后于是尽心尽力地抚育汉章帝,比对自己亲生儿子还劳累。汉章帝也有纯真的孝心,天生知道体谅母恩。母子之间慈爱无比,始终没有一丝一毫的不和。马皇后经常为皇子不够多担心伤叹,把侍奉的嫔妃们推荐给皇帝,唯恐皇帝不接受。后宫中有被皇帝召见的,马皇后就去慰问安顿她们。如果是多次被皇帝召去宠幸的,就更给她增加丰厚的待遇。永平三年春天,有关官署上奏章请设立长秋宫。皇帝还没有说话。皇太后说:"马贵人的品德在后宫中最高尚,就是她吧。"于是把马贵人立为皇后。

立皇后的前几天,马皇后梦见有无数小飞虫飞来落在身上,又钻入皮肤中,然后再飞出来。她做了皇后掌管后宫以来,自己更加谦虚严肃。马皇后身高七尺二寸,口形端正,头发美丽,能背诵《易经》,喜爱读《春秋》《楚辞》,尤其喜好《周官》《董仲舒书》。她经常穿着粗布帛的衣服,裙上不辍加缘边。每到月初月中,各个妃子公主们来朝见,远远望见皇后的衣袍质地粗疏,反而以为是细密软薄的纱罗,到跟前一细看,都笑了。皇后婉言说道:"这种粗帛只适宜染颜色,所以穿用它。"六官嫔妃没有一个不叹息的。明帝曾经到园林离宫等地去。马皇后就用会招致风邪,受露水云雾侵袭来劝诫皇帝,言语情意深切又周到,所以大多被明帝体会和采纳。明帝到濯龙园中去,把所有才人品秩的妃子都召来,下邳王以下的皇子都在身边,请求叫皇后来。皇帝笑着说:"这一位生性不喜欢玩乐,即使来了也不会欢快。"因此娱乐游玩的事皇后就很少跟着去了。

永平十五年,汉明帝查看地图,将要封皇子,全把他们的封国减少一半土地。马皇后看到后对他说:"各个皇子才有几个县的食邑,按照制度对比,不是太俭省了吗?"明帝说:"我的儿子怎么能和先帝的儿子相等呢? 每年供给他们二千万钱就足够了。"当时楚地的犯罪案件连年不断,囚犯们互相牵扯,因此被捕入狱的人非常多。皇后担心抓人又多又草率,乘空闲时对汉明帝说起,很难过。汉明帝被感动,醒悟过来,夜晚起来徘徊思索,考虑皇后的劝谏,最后多次降旨宽大罪犯。当时各个将领上奏的事和公卿们争议较大难以确定的事,明帝曾多次用以试探皇后的看法。皇后就分析情况的情理,都能找出它们的实质。皇后常常在侍奉皇帝的时候,就谈到政事,很多地方有所弥补,但从未用自家的私事干扰过皇帝。所以皇帝对她的宠爱和尊敬日益加深,始终没有衰减。

到汉明帝去世后,肃宗汉章帝即位,尊奉马皇后为皇太后。各个贵人应该移居到南宫去。马太后感伤要和大家离别,赐给她们亲王的红色绶带,另加四匹马拉的轿车,三千段白色的越布,两千匹各色丝绸,十斤黄金。她自己撰写《显宗起居注》,删去了她哥哥马防参与医治的事。汉章帝请求说:"任黄门官的舅舅每天从早到晚服侍先帝,将近一年之久,既没有特别的褒奖,又不记录他的勤劳事迹,这不是太过分了吗?"马太后说:"我不想让后代的人看到先帝几次亲近后宫皇后的家。所以不写上他。"

建初元年,汉章帝想要给各个舅舅封爵。太后不答应。第二年夏天,大旱。议论朝政的官员认为这是不封皇后亲戚的缘故。有关官府因此上奏,认为应该依照过去的典章封赠。太后下诏书说:"凡是议论朝政的全想向我献媚以谋求福利。过去王莽家族同一天被封了五个侯,当时天空中布满了黄雾,也没听说有下透雨的应验。又有田蚡、窦婴等人,受宠后显贵无比,任意横行,招致覆灭的灾祸,被世代相传。所以先帝慎重地防范舅舅们,不让他们担任关键的机要位置。各个皇子的封国,只允许相当于楚国、淮阳国等国的一半。他常说:'我的儿子不应该和先帝的儿子相等。'现在有关官府为什么要用马氏去比附阴氏呢?我作为天下的母后,而身穿粗帛衣服,食物不要求甘美。身边的侍从只穿布帛衣服,没有薰香等修饰装扮,这是因为我要以自己的榜样给下面做表率。我以为外面的亲属见到后,应该伤心,进而检查自己,但他们只是笑话太后一直喜好俭朴。前些时从濯龙门经过,看到外面亲戚来问候起居的,车辆象流水一样源源不断,骏马象飞龙一样矫健,仆人都穿着绿色的袖套,领口袖口雪白。回过头来看看自己的车夫,都远远不如他们。所以我没有怒斥他们,只是断绝了每年给他们的钱粮而已。我希望以这种默默地批评使他们心中羞愧,但他们还懈怠下去,没有为国担忧忘掉小家的想法。做臣子的人没有谁能比得上君主,何况是亲属呢?我怎么可以上负先帝的意旨,下亏先人的德行,再次遭受西汉失败亡国的灾祸啊!"坚决不允许封亲属爵位。

汉章帝看到诏书后悲叹不已,再次请求说:"汉朝兴起后,皇帝的舅舅们封侯,就和皇子封王一样。太后确实心中谦虚,但为什么让我单单不给三个舅舅加恩呢?而且卫尉舅舅年龄大了。两个校尉舅舅又有大病,假如不幸死去,会使我永远怀有铭心刻骨的悔恨。应该赶在吉时封爵,不可以拖延停止。"

马太后回答说:"我反复考虑这件事,想让它两全其美。难道只是想获得谦让的名声,而让皇帝受到不施恩给亲戚的猜疑吗?过去窦太后想封王皇后的哥哥,丞相条侯周亚夫说:承受过高祖的誓约,没有军功的人,不是刘氏不能封侯。现在马氏对国家没有功劳,怎能和阴氏、郭氏等中兴时期的皇后相等同呢?我常见到富贵人家,官位重叠,就像果实过多的树木一样,它的树根一定会受伤害。而且人们愿意被封为侯的原因,只是为了能祭祀祖先,求得温饱罢了。现在外戚们祭祀时用上四方的珍奇物品,衣食依靠皇帝府库中剩余的钱财,难道这些还不满足,而必须要得到一个县吗?我已经反复思考过了,不要再犹豫。最大的孝顺行为是使亲人安心。现在连续遭到变异,粮食价格上涨了几倍,我日夜惊慌,忧心忡忡,坐卧不安。你怎么却先想着给外戚封爵,违背慈母的拳拳之心呢?我一向急躁刚直,胸中有气,不能不让它通顺。如果能阴阳调和,边境上清静无事,然后再去实行你的想法。那时我就只含着糖块逗孙子玩,不再过问朝政了。"

当时新平公主家里的车夫引起火灾，一直烧到宫中的北阁后殿。马太后认为这是自己的过失，心情不愉快。当时应该去拜谒原陵，马太后认为是自己防备管理中不谨慎，愧见陵园，就没有去。当初，太夫人埋葬时，起的坟墓稍微高了一点。马太后为此说了一下，她的哥哥马廖等人马上就削去了坟高出的部分，她的亲属们有人具有谦虚朴素的德行，马太后就用好话勉励，赏给他财物和官位；如果有人犯了一点小错，马太后就先表露出严峻的神情，然后加以责备。那些追求华丽的车马服饰，不遵守法度的人，马太后就从亲属的名籍上除去他们，打发他们回家乡去。广平王、钜鹿王、乐成王的车马朴素，没有金银饰物。汉章帝把这种情况告诉太后，太后就赏给他们每人五百万钱。于是宫内外都遵从马太后的教化，服装穿着统一，各家亲贵都谨慎小心，比永平年间还好。马太后就设置了织室，在濯龙园中养蚕。她多次去视察，把这当作娱乐。马太后经常和皇帝在早晚谈论政务，并教各个小王子念书，议论经书，讲述自己的生平经历，整天沉浸在和睦安宁的气氛中。

建初四年，天下丰收，各地和边境都平安无事，汉章帝就封三个舅舅马廖、马防、马光为列侯。他们全都推辞，愿意做关内侯。马太后听到后，说："圣人设立教育时，各人有各自的方法，是他们懂得人的性情不能完全一致。我青少年时，只想能名传青史，不计较生命的长短。现在虽然年纪已老，却又能'在贪取方面告诫自己'，所以我日夜警惕，想要减少自己的贪求，居住不追求安适，吃饭不想着吃饱。希望根据这样的道义做，能不辜负先帝。所以教导兄弟们，共同保持这个志向，想要让我在闭上眼睛的时候，再没有什么遗憾。为什么不顺从老人的这些志向呢？让我在去世的时候悔恨不已！"马廖等人不得已，只好接受封爵后就辞去官职回家了。

马太后在建初四年患病。她不相信巫祝和非正式的医术，多次下令制止给她祈祷和求神。到了六月，便去世了。她在位二十三年，去世时四十多岁，与汉章帝合葬在显节陵中。

和熹邓皇后传

【题解】

邓绥(80~121)，汉和帝刘肇的皇后。她是东汉重臣太傅邓禹的孙女。父亲邓训是护羌校尉，母亲阴氏是汉光武帝阴皇后的堂侄女。邓绥自幼通晓经史、孝顺勤谨，又有见识，而且容貌美丽，永元七年被选入宫。她小心守法，处处谦让，具有封建社会称颂的女子美德。阴后因巫术诅咒被废后，汉和帝便将她立为皇后。汉和帝死后，她能抚育幼帝，执掌朝政。提倡节俭，体恤民情，并且能严格管束家人，教育子孙，兢兢业业地治理国家，使得东汉王朝在多年水旱灾害和边境战乱中仍能平安维持，取得天下太平、农业丰收的成就，可以说是古代历史上罕见的女政治家之一。

和熹邓皇后讳绥,太傅禹之孙也。父训,护羌校尉。母阴氏,光烈皇后从弟女也。后年五岁,太傅夫人爱之,自为剪发。夫人年高目冥,误伤后额。忍痛不言。右左见者怪而问之。后曰:"非不痛也。太夫人哀怜为断发,难伤老人意,故忍之耳。"六岁能史书,十二通《诗》《论语》。诸兄每读经传,辄下意难问。志在典籍,不问居家之事。母常非之,曰:"汝不习女工以供衣服,乃更务学,定当举博士邪?"后重违母言,昼修妇业,暮诵经典。家人号曰:"诸生。"父训异之,事无大小,辄与详议。

永元四年,当以选入,会训卒,后昼夜号泣,终三年不食盐菜,憔悴毁容,亲人不识之。后尝梦扪天,荡荡正青,若有钟乳状,乃仰嗽饮之。以讯诸占梦,言尧梦攀天而上,汤梦及天而咶之,斯皆圣王之前占,吉不可言。又相者见后惊曰:"此成汤之法也。"家人窃喜而不敢宣。后叔父陔言:"常闻活千人者,子孙有封。兄训为谒者,使修石臼河,岁活数千人。天道可信,家必蒙福。"初,太傅禹叹曰:"吾将百万之众,未尝妄杀一人,其后世必有兴者。"

七年,后复与诸家子俱选入宫。后长七尺二寸,姿颜姝丽,绝异于众。左右皆惊。八年冬,入掖庭为贵人,时年十六。恭肃小心,动有法度。承事阴后,夙夜战兢。接抚同列,常克己以下之。虽宫人隶役,皆加恩借。帝深嘉爱焉。及后有疾,特令后母兄弟入视医药,不限以日数。后言于帝曰:"宫禁至重,而使外舍久在内省,上令陛下有幸私之讥,下使贱妾获不知足之谤。上下交损,诚不愿也。"帝曰:"人皆以数入为荣,贵人反以为忧,深自抑损,诚难及也。"每有宴会,诸姬贵人竞自修整,簪珥光采,袿裳鲜明,而后独著素,装服无饰。其衣有与阴后同色者,即时解易,若并时进见,则不敢正坐离立,行则偻身自卑。帝每有所问,常逡巡后对,不敢先阴后言。帝知后劳心曲体,叹曰:"修德之劳,乃如是乎!"后阴后渐疏,每当御见,辄辞以疾。时帝数失皇子,后忧继嗣不广,恒垂涕叹息,数选进才人,以博帝意。

阴后见后德称日盛,不知所为,遂造祝诅,欲以为害。帝尝寝病危甚,阴后密言:"我得意,不令邓氏复有遗类。"后闻,乃对左右流涕言曰:"我竭诚尽心以事皇后,竟不为所祐,而当获罪于天。妇人虽无从死之义,然周公身请武王之命,越姬心誓必死之分,上以报帝之恩,中以解宗族之祸,下不令阴氏有人豕之讥。"即欲饮药,宫人赵玉者固楚之,因诈言属有使来,上疾已愈。后信以为然。乃止。明日,帝果瘳。

十四年夏,阴后以巫蛊事废,后请救不能得,帝便属意焉,后愈称疾笃,深自闭绝。会有司奏建长秋宫,帝曰:"皇后之尊,与朕同体,承宗庙,母天下,岂易哉!唯邓贵人德冠后庭,乃可当之。"至冬,立为皇后。辞让者三,然后即位。手书表谢,深陈德薄,不足以充小君之选。是时,方国贡献,竞求珍丽之物,自后即位,悉令禁绝,岁时但供纸墨而已。帝每欲官爵邓氏,后辄哀请谦让,故兄骘终帝世不过虎贲中郎将。

元兴元年,帝崩,长子平原王有疾,而诸皇子夭没,前后十数,后生者辄隐秘养于人间。殇帝生始百日,后乃迎立之。尊后为皇太后,太后临朝。和帝葬后,宫人并归园,太后赐周、冯贵人策曰:"朕与贵人托配后庭,共欢等列,十有余年。不获福祐,先帝早弃天下，孤心茕茕，靡所瞻仰，夙夜永怀，感怆发中。今当以旧典分归外园，惨结增叹，燕燕之诗，曷能喻焉！其赐贵人王青盖车，采饰辂，骖马各一驷，黄金三十斤，杂帛三千匹，白越四千端。"又赐冯贵人王赤绂，以未有头上步摇、环佩，加赐各一具。

是时新遭大忧，法禁未设。宫中亡大珠一箧，太后念，欲考问，必有不辜。乃亲阅宫人，观察颜色，即时首服。又和帝幸人吉成，御者共枉吉成以巫蛊事，遂上掖庭考讯，辞证明白。太后以先帝左右，待之有恩，平日尚无恶言，今反若此，不合人情，更自呼见实核，果御者所为。莫不叹服，以为圣明。常以鬼神难征，淫祀无福，乃诏有司罢诸祠官不合典礼者。又诏赦除建武以来诸犯妖恶，及马、窦家属所被禁锢者，皆复之为平人。减大官、导官、尚方、内者服御珍膳靡丽难成之物。自非供陵庙，稻粱米不得导择，朝夕一肉饭则已。旧太官汤官经用岁且二万万，太后敕止，日杀省珍费，自是裁数千万。及郡国所贡，皆减其过半。悉斥卖上林鹰犬。其蜀、汉钏器九带佩刀，并不复调。止画工三十九种。又御府、尚方、织室锦绣、冰纨、绮縠、金银、珠玉、犀象、瑇瑁、雕镂玩弄之物，皆绝不作。离官别馆储峙米备薪炭，悉令省之。又诏诸园贵人，其宫人有宗室同族若羸老不任使者，令园监实核上名，自御北宫增喜观阅问之，恣其去留，即日免遣者五六百人。

及殇帝崩，太后定策立安帝，犹临朝政。以连遭大，百姓苦役，殇帝康陵方中秘藏，及诸工作，事事减约，十分居一。

诏告司隶校尉、河南尹、南阳太守曰："每览前代外戚宾客，假借威权，轻薄谲狂，至有浊乱奉公，为人患苦。咎在执法怠懈，不辄行其罚故也。今车骑将军骘等虽怀敬顺之志，而宗门广大，姻戚不少，宾客奸猾，多干禁宪。其明加检敕，勿相容护。"自是亲属犯罪，无所假贷。太后慗阴氏之罪废，故其徙者归乡，敕还资财五百余万。永初元年，爵号太夫人为新野君，万户供汤沐邑。

二年夏，京师旱。亲幸洛阳寺录冤狱。有囚实不杀人而被考自诬，羸困舆见，畏吏不敢言，将去，举头若欲自诉。太后察视觉之，即呼还问状，具得枉实，即时收洛阳令下狱抵罪。行未还宫，澍雨大降。

三年秋，太后体不安，左右忧惶，祷请祝辞，愿得代命。太后闻之，即谴怒，切敕掖庭令以下，但使谢过祈福，不得妄生不祥之言。旧事，岁终当飨遣卫士，大傩逐疫。太后以阴阳不和，军旅数兴，诏飨会勿设戏作乐，减逐疫侲子之半，悉罢象橐驼之属。丰年复故。太后自入宫掖，从曹大家受经书，兼天文、算术，昼省王政，夜则诵读，而患其谬误，惧乖典章，乃博选诸儒刘珍等及博士、议郎、四府掾史五十余人，诣东观雠校传记，事毕奏御，赐葛布各有差。又诏中官近臣于东观受读经传，以教授宫人，左右习诵，朝夕济济。及新野君薨，太后自侍疾病，至乎终尽，忧哀毁损，事加于常。赠以长公主赤绂，东园秘器，玉衣绣衾，又赐布三万匹，钱三千万。骘等遂固让钱布不受。使司空持节护丧事，仪比东海恭王，谥曰敬君。太后谅暗既终。久旱。太后比三日幸洛阳，录囚徒，理出死罪三十六人，耐罪八十人，其余减罪死右趾已下至司寇。

七年正月，初入太庙，斋七日，赐公卿百僚各有差。庚戌，谒宗庙，率命妇群妾相礼仪，与皇帝交献亲荐，成礼而还。因下诏曰："凡供荐新味，多非其节，或郁养强孰，或穿掘萌牙，味无所至而夭折生长，岂所以顺时育物乎！传曰：'非其时不食。'自今当奉祠陵庙及给御者,皆须时乃上。'凡所省二十三种。

自太后临朝,水旱十载,四夷外侵,盗贼内起。每闻人饥,或达旦不寐,而躬自减彻,以救灾厄,故天一下复平,岁还丰穰。

元初元年,平望侯刘毅以太后多德政,欲令早有注记,上书安帝曰:"臣闻《易》载羲农而皇德著,《书》述唐虞而帝道崇,故虽圣明,必书功于竹帛,流音于管弦。伏惟皇太后膺大圣之姿,体乾坤之德,齐踪虞妃。比迹任姒。孝悌慈仁,允恭节约,杜绝奢盈之源,防抑逸欲之兆。正位内朝,流化四海。及元兴、延平之际,国无储副、仰观乾象,参之人誉,援立陛下为天下主,永安汉室,绥静四海。又遭水潦,东州饥荒。垂恩元元,冠盖交路,菲薄衣食,躬率群下,损膳解骖,以赡黎苗,恻隐之恩,犹视赤子。克己引愆,显扬仄陋。崇晏晏之政,敷在宽之数。兴灭国,继绝世,录功臣,复宗室。追还徙人,蠲除禁锢。政非惠和,不图于心。制非旧典,不访于朝。弘德洋溢,充塞宇宙。洪泽丰沛,漫衍八方。华夏乐化,戎狄混并。丕功著于大汉,硕惠加于生人。巍巍之业,可闻而不可及。荡荡之勋,可诵而不可名。古之帝王,左右置史。汉之旧典,世有注记。夫道有夷崇,治有进退。若善政不述,细异辄书,是为尧汤负洪水大旱之责,而无咸熙假天之美;高宗成王有雊雉迅风之变,而无中兴康宁之功也。上考《诗》《书》,有虞二妃,周室三母,修行佐德,思不逾阈。未有内遭家难,外遇灾害,览总大麓,经营天物,功德巍巍若兹者也。宜令史官著《长乐宫注》《圣德颂》,以敷塞景耀,勒勋金石,县之日月,摅之罔极,以崇陛下烝烝之孝。"帝从之。

六年,太后诏征和帝弟济北、河间王子男女年五岁以上四十余人,又邓氏近亲子孙三十余人,并为开邸第,教学经书,躬自监试。尚幼者,使置师保,朝夕入宫,抚循诏导,恩爱甚渥。乃诏从兄河南尹豹、越骑校尉康等曰:"吾所以引纳群子,置之学官者,实以方今承百王之敝,时俗浅薄,巧伪滋生,《五经》衰缺,不有化导,将遂陵迟,故欲褒崇圣道,以匡失俗。传不云乎:'饱食终日,无所用心,难矣哉!'今末世贵戚食禄之家,温衣美饭,乘坚驱良,而面墙术学,不识臧否,斯故祸败所从来也。永平中,四姓小侯皆令入学,所以矫俗厉薄,反之忠孝,先公既以武功书之竹帛,兼以文德教化子孙,故能束修,不触罗网。诚令儿曹上述祖考休烈,下念诏书本意,则足矣。其勉之哉!"

康以太后久临朝政,心怀畏惧,托病不朝。太后使内人问之。时宫婢出入,多能有所毁誉,其耆宿者皆称中大人,所使者乃康家先婢,亦自通中大人。康闻,诟之曰:"汝我家出,尔敢尔邪!"婢怒,还说康诈疾而言不逊。太后遂免康官,遣归国,绝属籍。

永宁二年二月,寝病渐笃,乃乘辇于前殿,见侍中、尚书,因北至太子新所缮宫。还,大赦天下,赐诸园贵人、王、主、群僚钱布各有差。诏曰:"朕以无德,托母天下,而薄祐不天,早离大忧。延平之际,海内无主,元元凶运,危于累卵。勤勤苦心,不敢以万乘为乐。上欲不欺天愧先帝,下不违人负宿心,诚以济度百姓,以安刘氏。自谓感彻天地,当蒙福祚,而丧祸内外,伤痛不绝。顷以废病沈带,久不得侍祠。自力上原陵,加咳逆唾血。遂至不解。存亡大分,无可奈何。公卿百官,其勉尽忠恪,以辅朝廷。"三月崩。在位二十年,年四十一。合葬顺陵。

【译文】

和熹邓皇后名叫绥，太傅邓禹的孙女。她的父亲邓训，任护羌校尉；母亲阴氏，是光烈皇后的堂侄女。邓皇后五岁时，太傅夫人喜爱她，亲自给她剪头发。太傅夫人年龄大了，眼睛不好使，误剪伤了邓皇后的额头。邓皇后忍着痛不出声。旁边侍从的人见到后很惊讶，就去问她。她说："我不是不痛，太夫人喜爱我给我剪发，恐怕让老人伤心，所以忍住疼了。"

邓皇后六岁能读史书，十二岁通晓《诗经》和《论语》。每当几个哥哥读经传时，她就提出问题来问。邓皇后的志向在学习典籍，不过问日常过日子的事。她的母亲常批评她不对，说："你不学习妇女的手工，供给衣服穿用，却反过来做学问，难道想靠你去考博士吗？"邓皇后不愿违背母亲的话，就在白天学习妇女的手工，夜晚诵读经典。家里的人把她叫作"书生"。父亲邓训觉得她不寻常，不论大事小事，都和她详细议论。

永元四年，邓皇后应该被选入宫中，正遇上邓训去世，邓皇后日夜哭泣号叫，一直服丧

邓绥

三年，没有吃有盐的菜，憔悴得面容都变了，亲人也认不出来。邓皇后曾经梦见自己摸到天，天色青青，浩荡无边，好像有石钟乳一样的地方。邓皇后就仰起脸来用嘴接天的乳汁喝。家人用这个梦去询问占梦的人，他们说尧梦见爬到天上去，汤梦见自己上了天去舔它，这些都是以前有过的圣王占卜结果，这种吉兆贵不可言。又有相面的人见到邓皇后，惊讶地说："这是成汤才有过的骨骼啊！"家人私下里欣喜但不敢说出来。邓皇后的叔父邓陔说："我常听说救活一千人性命的人，子孙可以封爵。我哥哥邓训做谒者时，朝廷派他去修石臼河，每年救活几千人。天的法则可以相信，我家必定会蒙受福祉。"当初，太傅邓禹叹息道："我率领上百万的军队，从没有随便杀过一个人，我的后代一定会有让家族兴旺的人。"

永元七年，邓皇后又和各家的女子一起被选入宫中。邓皇后身高七尺二寸，容貌体态非常美丽，绝对与众不同，周围的人都感到惊讶。永元八年冬天，邓皇后进入掖庭做了贵人，当时十六岁。她恭敬严肃，小心谨慎，举动都符合礼法要求。她侍奉阴皇后，昼夜小心，兢兢业业。她关心同品位的嫔妃，经常约束自己谦让别人，即使是宫女奴仆，她也全部加以爱惜，给以恩惠。皇帝非常喜爱她，倍加赞赏。在邓皇后有病时，特别命令她的母亲兄弟进宫来看护，照料医药，不限定日期。邓皇后对汉和帝说："皇宫的防卫至关重要，而让外面的家人长期到宫内来，上面会使陛下受到宠幸偏爱的讥讽，下面让贱妾遭到不肯知足的诽谤。上下一齐受到损害，我确实不愿意这样。"汉和帝说："别人全以多次入宫为荣誉，贵人却为它担忧，深深地约束和降低自己的要求，确实是别人难以做到的。"每

当有宴会时,各个嫔妃贵人都争着修饰自己,发簪耳环等首饰闪闪发光,衣裳鲜艳明亮。而只有邓皇后一个人穿素淡的衣服,身上没有饰物。她的衣服有时和阴皇后颜色相同,就马上脱下来换别的衣服。如果她和皇后同时觐见皇帝,就不敢坐在正面,站立时也离开阴皇后一段距离,行走时就把身子弯曲下来,显出自己地位低下。当汉和帝有问题询问时,邓皇后经常退在后面,最后回答,不敢抢在阴皇后的前面说话。汉和帝知道邓皇后委屈自己,操心费力,叹息说:"修养德行的劳累,竟达到了这种地步啊!"以后阴皇后逐渐被疏远,每当皇帝要邓皇后去侍奉时,她就推辞说有病。当时皇帝几次丧失皇子,邓皇后担心皇帝的继承人不多,常常流着眼泪叹息,多次挑选才人进献皇帝,以博得皇帝满意。

阴皇后见到称赞邓皇后德行的赞誉越来越多,不知该怎么办,就用巫术诅咒,想要危害邓皇后。汉和帝曾经病得很厉害。阴皇后在暗地里讲:"我得意后,不让邓家再留下一个人!"邓皇后听说后,就对身边的侍从流着眼泪说:"我竭尽诚心侍奉皇后,想不到没有得到她的保护,却会从上天获得罪罚。妇女虽然没有跟丈夫一起死的道理,然而周公请求用自身换回武王的性命,越姬在心中发誓一定为楚王而死。上可以报答皇帝的恩德,中可以解除宗族的灾祸,下不会让阴氏讽刺我变成人豕。"就想要喝毒药,宫女赵玉坚决阻拦她,便骗她说有使节来说皇上的病已经痊愈了。邓皇后相信了,就停止服毒。第二天,皇帝的病果然全好了。

永元十四年夏天,阴皇后由于用巫术诅咒并下蛊的事情被废黜。邓皇后请求救她没能成功。汉和帝就更看重她。邓皇后就借口病重深深地把自己和外界隔绝开来。正遇上有关官府上奏请求设立长秋宫。汉和帝说:"皇后的尊贵和朕本人相同,要承奉宗庙,做天下的母后,难道是容易的吗?只有邓贵人的德行在后宫中属第一,可以承当皇后的重任。"到了冬天,封邓贵人为皇后。邓皇后再三推辞,然后才就任皇后位。她亲手写信上奏,表示感谢,极力陈述自己德行微薄,不足以充当皇后的职位。当时,各个方国进贡时,争着寻求珍奇华丽的物品送上,自从邓皇后即位,就命令全部禁止,每年只在年底供给纸、墨就行了。汉和帝经常想要给邓家人封官封爵,邓皇后就苦苦哀求,表示谦让,所以她的哥哥邓骘到汉和帝去世时也不过是一个虎贲中郎将。

元兴元年,汉和帝去世,长子平原王有病,而前前后后有十几个皇子很早就病死了。于是后来生的皇子就悄悄地隐藏起来,在民间抚养。殇帝生下来才一百天,邓皇后就把他接来立为皇帝。尊崇邓皇后为皇太后。太后上朝执政。汉和帝入葬后,宫女们都送到园陵去。邓太后赐给周贵人、冯贵人的策命上说:"朕和贵人被安排在后宫中,品位相同,共同欢乐,有十几年了。没有获得福祐,先帝早早地抛弃了天下离去,我心中孤单寂寞,没有办法瞻仰先帝,日日夜夜都在深切地怀念,由衷地痛苦感伤。现在要按照旧日的典章把你们分到外面的园陵居住,惨痛在胸中凝结,更增加了我的伤叹,'燕燕于飞'的诗篇,如何能比喻这种心情呢?现在赐给贵人国王用的青盖车,车轮用彩色装饰,各配有四匹驾车的马,赐黄金三十斤,各色绸帛三千匹,白色的越布四千段。"又赐给冯贵人国王的红色绶带,由于她们没有头上的首饰步摇和玉环、玉佩饰,加赐给她们每种一套。

当时刚遭到大丧事,没有设立法规制度。宫中丢失了一盒子大珍珠。邓太后考虑拷问这件事,一定会冤枉无罪的人。她就亲自查问宫女,观察她们的脸色,偷珍珠的人当时就招供认罪了。又有汉和帝宠幸的一个人叫吉成。给皇帝驾车的驭手们一起冤枉吉成进行用巫术诅咒和下蛊的活动，就把他关入掖庭的监狱拷问。供词和旁证都很明白了。邓太后认为他是先帝的亲侍，先帝待他有恩惠，平日里从没有过恶言恶语，现在反而这样做，不符合人之常情，就把这个人叫来亲自核查实情，果然是驾车的驭手们所制造的。人们没有一个不感叹佩服，认为皇太后圣明。邓太后经常认为鬼神难以证实，各种不合礼制的祭祀不会求得福祇，就下诏书命令有关官府查禁各个不符合典章礼仪的祠官。又下诏书赦免了建武年以来被关押的所有犯有妖法罪的人和马家、窦家的家属，把他们全免罪为平民。邓皇太后还减少了大官、导官、尚方、内者各监署中供皇帝皇后使用的珍奇食物和奢侈华丽、难以制作的器物，规定除了供奉陵寝宗庙以外，稻米、谷米都不得精舂细择，每天早晚间只吃一顿有肉的饭，过去太官汤官每一年的费用将近二万万钱。太后下令后，每天逐渐减少珍奇食品的费用，从此每年才用几千万。连各郡国的贡品，太后也全都把它们减少了一多半。上林苑中的鹰犬也全部被卖掉。蜀郡和汉中的嵌银漆器、九带佩刀等，全都不再征调。停止了三十九种画工。还有御府、尚方、织室等处的锦绣、透明的纱罗、起花的绸缎、金银器、珠玉器、犀角象牙器、玳瑁器等雕刻制造的珍奇玩物，全停止制作。离宫别馆中储存的米谷干粮柴草木炭等，邓太后命令把它们全部裁减掉。邓太后又下诏书给各园中的贵人，告诉她们，宫女里家中有亲属和族人，本身又年老体弱不能胜任使役的，让园监核查确实后报上名来。邓太后亲自到北宫的增喜观去查看询问她们，任凭她们离去或留下，当天就遣送出宫五六百名宫女。

到了殇帝去世后，邓太后确定了立安帝为皇帝，她还主持朝政。由于接连有大丧事，百姓苦于服劳役，汉殇帝的康陵墓穴中的随葬品和修建等各项工程全都加以削减，只占原来规定的十分之一。

邓太后下诏书告诉司隶校尉、河南尹和南阳太守说："我常看到以前朝代的皇亲家里的宾客们假借主人的威望和权力，轻薄狂妄，不守秩序，甚至有人扰乱国家法律制度，给人民造成危害。造成这种状况的原因，过失在于执法官员懈怠放松，不立刻对他们进行处罚。现在车骑将军邓骘等人虽然心怀恭敬顺从，但是他们宗族人口众多，结成婚姻的亲戚不少，宾客们为人奸猾，经常触犯法令。你们应该加以明确检查，发布训令，不要和他们互相包庇袒护。"从此皇帝的亲属犯罪，再没有宽大和庇护的现象了。邓太后哀怜阴氏因为犯罪被废黜，赦免了她家被流放的人，让他们回家乡去，命令还给他们五百多万钱的资产。永初元年，给邓太夫人封爵，爵号新野君，封给她供给沐浴费用的食邑一万户。

永初二年夏天，京城地区闹旱灾。邓太后亲自到洛阳的官署去查实冤狱。有个囚犯确实没有杀人而被拷打，被迫谎称杀了人。他身体衰弱无力，被用车拉来见太后，又害怕官吏，不敢说话，将要离开时，抬起头来好像要有话说。邓太后看到后觉得他想说话，就把他叫回来问情况，把他受冤枉的全部事实都问出来了，当时便把洛阳令抓起来关进监狱抵罪。邓太后还没有回到宫里，一场大雨就及时地由天而降。

永初三年秋天，邓太后身体不好，亲近侍从们惶恐不安，祈祷神灵，请求用自己的生命换回太后的健康。邓太后听说了，马上发怒，责备她们，严厉地命令掖庭令以下各级宫官，只可以为自己的过失道歉，祈求福祉，不能随便讲不吉利的话。旧日的惯例是，每年年底要举行宴会,招待该退役的卫士,举行大傩的仪式,驱逐病害。太后由于阴阳不和、有天灾,又多次进行战争,下诏书命令宴会不要举办戏剧舞乐,减少一半驱逐疫鬼的少年演员,把大象、骆驼这些仪仗用的动物都撤销了。丰收的年岁中才恢复原状。邓太后自从进入后宫后,向曹大家学习经书,兼学天文和算术。她白天处理国家大事,夜晚就读书,但还担心经书会有错误,害怕违反了典章制度,就广泛挑选有学问的大儒刘珍等人,以及博士、议郎、四府掾史等五十多人,到东观来校对传记。校对工作完成后奏报上来,赐给他们不同数量的葛布。又下诏书让宫中的近侍官员到东观学习经传,用来教授宫女们,宫中侍从们都学习背诵经书,每天早晚济济一堂。在新野君去世时,邓太后亲自去照顾她的病,一直到她咽气。邓太后为母亲去世非常哀痛,身体受损害。守丧的举动比常人还要认真。赠给她母亲长公主的红色绶带、少府东园署制作的丧葬用品、玉衣、绣花被,又赐给邓家布三万匹、钱三千万。邓骘等人就坚决推辞,不接受钱和布匹。邓太后派司空带着符节去护卫新野君的丧事,礼仪形式和东海恭王相同,赠谥号为敬君。邓太后的守丧期满以后,气候长久干旱,太后丧期刚过三天就到洛阳去,查验囚徒,清理出处死刑的罪犯三十六人,处徒刑的罪犯八十人,其余都减轻刑罚,死刑改为斩去右趾至徒刑的处罚。

永初七年正月,邓太后开始进入太庙,戒斋七天,赐给公卿百官们不同等级的物品。庚戌那一天,拜见宗庙,率领贵妇和妃妾们协助行礼。和皇帝共同献祭,亲自酹酒祭祀,仪式完成后回到宫中。接着下诏书说:"凡是贡献的新鲜食物祭品,大多不是该在这个时节成熟的,有的在屋里养育,强迫它成熟,有的挖出地洞取它的萌芽,滋味还没有长完全却使它的生长遭到夭折。这难道是顺应天时养育万物的方法吗?传记上讲:'不是应该成熟的时节不吃它。'从今天起用来供奉陵园宗庙祭祀以及供皇宫的食物,全都要等到成熟的时节才送上来。"一共减去了二十三种食品。

自从邓太后掌管朝政,闹了十年水灾、旱灾,境外四方的夷狄部族侵犯汉朝,国内盗贼兴起。邓太后一听说有人挨饿,有时会整夜睡不着觉,而自己带头减少供给,来救助遭受灾害的地区,所以天下又恢复到安宁和平,年景又获得丰收。

元初五年,平望侯刘毅因为太后施行了很多德政,想让它们尽早记录下来,向汉安帝上奏章说:"臣下听说《易经》记录了伏羲、神农而显示出三皇的德行,《尚书》记述了唐尧、虞舜而提高了五帝的道义,所以即使是圣明的君主也一定要在竹帛上记录下他们的功勋,用管弦歌唱他们的德音。我想到皇太后天生有伟大圣人的姿容,具有乾坤的德行,和虞妃的踪迹相同,可与任姒的事迹相比拟。太后孝顺友爱,慈祥仁和,恭谨节约。杜绝了奢侈浪费的根源,控制并防止了追求安逸享乐的征兆。在内宫登上正位,把教化传布到四海。到了元兴、延平年间,国家没有继承人,太后仰观天象,结合人们的称誉,把陛下推举上来立为天下的君主,使汉朝永远安定,四海平静。又遭到水涝灾害,东方的土地闹饥荒。她给芸芸众生降下恩惠,官吏们都在路上奔忙。她自己的衣食简单朴素,亲自给官员们做榜样。她减少膳食,取消拉车的边马,用来赡养平民百姓。她对百姓心怀恻隐,就如同对待自己的儿子一样。她约束自己,把罪过归到自己身上,明确地公布自己的过失和不足,提倡和平安乐的政治,推广宽松的教化。太后使灭亡的国家兴起,让断绝了的世系接续,记录功臣的功绩,恢复宗室的地位。太后把流放的人追回来,免除禁锢。不是和平有益的政策,不在心中考虑,不是旧日的典章制度,不在朝廷上讨论。广泛的仁德洋溢在人间,充满了宇宙;深厚的恩泽大量降临全国,流散传播到四面八方。华夏的礼乐教化,把戎狄部落也同化合并到一起。太后伟大的功劳在汉朝显赫,巨大的恩惠施加给人民。巍巍功业,可以听到而无法赶上;浩荡勋绩,可以传颂而无法形容。古代的帝王,身边设有史官;汉代的旧典章规定,世代都有记录。道德有被推崇的时候,也有被破坏的时候,政治有前进也有后退。如果这种美好的政绩不记述下来,不把小事和变化都马上记录下来,这就会造成尧、汤去担负产生洪水和大旱灾的罪责,却不知道他们普救众生、与天相等的美德;会只说殷高宗、周成王引起野鸡在鼎耳上鸣叫和狂风大作的变异,却不知道他们中兴殷商,安定天下的功劳。考察古代的《诗》《书》二经,有虞氏的两个妃子,周朝的三个母后,修养德行,辅佐有德性的君王,思想不超越宫门。但还没有像太后这样,内遭家中的丧事,外遇天下灾害不断,总管国家政事,经营天下万物,建立起崇高功德的人。应该命令史官编写《长乐宫注》和《圣德颂》,以广泛宣扬太后的光辉事迹,把功勋刻写在铜器和石碑上。和日月一样悬挂在天空,无穷无尽地散发光芒。用来显示陛下诚挚的孝心。"汉安帝答应了。

元初六年,邓太后下诏书征诏汉和帝的弟弟济北王、河间王的五岁以上的子女,一共四十多人,又召来邓氏近亲的子孙三十多人,都为他们设置了住所,教他们读经书,亲自监考。年龄还小的子孙,就设置有老师和保姆,每天早晚进宫来,邓太后抚育教导他们,非常疼爱他们。并下诏书给堂兄河南尹邓豹、越骑校尉邓康等人说:"我把孩子们招收来,放在学校读书的原因,实际上是由于现在处于承继了历代帝王弊病的时代,世上流行的风俗浮浅轻薄,取巧做假的现象滋生,《五经》的道义衰落缺乏,不加以教化和引导,就会逐渐消亡。所以想要褒奖和推崇圣贤之道,用来纠正不良习俗。经传上不是说过吗:'饱食终日,无所用心,这就太难了啊!'现在传到末代的贵族皇亲等吃国家俸禄的人家,衣服温暖,食物精美,坐着坚固的车子,驱赶着骏马,而让他们面壁读书,就不知道可否了。这就是灾祸和失败产生的根源。永平年间,樊郭阴马四个姓氏的皇亲侯爵子弟全被命令入学,用以矫正风俗、革除轻薄,恢复到忠孝的根本上来。先祖父邓禹既能立下武功,记录在史书上,还用文化道德教育子孙,所以能约束住子孙,不触犯国家的法律。真能让孩子们上继承祖先的美好功德,下理解我诏书的根本意图,就足够了,你们要努力啊!"

邓康由于太后长期临朝执政,心怀畏惧,借口有病不上朝。太后派宫女去探问他的病情。当时宫女们出入宫廷,能在很多方面对某个人加以称赞或诋毁,其中年纪大的宫女都称作中大人。这次派去的是邓康家原来的婢女,她也自己通报说是中大人。邓康听说后,斥责她说:"你是从我家中出去的,竟敢称中大人?"婢女愤怒了,回宫就说邓康装病骗人,言语又不恭敬。太后就罢免了邓康的官职。让他回到封国去,从亲属名籍上取消了他的名字。

永宁二年二月,邓太后患病逐渐加重,就乘坐车辆到了前殿,接见侍中、尚书们,接着向北到了太子新修缮的住所。回来后,大赦天下,赐给各园陵的贵人,亲王、公主和百官们钱币布匹,各自有不同的数量。诏书说:"朕用没有道德的身体做天下的母后,而上天没有给我一点保佑,很早就遭受到先帝去世的忧伤。延平年间,海内没有君主,百姓们遭受厄运,危如累卵。朕勤勤恳恳,劳心费力,不敢因为是君主而享乐;上不想欺瞒天神,愧对先帝;下不想违背人民的希望。诚心诚意地拯救百姓,以安定刘氏的天下。自己认为诚心可以达到天地之间,应该享受福气。但却宫中遇丧事,宫外遭灾祸,痛苦悲伤不能断绝。不久前因为沉绵病患,很久没有能去侍奉宗祠,就勉强去原陵,因此增加了咳嗽吐血的病症,发展到无法治疗。生死存亡是天地间的大法则,无可奈何。公卿百官们,要努力尽忠,来辅佐朝廷。"三月,邓太后去世,在位二十年,四十一岁。合葬在顺陵里面。

马援传

【题解】

马援(前14~49)东汉初名将。字文渊。扶风茂陵(今陕西兴平东北)人。出身官宦世家。新莽时曾任郡都邮。因私纵重罪囚,亡命北地,从事田牧,役属宾客数百家。绿林、赤眉起义爆发后,任新城大尹(汉中太守)。王莽败死,避地凉州,投奔当地军阀隗嚣。刘秀称帝后,马援往归之,并为刘秀谋划,协助刘秀击溃隗嚣。建武十一年(35),任陇西太守,缮甲兵,修城廓,劝耕牧,平定陇右诸羌。建武十六年(40),高回朝廷,升为虎贲中郎将(禁卫将军)。次年,交阯郡征侧、征贰聚兵反抗东汉王朝。九真、日南、合浦蛮、夷起而响应。马援又被授予"伏波将军"的称号,率军南下,水陆并进,平定二征,并进击征侧余部都羊等,悉平岭南,因功封新息侯。马援行军所过,常常为郡县修治城郭,穿渠灌溉,以利百姓。并与越人申明旧制以约束他们。此后,匈奴、乌桓侵扰三辅,马援以男儿当"死于边野,马革裹尸"自誓,自愿请求出征。建武二十四年(48),马援又以六十二岁的高龄,领兵远征武陵、五溪蛮。次年,病死军中。永平初年,汉明帝将马援女立为皇后。但因明帝禁外戚之家封侯与政,故马援未得入云台二十八将。至建初三年(78),马援被追谥为忠成侯。著有《铜马相法》,并铸作铜马,以为名马法式。

【原文】

马援字文渊,扶风茂陵人也。其先赵奢为赵将,号曰马服君,子孙因为氏。武帝时,以吏二千石自邯郸徙焉。曾祖父通,以功封重合侯,坐兄何罗反,被诛,故援再世不显。援三兄况、余、员,并有才能,王莽时皆为二千石。

援年十二而孤,少有大志,诸兄奇之。尝受《齐诗》,意不能守章句,乃辞况,欲就边郡田牧。况曰:"汝大才,当晚成。良工不示人以朴,且从所好。"会况卒,援行服期年,不离墓所,敬事寡嫂,不冠不入庐,后为郡督邮,送囚至司命府,因有重罪,援哀而纵之,遂亡命北地。遇赦,因留牧畜,宾客多归附者,遂役属数百家。转游陇汉间,常谓宾客曰:"丈夫为志,穷当益坚,老当益壮。"因处田牧,至有牛马羊数千头,谷数万斛,既而叹曰:"凡殖货财产，贵其能施赈也，否则守钱虏耳。"乃尽散以班昆弟故旧，身衣羊裘皮绔。

王莽末，四方兵起，莽从弟卫将军林广招雄俊，乃辟援及同县原涉为掾，荐之于莽。莽以涉为镇戎大尹，援为新成大尹。及莽败，援兄员时为增山连率，与援俱去郡，复避地凉州。世祖即位，员先诣洛阳，帝遣员复郡，卒于官。援因留西州，隗嚣甚敬重之，以援为绥德将军，与决筹策。

马援

是时公孙述称帝于蜀，嚣使援往观之。援素与述同里闬，相善，以为既至当握手欢如平生，而述盛陈陛卫，以延援入，交拜礼毕，使出就馆，更为援制都布单衣、交让冠，会百官于宗庙中，立旧交之位。述鸾旗旄骑，警跸就车，磬折而入，礼飨官属甚盛，欲授援以封侯大将军位。宾客皆乐留，援晓之曰："天下雄雌未定，公孙不吐哺走迎国士，与图成败，反修饰边幅，如偶人形。此子何足久稽天下士乎？"因辞归，谓嚣曰："子阳井底蛙耳，而妄自尊大，不如专意东方。"

建武四年冬，嚣使援奉书洛阳。援至，引见于宣德殿。世祖迎笑谓援曰："卿遨游二帝间，今见卿，使人大惭。"援顿首辞谢，因曰："当今之世，非独君择臣也，臣亦择君矣。臣与公孙述同县，少相善。臣前至蜀，述陛戟而后进臣。臣今远来，陛下何知非刺客奸人，而简易若是？"帝复笑曰："卿非刺客，顾说客耳。"援曰："天下反复，盗名字者不可胜数。今见陛下，恢廓大度，同符高祖，乃知帝王自有真也。"帝甚壮之，援从南幸黎丘，转至东海。及还，以为待诏，使太中大夫来歙持节送援西归陇右。

隗嚣与援共卧起，问以东方流言及京师得失。援说嚣曰："前到朝廷，上引见数十，每接宴语，自夕至旦，才明勇略，非人敌也。且开心见诚，无所隐伏，阔达多大节，略与高帝同。经学博览，政事文辩，前世无比。"嚣曰："卿谓何如高帝？"援曰："不如也。高帝无可无不可；今上好吏事，动如节度，又不喜饮酒。"嚣意不怿，曰："如卿言，反复胜邪？"然雅信援，故遂遣长子恂入质，援因将家属随恂归洛阳。居数月而无它职任。援以三辅地旷土沃，而所将宾客猥多，乃上书求屯田上林苑中，帝许之。

会隗嚣用王元计，意更狐疑，援数以书记责譬于嚣，嚣怨援背己，得书增怒，其后遂发兵拒汉。援乃上疏曰："臣援自念归身圣朝，奉事陛下，本无公辅一言之荐，左右为容之助。臣不自陈，陛下何因闻之。夫居前不能令人轾，居后不能令人轩，与人怨不能为人患，臣所耻也。故敢触冒罪忌，昧死陈诚，臣与隗嚣，本实交友。初，嚣遣臣东，谓臣曰：'本欲为汉，愿足下往观之。于汝意可，即专心矣。'及臣还反，报以赤心，实欲导之于善，非敢诪以非义。而嚣自挟奸心，盗憎主人，怨毒之情遂归于臣。臣欲不言，则无以上闻。愿听诣行在所，极陈灭嚣之术，得空匈腹，申愚策，退就陇亩，死无所恨。"帝乃召援计事，援具言谋画。因使援将突骑五千，往来游说嚣将高峻、任禹之属，下及羌豪，为陈祸福，以离嚣支党。

援又为书与嚣将杨广，使晓劝于嚣，曰：

"春卿无恙，前别冀南，寂无音驿。援间还长安，因留上林，窃见四海已定，兆民同情，而季孟闭拒背叛，为天下表的，常惧海内切齿，思相屠裂，故遗书恋恋，以致恻隐之计。乃闻季孟归罪于援，而纳王游翁谄邪之说，自谓函谷以西，举足可定，以今而观，竟何如邪？援间至河内，过存伯春，见其奴吉从西方还，说伯春小弟仲舒望见吉，欲问伯春无它否，竟不能言，晓夕号泣，婉转尘中。又说其家悲愁之状，不可言也。夫怨仇可刺不可毁，援闻之，不自知泣下也。援素知季孟孝爱，曾、闵不过。夫孝于其亲，岂不慈于其子？可有子抱三木，而跳梁妄作，自同分羹之事乎？季孟平生自言所以拥兵众者，欲以保全父母之国而完坟墓也，又言苟厚士大夫而已。而今所欲全者将破亡之，所欲完者将毁伤之，所欲厚者将反薄之。季孟尝折愧子阳而不受其爵，今更共陆陆，欲往附之，将难为颜乎？若复责以重质，当安从得子主给是哉！往时子阳独欲以王相待，而春卿拒之；今者归老，更欲低头与小儿曹共槽枥而食，并肩侧身于怨家之朝乎？男儿溺死何伤而拘游哉！今国家待春卿意深，宜使牛孺卿与诸耆老大人共说季孟，若计画不从，真可引领去矣。前披舆地图，见天下郡国百有六所，奈何欲以区区二邦以当诸夏百有四乎？春卿事季孟，外有君臣之义，内有朋友之道。言君臣邪，固当谏争；语朋友邪，应有切磋。岂有知其无成，而但萎腇咋舌，又手从族乎？及今成计，殊尚善也；过是。欲少味矣。且来君叔天下信士，朝廷重之，其意依依，常独为西州言。援商朝廷，尤欲立信于此，必不负约。援不得久留，愿急赐报。"

广竟不答。

八年，帝自西征嚣，至漆，诸将多以王师之重，不宜远入险阻，计犹豫未决，会召援，夜至，帝大喜，引入，具以群议质之。援因说隗嚣将帅有土崩之势，兵进有必破之状。又于帝前聚米为山谷，指画形势，开示众军所从道径往来，分析曲直，昭然可晓。帝曰："虏在吾目中矣。"明旦，遂进军至第一，嚣众大溃。

九年，拜援为太中大夫，副来歙监诸将平凉州。自王莽末，西羌寇边。遂入居塞内，金城属县多为虏有。来歙奏言陇西侵残，非马援莫能定。十一年夏，玺书拜援陇西太守。援乃发步骑三千人，击破先零羌于临洮，斩首数百级，获马牛羊万余头。守塞诸羌八千余人诣援降。诸种有数万，屯聚寇钞，拒浩亹隘。援与扬武将军马成击之。羌因将其妻子辎重移阻于允吾谷，援乃潜行间道，掩赴其营。羌大惊坏，复远徙唐翼谷中，援复追讨之。羌引精兵聚北山上，援陈军向山，而分遣数百骑绕袭其后，乘夜放火，击鼓叫噪，虏遂大溃，凡斩首千余级。援以兵少，不得穷追，收其谷粮畜产而还。援中矢贯胫，帝以玺书劳之，赐牛羊数千头，援尽班诸宾客。

是时，朝臣以金城破羌之西，涂远多寇，议欲弃之。援上言，破羌以西城多完牢，易可依固；其田土肥壤，灌溉流通。如今羌在湟中，则为害不休，不可弃也。帝然之，于是诏武威太守，令悉还金城客民。归者三千余口，使各反旧邑。援奏为置长吏，缮城郭，起坞候，开导水田，劝以耕牧，郡中乐业。又遣羌豪杨封譬说塞外羌，皆来和亲。又武都氐人背公孙述来降者,援皆上复其侯王君长,赐印绶,帝悉从之。仍罢马成军。

十三年,武都参狼羌与塞外诸种为寇,杀长吏。援将四千余人击之,至氐道县,羌在山上,援军据便地,夺其水草,不与战,羌遂穷困,豪帅数十万户亡出塞,诸种万余人悉降,于是陇右清静。

援务开恩信,宽以待下,任吏以职,但总大体而已。宾客故人,日满其门。诸曹时白外事,援辄曰:"此丞、掾之任,何足相烦。颇哀老子,使得遨游。若大姓侵小民,黠羌欲旅距,此乃太守事耳。"傍县尝有报仇者,吏民惊言羌反,百姓奔入城郭。狄道长诣门,请闭城发兵,援时与宾客饮,大笑曰:"烧虏何敢复犯我。晓狄道长归守寺舍,良怖急者,可床下伏。"后稍定,郡中服之。视事六年,征入为虎贲中郎将。

初,援在陇西上书,言宜如旧铸五铢钱。事下三府,三府奏以为未可许,事遂寝。及援还,从公府求得前奏,难十余条,及随牒解释,更具表言。帝从之,天下赖其便。援自还京师,数被进见。为人明须发,眉目如画。闲于进对,尤善述前世行事。每言及三辅长者,下至闾里少年,皆可观听。自皇太子、诸王侍闻者,莫不属耳忘倦。又善兵策,帝常言"伏波论兵,与我意合",每有所谋,未尝不用。

初,卷人维汜,讹言称神,有弟子数百人,坐伏诛。后其弟子李广等宣言汜神化不死,以诳惑百姓。十七年,遂共聚会徒党,攻没皖城,杀皖侯刘闵,自称"南岳大师"。遣谒者张宗将兵数千人讨之,复为广所败。于是使援发诸郡兵,合万余人,击破广等,斩之。

又交阯女子征侧及女弟征贰反,攻没其郡,九真、日南、合浦蛮夷皆应之,寇略岭外六十余城,侧自立为王。于是玺书拜援伏波将军,以扶乐侯刘隆为副,督楼船将军段志等南击交阯。军至合浦而志病卒,诏援并将其兵。遂缘海而进,随山刊道千余里,十八年春,军至浪泊上,与贼战,破之,斩首数千级,降者万余人。援追征侧等至禁谿,数败之,贼遂散走。明年正月,斩征侧、征贰,传首洛阳。封援为新息侯,食邑三千户。援乃击牛酾酒,劳飨军士。从容谓官属曰:"吾从弟少游常哀吾慷慨多大志,曰:'士生一世,但取衣食裁足,乘下泽车,御款段马,为郡掾史,守坟墓,乡里称善人,斯可矣。致求盈余,但自苦耳。'当吾在浪泊,西里间,虏未灭之时,下潦上雾,毒气重蒸,仰视飞鸢跕跕堕水中,卧念少游平生时语,何可得也!今赖士大夫之力,被蒙大恩,猥先诸君纡佩金紫,且喜且惭。"吏士皆伏称万岁。

援将楼船大小二千余艘,战士二万余人,进击九真贼征侧余党都羊等,自无功至居风,斩获五千余人,峤南悉平。援奏言西于县户有三万二千,远界去庭千余里,请分为封溪、望海二县,许之。援所过辄为郡县治城郭,穿渠灌溉,以利其民。条奏越律与汉律驳者十余事,与越人申明旧制以约束之,自后骆越奉行马将军故事。

二十年秋,振旅还京师,军吏经瘴疫死者十四五。赐援兵车一乘,朝见位次九卿。

援好骑,善别名马,于交阯得骆越铜鼓,乃铸为马式,还上之。因表曰:"夫行天莫如龙,行地莫如马,马者甲兵之本,国之大用。安宁则以别尊卑之序,有变则以济远近之难。昔有骐骥,一日千里,伯乐见之,昭然不惑。近世有西河子舆,亦明相法。子舆传西河仪长孺,长孺传茂陵丁君都,君都传成纪杨子阿,臣援尝师事子阿,受相马骨法。考之于行事,辄有验效。臣愚以为传闻不如亲见,视景不如察形。今欲形之于生马,则骨法难备

具,又不可传之于后。孝武皇帝时,善相马者东门京铸作铜马法献之,有诏立马于鲁班门外,则更名鲁班门曰金马门。臣谨依仪氏䩭,中帛氏口齿,谢氏唇鬐,丁氏身中,备此数家骨相以为法。"马高三尺五寸,围四尺五寸。有诏置于宣德殿下,以为名马式焉。

初,援军还,将至,故人多迎劳之,平陵人孟冀,名有计谋,于坐贺援。援谓之曰:"吾望子有善言,反同众人邪? 昔伏波将军路博德开置七郡,裁封数百户;今我微劳,猥飨大县,功薄赏厚,何以能长久乎? 先生奚用相济?"冀曰:"愚不及。"援曰:"方今匈奴、乌桓尚扰北边,欲自请击之。男儿要当死于边野,以马革裹尸还葬耳,何能卧床上在儿女子手中邪?"冀曰:"谅为烈士,当如此矣。"

还月余,会匈奴、乌桓寇扶风,援以三辅侵扰,园陵危逼,因请行,许之。自九月至京师,十二月复出屯襄国。诏百官祖道。援谓黄门郎梁松、窦固曰:"凡人为贵,当使可贱,如卿等欲不可复贱,居高坚自持,勉思鄙言。"松后果以贵满致灾,固亦几不免。

明年秋,援乃将三千骑出高柳,行雁门、代郡、上谷障塞。乌桓候者见汉军至,虏遂散去,援无所得而还。

援尝有疾,梁松来候之,独拜床下,援不答。松去后,诸子问曰:"梁伯孙帝婿,贵重朝廷,公卿已下莫不惮之,大人奈何独不为礼?"援曰:"我乃松父友也。虽贵,何得失其序乎?"松由是恨之。

二十四年,武威将军刘尚击武陵五溪蛮夷,深入,军没,援因复请行。时年六十二,帝愍其老,未许之。援自请曰:"臣尚能被甲上马。"帝令试之。援据鞍顾眄,以示可用。帝笑曰:"矍铄哉是翁也!"遂遣援率中郎将马武、耿舒、刘匡、孙永等,将十二郡募士及驰刑四万余人征五溪。援夜与送者诀,谓友人谒者杜愔曰:"吾受厚恩,年迫余日索,常恐不得死国事。今获所愿,甘心瞑目,但畏长者家儿或在左右,或与从事,殊难得调,介介独恶是耳。"明年春,军至临乡,遇贼攻县,援迎击,破之,斩获二千余人,皆散走入竹林中。

初,军次下隽,有两道可入,从壶头则路近而水险,从充则涂夷而运远,帝初以为疑。及军至,耿舒欲从充道,援以为弃日费粮,不如进壶头,搤其喉咽,充贼自破。以事上之,帝从援策。三月,进营壶头,贼乘高守隘,水疾,船不得上,会暑甚,士卒多疫死,援亦中病,遂困,乃穿岸为室,以避炎气。贼每升险鼓噪,援辄曳足以观之,左右哀其壮意,莫不为之流涕。耿舒与兄好畤侯书曰:"前舒上书当先击充,粮虽难运而兵马得用,军人数万争欲先奋。今壶头竟不得进,大众怫郁行死,诚可痛惜。前到临乡,贼无故自致,若夜击之,即可殄灭。伏波类西域贾胡,到一处辄止,以是失利。今果疾疫,皆如舒言。"好畤侯得书,奏之。帝乃使虎贲中郎将梁松乘驿责问援,因代监军。会援病卒,松宿怀不平,遂因事陷之。帝大怒,追收援新息侯印绶。

初,兄子严、敦并喜讥议;而通轻侠客。援前在交阯,还书诫之曰:"吾欲汝曹闻人过失,如闻父母之名,耳可得闻,口不可得言也。好论议人长短,妄是非正法,此吾所大恶也,宁死不愿闻子孙有此行也。汝曹知吾恶之甚矣,所以复言者,施衿结褵,申父母之戒,欲使汝曹不忘之耳。龙伯高敦厚周慎,口无择言,谦约节俭,廉公有威,吾爱之重之,愿汝曹效之。杜季良豪侠好义,忧人之忧,乐人之乐,清浊无所失,父丧致客,数郡毕至,吾爱之重之,不愿汝曹效也。效伯高不得,犹为谨敕之士,所谓刻鹄不成尚类鹜者也。效季良不得,陷为天下轻薄子,所谓画虎不成反类狗者也。讫今季良尚未可知,郡将下车辄切齿,州郡以为言,吾常为寒心,是以不愿子孙效也。"季良名保,京兆人,时为越骑司马。保仇人上书,讼保"为行浮薄,乱群惑众。伏波将军万里还书以诫兄子,而梁松、窦固以之交结,将扇其轻伪,败乱诸夏。"书奏,帝召责松、固,以讼书及援诫书示之,松、固叩头流血,而得不罪。诏免保官。伯高名述,亦京兆人,为山都长,由此擢拜零陵太守。

初,援在交阯,常饵薏苡实,用能轻身省欲,以胜瘴气。南方薏苡实大,援欲以为种,军还,载之一车。时人以为南土珍怪,权贵皆望之。援时方有宠,故莫以闻。及卒后,有上书谮之者,以为前所载还,皆明珠文犀。马武与於陵侯侯昱等皆以章言其状,帝益怒。援妻孥惶惧,不敢以丧还旧茔,裁买城西数亩地槁葬而已。宾客故人莫敢吊会。严与援妻子草索相连,诣阙请罪。帝乃出松书以示之,方知所坐,上书诉冤,前后六上,辞甚哀切,然后得葬。

又前云阳令同郡朱勃诣阙上书曰:

臣闻王德圣政,不忘人之功,采其一美,不求备于众。故高祖赦蒯通而以王礼葬田横,大臣旷然,咸不自疑。夫大将在外,谗言在内,微过辄记,大功不计,诚为国之所慎也。故章邯畏口而奔楚,燕将据聊而不下。岂其甘心末规哉,悼巧言之伤类也。

窃见故伏波将军新息侯马援,拔自西州,钦慕圣义,间关险难,触冒万死,孤立群贵之间,傍无一言之佐,驰深渊,入虎口,岂顾计哉!宁自知当要七郡之使,徼封侯之福邪?八年,车驾西讨隗嚣,国计狐疑,众营未集,援建宜进之策,卒破西州。及吴汉下陇,冀路断隔,唯独狄道为国坚守,士民饥困,寄命漏刻。援奉诏西使,镇慰边众,乃招集豪杰,晓诱羌戎,谋如涌泉,势如转规,遂救倒县之急,存几亡之城,兵全师进,因粮敌人,陇、冀略平,而独守空郡,兵动有功。师进辄克。铢锄先零,缘入山谷,猛怒力战,飞矢贯胫。又出征交阯,土多瘴气,援与妻子生诀,无悔吝之心,遂斩灭征侧,克平一州。间复南讨,立陷临乡,师已有业,未竟而死,吏士虽疫,援不独存。夫战或以久而立功,或以速而致败,深入未必为得,不进未必为非。人情岂乐久屯绝地,不生归哉!唯援得事朝廷二十二年,北出塞漠,南度江海,触冒害气,僵死军事,名灭爵绝,国土不传。海内不知其过,众庶未闻其毁,卒遇三夫之言,横被诬罔之谗,家属杜门,葬不归墓,怨隙并兴,宗亲怖慄。死者不能自列,生者莫为之讼,臣窃伤之。

夫明主酿于用赏,约于用刑。高祖尝与陈平金四万斤以间楚军,不问出入所为,岂复疑以钱谷间载?夫操孔父之忠而不能自免于谗,此邹阳之所悲也。《诗》云:"取彼谗人,投畀豺虎。豺虎不食,投畀有北。有北不受,投畀有昊。"此言欲令上天而平其恶。唯陛下留思竖儒之言,无使功臣怀恨黄泉。臣闻《春秋》之义,罪以功除;圣王之祀,臣有五义。若援,所谓以死勤事者也。愿下公卿平援功罪,宜绝宜续,以厌海内之望。

臣年已六十,常伏田里,窃感栾布哭彭越之义,冒陈悲愤,战慄阙庭。

书奏,报,归田里。

勃字叔阳,年十二能诵《诗》《书》。常候援兄况。勃衣方领,能矩步,辞言娴雅,援裁知书,见之自失。况知其意,乃自酌酒慰援曰:"朱勃小器速成,智尽此耳,卒当从汝禀学,勿畏也,朱勃未二十,右扶风请试守渭城宰,及援为将军,封侯,而勃位不过县令。援后虽贵,常待以旧恩而卑侮之,勃愈身自亲,及援遇谗,唯勃能终焉。肃宗即位,追赐勃子谷二千斛。

初,援兄子壻王磐子石,王莽从兄平阿侯仁之子也。莽败,磐拥富资居故国,为人尚气节而爱士好施,有名江淮间。后游京师,与卫尉阴兴、大司空朱浮、齐王章共相友善,援谓姊子曹训曰:"王氏,废姓也。子石当屏居自守,而反游京师长者,用气自行。多所陵折,其败必也。"后岁余,磐果与司隶校尉苏邺、丁鸿事相连,坐死洛阳狱。而磐子肃复出入北宫及王侯邸第。援谓司马吕种曰:"建武之元,名为天下重开。自今以往,海内日当安耳,但忧国家诸子并壮,而旧防未立,若多通宾客,则大狱起矣。卿曹戒慎之!"及郭后薨,有上书者,以为肃等受诛之家,客因事生乱,虑致贯高、任章之变。帝怒,乃下郡县收捕诸王宾客,更相牵引,死者以千数。吕种亦豫其祸,临命叹曰:"马将军诚神人也!"

永平初,援女立为皇后,显宗图画建武中名臣、列将于云台,以椒房故,独不及援。东平王苍观图,言于帝曰:"何故不画伏波将军像?"帝笑而不言。至十七年,援夫人卒,乃更修封树,起祠堂。

建初三年,肃宗使五官中郎将持节追策,谥援曰忠成侯。四子:廖,防,光,客卿。客卿幼而岐嶷,年六岁,能应接诸公,专对宾客,尝有死罪亡命者来过,客卿逃匿不令人知。外若讷而内沈敏。援甚奇之。以为将相器,故以客卿字焉。援卒后,客卿亦夭没。

【译文】

马援字文渊,扶风茂陵人。他的祖先赵奢当过赵国的将军,爵号叫马服君,子孙因此以"马"为姓。汉武帝时,马家因为吏二千石的身份被从邯郸迁移到了茂陵。曾祖父马通,因为有功劳被封为重合侯,由于参与哥哥马何罗反叛,被处以死刑,所以马援父祖辈的官位不显达。马援的三个哥哥分别叫马况、马余、马员,都有才干,王莽执政时都位居二千石。

马援十二岁时成了孤儿,年轻时就胸怀大志,哥哥们对他都感到惊异。曾拜师学习《齐诗》。心中不愿专注于分析经书的章节和句读的学问,就告别了马况,打算到边郡地区去饲养牲畜。马况说:"你有大的才能,久后必然成功,好的工匠不会把未经加工的材料拿出来给人看,姑且做你爱好做的事情去吧。"恰巧碰上马况去世,马援服丧一年,不离开墓地;恭敬地侍奉守寡的嫂嫂,衣冠不整绝不进寡嫂的房屋。后来当郡督邮,一次押送囚犯到司命府,囚犯犯有重罪,马援出于同情而释放了囚犯,他就逃跑到了北地郡。遇到大赦,就留在那里放牧牲畜,大多数宾客前来投奔,于是受他役使归属他的有几百家。他辗转游历于陇西、汉阳之间,曾经对宾客说:"大丈夫立志,处境愈穷困,意志愈更坚定,年纪虽老,而志气更加豪壮。"他根据地理环境和自然条件,因地制宜地经营农牧业,以至拥有牛、马、羊几千头,谷物几万斛。过了不久之后又叹息说:"凡是增加财货,贵在能实施赈济,否则就是守钱奴。"于是把牲畜粮食都分给了兄弟和旧友,穿上羊皮袍裤。

王莽末年,四方义军起事,王莽堂弟卫将军王林广招英雄俊杰,就征召并授予马援及其同县人原涉为掾吏,并推荐到王莽那里。王莽任用原涉为镇戎大尹,任用马援为新成大尹。等到王莽失败,马援的哥哥马员当时任增山连率,与马援一同离开郡所,重新到凉

州地方避难。光武帝刘秀即位，马员首先前往洛阳投奔刘秀，皇帝派马员回到原来所在的郡任太守，死在任上。马援仍然留在西州，隗嚣非常敬重也，任用马援为绥德将军，参与筹划大计。

这时候公孙述在蜀地称帝，隗嚣指使马援前往观察他的为人。马援以往和公孙述同住一个闾里之内，互相友好，以为到了以后公孙述必然会与他握手言欢，如同过去那样。而公孙述却在宫殿台阶上布置了大批卫士，才命人请马援上殿，相互行跪拜礼完毕，便让马援前往馆驿，重新为马援缝制了䌷布禅衣和交让冠，会集百官于祖庙之中，为马援设置了旧友的座位。公孙述在鸾旗和旄头骑兵警卫引导下，清道以后乘车前来，又在群臣如磬一样屈身恭迎下步入祖庙，设宴款待百官下属非常丰盛。打算授予马援封侯和大将军之位。马援的宾客都乐意留下。马援开导他们说："天下成败未定，公孙述不是求贤心切，唯恐怠慢，去走迎国内才能出众的人，同他们谋划成功大计，反而像布帛修整边幅一样讲究礼仪，如同偶像一般。这种人怎么能长久留住天下的士人呢？"因此告辞回去了。对隗嚣说："公孙子阳是个井底之蛙，而狂妄自大，不如专心投靠东方。"

建武四年冬天，隗嚣让马援送书信到洛阳。马援到达，被引见到宣德殿上。光武帝迎面笑着对马援说："卿奔走周旋于两个皇帝之间，今天看见卿，令人大感惭愧。"马援拜跪在地上，引头至地，只作短暂的接触，就立即举起，表示道歉，接着说："当今之世，并不只是君选择臣，臣也可以选择君。臣与公孙述是同县人，小时候互相友好。臣这之前到蜀地，公孙述在宫殿外台阶上设武士而后召见臣。臣今天从远方前来，陛下怎么能知道我不是刺客奸细，而如此松懈呢？"光武帝又笑了，说："卿不是刺客，而是说客罢了。"马援说："天下动乱无常，窃据帝王名号的无法计算。今天见到陛下，宽宏大度，与汉高祖相同，才知帝王自有真命。"光武帝非常欣赏他的勇气。马援跟从光武帝南下驾临黎丘，转而到达东海。等到返回京师，任用马援为待诏，让太中大夫来歙持节送马援西归陇右。

隗嚣与马援一同起居，询问东方的传言和京师施政的得失。马援对隗嚣说："前番到朝廷，皇上引见数十次，每次相对闲谈，从傍晚一直谈到天亮，他干练精明，勇武而有谋略，不是一般人所能对等的。而且坦白直率，真心诚意地与人接触，无所隐匿，豁达多大节，大致与高祖相同。博览经书，施政办事，文辞雄辩，前世无人可比。"隗嚣说："卿以为比汉高祖如何？"马援说："不如高祖，高祖没有什么可以，也没有什么不可以，当今的皇上爱好吏事，做事按规则，有分寸，又不喜好饮酒。"隗嚣心中不高兴，说："如卿所说，不是反而超过了高祖吗？"然而他向来信任马援；所以就送长子隗恂为人质。马援因而带领家属跟随隗恂回到洛阳。住了几个月而没有任命他什么职务。马援认为三辅土地宽广肥沃，而自己所带领的宾客人数众多，就上书请求到上林苑里屯田，光武帝答应了他。

恰巧碰上隗嚣听信王元的建议，（对投靠刘秀）内心更加多疑不定。马援几次用书信责备劝说隗嚣，隗嚣怨恨马援背叛自己，得到信后更加恼怒，之后就起兵抵御汉朝。马援就上疏说："臣马援自己思忖归属圣朝，侍奉陛下以后，没有上公辅弼大臣一句推荐的话，也没身旁近臣相接纳的帮助。臣不自己上言，陛下又能由于何种原因听到我的意见。身居人前不能令人器重，身居人后不能令人推崇，与人结怨也不能被人所忧虑，这是臣耻辱的地方。因此才敢于担着触犯忌讳获罪的风险，冒死陈述诚意，臣与隗嚣，本来实在相交友好。当初，隗嚣派臣东来，对臣说：'本来就打算辅佐汉朝，愿足下前去考察，如果你认为可以归附，那我就专心投奔。'等臣返回后，对他报以红心，确实是打算引他向善，并不敢用欺诈陷他于不义。而隗嚣自怀阴险的心，如盗贼憎恨主人，仇恨之情于是发泄到臣的身上。臣想如果不上言，那么就无法让皇上了解真情。愿听从召唤前往皇上起居所在的处所，详细陈述消灭隗嚣的办法，得以倒尽肺腑之言，申明无知的计策，然后退归田亩，死也无所怨恨。"光武帝于是召马援商讨征伐隗嚣的事情，马援说出了他的全部策划。因而让马援率领精锐骁勇之骑兵部队五千，来往劝说隗嚣的将领高峻、任禹等人，以及羌人的首领，采纳自己的政治主张，为他们陈述利害得失，以离间隗嚣的党羽。

马援又写信给隗嚣的将领杨广，让他劝告隗嚣，信上说：

"春卿别来无有疾病灾祸。从前在冀县以南分别，迄今杳无音信。马援闲暇之时回到长安，因而屯留在上林。我看见天下大局已定，亿万百姓看法一致，而季孟闭关反叛，已成为天下指责的对象。常常害怕海内之间切齿仇恨，想要互相屠杀，所以寄信表达依依不舍的情意，献上同情你的解救之策。且听说季孟归罪于我马援，而采纳王游翁献媚邪恶的主张，自以为函谷关以西，抬一抬脚就可以平定，以今天的形势来看，竟是如何呢？马援我闲暇时到了河内，顺路探望了伯春，见到他的奴仆吉刚从西方回来，说伯春的小弟弟伯舒见到吉刚，打算问伯春有没有危险，却不能说出口，早晚大声哭，辗转徘徊在路上。又说到他家悲苦愁闷的情况，难于用语言表达出来。仇人可杀不可辱。马援听说以后，不知不觉流下泪来。马援素来知道季孟孝长爱幼，曾子、闵子骞不过如此。孝顺他的双亲，岂能不慈爱他的儿子？可是儿子正遭囚禁，而父亲却强横妄动，这不是吃用他儿子肉做的羹一样吗？季孟平素自己说所以聚集兵马，是打算用来保全父母居住的故乡而使祖坟完好，又说只想厚待做官的和读书人罢了。而现在他所打算保全的将遭破坏，他所打算完好的将被毁伤，他所打算厚待的反而将被冷遇。季孟曾经折辱公孙子阳而不接他封的爵位，今天却改而平庸无能，打算前往依附他，这不是感到难为情吗？如果公孙述再向他索取重要的人质，当从哪里派一个子女给他呢！以往的时候，公孙子阳只打算以王爵相待，而春卿你拒绝了，现在辞官养老，难道打算低头与小儿同槽而食，并肩侧身于仇家的朝廷中吗？男儿淹没而死何必因忧伤而害怕游水呢！现在国家对待春卿情意深厚，应该让牛孺卿与各位元老豪杰共同劝说季孟，如果不听劝告，完全可以转身离他而去。不久前披阅地图，看见天下郡和封国共一百零六处，奈何想以小小的陇、蜀二方之地去抗华夏一百零四个郡国呢？春卿臣事季孟，外有君臣的情义，内有朋友的道德。就君臣而论，自然应当规劝；以朋友而言，也应有所切磋。岂有明明知道他不能成功，而一味怯懦不言，拱手跟他踏上族灭的道路呢？及早拿定主义，不失从善；失去这个机会，恐怕没有多少滋味了。况且来君叔是天下著名的守信用的人，朝廷器重他，他心中也对你们恋恋不舍，常独自一人给西州说好话。马援揣测朝廷，尤其想以此事树立信誉，一定不会负约。马援不能长久等待，希望尽快赐以回音。"

杨广竟不答复。

建武八年，光武帝亲自西征隗嚣。到达漆县，众将领多数人认为王师因亲征而贵重，不应该长途跋涉深入险要的地方，计策犹豫未决。恰巧碰上被召唤的马援晚上到达，光武帝十分高兴,让人带领他进见,把众将的意见告诉他,请他定夺。马援趁机说隗嚣将帅之间已呈现土崩瓦解之势,一旦进兵,就会势如破竹。又在光武帝面前堆米粒而成山谷,指画山川形势,摆出各路大军进退往来的路线,分析得深入细致,明白易懂。光武帝说:"敌人已全在我眼里了。"第二天早晨,就进军到第一城。隗嚣的部队大溃败。

建武九年,任命马援为太中大夫,协助来歙,监督指挥众将平定凉州。从王莽末年以来,西羌侵扰边境,于是入居塞内。金城郡管辖的县多数被羌人所占有。来歙上奏说陇西受羌人的侵犯和破坏,不是马援去不能平定。建武十一年夏季,光武帝下玺书任用

马援聚米成山图

马援为陇西太守。马援就调动步、骑兵三千人,在临洮打败了先零羌,杀敌几百人,俘获马牛羊一万多只。守卫要塞的众羌人八千余人去到马援大营向他投降。羌人各部还有数万人,聚集起来抢掠,在浩亹(告门)据守要隘进行抵抗。马援和扬武将军马成进击他们。羌人就把他们的妻子儿女和物资转移到允吾谷,壅塞道路,阻止汉军。马援率领部队暗中抄小路前进,出其不意,袭击羌人的营地。羌人大为惊恐,又远远迁徙到唐翼谷中,马援重新追踪讨伐他们。羌人带领精兵聚集在北山之上,马援向北山摆开阵势,而另外派出几百名骑兵绕道袭击羌人的后方,乘着黑夜放起大火。拼命擂鼓,大声呐喊。羌人于是大溃败,共斩羌人首级一千多级。马援因为所率兵少,不能穷追羌人,收取了他们的粮食牲畜而回。在这次战斗中,马援的小腿肚子被箭射穿,光武帝下玺书慰劳他,赐给他牛羊几千只,马援全分给了众客人。

这时,朝廷一般大臣认为金城郡破羌县以西领土,路途遥远而多敌寇,便共同商议,打算抛弃这个地方。马援上书说,破羌以西城池多数完整牢固,很容易凭借它来固守;那一带土地肥沃,灌溉便利。如果让羌人留在湟中,就会贻害无穷,不可放弃该地。光武帝听从了他的意见,于是下诏武威太守,令他全部放回从金城郡迁进武威的客居民户。归来的客户有三千多人,让他们各自返回旧邑。马援上奏为各县设置地方官,修缮城郭,建筑起坞壁亭候,开渠引水,灌溉农田,鼓励人们耕作畜牧,郡中从此安居乐业。又派遣羌人豪族杨封说服塞外羌人,都来和亲。又有武都的氐人背叛公孙述前来投降的,马援都报告朝廷,恢复他们侯王郡长的地位,赐给印绶,光武帝全部照准了。于是撤回了马成的军队。

建武十三年,武都参狼羌与塞外各部羌人犯境,杀掉了长史。马援统领四千多名军

士进击他们，抵达氐道县。羌人在山上，马援的军队占据了军事上的有利地形，夺取了羌人的水源和草地，不跟他们交战。羌人于是陷于困境，参狼羌首领带领几十万户逃出塞外，各部羌人有一万多人都投降了，于是陇右一带战事平息，社会安定。

马援致力于广施恩惠和树立威信，对待下属宽容，任用下级官吏时，让他们有职有权，自己只处理大事，要事罢了。客人和旧友，每天都挤满了他的家。众曹官员有时前来报告外面发生的事情，马援总是说："这都是丞、掾的责任，何必来麻烦我呢！还是怜念一下我这个老头子，叫我清闲清闲吧。如果豪强侵吞百姓，狡黠的羌人打算闹事，这才是我太守该办的事。附近的县曾发生复仇的事件，官吏和贫民惊慌地传言说羌人造反了，百姓跑进城里。狄道长来到马援家门外，请求关闭城门，发兵征讨。马援当时正在和宾客饮酒，大笑说："烧羌哪还敢再来进犯我们呢！去告诉狄道长，叫他赶快回去看好官舍。如果谁怕得要死，叫他伏在床下躲起来好了。"后来城里渐渐平静下来，郡中人都十分佩服马援。马援治理陇西六年，被调回朝廷，升为虎贲中郎将。

当初，马援在陇西上书，说应当象过去一样统一铸造五铢钱。这件事转到了三府（指太尉、司徒、司空三公府），三府上奏认为不行，事情就搁置起来了。等到马援调回朝廷以后，从三公府里找到了自己先前的奏章，见上面批有十余条非难意见，便一一加以解释，并再次具表上书。光武帝听从了他的建议，天下通过统一货币得到好处。马援自从回到京师，多次被召见。马援其人长得须发光亮，容貌如画，应对熟练，尤其善于陈述前代所做的事情。每说到三辅显贵的人，下到闾里少年，都如见其人，如闻其声。包括皇太子、诸侯王等随侍在光武帝身旁听的人，没有不注意倾听，忘记疲劳的。又善于兵书战策，光武帝常说："伏波论兵，与我内心想的相符合。"每次有所策划，光武帝不曾不采纳。

起初，卷县人维汜，妖言称神，有弟子几百人，因此被处于死刑。后来他的弟子李广等宣称维汜已经化身为神，并没有死掉，用来欺骗和迷惑百姓。建武十七年，就一起聚集会合弟子党羽，攻陷皖城，杀死皖侯刘闵，自称"南岳大师"。派遣谒者张宗率兵几千人讨伐他们，又被李广所打败。于是派马援调动各郡兵马，集合一万多人，打垮李广等人，并杀了他们。

又，交阯女子征侧和她的妹妹征贰造反，攻陷所在郡，九真、日南、合浦的蛮夷都响应她们，侵夺五岭以南六十多座城池，征侧自立为王。于是玺书任马援为伏波将军，以扶乐侯刘隆为辅佐，监督指挥楼船将军段志等南击交阯。大军到达合浦，段志病死了。光武帝下诏命马援兼领水师。于是沿着海滨进军，逢山开道一千余里。建武十八年春天，大军来到浪泊山上，与贼兵交战，打垮了他们，斩首几千级，投降的有一万多人。马援追击征侧等人到禁溪，多次打败了他们，贼兵于是四散逃走。第二年正月，杀征侧、征贰，传首级到洛阳。赐封马援为新息侯，享用三千户的赋税。马援于是杀牛斟酒，犒劳将士。他从容对下属说："我堂弟马少游曾怜悯我慷慨多大志，说：'读书人生一世，只求衣食温饱，乘短毂车，骑行动迟缓的马，做郡中小吏，斯守祖宗坟墓，被乡里称作积善之人，这就可以了。追求多余的东西，只能自讨苦吃。'当我在浪泊、西里之间，敌人还未消灭的时候，下有沼泽，上有雾气，毒气熏蒸，仰望飞鹰，挣扎着坠落水中，躺着想起马少游平日说过的话，哪里能得到呢！今天仰仗士大夫们的力量，蒙受大恩，先于各位君子佩戴朱紫，既高

　　马援统率大大小小的楼船二千余艘、战士二万余人,进攻九真郡贼人征侧的残余党羽都羊等人,从无功追到居风,杀死俘获五千多人,峤南一带全部平定。马援上奏说西于县有三万二千户,边远地区距离县城一千余里,请求分为封溪、望海二县,皇帝允许了。马援所过之处总是为当地郡县修建城廓,开渠灌溉,以便利当地百姓。他逐条上奏越地法律与汉朝法律互相违背的情况十余事,与越族人申明旧法制以约束他们。从此以后,骆越奉行马将军成例。

　　建武二十年秋季,马援整顿军队回到京师。军吏因瘴疫死去的有十分之四五。赐给马援兵车一乘,朝见时与九卿同列。

　　马援爱好骑马,善于鉴别名马,在交阯得到骆越铜鼓,铸成好马模型,回来后献给皇上。趁机上表说:"在天上行走,没有象龙一样的。在地上行走,没有象马一样。马是军队之本,国家大有用处的东西。安宁时可以用来区别尊卑的次第,动乱时可以援救远近发生的危难。以往有匹马叫骐骥,一日可行千里,伯乐看见了它,指明它是良马而不被它落魄的形象所迷惑。近代有西河的子舆,也精于相马的方法。子舆把相马的方法传给西河的仪长孺,仪长孺又传给茂陵的丁君都,丁君都又传给成纪的杨子阿,臣马援曾经师承杨子阿,接受相马骨法的真传。考察相马实践,总有实际成效。臣愚昧认为传闻不如亲见,观远景不如察近形。今日打算用活马来反映名马的标准。而骨法难以完全具备,又不可能传之于后世。孝武皇帝的时候,有个善于相马的叫东门京的人曾铸造铜马模型,献给武帝,有诏令立铜马于鲁班门外,就把鲁班门的名称改为金马门。臣谨依据仪氏的相马头法,中帛氏的相马口齿法,谢氏的相马唇和马髫法,丁氏的相马腹法,备齐这几家骨相的标准做成模型。"铜马高三尺五寸,身围四尺五寸。有诏书令放置在宣德殿下,以为名马样式。

　　当初,马援军回还,快要到洛阳的时候,旧友大都前去迎接和慰劳他,平陵人孟冀,以有计谋闻名,也在迎贺马援的客人中。马援对他说:"我是希望您来进良言的。现在您也这样恭维我,不是混同一般人了吗?过去伏波将军路博德开辟了七郡(实为九郡)疆土,才分封了几百户;如今我只有这么一点微薄的功劳,却辱没他人,受封大县,功薄而赏厚,怎么能长久呢?先生能用什么办法来帮我一把呢?"孟冀说:"这是我想都没有想到的问题。"马援说:"当今匈奴,乌桓还在骚扰北方边境,我打算自己请求率领军队攻打他们。男儿若死应当死在边野,用马革裹尸,送回来安葬了事,怎么能躺在床上,在儿女子手中消磨时光呢?"孟冀说:"人们真要想成为一个建功立业、视死如归的人,就应当象你讲的这样呵!"

　　马援从交阯回京师一月有余,又恰巧碰上匈奴、乌桓人侵扶风。马援因为三辅受到侵扰,汉家园陵遇到危险,因此就请求出征,光武帝批准了他的请求。从九月到京师,十二月又离京去屯守襄国,光武帝诏令百官为马援钱行。马援对黄门侍郎梁松,窦固说:"凡人富贵的时候,还要能够过卑贱的生活才行。像卿等不想再居于卑贱的地位,居高位而顽固自负,还是好好想想我的鄙薄之言。"梁松后来果然因为富贵盛满而招致灾祸,窦固也几乎难以幸免。

次年秋天，马援带领三千骑兵，从高柳出发，巡行雁门、代郡、上谷各险障要塞。乌桓侦探见汉军来到，敌房于是四散逃走，马援没有什么缴获就回来了。

马援曾经有病，梁松来问候他，独自拜于床下，马援并不还礼。梁松离开以后，儿子们问道："梁伯孙是皇上的女婿，在朝廷中地位尊贵而重要，公卿以下没有不害怕的。大人为什么对他独不以礼相待呢？马援说："我是梁松父亲的朋友，他虽然贵重，怎么能在长幼之序上有失呢？"梁松从此憎恨马援。

建武二十四年，武威将军刘尚进攻武陵五溪的蛮夷，刘尚轻敌冒进，结果全军覆没。马援因此再次请求出征。这时他年已六十二岁，光武帝怜惜他年老，没有允许。马援自己请求说："臣还能披甲上马！"光武帝让他试试。马援飞身上马，抓着马鞍，回过头来，看着光武帝以表示可以被任用。光武帝笑道："真是个勇武的老头子啊"于是派遣马援率领中郎将马武、耿舒、刘匡、孙永等人，指挥十二郡招募来的士兵以及刑徒共四万余人讨伐五溪蛮夷。马援夜晚与送他的人告别，对友人谒者杜愔说："我受国家厚恩，年已垂暮，活不长了，常常担忧不能为国献身；今天能够如愿以偿，就是死了我也甘心瞑目。我现在担心一些权贵子弟或者在身边掣肘，或者与他们共事，实在难以协调，耿耿于怀，唯独厌恶这一点啊！"

建武二十五年春季，马援进军到武陵临乡，遇到贼兵攻县，马援迎击，打败了他们，杀死和俘获二千余人。蛮夷都分散逃跑进入竹林之中。

当初，军队驻扎在下隽，有两条道路可以进发；从壶头山走，路近，但山高水险；从充县走，路途平坦，但运送军需却遥远。光武帝当初对此也很犹豫。等到军队到达时，耿舒打算从充县走，马援认为那会拖延时间，耗费军粮，不如进入壶头，扼着对方的咽喉，充县的贼兵不攻自溃。马援把两个进军方案都上报了朝廷。光武帝采取了马援的方案。三月，进据壶头，贼寇登高守险，水流湍急，船只难以前进。恰巧碰上天气炎热，士兵中多数人得病而死。马援也得了病，于是困难重重，只好凿石为屋，以避暑热。贼寇每次登上险要地带，击鼓呐喊，马援总是拖着双脚出来观察动静，身旁的人同情他的壮烈气概，没有不为之落泪的。耿舒给他的哥哥好畤侯耿弇写信，说："先前舒上书说应当攻打充县，粮食虽然难运而兵马可以使用起来，几万军人争当先锋。如今到了壶头，竟然不能前进，大众忧闷将死，实在使人痛惜。以前我军到达临乡，贼兵无故自来，如果在夜间袭击他们，立即可以消灭之。伏波将军就像西域胡商一样，到一个地方总是停留下来，因此失利。现在大军果然遇到疾疫，完全象我当初预料的一样。"耿弇得到信，向光武帝上奏。光武帝于是派遣虎贲中郎将梁松乘驿车前往责问马援，趁机接替他监军。恰巧碰上马援病死，梁松旧恨未消，于是利用此事陷害马援。光武帝勃然大怒，追回没收了马援的新息侯印绶。

当初，马援哥哥的儿子马严、马敦都喜欢做尖刻的议论，而且结交秉性轻狂的侠客。马援以前在交阯的时候，回信告诫他们说："我希望你们听到了别人过失，就好像听到父母的名字一样，耳朵可以听着，嘴巴不能乱说。喜欢议论人家长短，狂妄地评定时政的是非，这是我最讨厌的。我宁死也不愿听说自己的子孙有这种行为。你们知道我最痛恨这一点，所以再次提醒，因为我们是一衣相连的血亲，申明父母的劝诫，打算让你们不忘记罢了。尤伯高为人敦厚周到谨慎，所说的话无可挑剔，谦逊节俭，廉洁公正而有威信，我爱戴他，敬重他，希望你们仿效他。杜季良豪侠仗义，忧他人之忧，乐他人之乐，处事轻重适宜，父亲的丧礼招来吊唁的客人，几个郡的人都到了。我爱戴他、敬重他，但不愿你们效法他。仿效龙伯高而达不到，还算是个恭谨的读书人，所谓刻天鹅不成还象鸭嘛；学杜季良而学不好，堕落为天下的轻薄儿，就是人们所说的画虎不成反象犬了。迄今为止杜季良的前途还不可以知道，郡太守一上任总是对他咬牙切齿，州郡都说他的坏话，我常常为此寒心，因此不愿子孙仿效他。"季良，名保，京兆人，当时为越骑司马。杜保的仇人上书，告杜保："行为轻薄，或惹乱群众，伏波将军万里回信以告诫兄子，而梁松、窦固却因此和他交结，将会煽动轻浮、虚伪的人，败坏和扰乱国家。"此书上奏后，光武帝召见梁松、窦固，予以责备，用上告信和马援劝诫兄子的信给他们看，梁松、窦固叩头流血，才得以没有获罪。皇帝下诏，免去杜保的官职。龙伯高名述，也是京兆人，当山都县县长，因此被提拔任命为零陵太守。

起初，马援在交阯，常吃薏苡籽，吃了能轻身益气，消除杂念，可以除去瘴气对身体的危害。南方薏苡籽大，马援打算留作种子，回师时装了一车。当时一般世俗人认为装的是南国的珍奇宝物，权贵们都忌妒他。马援当时正受到光武帝的宠信，没有人敢在光武帝面前去告他。等到马援死后，就有人上书诬告他，以为以前载回的，都是明亮的珍珠和有纹彩的犀牛角。马武和于陵侯侯昱等人全上奏章告发这件事，光武帝更加恼怒。马援的妻子儿女惊惶恐惧，不敢把马援的遗体运回故乡家族的墓地安葬，只在洛阳西郊买了几亩地，草草掩埋了事。马援生前的宾客旧友谁也不敢来吊丧会葬。马严的和马援的妻子自己用草绳连带着捆绑起来，前往宫阙前请罪。光武帝于是拿出梁松的奏书给他们看，他们才知道被处罚的原因，上书诉说冤情，前后六次，言辞非常哀伤悲切，然后才得以迁葬故乡。

又前云阳令与马援同郡的朱勃到宫阙前上书说：

臣听说圣明贤德的帝王理政，不忘人臣的功勋，采用他的某一方面的美德，不苛求他具备很多优点。所以汉高祖赦免蒯通而用王礼殡葬田横，大臣心境开朗，都不自己怀疑自己。大将在外，谗言在内，小过总是记下，大功却不计算，这实在是国家所应当避免的。由于这种情况的存在，所以章邯害怕谗言而投降了项羽，燕国的将军保守聊城而不敢回国。难道是他们的甘心出此下策吗？实在是痛心巧言的伤害善人啊。

我看见原伏波将军新息侯马援，出身西州，钦慕皇上的圣德仁义，历经艰险，甘冒万死，孤立于众权贵之间，身旁没有一句话的帮助，奔驰深渊，深入虎口，难道是为自己打算吗！难道他自己知道会担任七郡的使命，获取封侯的福分吗？建武八年，皇上西征隗嚣，国家决策多疑未定，众军没有集中，马援提出进军的建议，终于攻取了西州。等到吴汉从陇右撤回，进入冀县的道路隔断，只有狄道为国坚守，士民饥饿困乏，命在旦夕。马援奉诏出使西方，安抚慰问边地民众，于是召集豪杰，劝诱羌戎，计谋如泉涌出，战势如转圆轨，便解救了边地的倒悬之急，保存了几乎陷落的城池，部队保全而挥师进击，取敌人的粮食而食，陇、冀大体平定，而独守空郡，兵一行动便有战功，师一进击就能取胜，诛锄先零，追入山谷，奋勇力战，飞箭穿过小腿。又出征交阯，当地瘴气很多，马援与妻子儿女生死诀别，没有悔恨的心，于是杀灭征侧，平定交州。以后再次南征，立刻攻陷临乡，出师已有业绩，事业未成而身先死，将士虽染疾病，而马援也没有独存。战争或者以持久而建立功勋，或者以速决而招致失败，深入进击不一定就正确，迟疑不进不一定就不正确。人情难道是乐意长久驻扎在遥远荒凉的地方，不想生还吗？只是马援侍奉朝廷二十二年，北出塞外大漠，南越长江大海，触冒害人的瘴气，僵死在战场之上，名位爵禄丧失了，食邑不能传给后人。海内不知道他的过失，老百姓没听说他的丑行。突然受到三个人言辞的攻击，横遭诬蔑不实的诽谤，实属闭门不敢与人来往，遗体不能葬入祖坟，怨恨嫌隙一齐袭来，宗族亲属战战兢兢，死者不能自己洗刷冤枉，生者不能为他申辩冤枉，臣暗自悲伤。

明主乐于用赏，而节简用刑。汉高祖曾给陈平黄金四万斤以离间楚军，不问他如何使用，难道能够再次怀疑他把钱粮贪污了吗？具有孔夫子的忠诚品行而不能免于谗言的伤害，这是邹阳之所以悲哀的事。《诗经》说："抓着那个造谣的人，扔给豺虎饱肚皮。豺呀虎呀不吃他，扔到北方不毛地。不毛地也不接受，扔给老天去追究。"这是说打算让上天来评定他的罪恶。希望陛下能注意想一想我这个无知儒生的话，不要使功臣怀恨于九泉之下。臣听说《春秋》的经义，罪过可以用功劳来抵消，圣王的祭祀礼仪，为臣的做到五义就可配享祭祀了。象马援，就是其中所说的死于勤王之事的人。愿下令公卿评议马援的功劳罪过，该断的断，该续的续，以满足海内的愿望。

臣年已花甲，常隐居民间，栾布不顾禁令哭祭无辜被杀的功臣彭越，我受他正义之举的感染，冒着死罪陈述心中的悲慎，战战兢兢于宫阙之前。

书奉上，得回报，回到乡里。

朱勃字叔阳，十二岁就能朗诵《诗经》《书经》，曾经探望马援的哥哥马况。朱勃穿方领服装，动作都中规矩，说话沈静文雅，马援才能识字，见了朱勃他若有所失。马况知道他的内心活动，于是亲自斟酒安尉马援说："朱勃小才之人，其成就早，智慧能力，已经到顶了，终究会向你讨教，不要怕他。"朱勃不到二十岁，右扶风太守请他试作渭城县宰，等到马援成为将军，封了侯爵，而朱勃位不过县令。马援后来虽然富贵，常以旧友对待朱勃而又爱戏弄他。朱勃愈益与他亲近。等到马援遭谗言被陷害时，只有朱勃能保全朋友之道。肃宗即位，追赐给朱勃的儿子谷物二千斛。

当初，马援哥哥的女婿王磐字子石，是王莽堂兄平阿侯王仁的儿子。王莽失败后，王磐拥有大量资财住在原封国，为人崇尚气节而爱结交读书人，喜好施舍，闻名长江、淮河之间。后来游历京师，与卫尉阴兴、大司空朱浮、齐王刘章一起相互友好亲善。马援对姐姐的儿子曹训说："王氏，废黜的姓氏。子石本当闭门自守，反而结交京师的豪侠权贵，任性妄为，多次凌辱面折他人。他的失败是必然的。"过了一年多，王磐果然与司隶校尉苏邺、丁鸿所犯的事相株连，因而死在洛阳监狱里。而王磐的儿子王肃，又出入北宫和王侯的府第。马援对司马吕种说："建武这个年号，标志着天下重新开辟一个时代。从今以后，海内当日益安定。只是担忧皇帝的儿子们一起长大，而诸王子不许交通宾客的旧法制未曾重申，如果多交结宾客，那么大狱就兴起了。你们要警惕和慎重对待啊！"等到郭皇后去世，有人上书，认为王肃等被诛杀的罪臣家的人，宾客趁机作乱，恐怕会造成贯高、任章一类的事变。光武帝勃然大怒，就下令郡县搜捕各王的宾客，互相牵连招引，为此而死的有一千余人。"吕种也遭到此祸,临死时叹息说:"马将军真是神人啊!"

永平初年,马援的女儿被立为皇后,显宗命人在南宫云台画建武时期的名臣、名将的画像,因为是外戚的缘故,只不画马援。东平王刘苍观看画像,对明帝说:"为什么不画伏波将军的像?"明帝笑而不答。到了永平十七年,马援的夫人去世,才重新修整坟墓,植树以为标记,建立祠堂。

建初三年,肃宗派五官中郎将拿着节追封,赐马援谥号为忠成侯。马援有四个儿子,即:马廖、马防、马光、马客卿。马客卿幼年才华横溢,六岁的时候,就能应酬接待贵客们,单独应对宾客。曾经有一个犯死罪逃亡的人前来投靠,马客卿将他窝藏起来不让人知道。他外表好像质朴且不善言辞,而内心却冷静且聪敏。马援非常惊奇,认为是将相的材料,所以用客卿作字。马援去世后,马客卿也夭折了。

梁冀传

【题解】

梁冀(?~159年),东汉安定乌氏(今甘肃平凉西北)人,字伯卓,是有名的大奸臣。他的两个妹妹是汉顺帝、汉桓帝的皇后。他生长在富贵之家,从小游手好闲,不务正业。因为是贵戚,所以开始走上官场。永和六年(141年),继承其父梁商为大将军。顺帝死后,梁太后临朝。梁冀操权把柄,为所欲为,势倾朝野,百官少敢违令。他先后立冲、质、桓三帝,独专朝政几近二十年。质帝称他是"跋扈将军",即被鸩死。太尉李固、杜乔不称其意,均被诬害。他和他的妻子都穷奢极欲,拓林建苑,方圆近千里,制等王家。桓帝心中早已不平。梁冀两个当皇后的妹妹死后,桓帝与中常侍单超等借机诛灭了梁冀一家,"百家莫不称庆"。

【原文】

冀字伯卓,为人鸢肩豺目,洞精眄睐,口吟舌言,裁能书计。少为贵戚,逸游自恣。性嗜酒,能挽满、弹棋、格五、六博、蹴鞠、意钱之戏,又好臂鹰走狗,骋马斗鸡。初为黄门侍郎,转侍中,虎贲中郎将,越骑、步兵校尉,执金吾。永和元年,拜河南尹。冀居职暴恣,多非法,父商所亲客洛阳令吕放,颇与商言及冀之短,商以让冀,冀即遣人于道刺杀放。而恐商知之,乃推疑于放之怨仇,请以放弟禹为洛阳令,使捕之,尽灭其宗亲,宾客百余人。

商薨未及葬,顺帝乃拜冀为大将军,弟侍中不疑为河南尹。及帝崩,冲帝始在襁褓,太后临朝,诏冀与太傅赵峻、太尉李固参录尚书事。冀虽辞不肯当,而侈暴滋甚。冲帝又崩,冀立质帝。帝少而聪慧,知冀骄横,尝朝群臣,目冀曰:"此跋扈将军也。"冀闻,深恶之,遂令左右进鸩加煮饼,帝即日崩。

复立桓帝,而枉害李固及前太尉杜乔,海内嗟惧。建和元年,益封冀万三千户,增大将军府举高第茂才,官属倍于三公。又封不疑为颍阳侯,不疑弟蒙西平侯,冀子胤襄邑侯，各万户。和平元年，重增封冀万户，并前所袭合三万户。

弘农人宰宣素性佞邪，欲取媚于冀，乃上言大将军有周公之功，今既封诸子，则其妻宜为邑君。诏遂封冀妻孙寿为襄城君，兼食阳翟租，岁入五千万，加赐赤绂，比长公主。寿色美而善妖态，作愁眉，啼粧，堕马髻，折腰步，龋齿笑，以为媚惑。冀亦改易舆服之制，作平上軿车，坤帻，狭冠，折上巾，拥身扇，狐尾单衣。寿性钳忌，能制御冀，冀甚宠惮之。

梁冀

初，父商献美人友通期于顺帝，通期有微过，帝以归商，商不敢留而出嫁之，冀即遣客盗还通期。会商薨，冀行服，于城西私与之居。寿伺冀出，多从仓头，篡取通期归，截发刮面，笞掠之，欲上书告其事。冀大恐，顿首请于母，寿亦不得已而止。冀犹复与私通，生子伯玉，匿不敢出。寿寻知之，使子胤掠灭友氏。冀虑寿害伯玉，常置复壁中。冀爱监奴秦宫，官至太仓令，得出入寿所。寿见宫，辄屏御者，托以言事，因与私焉。宫内外兼宠，威权大震，刺史、二千石皆谒辞之。

冀用寿言，多斥夺诸梁在位者，外以谦让，而实崇孙氏宗亲。冒名而为侍中、卿、校尉、郡守、长吏者十余人，皆贪叨凶淫，各遣私客籍属县富人，被以它罪，闭狱掠拷，使出钱自赎，资物少者至于死徒。扶风人士孙奋居富而性吝，冀因以马乘遗之，从贷钱五千万奋以三千万与之，冀大怒，乃告郡县，认奋母为其守藏婢，云盗白珠十斛、紫金千斤以叛，遂收考奋兄弟，死于狱中，悉没资财亿七千余万。其四方调发，岁时贡献，皆先输上第于冀，乘舆乃其次焉。吏人赍货求官请罪者，道路相望。冀又遣客出塞，交通外国，广求异物。因行道路，发取伎女御者，而使人复乘势横暴，妻略妇女，殴击吏卒，所在怨毒。

冀乃大起第舍，而寿亦对街为宅，殚极土木，互相夸竞。堂寝皆有阴阳奥室，连房洞户。柱壁雕镂，加以铜漆；窗牖皆有绮疏青琐，图以云气仙灵。台阁周通，更相临望；飞梁石蹬，陵跨水道。金玉珠玑，异方珍怪，充积臧室。远致汗血名马。又广开园圃，采土筑山，十里九坂，以像二崤，深林绝涧，有若自然，奇禽驯兽，飞走其间，冀、寿共乘辇车，张羽盖，饰以金银，游观第内。多从倡伎，鸣钟吹管，酾讴竟路。或连继日夜，以骋娱恣。客到门不得通，皆请谢门者，门者累千金。又多拓林苑，禁同王家，西至弘农，东界荥阳，南极鲁阳，北达河、淇，包含山薮，远带丘荒，周旋封域，殆将千里。又起菟苑于河南城西，经亘数十里，发属县卒徒，缮修楼观，数年乃成。移檄所在调发生菟，刻其毛以为识，人有犯者，罪至刑死。尝有西域贾胡，不知禁忌，误杀一兔，转相告言，坐死者十余人。冀二弟尝私遣人出猎上党，冀闻而捕其宾客，一时杀三十余人，无生还者。冀又起别第于城西，以纳奸亡。或取良人，悉为奴婢，至数千人，名曰"自卖人"。

元嘉元年，帝以冀有援立之功，欲崇殊典，乃大会公卿，共议其礼。于是有司奏冀入朝不趋，剑履上殿，谒赞不名，礼仪比萧何；悉以定陶、咸阳余户增封为四县，比邓禹；赏赐金钱、奴婢、采帛、车马、衣服、甲第，比霍光；以殊元勋。每朝会，与三公绝席。十日一入，平尚书事。宣布天下，为万世法。冀犹以所奏礼薄，意不悦。专擅威柄，凶恣日积，机事大小，莫不谘决之。宫卫近侍，并所亲树，禁省起居，纤微必知。百官迁召，皆称到冀门笺檄谢恩，然后敢诣尚书。下邳人吴树为宛令，之官辞冀，冀宾客布在县界，以情托树。树对曰："小人奸蠹，比屋可诛。明将军以椒房之重，处上将之位，且崇贤善，以补朝阙。宛为大都，士之渊薮，自侍坐以来，未称一长者，而多托非人，诚非敢闻！"冀嘿然不悦。树到县，遂诛杀冀客为人害者数十人，由是深怨之。树后为荆州刺史，临去辞冀，冀为设酒，因鸩之，树出，死车上。又辽东太守侯猛，初拜不谒，冀托以它事，乃腰斩之。

时郎中汝南袁著，年十九，见冀凶纵，不胜其愤，乃诣阙上书曰："臣闻仲尼叹凤鸟不至，河不出图，自伤卑贱，不能致也。今陛下居得致之位，又有能致之资，而和气未应，贤愚失序者，势分权臣，上下壅隔之故也。夫四时之运，功成则退，高爵厚宠，鲜不致灾。今大将军位极功成，可为至戒，宜遵悬车之礼，高枕颐神，传曰'木实繁者，披枝害心'。若不抑损权盛，将无以全其身矣。左右闻臣言，将侧目切齿，臣特以童蒙见拔，故敢忘忌讳。昔舜、禹相戒无若丹朱，周公戒成王无如殷王纣，愿除诽谤之罪，以开天下之口。"书得奏御，冀闻而密遣掩捕著。著乃变易姓名，后托病伪死。结蒲为人，市棺殡送。冀廉问知其诈，阴求得，笞杀之，隐蔽其事。学生桂阳刘常，当世名儒，素善于著，冀召补令史以辱之。时太原郝絜、胡武，皆危言高论，与著友善。先是絜等连名奏记三府，荐海内高士，而不诣冀，冀追怒之，又疑为著党，敕中都官移檄捕前奏记者并杀之，遂诛武家，死者六十余人。絜初逃亡知不得免，因舆榇奏书冀门。书入，仰药而死，家乃得全。及冀诛，有诏以礼祀著等。冀诸忍忌，皆此类也。

不疑好经书，善待士，冀阴疾之，因中常侍白帝，转为光禄勋。又讽众人共荐其子胤为河南尹。胤一名胡狗，时年十六，容貌甚陋，不胜冠带，道路见者，莫不蚩笑焉。不疑自耻兄弟有隙，遂让位归第，与弟蒙闭门自守。冀不欲令与宾客交通，阴使人变服至门，记往来者。南郡太守马融、江夏太守田明，初除，过谒不疑，冀讽州郡以它事陷之，皆髡笞徙朔方。融自刺不殊，明遂死于路。

永兴二年，封不疑子马为颍阴侯，胤子桃为城父侯。冀一门前后七封侯，三皇后，六贵人，二大将军，夫人、女食邑称君者七人，尚公主者三人，其余卿、将、尹、校五十七人。在位二十余年，穷极满盛，威行内外，百僚侧目，莫敢违命，天子恭己而不得有所亲豫。帝既不平之。延熹元年，太史令陈授因小黄门徐璜，陈灾异日食之变，咎在大将军，冀闻之，讽洛阳令收考授，死于狱。帝由此发怒。

初，掖庭人邓香妻宣生女猛，香卒，宣更适梁纪。梁纪者，冀妻寿之舅也。寿引进猛入掖庭，见幸，为贵人，冀因欲认猛为其女以自固，乃易猛姓为梁。时猛姊婿邴尊为议郎，冀恐尊沮败宣意，乃结刺客于偃城，刺杀尊，而又欲杀宣。宣家在延熹里，与中常侍袁赦相比。冀使刺客登赦屋，欲入宣家。赦觉之，鸣鼓会众以告宣，宣驰入以白帝，帝大怒，遂与中常侍单超、具瑗、唐衡、左悺、徐璜等五人成谋诛冀。

冀心疑超等，乃使中黄门张恽入省宿，以防其变，具瑗敕吏收恽，以辄从外入，欲图不轨。帝因是御前殿，召诸尚书入，发其事，使尚书令尹勋持节勒丞郎以下皆操兵守省阁，敛诸符节送省中。使黄门令具瑗将左右厩驺、虎贲、羽林、都候剑戟士，合千余人，与司隶校尉张彪共围冀第。使光禄勋袁盱持节收冀大将军印绶，徙封比景都乡侯。冀及妻寿即日皆自杀。悉收子河南尹胤、叔父屯骑校尉让，乃亲从卫尉淑、越骑校尉忠、长水校尉戟等，诸梁及孙氏中外宗亲送诏狱，无长少皆弃市。不疑，蒙先卒。其它所连及公卿列校刺史二千石死者数十人，故吏宾客免黜者三百余人，朝廷为空，唯尹勋、袁盱及廷尉邯郸义在焉。是时事卒从中发，使者交驰，公卿失其度，官府市里鼎沸，数日乃定，百姓莫不称庆。收冀财货，县官斥卖，合三十余万万，以充王府，用减天下税租之半。散其苑囿，以业穷民。录诛冀功者，封尚书令尹勋以下数十人。

【译文】

梁冀，字伯卓。他生得肩膀像老鹰般上耸，双目如豺狼般直竖，两只豆眼直勾勾的，大舌头说话含混不清，谈不上学问，只不过能够写字计数而已。他自小身为贵戚，恣意游荡，生性好喝酒，能拉强弓，精通弹棋、格五、六博、蹴鞠、猜枚等游戏，还喜好架鹰走狗，驰马斗鸡。他开初担任黄门侍郎，转官为侍中，虎贲中郎将，越骑校尉，步兵校尉，执金吾。

永和元年，他官拜河南尹。梁冀在职残暴恣肆，多行非法。他父亲梁商所亲信的宾客洛阳县令吕放，对梁商很讲了一些梁冀的毛病，梁商责备梁冀，梁冀就派人在道路上刺杀了吕放。而他又怕梁商知道，便推指吕放的一个仇人有杀人嫌疑，要求把吕放的弟弟吕禹任命为洛阳县令，让他追捕吕放的仇人，把那人的亲族、宾客共一百多人全部杀死。

梁商去世以后，还没有葬埋，汉顺帝就拜梁冀为大将军，他弟弟侍中梁不疑为河南尹。及至顺帝去世，冲帝还在襁褓中，太后临朝听政，命梁冀和太傅赵峻、太尉李固参录尚书事。梁冀虽然推辞不敢当，可是奢侈暴虐得更厉害了。冲帝又死了，梁冀便扶立质帝，质帝年少而聪慧，知道梁冀骄横，有一次朝见群臣，便评论梁冀说："那是个跋扈将军！"梁冀听说了，很是憎恶，就命令左右亲信呈进加毒药的煮饼，质帝当天就死了。

他又扶立汉桓帝，而害死了李固以及前太尉杜乔，海内之人，嗟叹惊惧。建和元年，增封梁冀一万三千户，增加大将军府举荐的高第茂才的人数，他的官府属员比三公多一倍。又封梁不疑为颍阳侯，梁不疑的弟弟梁蒙为西平侯，梁冀的儿子梁胤为襄邑侯，各封万户。和平元年，再增封梁冀万户，加上以前所世袭和增封的共合三万户。

弘农人宰宣，生性邪佞，想取媚于梁冀，便上言说大将军有周公辅佐成王一般的功勋，如今既已经把他的儿子封侯，那么他的妻子也应该封为邑君。于是降诏封梁冀的妻子孙寿为襄城郡，兼食阳翟的租税，每年改入五千万，加赐赤绂，仪仗服制与长公主相同。孙寿生得很美而善作妖媚之态，创兴"愁眉"（一种细而曲直的描眉式样）、"啼妆"（化妆时在眼睛下描画得好像刚刚哭过）、"堕马髻"（侧在一边的发髻）、"折腰步"（故意做出身体倦怠而腰肢纤弱的步态）、"龋齿笑"（好像牙疼而略带愁苦的笑容），以为媚惑。梁冀也变更舆服之制，创设车盖上平而带有屏障的车，低矮的帻，狭窄的冠，上角折起的头巾，大可遮身的扇，后裾曳地如狐尾的单衣。孙寿生性猜忌而好钳制人，能控制驾驭梁冀，梁冀很是宠爱而又忌惮她。

早先,梁商曾献给顺帝一个叫友通期的美女,友通期犯了点儿小过错,顺帝便把她送还给梁商,梁商不敢自己留下,就把她嫁了出去,而梁冀又派门客把她偷偷抢了回来。正好这时梁商去世,梁冀便换上出门的服装,在城西偷偷与她同居。孙寿窥伺着梁冀外出,便带有很多奴仆,强行把友通期带回家来,割断她的头发,划破她的脸,痛打一顿,并想上书皇帝告发此事。梁冀害怕极了,磕着头请求孙寿的母亲说情,孙寿也不得已而作罢。但梁冀依然与友通期私通,生了个儿子叫伯玉,藏着不敢让他出来。不久孙寿知道,就让自己的儿子梁胤诛灭了友氏。梁冀恐怕孙寿杀伯玉,经常把他藏在夹墙中。梁冀宠爱掌管事的奴才秦宫,提拔他当了太仓令,允许他随意出入孙寿的居处。孙寿见了秦宫,就屏隔左右,借故有事要说,便与他私通起来。秦宫内外兼宠,威权大震,刺史、郡守来京城,都要向他拜谒和辞别。

梁冀听从孙寿的话,罢斥了许多梁家在位的人,向外显示自己的谦让,而实际上把孙氏的宗族抬举上去。孙家冒名而为侍中、卿、校尉、郡守、县令有十余人,个个贪婪凶淫,他们安排自己的亲信奴客把县里的富人拉出名单,然后给他们安上罪名,关押拷打,逼迫他们出钱赎出自己,出钱少的往往落得处死或流放。扶风有个叫士孙奋的,富有而吝啬,梁冀便给他送去一匹马,然后找他"借贷"五千万。士孙奋只给了三千万。梁冀大怒,就告到郡县,硬说士孙奋的母亲是自己家掌管财物的婢女,说她偷珍珠十斛、紫金千斤而叛逃,于是收捕考掠士孙奋兄弟,死于狱中,把他家的一亿七千万资产全部吞没。那些四面八方征调、岁时节令贡献的物品,都是先把上等的送给梁冀,其次才是皇帝的。官吏带着金钱向他求官请罪的,道路上络绎不绝。梁冀又派遣门客私出边塞,勾结外国,求取各种珍异之物。他借着出行的机会,调取伎女侍者,还指使手下仗势横暴,抢掠妇女,殴打吏卒,所到之处,怨毒丛起。

梁冀便大造宅第,而孙寿也在街对面建造宅第,极尽土木之豪奢,互相夸耀竞争。厅堂寝室都有阴阳深室,房屋互相连通。屋柱墙壁都雕镂花纹,加以铜饰髹漆。窗户上都镂刻成锦绮连琐之纹,绘画上云气仙灵之图,高台巍阁,周绕连通,互相临望;飞桥石磴,陵跨曲水。金玉珠玑,异国珍奇,充塞藏室。还从远方弄到汗血名马。他又大肆开辟园圃,运土筑山,十里九坂,以模仿二崤山,深林绝涧,犹如天然,奇禽驯兽,飞走其间。梁冀和孙寿一起乘坐辇车,张起羽盖,装饰以金银,游览于宅第之内,大群的歌女乐伎随从着,鸣钟吹管,一路笙歌,有时夜以继日,恣意行乐。客人到了门前不能得到通报,只得向守门的送礼,守门人富累千金。他又开拓林苑,设禁如同皇家,西至弘农,东界荥阳,南至鲁阳,北抵黄河、淇水,包容山林,远括丘野,四周环绕,封界几乎有千里。他又建兔苑于河南县的城西,连绵数十里。征调属县的士卒刑徒,修建楼台宫观,历时数年才竣工。发放公文于所在,征调活兔,剪刻其毛以为标志,有人触犯其兔,罪至于处刑致死。曾经有个西域的胡人商贾,不知道禁忌,误杀了一只兔子,转相告发,坐罪而死者十余人。梁冀的二弟曾经私自派人出猎于上党,梁冀听说了,就追捕其宾客,一下子杀死三十余人,没有一个生还。梁冀又在洛阳城西建造另外的府邸,以收容奸人及亡命之徒。他还掠取良家子女,全部变成自己的奴婢,数达几千人,称之为"自卖人"。

元嘉元年,桓帝因为梁冀有扶立自己的功劳,想崇以特殊的礼遇,便大集公卿,一起讨论其礼仪。于是有司上奏：梁冀入朝不必趋步，可以佩剑着履上殿，谒赞不称其名，礼仪比于萧何；把定陶、咸阳所余之户全部增封给梁冀，以足四县之数，比于邓禹；赏赐金钱、奴婢、彩帛、车马、衣服、府邸，比于霍光，以显示其特殊的功勋。每次朝会，与三公座席要分开。十日一入政府，评议尚书事务。这些都宣布于天下，为万世不变之法。梁冀还觉得所奏的礼遇太薄，心里很不高兴。他专擅威权，凶恣日甚，机要之事无论大小，都必须向他报告，由他裁决。宫廷中的卫士，皇帝的近侍，都是他亲自安排，所以宫禁中的细微琐事他无不悉知。百官的委任和召见，都先到梁冀家中投书谢恩，然后才敢去尚书省。下邳人吴树被任命为宛县令，上任前去向梁冀辞行。梁冀的宾客分布在宛县界内，他便以私情托付吴树照顾。吴树回答说："小人蠹贼，人人得以诛之。贤明的将军您以皇帝戚属之重，处大将军之位，应该推崇贤良，以弥补朝廷之缺。宛县为大都会，是士人丛聚的渊薮，但自从我认识你以来，没有听见你举荐过一位长者，而托付给我的都不是好东西，这确实不是我希望听到的！"梁冀默然，很不高兴。吴树到县之后，便诛杀了数十名为害百姓的梁冀的宾客，由此梁冀恨透了他。后来吴树被委任为荆州刺史，临行时向梁冀辞别。梁冀为他设宴，借机下毒，吴树出门，死在车上。还有辽东太守侯猛，初次拜官不来谒见梁冀，梁冀便以其他的事为借口，腰斩了他。

当时的一个郎中，汝南人袁著，年方十九，见梁冀凶恶无忌，不胜愤怒，便向皇帝上书道："臣闻孔子感叹凤凰不至，黄河不出现图书，为自己的地位卑贱不能致天下于太平而伤心。今陛下身居可致太平之位，又有能致太平之资，而祥和之气未有感应，贤愚之人位置颠倒者，是因为势力旁落于权臣，上下壅塞不通的缘故。一年四季的运行更替，是功成则退；长期拥有崇高的爵位和厚重的恩宠，很少不因此导致灾祸的。如今大将军位极人臣，功业成就，可以把这话作为鉴戒，应该遵照退休之礼，高枕养神。古书中说：'树木的果实太繁盛，就会压折树枝而伤害树心。'如果不对过盛的权势实行抑制和削减，就将无法保全他的身家性命了。有人听了我的话，可能将侧目切齿，但我以无知少年独受主上的提拔，所以敢于不顾忌讳。往昔大舜告诫大禹不要像丹朱一样傲慢，周公告诫成王不要像殷纣王一样失道，希望废除所谓'诽谤之罪'，以使天下之人畅所欲言。"这书得以奏达皇帝，梁冀知道了，便秘密派人逮捕袁著。袁著便改变姓名，后来又借病装死，结蒲草为人形，买个棺材发殡葬埋。梁冀调查知道是作假，便秘密追捕到袁著，活活地笞杖而死，然后隐蔽其事。太学生桂阳刘常，为当世的名儒，与袁著一向交好，梁冀把他召来当令史以示侮辱。当时太原郝𫘝、胡武，都工作危言高论，与袁著很友善。此前赦𫘝等人联名向三府（指丞相、太尉、御史大夫）上奏记，推荐海内名士，而不求见梁冀，梁冀追恨起这事，又怀疑他是袁著一党，敕令中都官发布公文，追捕以前上奏记的人，全部杀死，于是诛灭胡武全家，死者六十余人。郝𫘝开初还逃亡，后来知道无法逃免，便用车拉着棺材奏书于梁冀之门，书奏入，他便饮毒药而死，他的家属才得以保全。及至梁冀被诛，有诏旨以礼祭祀袁著等人。梁冀的各种残忍猜忌之事，都与此相类似。

梁不疑好读经书，礼待士人，梁冀暗下很嫉恨他，便通过中常侍禀白桓帝，把梁不疑改官为光禄勋。他又示意众人一起推荐自己的儿子梁胤为河南尹。梁胤一名胡狗，当时才十六岁，容貌丑陋，官服都穿得不像样子，在道路上见到他的，无不嗤笑。梁不疑以兄弟不和为耻，就让出河南尹的位子，回归府第，与弟弟梁蒙闭门自守。梁冀不愿意让他们与宾客来往，暗暗派人化装到他们门口，记录来往客人的名单。南郡太守马融、江夏太守田明，刚刚被任命，前去谒见梁不疑。梁冀便示意州郡以其他的事陷害他们，都被髡箝笞杖，流放到朔方郡。马融自杀未遂。田明死于路途之上。

永兴二年，封梁不疑之子梁马为颍阴侯，梁胤之子梁桃为城父侯。梁冀一门前后有七人封侯，出了三个皇后，六个贵人，两个大将军，夫人、女儿享受封邑而称君者有七人，娶公主者三人，其余为九卿、将军、大尹、校尉者有五十七人，在位二十余年，隆盛至极，威行朝廷内外，百官侧目而视，莫敢违命，天子谦恭自处而不得有所干预。桓帝心中已经愤愤不平。到延嘉元年，太史令陈授通过小黄门徐曹，陈述灾异日食之天变，咎责在于大将军。梁冀知道了，示意洛阳令收捕考掠陈授，致死于狱中。桓帝因此发怒。

开初，掖庭署人邓香的妻子宣，生了女儿邓猛，邓香死后，宣改嫁给梁纪。梁纪是梁冀的妻子孙寿的舅父，孙寿引进邓猛进入后宫，得到桓帝的宠爱，封为贵人。梁冀想认邓猛为自己的女儿以加强自己的地位，便改邓猛姓梁。当时邓猛的姐夫邴尊为议郎，梁冀担心邴尊会说服宣改变主意，不同意改姓的事，就组织刺客在郾城刺杀邴尊，还想刺杀宣。宣家住在延熹里，与中常侍袁赦是邻居。梁冀派的刺客爬上袁赦的屋顶，想入进宣家。袁赦觉察了，擂鼓聚众以告诉宣。宣驰马入宫报告了桓帝。桓帝大怒，便与中常侍单超、具瑗、唐衡、左悺、徐璜等五人策划诛杀梁冀。

梁冀心里怀疑单超等人，便派中黄门张恽进入尚书省值宿，以防备事变，具瑗敕令官吏逮捕张恽，因其突然从外入内，必然是图谋不轨。桓帝于是驾临前殿，召诸尚书入宫，发露其事，派尚书令尹勋持节杖，部勒丞郎以下，全部持兵器守护省阁，收敛所有符节印信送往省中。又派黄门令具瑗率领左右厩驺（骑兵）、虎贲、羽林、都候的剑戟士，共千余人，与司隶校尉张彪一起包围梁冀的府第。派光禄勋袁盱持节杖收取梁冀的大将军印绶，改封为比景都乡侯。梁冀及妻子孙寿当日全都自杀。又把梁冀的儿子河南尹梁胤、叔父屯骑校尉梁让、堂兄弟卫尉梁淑、越骑校尉梁忠、长水校尉梁戟等全部收捕，梁氏以及孙氏堂表亲戚逮送诏狱，无论年纪大小，全部斩首弃市。梁不疑和梁蒙此前已经去世。其他牵连处死的公卿、校尉、刺史、郡守有数十人。故吏宾客被黜免有三百余人，朝廷为之一空，唯有尹勋、袁盱及廷尉邯郸义还在朝。当时事变从宫中突然发起，使者穿梭奔驰，公卿失去常度，官府市井一片鼎沸，几天后才安定下来，百姓无不欢庆。没收了梁冀的财产，由官府拍卖，折合三十余万万，用以充实国家府库，可以减收天下租税的一半。分散梁冀的苑囿，以供穷苦百姓耕作。记录诛除梁冀有功者，封尚书令尹勋以下数十人。

班彪传

【题解】

班彪（3~54年），字叔皮，扶风安陵（今陕西咸阳东北）人，东汉史学家。东汉初，因病免官后全力从事文学研究和著述。他认为褚少孙、刘向、刘歆、杨雄等人对《史记》的续补水平太低，不足以承继前史；而杨雄、刘歆等在续作中多褒美伪新，恐其误后惑众，所以他采集旧事，旁贯异闻，作《史记后传》百余篇。今《后传》虽不存，但其内容大部分被《汉书》所吸收，现在《汉书》中的元、成二帝本纪和韦贤、翟方进等传中还保留有《后传》原文的痕迹。《后传》为《汉书》的成功奠定了良好的基础。班彪对前史的得失写过一篇评论，后人称为《前史得失论》。它表明了班彪对有史官以来直到《史记》一系列历史著作的看法，显示了他正统的儒家思想。因为这篇文章最早按时间线索勾勒出了我国早期文学的状况，并进行了原则性的批评，所以它是我国第一个史学史的提纲，其批评原则和一些具体意见对后代史学批评产生了深远的影响。

【原文】

班彪字叔皮，扶风安陵人也。祖况，成帝时为越骑校尉。父稚，哀帝时为广平太守。

彪性沉重好古。年二十余，更始败，三辅大乱。时隗嚣拥众天水，彪乃避难从之。嚣问彪曰："往者周亡，战国并争，天下分裂，数世然后定。意者从横之事复起于今乎？将承运迭兴，在于一人也？愿生试论之。"对曰："周之废兴，与汉殊异。昔周爵五等，诸侯从政，本根既微，枝叶强大，故其末流有从横之事，势数然也。汉承秦制，改立郡县，主有专己之威，臣无百年之柄。至于成帝，假借外家，哀、平短祚，国嗣三绝，故王氏擅朝，因窃号位。危自上起，伤不及下，是以即真之后，天下莫不引领而叹。十余年间，中外骚扰，远近俱发，假号云合，咸称刘氏，不谋同辞。方今雄杰带州域者，皆无七国世业之资，而百姓讴吟，思仰汉德，已可知矣。"嚣曰："生言周、汉之势可也；至于但见愚人习识刘氏姓号之故，而谓汉家复兴，疏矣。昔秦失其鹿，刘季逐而羁之，时人复知汉乎？"

彪既疾嚣言，又伤时方艰，乃著《王命论》，以为汉德承尧，有灵命之符，王者兴祚，非诈力所致，欲以感之，而嚣终不寤，遂避地河西。河西大将军窦融以为从事，深敬待之，接以师友之道。彪乃为融画策事汉，总西河以拒隗嚣。

班彪

及融征还京师，光武问曰："年上章奏，谁与参之？"融对曰："皆从事班彪所为。"帝雅闻彪才，因召入见，举司隶茂才，拜徐令，以病免。后数应三公之命，辄去。

彪既才高而好述作，遂专心史籍之间。武帝时，司马迁著《史记》，自太初以后，阙而不录，后好事者颇或缀集时事，然多鄙俗，不足以踵继其书。彪乃继采前史遗事，傍贯异闻，作后传数十篇，因斟酌前史而讥正得失。其略论曰：

唐虞三代，《诗》《书》所及，世有史官，以司典籍，暨于诸侯，国自有史，故孟子曰"楚之《梼杌》，晋之《乘》，鲁之《春秋》，其事一也。"定哀之间，鲁君子左丘明论集其文，作《左氏传》三十篇，又撰异同，号曰《国语》，二十一篇，由是《乘》《梼杌》之事遂阗，而《左氏》《国语》独章。又有记录黄帝以来至春秋时帝王、公侯、卿大夫，号曰《世本》，一十五篇。春秋之后，七国并争，秦并诸侯，则有《战国策》三十三篇。汉兴定天下，太中大夫陆贾记录时功，作《楚汉春秋》九篇。孝武之世，太史令司马迁采《左氏》《国语》，删《世本》《战国策》，据楚、汉列国时事，上自黄帝，下讫获麟，作本纪、世家、列传、书、表凡百三十篇，而十篇缺焉。迁之所记，从汉元至武以绝，则其功也。至于采经摭传，分散百家之事，甚多疏略，不如其本，务欲以多闻广载为功，论议浅而不笃。其论术学，则崇黄老而薄《五经》；序货殖，则轻仁义而羞贫穷；道游侠，则贱守节而贵俗功；此其大敝伤道，所以遇极刑之咎也。然善述序事理，辩而不华，质而不野，文质相称，盖良史之才也。诚令迁依《五经》之法言，同圣人之是非。意亦庶几矣。

夫百家之书，犹可法也。若《左氏》《国语》《世本》《战国策》《楚汉春秋》《太史公书》，今之所以知古，后之所由观前，圣人之耳目也。司马迁序帝王则曰本纪，公侯传国则曰世家，卿士特起则曰列传。又进项羽、陈涉而黜淮南、衡山，细意委曲，条例不经。若迁之著作，采获古今，贯穿经传，至广博也。一人之精，文重思烦，故其书刊落不尽，尚有盈辞，多不齐一。若序司马相如，举郡县，著其字，至萧、曹、陈平之属，及董仲舒并时之人，不记其字，或县而不郡者，盖不暇也。今此后篇，慎核其事，整齐其文，不为世家，唯纪、传而已。传曰："杀史见极，平易正直，《春秋》之义也。"

彪复辟司徒玉况府。时东宫初建，诸王国并开，而官属未备，师保多阙。彪上言曰：

孔子称"性相近，习相远也"。贾谊以为"习与善人居，不能无为善，犹生长于齐，不能无齐言也。习与恶人居，不能无为恶，犹生长于楚，不能无楚言也"。是以圣人审所与居，而戒慎所习。昔成王之为孺子，出则周公、邵公、太史佚，入则大颠、闳夭、南宫括、散宜生，左右前后，礼无违者，故成王一日即位，天下旷然太平。是以《春秋》"爱子教以义方，不纳于邪。骄奢淫逸，所自邪也"。《诗》云："诒厥孙谋，以宴翼子。"言武王之谋遗子孙也。

汉兴，太宗使晁错导太子以法术，贾谊教梁王以《诗》《书》。及至中宗，亦令刘向、王褒、萧望之、周堪之徒，以文章儒学保训东宫以下，莫不崇简其人，就成德器。今皇太子诸王，虽结发学问，修习礼乐，而傅相未值贤才，官属多阙旧典。宜博选名儒有威重明通政事者，以为太子太傅，东宫及诸王国，备置官属。又旧制，太子食汤沐十县，设周卫交戟，五日一朝，因坐东箱，省视膳食，其非朝日，使仆、中允旦旦请问而已，明不媟黩，广其敬也。

书奏，帝纳之。后察司徒廉为望都长，吏民爱之。建武三十年，年五十二，卒官。所著赋、论、书、记、奏事合九篇。二子：固，超。

论曰：班彪以通儒上才，倾侧危乱之间，行不逾方，言不失正，仕不急进，贞不违人，敷文华以纬国典，守贱薄而无闷容。彼将以世运未弘，非所谓贱，焉耻乎？何其守道恬淡之笃也！

班彪字叔皮，扶风安陵人。祖父班况，成帝时为越骑校尉。父亲班稚，哀帝时为广平太守。

班彪生性深沉庄重，爱好学习古书。二十多岁时，更始皇帝刘玄兵败，长安及周围左冯翊、右扶风地区混乱不堪。当时隗嚣在天水聚集百姓，班彪于是为避难跟随了他。隗嚣问班彪："过去东周灭亡，列国共同争夺霸权，天下分裂，几百年才平定下来。是不是合纵连横的事情在今天又重新出现了？会不会有承受时运，纷纷兴起，最后总归于一人的情况？希望先生试论一下。"班彪回答说："周朝的废兴，与汉的情况很不一样。过去，周朝的爵位分为五等，各诸侯从事政事，这样国家政权的根基就很微弱，而枝叶却很强壮，所以在周朝末年就会出现合纵连横的事情，这是形势命运所必然的。汉代接用秦朝的制度，改立郡县制，主上有独揽一切的权威，大臣们却没有能掌握百年的权力。到了成帝时期，凭借外戚来管理国政，哀帝、平帝在位时间短促，这三帝都没有接续皇位的继承人，所以王氏能够专擅朝政，并顺势窃夺号位。危机起于朝廷，并未伤及百姓。所以自王莽正式即皇位之后，天下百姓没有不为汉朝中衰叹息，并殷切盼望复兴的。十多年间，朝内的、外的、远处的、近处的动荡骚乱，全都出现了，假借号令，四处聚集，全都称自己是刘氏后裔，没有预谋却说法一样。如今统领州郡的英雄豪杰，都没有七国诸侯那样有世代功业的资本，而百姓的讴歌吟诵中，都思念敬慕汉皇的恩德，天下的形势据此便已经可以看出了。"隗嚣："先生所谈周朝、汉代的形势还是对的；至于仅仅看到那些愚蠢的人沿用刘氏姓号做标志的缘故，便说刘汉能够复兴，则远离实际了。过去秦国失去帝位，刘季追逐并夺取了它，那时的人也知道有汉朝吗？"

班彪既厌恶隗嚣的言论，又忧虑当时国情的险恶，于是作《王命论》，认为汉是接继尧德，有神灵天命所示的符瑞，帝王建立王位，并不是使用权谋和暴力的结果，试图以此说动他，但隗嚣始终不醒悟，于是班彪就到河西躲避去了。河西大将军窦融让他做自己的从事，非常敬仰地对待他，并建立起老师和朋友的友谊。班彪于是对窦融奉卫汉朝出谋划策，让他统管西河一带以抗拒隗嚣。

后来窦融奉命回到京师，光武帝问他："你所交来的章表奏疏，有谁参与了策划和书写？"窦融回答说："都是我的从事班彪做的。"光武帝平素已耳闻班彪的才华，于是召他进京，推举为司隶茂才，任命为徐县县令，因为有病而免去官职。此后，他多次执行三公给予的命令，事情办完后，就离职回家。

班彪才华杰出，又爱好著述，于是一心一意于史籍的攻读、研究。汉武帝时，司马迁著的《史记》从太初年以后的事，都没有记载。后来有许多喜欢撰述历史的人纷纷搜录记载时事，但大多鄙陋浅俗，不能够作为《史记》的续篇。班彪于是继续采集以前史籍中的关于西汉历史的史料，旁征博引，征引多种材料，撰写《后传》几十篇，顺便又研核以前的史籍，批评失误，肯定成绩。他的评论大体上说：

唐虞三代，《诗》《书》所涉及的，世代都有史官，来掌管典籍。至于诸侯，每国也都有自己的史官，所以《孟子》中说："楚国的《梼杌》，晋国的《乘》，鲁国的《春秋》；它们都同样是记载时事的。"定公、哀公之际,鲁国的君子左丘明集合讨论这些著作,作《左氏传》三十篇,又收集和《左传》相同或不相同的记载,撰为一书,称《国语》二十一篇。从此以后,《乘》《梼杌》记载的事情便湮灭无闻了,而仅有《左氏》《国语》彰显天下。又有一部记载黄帝以来至春秋时帝王公侯卿大夫史事的书,叫《世本》,一十五篇。春秋以后,七国争夺霸主,秦国最后统一了诸侯,于是又出现了《战国策》三十三篇。汉朝建国,平定天下,太史大夫陆贾记述当时的功业,作《楚汉春秋》九篇。汉武帝的时候,太史令司马迁采录《左氏》《国语》,删削《世本》《战国策》,根据楚、汉之际各国时事,上自黄帝,下迄获麟,作本纪、世家、列传、书、表共一百三十篇,其中有十篇后来散佚了。司马迁的记载,从汉代建元至武帝只是他的功绩所在。至于采摭经传,分别保留其他多家史籍记述的事情,则有很多疏阔缺漏之处,不如原书,他一心只想以广泛地记录各种传闻、逸事为此书的优势,评议则肤浅不实。讨论学术,则崇尚黄老之学而不看重《五经》之说;记述经济活动,则轻视仁义道德而以贫贱为耻辱;记述游侠,则以守节为低贱,而尊重功利,这些都是损害原则的大错误,是他遭遇极刑惩罚的原因所在。但司马迁善于条理,叙述史事,讲道理而不浮华,记事属实却不粗俗,文字与内容协调,这是良史之才啊!倘若司马迁能够依凭《五经》的准则,与圣人同是非,想来就差不多了吧。

过去的许多著述,还是值得效法的。如《左氏》《国语》《世本》《战国策》《楚汉春秋》《太史公书》,是现在得以知道古代,后世得以了解前世的根据,是圣人闻知天大事的耳目。司马迁记载帝王的叫本纪,记载公侯世袭的叫世家,记载卿、士及杰出人物的叫列传。《史记》提高项羽、陈涉的地位,却贬低淮南王、衡山王这些皇室成员的地位,详细地记录项羽、陈涉的兴衰始末,这种体例就不符合原则。像司马迁《史记》这样的著作,采古今史事,贯通经传的记载,非常广博。司马迁以一个人的精力,要著的书籍却是文字繁多,线索纷乱,所以《史记》有修改不完全的地方,还有一些多余的词句,体例、文字多不够整齐划一。比如他叙述司马相,写出他所属的郡县,写出司马相如的字,对于萧何、曹参、陈平这些人,以及与他同时代的董仲舒,就不再记载他们的字,有的只记县而不记郡,这大约是来不及统一文字所致。现在我著的《后篇》,谨慎地核对史实,文字整齐划一,不做世家,只作本纪、列传。传上说:"编纂史书,要简练到不能再简练的程度,按照事情的实际情况朴实地叙述,这就是《春秋》的指导思想。"

班彪再次被征辟到司徒玉况的府内担任职务。当时东宫刚刚建立,诸王国同时开始分封,但官未完备,师保多数空缺。班彪于是上书说:

孔子说"人性情本相近,因为习染不同,便相差很远"。贾谊认为"习惯与善人住在一起,就不能不做善事,犹如生长在齐国,就不能没有齐的方言一样。习惯与恶人住在一起,就不能不做恶事,犹如生长在楚国,不能没有楚的方言一样"。所以圣人要仔细观察和他居住在一起的人,而谨慎地对待自己的习惯。过去周成王还是小孩子的时候,出则有周公、邵公,太史佚等人陪伴,入则有大颠、闳夭、南宫括、散宜生等人环绕,左右前后,没有违背礼的人,所以周成王一旦即位,天下就旷然太平。因此《春秋》有这样的话:"爱护儿子就教他为义的方法,不要让他被邪气所困扰。骄奢淫逸,这些都是他自身产生的邪恶。"《诗》中说:"留给孙子以善谋,以安敬之道为儿子增加才能。"说的是周武王将自己的谋略留给了子孙。

汉朝兴起之后，文帝让晁错用法家的理论教导太子，贾谊用《诗经》《尚书》教育梁王。到了中宗，也命令刘向、王褒、萧望之、周堪等人，用文章、儒学训导东宫以下的子弟，没有不崇敬这些人而备德成器的。现在皇太子和诸侯王虽然从小就开始学习，进修礼乐，但傅相没有贤才担任，官属没按旧的制度配备完整。应当广泛地选择有威信、稳重又通晓政事的名儒，让他们担任太子太傅，东宫及诸王国，把官属配备完整。又按照原有的制度，太子有十个县的赋税作为汤沐的用费，住地有兵严密防卫，太子五天朝见一次皇上，坐在东厢房，省视供给皇上的膳食，不是朝见皇上的那几天，只是要派太子仆、中允每天早上去皇上那里问安，这样做是为了表明不轻慢、增加太子的敬意。

书谏上奏之后，皇上采纳了这些意见。后来，司徒玉况因为班彪廉洁而推荐他，班彪担任了望都长，受到官吏和民众的喜爱。建武三十年，班彪五十二岁，死在望都任上。他所写的赋、论、书、记、奏共有九篇。他有两个儿子，一个名固，一个名超。

议论说：班彪以他博通儒学的上等才能，倾侧在危乱之间，行动不超越原则，言谈不丧失正理，做官不急于升迁，作风正派又不违背人意，铺陈自己的文采以完善国家制度，恪守低贱菲薄但没有苦闷的容颜。他是认为皇朝还没兴旺发达，自己不是一般意义上的"贱"，怎么会感到耻辱呢？班彪为固守原则而恬淡是多么真诚啊！

班固传

【题解】

班固（32~92 年），字孟坚，扶风安陵（今陕西咸阳东）人，东汉前期杰出的史学家和文学家。他的父亲班彪去世之后，他因感父亲所著的《史记后传》"所续前史未详"，就"潜精研思，欲就其业"，被人告发私作国史而下狱，经其弟上书说明了他著作的意旨才免于罪，被任为兰台令史，迁校书郎。他在完成了部分东汉史书写作之后，奉诏继续编写西汉史，完成了著名的《汉书》。

《汉书》创立了纪传体史书的新格局。班固改变了司马迁立纪的本意，完全以皇帝为中心，一帝一纪，确立了纪传体本纪"书君上以显国统"的后代"正史"的模式。他还抛弃了《史记》"世家"体例，将皇帝以下的人物尽纳入列传之中，以时间先后顺序为主，先专传、合传、次类传，再次以边疆各族传，以"贼臣"王莽居传末；整齐了列传的标题。他新创了三个表，其中《百官公卿表》很有价值，是我国"正史"专篇记载官制的滥觞。《汉书》的志，取法于《史记》的"书"而有很大的发展，对典章制度的记载起了继往开来的作用。

在内容上《汉书》以"博洽"著称。其中尤以"十志"卓越。它们详细地记载西汉封建专制政体的国家职能，叙述了高祖草创、文景修饬、武帝强化和完善等历史过程，也在一定程度上揭露了封建统治的残酷和虚伪。另外，《汉书》文辞富赡，句多排偶，整齐工丽，文章温文尔雅，严谨蕴藉，也是可诵可读的文学作品。

在思想上《汉书》以神化王权和封建等级秩序为首要任务，又在一些方面能够以人文主义的观点去考察、总结西汉历史的兴衰成败，表现出了一种"二重真理观"。从总体看，《汉书》基本上被"天人感应""皇权神授"的神学目的论所桎梏着。这些都大大限制了他进步史观的伸延，也就压抑了他在学术上的更大成就。

班固

【原文】

固字孟坚。年九岁，能属文诵诗赋，及长，遂博贯载籍，九流百家之言，无不穷究。所学无常师，不为章句，举大义而已。性宽和容众，不以才能高人，诸儒以此慕之。

永平初，东平王苍以至戚为骠骑将军辅政，开东阁，延英雄。时固始弱冠，奏记说苍曰：

将军以周、邵之德，立乎本朝，承休明之策，建威灵之号，昔在周公，今也将军，《诗书》所载，未有三此者也。传曰："必有非常之人，然后有非常之事；有非常之事，然事有非常之功。"固幸得生于清明之世，豫在视听之末，私以蝼螘，窃观国政，诚美将军拥千载之任，蹑先圣之踪，体弘懿之姿，据高明之势，博贯庶事，服膺《六艺》，白黑简心，求善无厌，采择狂夫之言，不逆负薪之议。窃见幕府新开，广延群俊，四方之士，颠倒衣裳。将军宜详唐、殷之举，察伊、皋之荐，令远近无偏，幽隐必达，期于总览贤才，收集明智，为国得人，以宁本朝。则将军养志和神，优游庙堂，光名宣于当世，遗烈著于无穷。窃见故司空掾桓梁，宿儒盛名，冠德州里，七十从心，行不逾矩，盖清庙之光晖，当世之俊颜也。京兆祭酒晋冯，结发修身，白首无违，好古乐道，玄默自守，古人之美行，时俗所莫及。扶风掾李育，经明行著，教授百人，客居杜陵，茅室土阶。京兆、扶风二郡更请，徒以家贫，数辞病去。温故知新，论议通明，廉清修絜，行能纯备，虽前世名儒，国家所器，韦、平、孔、翟，无以加焉。宜令考绩，以参万事。京兆督邮郭基，孝行著于州里，经学称于师门。政务之绩，有绝异之效。如得及明时，秉事下僚，进有羽翮奋翔之用，退有杞梁一介之死。凉州从事王雍，躬卞严之节，文之以术艺，凉州冠盖，未有宜先雍者也。古者周公一举则三方怨，曰"奚为而后己"。宜及府开，以慰远方。弘农功曹史殷肃，达学洽闻，才能绝伦，诵《诗》三百，奉使专对。此六子者，皆有珠行绝才，德隆当世，如蒙征纳，以辅高明，此山梁之秋，夫子所为叹也。昔卞和献宝，以离断趾，灵均纳忠，终于沉身，而和氏之璧，千载垂光，屈子之篇，万世归善。愿将军隆照微之明，信日昃之听，少屈威神，咨嗟下问，令尘埃之中，永无荆山、汨罗之恨。

苍纳之。

父彪卒，归乡里。固以彪所续前史未详，乃潜精研思，欲就其业。既而有人上书显宗，告固私改作国史者。有诏下郡，收固系京兆狱，尽取其家书。先是扶风人苏朗伪言图谳事，下狱死。固弟超恐固为郡所核考，不能自明，乃驰诣阙上书，得召见，具言固所著述意，而郡亦上其书。显宗甚奇之，召诣校书部，除兰台令史，与前睢阳令陈宗、长陵令尹敏、司隶从事孟异共成《世祖本纪》。迁为郎，典校秘书。固又撰功臣、平林、新市、公孙述事，作列传、载记二十八篇，奏之，帝乃复使终成前所著书。

固以为汉绍尧运，以建帝业，至于六世，史臣乃追述功德，私作本纪，编于百王之末，侧于秦、项之列，太初以后，阙而不录，故探撰前记，缀集所闻，以为《汉书》。起元高祖，终于孝平王莽之诛，十有二世，二百三十年，综其行事，傍贯《五经》，上下洽通，为《春秋》考纪、表、志、传凡百篇。固自永平中始受诏，潜精积思二十余年，至建初中乃成。当世甚重其书，学者莫不讽诵焉。

自为郎后，遂见亲近。时京师修起宫室，濬缮城隍，而关中耆老犹望朝廷西顾。固感前世相如、寿王、东方之徒，造构文辞，终以讽劝，乃上《两都赋》，盛称洛邑制度之美，以折西宾淫侈之论。其辞曰：

有西都宾问于东都主人曰："盖闻皇汉之初经营也，尝有意乎都河洛矣。辍而弗康，实用西迁，作我上都。主人闻其故而觏其制乎？"主人曰："未也。愿宾摅怀旧之蓄念，发思古之幽情，博我以皇道，弘我以汉京。"宾曰："唯唯。"

汉之西都，在于雍州，实曰长安。左据函谷，二崤之阻，表以太华、终南之山。右界褒斜、陇首之险，带以洪河、泾、渭之川。华实之毛，则九州之上腴焉；防御之阻，则天下之奥区焉。是故横被六合，三成帝畿，周以龙兴，秦以虎视。及至大汉受命而都之也，仰寤东井之精，俯协《河图》之灵，奉春建策，留侯演成，天人合应，以发皇明，乃眷西顾，实惟作京。于是睎秦领，睋北阜，挟酆灞，据龙首，图皇基于亿载，度宏规而大起，肇自高而终平，世增饰以崇丽，历十二之延祚，故穷奢而极侈。建金城其万雉，呀周池而成渊，披三条之广路，立十二之通门。内则街衢洞达，闾阎且千，九市开场，货别隧分，人不得顾，车不得旋，阗城溢郭，傍流百廛，红尘四合，烟云相连。于是既庶且富，娱乐无疆，都人士女，殊异乎五方。游士拟于公侯，列肆侈于姬、姜。乡曲豪俊游侠之雄，节慕原、尝，名亚春、陵，连交合众，骋骛乎其中。

若乃观其四郊，浮游近县，则南望杜、霸，北眺五陵，名都对郭，邑居相承。英俊之城，觀冕所兴，冠盖如云，七相五公。与乎州郡之豪杰，五都之货殖，三选七迁，充奉陵邑，盖以强干弱枝，隆上都而观万国。封畿之内，厥土吉里，逴荤诸夏，兼其所有。其阳则崇山隐天，幽林穹谷，陆海珍藏，兰田美玉，商、洛缘其隈，鄠、杜滨其足，源泉灌注，陂池交属，竹林果园，芳草甘木，郊野之富，号曰近蜀。其阴则冠以九嵕，陪以甘泉，乃有灵宫起乎其中。秦、汉之所极观，渊、云之所颂叹，于是乎存焉。下有郑、白之沃，衣食之源，隤封五万，疆场绮分，沟塍刻镂，原隰龙鳞，决渠降雨，荷锸成云，五谷垂颖，桑麻敷棻。东郊则有通沟大漕，溃渭洞河，泛舟山东，控引淮、湖，与海通波。西郊则有上囿禁苑，林麓薮泽，陂池连乎蜀、汉，缭以周墙，四百余里，离宫别馆，三十六所，神池灵沼，往往而在。其中乃有九真之麟，大宛之马，黄支之犀，条枝之鸟，逾昆仑，越巨海，殊方异类，至三万里。

其宫室也，体象乎天地，经纬乎阴阳，据坤灵之正位，放太、紫之圆方。树中天之华阙，丰冠山之朱堂，因瑰材而究奇，抗应龙之虹梁，列棼橑以布翼，荷栋桴而高骧。雕玉瑱以居楯，裁金璧以饰珰，发五色之渥采，光焰朗以景彰。于是左城右平，重轩三阶，闺房周通，门闼洞开，列钟虡于中庭，立金人于端闱，仍增崖而衡阈，临峻路而启扉。徇以离殿别寝，承以崇台闲馆，焕若列星，紫宫是环。清凉宣温，神仙长年，金华玉堂，白虎麒麟，区宇若兹，不可殚论。增槃业峨，登降炤烂，殊形诡制，每各异观，乘茵步辇，唯所息宴。后宫则有掖庭椒房，后妃之室，合欢增成，安处常宁，迥若椒风，披香发越，兰林蕙草，鸳鸾飞翔之列。昭阳特盛，隆乎孝成，屋不呈材，墙不露形，裛壿以藻绣，络以纶连，随侯明月，错落其间，金釭衔璧，是为列钱；翡翠火齐，流耀含英，悬黎垂棘，夜光在焉。于是玄墀扣切，玉阶彤庭，硻碱采致，琳珉青荧，珊瑚碧树，周阿而生。红罗飒纚，绮组缤纷，精曜华烛，俯仰如神。后宫之号，十有四位，窈窕繁华，更盛迭贵，处乎斯列者，盖以百数。左右廷中，朝堂百僚之位，萧曹魏邴，谋谟乎其上。佐命则垂统，辅翼则成化，流大汉之恺悌，荡亡秦之毒螫。故令斯人扬乐和之声，作画一之歌，功德著于祖宗，膏泽洽于黎庶。又有天禄石渠，典籍之府，命夫谆诲故老，名儒师傅，讲论乎《六艺》，稽合乎同异。又有承明金马，著作之庭，大雅宏达，于兹为群，元元本本，周见洽闻，启发篇章，校理秘文。周以钩陈之位，卫以严更之署，总礼官之甲科，群百郡之廉孝。虎贲赘衣，阍尹阍寺，陛戟百重，各有攸司。周庐千列，徼道绮错。輂路经营，修涂飞阁。自未央而连桂宫，北弥明光而絚长乐，陵墱道而超西墉，混建章而外属，设璧门之凤阙，上枺棱而栖金雀。内则别风之嶕峣，眇丽巧而竦擢，张千门而立万户，顺朋阳以开闾。尔乃正殿崔巍，层构厥高，临乎未央，经骈汤而出馺娑，洞杗诣与天梁，上反宇以盖戴，激日景而纳光。神明郁其特起，遂偃蹇而上跻，轶云雨于太半，虹霓回带于棼楣，虽轻迅与僄狡，犹愕眙而不敢阶。攀井干而未半，目眴转而意迷，舍櫺槛而却倚，若颠坠而复稽，魂怳怳以失度，巡回涂而下低。既惩惧于登望，降周流以彷徨，步甬道以萦纡，又杳窱而不见阳。排飞闼而上出，若游目于天表，似无依而洋洋。前唐中而后太液，揽沧海之汤汤，扬波涛于碣石，激神岳之嶈嶈，滥瀛洲与方壶，蓬莱起乎中央。于是灵草冬荣，神木丛生，岩峻崔崒，金石峥嵘。抗仙掌以承露，擢双立之金茎，轶埃壒之混浊，鲜颢气之清英。骋文成之丕诞，驰五利之所刑，庶松乔之群类，时游从乎斯庭，实列仙之攸馆，匪吾人之所宁。

尔乃盛娱游之壮观，奋大武乎上囿，因兹以威戎夸狄，耀威而讲事。命荆州使起鸟，诏梁野而驱兽，毛群内阗，飞羽上覆，接翼侧足，集禁林而屯聚。水衡虞人，理其营表，种别群分，部曲有署。罘罔连纮，笼山络野，列卒周匝，星罗云布。于是乘舆备法驾，帅群臣，披飞廉，入苑门。遂绕酆鄗，历上兰，六师发逳，百兽骇殚，震震爚爚，雷奔电击，草木涂地，山渊反覆，蹂躏其十二三，乃拗怒而少息。尔乃期门佽飞，列刃钻鍭，要趹追踪，鸟惊触丝，兽骇值锋，机不虚掎，弦不再控，矢不单杀，中必叠双，飑飑纷纷，矰缴相缠，风毛雨血，洒野蔽天。平原赤，勇士厉，猨狖失木，豺狼慑窜。尔乃移师趋险，并蹑潜趄，穷虎奔突，狂兕触蹶。许少施巧，秦成力折，掎僄狡，扼猛噬，脱角挫脰，徒搏独杀。挟师豹，拖熊螭，顿犀犛，曳豪罴，超洞壑，越峻崖，蹶巉岩，巨石隤，松柏仆，丛林摧，草木无余，禽兽殄夷。于是天子乃登属玉之馆，历长杨之榭，览山川之体势，观三军之杀获，原野萧条，目极四裔，禽相镇厌，兽相枕藉。然后收禽会众，论功赐胙，陈轻骑以行炰，腾酒车而斟酌，割鲜野食，举燧命爵。飨赐毕，劳逸齐，大辂鸣鸾，容与诽回，集乎豫章之宇，临乎昆明之池。左牵牛而右织女，似云汉之无崖，茂树荫蔚，芳草被堤，兰茝发色。晔晔猗猗，若摛锦布绣，烛耀乎其陂。玄鹤白鹭，黄鹄鹦鸫，鸧鸹鸨鸨，凫鸥鸿雁，朝发河海，夕宿江汉，沈浮往来，云集雾散。于是后宫乘锐总路，登龙舟，张凤盖，建华旗，祛黼帷，镜清流，靡微风，澹淡浮。櫂女讴，鼓吹震，声激越，噌厉天，鸟群翔，鱼阒渊。招白闲，下双鹄，揄文竿，出比目。抚鸿幢，御矰缴，方舟并骛，俛仰极乐。遂风举云摇，浮游普览，前乘秦领，后越九峻巘，东薄河华，西涉岐雍，宫馆所历，百有余区，行所朝夕，储不改供。礼上下而接山川，究休祐之所用，采游童之欢谣，第从臣之嘉颂。于斯之时，都都相望，邑邑相属，国藉十世之基，家承百年之业，士食旧德之名氏，农服先畴之畎亩，商修族世之所鬻，工用高曾之规矩，粲乎隐隐，各得其所。

若臣者，徒观迹乎旧墟，闻之乎故老，什分而未得其一端，故不能遍举也。"

主人喟然而叹曰："痛乎风俗之移人也！子实秦人，矜夸馆室，保界河山，信识昭襄而知始皇矣，恶睹大汉之云为乎？夫大汉之开原也，旧布衣以登皇极，由数期而创万世，盖六籍所不能谈，前圣靡得而言焉。当此之时，功有横而当天，讨有逆而顺人，故娄敬度势而献其说，萧公权宜以拓其制。时岂泰而安之哉？计不得以已也。吾子曾不是睹，顾耀后嗣之末造，不亦暗乎？今将语子以建武之理，永平之事，监乎太清，以变子之或志。

往者王莽作逆，汉祚中缺，天人致诛，六合相灭。于时之乱，生民几亡，鬼神泯绝、壑无完柩，邦罔遗室，原野猒人之肉，川谷流人之血，秦、项之灾犹不克半，书契已来未之或纪也。故下民号而上愬，上帝怀而降鉴，致命于圣皇。于是圣皇乃握乾符，阐坤珍，披皇图，稽帝文，赫尔发愤，应若兴云，霆发昆阳，凭怒雷震，遂超大河，跨北岳，立号高邑，都建河洛。绍百王之荒屯，因造化之荡涤，体元立制继天而作。系唐统，接汉绪，茂育群生，恢复疆宇，勋兼乎在昔，事勤乎三五。岂特方轨并迹，纷纶后辟，理近古之所务，蹈一圣之险易去尔哉？且夫建武之元，天地革命，四海之内，更造夫妇，肇有父子，君臣初建，人伦实始，斯乃虑羲氏之所以基皇德也。分州土，立市朝，作舟车，造器械，斯轩辕氏之所以开帝功也。龚行天罚，应天顺人，斯乃汤武之所以昭王业也。迁都改邑，有殷宗中兴之则焉；即土之中，有周成隆平之制焉。不阶尺土一人之柄，同符乎高祖。克己复礼，以奉终始，允恭乎孝文。宪章稽古，封岱勒成，仪炳乎世宗。案《六经》而校德，妙古昔而论功，仁圣之事既该，帝王之道备矣。

至于永平之际，重熙而累洽，盛三雍之上仪，修衮龙之法服，敷洪藻，信景铄，扬世庙，正予乐。人神之和允洽，君臣之序既肃。乃动大路，尊皇衢，省方巡狩，穷览万国之有无，考声教之所被，散皇明以烛幽。然后增周旧，修洛邑，翩翩巍巍，显显翼翼，光汉京于诸夏，总八方而为之极。是以皇城之内，宫室光明，阙庭神丽，奢不可逾，俭不能侈。外则因原野以作苑，顺流泉而为沼，发苹藻以潜鱼，丰圃草以毓兽，制同乎梁驺，义合乎灵囿。若乃顺时节而搜狩，简车徒以讲武，则必临之以《王制》，考之以《风雅》。历《驺虞》，览《驷䮸》，嘉《车攻》，采《吉日》，礼官正仪，乘舆乃出。于是发鲸鱼，铿华钟，登玉辂，乘时龙，凤盖飒洒，和鸾玲珑，天官景从，祲威盛容。山灵护野，属御方神，雨师泛洒，风伯清尘，千乘雷起，万骑纷纭，元戎竟野，戈铤彗云，羽旄扫霓，旌旗拂天。焱焱炎炎，扬光飞文，吐焰生风，吹野燎山，日月为之夺明，丘陵为之摇震，遂集乎中囿，陈师案屯，骈部曲，列校队，勒三军，誓将帅。然后举烽伐鼓，以命三驱，轻车霆发，骁骑电骛，游基发射，范氏施御，弦不失禽，辔不诡遇，飞者未及翔，走者未及去。指顾倏忽，获车已实，乐不极般，杀不尽物，马踠余足，士怒未泄，先驱复路，属车案节。于是荐三牺，效五牲，礼神祇，怀百灵，觐明堂，临辟雍，扬缉熙，宣皇风，登灵台，考休征。俯仰乎乾坤，参象乎圣躬，目中夏而布德，瞰四裔而抗棱。西荡河源，东澹海漘，北动幽崖，南跃朱垠。殊方别区，界绝而不邻，自孝武所不能征，孝宣所不能臣，莫不陆詟水慄，奔走而来宾，遂绥哀牢，开永昌，春王三朝，会同汉京。是日也，天子受四海之图籍，膺万国之贡珍，内抚诸夏，外接百蛮。乃盛礼乐供帐，置乎云龙之庭，陈百僚而赞群后，究皇仪而展帝容。于是庭实千品，旨酒万钟，列金罍，班玉觞，嘉珍御，大牢飨。尔乃食举《雍》彻，太师奏乐，陈金石，布丝竹，钟鼓铿锵，管弦晔煜。抗五声，极六律，歌九功，舞八佾，《韶》《武》备，太古毕，四夷闲奏，德广所及，《伶》《侏》《兜离》，罔不具集。万乐备，百礼暨，皇欢浃，群臣醉，降烟煴，调元气，然后撞钟告罢，百僚遂退。

于是圣上睹万方之欢娱，久沐浴乎膏泽，惧其侈心之将萌，而怠于东作也，乃申旧章，下明诏，命有司，班宪度，昭节俭，示大素。去后宫之丽饰，损乘舆之服御，除工商之淫业，兴农桑之上务。遂令海内弃末而反本，背伪而归真，女修织纴，男务耕耘，器用陶匏，服尚素玄，耻纤靡而不服，赋奇丽而不珍，捐金于山，沉珠于渊。于是百姓涤瑕荡秽而镜至清，形神寂漠，耳目不营，嗜欲之原灭，廉正之心生，莫不优游而自得，玉润而金声，是以四海之内，学校如林，庠序盈门，献酬交错，俎豆莘莘，下舞上歌，蹈德咏仁。登降饫宴之礼既毕，因相与嗟叹玄德，说言弘说，咸含和而吐气，颂曰：'盛载乎斯世'！

今论者但知诵虞夏之《书》，咏殷周之《诗》，讲羲、文之《易》，论孔氏之《春秋》，罕能精古今之清浊，究汉德之所由，唯子颇识旧典，又徒驰骋乎末流。温故知新已难，而知德者鲜矣！且夫辟界西戎，险阻四塞，修其防御，孰与处乎土中，平夷洞达，万方辐凑？秦领九嵕，泾渭之川，曷若四渎五岳，带河泝洛，图书之渊？建章甘泉，馆御列仙，孰与灵台明堂，统和天人？太液昆明，鸟兽之囿，曷若辟雍海流，道德之富？游侠逾侈，犯义侵礼，孰与同履法度，翼翼济济也？子徒习秦阿房之造天，而不知京洛之有制也；识函谷之可关，而不知王者之无外也。"

主人之辞未终，西都宾矍然失容，逡巡降阶，慄然意下，捧手欲辞。主人曰："复位，今将喻子五篇之诗。"宾既卒业，乃称曰："美哉乎此诗！义正乎杨雄，事实乎相如，非唯主人之好学，盖乃遭遇乎斯时也。小子狂简，不知所裁，既闻正道，请终身诵之。"其诗曰：

《明堂诗》：于昭明堂，明堂孔阳；圣皇宗祀，穆穆煌煌。上帝宴飨，五位时序；谁其配之，世祖光武。普天率土，各以其职；猗与缉熙，允怀多福。

《辟雍诗》：乃流辟雍，辟雍汤汤；圣皇莅止，造舟为梁。皤皤国老，乃父乃兄；抑抑威仪，孝友光明。于赫太上，示我汉行；鸿化惟神，永观厥成。

《灵台诗》：乃经灵台，灵台既崇；帝勤时登，爰考休征。三光宣精，五行布序；习习祥风，祁祁甘雨。百谷溱溱，庶卉蕃芜；屡惟丰年，于皇乐胥。

《宝鼎诗》：岳修贡兮川效珍，吐金景兮歊浮云。宝鼎见兮色纷缊，焕其炳兮被龙文。登祖庙兮享圣神，昭灵德兮弥亿年。

《白雉诗》：启灵篇兮披瑞图，获白雉兮效素乌。发皓羽兮奋翘英，容絜朗兮于淳精。章皇德兮侔周成，永延长兮膺天庆。

及肃宗雅好文章，固愈得幸。数入读书禁中，或连日继夜。每行巡狩，辄献上赋颂，朝廷有大议，使难问公卿，辩论于前，赏赐恩宠甚渥。固自以二世才术，位不过郎，感东方朔、杨雄自论，以不遭苏、张、范、蔡之时，作《宾戏》以自通焉。后迁玄武司马。天子会诸儒讲论《五经》，作《白虎通德论》，令固撰集其事。

时北单于遣使贡献，求欲和亲，诏问群僚。议者或认为"匈奴变诈之国，无内向之心，徒以畏汉威灵，逼惮南虏，故希望报命，以安其离叛。今若遣使，恐失南虏亲附之欢，而成北狄猜诈之计，不可"。固议曰："窃自惟思，汉兴已来，旷世历年，兵缠夷狄，尤事匈奴。绥御之方，其涂不一，或修文以和之，或用武以征之，或卑下以就之，或臣服而致之。虽屈申无常，所因时异，然未有拒绝弃放，不与交接者也。故自建武之世，复修旧典，数出重使，前后相继，至于其末，始乃暂绝。永平八年，复议通之。而廷争连日，异同纷回，多执其难，少言其易。先帝圣德远览，瞻前顾后，遂复出使，事同前世。以此而推，未有一世阙而不修者也。今乌桓就阙，稽首译官，康居、月氏，自远而至，匈奴离析，名王来降，三方归服，不以兵威，此诚国家通于神明自然之征也。臣愚以为宜依故事，复遣使者，上可继五凤、甘露致远人之会，下不失建武、永平羁縻之义。虏使再来，然后一往，既明中国主在忠信，且知圣朝礼义有常，岂可逆诈示猜，孤其善意乎？绝之未知其利，通之不闻其害。设后北虏稍强，能为风尘，方复求为交通，将何所及？不若因今施惠，为策近长。"

固又作《典引篇》，述叙汉德。以为相如《封禅》，靡而不典，杨雄《美新》，典而不实，盖自谓得其致焉。其辞曰：

太极之原，两仪始分，烟烟煴煴，有沉而奥，有浮而清。沉浮交错，庶类混成。肇命人主，五德初始，同于草昧，玄混之中。喻绳越契，寂寥而亡诏者，《系》不得而缀也。厥有氏号，绍天阐绎者，莫不开元于大昊皇初之首，上哉琼乎，其书犹可得而修也。亚斯之世，通变神化，函光而未曜。

若夫上稽乾则，降承龙翼，而炳诸《典》《谟》，以冠德卓踪者，莫崇乎陶唐。陶唐舍胤而禅有虞，虞亦命夏后，稷契熙载，越成汤武。股肱既周，天乃归功元首，将授汉刘。俾其承三季之荒末，值亢龙之灾孽，悬象暗而恒文乖，彝伦斁而旧章缺。故先命玄圣，使缀学立制，宏亮洪业，表相祖宗，赞扬迪哲，备哉灿烂，真神明之式也。虽前圣皋、夔、衡、旦密勿之辅，此兹褊矣。是以高、光二圣，辰居其域，时至气动，乃龙见渊跃。拊翼而未举，则威灵纷纭，海内云蒸，雷动电燡，胡缤莽分，不莅其诛。然后钦若上下，恭揖群后，正位度宗，有于德不台渊穆之让，靡号师矢敦奋拯之容。盖以膺当天之正统，受克让之归运，蓄炎上之烈精，蕴孔佐之弘陈云尔。

洋洋乎若德，帝者之上仪，诰誓所不及已。铺观二代洪纤之度，其赜可探也。并开迹于一匮，同受侯甸之所服，奕世勤民，以伯方统牧。乘其命赐彤弧黄戚之威，用讨韦、顾、黎、崇之不格。至乎三五华夏，京迁镐毫，遂自北面，虎离其师，革灭天邑。是故义士伟而不敦，《武》称未尽，《护》有惭德，不其然与？然犹于穆猗那，翕纯皦绎，以崇严祖考，殷荐宗祀配帝，发祥流庆，对越天地者，焉奕乎千载。岂不克自神明哉？诞略有常，审言行于篇籍，光藻朗而不渝耳。

矧夫赫赫圣汉，巍巍唐基，泝测其源，乃先孕虞育夏，甄殷陶周，然后宣二祖之重光，袭四宗之缉熙。神灵日烛，光被六幽，仁凤翔乎海表，威灵行于鬼区，慝亡迥而不泯，微胡瑣而不颐。故夫显定三才昭登之绩，匪尧不兴，铺闻遗策在下之训，匪汉不弘。厥道至乎经纬乾坤，出入三光，外运混元，内浸豪芒，性类循理，品物咸亨，其已久矣。

盛哉！皇家帝世，德臣列辟，功君百王，荣镜宇宙，尊无与抗。乃始虔巩劳谦，兢兢业业，贬成抑定，不敢论制作。至令迁正黜色宾监之事焕扬宇内，而礼官儒林屯朋笃论之士而不传祖宗之仿佛，虽去优慎，无乃惪欤！

于是三事岳牧之僚，佥尔而进曰：陛下仰监唐典，中述祖则，府蹈宗轨。躬奉天经，惇睦辩章之化洽。巡靖黎蒸，怀保鳏寡之惠浃。燔瘗县沉，肃祗群神之礼备。是以来仪集羽族于观魏，肉角驯毛宗于外囿，扰缅文皓质于郊，升黄晖采鳞于沼，甘露宵零于丰草，三足轩翥于茂树。若乃嘉谷灵草，奇兽神禽，应图合谍，究祥极瑞者。朝夕坰牧，日月邦畿，卓荤乎方州，羡溢乎要荒。昔姬有素雉、朱乌、玄秬、黄麦之事耳，君臣动色，左右相趋，济济翼翼，峨峨如也。盖用昭明寅畏，承聿怀之福。亦以宠灵文武，贻燕后昆，覆以懿铄，岂其为身而有颛辞也？若然受之，宜亦勤恁旅力，以充厥道，启恭馆之金縢，御东序之秘宝，以流其占。

夫图书亮章，天哲也；孔猷先命，圣孚也；体行德本，正性也；逢吉丁辰，景命也。顺命以创制，定性以和神，答三灵之繁祉，展放唐之明文，兹事体大而允，窹寐次于圣心。瞻前顾后，岂蔑清庙惮救天乎？伊考自邃古，乃降戾爰兹，作者七十有四人，有不俾而假素，罔光度而遗章，今其如台而独阙也！

是时圣上固已垂精游神，包举艺文，屡访群儒，谕咨故老，与之乎斟酌道德之渊源，肴核仁义之林数，以望元符之臻焉。既成群后之谠辞，又悉经五繇之硕虑矣。将绀万嗣，炀洪晖，奇景炎，扇遗风，播芳烈，久而愈新，用而不竭，汪汪乎丕天之大律，其畴能亘之哉？唐哉皇哉，皇哉唐哉！

固后以母丧去官。永元初，大将军窦宪出征匈奴，以固为中护军，与参议。北单于闻汉军出，遣使款居延塞，欲修呼韩邪故事，朝见天子，请大使。宪上遣固行中郎将事，将数百骑与虏使俱出居延塞迎之。会南匈奴掩破北庭，固至私渠海，闻虏中乱，引还。及窦宪败，固先坐免官。

固不教学诸子，诸子多不尊法度，吏人苦之。初，洛阳令种兢尝行，固奴干其车骑，吏椎呼之。奴醉骂，兢大怒，畏宪不敢发，心衔之。及窦氏宾客皆逮考，兢因此捕系固，遂死狱中。时年六十一。诏以谴责兢，抵主者吏罪。

固所著《典引》《宾戏》《应讥》、诗、赋、铭、诔、颂、书、文、记、论、议、六言，在者凡四十一篇。

【译文】

班固字孟坚。他九岁时，就能写文章、诵诗和赋。长大后，逐渐博贯群书，对九流百家的著作，没有不彻底钻研的。他学习没有一定的老师，不为章句之学，只是抓住学问的主要意义而已。他生性宽和容众，不以自己的才能去压制别人，诸位儒生因此而敬慕他。

永平初年，东平王刘苍因为至亲的关系以骠骑将军的名义助理国政，开东阁，延英雄。当时班固正年少，就上书给刘苍说：

将军您以周公、邵公的德行，屹立于本朝，承继了美好明智的策略，建立了威武灵祥的称号，过去是周公（有此殊荣），今天是将军，《诗经》和《尚书》所记载的，没有第三个人有此事了。《传》上说："必有非常之人，然后有非常之事，有非常之事，然后有非常之功。"班固我有幸生在这清明之世，安乐地处在视听范围之外，私下用蝼蚁般短浅的目光，悄悄地观察国政，真诚地赞美将军担负着千载以来的重任，踏着先圣周公的足迹，摆开舒展美好的姿态，雄踞贵宠的地位，博贯一切事务，服膺《六艺》、区分黑白是非，求善无厌，甚至对狂夫的言语也加以选择，不违背对民众的诺言。我看见您新开了幕府，广泛地延揽俊杰，四方的士人，（匆忙归附，）甚至穿颠倒了衣裳。将军应当详细考察唐尧、唐汤对皋陶、伊尹的举荐，让无论远近都不偏废，隐居的一定得到显达，寄希望于总揽贤才，聚集明智，为国得人，使本朝获得安宁。（达到了这一目标，）将军您就可以养志和神，悠游庙堂，光辉的名字在当代传扬，巨大的影响在后代将连绵不尽。

我看原来担任过司空掾的桓梁，是老成博学的读书人，在州里德高望重，已经七十岁了，能够从心所欲，行为不逾越法则，是参与助祭清庙的最佳人选、当代的俊美之士。京兆祭酒晋冯，从小修身，头白了也不改初衷，他好古乐道，默默地坚持，具有古代美好的行为，社会上的人没有赶得上他的。扶风掾李育，通晓经典行为卓著，教授一百个学生，客居在杜陵，住的茅屋，连阶梯也是土造的。京兆、扶风两个郡相继请他为官，因为家贫，他几次都借故有病而辞归了。温故知新，议论通达明晰，遵循廉洁原则，行为和才能都兼备，虽然是前世的名儒，国家所器重的人，没有一个可以和现在的韦贤、平当、孔光、翟方进比的。应当让他们主持考绩，由此而让他们参与更多的事务。京兆督邮郭基，他孝顺的行为在州里很著名，经学方面受到老师同学的赞扬，政务方面的成绩有决然不同于人的效果。如果郭基能到将军身边，让他做您秉笔的僚属，那么进一步他将会如鸿鹄高飞有大用，退一步说他会在危急之时奋不顾身为国像杞梁一样战斗而死。凉州从事王雍，躬行卞严一般的节义，倘若增强礼乐方面的修养，凉州的达官贵人们就没能超过他们的了。古代的周公一举兵就有三国埋怨，说："为什么把我们安排在后面呢。"请将军尽快开府理事，以慰远方。弘农功曹史殷肃，广闻博学，才能绝伦，能够吟诵《诗经》三百篇，奉使对答如流。（韦贤、平当、孔光、翟方进、王雍、殷肃）这六位先生，都有卓越的行为绝代的才能，他们的道德高尚闻名当代，如蒙将军征纳任用，作为将军您的辅佐，这就是孔子感叹山梁的雌雉一样，正遇上了他们的活动的好时候呵。过去卞和献宝，被施加了刖刑；屈原尽忠报国，最终自沉于汨罗江，但和氏璧却千年以后也放射出光芒，屈原的文章万代以后也受到赞赏。但愿将军继续发射照耀细微的光明，发扬周公那种太阳偏西了还来不及吃饭的勤恳精神，屈尊委威，不耻下问，让茫茫尘世之中，永远再没有卞和、屈原那种遗恨。刘苍采纳了班固的意见。

父亲班彪去世以后，班固回到了家乡。班固认为班彪所续的前朝史不详细，就潜心研究，想完成父亲未竟的事业。不久有人上书明帝，告发班固私自改作国史。明帝有诏书下到郡时,逮捕了班固关进京兆府的监狱里。把他家的书也全部拿走了。原先扶风人苏朗造假图谶到处散布流言,关进监狱中死去了。班固的弟弟班超怕班固被郡县里栲问,班固不能自己辩护清楚,就奔赴到京城上书,得到了明帝的召见。班超把班固著作的意图完全向明帝做了说明,而这时候郡里也上书(说明班固著作的本意)。明帝认为班固是奇才,就召他在校书部工作,任命他为兰台令史。班固与前任睢阳令的陈宗、长陵令尹敏、司徒从事孟异共同完成了《世祖本纪》。提升班固为郎官,做典校秘书的工作。他又写了功臣、平林、新市、公孙述等列传、载记共二十八篇,上奏明帝。明帝就让他重新去完成以前他所写的著作。

班固认为汉代继承的是帝尧的气运,在这个基础上建立了皇帝的基业,帝位传到第六位皇帝汉武的时候,史臣司马谈和司马迁就追述皇家的功德,私作本纪,将大汉朝的历史编在百王之末,置于秦朝和项羽之侧,太初年以后的事,又付之阙如不予载录,因此他研究以往的史书,搜集所闻,写成了《汉书》。《汉书》从汉高祖写起,到汉平帝之世及王莽被诛杀结束,共十二世,二百三十年,全书条理行事,依靠并贯彻《五经》,上下博通,写了如《春秋》经一样形式的帝纪、表、志、传一共一百篇。班固自永平年代中期受诏,潜精积思二十年,到建初年才完成。当时的人很重视他写的书,学者没有不诵读的。

班固自从为郎官以后,渐渐得到皇上的亲近。当时京师建造宫室,疏通城壕,而关中父老还是盼望朝廷西顾。班固有感于前代司马相如、吾丘寿王、东方朔之流创作文章,归结到讽劝,于是给皇上献上了《两都赋》。他在文中盛赞洛阳宫室制度的完美,以此来驳斥西宾主张淫侈的理论,《两都赋》是这样的:

有西都来的宾客问东都主人说:"我仿佛听说过大汉最初经营的时候,曾经打算建都洛阳。因为那里不安稳所以才没有在洛阳建都,为了寻求一个合适的地方,于是西迁,建筑成大汉的首都。请问主人听说过其中的原因并且看见建都的制度吗?"东都主人说:"我没有听说过也没看见过。请贵客启怀旧的蓄念,发思古之幽情,让我把广博无边的皇道阐述一番,把宏伟的大汉都城描绘一二。"宾客说:"好吧,好吧。"

班固《两都赋》序

大汉的西都,位于雍州之地,名叫长安。险要的函谷关、崤山雄踞它的左侧,大华山、终南山是它的屏障。褒斜谷、陇首山位于它的右侧,连带着黄河、泾水和渭水。这里的草木,是九州之中最茂盛的;可作为防御的险阻,是天下最深不可测的。所以长安由西向东可以控制四方上下,因此才成为了周朝、秦朝、汉朝的京都。周朝是因为龙而兴起的,秦朝是以猛虎般的暴力成就的。到了大汉朝受了天命而建都在这里,仰观五星聚于东井的祥瑞,俯合《河图》所显示的神灵,娄敬立议,张良实施,天人合应,激发了高祖,于是神驰入关,在长安兴建京城。于是望秦岭,视北阜,傍酆水和霸水,倚靠龙首山,策划亿万年皇帝的基业，确定宏伟的规模而大兴土木，从高祖肇始终于平帝，世代增建、雕饰让它更加壮丽，经历了十二位皇上的努力，所以长安显得穷奢而极侈。坚固的城墙高万丈，扩大的水池成了深渊，铺了三条宽阔的道路，建立了十二道城门。城内街道四通八达，居民住宅区的大门不下千数，九个集市开市，货物整齐地摆放道边，人们来不及细看，车子不能够调头，来往的人们充满了城郭，市场旁边邸舍连着邸舍，尘土高高地扬起，烟雾与云霞相连。这时候长安既庶且富，快乐得没有边际，都人士女，和五方的其他人有显著的差别；在长安的游士都像公侯一样，卖货的女子比大国女子还奢侈。乡曲豪俊游侠英雄，仰慕平原君、孟尝君的气节、名声压过了春申君和信陵君，广为结交朋友，在长安城中奔走不暇。

如果我们到长安的四郊看看，到它邻近的县邑去游览游览，那就可以南望杜陵和霸陵，北眺长陵、安陵、阳陵、茂陵、平陵等五陵，名都所对的城郭，这些县邑里住着的人都与京城中的人相关。这里是产生英雄俊杰的地方，许多当大官的人从这里兴起，产生过七个丞相五个公，真是冠盖如云！把这些地方让给州郡的豪杰居住，让它成为如同洛阳、邯郸、临淄、宛城、成都等五都一样的商业中心，选三等人七次迁徙，扩充陵邑，是为了强干弱枝，繁荣皇都而俯视万国。在京畿之内，沃野千里，超绝中国，兼有各地的出产。在长安南面有蔽天的崇山，幽深的树林深谷，埋藏着陆地和海中的珍宝，蓝田有美玉，商县及上洛在山曲之中，鄠县和林县枕着南山的山麓，山泉灌溉着庄稼，池塘星罗棋布，到处是一片片的竹林果园、芳草甘木，郊区田野的富裕，号称与巴蜀相近。长安的北边有高峻的九嵕山，陪伴它的有甘泉山，有灵宫在其中耸立。这些都是秦、汉时代最为壮观的景象，引起过王褒和扬雄的颂叹，从那时候起就流传至今。在九嵕山和甘泉山下有郑国渠和白渠所滋养的沃野，是衣食的来源。天子畿内的五万井，疆界如丝织物的花纹般向四方延伸，沟洫和田畦交错如镂。原隰如像龙鳞，打开水渠就如同降雨，农夫扛起锸就仿佛是一片片的云彩，五谷的穗都垂着头，茂盛的桑麻铺满了大地。在长安的东郊则有交通天下的水路，沟通渭水和黄河，打开黄河又与江、淮相连，舟船可以直通山东，水道可以引来淮河、洪泽湖的物产，长安的东面就通过黄河与大海的波涛连通了。长安的西面则有皇上的林苑，山麓的林木、畦地、池塘，与巴蜀、汉中相连，有围墙将它们绕围起来，共有四百余里长，其中有离宫别馆，共三十六所，神池和灵沼，就在这些离宫别馆之间。在离宫别馆里，有九真郡所献的麟，由大宛得来的马，黄支所贡的犀，条支送来的鸟，它们越过昆仑山，渡过大海，各方的奇珍异类都不远千里而来，最远的来自三万里之外。

长安的宫室建筑，布局如像天地，按照阴阳安排，依据坤灵定正位，模仿太微星座的方正，紫宫星座的圆形。耸立起中天华美的门阙，扩建了山上的红色庙堂，用珍贵的材料穷尽奇妙，驾起如应龙、长虹般的曲梁，排列起椽子覆盖屋顶，用粗大的栋把它们支撑起来。雕刻玉石作为柱基，剪裁金玉装饰瓦珰，它们闪射着五色，在阳光的照耀下更加光彩夺目。于是就在堂屋的左右阶上铺砖，两层地板三层阶，修建小门让各部分相互沟通，敞开大门，在中庭悬挂起大钟，在宫殿的正门排列起金人，为了增加障碍而横起门槛，在险峻的路上安置了门扉。在宫殿周围建立起了离宫别寝，附设有高台闲馆，光辉灿烂如同星星环绕着紫微宫一样。清凉殿、宣室殿、中温室殿、神仙殿、长年殿、金华殿、大玉堂殿、白虎殿、麒麟殿，范围如此之大，就不可能都一一详说了。盘曲伟峨，上下璀璨，殊形诡制，每一座殿宇都不相同，皇上坐着褥子垫着的辇上，到这些地方去休息宴饮。后宫住的地方有掖庭、椒房，后妃住的地方有合欢、增成、安宁、常宁、迥若、椒风、披香、发越、兰林、蕙草、鸳鸯、飞翔等室。其中以昭阳殿特别繁盛，在孝成帝时最为兴隆，它的建构材料不外露，墙不显现出形状，都用绣花的丝织品包裹青丝绶带缠绕着，随侯所得的珍宝，错落其间；黄金做釭上镶嵌着玉璧，像钱一样罗列着；翡翠和明珠，流动着光辉，像悬黎和垂棘那样的宝珠，在夜里也闪耀着光芒。这个宫殿的地上用黑漆涂刷、次等的玉石砌成，硬石和碱石文理细密，琳石和珉石含着柔和的光，珊瑚做成的假树，植立殿曲。穿红衣的侍女垂着长袖，有花纹的绶带随风飘舞，精美的装饰闪闪烁烁，时俯时仰恍若神女一样。后宫的名号，有十四等，幽娴美丽，一个比一个显贵，处在这个序列中的，大约有数百人。在朝廷的左右，是百官的朝位，萧何、曹参、魏相、丙吉等丞相，在那里谋划。他们佐助帝命就建立大业，辅翼皇上就完成教化，大汉的欢乐和平易的政治从这里流布全国，亡秦的毒螫在这里遭到涤荡。所以人们扬起和谐的音乐，创作出了"划一"的歌曲，功德归于祖宗，恩泽施于黎庶。又有天禄阁、石渠阁，是收藏典籍的地方，任命谆谆诲人不倦的老人、有名的儒学大师，在这里讲论《六艺》，探讨各种学说。又有承明和金马门，是著作的场所，高雅君子和宏达的士人，在这里聚集，原原本本地将他们广博的见闻写出来，阐发以往文章的思想，校理秘府所藏的书籍。周围有紫微星座的外星似的位置，有夜以继日的官署守卫着，它们总管着礼官所司的考试大权，集合着天下百郡的孝廉。虎贲、赘衣、阍尹、阁寺，一层又一层的执戟之士，都各有职责。宿卫的数千房屋环绕宫殿，传徼的道路纵横交错。皇上的辇路，长长地伸向远方，两旁时时闪现出台阁。它把未央宫和桂宫联结起来，北面通向明光宫和长乐宫，登上陛级越过西城，把建章宫又联结起来，在那里设置了凤阙的璧门，在殿堂的最高处栖息着金雀。建章宫内有高高的别风阙，华丽奇巧拔地而起，设立了千门万户，依照晨昏阴阳而开闭。这里的前殿巍峨，重叠高耸，俯视未央宫，经过骀荡殿而出驳娑殿，穿过枍诣殿与天梁殿，看见的都是飞檐盖顶，阳光把它们的影子投映在殿内。神明台在葱郁的林中耸立，指向蓝天像是还在上升一样，积雨云只是飘浮在它的半高处，彩虹在它的梁栋间回旋，虽然使人感到轻松飘飘欲仙，还是因为它太高心中惊诧而不敢上登。攀上井干楼还不到一半的地方，就使人头昏目眩，倘不再倚扶楼上的栏杆，就像是从高处落下来又暂时停住了一般，神魂飘浮没有归宿，只好顺着上来的路而下去。既然害怕登高远望，下来之后就在周围徜徉，踏上弯弯曲曲的甬道，又被深深的林荫所吞没见不到阳光。打开楼阁上的门走出来，就像放目天外，人仿佛无依无靠不知所归。前面是唐中后面是太掖池，包容了大海的广阔，好像这里滚动着碣石的波涛，激荡着海中神山的云雾，瀛洲和方壶山都被云埋雾葬了，只有蓬莱山还耸立在中央。在这里灵草在冬天也长得很茂盛，神木密密麻麻，高大挺拔，闪着金光的石头峥嵘排列。在这里挺立着（武帝所立的）仙人掌承受着甘露，支撑它的是两根闪闪发光的铜柱，它远离了尘埃的混浊，搜集着大气的精华。它们尽情地显示着文成将军李少翁的荒诞，体现出五利将军栾大的方法，差不多与神农时的雨师赤松子和周灵王时的王子乔同一类型的人，时常跟从皇上在这里游览，实在是各位神仙美好的处所，而不是我们这种凡人所休憩的地方。

在这里洋溢着娱乐游览的壮观景象，振奋人的射御在上苑展开，用这些活动来威慑戎狄，讲习武事而耀武扬威。命令荆州进贡鸟，下诏梁地的山野捕来了兽，把兽群安顿在苑囿之中，让百鸟在空中翱翔，鸟儿翅膀接着翅膀遮天蔽日，野兽太多连脚也难以安插，都集中在森林中聚居。水衡和虞人，管理着这里的事务，区分鸟兽的种类，各种工作人员都属于相应的机构。捕兽的网结一个连着一个，笼山罩野；列队的军士密密围了一个圈，仿佛星罗云布。于是皇上起驾，率领着群臣，经过飞廉馆，进入上林苑的大门。这样，他们绕过酆、镐，经上兰观，军队一齐展开，百兽惊惧，冲突奔走，犹如雷奔电激，踏平了草木，震动着山渊，杀射了十分之二三的野兽，才暂且抑制军队的怒气而稍做休息。这些军士都是期门、佽飞，他们或手持刀枪或挎着弓箭，跟着奔逃的鸟兽追赶，使惊慌的鸟儿投入了罗网，恐惧的野兽遇上了锋芒。他们的弩机绝不虚发，弓弦绝不拉第二次，箭没有只射中一个目标的，必然射中一双，鸟儿纷纷坠落，箭尾系的丝绳与箭相互纠缠，羽毛飘飞鸟血如雨，洒满了山野遮住了天空。平原被染红了，勇士的斗志仍然旺盛，猿和狖被吓得离开了树木，犳狼害怕得只好逃窜。这时候皇上就移师向险要处逼近，并踏入榛芜之林，被紧逼的猛虎东奔西突，疯狂的兕跳起来用角乱顶。军士像许少一样施用巧计，像秦成一样有力量使野兽折服，抓住较小的，捉住凶猛的，折断了它们的角，扭断了它们的脖子，空手与它们搏斗而将它们扼杀。于是挟着小豹，拖着熊，拉着犀，曳着罴，跨过了回转的沟壑，越过悬崖，跳过巉岩，巨大的岩石粉碎了，松柏倒下了，丛林毁坏了，草木没有了生机，禽兽也都被杀尽了。于是天子就登上属玉观，走上长杨宫的台榭，观览山川的景象，看三军杀死和生擒的鸟兽，萧条的原野上，极目四望，只见被射死的飞禽层层叠压，野兽纵横相枕。然后收拾飞禽会合众人，论功行赏，轻骑列队以颁发带毛的肉，酒车来往而供应斟酌，割下鲜美的野味在野外烹食，举着火把应命捧杯。赏赐、宴会结束后，劳与逸得以均和，于是皇上的大辂车鸣着金铃，从容地回旋于山野，又至豫章观里集会，而对着昆明池。（昆明池中亭亭玉立着两个石像，）左边是牵牛，右边是织女，池水像天河一样广阔无边，周围茂密的树叶罩下清凉的绿荫。芳香的草覆盖着池堤，兰草和迴草透出润泽，茂盛婆娑，如像展开的锦缎铺开的彩绣，倒映在池水之中。黑鹤白鹭，黄鹄、鱼鸡、鹔雀、鸧鸹、鸧鸹、鶂鶂、凫鹥、鸿雁，清晨从黄河入海处出发，黄昏时就到了长江、汉水住宿，沉浮往来，仿佛是云集雾散一般。这时候，后宫嫔妃就坐着卧车，登上龙舟，张开凤盖，竖起彩旗，拉上黼纹的帷幕，以清澈的池水为镜，沐浴着微风，让淡雅的裙衫随飞飘舞。划船的少女唱起了歌，伴奏的音乐跟着响了起来，声音高昂激越，在天空回荡，引来了鸟群翱翔，鱼儿在水中偷看。举起弓箭，射下两只鹄；伸出翠羽为饰的鱼竿，钓上一条比目鱼。手抚船楼粗大的支柱，身挎弓矢，两只船在池中急驶，极尽俯仰的快乐。乘风破浪乱了水中的云彩，信舟观览，向前可以越过秦岭，向后可越过九嵕山，向东可以靠近黄河、华山，向西可以跋涉到岐山、雍县，所经过的宫馆，有一百多处，朝夕停留的地方，都提供一样的供给。祭祀天地山神，探究用什么东西才能得到保佑，采集游童欢乐的歌谣，评赏从臣的颂歌。在这个时候，都市与都市相望，城邑连着城邑，国家有十世雄厚基础，家庭继承着百年以来的事业，士人靠先辈的德行名声为食，农夫耕种着先人的田地，商人经营着祖辈所从事的行业，工人使用着曾祖所用过的工具，时代的光辉就来自于这隐隐约约的继承之甲，使社会成员都能各得其所。

像我这样的人，只不过是从旧墟中观察，听老人们述说，那时的情况我知道的连十分之一也不到，所以不能全部描述出来。

东都主人又喟然叹息说："社会风气使人发生变化太令人痛心了！先生确实是秦人，矜夸馆室，守河山之险自以为界，熟知秦昭王、襄王和始皇帝，哪里看见大汉的兴起呢？大汉开始的时候，是依靠布衣的奋斗而登上皇帝之位的，争战数年而开创了万代的基业，大概这种事在《六经》中都没谈到过，前代的圣人都没说过的。那个时候，汉高祖功劳显赫天象也有显示，讨伐叛逆顺应了民心，所以娄敬从形势考虑而向高祖说明了自己的看法，萧何权衡利益而创造了建都的制度。当时难道是为了奢泰而苟安吗？是不得已而为之呵。我的先生您看不见这些，反而炫耀后嗣子孙末代所建造的东西，不是太不明白了吗？现在我要告诉您光武帝建武年间的情理，明帝永平年间的事情，以无为为镜，这样来改变您的不同看法。

过去王莽逆乱，汉朝的国运中断了，天人共诛，全国相灭。那时候的动乱，民众几乎都要死去，鬼神都快泯绝了，山谷里没有完整的灵枢，外城没有留下的房屋，原野饮食人肉，川谷流淌着人血，秦朝和项羽造成的灾害还不到它的一半，有文字记载以来都没有这样的记载。因此下民哭号乞求上天，上帝悯怜百姓而下视四海，授命给光武帝。于是光武帝手执上天之命符，讲解祥瑞，披露图纬之文，考察上帝的文书，赫然发愤，天下响应如云涌动，迅雷滚过昆阳，盛怒震动天地。这样光武帝渡过了黄河，占据了北岳，即位于高邑，建都于洛阳。他承负了百王以来的大难，靠天地而荡污涤垢，从头开始建立制度，按照天意而大肆兴作。东汉继承了唐尧的统序，接续了西汉的事业，繁衍教育民众，恢复疆土，勋功是以往时代的总和，做事比三皇五帝更辛勤。难道光武帝仅仅是重新一统了天下，杂糅了百王的优点，从事近古以来所从事的事务，而陷在过去一个圣王所遇到的理乱形势之中吗？而且建武初年，大地发生了变革，四海之内，夫妇重新组合，开始有了正常的父子关系，君臣的关系初步建立，人伦的观念实际上才重新开始，这就像宓羲氏为皇时所凭借的社会情况一样。光武帝分州土，立市朝，作舟车，造器械，这就像轩辕氏建立帝业时所做的贡献一样。光武帝躬行天罚，应天顺人，这就像商汤和周武王光大帝王的大业一样。改城迁都，这是有殷代的盘庚为榜样；就天下之中，有周成王兴盛隆平时的制度可作遵循。光武帝没有借助尺土之封，一人之权，和汉高祖一样。克己复礼，始终遵循这个原则，光武帝同汉文帝一样。光武帝以古代圣王为法则，封泰山并勒石记功，其礼仪发扬了武帝时的制度。按照《六经》来检查自己的德行，颂扬过去的圣德而论评功勋，仁者圣人所做的事已经全都做完，帝王应该有的原则就具备了。

至于永平年间，在社会安定、政治清明的基础上，在明堂、辟雍、灵台这三处举行了盛大的皇家仪式，制订了新的服饰制度，发布了诏书，申明了美好的前景，为光武帝上尊号叫代祖，依照谶文改"大乐"为"大予乐"。人和神的关系融洽了，君臣的尊卑得到了严肃。于是启动了皇帝的专用车大路，沿着驰道，巡视各地，调查各国的物产，考察汉朝声教的覆盖面，让皇上的光明照亮那些幽暗的地方。然后在周代已有建筑的基础上扩建，修整洛阳，把它变得雄伟壮丽，繁华端庄，让汉朝的京城在中国闪射出光辉，从中央总揽四面八方。这样一来，皇城之内的宫室就宽敞明亮，门阙高大庭院秀丽，奢侈并没超过限度，节俭也并不过分。城外则将就原野修建了苑囿，顺引流泉而挖了水池，培养了浮萍、水藻让鱼深藏，种植了茂盛的草类而养育野兽，制度与古代梁邹那样的天子之田相同，道义与周文王的灵囿一样。如果遇上按时节举行的军事检阅和狩猎，率领战车步卒讲习武事，就必定按《王制》所规定的办事，用《风》《雅》的诗句作为检查的根据。看过《驺虞》诗，览毕《四牡》诗，赞扬了《车攻》诗，采撷了《吉日》诗，礼官进行完所有的仪式，皇上才乘车出发。这时推动了鲸鱼形的杵，撞击黄钟，登上了玉车，驾起高大的马，张开潇洒的风盖，銮铃叮当作响，百官跟从，一派威武盛大的景象。山神在野外守护，嘱托四方之神共同防御，雨师在路上洒了水，风伯清扫了尘埃，千乘像雷霆一样涌起，万骑浩浩荡荡，战车在原野上竞相奔驰，戈矛拔开了云层，帽顶上的毛羽扫荡着天空的虹霓，旌旗把天空都遮满了。光芒闪烁，五彩斑斓，像狂风卷裹着火焰，燃遍了原野山峦，日月都失去了光明，丘陵为之摇撼。于是在囿中集结，三军排列整齐，部曲的小方阵组成了校尉的大方阵，整理队伍，让将帅们誓师。然后举起烽火击打战鼓，行了三驱之礼，轻车就像雷霆一样迅疾，骁骑犹如闪电一样划过，跟养由基一样的神射手发射出了箭矢，跟赵简子的御车范氏一样的人驾着车，开了弓就不会射不着禽，驾车绝有不符合礼，飞的东西来不及飞起，跑的东西来不及离去。指顾之间，装猎物的车已经填满了，欢乐并不过分，杀伤并不绝尽，马尚有余力，士卒的怒气还未完全发泄，先锋队已经踏上了归途，跟随的车子已经缓缓起程。于是用三牲祭天地宗庙，用五牲祭天，礼拜天神地神，缅怀诸神，诸侯们在明堂朝见，降临辟雍，传播光明，宣扬皇风，登上灵台，考察美好德行的征验。仰观天俯察地，参考天子，按照中国的状况而布施惠德，依据四夷的情况而加威。涤荡了西面的黄河源头，廓清了东面的深海，震动了北方的幽山深谷，越过了南方红色的界线。各方的不同区域，远在边界之外的国家，汉武帝所不能征讨的，汉宣帝所不能使之臣服的，不管是陆地和水中的国家莫不感到害怕，急忙赶来宾服。于是云南的哀牢安定了，永昌得到了开发，春天正月初一，各地的王都前来朝见，在汉朝的京城会合。在这一天，天子接受四海之内的文书，接纳万国所贡的珍品，对内抚慰中国，对外接交诸蛮。就在帷帷中陈列盛大的乐队、礼器，安置在云龙门的庭院中，文武百官排列整齐后再请诸王侯，举行皇帝的仪式而展示皇上的风采。这时候，庭中堆满了千百种东西，一杯又一杯的甜酒，金杯玉盏错综排开，桌上摆着八珍食品，堆着牛、羊、猪肉。在这里吃完饭后歌唱《诗经》中的《雍》，太师奏乐，金石之类的打击乐一字儿排开，丝竹之类的弦乐有条有理地布置，钟、鼓铿锵，管弦和鸣。宫、商、角、徵、羽五声高扬，极尽黄钟、太蔟、姑洗、蕤宾、夷则、无射六律之妙，歌颂金、木、水、火、土、谷、正德、利用、厚生九功，跳起《八佾》舞，尧舜的《韶》、周武王的《武》乐都演奏到了，远古的音乐也都完全得以展示。四夷的音乐作为间奏，汉朝的恩德所施及的地方，北方的《伶》、东方的《佅》、西方的《兜离》等音乐，没有不具备的。千万种音乐都演奏完了，一百种仪礼都进行完毕，皇上欣然自得，群臣都醉了，天降下了祥和阴阳二气，调和了人的精神，然后撞钟宣告宴会结束，文武百官于是退下。

这时候圣明的皇上看见了四面八方的欢娱景象，（他们）长期沐浴着大汉的恩泽，害怕他们将萌动侈惰之心，而荒怠了耕作，就重申旧的典章，下达圣明的诏书，命各主管部门，颁布规定，明确节俭的要求，说明节俭的重要性。皇上去掉了后宫华丽的装饰，减少了自己车乘的御者，清除了多余的工商业，兴盛农垦这一首要的事业。这样一来就使得海内各地的人都弃末而反本，背伪而归真了。女人学习纺织缝纫，男人从事耕耘，用具使用陶器，衣服穿白、黑色，以穿纤巧华靡的衣服为耻而不穿（这种衣服），以奇特美丽为低贱而不看重（这些东西），把金子抛弃到山里，把宝珠扔进深渊。这样一来，百姓们洗心革面镜子就自然照不出瑕秽，形与神都安定下来，耳朵和眼睛都不寻求新鲜的东西，过分欲望产生的根本原因消灭了，廉正之心就产生了，没有不悠哉游哉自得其乐，面色发出仁者玉一般地光润，声音都似有德者那样清朗。所以四海之内，郡国、县道的学校如林，乡村的小学学生盈门，大家相互不断劝酒，盛置肉的几、盘摆得到处都是，下面跳着舞，上面唱着歌，歌唱舞蹈德和仁。出席私宴的礼节，进行完毕之后，就相互感叹自然无为的素质，美好的言辞宏大的道理，都充满了平和而流露出满足，歌颂说"繁荣昌盛呵这个时代"！

现在议论的人只知道诵读虞夏时代的《尚书》，吟咏殷周时代的《诗经》，讲解伏羲、文王的《易经》，论说孔子的《春秋》，很少能通古今的善恶，了解大汉朝德行的来由。只有先生您颇理解过去的典章，但又徒然在诸子之间驰骋。温故知新已经是很难的事，而能够知道德行的人就更少了！而且远远地以西戎为界。四面都有险阻，修构四面的山关，哪里比得过处在国土的中间，平坦洞达，万方如辐之凑于毂呢？秦岭、九峻山、泾水和渭水这样的河山，哪里能比得上长江、黄河、淮河、济水四渎和泰山、衡山、华山、恒山、嵩山五岳，以黄河为带溯洛水而处，是出"图"和"书"的水渊呢？建章宫、甘泉宫，设台进御诸仙，哪一个能比过灵台、明堂那样统和天人呢？太掖池、昆明池，充满鸟兽的苑囿，哪里像广阔的陆地面临大海，那样的富有道德呢？游侠奢侈，犯义侵礼，哪里比得上都遵守法度，恭恭敬敬、互尊自重呢？先生徒然晓得秦朝的阿房宫高入云天，而不知东京洛阳已有建都的规模；只知道函谷可以立关，而不知为王的人是不分内外的。"

东都主人的话还没说完，西都宾惊奇地望着东都主人连脸色都变了。他徘徊下阶，恐惧得没有生气，拱起手想说点什么。东都主人说："请您回到座位上坐下呢。现在我将告诉您五篇诗歌。"

西都宾听完了这五篇诗作，就称赞说："真美啊这些诗！它们的含义比杨雄的赋更合乎道义，比司马相如的赋更符合事实，这不仅得力于东都主人您的好学，大约也是因为遇上了这个时代吧。我太粗陋薄学，不知道怎样正确地判断是非，既然听到了先生你听说的正确的道义，请允许我终身吟诵这些诗篇。"这些诗篇是：

《明堂诗》："光辉的时堂，明堂宽敞明亮；它是神圣的祭祀的地方，庄严肃穆灿烂辉煌。上帝在这里享宴，五帝在这里按方位享受祭祀，谁人来配祭？他就是世祖光武帝。普天之下率土之滨，都各人按照自己的身份前来助祭；美好恭敬熙熙攘攘，求来了大福大吉。"

《辟雍诗》："在辟雍中荡舟，辟雍中的水欢快地跳荡；神圣的皇上莅临这里，用船架起了浮桥。白发苍苍的老人，皇上都把他们看成自己的父兄；堂堂皇上的威仪，孝敬友待他们，这种行为真是磊落光明。上古立德的贤圣之人呵，你们的德行在我们汉朝得到了贯彻遵行；改造这个世界只有依靠神灵的威力，永远显示着这些伟大的成就。"

《灵台诗》:"策划建筑灵台,把它建筑得又大又高。皇上勤劳按时登临,在这里考察美好的征验,日月星辰洒下了光明,阴阳五行合恰地运行;清风习习,细雨飘洒。百谷茁壮,庄稼繁茂;连年丰收,皇上真是有才有智!"

《宝鼎诗》:"三山五岳都准备贡献啊河川献出了珍宝,吐射出金光啊映照着天上的浮云。宝鼎出现在人世间呵色彩斑斓陆离,闪耀着光芒呵通体雕刻的龙纹。安置在祖庙的宝鼎啊享受着神圣的祭祀,发扬光大神灵的威德啊亿万年。"

《白雉诗》:"开启了《洛书》呵打开了祥瑞的《河图》,获得了白雉啊献出了素鸟。展开了洁白的翅膀呵翘尾奋飞,体态明洁呵精深神清。宣扬皇上的德行呵跟当年周成王一样,永远保有天下啊享受上天的庆祝。"

后来遇上了爱好文章的汉章帝,班固就更加得到宠信,多次到皇宫中给皇上读书,有时候甚至连续几天几夜。每次皇上巡视外地,他就献上赋、颂。朝廷有重大的事情议论,皇上让他诘问公卿,在皇上面前展开辩论,对班固的赏赐恩宠很厚。班固自以为有两代人的学问才识积累,而官位超不过郎官,对东方朔、杨雄对自己的议论很有感触,悔恨自己没遇上苏秦、张仪、范雎、蔡泽所处的时代,于是作了《宾戏》以自荐。后来升任班固做了玄武门的司马官。皇上与诸儒生讲论《五经》,班固作了《白虎通德论》,皇上又命令他把当时时论的情况撰写成文。

当时北单于派遣使臣前来贡献,请求与汉朝和亲,皇上诏问群臣。议论的人有的认为:"匈奴是善于欺骗狡猾的国家,没有归服汉朝的心意,只是畏惧汉朝的威望,被南匈奴追逼,所以希望汉朝回访(借助汉朝)来安定他们众叛亲离的局面。现在我们如派遣使臣前去,恐怕会失去南匈奴亲附我们的友好,而助成了北匈奴(狐假虎威)的奸诈之计,不能与北匈奴和亲。"班固议论说:"我个人考虑,自从汉朝兴起以来,旷世历年,军事上都与夷狄纠缠,尤其是与匈奴之间的事最多。安抚、防御的方法,手段不一样,或者用政治手段与他们讲和,或者用武力征讨他们,或者卑下地迁就他们,或者他们臣服汉朝。虽然屈伸没有一定的情况,原因因时而异,但是没有拒绝与他们的往来而放任他们、不与他们交接的。所以自从光武一朝开始,就重新整顿原有的典制,多次派出使者,以至使者前后相继,一直到光武帝后期,才开始暂时地断绝了与他们之间的关系。永平八年,又重新议论与他们通好。当时在朝廷上争论了好几天,不同意见杂然纷呈,多持与匈奴通好困难的意见,很少说与他们结好的容易的一方面。先帝(汉明帝)圣明,高瞻远瞩,于是又派出使者,与匈奴的关系恢复到跟从前一样了。以此推知,没有一世放弃而不发展与匈奴关系的。现在乌桓国来朝,向翻译官稽首;康居、月氏,自远而来;匈奴分崩离析;有名的国王来降服,(西、北、南)三主的人都前来归服,都是在没有使用武力的情况下出现了,这实在是国家与神相交通的自然的征验呵。臣愚蠢地认为应该依照过去的成例,再派使者去匈奴,这样从远处说可以继承五凤、甘露年间接待远方归服之人的精神,从近处讲不抛弃建武、永平年间实行羁縻政策的意义。外族使者来两次,我们派使者去一次,既可以说明中国是以忠、信为主的,又可以使他们知道圣明的汉朝礼义是有一定的,岂可叛背、狡猾、辜负了我们的好意呢? 不与匈奴往来我不知道有什么好处,与他们通好我没有听说什么害处。假若北匈奴稍微强大,能够兴风作浪,那时候再寻求与他们通好,哪里来得及呢? 不如借助现在的情势施予恩惠，从眼前和长远来制订对待他们的策略。"

班固又做了《典引篇》，叙述汉朝的德属继承。他认为司马相如的《封禅赋》，文字虽然绮丽但体裁没有什么根据，杨雄的《美新赋》，文体虽然有所根据但事实虚伪，大约是他自己以为达到了各方面的最高成就。《典引篇》说：

混沌之气处于原始状况，阴阳就开始划分出来了，阴阳之气升腾缭绕，有的下沉而变得混浊，有的上浮而变得清新。下沉的和上浮的相互交错，就形成了万物。于是才开始任命天子，（木、火、金、土、水）五德才开始运行，都是处于草创暧昧的状态，处在幽玄混沌之中。结绳记事和有文字记载之前，寂寥而无文诰，是因为《易·系辞》不可能得到以留传下来。那时候有氏号，继天开陈于后，莫不以太昊（庖羲氏）为帝王的开端，所以关于遥远的上古的书籍，还是可以进行修纂的。黄帝以后的时代，虽通变神化，（但因缺乏记载，所以）蕴涵的光辉还没被宣扬开来。

假若从上稽考天的原则，往下根据稷、契等为尧的羽翼的事实，从《尧典》《皋陶谟》看，为道德之冠首，踪迹之卓异者，没有比陶唐氏更高的了。陶唐舍其胤子丹朱而禅让给有虞氏，有虞氏也舍其子商均而禅让给夏禹，稷、契在尧、舜之朝广立事功。于是成就了其子孙汤，武的事业。他们重大的影响支持了周朝的事业，上天于是归功尧，又将授刘汉以帝位。上天使刘汉皇朝继承三王的丧败，把它置于《易》上所说的"亢龙有悔"的灾难之中，日月暗淡无光运行失常，美好的伦理衰落而原有的典章制度缺乏。所以上天先就命令玄圣孔子，让他辍学而为汉家建立法制，发扬信义光大事业，表彰刘家的祖宗，赞扬蹈履哲智之君，一切都具备了显得那么光辉灿烂，真是神明所制定的法则呵。虽然皋陶、夔、伊尹、周公等缜密的辅佐，比起孔子来都算不上什么了。所以高祖、光武帝二位圣明的皇上，像北斗星一样居于自己的位置，高祖聚彤云于砀山，光武发佳气于白水。（高祖、光武帝）像雄鸡一样还未振翅，天下英雄就纷纷而起，海内就云蒸霞涌，雷鸣电闪，胡亥自缢、干莽就被杀死了，高祖、光武帝甚至用不着亲自动手。然后他们敬顺天地，礼待诸侯，在即帝位之前，都有己德不能嗣成帝功的谦言，有此渊深穆敬的礼让，而没有号令陈师、敦迫奋武麾旌的态度。这原因就是：汉朝是理所当然的正统，接受了尧的归运，蓄积了火德的精气，蕴藏着孔子这位辅佐光明正大的期望。

大汉朝如此的美德，可以说是五帝时代最光辉的模范，是用不着使用诰和誓的。遍观殷、周二代大大小小的法度，其幽深是可以探知的。他们都从一小块地方发迹，同受侯、甸的封号为诸侯，重世勤民，以方伯身份统领州牧。他们凭借受命得赐赤弓和黄金装饰的斧的威势，讨伐韦、顾、黎、崇等国不来朝的逆行。华夏经多次变动，周武王迁都于镐、商汤迁都于亳，于是以臣下身份，调动如虎、螭般勇猛的军队，破灭了天子之都。所以义士对汤、武的作为感到惊异而认为并不敦厚，周武王的音乐《武》未尽善，商汤的音乐《护》有愧于德，不是有他们自己的道理吗？然而诗歌中对他们有许多美好的赞叹，有华美谐和节奏鲜明的乐曲将他们颂扬，尊祖严父，宗祀配天于明堂之中，发祯祥以流泽子孙，德配天地，千载以来连绵不绝。岂不是显示出他们的是理所当然的神明吗？（殷周二代政化之迹）大略有一定的规矩，周密的言辞著于《诗》《书》之中，文藻光彩朗明而前后一致。

况且显赫神圣的汉朝，建立在巍峨的唐尧的基础之上，逆流探源，它是孕育于虞夏，造就于殷周,然后发出了高祖、世祖的光芒,继之以太宗(文帝)、代宗(武帝)、中宗(宣帝)、显宗(明帝)的光明。神灵如太阳一样照耀,光辉洒满了大地,仁义的风吹拂到天涯海角,威武的精神激励着遥远的边区,凶恶者无远而不灭,微细者无论多少也不养。所以升天之功,非尧不能兴;广泛宣传《尧典》对后代子孙的训诚,非汉朝不能宏大。它的原则精神到达了整顿乾坤,稳定日、月、星的正常运行,大到调度天地,小到深入毫芒的程度。万物生育,顺应天理,莫不亨通,这种状况已经由来已久了。

于是三公及百官,都进言说:陛下上以尧的典章为鉴,以祖宗的法则为法则,遵循先辈的轨道行动。躬奉孝道,以深厚的感情和睦兄弟之间关系。巡狩各地抚慰百姓、广泛地施予鳏寡孤独恩惠。祭祀天地山川,恭敬地侍奉群神的礼仪完具无缺。所以凤凰引来了百鸟在门阙聚集,麒麟带领着兽群集中在外面,温驯的白虎出现在郊外,飞舞的黄龙从沼泽中升起,甘露在夜里洒满了茂盛的草叶,有三只脚的鸟儿在茂密的树林中上下飞翔。至于嘉谷灵草,奇兽神禽,与瑞图相应与史谍相符,大吉大祥的,每个朝夕都出现在郊野,每天每月都出现在这个国家,在这块土地上卓绝出众,盈溢到了最荒凉的地区。过去周朝有白雉、朱鸟、黑黍、黄麦的事情出现,君臣都之为动容,左右相随,聚在一起小心翼翼、诚惶诚恐,表现出端庄盛美的仪容。大约是用这样的姿态表明敬畏之心,承受神灵所赐予的福运。并且以光宠文王武王的德行,把它传给后代子孙,继续发扬他们的美德,岂止是为了自己而有自专之辞呢?汉朝理所当然地承继了这一切,也应当时刻不忘他们的期望努力发奋,以充实这一原刚,打开恭馆中用金绳捆着的檄子,拿出东序中珍藏的秘宝,而进行普遍的占卜。

《河图》《洛书》确实、明白,是天的智慧;孔子的图书、遗命,是圣人的信任;躬行道德的根本(孝道),是端正人性;逢吉祥之代,当封禅之时,是天子所受的大命。顺从天命以创立制度,稳定人性以协和神灵,报答天、地、人之神所多次给予的福瑞,展开效法唐尧封禅的明文,这件事情重大而允当,无论醒着还是睡者都萦绕在皇上的心里。瞻前顾后,(一味推让,)岂不是轻视祖宗而难正天命吗?从远古开始考察,迄于今世,封禅的共有七十四人,其中虽有天下不使其封禅而假为竹素之文者,没有发扬法度而弃其文章而不封禅者,现在轮到了我们为何使其独缺(不封禅)呢!

这时候圣上(章帝)既已倾注精神,全面掌握文化,屡次访求儒者,倾听故老的意见,与他们讨论斟酌道德的渊源,探索仁义的深刻道理,以这样的行动来追求瑞符所显示的前景的完善。既听从各诸侯的直言,又根据占卜的兆辞广泛地思考。将要延续万代,弘扬光辉,振奋博大的火德,激发以往的遗风,传播浓烈的芳香,久而愈新,用而不竭,深沉浩荡的上天的大法,谁能使它完美无缺地施行呢?只有唐尧呵,只有大汉呵!

班固后来因为母亲的丧事而离职。永元初年,大将军窦宪出征匈奴,用班固为中护军,并参与议事。北单于听到汉军出征的消息,派遣使者叩访居延塞,想如像过去呼韩邪一样与汉朝修好,朝见天子,请求汉朝派使臣。窦宪派遣班固代行中郎将的权力,率领数百名骑兵与匈奴使者一起出居延塞迎接北匈奴单于。正遇上南匈奴击破了北匈奴的王庭,班固到了私渠海,听到了这一匈奴战乱的消息,就带领众人回到了塞内。到后来窦宪战败了,班固因连坐最先免去了官职。

班固对他的手下人不加管教,他的手下人不遵守法度,小吏们感到很恼火。当初,洛阳令种兢在路上行走,班固的家奴扰乱种兢的车辆马匹,小吏持椎大声向他呼喊。班固的家奴借酒醉而叫骂,种兢大怒。只是因为畏惧窦宪而不敢发作,只好怀恨在心。到窦宪的宾客都遭到逮捕审问时,种兢因为旧根而抓了班固并把他关了起来,班固于是死在了监狱之中。他死的那年有六十一岁。皇上下诏谴责种兢,种兢处罚了主其事的小吏而搪塞过去了。

班固所著的《典引》《宾戏》《应讥》、诗、赋、铭、诔、颂、书、文、记、论、议、六言等作品,留下来的共有四十篇。

班超传

【题解】

班超(32~102),扶风安陵(今陕西咸阳东北)人。父班彪、兄班固。初为兰台令史,因事免官。永平十六年(73),从窦固击北匈奴,为假司马,将兵别击伊吾,多斩虏,有功。旋奉遣,率吏三十六人出使西域南道鄯善(今新疆若羌一带)使,鄯善专心臣服汉朝。朝廷得到奏报,提升他为军司马。班超又受命出使,永平十七年,班超到达疏勒(今新疆喀什一带),废除为龟兹(今新疆库车一带)所立而非本国人的疏勒王兜题,另立疏勒前王兄子忠为王,深受疏勒国人的拥护。永平十八年,焉耆(今新疆焉耆一带)、龟兹攻杀西域都护陈睦,适逢明帝去世,汉朝尽撤西域屯兵,班超独留疏勒,孤立无援,龟兹、姑墨(今新疆阿克苏一带)不断前来进攻。班超接到章帝命他还朝的诏命,回到玉阗,玉阗王侯等痛哭流涕,抱着班超的马脚,不让他东行,班超不得已复还疏勒。建初八年(83),任命班超为将兵长史。次年,又派遣和恭等率兵接受

班超投笔从戎图

班超指挥。擒杀疏勒王忠。章和元年(87),班超率于阗等国兵打垮莎车,莎车投降,班超于是威震西域。永元二年(90),贵霜王遣副王谢率兵七万越过葱岭进攻班超,班超坚壁清野,谢粮尽援绝,即遣使请罪,超许其撤退,贵霜王从此不敢再犯汉境。永元三年(91),龟兹、姑墨俱降,汉朝廷任用班超为西域都护。永元六年(94),班超率龟慈、鄯善等国兵打垮焉耆,杀其正,替陈睦复仇。于是西域平定,五十多国都遣质子臣属于汉。永元七年(95),封超为定远侯。永元九年(97),班超派遣甘英出使大秦(罗马帝国),至条支国西

海（今波斯湾）受阻而还。永元十四年（102），班超回到洛阳，时已七十一岁，被任命为射声校尉，不久因病去世。班超在西域三十一年，平定了城郭诸国的内乱，对外抵御了强敌，捍卫了西部边疆的安全，促进了西域与中原地区政治、经济、文化的交流，保证了丝绸之路的畅通无阻，建立了卓越的功绩。

【原文】

班超字仲升，扶风安陵人，徐令彪之少子也。为人有大志，不修细节。然内孝谨，居家常执勤苦，不耻劳辱。有口辩，而涉猎书传。永平五年，兄固被召诣校书郎，超与母随至洛阳。家贫，常为官佣书以供养。久劳苦，尝辍业投笔叹曰："大丈夫无它志略，犹当效傅介子、张骞立功异域，以取封侯，安能久事笔研间乎？"左右皆笑之，超曰："小子安知壮士志哉"其后行诣相者，曰："祭酒，布衣诸生耳，而当封侯万里之外。"超问其状，相者指曰："生燕颔虎颈，飞而食肉，此万里侯相也。"久之，显宗问固："卿弟安在"，固对"为官写书，受直以养老母。"帝乃除超为兰台令史。后坐事免官。

十六年，奉车都尉窦固出击匈奴，以超为假司马，将兵别击伊吾，战于蒲类海，多斩首虏而还。固以为能，遣与从事郭恂俱使西域。

超到鄯善，鄯善王广奉超礼敬甚备，后忽更疏懈。超谓其官属曰："宁觉广礼意薄乎？此必有北虏使来，狐疑未知所从故也。明者睹未萌，况已著邪。"乃召侍胡诈之曰："匈奴使来数日，今安在乎？"侍胡惶恐，具服其状。超乃闭侍胡，悉会其吏士三十六人，与共饮，酒酣，因激怒之曰："卿曹与我俱在绝域，欲立大功，以求富贵。今虏使到裁数日，而王广礼敬即废；如令鄯善收吾属送匈奴，骸骨长为豺狼食矣。为之奈何？"官属皆曰："今在危亡之地，死生从司马。"超曰："不入虎穴，不得虎子。当今之计，独有因夜以火攻虏，使彼不知我多少，必大震怖，可殄尽也。灭此虏，则鄯善破胆，功成事立矣。"众曰："当与从事议之。"超怒曰："吉凶决于今日。从事文俗吏，闻此必恐而谋泄，死无所名，非壮士也！"众曰："善。"初夜，遂将吏士往奔虏营。会天大风，超令十人持鼓藏虏舍后，约曰："见火然，皆当鸣鼓大呼。"余人悉持兵弩夹门而伏。超乃顺风纵火，前后鼓噪。虏众惊乱，超手格杀三人，吏兵斩其使及从士三十余级，余众百许人悉烧死。明日乃还告郭恂，恂大惊，继而色动。超知其意，举手曰："掾虽不行，班超何心独擅之乎？"恂乃悦。超于是召鄯善王广，以虏使首示之，一国震怖。超晓告抚慰，遂纳子为质。还奏于窦固，固大喜，具上超攻效，并求更选使使西域。帝壮超节，诏固曰："吏如班超，何故不遣而更选乎？今以超为军司马，令遂前功。"超复受使，固欲益其兵，超曰："愿将本所从三十余人足矣。如有不虞，多益为累。"

是时于寘王广德新攻破莎车，遂雄张南道，而匈奴遣使监护其国，超既西，先至于寘。广德礼意甚疏。且其俗信巫。巫言："神怒何故欲向汉？汉使有马，急求取以祠我。"广德乃遣使就超请马。超密知其状，报许之，而令巫自来取马。有顷，巫至，超即斩其首以送广德，因辞让之。广德素闻超在鄯善诛灭虏使，大惶恐，即攻杀匈奴使者而降超。超重赐其王以下，因镇抚焉。

时龟兹王建为匈奴所立，倚恃虏威，据有北道，攻破疏勒，杀其王，而立龟兹人兜题为疏勒王。明年者，超从间道至疏勒。去兜题所居槃橐城九十里，逆遣吏田虑先往降之，敕虑曰："兜题本非疏勒种，国人必不用命，若不即降，便可执之。"虑既到，兜题见虑轻弱，殊无降意。虑因其无备，遂前劫缚兜题。左右出其不意，皆惊惧奔走。虑驰报超，超即赴之，悉召疏勒将吏，说以龟兹无道之状，因立其故王兄子忠为王，国人大悦。忠及官属皆请杀兜题，超不听，欲示以威信，释而遣之。疏勒由是与龟兹结怨。

十八年，帝崩。焉耆以中国大丧，遂攻没都护陈睦。超孤立无援，而龟兹、姑墨数发兵攻疏勒。超守盘橐城，与忠为首尾，士吏单少，拒守岁余。肃宗初即位，以陈睦新没，恐超单危不能自立，下诏征超。超发还，疏勒举国忧恐。其都尉黎弇曰："汉使弃我，我必复为龟兹所灭耳。诚不忍见汉使去。"因以刀自刭。超还至于寘，王侯以下皆号泣曰："依汉使如父母，诚不可去。"互抱超马脚，不得行。超恐于寘终不听其东，又欲遂本志，乃更还疏勒。疏勒两城自超去后，复降龟兹，而与尉头连兵。超捕斩反者，击破尉头，杀六百余人，疏勒复安。

建初三年，超率疏勒、康居、于寘、拘弥兵一万人攻姑墨石城，破之，斩首七百级。超欲因此巨平诸国，乃上疏请兵。曰："臣窃见先帝欲开西城，故北击匈奴，西使外国。鄯善、于寘即时向化。今拘弥、莎车、疏勒、月氏、乌孙、康居复愿归附，欲共并力破灭龟兹，平通汉道。若得龟兹，则西域未服者百分之一耳。臣伏自惟念，卒伍小吏，实愿从谷吉效命绝域，庶几张骞弃身旷野。昔魏绛列国大夫，尚能和辑诸戎，况臣奉大汉之威，而无铅刀一割之用乎？前世议者皆曰取三十六国，号为断匈奴右臂。今西域诸国，自日之所入，莫不向化，大小欣欣，贡奉不绝，唯焉耆、龟兹独未服从。臣前与官属三十六人奉使绝域，备遭艰厄。自孤守疏勒，于今五载，胡夷情数，臣颇识之。问其城郭大小，皆言'倚汉与依天等'。以是效之，则葱岭可通，葱岭通则龟兹可伐。今宜拜龟兹侍子白霸为其国王，以步骑数百送之，与诸国连兵，岁月之间，龟兹可禽。以夷狄攻夷狄，计之善者也。臣见莎车、疏勒田地肥广，草牧饶衍，不比敦煌、鄯善间也。兵可不费中国而粮食自足。且姑墨、温宿二王，特为龟兹所置，既非其种，更相厌苦，其势必有降反。若二国来降，则龟兹自破。愿下臣章，参考行事。诚有万分，死复何恨。臣超区区，特蒙神灵，窃冀未便僵仆，目见西域平定，陛下举万年之觞，荐勋祖庙，布大喜于天下。"书奏，帝知其功可成，议欲给兵。平陵人徐干素与超同志，上疏愿奋身佐超。五年，遂以干为假司马，将驰刑及义从千人就超。

先是莎车以为汉兵不出，遂降于龟兹，而疏勒都尉番辰亦复反叛。会徐干适至，超遂与干击番辰，大破之，斩首千余级，多获生口。超既破番辰，欲进攻龟兹。以乌孙兵强，宜因其力，乃上言："乌孙大国，控弦十万，故武帝妻以公主，至孝宣皇帝，卒得其用。今可遣使招慰，与共合力。"帝纳之。八年，拜超为将兵长史。假鼓吹幢麾。以徐干为军司马，别遣卫侯李邑护送乌孙使者，赐大小昆弥以下锦帛。

李邑始到于寘，而值龟兹攻疏勒，恐惧不敢前，因上书陈西域之功不可成，又盛毁超拥爱妻，抱爱子，安乐外国，无内顾心。超闻之叹曰："身非曾参而有三至之谗，恐见疑于当时矣。"遂去其妻。帝知超忠，乃切责邑曰："纵超拥爱妻，抱爱子，思归之士千余人，何能尽与超同心乎?"令邑诣超受节度。诏超:"若邑任在外者,便留与从事。"超即遣邑将乌孙侍子还京师。徐干谓超曰:"邑前亲毁君,欲败西域,今何不缘诏书留之,更遣它吏送侍子乎?"超曰:"是何言之陋也!以邑毁超,故今遣之。内省不疚,何恤人言!快意留之,非忠臣也。"

明年。复遣假司马和恭等四人将兵八百诣超,超因发疏勒、于阗兵击莎车。莎车阴通使疏勒王忠,唊以重利,忠遂反从之。西保乌即城。超乃更立其府丞成大为疏勒王,悉发其不反者以攻忠。积半岁,而康居遣精兵救之,超不能下。是时月氏新与康居婚,相亲,超乃使使多赍锦帛遗月氏王,令晓示康居王,康居王乃罢兵,执忠以归其国,乌即城遂降于超。

后三年,忠说康居王借兵,还居损中,密与龟兹谋,遣使诈降于超。超内知其奸而外伪许之。忠大喜,即从轻骑诣超。超密勒兵待之,为供张设乐。酒行,乃叱吏缚忠斩之,因击破其众,杀七百余人,南道于是遂通。

明年,超发于阗诸国兵二万五千人,复击莎车。而龟兹王遣左将军发温宿、姑墨、尉头合五万人救之。超召将校及于阗王议曰:"今兵少不敌,其计莫若各散去。于阗从是而东,长史亦于此西归,可须夜鼓声而发。"阴缓所得生口。龟兹王闻之大喜,自以万骑于西界遮超,温宿王将八千骑于东界徼于阗,超知二虏已出,密召诸部勒兵,鸡鸣驰赴莎车营,胡大惊乱奔走,追斩五千余级,大获其马畜财物。莎车遂降,龟兹等因各退散,自是威震西域。

初,月氏尝助汉击车师有功,是岁贡奉珍宝、符拔、师子,因求汉公主。超拒还其使,由是怨恨。永元二年,月氏遣其副王谢将兵七万攻超。超众少,皆大恐。超譬军士曰:"月氏兵虽多,然数千里逾葱岭来,非有运输,何足忧邪?但当收谷坚守,彼饥穷自降,不过数十日决矣。"谢遂前攻超,不下,又钞掠无所得。超度其粮将尽,必从龟兹求救,乃遣兵数百于东界要之。谢果遣骑赍金银珠玉以赂龟兹。超伏兵遮击,尽杀之,持其使首以示谢。谢大惊,即遣使请罪,愿得生归。超纵遣之。月氏由是大震,岁奉贡献。

明年,龟兹、姑墨、温宿皆降,乃以超为都护,徐干为长史。拜白霸为龟兹王,遣司马姚光送之。超与光共胁龟兹废其王尤利多而立白霸,使光将尤利多还诣京师。超居龟兹它乾城,徐干屯疏勒。西域唯焉耆、危须、尉犁以前没都护,怀二心,其余悉定。

六年秋,超遂发龟兹、鄯善等八国兵合七万人,及吏士贾客千四百人讨焉耆。兵到尉犁界,而遣晓说焉耆、尉犁、危须曰:"都护来者,欲镇抚三国。即欲改过向善,宜遣大人来迎,当赏赐王侯已下,事毕即还。今赐王彩五百匹。"焉耆王广遣其左将北鞬支奉牛酒迎超。超诘鞬支曰:"汝虽匈奴侍子,而今秉国之权。都护自来,王不以时迎,皆汝罪也。"或谓超可便杀之。超曰:"非汝所及。此人权重于王,今未入其国而杀之,遂令自疑,设备守险,岂得到其城下哉!"于是赐而遣之。广乃与大人迎超于尉犁,奉献珍物。

焉耆国有苇桥之险,广乃绝桥,不欲令汉军入国。超更从它道厉度。七月晦,到焉耆,去城二十里,营大泽中。广出不意,大恐,乃欲悉驱其人共入山保。焉耆左侯元孟先尝质京师,密遣使以事告超,超即斩之,示不信用。乃期大会诸国王,因扬声当重加赏赐,于是焉耆王广、尉犁王泛及北鞬支等三十人相率诣超。其国相腹久等十七人惧诛,皆亡入海，而危须王亦不至。坐定，超怒诘广曰："危须王何故不到？腹久等所缘逃亡？"遂叱吏士收广，泛等于陈睦故城斩之，传首京师。因纵兵钞掠，斩首五千余级，获生口万五千人，马畜牛羊三十余万头，更立元孟为焉耆王。超留焉耆半岁，慰抚之。于是西域五十余国悉皆纳质内属焉。

明年，下诏曰："往者匈奴独擅西域，寇盗河西，永平之末，城门昼闭。先帝深愍边萌婴罗寇害，乃命将帅击右地，破白山，临蒲类，取车师，城郭诸国震慑响应，遂开西域，署都护。而焉耆王舜，舜子忠独谋悖逆，恃其险隘，复没都护，并及吏士。先帝重元元之命，惮兵役之兴，故使军司马班超安集于阗以西。超遂逾葱岭，迄县度，出入二十二年，莫不宾从。改立其王，而绥其人。不动中国，不烦戎士，得远夷之和，同异俗之心，而致天诛，蠲宿耻，以报将士之仇。《司马法》曰：'赏不逾月，欲人速睹为善之利也。'其封超为定远侯，邑千户。"

超自以久在绝域，年老思土。十二年，上疏曰："臣闻太公封齐，五世葬周，狐死首丘，代马依风。夫周齐同在中土千里之间，况于远处绝域，小臣能无依风首丘之思哉？蛮夷之俗，畏壮侮老。臣超犬马齿歼，常恐年衰，奄忽僵仆，孤魂弃捐。昔苏武留匈奴中尚十九年，今臣幸得奉节带金银护西域，如自以寿终屯部，诚无所恨，然恐后世或名臣为没西域。臣不敢望到酒泉郡，但愿生入玉门关。臣老病衰困，冒死瞽言，谨遣子勇随献物入塞。及臣生在，令勇目见中土。"而超妹同郡曹寿妻昭亦上书请超曰：

妾同产兄西域都护定远侯超，幸得以微功特蒙重赏，爵列通侯，位二千石。天恩殊绝，诚非小臣所当被蒙。超之始出，志捐躯命，冀立微功，以自陈效。会陈睦之变，道路隔绝，超以一身转侧绝域，晓譬诸国，因其兵众，每有攻战，辄为先登，身被金夷，不避死亡。赖蒙陛下神灵，且得延命沙漠，至今积三十年。骨肉生离，不复相识。所与相随时人士众，皆已物故。超年最长，今且七十。衰老被病，头发无黑，两手不仁，耳目不聪明，扶杖乃能行。虽欲竭尽其力，以报塞天恩，迫于岁暮，犬马齿索。蛮夷之性，悖逆侮老，而超旦暮入地，久不见代，恐开奸宄之源，生逆乱之心。而卿大夫咸怀一切，莫肯远虑。如有卒暴，超之气力不能从心，便为上损国家累世之功，下弃忠臣竭力之用，诚可痛也。故超万里归诚，自陈苦急，延颈逾望，三年于今，未蒙省录。

妾窃闻古者十五受兵，六十还之，亦有休息不任职也。缘陛下以至孝理天下，得万国之欢心，不遗小国之臣，况超得备侯伯之位，故敢触死为超求哀，丐超余年。一得生还，复见阙庭，使国永无劳远之虑，西域无仓卒之忧，超得长蒙文王葬骨之恩，子方哀老之惠。《诗》云：'民亦劳止，汔可小康，惠此中国，以绥四方。'超有书与妾生诀，恐不复相见。妾诚伤超以壮年竭忠孝于沙漠，疲老则便捐死于旷野，诚可哀怜。如不蒙救护，超后有一旦之变，冀幸超家得蒙赵母、卫姬先请之贷。妾愚戆不知大义，触犯忌讳。书奏，帝感其言，乃征超还。

超在西域三十一岁，十四年八月至洛阳，拜为射声校尉。超素有胸胁疾，既至，病遂加。帝遣中黄门问疾，赐医药。其年九月卒，年七十一。朝廷愍惜焉，使者吊祭，赠赗甚厚。子雄嗣。

初，超被征，以戊己校尉任尚为都护。与超交代。尚谓超曰："君侯在外国三十余年，而小人猥承君后,任重虑浅,宜有以诲之。"超曰:"年老失智,任君数当大位,岂班超所能及哉!必不得已,愿进愚言。塞处吏士,本非孝子顺孙,皆以罪过徙补边屯。而蛮夷怀鸟兽之心,难养易败。今君性严急。水清无大鱼,察政不得下和。宜荡佚简易,宽小过,总大纲而已。"超去后,尚私谓所亲:"我以班君当有奇策,今所言平平耳。"尚至数年,而西域反乱,以罪被征,如超所戒。

【译文】

班超,字仲升,扶风郡安陵县人,徐县县令班彪的小儿子。为人有大志,不拘小节。然而内心却孝顺恭谨,在家常干重活,勤劳而不怕吃苦,不以劳累为耻辱。很有口才,博览群书。永平五年,班超的哥哥班固被召任校书郎,班超跟母亲随哥哥来到洛阳。家里清贫,班超常常替官府抄写文书来养家糊口。抄写的久了,枯燥乏味,苦不堪言,曾中止抄写放下笔叹息着说:"大丈夫没有别的志向,应当效法傅介子、张骞,在异域立功,以取得封侯,哪能长久在笔砚间讨生活呢!"周围的人都对他发出嗤嗤的笑声。班超说:"你们这些庸庸碌碌的人,哪能理解壮士的志向!"后来前往看相的人那里去,看相的说:"尊驾,你是个穿布衣的儒生,然而当会封侯于万里之外。"班超询问其中的原因,看相的说:"你长着燕子一样的下巴和老虎一样的脖颈,象征要飞而食肉,这是万里封侯的长相。"过了很久,显宗问班固:"你的弟弟在哪里?"班固回答:"替官府抄写文书,得些钱用来奉养老母。"显宗就任命班超为兰台令史,后来因事被免官。

永平十六年,奉车都尉窦固出击匈奴,任用班超充当代理司马,率军另取道进攻伊吾,在蒲类海交战,斩获很多敌军首级而回。窦固认为他有才能,派遣他与从事郭恂一起出使西域。班超来到鄯善,鄯善王广招待班超在礼仪上非常周到,后来忽然变得疏远而懈怠。班超告诉他的下属官员说:"是否觉得广的礼仪已变得淡薄了?这一定是有北方匈奴的使者来到,鄯善王对依附哪一方多疑不决的缘故。聪明的人能察觉将要发生的事情,何况现在的事情已经很明白了呢?"

于是,班超把侍候他们的鄯善人找来,诈他说:"匈奴的使者已经来了几天了?他们住在哪里?"侍者张皇失措,实话实说。班超把侍者关了起来。然后召集三十六名部下到一起,与他们一起喝酒,喝到酣畅耳热的时候,趁机激怒部下说:"你们同我都在偏僻遥远的西域,打算建立大功,以便取得富贵。现在匈奴使者才来几天,鄯善王广就对我们如此无礼,如果让鄯善人把我们绑起来送往匈奴,那么我们的躯体就要作豺狼的食物了。对此怎么办呢?"部下都说:"现在处于危险的境地,生死关头,我们全听司马。"班超说:"不进老虎洞,怎能捉到小老虎!根据现在的形势,只有趁黑夜用火攻匈奴使者,让他们不知道我们人数多少,必然会异常震惊恐怖,可以全部被消灭。消灭了这批匈奴使者,那么鄯善就被吓破了胆,我们可以大功告成事业建立了。"大家说:"此事应该和从事商量商量。"班超怒气冲天地说:"成败决定于今天,从事是个普通的文官,他听了这个计划,必然恐惧,而使计谋泄露,我们将一无所成地死去。这绝不是壮士所干的!"众人一致说:"好。"

天刚刚黑,班超就带领部下奔往匈奴的营地。恰巧碰上天空刮起大风,班超命令十个人手里拿着战鼓藏在匈奴使者住房的后面,约定说:"看见火起,都要立即猛力击鼓,大喊大叫。"其余的人都手里拿着兵器弩箭从两面封锁着大门而埋伏下来。班超就顺着风势点起火来，前后埋伏的人击鼓呐喊。匈奴人受惊乱窜，班超亲手格杀三人，部下斩下匈奴使者及其随从士兵三十多人的首级，其余的一百多人都被烧死。第二天，班超才回来告诉了郭恂，郭恂大惊，接着脸色有所变化。班超知道他的意思，举手说："你虽然没有参加这次行动，但班超哪有心独占这份功劳呢？"郭恂这才高兴起来。

班超于是召见鄯善王广，拿匈奴使者的首级给他看，鄯善全国为之震惊害怕。班超开导安抚鄯善王，鄯善王于是把自己的儿子送往汉朝，作为质子。班超回去以后，把这一胜利向窦固做了汇报。窦固很高兴，详细上报了班超的功劳成效，并请求重新选拔使者出使西域。明帝赏识班超的气节，下诏给窦固说："有像班超那样的官吏，为什么不派他去而要求另选呢？现在提升班超为军司马，命令他继续完成以前的功业。"班超再次受命出使。窦固打算给他增派士兵，班超说："愿率领原来跟从我的三十多人就够了，如果出现了什么意外的情况，人多了反而是个累赘。"这时于阗王广德刚刚攻破莎车国，于是称雄于天山南路，而匈奴派遣使者监护他的国家。班超已经出发西进，首先到达于阗。广德接见的礼仪非常不周详。而且该国的风俗迷信神巫。神巫说："天神发怒了，问为什么要归服汉朝？汉朝的使者有一匹浅黑色的马。赶快把马牵来杀死祭我。"于阗王就派人去向班超讨马。班超暗地里知道了这个消息，回答允许让马，不过要神巫自己来牵马。过了一会儿，神巫来到。班超立即斩下他的首级送给广德，并因此指责他。广德向来听说班超在鄯善时消灭了匈奴使者的事情，非常恐慌，马上攻击杀死匈奴使者而投降班超。班超重赏于阗王及其文臣武将，并乘机安抚他们。当时龟兹王建是匈奴扶持起来的，他依仗匈奴的力量，占据天山北路，并派兵攻破疏勒，杀了他们的国王，而立龟兹人兜题为疏勒王。第二年春天，班超率领部下从抄近的小路来到疏勒。在离兜题居住的槃橐城有九十里的地方，派一个叫田虑的小官去招降兜提，班超指示田虑说："兜题本不是疏勒人，该国人一定不服从他的命令，他若不立即投降，你就把他抓起来。"田虑只身一人来到槃橐兜题的王宫，兜提看田虑位轻势弱，没有丝毫投降的意思。田虑趁其不备，于是向前劫持并捆绑了他。兜题身旁的人因事出意外，被田虑的突然行动吓得四散逃跑了，田虑把兜题挟在腋下，纵身上马，飞一般地去见班超。班超等人立即扬鞭策马，奔向槃橐城。到了那里，班超把疏勒的文武官员召集起来，向他们宣布龟兹攻灭疏勒的霸道行径和兜题的种种暴虐行为，趁机立了被龟兹杀死的疏勒国王的侄子名叫忠的来做国王，老百姓非常高兴。疏勒新国王忠和他的官

班超

吏们一致请求班超,要求把兜题杀掉,班超不同意,打算从此树立威信,放走了兜题。疏勒从此同龟兹结了怨。

永平十八年,明帝去世。焉耆因为中国有国丧,于是攻杀了西域都护陈睦。班超孤立无援,而龟兹、姑墨几次发兵进攻疏勒。班超固守槃橐城,与忠互为首尾。尽管他们兵力单薄,仍然坚守了一年多。肃宗刚刚登极,因为西域都护陈睦刚刚战死,担心班超人单势危不能自保,下诏召班超撤回汉朝。

班超出发撤回汉朝,疏勒举国忧虑恐惧。该国有一个叫黎的都尉说:“汉朝的使者一旦抛弃了我们,我们疏勒国就会再一次被龟兹灭亡。实在不忍心看见汉朝的使者离去。”说罢,就用刀自杀了。班超回到于阗,于阗的王侯以下都呼号悲泣,说:“我们依靠汉朝使者如同孩子依靠父母一样,实在不可以离我们而去。”互相抱着班超坐骑的脚,使班超无法前行。班超担心于阗国最终不会让他东进,又打算继续完成自己的志向,于是又回到了疏勒。疏勒有两座城在班超离开以后,又投降了龟兹,并和尉头国联合。班超逮捕斩杀了反叛者,打败了尉头国,杀了六百多人,疏勒再度安定下来。

建初三年,班超统率疏勒、康居、于阗、拘弥等国军队一万多人攻打姑墨国的石城,攻破了它,斩首七百级。班超打算趁机平定各国,就上疏请求增派军队,说:“臣看见先帝打算开通西域,所以北面进击匈奴,西面出使各国,鄯善、于阗立即归附。而今拘弥、莎车、疏勒、月氏、乌孙、康居又愿意归附,打算共同合力平灭龟兹,打开通往汉朝的道路。如果得到龟兹,那么西域不顺从的只有百分之一了。臣伏地自思,我出身于军队小官,实愿踏着谷吉的足迹,捐躯于偏僻遥远的边地,也许可以像张骞那样弃身于空旷的原野。从前魏绛不过是诸侯国的一个大夫,尚且能够与戎人和好,何况臣凭借大汉的声威,而连铅刀一割的用处都没有吗?前朝评议的人都说夺取西域三十六国,称为断匈奴右臂。现在西域各国,从日落之处起,没有不归化的,大小国家喜悦,献物给朝廷不断,只有焉耆、龟兹还没有归服顺从。臣以前和部下三十六人出使偏僻遥远的西域,备遭艰难困苦。自从孤军坚守疏勒,至今已有一年,胡夷的心理,臣很能领会。问西域大小城郭诸国,都说‘依靠汉朝与依靠上天相同’。由此证验,那么葱岭之道可以打通;葱岭之道打通了,那么龟兹不就可以讨伐。现在应该任命龟兹侍子白霸为该国国王,以步、骑兵几百人送他前往,与各国的军队联合,年月之间,龟兹可以擒服。用夷狄进攻夷狄,是上等的计策。臣看见莎车、疏勒的土地肥沃宽广,牧草丰盛,不比敦煌、鄯善之间的差,出征的士兵可以不费中国的粮草而自给自足。况且姑墨、温宿二国国王,是被龟兹所扶立,既不是该二国的人,更被该二国人民所厌恶,势必会有反叛、归降的事件发生。如果二国前来投降,那么龟兹不攻自破。希望下发臣的奏章,让大臣参考定计。实在有万分之一可取之处,即使死了又有什么怨恨呢。臣班超渺小,特蒙神灵保佑,暗中希望不要让我现在死去,让我能亲眼看见西域的平定,陛下举起祝贺的酒杯,告大功于祖庙,宣布大喜于天下。”此书奏上,章帝知道这件事可以成功,商议打算派给部队。平陵人徐干素来与班超志同道合,上书愿意奋不顾身辅佐班超。建初五年,于是任用徐干为代理司马,率领驰刑徒和义从一千人前往增援班超。

此前莎车认为汉军不会出塞,于是投降了龟兹,而疏勒国都尉番辰也跟着叛变。恰巧碰上徐干刚到，班超就和徐干进击番辰，大败番辰，斩首一千多级，捕获了许多俘虏。班超已经击败番辰，打算进攻龟兹。认为乌孙的兵力强大，应借助它的力量，就上书说："乌孙是个大国，有士兵十万，所以武帝把公主嫁给乌孙王为妻，到孝宣皇帝的时候，终于得到乌孙的帮助。现在可以派遣使者去招抚他们，与他们齐心合力对付龟兹。"章帝接受了这个建议，建初八年，任命班超为将兵长史，给予大将军的乐队、旗帜和仪仗。任用徐干为军司马，另外派遣卫侯李邑护送乌孙使者，赏赐大小昆弥以下官员锦帛。

李邑才到于阗，正当龟兹进攻疏勒，李邑害怕，不敢前行，因此上书陈述西域的事情不会成功，又大肆毁谤班超拥抱爱妻、爱子，在外国过安乐的生活，没有内顾中国之心。班超听说后，叹息说："我不是曾参却遭到接二连三谗言的攻击，恐怕要受到当朝的怀疑了。"于是休退了他的妻子。章帝知道班超忠诚，于是痛切地责备李邑说："即使班超拥爱妻、抱爱子，想回国的士兵有一千多人，为什么都能同班超一条心呢？"命令李邑前往班超那里接受部署和节制调度，下诏给班超："如果李邑在你那里有可以委派的任务，可以留下来任职。"班超马上派李邑带领乌孙侍子回京师。徐干对班超说："李邑以前亲自诋毁您，打算破坏夺取西域的大计，现在为什么不遵照诏书留下他，换派其他官吏送侍子呢？"班超说："为什么话说得这样粗陋？因为李邑毁谤我班超，所以今天派遣他回去。自己问心无愧，何必担忧别人说什么！图一时内心的痛快而留下他，不是忠臣。"

第二年，又派遣代理司马和恭等四人率兵八百前往班超那里，班超乘机调发疏勒、于阗的军队进攻莎车。莎车暗暗地派使者到疏勒王忠那里，以重利引诱他，忠于是反叛顺从莎车，向西守卫乌即城。班超就另立疏勒国的府丞成大充当疏勒王，全部调发没有反叛的人去进攻忠，双方对峙了半年之久，而康居派遣精兵援救忠，班超不能取胜。当时大月氏新与康居结亲，互相友善，班超就派使者多带锦帛送给大月氏王，让他去说服康居王，康居王于是罢兵，把忠带回到他的国家，乌即城就向班超投降了。

过了三年，忠说动康居王借了军队，回来占据了损中城，秘密地与龟兹策划，派使者向班超伪降。班超内心里知道他的奸计而外表装作答应他的样子。忠大为喜悦，立即率领轻装骑兵前来见班超。班超秘密地安排伏兵以等待忠。为他摆宴奏乐，喝了一会儿酒，便大声呵斥部下把忠绑起来杀掉。趁机袭击打败了他的队伍，杀死七百多人，天山南路于是就畅通无阻了。

次年，班超调集于阗等国的军队二万五千人，再次进攻莎车。而龟兹王派遣左将军调发温宿、姑墨、尉头等国合计五万人援救莎车。班超召集将校和于阗王商议说："现在兵少难以匹敌，对付的计策不如各自散去。于阗的部队从这儿向东，长史也从这里西归，等到夜里以鼓为号，听到鼓声，就各自出发。"消息传开以后，班超暗暗地嘱咐看守俘虏的士兵放松戒备，让被俘的龟兹士兵逃回去报告消息。龟兹王听了大喜，自己带领一万名骑兵在西部边界截击班超，让温宿王率领八千骑兵在东部边界伏击于阗部队。班超得知二支敌军已经出发，秘密召集各部整装，鸡叫时奔赴莎车营地，胡人大惊，慌乱奔跑，追击斩首五千余级，大量缴获马匹、牲畜、钱财和物资。莎车于是投降，龟兹等国的军队因而各自退走四散，从此班超威震西域。

当初，大月氏曾经帮助汉朝进击车师有功，这一年进贡奉献珍宝、符拔和狮子，因而求娶汉朝公主做妻子,班超拒绝了大月氏王的请求,让大月氏的使者回去,因此引起了大月氏王的怨恨。永元二年,大月氏派遣她的副王谢率领部队七万攻打班超。班超的士兵较少,都非常害怕。班超开导士兵说:"月氏兵虽然多,然而跋涉几千里翻越葱岭而来,没有给养补充,有什么担忧的呢?但应当坚壁清野,坚守不战,他们饥饿极了自然会来投降,不过几十天就可决定胜负了。"谢于是前来攻打班超,攻不下,便放纵士兵四处抢掠,然而一无所获。班超估计他们的粮食快要用光了,必定向龟兹求救,于是派遣几百名士兵在东部边界截击他们。谢果然派遣骑兵携带金银珠宝美玉等赠送龟兹。班超的伏兵拦击,把他们全杀死,手里拿着他们使者的首级给谢看。谢大为惊恐。马上派遣使者前来请罪,希望能让他们活着回去。班超放回了他们。大月氏因此大受震动,年年岁岁,向汉朝贡献方物。

第二年,龟兹、姑墨、温宿都来投降,于是任用班超充当西域都护府都护,徐干充当长史。任命白霸充当龟兹王,派遣司马姚光护送他。班超与姚光共同胁迫龟兹废掉她的国王尤利多而拥立白霸,让光带领尤利多回到京师。班超居住龟兹它乾城,徐干屯守疏勒。西域只有焉耆、危须、尉犁因为从前曾杀死过都护,怀有二心,其余的国家全部平定。

永元六年,班超于是调集龟兹、鄯善等八国兵合计七万人,以及部下和商人一千四百人讨伐焉耆。部队到达尉犁国界,便派遣使者晓谕焉耆、尉犁、危须说:"我们都护前来,是打算安抚三国,如想改过从善,应该派遣高级官员来迎接都护。我们都护自当赏赐王侯以下。事情办完就回师。现在赏赐国王五色丝绸五百匹。"焉耆王广派遣他的左将北鞬支牵着牛抬着酒来迎接班超。班超质问北鞬支说:"你虽然是匈奴侍子,而今却掌握着国家的权力,都护亲自前来,国王不及时出迎,都是你的罪过。"有人向班超建议,要乘机杀掉北鞬支。班超说:"不是你所能考虑得到的,这个人的权力比国王还大,现在我们还没有进入焉耆,就先把他杀了,那会使他们增疑,严加防备,扼守险要,我们难道能顺利地到达他们的城下吗?"于是赏赐北鞬支许多礼物,送他回去。广就和高级官员在尉犁迎接班超,并献上珍奇的礼物。

焉耆国有一座"苇桥",是进入焉耆的通道,广于是封锁该桥,不打算让汉军进入焉耆国。班超改从其他道路越境。七月的最后一天,到达焉耆,离城二十里,安营在大泽之中。广因出乎意外,大惊失色,于是想丢弃王城,驱赶百姓做掩护,退居山中的城堡里去。焉耆左侯元孟从前曾在京师时作质子,秘密派遣使者把这件事告诉班超,班超马上把他斩杀,表示不相信。于是约定某一天班超要和各国国王见面,还宣扬将要重加赏赐,于是焉耆王广、尉犁王汎和北鞬支等三十人相跟着来见班超。焉耆国相腹久等十七人害怕被杀,都逃亡入海里,而危须王也没有赴会。坐下来后,班超怒气冲冲地质问焉耆王广:"危须王为什么没有来到?腹久等人为什么逃走?"于是喝令部下把广和汎等人当场捉拿,押到陈睦过去驻守的城址外杀掉,送首级到京师。因而放纵士兵抄掠,斩首五千余级,抓获俘虏一万五千人、马牛羊三十多万头,改立元孟为焉耆王。班超在焉耆留住了半年,安抚他们。

第二年,皇帝下诏说:"以往匈奴独占西域,抢掠河西,永平末年,城门白天也须关闭。先帝深深同情边民遭受敌寇杀害,就命令将帅出击西部,攻破雪山,兵临蒲类,取得车师,城郭各国受到震慑，纷纷归附，于是开通西域，设置都护，而焉耆王舜、舜的儿子忠独自策划反叛，倚仗该国有险要的关隘，杀害西域都护，并加害到都护的部下。先帝重视平民的生命，害怕再兴兵役，所以派遣军司马班超安抚于阗以西城郭各国。班超于是越过葱岭，抵达悬度，出入二十二年，城郭各国，没有不宾服的。改立各国国王，而安定各国的人民，不动摇中国，不烦调发士兵，使得远方夷人地区，呈现一派和平兴旺的景象，统一不同风俗的人们的心态，而行上天的诛伐，消除过去的耻辱，以报阵亡将士的仇恨。《司马法》说：'奖赏不能拖过一个月，想让人们能迅速看到做善事的好处。'封班超充当定远侯，享受一千户人家的赋税。"

班超自己感到在偏僻遥远的西域住得太久了，年老思念故土。永元十二年，上书说："臣听说太公封在齐国，五代死后都埋葬在周地，狐狸将死头必然向狐穴所在山丘，代郡的马不忘故乡而依恋北风。周、齐两地同在中原，只有千里之隔，何况我处在遥远荒凉的边地，小臣怎能没有依恋北风，头向故土的思念呢？蛮夷的风俗，畏惧壮年人，欺侮老年人。臣班超如狗马变老，牙齿不全，时常害怕风烛残年，经不起风霜，一旦倒下，孤魂弃于他乡。昔日苏武困留匈奴之中有十九年，而今臣有幸得以奉节带印，监管领护西域，如果是以享年终老驻守地，实在无所遗恨，然而恐怕后世人有功业已就而身死异域之讥。臣不敢奢望回到酒泉郡，但愿活着进入玉门关。臣衰老多病，冒死妄言，谨派儿子班勇带着进贡礼物进入塞内。趁臣还活着的时候，让班勇亲眼看见中原的故土。而班超的妹妹、同郡人曹寿的妻子班昭也上书为班超请求说：

妾同胞哥哥西域都护定远侯班超，有幸得以小功特别蒙受重赏，爵位列在通侯，官秩等级二千石。天恩特出，确实不是小臣所应该蒙受的。班超开始出使西域，志在为国献身，希望建立小功，以身报效。恰巧碰上陈睦败死的事变，道路阻隔断绝，班超以一身辗转在偏僻遥远的地区，晓喻开导各国，利用他们的部队，每次战斗，总是冲杀在前，身受金属武器的伤害，不怕死亡。依赖承蒙陛下的神异威灵，才得以在沙漠之地延长寿命，全今累计已达三十年。至亲生离，不再相识。原来跟随他的部下不少，都已经去世。班超年龄最大，今年已经七十岁了。衰老多病，头发全白，双手不听使唤。视觉、听觉不灵敏，扶着手杖才能行走。虽然想竭尽全力，用来报答帝王的恩赐，但困于年迈，如狗马牙齿落尽。蛮夷的习性，狂悖忤逆，欺侮老人。而班超朝夕间可能去世，长久不见有人接替，恐怕会造成为非作歹人的出现，和叛逆作乱之心的滋生。而卿大夫都心怀侥幸，没有人肯做长远的考虑。如果出现突发的暴乱，班超已是力不从心。那么对上亏损国家多世建立的功业，对下抛弃忠臣竭尽全力取得的成果。实在值得痛惜，所以班超万里上书自述心中的甘苦和焦虑，伸着脖颈眺望，至今已有三年，未见审察评议。

妾私下听说古时候十五岁服兵役，六十岁复员，也有休息不再任职的。由于陛下用至孝治天下，所以得到万国的欢心，不遗弃小国的臣属，何况班超已得到侯伯的爵位，所以敢冒死替班超请求怜悯，乞求班超得享余年。一旦得以活着回来，重见宫阙，使国家没有远征的顾虑，西域也无叛乱的忧患，班超得以长久蒙受魏文侯葬骨般的恩宠、田子方哀怜老马般的仁惠。《诗经》说："人民也真劳苦啦！该让他们躺一躺。爱护京城这些人，因而安抚了四方。"班超有书信与妾活着诀别，恐怕不能再度相见。妾确实伤心班超在壮年之时竭忠尽孝于沙漠之地,疲惫衰老的时候捐躯于空旷的原野之上,实在使人哀痛怜悯。如果得不到救护,班超以后有一天遭遇变故,希望班超一家有幸能得到赵括之母和卫姬那种不受连坐的优待。妾愚直不懂大义,冒犯禁讳。

汉和帝看了班昭的书奏,被她的话所感动,于是调班超回汉。

班超在西域三十一年。永元十四年八月到洛阳,被任命充当射声校尉。班超平素患有胸痛病,回来以后,病情加重。和帝派中黄门探问病情,赐给医药。这年九月病死,享年七十一岁。朝廷怜惜他,派使者前吊祭、所赠葬具非常优厚。子班雄继承爵位。

当初,班超被调回,任用戊己校尉任尚充当都护。与班超办理交接事宜,任尚对班超说:"君侯在外国三十余年,小人卑下而继任君侯的职位,责任重大而计谋思虑肤浅,应该对我有所教诲。"班超说:"我年老昏愦,任君多次担当重要职务,难道是班超所能够企望赶上的吗?实在不得已,愿进愚钝的建议。塞外的吏士,本来不是孝子贤孙,都是因为罪过发配到边地军营中屯田的。而蛮夷怀有鸟兽之心,难抚养而易滋事。现在你性情严急,水清无大鱼,苛察得不到属下的人附和。应当摆脱世务,自求安逸,治理简易,宽宥小过,只抓大原则就行了。"班超离开后,任尚私下对亲信说:"我认为班君会有奇异的计谋相告,今天所说平平而已。"任尚来后几年时间,西域便发生叛乱,因为失职罪被调回,正如班超所告诫的那样。

王充、王符、仲长统传

【题解】

王充(公元27~约97年),字仲任,东汉会稽上虞(今属浙江)人。曾游都城洛阳,在太学师事班彪。家境贫寒,经常到书摊看书,因此博通百家之言。后回乡教书。官至郡功曹、治中,均不得意。他一生的主要精力在于著书立说,不信神,不信鬼,不做圣贤之言的奴隶,批判虚妄,追求真理,毫不畏惧权势,是一位出色的唯物主义无神论思想家。生平及思想主要见于所著的《论衡》。

王符(约公元85~162年),字节信,东汉安定临泾(今甘肃镇原)人。他终身隐居著书,研讨治国安民之术,对当时的政治、经济、社会习尚都进行了尖锐的批判,认为社会的祸乱是统治者昏庸造成的,把希望寄托在明君贤臣身上。著作有《潜夫论》,本传选录了五篇。

仲长统(公元180~220年),字公理,东汉山阳高平(今山东金乡西北)人。从小好学,生性倜傥,敢于直言,不拘小节,当时人称为狂生。官至尚书郎,曾帮助曹操办理军务。他对当时社会风气的侈靡腐败极为不满,认为富贵产生不仁,荒淫导致昏庸,是世乱的根源所在,并提出各种改变世风的主张。著作有《昌言》,大部分佚失,本传选录了三篇。

【原文】

王充字仲任，会稽上虞人也，其先自魏郡元城徙焉。充少孤，乡里称孝。后到京师，受业太学，师事扶风班彪。好博览而不守章句。家贫无书，常游洛阳市肆，阅所卖书，一见辄能诵忆，遂博通众流百家之言。后归乡里，屏居教授。仕郡为功曹，以数谏争不合去。

充好论说，始若诡异，终有理实。以为俗儒守文，多失其真，乃闭门潜思，绝庆吊之礼，户牖墙壁各置刀笔。著《论衡》八十五篇，二十余万言，释物类同异，正时俗嫌疑。

刺史董勤辟为从事，转治中，自免还家。友人同郡谢夷吾上书荐充才学，肃宗特诏公车徵，病不行。年渐七十，志力衰耗，乃造《养性书》十六篇，裁节嗜欲，颐神自守。永元中，病卒于家。

王符字节信，安定临泾人也。少好学，有志操，与马融、窦章、张衡、崔瑗等友善。安定俗鄙庶孽，而符无外家，为乡人所贱。自和、安之后，世务游宦，当涂者更相荐引，而符独耿介不同于俗，以此遂不得升进。志意蕴愤，乃隐居著书三十余篇，以讥当时失得，不欲彰显其名，故号曰《潜夫论》。其指讦时短，讨谪物情，足以观见当时风政，著其五篇云尔。

《贵忠篇》曰：

夫帝王之所尊敬者天也，皇天之所爱育者人也。今人臣受君之重位，牧天之所爱，焉可以不安而利之，养而济之哉？是以君子任职则思利人，达上则思进贤，故居上而下不怨，在前而后不恨也。《书》称"天工人其代之"。王者法天而建官，故明主不敢以私授，忠臣不敢以虚受。窃人之财犹谓之盗，况偷天官以私己乎！以罪犯人，必加诛罚，况乃犯天，得无咎乎？夫五代之臣，以道事君，泽及草木，仁被率土，是以福祚流衍，本支百世。季世之臣，以谄媚主，不思顺天，专杖杀伐。白起、蒙恬，秦以为功，天以为贼；息夫、董贤，主以为忠，天以为盗。《易》曰："德薄而位尊，智小而谋大，鲜不及矣。"是故德不称，其祸必酷；能不称，其殃必大。夫窃位之人，天夺其鉴，虽有明察之资，仁义之志，一旦富贵，则背亲捐旧，丧其本心，疏骨肉而亲便辟，薄知友而厚犬马，宁见朽贯千万，而不忍贷人一钱，情知积粟腐仓，而不忍贷人一斗，骨肉怨望于家，细人谤讟于道。前人以败，后争袭之，诚可伤也。

历观前政贵人之用心也，与婴儿子其何异哉？婴儿有常病，贵臣有常祸，父母有常失，人君有常过。婴儿常病，伤于饱也；贵臣常祸，伤于宠也。哺乳多则生痫病，富贵盛而致骄疾。爱子而贼之，骄臣而灭之者，非一也。极其罚者，乃有仆死深牢，衔刀都市，岂非无功于天，有害于人者乎？夫鸟以山为埤而增巢其上，鱼以泉为浅而穿穴其中，卒所以得者饵。贵戚愿其宅吉而制为令名，欲其门坚而造作铁枢，卒其所以败者，非苦禁忌少而门枢朽也，常苦崇财货而行骄僭耳。

不上顺天心，下育人物，而欲任其私智，窃弄君威，反戾天地，欺诬神明。居累卵之危，而图太山之安；为朝露之行，而思传世之功，岂不惑哉！岂不惑哉！

《浮侈篇》曰：

王者以四海为家，兆人为子。一夫不耕，天下受其饥；一妇不织，天下受其寒。今举俗舍本农，趋商贾，牛马车舆，填塞道路，游手为巧，充盈都邑，务本者少，浮食者众。"商邑翼翼，四方是极。"今察洛阳，资末业者什于农夫，虚伪游手什于末业。是则一夫耕，百人食之，一妇桑，百人衣之，以一奉百，孰能供之！天下百郡千县，市邑万数，类皆如此。本末不足相供，则民安得不饥寒？饥寒并至，则民安能无奸轨？奸轨繁多，则吏安能无严酷？严酷数加，则下安能无愁怨？愁怨者多，则咎徵并臻。下民无聊，而上天降灾，则国危矣。

夫贫生于富，弱生于强，乱生于化，危生于安。是故明王之养民，忧之劳之，教之诲之，慎微防萌，以断其邪。故《易》美节以制度，不伤财，不害民。《七月》之诗，大小教之，终而复始。由此观之，人固不可恣也。

今人奢衣服，侈饮食，事口舌而习调欺。或以谋奸合任为业，或以游博持掩为事。丁夫不扶犁锄，而怀丸挟弹，携手上山邀游。或好取土作丸卖之，外不足御寇盗，内不足禁鼠雀。或作泥车瓦狗诸戏弄之具，以巧诈小儿。此皆无益也。

《诗》刺"不绩其麻，市也婆娑"。又妇人不修中馈，休其蚕织，而起学巫祝，鼓舞事神，以欺诬细民，荧惑百姓妻女。羸弱疾病之家，怀忧愤愤，易为恐惧。至使奔走便时，去离正宅。崎岖路侧，风寒所伤，奸人所利，盗贼所中。或增祸重祟，至于死亡，而不知巫所欺误，反恨事神之晚，此妖妄之甚者也。

或刻画好缯，以书祝辞；或虚饰巧言，希致福祚；或糜折金彩，令广分寸；或断截众缕，绕带手腕；或裁切绮縠，缝缀成幡。皆单费百缣，用功千倍，破牢为伪，以易就难，坐食嘉谷，消损白日。夫山林不能给野火，江海不能实漏卮，皆所宜禁也。

昔孝文皇帝躬衣弋绨，革舄韦带，而今京师贵戚，衣服饮食，车舆庐第，奢过王制，固亦甚矣。且其徒御仆妾，皆服文组彩牒，锦绣绮纨，葛子升越，筩中女布。犀象珠玉，虎魄瑇瑁，石山隐饰，金银错镂，穷极丽靡，转相夸咤。其嫁娶者，车軿数里，缇帷竟道，骑奴侍童，夹毂并引。富者竞欲相过，贫者耻其不逮，一飨之所费，破终身之业。古者必有命然后乃得衣缯丝而乘车马，今虽不能复古，宜令细民略用孝文之制。

古之葬者，厚衣之以薪，葬之中野，不封不树，丧期无数。后世圣人易之以棺椁，桐木为棺，葛采为缄，下不及泉，上不泄臭。中世以后，转用楸梓槐柏杶樗之属，各因方土，裁用胶漆，使其坚足恃，其用足任，如此而已。今者京师贵戚，必欲江南檽梓豫章之木。边远下土，亦竞相放效。夫檽梓豫章，所出殊远，伐之高山，引之穷谷，入海乘淮，逆河泝洛，工匠雕刻，连累日月，会众而后动，多牛而后致，重且千斤，功将万夫，而东至乐浪，西达敦煌，费力伤农于万里之地。古者墓而不坟，中世坟而不崇。仲尼丧母，冢高四尺，遇雨而崩，弟子请修之，夫子泣曰："古不修墓。"及鲤也死，有棺无椁。文帝葬芷阳，明帝葬洛南，皆不藏珠宝，不起山陵，墓虽卑而德最高。今京师贵戚，郡县豪家，生不极养，死乃崇丧。或至金缕玉匣，檽梓楩柟，多埋珍宝偶人车马，造起大冢，广种松柏，庐舍祠堂，务崇华侈。案酆毕之陵，南城之冢，周公非不忠，曾子非不孝，以为褒君爱父，不在于聚财，扬名显亲，无取于车马。昔晋灵公多赋以雕墙，《春秋》以为不君；华元、乐举厚葬文公，君子以为不臣，况于群司士庶，乃可僭侈主上，过天道乎？

《实贡篇》曰：

国以贤兴，以谄衰；君以忠安，以佞危。此古今之常论，而时所共知也。然衰国危君，继踵不绝者，岂时无忠信正直之士哉，诚苦其道不得行耳。夫十步之间，必有茂草；十室之邑，必有忠信。是故乱殷有三仁，小卫多君子。今以大汉之广土，士民之繁庶，朝廷之清明，上下之修正，而官无善吏，位无良臣。此岂时之无贤，谅由取之乖实。夫志道者少与，逐俗者多畴，是以朋党用私，背实趋华。其贡士者，不复依其质干，准其才行，但虚造声誉，妄生羽毛。略计所举，岁且二百。览察其状，则德侔颜、冉，详核厥能，则鲜及中人，皆总务升官，自相推达。夫士者贵其用也，不必求备。故四友虽美，能不相兼；三仁齐致，事不一节。高祖佐命，出自亡秦；光武得士，亦资暴莽。况太平之时，而云无士乎！

夫明君之诏也若声，忠臣之和也如响。长短大小，清浊疾徐，必相应也。且攻玉以石，洗金以盐，濯锦以鱼，浣布以灰。夫物固有以贱理贵，以丑化好者矣。智者弃短取长，以致其功。今使贡士必核以实，其有小疵，勿强衣饰，出处语默，各因其方，则萧、曹、周、韩之伦，何足不致，吴、邓、梁、窦之属，企踵可待。孔子曰："未之思也，夫何远之有？"

《爱日篇》曰：

国之所以为国者，以有民也。民之所以为民者，以有谷也。谷之所以丰殖者，以有民功也。功之所以能建者，以日力也。化国之日舒以长，故其民闲暇而力有馀；乱国之日促以短，故其民困务而力不足。舒长者，非谓羲和安行，乃君明民静而力有馀也。促短者，非谓分度损减，乃上暗下乱，力不足也。孔子称"既庶则富之，既富乃教之"。是故礼义生于富足，盗窃起于贫穷；富足生于宽暇，贫穷起于无日。圣人深知力者民之本，国之基也，故务省徭役，使之爱日。是以尧敕羲和，"钦若昊天，敬授民时"。明帝时，公车以反支日不受章奏，帝闻而怪曰："民废农桑，远来诣阙，而复拘以禁忌，岂为政之意乎！"于是遂蠲其制。今冤民仰希申诉，而令长以神自畜，百姓废农桑而趋府廷者，相续道路，非朝铺不得通，非意气不得见。或连日累月，更相瞻视；或转请邻里，馈粮应对。岁功既亏，天下岂无受其饥者乎？

孔子曰："听讼吾犹人也。"从此言之，中才以上，足议曲直，乡亭训吏，亦有任决断者，而类多枉曲，盖有故焉。夫理直则恃正而不桡，事曲则谄意以行赇。不桡故无恩于吏，行赇故见于私法。若事有反覆，吏应坐之。吏以应坐之故，不得不枉之于庭。以羸民之少党，而与豪吏对讼，其势得无屈乎？县承吏言，故与之同。若事有反覆，县亦应坐之。县以应坐之故，而排之于郡。以一民之轻，而与一县为讼，其理岂得申乎？事有反覆，郡亦坐之。郡以共坐之故，而排之于州。以一民之轻，与一郡为讼，其事岂获胜乎？既不肯理，故乃远诣公府。公府复不能察，而当延以日月。贫弱者无以旷旬，强富者可盈千日。理讼若此，何枉之能理乎？正士怀怨结而不见信，猾吏崇奸轨而不被坐，此小民所以易侵苦，而天下所以多困穷也。

且除上天感痛致灾，但以人功见事言之。自三府州郡，至于乡县典司之吏，辞讼之民，官事相连更相检对者，日可有十万人。一人有事，二人经营，是为日三十万人废其业也。以中农率之，则是岁三百万人受其饥者也。然则盗贼何从而销，太平何由而作乎？《诗》云："莫肯念乱，谁无父母？"百姓不足，君谁与足？可无思哉！可无思哉！

《述赦篇》曰：

凡疗病者，必知脉之虚实，气之所结，然后为之方，故疾可愈而寿可长也。为国者，必先知民之所苦，祸之所起，然后为之禁，故奸可塞而国可安也。今日贼良民之甚者，莫大于数赦赎。赦赎数，则恶人昌而善人伤矣。何以明之哉？夫谨敕之人，身不蹈非，又有为吏正直，不避强御，而奸猾之党横加诬言者，皆知赦之不久故也。善人君子，被侵怨而能至阙庭自明者，万无数人；数人之中得省问者，百不过一；既对尚书而空遣去者，复什六七矣。其轻薄奸轨，既陷罪法，怨毒之家冀其辜戮，以解畜愤，而反一概悉蒙赦释，令恶人高会而夸咤，老盗服臧而过门，孝子见仇而不得讨，遭盗觊物而不敢取，痛莫甚焉！

夫养稂莠者伤禾稼，惠奸轨者贼良民。《书》曰："文王作罚，刑兹无赦。"先王之制刑法也，非好伤人肌肤，断人寿命也；贵威奸惩恶，除人害哉。故经称"天命有德，五服五章哉，天讨有罪，五刑五用哉"；《诗》刺"彼宜有罪，汝反脱之"。古者唯始受命之君，承大乱之极，寇贼奸轨，难为法禁，故不得不有一赦，与之更新，颐育万民，以成大化。非以养奸活罪，放纵天贼也。夫性恶之民，民之豺狼，虽得放宥之泽，终无改悔之心。且脱重梏，夕还囹圄，严明令尹，不能使其断绝。何也？凡敢为大奸者，才必有过于众，而能自媚于上者也。多散诞得之财，奉之以诡谀之辞，以转相驱，非有第五公之谦直，孰不为顾哉？论者多曰："久不赦则奸轨炽而吏不制，宜数肆眚以解散之。"此未昭政乱之本源，不察祸福之所生也。

后度辽将军皇甫规解官归安定，乡人有以货得雁门太守者，亦去职还家，书刺谒规。规卧不迎。既入而问："卿前在郡食雁美乎？"有顷，又白王符在门。规素闻符名，乃惊遽而起，衣不及带，屣履出迎，援符手而还，与同坐，极欢。时人为之语曰："徒见二千石，不如一缝掖。"言书生道义之为贵也。符竟不仕，终于家。

仲长统字公理，山阳高平人也。少好学，博涉书记，赡于文辞。年二十余，游学青、徐、并、冀之间，与交友者多异之。并州刺史高干，袁绍甥也，素贵有名，招致四方游士，士多归附。统过干，干善待遇，访以当时之事。统谓干曰："君有雄志而无雄才，好士而不能择人，所以为君深戒也。"干雅自多，不纳其言，统遂去之。无几，干以并州叛，卒至于败。并、冀之士皆以是异统。

统性俶傥，敢直言，不矜小节，默语无常，时人或谓之狂生。每州郡命召，辄称疾不就。常以为凡游帝王者，欲以立身扬名耳，而名不常存，人生易灭，优游偃仰，可以自娱。欲卜居清旷，以乐其志，论之曰："使居有良田广宅，背山临流，沟池环币，竹木周布，场圃筑前，果园树后。舟车足以代步涉之艰，使令足以息四体之役。养亲兼珍之膳，妻孥无苦身之劳。良朋萃止，则陈酒肴以娱之；嘉时吉日，则烹羔豚以奉之。蹰躇畦苑，游戏平林，濯清水，追凉风，钓游鲤，弋高鸿。讽于舞雩之下，永归高堂之上。安神闺房，思老氏之玄虚；呼吸精和，求至人之仿佛。与达者数子，论道讲书，俯仰二仪，错综人物。弹《南风》之雅操，发清商之妙曲。消摇一世之上，睥睨天地之间。不受当时之责，永保性命之期。如是，则可以陵霄汉，出宇宙之外矣。岂羡夫人帝王之门哉！"又作诗二篇，以见其志。辞曰：

飞鸟遗迹蝉蜕亡壳。腾蛇弃鳞，神龙丧角。至人能变，达士拔俗。乘云无辔，骋风无足。垂露成帏，张霄成幄。抗瀣当餐，九阳代烛。恒星艳珠，朝霞润玉。六合之内，恣心所欲。人事可遗，何为局促？

大道虽夷，见几者寡。任意无非，适物无可。古来绕绕，委曲如瑣。百虑何为，至要在我。寄愁天上，埋忧地下。叛散《五经》，灭弃《风》《雅》。百家杂碎，请用从火。抗志山栖，游心海左。元气为舟，微风为舵。敖翔太清，纵意容冶。

尚书令荀彧闻统名，奇之，举为尚书郎。后参丞相曹操军事。每论说古今及时俗行事，恒发愤叹息，因著论名曰昌言，凡三十四篇，十余万言。

献帝逊位之岁，统卒，时年四十一。友人东海缪袭常称统才章足继西京董、贾、刘、杨。今简撮其书有益政者，略载之云。

《理乱篇》曰：

豪杰之当天命者，未始有天下之分者也。无天下之分，故战争者竞起焉。于斯之时，并伪假天威，矫据方国，拥甲兵与我角才智，程勇力与我竞雌雄，不知去就，疑误天下，盖不可数也。角知者皆穷，角力者皆负，形不堪复优，势不足复校，乃始羁首系颈，就我之衔继耳。夫或曾为我之尊长矣，或曾与我为等侪矣，或曾臣虏我矣，或曾执囚我矣。彼之蔚蔚，皆匈詟腹诅，幸我之不成，而以奋其前志，讵肯用此为终死之分邪？

及继体之时，民心定矣。普天之下，赖我而得生育，由我而得富贵，安居乐业，长养子孙，天下晏然，皆归心于我矣。豪杰之心既绝，士民之志已定，贵有常家，尊在一人。当此之时，虽下愚之才居之，犹能使恩同天地，威侔鬼神。暴风疾霆，不足以方其怒；阳春时雨，不足以喻其泽；周、孔数千，无所复角其圣；贲、育百万，无所复奋其勇矣。

彼后嗣之愚主，见天下莫敢与之违，自谓若天地之不可亡也，乃奔其私嗜，骋其邪欲，君臣宣淫，上下同恶。目极角牴之观，耳穷郑、卫之声。入则耽于妇人，出则驰于田猎。荒废庶政，弃亡人物，澶漫弥流，无所底极。信任亲爱者，尽佞谄容说之人也；宠贵隆丰者，尽后妃姬妾之家也。使饿狼守庖厨，饥虎牧牢豚，遂至熬天下之脂膏，斩生人之骨髓。怨毒无聊，祸乱并起，中国扰攘，四夷侵叛，土崩瓦解，一朝而去。昔之为我哺乳之子孙者，今尽是我饮血之寇仇也。至于运徙势去，犹不觉悟者，岂非富贵生不仁，沈溺致愚疾邪？存亡以之迭代，政乱从此周复，天道常然之大数也。

又政之为理者，取一切而已，非能斟酌贤愚之分，以开盛衰之数也。日不如古，弥以远甚，岂不然邪？汉兴以来，相与同为编户齐民，而以财力相君长者，世无数焉。而清洁之士，徒自苦于茨棘之间，无所益损于风俗也。豪人之室，连栋数百，膏田满野，奴婢千群，徒附万计。船车贾贩，周于四方；废居积贮，满于都城。琦赂宝货，巨室不能容；马牛羊豕，山谷不能受。妖童美妾，填乎绮室；倡讴伎乐，列乎深堂。宾客待见而不敢去，车骑交错而不敢进。三牲之肉，臭而不可食；清醇之酎，败而不可饮。睇盼则人从其目之所视，喜怒则人随其心之所虑。此皆公侯之广乐，君长之厚实也。苟能运智诈者，则得之焉；苟能得之者，人不以为罪焉。源发而横流，路开而四通矣。求士之舍荣乐而居穷苦，弃放逸而赴束缚，夫谁肯为之者邪！夫乱世长而化世短。乱世则小人贵宠，君子困贱。当君子困贱之时，踹高天，蹐厚地，犹恐有镇厌之祸也。逮至清世，则复入于矫枉过正之检。老者耄矣，不能及宽饶之俗；少者方壮，将复困于衰乱之时。是使奸人擅无穷之福利,而善士挂不赦之罪辜。苟目能辩色,耳能辩声,口能辩味,体能辩寒温者,将皆以修洁为讳恶,设智巧以避之焉,况肯有安而乐之者邪? 斯下世人主一切之恚也。

昔春秋之时,周氏之乱世也。逮乎战国,则又甚矣。秦政乘并兼之势,放虎狼之心,屠裂天下,吞食生人,暴虐不已,以招楚、汉用兵之苦,甚于战国之时也。汉二百年而遭王莽之乱,计其残夷灭亡之数,又复倍乎秦、项矣。以及今日,名都空而不居,百里绝而无民者,不可胜数。此则又甚于亡新之时也。悲夫! 不及五百年,大难三起,中间之乱,尚不数焉。变而弥猜,下而加酷,推此以往,可及于尽矣。嗟乎! 不知来世圣人救此之道,将何用也? 又不知天若穷此之数,欲何至邪?

《损益篇》曰:

作有利于时,制有便于物者,可为也。事有乖于数,法有玩于时者,可改也。故行于古有其迹,用于今无其功者,不可不变。变而不如前,易而多所败者,亦不可不复也。汉之初兴,分王子弟,委之以士民之命,假之以杀生之权。于是骄逸自恣,志意无厌。鱼肉百姓,以盈其欲;报蒸骨血,以快其情。上有篡叛不轨之奸,下有暴乱残贼之害。虽藉亲属之恩,盖源流形执使之然也。降爵削土,稍稍割夺,卒至于坐食奉禄而已。然其污秽之行,淫昏之罪,犹尚多焉。故浅其根本,轻其恩义,犹尚假一日之尊,收士民之用。况专之于国,擅之于嗣,岂可鞭笞叱咤,而使唯我所为者乎? 时政凋敝,风俗移易,纯朴已去,智惠已来。出于礼制之防,放于嗜欲之域久矣,固不可授之以柄,假之以资者也。是故收其奕世之权,校其从横之执,善者早登,否者早去,故下土无壅滞之士,国朝无专贵之人。此变之善,可遂行者也。

井田之变,豪人货殖,馆舍布于州郡,田亩连于方国。身无半通青纶之命,而窃三辰龙章之服,不为编户一伍之长,而有千室名邑之役。荣乐过于封君,执力侔于守令,财赂自营,犯法不坐,刺客死士,为之投命。至使弱力少智之子,被穿帷败,寄死不敛,冤枉穷困,不敢自理。虽亦由网禁疏阔,盖分田无限使之然也。今欲张太平之纪纲,立至化之基趾,齐民财之丰寡,正风俗之奢俭,非井田实莫由也。此变有所败,而宜复者也。

肉刑之废,轻重无品,下死则得髡钳,下髡钳则得鞭笞。死者不可复生,而髡者无伤于人。髡笞不足以惩中罪,安得不至于死哉! 夫鸡狗之攘窃,男女之淫奔,酒醴之赂遗,谬误之伤害,皆非值于死者也。杀之则甚重,髡之则甚轻。不制中刑以称其罪,则法令安得不参差,杀生安得不过谬乎? 今患刑轻之不足以惩恶,则假藏货以成罪,托疾病以讳杀。科条无所准,名实不相应,恐非帝王之通法,圣人之良制也。或曰:过刑恶人,可也;过刑善人,岂可复哉? 曰:若前政以来,未曾枉害善人者,则有罪不死也。是为忍于杀人,而不忍于刑人也。今令五刑有品,轻重有数,科条有序,名实有正,非杀人逆乱鸟兽之行甚重者,皆勿杀。嗣周氏之秘典,绩吕侯之祥刑,此又宜复之善者也。

《易》曰:"阳一君二臣,君子之道也;阴二君一臣,小人之道也。"然则寡者,为人上者也;众者,为人下者也。一伍之长,才足以长一伍者也;一国之君,才足以君一国者也;天下之王,才足以王天下者也。愚役于智,犹枝之附干,此理天下之常法也。制国以分人,立政以分事,人远则难绥,事总则难了。今远州之县,或相去数百千里,虽多山陵湾泽,犹有可居人种谷者焉,当更制其境界,使远者不过二百里,明版籍以相数阅,审什伍以相连持,限夫田以断并兼,定五刑以救死亡,益君长以兴政理,急农桑以丰委积,去末作以一本业,敦教学以移情性,表德行以厉风俗,核才艺以叙官宜,简精悍以习师田,修武器以存守战,严禁令以防僭差,信赏罚以验惩劝,纠游戏以杜奸邪,察苛刻以绝烦暴。审此十六者以为政务,操之有常,课之有限,安宁勿懈堕,有事不迫遽,圣人复起,不能易也。

向者,天下户过千万,除其老弱,但户一丁壮,则千万人也。遗漏既多,又蛮夷戎狄居汉地者尚不在焉。丁壮十人之中,必有堪为其什伍之长,推什长已上,则百万人也。又十取之,则佐史之才已上十万人也。又十取之,则可使在政理之位者万人也。以筋力用者谓之人,人求丁壮;以才智用者谓之士,士贵耆老。充此制以用天下之人,犹将有储,何嫌乎不足也?故物有不求,未有无物之岁也;士有不用,未有少士之世也。夫如此,然后可以用天性,究人理,兴顿废,属断绝,网罗遗漏,拱枅天人矣。

或曰:善为政者,欲除烦去苛,并官省职,为之以无为,事之以无事,何子言之云云也?曰:若是,三代不足摹,圣人未可师也。君子用法制而至于化,小人用法制而至于乱。均是一法制也,或以之化,或以之乱,行之不同也。苟使豺狼牧羊豚,盗跖主征税,国家昏乱,吏人放肆,则恶复论损益之间哉!夫人待君子然后化理,国待蓄积乃无忧患。君子非自农桑以求衣食者也,蓄积非横赋敛以取优饶者也。奉禄诚厚,则割剥贸易之罪乃可绝也;蓄积诚多,则兵寇水旱之灾不足苦也。故由其道而得之,民不以为奢;由其道而取之,民不以为劳。天灾流行,开仓库以禀贷,不亦仁乎?衣食有馀,损靡丽以散施,不亦义乎?彼君子居位为士民之长,固宜重肉累帛,朱轮四马。今反谓薄屋者为高,藿食者为清,既失天地之性,又开虚伪之名,使小智居大位,庶绩不咸熙,未必不由此也。得拘挈而失才能,非立功之实也。以廉举而以贪去,非士君子之志也。夫选用必取善士,善士富者少而贫者多,禄不足以供养,安能不少营私门乎?从而罪之,是设机置井以待天下之君子也。

盗贼凶荒,九州代作,饥馑暴至,军旅卒发,横税弱人,割夺吏禄,所恃者寡,所取者猥,万里悬乏,首尾不救,徭役并起,农桑失业,兆民呼嗟于昊天,贫穷转死于沟壑矣。今通肥饶之率,计稼穑之人,令亩收三斛,斛取一斗,未为甚多。一岁之间,则有数年之储,虽兴非法之役,恣奢侈之欲,广爱幸之赐,犹未能尽也。不循古法,规为轻税,及至一方有警,一面被灾,未逮三年,校计骞短,坐视战士之蔬食,立望饿殍之满道,如之何为君行此政也?二十税一,名之曰貉,况三十税一乎?夫薄吏禄以丰军用,缘于秦征诸侯,绩以四夷,汉承其业,遂不改更,危国乱家,此之由也。今田无常主,民无常居,吏食日禀,班禄未定,可为法制,画一定科,租税十一,更赋如旧。今者土广民稀,中地未垦;虽然,犹当限以大家,勿令过制。其地有草者,尽曰官田,力堪农事,乃听受之。若听其自取,后必为奸也。

《法诫篇》曰:

《周礼》六典,冢宰贰王而理天下。春秋之时,诸侯明德者,皆一卿为政。爰及战国,亦皆然也。秦兼天下,则置丞相,而贰之以御史大夫。自高帝逮于孝成,因而不改,多终其身。汉之隆盛,是惟在焉。夫任一人则政专,任数人则相倚。政专则和谐,相倚则违戾。和谐则太平之所兴也,违戾则荒乱之所起也。光武皇帝愠数世之失权,忿强臣则窃命,矫枉过直,政不任下,虽置三公,事归台阁。自此以来,三公之职,备员而已;然政有不理,犹加谴责。而权移外戚之家,宠被近习之竖,亲其党类,用其私人,内充京师,外布列郡,颠倒贤愚,贸易选举,疲弩守境,贪残牧民,挠扰百姓,忿怒四夷,招致乖叛,乱离斯瘼,怨气并作,阴阳失和,三光亏缺,怪异数至,虫螟食稼,水旱为灾。此皆戚宦之臣所致然也。反以策让三公,至于死免,乃足为叫呼苍天,号咷泣血者也。又中世之选三公也,务于清悫谨慎,循常习故者。是妇女之检柙,乡曲之常人耳,恶足以居斯位邪?势既如彼,选又如此,而欲望三公勋立于国家,绩加于生民,不亦远乎?昔文帝之于邓通,可谓至爱,而犹展申徒嘉之志。夫见任如此,则何患于左右小臣哉?至如近世,外戚宦竖请托不行,意气不满,立能陷人于不测之祸,恶可得弹正者哉!曩者任之重而责之轻,今者任之轻而责之重。昔贾谊感绛侯之困辱,因陈大臣廉耻之分,开引自裁之端。自此以来,遂以成俗。继世之主,生而见之,习其所常,曾莫之悟。呜呼,可悲夫!左手据天下之图,右手刎其喉,愚者犹知难之,况明哲君子哉!光武夺三公之重,至今而加甚,不假后党以权,数世而不行,盖亲疏之势异也。母后之党,左右之人,有此至亲之势,故其贵任万世。常然之败,无世而无之,莫之斯鉴,亦可痛矣。未若置丞相自总之。若委三公,则宜分任责成。夫使为政者,不当与之婚姻;婚姻者,不当使之为政也。如此,在位病人,举用失贤,百姓不安,争讼不息,天地多变,人物多妖,然后可以分此罪矣。

或曰:政在一人,权甚重也。曰:人实难得,何重之嫌?昔者霍禹、窦宪、邓骘、梁冀之徒,籍外戚之权,管国家之柄;及其伏诛,以一言之诏,诘朝而决,何重之畏乎?今夫国家漏神明于媟近,输权重于妇党,筹十世而为之者八九焉。不此之罪而彼之疑,何其诡邪!

论曰:百家之言政者尚矣,大略归乎宁固根柢,革易时敝也。夫遭运无恒,意见偏杂,故是非之论,纷然相乖。尝试妄论之,以为世非胥、庭,人乖毂饮,化迹万肇,情故萌生,虽周物之智,不能研其推变;山川之奥,未足况其纡险。则应俗适事,难以常条。如使用审其道,则殊涂同会;才爽其分,则一豪以乖。何以言之?若夫玄圣御世,则天同极,施舍之道,宜无殊典。而损益异运,文朴递行。用明居晦,回沉于曩时;兴弋陈俎,参差于上世。及至戴黄屋,服绨衣,丰薄不齐,而致化则一;亦有宥公族,黥国储,宽惨巨隔,而防非必同。此其分波而共源,百虑而一致者也。若乃偏情矫用,则枉直必过。故葛屦履霜,敝由崇俭;楚楚衣服,戒在穷豫。疏禁厚下,以尾大陵弱,敛威峻罚,以苛薄分崩。斯《曹》《魏》之刺,所以明乎国风;周、秦末轨,所以彰于微灭。故用舍之端,兴败资焉。是以繁简唯时,宽猛相济。刑书铸鼎,事有可详;三章在令,取贵能约。太叔致猛政之褒,国子流遗爱之涕,宣孟改冬日之和,平阳循画一之法。斯实弛张之弘致,可以徵其统乎!数子之言当世失得皆究矣,然多谬通方之训,好申一隅之说。贵清静者,以席上为腐议;束名实者,以柱下为诞辞。或推前王之风,可行于当年;有引救敝之规,宜流于长世。稽之笃论,将为敝矣。如以舟无推陆之分,瑟非常调之音,不限局以疑远,不拘玄以妨素,则化枢各管其极,理略可得而言与?

赞曰:管视好偏,群言难一。救朴虽文,矫迟必疾。举端自理,滞隅则失。详观时蠹,成昭政术。

中华传世藏书

二十四史

精华

四二十
二十四

后汉书

五五六

【译文】

王充字仲任,会稽上虞人,他的先辈从魏郡元城迁到这里。王充从小便是孤儿,家乡的人称赞他十分孝顺。后来到达京城,在太学学习,师事扶风班彪。喜好博览群书而不死守章句。家中贫穷,没有书籍,经常出入洛阳的集市商店,阅读那里出售的书籍,看一遍就能背诵,因此博通各家各派的学说。后来回归故里,隐居教书。在郡里做官到功曹,因多次进谏争论不合而辞官。

王充喜好发表议论,开始好像十分奇特,与众不同,最终却有充分的理由和事实依据。认为世俗儒生死守书本,大都违背真实情况,于是闭门深思,谢绝喜庆吊唁的礼节,门窗墙壁都安放着书写用的刀笔,撰写《论衡》八十五篇,二十多万言,辨析万事万物的同异,解决当时社会上的各种疑难问题。

刺史董勤征召他为从事,升迁为治中,自己辞官回家。同郡友人谢夷吾上书推荐王充的才能和学识,汉章帝特地下诏书用公车征召他,因为有病而没有成行。年近七十,精力衰减,于是编写《养性书》十六篇,节制嗜好欲望,自己注意保养精神。汉和帝永元(公元89~105年)中,在家中病逝。

王符字节信,安定临泾人。从小好学,有志向操守,与马融、窦章、张衡、崔瑗等十分友好。安定地区社会上鄙视妾生的孩子,而王符母亲家里没有人,被乡里人瞧不起。自汉和帝、安帝之后,世俗致力于外出做官,掌握实权的大官更番相互引荐,而王符却性情耿介,不同于流俗,因此便得不到进升。心情郁闷怨恨,于是隐居著书三十多篇,用来讥刺当时社会的得失,不想显露自己的名声,因此命名为《潜夫论》。书的中心思想在于攻击当时社会的弊端,声讨谴责物理人情,足以看出当时社会的风俗政治,现著录其中的五篇。

《贵忠篇》说:

帝王所尊敬的是天,皇天所爱护养育的是人。如今人臣接受君主委任的重位,治理皇天钟爱的人民,怎么能够不使他们享受安宁而获得利益,养育而救济他们呢?因此君子做官就想着使人民获得利益,向上表达意见就想着荐举贤能,所以在上而下不怨,在前而后不恨。《尚书》说:"皇天的职能,人理当代替它完成。"成就王业的人效法皇天而设置官位,所以英明的君主不敢凭私情授官,忠臣不敢凭空而任职。窃取人家的财物尚且称为盗,何况偷取皇天的官位以满足一己的私利呢!用罪恶的手段侵害人,必定加以诛杀惩罚,何况是侵害皇天,怎么会不招灾惹祸呢?唐虞夏商周五代的臣子,用正道侍奉君主,恩泽施及草木,仁爱覆盖大地,因此福祚流传繁衍,宗族延续百世。末代的臣子,用谄媚侍奉君主,不考虑顺从皇天,专门依仗杀伐。白起、蒙恬,秦王朝把他们当作功臣,皇天把他们当作奸贼;息夫、董贤,君主将他们当作忠臣,皇天将他们当作强盗。《周易》说:"德薄而位尊,智小而谋大,不遭到惩罚的实在太少了。"因此道德与职位不相称,遭到的祸害必定十分悲惨;才能与职位不相称,蒙受的灾殃必定大得惊人。那些窃据官位的人,皇天夺走他们察看自己的镜子,尽管有善于明察的资质,施行仁义的志向,一旦富贵,就背弃亲朋故旧,丧失他们的本心,疏远骨肉而亲近小人,薄待知心朋友而厚爱走狗坐骑,宁可看着金钱堆积成山,也不肯将一文钱借贷旁人,情知仓库里的存粮腐烂,也不肯把一斗米借贷旁人,骨肉怨恨于家,百姓咒骂于路。前人因此败亡,后人争相沿袭,实在令人痛心啊!

富豪贵族车骑出行图

纵观前代朝廷要人的用心,和幼小的婴儿有什么不同呢?婴儿有经常出现的病痛,贵臣有经常遭到的祸殃,父母有经常出现的失误,君主有经常犯的过错。婴儿经常出现的病痛,是因为吃得过多造成的;贵臣经常遭到的祸殃,是因为过于受宠造成的。哺乳太多就生癫痫病,富贵过头就犯骄横病。溺爱的孩子遭伤害,骄横的臣子被灭亡,并非少数啊!惩罚得最厉害的,便是有的趴着死在大牢里,有的被斩首在大街上,难道不是无功于天,有害于人吗!鸟儿以为山太低便将巢高筑在它的上面,鱼儿以为泉太浅便在它的里面凿穴居住,最终被人们捉住,是因为诱饵的缘故。贵戚希望自己的住宅吉利而替它取了美名,想让住宅的门坚实而制造了铁枢,最终遭到败亡,并非因为苦于禁忌太少和门枢腐朽,而是因为时常苦于崇尚财货和行为骄横不守本分啊!

不上顺天心,下育人物,却想凭借自己个人的小聪明,私下戏弄君主的权威,违背天地,欺诬神明,居累卵之危,却图泰山之安,行若朝露,却想功传万世,难道不是太糊涂了吗!难道不是太糊涂了吗!

《浮侈篇》说:

帝王把天下当作家,把万民当作子。一个农夫不耕种,天下因此有人挨饿;一个妇女不纺织,天下因此有人受冻。如今所有世俗之人放弃农业这个根本,争着去经商谋利,牛马车辆,填塞道路,游手好闲、投机取巧,充满城镇。从事农业生产的少,张嘴吃闲饭的人多。《诗经》上说:"繁华的都城,四方的中心。"现在看看洛阳,从事商业的十倍于农夫,游手好闲的十倍于商人。这就是一个农夫耕种,一百个人吃饭,一个妇女养蚕,一百个人穿衣,用一个人养活一百人,怎能供给得了!天下上百个郡,上千个县,城镇以万计,大都是如此。农商不能满足供给,那么人民怎能不遭受饥寒?饥寒交迫,那么人民怎能不做坏事?做坏事的人太多,那么官吏怎能不严酷?屡遭严法酷刑,那么老百姓怎能不痛苦怨恨?痛苦怨恨的人多了,那么灾祸的征兆便一齐到来。老百姓活不下去,上天又降灾难,那么国家就岌岌可危了!

贫穷是从富裕转化来的,衰弱是从强盛转化来的,祸乱是从太平转化来的,危亡是从安定转化来的。因此英明的君主教养人民,关心他们,慰劳他们,教育他们,开导他们,防微杜渐,以打消他们的不良企图。所以《周易》赞美从节约出发来制定各种规范,不伤财,不害民。《诗经·七月》这首诗,教育人民做各种农活,一年到头终而复始。从这里看来,人本来是不可放纵的。

现在的人,衣着奢华,饮食侈靡,专门搬弄是非,擅长尔虞我诈。有的人以图谋不轨合伙犯禁为业,有的人以嬉戏赌博为事。成年男子不扶犁把锄,却怀夹弹丸,携手上山遨游。有的喜好用土做弹丸出卖,对外不能防御寇盗,对内不能消灭鼠雀。有的造泥车瓦狗等各种供玩乐的器具,用来欺骗小孩。这些都是毫无益处的。

《诗经》中讽刺说:"妇女不绩麻,街上舞婆婆。"又妇女不料理家务,放弃养蚕织布,却学做巫婆,装神弄鬼,蒙骗百姓,荧惑百姓妻女。羸弱疾病的人家,心怀忧虑,愁苦不堪,很容易被吓倒。甚至使得他们四处奔走以讨吉利,离开住宅,待在崎岖的山路旁,被风寒所伤,遭奸人暗算,受强盗抢劫。有的加重了灾祸,甚至死亡,却不知是被巫婆欺骗伤害,反而悔恨侍奉鬼神太晚了,这种事情实在荒唐到了极点。

有的人用美丽的绸子剪裁绘画,用来书写祝词;有的人花言巧语,希望获得福祚;有的人剪碎五彩的缎子,弄成只有分寸的小块;有的人截断各种丝线,缠绕在手腕上;有的人裁剪绮罗,拼缝成幡。所有这些浪费了成百匹的绸缎,花去了成千倍的功夫,把牢固的东西破坏掉变得毫无用处,将简单的事情搞得十分繁难,白吃了好的粮食,消耗宝贵的光阴。山林不能满足野火,江海不能装满漏卮,所有这些都是应当禁止的。

从前汉文帝身穿粗绸,以皮做鞋,用革为带,如今京城贵戚,衣服饮食,车辆房舍,其奢侈程度远远超过帝王规定的制度,实在太不像话了。而且他们的家奴婢妾,都穿戴彩带花绸,锦绣绮纨,精细的葛布、越布、筒中布、犀角、象牙、珠玉、琥珀、玳瑁,雕刻上隐约的山水花纹,镶嵌着金银丝线,穷极奢丽,转相夸耀。那些嫁娶的人,车辆排数里,帘幕遮满道,骑马的家奴,侍候的僮仆,在车旁前呼后拥。富人竞相攀比,穷人羞愧不及,一次宴会的花销,破费一辈子的产业。古人一定要有官职然后才能穿丝绸,乘车马,现在虽然不能复古,也应该令小民稍微效法汉文帝时的规定。

古代埋葬死人,裹上厚厚的草,埋在野外,不起坟,不植树,丧期没有固定的时间。后代的圣人改用棺椁,用桐木做棺材,用葛藤捆紧,掘坑不见泉水,掩土不泄臭味。中世以后,改用楸、梓、槐、柏、柂、樗为棺,都是就地取材,只用胶漆,使它坚固可靠,能够使用,如此而已。如今的京城贵戚,一定要用江南出产的檽、梓、豫章等珍贵木材。边远的小地方,也竞相仿效。檽、梓、豫章这些东西,出产在特别遥远的地方,从高山上砍伐下来,拖到深谷里,弄到大海边,经过淮河,逆黄河,溯洛水,工匠雕刻,连日累月,聚集众人才能移动,使用很多的牛才能运到,重达千斤,动用近万人,东到乐浪,西至敦煌,在上万里的地区费力伤农。古代建墓而不起坟,中世起坟而不高大。孔子死了母亲,坟高四尺,遇雨崩塌,弟子请求修筑,孔子哭泣说:"古人不修坟。"到儿子孔鲤死的时候,只有棺,没有椁。汉文帝葬在芷阳,汉明帝葬在洛南,都不埋藏珠宝,不起山陵,坟墓虽然低矮,道德最为高尚。如今京城贵戚,郡县豪家,活着的时候不尽心赡养,死后却大办丧事。有的甚至使用金缕玉匣,选用檽、梓、楩、柟木,大量埋葬珍宝、偶人、车马,筑起高大的坟墓,种植很多松柏,建造房屋祠堂,竭力崇尚奢华。考察周文王、武王在鄗、毕的陵墓,曾子父亲在南城的坟茔,并非周公不忠,曾子不孝,他们以为,表彰君父,不在于大量的财物;光宗耀祖,不取决于车马。从前晋灵公增加赋税,用来装修墙壁,《春秋》认为不像君主的样子;华元、乐举厚葬宋文公,君子认为不像臣子的样子,何况是一般官吏士大夫和庶民,怎能奢侈到僭越君主,违背天道呢?

《实贡篇》说:

国家因贤能兴起,因谄媚衰微;君主因忠臣安宁,因奸佞危亡。这是古今的通论,得到社会的共识。然而衰败的国家,危亡的君主,络绎不绝,哪里是因为当时没有忠信正直的士人呢,实在是苦于他们的主张得不到实行啊。在十步之内,必定有茂盛的草;十户人家居住的地方,必定有忠信之人。因此危乱的殷朝有三位仁人,弱小的卫国君子众多。现在以大汉朝如此广大的领土,士人民众如此众多,朝廷如此清明,上下如此善良正派,而做官的却没有好官,在位的却没有良臣。这哪里是社会上没有贤能,想来是因为使用的人名不符实。原来坚持正道的缺少知己,顺从世俗的同伙众多,因此结党营私,放弃质朴,崇尚浮华。那些荐举士人的,不再根据他们的本质才干,衡量他们的能力操行,只是凭空捏造名誉,胡乱抬高声望。粗略估计举荐的人,每年差不多二百。察看他们的样子,那么品行可与颜渊、冉求比美;认真考核他们的能力,那么很少赶得上中等人,都是伙同追求升官,相互推举引荐。作为士人,重在如何使用,不必要求十全十美。所以孔子的四个弟子虽然都很好,但才能并没有相互兼有;殷朝的三位仁人一起招致,并没有做同样的事情。汉高祖的辅佐之臣,来自灭亡的秦朝;汉光武得到士人,也全靠残暴的王莽。何况太平盛世,能说没有士人吗!

英明君主的诏令好像声音,忠臣的附和好比回响。声响的长短大小,清浊快慢,必定是相互适应的。况且加工玉要用石头,淘洗金子要用盐,洗涤锦缎要用鱼,漂洗布匹要用灰。万物本来就有用贱的治理贵的,用丑的改变好的这种情形。聪明的人弃短取长,以成就自己的功业。现在如果荐举士人都能考核真才实学,他们有点小毛病,不用勉强掩饰,进退语默,各随他们方便,那么萧何、曹参、周勃、韩信之辈,哪里会招致不来,吴汉、邓禹、梁统、窦融之属,立等可得。孔子说:"没有加以考虑啊,哪有什么遥远的呢?"

《爱日篇》说:

国家之所以成为国家,是因为有人民。人民之所以成为人民,是因为有粮食。粮食之所以能丰产,是因为有人的功绩。人的功绩之所以能建立,是因为有充足的时间。太平国家的日子十分漫长,所以人民闲暇而有余力;危乱国家的日子十分短促,所以人民苦于追求而无余力。日子漫长,不是说太阳慢慢移动,乃是君主英明,人民安宁而有余力。日子短促,不是说减损时间刻度,乃是在上位的昏庸,在下位的胡来,没有余力。孔子说:"既然人口众多,就让他们富起来,已经富了,便加强对他们进行教育。"因此礼义的产生是由于富足,盗贼的出现是由于贫穷。富足的产生是由于时间充裕,贫穷的出现是由于没有时间。圣人深刻理解劳力是人民的根本,国家的基础,所以尽力减省徭役,使大家珍惜时间。因此尧命管历法的羲氏、和氏,"恭敬地顺从皇天,慎重地颁布农时。"汉明帝时,接待臣民上书的公车令因凶日不接受奏章,皇帝听说后责怪说:"人民放弃农业生产,老远来到宫门,却又用禁忌来加以限制,难道符合管理政事的本意吗?"于是便取消这种规定。如今冤民渴望申诉，而官吏却以神自居，百姓放弃农业生产赶往官府衙门的，在路上排队等候，非从早到晚得不到通报，非行贿不能被召见。有的连日累月，三番五次探望；有的转请街坊邻居，给被囚禁的送饭，听候召唤。一年的收成已经亏耗，天下怎能没有受饥挨饿的呢？

孔子说："审理诉讼，我和别人差不多。"从这句话看起来，中等才能以上，足以审议是非曲直，乡长、亭长和部吏，也有能胜任判案的，却大都造成冤案，这是有缘故的。理直就凭借正义而不屈，事亏就得谄媚阿谀而行贿。不屈所以不会给官吏好处，行贿因此得到法律的偏袒。如果案子有反复，官吏会相应受罚。官吏因为会相应受罚，不得不在公堂上冤枉好人。以无依无靠的贫弱小民，同豪强滑吏对簿公堂，在这种形势之下，怎么会不遭冤屈呢？县官听从小吏的说法，所以和小吏一模一样。如果案子有反复，县官也会相应受罚。县官因为会相应受罚，于是在郡衙里串通一气。以一个微不足道的小民，却同一县的官吏对簿公堂，他的理由难道能得到伸张吗？案子有反复，郡守也会遭到处罚。郡守因为会一起受罚的缘故，便在州衙里串通一气。以一个微不足道的小民，同一郡的官吏对簿公堂，在这种形势之下，难道能获得胜利吗？既然不肯秉公审理，所以才老远来到三公衙门。三公衙门又不能认真核查，当然就拖延日期。贫弱的无法旷日持久，有权有势的富人可以耗满千日。审理诉讼像这个样子，有什么样的冤枉能得到昭雪呢！正直的人满怀怨恨而不能申冤，奸猾的官吏袒护坏人而不受惩罚，这就是小民容易被侵害，而天下人民多困苦贫穷的原因。

姑且排除上天因感伤而降灾不说，只就花费在诉讼上的人工而论。从三公州郡衙门，到乡县主管的官吏，打官司的人，与官司相关联反复审查对质的人，每天差不多有十万人。一个人参与讼事，要两个人帮着应付，这就是每天有三十万人荒废自己的本业。按中等农夫可养活的人口计算，那么这就是每年有三百万人因此要挨饿了。这样一来，盗贼怎样会消灭，太平怎么能实现呢！《诗经》上说："莫肯念乱，谁无父母？"百姓不富有，君主哪来的富有？怎能不想一想呢！怎能不想一想呢！

《述赦篇》说：

凡治疗疾病的，必须知道脉的虚实，气结不散的原因，然后开出药方，所以病能治好而命可延长。治理国家的，必须首先知道人民受苦的原因，灾祸产生的原因，然后加以禁止，所以奸邪可以杜绝而国家能够安宁。现在贼害良民最厉害的，没有超过屡次赦免和赎罪的了。赦免和赎罪频繁，那么恶人嚣张而善人就悲伤了。用什么说明这个问题呢？原来严格要求自己的人，自身不去做坏事，又有的官吏十分正直，不避强暴，而奸猾之徒却对他们横加诬陷，是因为都知道赦免不会太久的缘故。善人君子，被侵害怀恨而能到宫廷自己剖白的，万人中没有几人；这几个人之中能得到尚书省讯问的，百人之中不过一人；已经对簿尚书省而凭空被打发回去的，又占了十分之六七了。那些轻薄奸猾为乱之徒，既然已经沦陷法网，怨恨的人家便希望他们受到法律的制裁，以解除心中的积愤，却反而一概被赦免释放，让恶人大举宴会而放肆夸耀，盗贼老手服藏赃物而经过家门。孝子看见仇人而不能声讨，被盗的人见到东西而不敢索要，悲痛之情没有比这更厉害的了！

养杂草的伤害庄稼，施惠奸邪的贼害良民。《尚书》说："文王制定刑法，对恶人加以惩办不要赦免。"先王制定刑法,不是喜好损伤人的肌肤,断送人的寿命,而是注重威慑奸邪,惩治恶人,清除害人虫。所以经书称赞"上天赏赐有道德的人,制定五种官服分五种色彩;上天惩治有罪恶的人,制定五种刑法有五种用途"。《诗经》讽刺"他应当判罪,你却将他开脱"。古时候只有最初接受天命的君主,继天下大乱的顶点,盗贼奸邪难于被法令禁止,所以不得不有所赦免,同他们一起更新社会,让万民休养生息,以实现天下太平。并不是以此培养奸邪,姑息罪恶,放纵天贼。性恶的人,是人民中的豺狼,虽然受宽宥、释放之恩,终究没有改悔之意。早上摆脱沉重的枷锁,晚上又回到关押的牢笼,严肃公正的长官,不能使他们永远绝迹。为什么呢?大凡敢于做大坏事的,才能必定有超过众人的地方,而且能够自己取媚于在上位的人。他们大量分发不义之财,用谄媚阿谀之辞进行奉承,以此辗转相互驱使,没有第五公那样清廉正直的品行,谁不为之动心呢?议论的人都说:"长期不赦免,那么奸邪气焰嚣张,而官吏不能制服,应当经常开脱过失将他们释放。"这是没有弄清政治混乱的根本原因,不懂得祸福产生的根源所在啊。

后来度辽将军皇甫规辞官回到安定,乡人中有一位用钱财捐得雁门太守的,亦离职回家,写名片拜见皇甫规。皇甫规躺着不起来迎接。既已进屋,便问道:"你从前当太守时吃雁肉味道好吗?"过一会,又禀报王符在门外。皇甫规素来听说王符的名声,便十分惊讶地赶紧起身,来不及系衣带,拖着鞋出外迎接,拉着王符的手进来,和他坐在一起,高兴极了。当时的人评论说:"但见郡太守,不如一儒生。"是说书生注重道义特别值得推崇。王符终究不做官,最后死在家里。

仲长仲字公理,山阳高平人。从小好学,广泛涉猎各种书籍,擅长文辞。二十多岁,在青州、徐州、并州、冀州之间游学,与他交朋友的都对他另眼相看。并州刺史高干,是袁绍的外甥,向来高贵而有名望,招致四方游学的士人,士人归附的很多。仲长统路过进见高干,高干十分友善地款待,征求对时事的看法。仲长统对高干说:"您有雄心而无雄才,喜好士人而不会选择人,这是我要深切告诫您的。"高干平素自视甚高,不采纳他的意见,仲长统于是离去。没过多久,高干凭借并州叛乱,终于遭到失败。并州、冀州的士人都因此对仲长统另眼相看。

仲长统生性倜傥,敢于直言,不拘小节,默语无常,当时有的人称他为狂生。每逢州里、郡里派人召见,就称病不往。平时认为,凡是游说帝王的,是想以此立身扬名,可是名声不长存,人生易消逝,悠闲自在,可以自得其乐。想选择一个清静空旷的地方居住,以满足自己的愿望,并议论说:"如果居住的地方有良田,有宽敞的宅院,背山临水,沟池环绕,遍地竹木,房前建场圃,屋后造果园。有舟车足以替代步行的艰难,有使唤的人足以摆脱四肢的劳苦。奉养双亲有多种名贵的菜肴,妻儿没有吃苦受累的劳作。高朋云集,就摆酒菜使他们高高兴兴;佳节吉日,就烹猪羊以供奉先人。徘徊于田间林苑,游戏在平地树丛,濯洗清流,追随凉风,垂钓游鲤,仰射飞鸿。在舞雩台下讽诵,歌咏着回到高堂之上。闺房中安心养神,思考老子玄妙莫测心境虚灵的意旨;呼吸精气和气,达到与至人无物无我相仿佛有境界。与几位胸襟开阔的人论道讲书,穷究天地,品评人物,弹奏高雅的《南风》琴曲,发出清高美妙的声音。逍遥于尘世之外,睥睨于天地之间。不承担当代的责任,永保性命以尽天年。像这样,就可以凌驾于霄汉之上,出于宇宙之外了。哪里还羡

慕出入帝王之门呢!"又作诗两篇,以表达自己的志向,诗曰:

飞鸟留下足迹,蝉儿脱掉陈壳。腾蛇遗弃鳞甲,神龙解除头角。至人善于应变,达士超越世俗。驾云不用马缰,御风无须双足。垂露形成帷帘,天空便是幄幕。沆瀣当作饮食,太阳权当灯烛。恒星艳丽如珠,朝霞滑润似玉。天地四方之间,听凭心意所欲。人事全可抛弃,哪里还受拘束!

大道虽然很平坦,察见征兆人实少。随心所欲无过错,追随万物不讨好。古来纠缠解不开,委曲求全似锁套。千思百虑又何必,自身想开最重要。愁云寄放在天空,忧思深埋在地下。背叛废置乃《五经》,毁灭抛弃是《风》《雅》。诸子百家大杂烩,请让他们化火花。坚定志向居山林,驰骋心意到天涯。元气姑且当小舟,微风自然做船舵。自由翱翔在太空,纵情打扮全在我。

尚书令荀彧听到仲长统的名声,对他十分赞赏,推荐为尚书郎。仲长统后来曾帮助丞相曹操办理军务。每当议论古今和现实的风气行事,常恼怒叹息,因而写下论著名叫《昌言》,共三十四篇,十馀万言。

汉献帝让位那年,仲长统逝世,时年四十一。友人东海缪袭曾赞美仲长统的才华文章足以承接西汉时的董仲舒、贾谊、刘向、杨雄。现简要摘录他的书中对政事有补益的文字,略加记载。

《理乱篇》说:

顺应天命出现的豪杰,原本没有据有天下的名分。没有据有天下的名分,所以争战便纷纷发生。在这个时候,都假借天威,矫命占据一方自立为国,拥有军队同我较量才能智慧,比试勇气力量与我争高低,不知进退,贻误天下,真是数不胜数。斗智的都穷途末路,斗力的都败下阵来,形不堪复抗,势不足再争,于是才头颈套绳索,到我这儿听从摆布。这些人有的曾是我的尊长,有的曾是我的同辈,有的曾使唤过我,有的曾拘禁过我。他们得意的时候,都在心中咒骂,庆幸我遭到失败,并以此奋力实现他们从前的志向,岂肯把现在这种结果作为终身的名分呢?

到继承皇位的时候,民心已经安定了。普天之下,靠我而得到生存繁衍,因我而得到富贵,安居乐业,养育子孙,天下一片太平景象,全都归心于我了。豪杰的雄心已经消逝,士民的志向已经摆平,最贵的只有固定的一家,最尊的只有一个人。在这个时候,虽然是最愚蠢的人当皇帝,也能使他的恩德如同天地,威望好比鬼神。暴风迅雷,不足以形容他的愤怒;阳春时雨,不足以比喻他的恩泽;周公、孔子几千个,无法再与他的圣明争高下;孟贲、夏育上百万,无法再同他的勇武较长短了。

到后世继承帝位的昏君,见天下无人敢违抗他,自认为像天地那样不会消亡,便放纵自己的私欲,驰骋自己的邪念,君臣公开淫乱,上下一起胡为。目极杂耍游戏,耳穷靡靡之音,入则沉溺女色,出则玩命打猎,荒废政事,抛弃人才,有如洪水泛滥,没有尽头。信任亲爱的人,都是献媚阿谀之徒,受宠极贵的人,全为后妃姬妾之家。让饿狼守庖厨,饥虎管猪圈,便发展到煎熬天下人的脂膏,敲吸活人的骨髓。愤恨绝望,祸乱并起,全国一片混乱,外族侵夺背叛,土崩瓦解,一朝覆亡。从前是我哺养的子孙,如今全成了饮我鲜血的仇敌。直到天命转移,大势已去,仍然不觉悟的,难道不是因富贵产生了不仁,荒淫导致了昏庸吗？存亡因此更替,治乱从此反复,这正是天道永恒的规律。

又管理政事的人,只知采取权宜之计罢了,不能认真思考贤人和愚人的区别,以便揭示国家盛衰的规律。一天天不如古代,越往后差得越远,难道不是这样吗？汉朝兴起以来,相互都是普通百姓,而凭借财力占据统治地位的,世上无计其数。可是清廉纯洁的士人,自己白白在荆棘丛中受苦,对世风世俗一点影响没有。富豪人家的房屋,鳞次栉比数百间,肥沃的田地布满原野,奴婢上千,依附的人以万计。用车船贩货经商,通达四面八方;囤积居奇,遍布都市城镇。珍奇宝物,巨大的房屋容纳不下;马牛羊猪,深山大谷承受不了。妖冶的童仆婢妾,填满华丽的居室;歌舞弹唱的艺人,陈列在幽静的厅堂。宾客等待进见而不敢离开,车辆马匹纵横交错而不敢前行。牛羊猪肉,多到臭不可食;清醇美酒,多到变质不可饮用。稍有顾盼,那么大家就随他的目光探望;略显喜怒,那么大家就迎合他的心意改容。这些都是公侯们的享受,统治者的财富。如果能运用智谋,就可以得到这些东西。如果能得到这些东西,人们便不会认为是一种罪恶。源头一打开便到处横流,道路一铺好便四通八达了。要求士人放弃荣华享受而甘居穷苦,抛开自由自在而自找束缚,谁肯这样做呢! 乱世长而治世短。乱世则小人富贵荣宠,君子困穷卑贱。当君子困穷卑贱的时候,在高天下弯腰,在厚地上敛足,还唯恐遭到压迫的灾祸。待到治世,却又深受矫枉过正的限制。老得快死了,不能赶上轻松富裕的社会;年轻的刚步入壮年,又将在衰乱的时代穷愁潦倒。这是让奸人专擅无穷的福利,而善士承担不赦的罪孽。如果眼睛能分辨颜色,耳朵能分辨声音,嘴巴能分辨味道,身体能分辨冷暖,都将把修养洁身当作难言的罪过,想方设法加以避开,哪里会有肯安贫乐道的呢? 这正是后世君主权宜处事的过错啊!

从前春秋时代,是周王朝的乱世。到了战国,就更加厉害了。秦始皇利用兼并各国的势头,放纵虎狼般的野心,宰割天下,吞食幸存者,残暴极了,因而招来了楚汉争战的苦难,远远超过了战国时代。汉王朝经历二百年又遇到王莽作乱,计算这次被杀戮死亡的人数,又超过秦始皇、项羽时一倍多。到了今天,著名的都市空虚而无人居住,百里之内绝迹而看不见人的,不可胜数。这就又超过王莽作乱的时候了。可悲啊! 不到五百年,出现三次大灾难,中间其他的祸乱尚且不计算在内。越演变越可怕,越往后越残酷,照这样发展下去,可能就达到全部死光的地步了。唉! 不知后世圣人将用什么样的办法来拯救社会危难啊! 又不知上天如果让这种社会规律发展到了尽头,还想让它走到哪里去呢?

《损益篇》:

措施对社会有利,制度对万物适宜,可加以实行。事情违背礼数,法令忽略现实,应当加以改变。所以在古代推行产生过效益,用在今天没有好处的,不可不进行改变。改变后反而不如从前,替换后反而失败更多的,也不可不加以恢复。汉王朝刚兴起的时候,分别封子弟为王,将士人百姓的性命托付他们,把生杀大权交给他们。因此骄奢放纵,欲望无度。鱼肉百姓,以满足他们的私欲;奸淫骨肉,以发泄他们的情欲。对上有篡逆背叛的不法行为,对下有暴虐凶残的严重危害。虽然是凭借亲属的恩典,但原本也是历史的发展和形势使他们成这个样子的。爵位被降低,封地被削减,权力被慢慢剥夺,最终至于坐食俸禄罢了。但他们的污秽行为,荒淫昏庸的罪行,还是非常多的。所以使他们的根基变浅,对他们的恩义减少,尚且还假借一日的尊贵地位,让士人百姓替他效力,何况是专权于封国,擅自传位于后代的时候,怎能通过鞭打喝骂,便让他们完全听从我的摆布呢?政治衰败,风俗改变,纯朴丧失,奸诈出现。摆脱礼制的约束,纵情于嗜欲之中已经很久了,原本就不该将权柄交给他们,把资本借给他们。因此收回他们世代继承的权力,阻止他们跋扈的势头,优秀的尽快提升,邪恶的及早铲除,所以地方上没有被埋没的士人,朝廷中没有专宠的贵人。这是变革很出色,可以一直推行下去的例子。

井田制被瓦解,豪强经商营利,房产遍布于州郡,田地连片于方国。自身连当小吏的命都没有,却偷偷穿戴只有三公才能享有的彩服,连五户居民的头领都不是,却役使有千户人家的名邑的百姓。荣华享乐超过有封地的贵族,权势等同于郡守县令,财货私营不纳税,违犯法律不受罚,刺客和敢死之士为他卖命。使得力单忠厚的人,被破帘坏,死于他乡而无人收敛,蒙受冤枉,走投无路而不敢控诉。虽然也有法纪松弛的原因,实则乃占有田地不受限制造成的。如今想重振太平社会的纲纪,确立长治久安的基础,平均人民的财富,纠正奢侈的风俗,非实施井田制就实在没有别的出路了。这是变革有失败,而应当恢复旧制的例子。

肉刑被废除,各种罪行便没有相应的惩治标准,不够死刑的就处以髡刑和钳刑,不够髡刑、钳刑的就处以鞭笞。处死的人不能复生,而受髡刑的并没有多大伤害。髡刑和鞭笞不足以惩办犯中等罪行的人,哪里能够不将他们处死呢?偷鸡摸狗,男女淫乱私奔,一般性的贿赂,误伤他人,都是不应当处以死刑的。杀了他们就太重,处以髡刑就太轻。不制订中、等刑法以适合这样的罪行,那么法令怎能不混乱,生杀怎能没有差错呢?如今忧虑刑罚太轻不足以惩治恶人,就虚增赃物以定成死罪,假托病死以掩盖极刑。法律条文中无法找到依据,名实不相符,恐怕不是帝王的通法,圣人的良制吧!有人说:"从重处罚恶人是可以的。从重处罚了好人,哪里能够挽回呢?"回答说:"像前朝以来,从未冤枉杀害过善人,就是因为有罪而不处以死刑。这种做法是对杀人能够容忍,而对处死罪犯不能容忍。现在使五种刑罚有明确的等级,定罪轻重有准确的界限,法律井井有条,定罪与罪行完全相符,不是杀人、叛逆、作乱、乱伦等罪大恶极的人,一概不杀。继承周朝罕见的典籍,接续吕侯制订的刑律,这又是应当恢复旧制的最好例子。"

《易经》说:"阳卦一君二臣,是君子之道;阴卦二君一臣,是小人之道。"如此说来,那么少数人是人上人,多数人是人下人。五户人家的长官,是才能足以管理五户的人;一国的君主,是才能足以掌管一国的人;天下的王,是才能足以称王天下的人。愚人被智者使唤,好比树枝依附树干,这个道理是天下的正常法则。组建国家是为了分头治理百姓,推行政事是为了分头处理事务。百姓离得太远就难于安抚,事务集中一处就不易解决。现在边远地区州府的属县,有的相离数百千里,虽然山陵洿泽很多,仍有可以住人种谷的地方,应当重新划定管辖范围,使远的不超过二百里,把户籍登记清楚以便相互检查,将五户十户的地方组织详细划分以便相互连接帮助,限定农夫的占田数量以杜绝兼并,制订五种刑法以拯救无辜的死亡,增加官员以振兴政事,抓紧农业生产以充实储备,舍弃工商业以专注农业,勉励教学以转变不良性情,表彰德行以改变风俗,考核才干技能以合理安排官员,选择精明强悍的人以学习军事,保养武器以应付战争,严肃法律禁令以防止越轨行为,信守赏罚以落实奖惩,督察游戏以杜绝奸邪,清查苛政以消除烦扰暴虐。确定这十六个方面作为政务,长期坚持实施,定期检查考核,太平时不懈怠,有事时不慌乱,圣人再现,不能变更。

以往,天下户数超过千万,除去其中的老弱,只每户一强壮男子,便有千万人。遗漏的已经不少,在汉朝领域内居住的少数民族还没有计算在内。十个强壮男子中,必有能胜任什长伍长的人,按什长以上计算,就有百万人。又从中取十分之一,那么可做辅佐官吏的人才就超过十万人。又从中取十分之一,那么可以让他们担任政务长官的就有万人。凭借体力发挥作用的称为人,对人要求强壮;凭借智力发挥作用的称为士,对士要重老成。完全按这种规定来使用天下的人,还会有所储备,何必担心不够用呢? 所以物品有不去寻求的,没有无物品的时候;士有不去使用的,没有缺乏士人的社会。只有像这样,然后便可以利用人的天性,穷尽人的道理,兴废继绝,网罗遗漏,包容天和人了。

有人说:"善于管理政事的,想清除烦扰苛刻,合并减省官职,以无为求有为,以无事求成功,您为何说出这番话呢?"回答说:如果这样,那么夏商周三代就不值得效法,圣人就不值得学习了。君子利用法制便实现天下大治,小人利用法制就造成天下人乱。都是同一个法制,有的用它实现大治,有的用它造成大乱,是因为做法完全不同啊。倘若用豺狼去放猪羊,用盗跖去管征税,国家昏乱,官吏放肆,那么对法制的损益还有什么好议论的呢? 百姓待君子然后感化治理,国家待积蓄才没有忧患。君子不是靠亲自从事农业生产来取得衣食的,积蓄不是靠横征暴敛来求得富足的。俸禄如果十分优厚,那么盘剥受贿的罪行才可以消灭;积蓄如果十会充足,那么战争水旱的灾难就不必害怕。所以遵循正道得到俸禄,百姓不认为是奢侈;遵循正道征税,百姓不认为是抢夺。天灾流行,开仓库救济借贷,不也是仁政吗? 衣食有富余,减少浪费奢华进行施舍,不也是义举吗? 那些居官位为士人百姓长官的君子,本应享受大量的肉食和布帛,乘坐四匹马拉的红轮车子。现在反而说住破房子的才高尚,吃豆叶的才清高,既已丧失天地的本性,又提倡虚伪的名声,使不聪明的人占据高位,使各种事业荒废,未必不是从这里产生的。得到洁身自好的人而失去有才能的人,不是从建立功业的实际出发啊! 凭廉洁得到荐举而因贪婪被免职,这不是士君子的本意。选用官吏必须取自善士,善士富的少而穷的多,俸禄不足以供养,怎能不多少做一些营私舞弊的事呢? 因此而惩治他们,是设置机关陷阱以等待天下的君子啊!

盗贼灾荒,九州交替发生,饥馑突然出现,军队仓促出征,横征赋税使百姓更加贫穷,剥夺减少小吏的俸禄。可依赖的东西很少,要收取的东西太多,上万里的地区长期匮乏,首尾不能相救,徭役一齐征调,农业荒废,万民向苍天哭喊呼叫,贫穷的流亡死于沟壑。现在按好田的平均产量,计算农业的收入,如果每亩收三斛,每斛征收一斗,并不算多。一岁之间,就有数年的储备,即使征调非法的徭役,放纵奢侈的欲望,大量赏赐受宠幸的人,也不可能用尽。不遵循古代的法制,改为轻税,及至一方有警,一处受灾,不到三年,核算亏空,坐视战士蔬食,立望饿莩满道,做君主的为什么要推行这种政策呢? 二十税一,孟子称为是野蛮人的做法,何况三十税一呢? 克扣小吏的俸禄以充军用,起因于秦朝

中华传世藏书

二十四史

精华

四二十
贤十四史

后汉书

五六六

征讨诸侯,接着又征讨四夷。汉朝继承秦朝的事业,于是没有更改,使国家遭受危害,正是由此造成的。现在田地没有固定的主人,百姓没有固定的住处,小吏吃每天供给的东西,俸禄的品级没有确定。应当订立法制,统一条例,租税十一,更役赋税依旧不变。如今土广人稀,中等以下土地未能开垦。尽管如此,仍当限制富家大族,不让他们超过规定。凡是长草的田地,一概称为官田,有能力胜任农业劳动的,才允许分配。如果听凭自己占有,将来一定会出现不法行为。

《法诚篇》说:

《周礼》中提支六种立国的法规,是由冢宰掌管以辅佐君主治理天下的。春秋时期,有道德修养的诸侯,都用一位上卿主持国政。到了战国,也都是这样。秦朝兼并天下,便设丞相,用御使大夫作为辅佐。从汉高祖到汉成帝,沿袭不变,大都一辈子坚持到底。汉朝的昌盛,正在于此。任用一人便政事专一,任用数人便相互依赖。政事专一就协调一致,相互依赖就矛盾抵触。协调一致便是太平产生的根源,矛盾抵触便是混乱出现的原因。汉光武帝恼怒几代皇帝丧失权柄,愤恨强臣窃据帝位,矫枉过正,大权不下放,虽设置三公,政事都归台阁管理。从此以后,三公的职位,不过是充数而已。但政事有处理不当的,还是要进行谴责。然而权力移交给外戚之家,宠信遍及于身边的宦者,亲信同党,任用私人,内充京师,外满洲郡,颠倒贤愚,舞弊选举,愚蠢无能的人掌管地方,贪婪残暴的人统治百姓,骚扰人民,激怒四夷,招致叛乱,流离疾苦,怨气并作,阴阳失调,日月星辰出现残缺,怪异现象频繁发生,害虫蚕食庄稼,水旱造成灾害。这些都是由外戚宦官当政带来的恶果,反而用来责怪三公,甚至于处死或免职,这实在是令人呼喊苍天,痛哭的事啊!又中古时代选拔三公,努力在清廉谨慎、循规蹈矩的人中寻找。这种人是妇女中的守本分的人,是乡间的平平常常的人,哪里能够胜任那样的职务呢?形势既然像那样,选举又像这样,却想盼望三公为国家建立功勋,为生民做出业绩,不也太遥远了吧!从前汉文帝对邓通,可以说宠爱到了极点,尚且允许申徒嘉施展秉公执法的志向。受信任到这种程度,那么对君主身旁的小臣还有什么可忧虑的呢?到了近代,外戚宦官的请托受阻,馈送得不到满足,马上能陷人于不测的灾祸之中,哪里还谈得上进行弹劾和纠正呢?从前任务重而责罚轻,现在任务轻而责罚重。过去贾谊有感于绛侯周勃被囚禁受辱,因而上书陈述有关大臣廉耻的名分,开了大臣有罪不受刑而自杀的头。从此以后,便成为惯例。继位的君主,生下来就见到这种情形,习以为常,从未有人觉悟。唉,太可悲了!左手握着天下的版图,右手刎自己的脖子,愚蠢的人都知道难办,何况明智的君子呢!汉光武帝剥夺三公的重任,至今更加厉害,不把权柄交给后党,几代以后便行不通,原来是因为亲疏之间的形势大不相同啊。母后的亲族,是不离左右的人,有这种至亲的地位,所以他们贵幸万世。一般大臣的失败,没有一个朝代不出现,却没有一个人引以为鉴,也实在令人痛心啊。不如设置丞相自己总揽大权。如果委任三公,就应分清职责负责将事情办好。任命执政的人,不应和他通婚;通婚的人,不应命他执政。像这样,在位使百姓困穷,荐举任用不是贤人,百姓不安,争讼不息,天地多灾变,人物多妖孽,然后就可以分别承担这些罪行了。

有人说:"政事掌握在一个人手中,权力太大了。"回答说:"人才实在难得,何必嫌权力太大？从前霍禹、窦宪、邓骘、梁冀之类，凭借外戚的势力，掌管国家的权柄，到他们被处死，用一句话的诏书，第二天早上就解决问题，有多么大的权力值得畏惧呢？如今国家对宦官失于明察，将大权交给外戚，算起来十代当中这样做的占了八九，不惩罚他们却怀疑其他人，多么荒唐啊！"

评论说：诸子百家谈论政事的由来已久，大体归结为巩固根基，变革时弊。遇到国家命运无常，意见便偏颇杂乱，所以对是非的论述，矛盾百出。试着妄加议论，认为社会已不是远古赫胥氏、大庭氏的时代，人们放弃了无私无欲的生活，世风万端，情欲萌生，虽有赅备万物的智慧，也不能弄清其中的推移变化；即使山川那样的奥秘，也不足比喻人心的险恶。那么要适合世俗顺应万事，就不能用一成不变的章程。如果用人深知他的主张，就能达到殊途同归的目的；才能与名分背离，就差之毫厘失之千里。为什么这样说呢？如果有道德的圣人治理社会，效法自然，符合中道，那么振兴还是废除的原则，就不会有不同的规定。而随着时代的不同有所减损或增益，只不过文采与质朴交替施行而已。公开施行还是隐蔽推行，与过去不相一致；动用干戈还是举行祭祀，同前世互有参差。等到做帝王时，无论是乘高贵的黄盖车，还是穿普通的葛布衣，丰俭虽不一样，而实现太平则是相同的。也有的宽宥公族的罪过，而对储君施以黥刑，宽容与惨毒相去甚远，而防止非分之想必然相同。这正是分流共源，百虑一致啊！若果偏离情理，一意孤行，那么便会矫枉过正。所以穿草鞋踏冰霜，其弊来源于过分节俭；衣冠楚楚，警告在于过分穷奢极欲；防范不严，分封太多，就会因尾大不掉，欺凌弱君；横征暴敛，严刑峻法，就会因苛刻薄情而分崩离析。这就是受到《曹风》《魏风》讥刺的对象，在国风中十分鲜明的缘故；周、秦二朝穷途末路，于灭亡的征兆里便特别显著的原因。所以取舍的开始，就隐含着兴盛与失败。因此繁简随时而易，宽猛相互补充。刑书刻在鼎上，事有应该周详；约法三章著为法规，贵在简明易行。由太叔将执政，导致子产对猛政的表扬；因子产遗爱，孔子流下了激动的眼泪。赵盾如夏日般可畏，一改赵衰如冬日般平和；曹参为相，全遵萧何统一的法规。这些的确是一张一弛的大概，可以验证为政的传统了吧！王充、王符、仲长统论说当代得失都很深刻，但大多背离精辟的古训，喜好强调片面的主张。崇尚清静无为的道家，把儒家讲席上的一套看作是迂腐的说教；拘泥于循名责实的名家，把老子的观点看作是荒诞不经的言辞。有的人推行前王的教化，可以在当年实施；有的人援引挽救弊端的法规，应当永世流传。用纯正的道理来考查它们，将会认为是一种弊端了。如果知道舟没有在陆地上推着走的功能，瑟不是只弹奏一个永远不变的声音，不局限在眼前以怀疑远古，不拘泥于黑色以妨害白色，那么致力于天下太平的主要部门各自把握准确的原则，各种治国的方略便可以评说了吧？

赞辞说：一孔之见易偏，众人之言难一，救质朴须文采，矫迟钝必迅急。纲举自然目张，偏执肯定失误。详审现实弊病，成就光大治术。

崔瑗传

【题解】

崔瑗(公元 77~142 年),字子玉,涿郡安平人。崔氏是两汉南北朝时期的望族,博陵崔氏,历代人才辈出。崔瑗出生在名门世家,他的父亲崔骃是东汉著名学者,博学多才,与班固齐名。他的儿子崔寔也是著名学者,官至尚书,著有《四民月令》《政论》等。崔瑗自幼立志学问,能传父祖家学,通晓天文、律历、数术等学问。官至济北相。

崔瑗也是东汉著名书法家,他善写章草,与杜度齐名,世称"崔杜"。大书法家张芝曾学他的笔法,在当时影响很大。可惜的是今天看不到他的书迹了。著《草书势》及其他著作五十余种。

【原文】

瑗字子玉,早孤,锐志好学,尽能传其父业。年十八,至京师,从侍中贾逵质正大义,逵善待之,瑗因留游学,遂明天官、历数、《京房易传》、六日七分。诸儒宗之。与扶风马融、南阳张衡特相友好。初,瑗兄章为州人,年四十余,始为郡吏。以事系东郡发干狱。狱掾善为《礼》,瑗间考讯时,辄问以《礼》说。其专心好学,虽颠沛必于是。后事释归家,为度辽将军邓遵所辟。居无何,遵被诛,瑗免归。

后复辟车骑将军阎显府。时阎太后称制,显入参政事。先是安帝废太子为济阴王,而以北乡侯为嗣。瑗以侯立不以正,知显将败,欲说令废立,而显日沉醉,不能得见。乃谓长史陈禅曰:"中常侍江京、陈述等,得以婴宠惑蛊先帝,遂使废黜正统,扶立疏孽。少帝即位,发病庙中,周勃之征,于斯复见。今欲与长史君共求见,说将军白太后,收京等,废少帝,引立济阴王,必上当天心,下合人望。伊、霍之功,不下席而立,则将军兄弟传祚于无穷。若拒违天意,久旷神器,则将以无罪并辜元恶。此所谓祸福之会,分功之时。"禅犹豫未敢从。会北乡侯薨,孙程立济阴王,是为顺帝。阎显兄弟悉伏诛,瑗坐被斥。门生苏祇具知瑗谋,

崔瑗

欲上书言状,瑗闻而遽止之。时陈禅为司隶校尉,召瑗谓曰:"第听祇上书,禅请为之证。"瑗曰:"此譬犹儿妾屏语耳,愿使君勿复出口。"遂辞归,不复应州郡命。

久之,大将军梁商初开莫府,复首辟瑗。自以再为贵戚吏,不遇被斥,遂以疾固辞。岁中举茂才,迁汲令。在事数言便宜,为人开稻田数百顷。视事七年,百姓歌之。

汉安初，大司农胡广、少府窦章共荐瑗宿德大儒，从政有迹，不宜久在下位。由此迁济北相。时李固为太山太守，美瑗文雅，奉书礼至殷勤。岁余，光禄大夫杜乔为八使，徇行郡国，以臧罪奏瑗，征诣廷尉。瑗上书自讼，得理出。会病卒，年六十六。临终，顾命子寔曰："夫人禀天地之气以生，及其终也，归精于天，还骨于地。何地不可臧形骸，勿归乡里。其赗赠之物，羊豕之奠，一不得受。"寔奉遗令，遂留葬洛阳。

瑗高于文辞，尤善为书、记、箴、铭，所著赋、碑、铭、箴、颂、《七苏》《南阳文学官志》《叹辞》《移社文》《悔祈》《草书势》《七言》，凡五十七篇。其《南阳文学官志》称于后世，诸能为文者皆自以弗及。瑗爱士，好宾客，盛修肴膳，单极滋味，不问余产。居常蔬食菜羹而已。家无担石储，当世清之。

【译文】

崔瑗字子玉，在他幼年时父亲去世，他专心好学，能继承他父亲崔骃的学业。他十八岁时来到京师洛阳，向侍中贾逵请教经书大义，贾逵待他很好，于是崔瑗留居京师交游问学，因而他通晓天文、律历、数术、《京房易传》、占卜之学，受到学者们的推崇。他和扶风人马融、南阳人张衡友谊很深。当初，崔瑗的哥哥崔章被本州人杀害，崔瑗为兄报仇，亲手杀死仇人，因而逃亡在外，上朝廷大赦，崔瑗回到家乡。家里很穷，崔瑗和他的兄弟们在一起生活了数十年，本乡人都受到他们这种兄友弟爱精神的感化。

崔瑗在四十多岁时，才任为郡衙的办事吏员。后来因事被关进东郡发干县的监狱，监狱长对《礼经》很有研究，崔瑗受审讯之外，常常向监狱长请教《礼经》有关问题。他专心好学，就是身处颠沛流离之中也一心从事学问。后来官司结案回到家乡，被度辽将军邓遵征召在他身边任职。没过多久，邓遵被朝廷处死，崔瑗也被免职，又回到家乡。

后来又被车骑将军阎显征召，在阎府中任职。当时阎太后垂帘听政，阎显入朝参政。在此之先，安帝废黜太子刘保，贬为济阴王，另立北乡侯刘懿为太子。崔瑗认为北乡侯立为太子，不合法统，他预见到阎显将要垮台，想劝说他废黜北乡侯，另立太子，但阎显整天醉生梦死，见不到他。于是崔瑗对长史陈禅说："中常侍江京、陈述等人，因他们得到先帝的宠幸，把先帝哄得迷迷糊糊，于是废黜了合法的太子，另立旁支子弟。少帝即位时，就在宗庙中犯了病，西汉时征调周勃迎立太子的时机，今天又重新出现。我想和长史您一起求见将军，劝他上奏太后，逮捕江京等人，废黜少帝，迎立济阴王。这样做，一定能上合天意下合民心。象伊尹、霍光那样的功勋，不动声色就可以建立，那么将军的官位爵禄可以子子孙孙地传下去。如果违背了天意，君主的宝座久空，你即使没犯罪也逃不了首恶的罪责。这就是受祸得祸的关键时候，也是建功立业的大好时机。"陈禅听了犹豫不决，不敢听从。恰好北乡侯刘懿这时病死，孙程立济阴王刘保为帝，这就是汉顺帝。阎显兄弟都被处死，崔瑗也被罢免。崔瑗的学生苏祗对崔瑗的谋划了解得一清二楚，想上书皇帝说明这一情况，崔瑗听到后，马上加以制止。当时陈禅任司隶校尉，把崔瑗找来，对他说："你姑且听任苏祗上书说明，我为你作证。"崔瑗说："这话象小孩子们说的悄悄话，希望司隶校尉大人不要再说了。"于是辞职回家，再也不应州郡的征召出来做官。

过了很久，大将军梁商建立大将军幕僚机构，首先征召崔瑗。崔瑗认为，如果再次充当外戚贵官的幕僚,如不被重用,仍免不了被罢斥,于是他以有病为词,推辞了。这一年,他被荐举,选拔为秀才,被任为汲县县令。他在知县任内,多次向朝廷上书,提出应实行的政事,他为百姓开垦出几百顷稻田。他在任七年,受到百姓们歌颂。

汉安初年,大司农胡广、少府窦章共同推荐崔瑗是德高望重的大儒,从政期间政绩突出,不应该让这样的人才沉沦下僚,因此升任他为济北国相。当时李固任太山郡太守,他很欣赏崔瑗的学识,不断给崔瑗写信致意。过了一年多,光禄大夫杜乔充任巡察使者,到各地巡视,他向朝廷检举,崔瑗犯有贪污罪,于是崔瑗被送司法机关审理。崔瑗上书自辩,辩明无罪被释。被释放后因病逝世,时年六十六岁。在他临死之前,嘱咐他的儿子崔寔说:"人接受天地的恩赐得以生存,人死之后,灵魂归天而去,骨肉葬入大地。哪里黄土不埋人?不要把我的尸体运回故乡。他人赠送东西和羊猪之类的祭品,一律不要接受。"崔寔遵照遗嘱。于是把他埋葬在洛阳。

崔瑗是写文章的高手,尤其擅长写书札、记文、箴文、铭文,著有赋、碑文、铭文、箴文、颂文、《士苏》《南阳文学官志》《叹辞》《移社文》《悔祈》《草书势》、七言等,共五十七篇。他所著的《南阳文学官志》受到后人的称赞,那些擅长写文章的人都自认为赶不上他。崔瑗喜欢读书人,好招待宾客,为客人摆设丰盛的宴席,具备各种美味菜肴,但不过问家里的生计。他平时只是粗茶淡饭而已。因此,家里没有什么积蓄,当时人很称赞他的清廉。

张衡传

【题解】

张衡(公元78~139年),字平子,东汉南阳郡西鄂(今河南召县石桥镇)人,东汉时期的著名科学家和文学家。早年游学长安,后就读于京都洛阳太学。精通五经、六艺,才学出众。曾两度担任太史令,掌管天文、历法等工作十四年之久。阳嘉元年(132年)升任侍中。晚年任河间相(治所在今河北献县东南)、尚书。他一生精力充沛,勇于创新,在天文、历法、地理、机械、仪器制造以及文学等许多领域,都做出了杰出的贡献。

他在前人工作的基础上,创制了我国古代第一台自动的天文仪器——水运浑象。这种仪器十分精巧,并令人信服地验证了浑天说的正确性。还撰有天文学名著《灵宪》。此书认为宇宙是在演化的,其过程可以分为三个阶段,每一个阶段都是其前一阶段长期渐变的结果,而且前后两个阶段又是由突变的方式相衔接的。另外,张衡还认为"宇之表无极,宙之端无穷",这则是关于宇宙无限性的精辟论述。他还认为日月五星在恒星间运动速度的快或慢,是由它们离天的远或近决定的,二者间的关系是"近天则迟,远天则速"反映了他关于日月五星与地球的距离有远近的科学观点。并第一次正确解释了月食的成因,说明月光是日光的反照,月食乃因月球进入地影而成。对于陨星和彗星,张衡也有很精彩的论述,他以为陨星原是与日月星一样绕地运行的天体,只是当其运动失去常态时,才自天而降成为陨石的。并把彗星与恒星相区别,归于五大行星的范畴内。亦即把彗星归于太阳系内的天体，这一认识也是十分可贵的。

张衡曾对恒星进行了长期的观测和统计工作。他把星空共划分成 444 个星官，计得 2500 颗恒星，这还不包括他从航海者那里得知的在南半球看到的星宿。这一工作不仅大大超过了石申、甘德的同类工作，而且亦非他的同代人甚至后世人可比拟。

张衡还曾致力于当时历法问题的研究。他在历法问题上的最大贡献是创立了关于黄道宿度和赤道宿度之间换算的方法。张衡的这一研究成果，被刘洪最先引进《乾象历》中，对后世历法产生了很大的影响。

公元 132 年，张衡制成了世界上第一架地震仪——地动仪，这是他长期致力于地震研究的硕果。据记载，地动仪曾成功地记录了公元 138 年发生在甘肃的一次强震，证明张衡地动仪的可靠性和准确性。

张衡

张衡还研究过地理学，曾撰有《地形图》一卷，基中可能附有地形图，此书一直流传到唐代。在数学方面，他对圆周率、球体积的计算法等问题做了研究，所采用的 $\pi = \sqrt{10} = 3.162$，是当时比较好的一个数值。张衡又是当时有名的文学家，有不少歌赋之作流传于世，其中以《二京赋》尤为著名。他还是一个画家，曾被入列为东汉六大名画家之一。

【原文】

张衡，字平子，南阳西鄂人也。世为著姓。祖父堪，蜀郡太守。衡少善属文，游于三辅，因入京师，观太学，遂通《五经》，贯六艺。虽才高于世，而无骄尚之情。常从容淡静，不好交接俗人。永元中，举孝廉不行，连辟公府不就。时天下承平日久，自王侯以下，莫不逾侈。衡乃拟班固《两都》，作《二京赋》，因以讽谏。精思傅会，十年乃成。文多故不载。大将军邓骘奇其才，累召不应。

衡善机巧，尤致思于天文、阴阳、历算。常耽好《玄经》，谓崔瑗曰："吾观《太玄》，方知子云妙极道数，乃与《五经》相拟，非徒传记之属，使人难论阴阳之事，汉家得天下二百岁之书也。复二百岁，殆将终乎？所以作者之数，必显一世，常然之符也。汉四百岁，《玄》其兴矣。"

安帝雅闻衡善术学，公车特征，拜郎中，再迁为太史令，遂乃研核阴阳，妙尽璇机之正，作浑天仪，著《灵宪》，《算罔论》，言甚详明。

顺帝初，再转，复为太史令。衡不慕当世，所居之官，辄积年不徙。自去史职，五载复还，乃设客问，作《应间》以见其志云：

有间余者曰：盖闻前哲首务，务于下学上达，佐国理民，有云为也。朝有所闻，则夕行之。立功立事，式昭德音。是故伊尹思君为尧舜，而民处唐虞，彼岂虚言而已哉，必旌厥素尔。咎单、巫咸，寔守王家。申伯、樊仲，实干周邦，服衮而朝，介圭作瑞。厥迹不朽，垂烈后昆，不亦丕欤！且学非以要利，而富贵萃之。贵以行令，富以施惠，惠施令行，故《易》称以"大业"。人以舆服为荣。吾子性德体道，笃信安仁，约己博艺，无坚不钻，以思世路，斯何远矣！曩滞日官，今又原之。虽老氏曲全，进道若退，然行亦以需。必也学非所用，术有所仰，故临川将济，而舟楫不存焉。徒经思天衢，内昭独智，固合理民之式也？故尝见谤于鄙儒。深厉浅揭，随时为义，曾何贪于支离，而习其孤技邪？参轮可使自转，木雕犹能独飞，已垂翅而还故栖，盍亦调其机而铦诸？昔有文王，自求多福。人生在勤，不索何获。曷若卑体屈己，美言以相克？鸣于乔木，乃金声而玉振之，用后勋雪前咎。婞很不柔，以意谁靳也？

应之曰：是何观同而见异也？君子不患位之不尊，而患德之不崇；不耻禄之不夥，而耻智之不博。是故艺可学，而行可力也。天爵高悬，得之在命，或不速而自怀，或羡旃而不臻，求之无益，故智者面而不思。陟身以徼幸，固贪夫之所为，未得而豫丧也。枉尺直寻，议者讥之，盈欲亏志，孰云非羞？于心有猜，则簋飧馈饷犹不屑餐，旌睒以之。意之无疑，则兼金盈百而嫌辞，孟轲以之。士或解裋褐而袭黼黻，或委插筑而据文轩者，度德拜爵，量绩受禄也。输力致庸，受必有阶。

浑元初基，灵轨未纪，吉凶纷错，人用瞳朦。黄帝为斯深惨。有风后者，是焉亮之，察三辰于上，迹祸福乎下，经纬历数，然后天步有常，则风后之为也。当少昊清阳之末，实或乱德，人神杂扰，不可方物，重、黎又相顓顼而申理之，日月即次，则重、黎之为也。人各有能，因艺授任，鸟师别名，四叔三正，官无二业，事不并济。昼长则宵短，日南则景北。天且不堪兼，况以人该之。夫玄龙，迎夏则陵云而奋鳞，乐时也；涉冬则涸泥而潜蟠，避害也。公旦道行，故制典礼以尹天下，惧教诲之不从，有人之不理。仲尼不遇，故论《六经》以俟来辟，耻一物之不知，有事之无范。所考不齐，如何可一？

大战国交争，戎车竞驱，君若缀旒，人无所丽。烛武悬缒而秦伯退师，鲁连系箭而聊城强析。纵往则合，横来则离，安危无常，要在说夫。咸以得人为枭，失士为尤。故樊哙披帷，入见高祖；高祖踞洗，以对郦生。当此之会，乃鼋鸣而鳖应也。故能同心戮力，勤恤人隐，奄受区夏，遂定帝位，皆谋臣之由也。故一介之策，各有攸建，子长谍之，烂然有第。夫女魃北而鹣火栖，寒冰沍而鼋鼍蛰。今也，皇泽宣洽，海外混同，万方亿丑，并质共剂，若修成之不暇，尚何功之可立！立事有三，言为下列；下列且不可庶矣，奚冀其二哉！

于兹搢绅如云，儒士成林，及津者风攎，失涂者者幽僻，遭遇难要，趋偶为幸。世易俗异，事执舛殊，不能通其变，而一度以揆之，斯契船而求剑，守株而伺兔也。冒愧逞愿，必无仁以继之，有道者所不履也。越王勾践事此，故厥绪不永。捷径邪至，我不忍以投步；于进苟容，我不忍以歇肩，虽有犀舟劲楫，犹人涉卬否，有须者也。故亦奉顺敦笃，守以忠信，得之不休，不获不吝。不见是而不惛，居下位而不忧，允上得之常服焉。方将师天老而友地典，与之乎高睨而大谈，孔甲且不足慕，焉称殷彭及周聃！与世殊技，固孤是求。子忧朱泙曼之无所用，吾恨轮扁之无所教也。子睹木雕独飞，愍我垂翅故栖，吾感去蛙附鸱，悲尔先笑而后号也。

斐豹以毙督燔书，礼至以掖国作铭，弦高以牛饩退敌，墨翟以带全城；贯高以端辞显义，苏武以秃节效贞，菩且以飞赠逞巧，詹何以沈钩致精，弈秋以棋局取誉，王豹以清讴流声。仆进不能参名于二立，退又不能群彼数子。愍《三坟》之既颓，惜《八索》之不理。庶前训之可钻，聊朝隐乎柱史。且韫椟以待介，踵颜氏以行止。曾不慊夫晋、楚，敢告诚于知己。

阳嘉元年，复造候风地动仪。以精铜铸成，员径八尺，合盖隆起，形似酒尊，饰以篆文、山龟、鸟兽之形。中有都柱，傍行八道，施关发机。外有八龙，首衔铜丸，下有蟾蜍，张口承之。其牙机巧制，皆隐在尊中，覆盖周密无际。如有地动，尊则振龙，机发吐丸，而蟾蜍衔之。振声激扬，伺者因此觉知。虽一龙发机，而七首不动，寻其方面，乃知震之所在。尝一龙机发而地不觉动，京师学者咸怪其无征，后数日驿至，果地震陇西，于是皆服其妙。自此以后，乃令史官记地动所从方起。

时政事渐损，权移于下，衡因上疏陈事曰："伏惟陛下宣哲克明，继体承天，中遭倾覆，龙德泥蟠。今乘云高跻，磐桓天位，诚所谓将隆大位，必先倥偬之也。亲履艰难者知下情，备经险易者达物伪。故能一贯万机，靡所疑惑，百揆允当，庶绩咸熙。宜获福祉神祇，受誉黎庶。而阴阳未和，灾眚屡见，神明幽远，冥鉴在兹。福仁褐淫，景响而应，因德降休，乘失致咎，天道虽远，吉凶可见。近世郑、蔡、江、樊、周广、王圣皆为效矣。故恭俭畏忌，必蒙祉祚，奢淫谄慢，鲜不夷戮，前事不忘，后事之师也。夫情胜其性，流连忘返，岂唯不肖，中才皆然。苟非大贤，不能见得思义，故积恶成衅，罪不可解也。向使能瞻前顾后，援镜自戒，则何陷于凶患乎！贵宠之臣，众所属仰，其有愆尤，上下知之。褒美讥恶，有心皆同，故怨讟溢乎四海，神明降其祸辟也。顷年雨常不足，思求所失，则《洪范》所谓"僭恒阳若"者也。惧群臣奢侈，昏瑜典式，自下逼上，用速咎征。又前年京师地震土裂，裂者威分，震者人扰也。君以静唱，臣以动和，威自上出，不趣于下，礼之政也。窃惧圣思厌倦，制不专已，恩不忍割，与众共威。威不可分，德不可共。《洪范》曰：'臣有作威作福玉食，害于而家，凶于而国。'天鉴孔明，虽疏不失。灾异示人，前后数矣，而未见所革，以复往悔。自非圣人，不能无过。愿陛下思惟所以稽古率旧，勿令刑德八柄，不由天子。若恩从上下，事依礼制，礼制修则奢僭息，事合宜则无凶咎。然后神望允塞，灾消不至矣。"

初，光武善谶，及显宗、肃宗，因祖述焉。自中兴之后，儒者争学图纬，兼复附以㊣言。衡以图纬虚妄，非圣人之法，乃上疏曰："臣闻圣人明审律历以定吉凶，重之以卜筮，杂之以九宫，经天验道，本尽于此。或观星辰逆顺，寒燠所由，或察龟策之占，巫觋之言，其所因者，非一术也。立言于前，有征于后，故智者贵焉，谓之谶书。谶书始出，盖知之者寡。自汉取秦，用兵力战，功成业遂，可谓大事，当此之时，莫或称谶。若夏侯胜、眭孟之徒，以道术立名，其所述著，无谶一言。刘向父子领校秘书，阅定九流，亦无谶录。成、哀之后，乃始闻之。《尚书》尧使鲧理洪水，九载绩用不成，鲧则殛死，禹乃嗣兴。而《春秋谶》云'共工理水'。凡谶皆云黄帝伐蚩尤，而《诗谶》独以为'蚩尤败，然后尧受命'。《春秋元包》中有公输般与墨，事见战国，非春秋也。又言'别有益州'。益州之置，在于汉世。其名三辅诸陵，世数可知。至于图中迄于成帝。一卷之书，互异数事，圣人之言，势无若是，殆必虚伪之徒，以要世取资。往者侍中贾逵摘谶互异三十余事，诸言谶者皆不能说。至于王莽篡位，汉世大祸，八十篇何为不戒？则知图谶成于哀、平之际也。且《河洛》《六艺》，篇录已定，后人皮傅，无所容窜。永元中，清河宋景遂以历纪推言水灾，而伪称洞视玉版。或者至于弃家业，入山林。后皆无效，而复采前世成事，以为证验。至于永建复统，则不能知。此皆欺世罔俗，以昧势位，情伪较然，莫之纠禁。且律历、卦候、九宫、风角，数有征效，世莫肯学，而竞称不占之书。譬犹画工，恶图犬马而好作鬼魅，诚以实事难形，而虚伪不穷也。宜收藏图谶，一禁绝之，则朱紫无所眩，典籍无瑕玷矣。"

后迁侍中，帝引在帷幄，讽议左右。尝问衡天下所疾恶者。宦官惧其毁己，皆共目之，衡乃诡对而出。阉竖恐终为其患，遂共谗之。

衡常思图身之事，以为吉凶倚伏，幽微难明，乃作《思玄赋》，以宣寄情志。

永和初，出为河间相。时国王骄奢，不遵典宪；又多豪右，共为不轨。衡下车，治威严，整法度，阴知奸党名姓，一时收禽，上下肃然，称为政理。视事三年，上书乞骸骨，征拜尚书。年六十二，永和四年卒。

著《周官训诂》，崔瑗以为不能有异于诸儒也。又欲继孔子《易》说《彖》《象》残缺者，竟不能就。所著诗、赋、铭、七言、《灵宪》《应间》《七辩》《巡诰》《悬图》凡三十二篇。

永初中，谒者仆射刘珍、校书郎刘桃骏等著作东观，撰集《汉记》，因定汉家礼仪，上言请衡参论其事，会并卒，而衡常叹息，欲终成之。及为侍中，上疏请得专事东观。收捡遗文，毕力补缀。又条上司马迁、班固所叙与典籍不合者十余事。又以为王莽本传但应载篡事而已，至于编年月，纪灾祥，宜为元后本纪。又更始居位，人无异望，光武初为其将，然后即真，宜以更始之号建于光武之初。书数上，竟不听。及后之著述，多不详典，时人追恨之。

论曰：崔瑗之称平子曰"数术穷天地，制作侔造化"。斯致可得而言欤！推其围范两仪。天地无所蕴其灵；运情机物，有生不能参其智。故知思引渊微，人之上术。记曰："德成而上，艺成而下。"量斯思也，岂夫艺而已哉？何德之损乎！

赞曰：二才埋通，人灵多蔽。近推形算，远抽深滞。不有玄虑，孰能昭晰？

【译文】

张衡，字平子，是南阳郡西鄂县人。世代是有显著名望的家族。祖父名张堪，任蜀郡（今四川成都）太守。张衡少年时就善于写文章，他到故都长安城及其周围的三辅地区（今陕西中部一带）游览考察，后来到京都洛阳，在最高学府太学里学习，故精通《诗》《书》《礼》《易》《春秋》五经，通晓礼、乐、射、御、书、数六艺。他虽学识渊博，才华出众，而不骄傲，也没有自以为超过别人的情形。喜欢过平淡安静的生活，不爱与一般人交往。汉和帝永元年间（公元89~104年），地方上曾推举他做孝廉，他未就任。三公官府连续几次招聘他去做官，他都不去上任。当时国家太平时间较久，从王侯以下的文武百官，没有一个不过分奢侈的。于是张衡模仿班固作的《两都赋》（按：即《西都赋》和《东都赋》），撰著《二京赋》（按：《西京赋》和《东京赋》），因以委婉曲直的语言劝谏朝廷。精心构思文章内容，文句附益综合，历时十年才写成功。他的文章很多，这里不予刊载。大将军邓骘爱慕他的才华，屡次招他进京做官，都被他拒绝了。

张衡擅长机械制作方面的技巧，尤其善于研究天文、阴阳和历算。平时爱好并沉溺于扬雄的《太玄经》之中，他对崔瑗说："我学习《太玄经》，才知道扬雄极妙的天文哲学和天文历法知识，《太玄经》可与《五经》相提并论，不象记载传闻一类的书，使人难以深究阴阳之学，这是汉王朝建立二百年来难得的好书。再过二百年，大概更将完善！所以作者的学问技艺，必然留传于世，这是符合常理的。至汉王朝建立四百年时，玄学一定要兴盛起来。"汉安帝素常听说张衡善于天文历法及阴阳之学，便由公车官署特别征召，授予郎中官职，后又升为太史令。于是就研究核实日月星辰及天体运转规律。他精于天文，以此平定四时，创制了用以观测和计算天体位置的浑天仪，撰写了天文学著作《灵宪》和网罗天地计算的《算罔论》，其论述都很详细明确。

汉顺帝刘保初年，再次变换官职，后来又官复原职，仍任太史令。张衡不羡慕为世所用，所任官职，常常多年不迁升。他曾免去太史令职位，五年后又恢复原职。于是他用设主客问答的文体，撰写《应间》一文，回答别人因他未能升官而引起的非难，以表示自己决心致力科学，不攀权贵的志向，该文说：

有非难我的人说：原来听说从前有作为的人首先从事的是，下学人事，上知天命，辅佐君王治理国家，管理百姓，这样才叫有所作为。听到了圣人的道理，立刻就实行它。所作所为，以表明美好的声誉。因此，伊尹想使君王成为尧、舜一样的贤明君王，使百姓也象生活在尧、舜时代一样，他难道是说说而已吗？不过是必定要表明真心的情志罢了。咎繇单、巫咸，实在是守护殷商王朝的贤臣，申伯、樊仲，实在是护卫周宣王的卿士，穿礼服上朝，是为了吉祥。他们的不朽事迹，其功绩世世代代留传下来，不是非常伟大的吗？且学问只是用来谋求利益，而且要积聚富贵。做官以推行政令，富了要实施仁爱，施行仁爱政通令行，所以《周易·系辞上》称这是"大业"。事物本质之美是凭其外表的花纹表现出来的，植物开花之后才能结出果实，器物依靠精美的雕刻装饰才能成为上等物品，人只有穿戴华贵的衣冠，乘坐上乘的车马，才能显示尊荣。你的品行合乎"德"的标准，而且自身走上正道，坚信实行仁爱，严格要求自己，技艺广博精深，具有一往无前的精神，求得出仕，这何以会是久远的啊！以往就曾长久地任太史令不得升迁，现在又回来担任原职。虽然老子说委曲才能保全自己，前进如同后退，然而还是需要以不进来争取前进的。一定是你的技艺有所缺陷，而且学非所用，因此就出现面对要过河而渡船却没有桨的情况。而白白地锐意钻研天文历法，作浑天仪，著《灵宪》，显示出了独特的智慧，但对治国理民又有何用呢？因此，我曾被见识浅陋的儒生诽谤。涉水时，水深需要把衣服揭到腰带以上，水浅则需要把衣服揭到膝盖以上，自己的行为顺应时俗才合乎道理，为何要贪图支离益的屠龙技术，而去学习那不切实际的技艺呢？你能制造经过机械传动令木人击鼓记载里程的记里鼓车，能制造独自飞行的木雕机械，自己却不能飞黄腾达又返回到原来的史官职位上，为什么不能调整机械使自己也顺利高飞晋升呢？过去有位周文王，自己求得多种福分。人一生成就在于勤奋，不奋斗就没有收获。为什么不委屈一下你自己在技术方面的才能，以获得别人的赞美来取胜世人呢？鸟儿栖身在高大的树上，才能唱出金玉之声，求仕者获得高的位置，才能振扬德音，用今后的功勋来洗刷以前的耻辱。如果刚愎乖戾不顺世人之情，那么试想还会有谁来同情你呢？

我对这些人的答复说：为什么观看到的同一事物而见解不同呢？人格高尚的人不惧

怕地位不受尊崇，而惧怕道德不崇高；不耻于俸禄多少，而耻于知识不渊博。所以技艺应该学习，而且要努力地去学习它。天子高悬爵位，谁能得到它则全在于命运，或许不去追求它的反而自己来了，或许渴望得到它的反而达不到目的，苦苦追逐没有益处，因此有见识的人面对它而并不总是想着它。自己总想靠侥幸得到荣禄是危险的，那是十分贪婪人的行为，还没有得到就早已丧失掉了。想以小有所屈而获得较大的利益，议论的人对此无不指责，这种为满足欲望而损害志向的行为，谁说不是羞耻的呢？心里怀疑食物来路不正，就是餐具里盛有美味的食品也不愿意吃，爰旌瞥就是这样做的。思想上认为毫无疑问的合理之事，就是给予满百兼金（按：价倍于一般的金）也不疑忌推辞，孟轲就是这样做的。具有某种品质或技能的人，有些脱去粗陋衣服而穿上官员礼服（按：指春秋时卫人宁戚），有些抛弃铁锹和筑墙的木杵而当了官（按：指殷代的传说），根据德能授予官爵，按照功绩受到相应的俸禄。贡献力量，获得功劳，凭借功劳，接受某种禄位。

开天辟地之初，天体运行规律还不清楚，吉祥和凶险之事常常交错在一起。人类因此处于蒙昧状态之中。皇帝为此感到悲惨。其宰相风后，于是明白了原因，通过对宇宙中日、月、星三辰的考察推究，追寻天体运行变化与人间祸福的相应关系，规划整理节气历法，然后认识到自然界的运动变化有一定的规律，这是风后所做的。在少昊清阳的晚期，确实有的人乱了德行，人神混杂纷扰，不能辨别名分，少昊之子重、颛顼之子黎又帮助颛顼对其进行治理整顿，日月按规律顺序排列，这是重、黎所做的。人各有自己的本领和技能，依照技艺委以职务，鸟师少昊以鸟名官，对其名称加以区别，四位叔叔分掌三种官职，每一官职各有专掌之事，数件事情不能同时成功。白天长夜间短，太阳在南则影子在北。天都不能使昼夜相等，阳光和影子同一方向，人又怎能兼容并备呢？那些黑龙，遇到适当生活的夏季，就乘云腾空而舒展开鳞甲生气勃勃地翱翔，这是龙最快乐的生活季节，到了冬季就钻到泥里盘曲地潜伏着，避免受到伤害。文王之子周公能够实现自己的政治主张，故制定礼乐制度以治理天下，就惧怕教训者没有遵循，有人不受其管理约束。孔丘一生未能遇到认识自己才能和抱负的君主而导致自己的政治主张不能实现，所以才著述《诗》《书》《礼》《乐》《易》《春秋》六种儒家经典，以等待后世君主来实行它，而且唯恐有一件事自己没有想到，使那种事没有规范。周公姬旦与孔子所处境遇不同，怎么能一地对待事物呢？

战国时期，诸侯国之间战争不断，冥车象竞赛似的驱使着去打仗，君主象旗帜上的附属品一样成为装饰的东西，随时可以被更换，老百姓一会属这个君主统管，一会儿又属另一个君主统管，无所依附。秦兵围郑，郑伯派烛之武夜里从城墙上用绳子拴着吊下去说秦，而使秦伯退兵；燕将守聊城，齐人久攻不下，鲁仲连写信系在箭上射入城中，燕将阅后自尽而停止了军事行动；战国时，合纵说客苏秦往则各诸侯国联合，连横说客张仪来则各诸侯国又分离，连兵拒秦则安，诸侯分离，独自讨秦则被各个击破。各诸侯国举棋不定，以致安危无常，关键在于游说的人。这些都说明得到人才就能胜利，失去人才就会犯错误。樊哙率诸将闯入内宫，进见汉高祖刘邦，刘邦岔开两腿、边洗脚边召见郦食其，郦食其指出，你想诛灭暴秦，就不应该这样对待长者，于是刘邦向郦食其道歉。当此时机，乃需要君臣相应。如果能同心合力，时常同体恤人民的疾苦，受各诸侯国百姓的拥护，就能够稳定帝位,这都是因为获得了谋臣的帮助。所以,一个普通人的谋划,能建立各自的功勋,司马迁作的《史记》都有所记载,其灿烂的功绩依不同情况,记载得清清楚楚。干旱之神退走了,能兴云作雨的神龙才能在太空翱翔;朝廷的舞乐兴盛了,军队的舞乐就停息了;当盛夏之时,鹑火也退至西位,寒冰凝结的季节,鼋鼍就冬眠了,现在,皇帝的恩惠普遍地润泽人间,国家统一,各地的质、剂等不同贸易券契都通用了,如果还没有功夫去完成著述,还谈得上建立什么功劳!立事有三,即太上立德,其次立功,再其次立言。立言即为著述,是立事中最末一项,如果最末的立言之事的希望不能达到,哪里还能希望达到立德与立功呢!

现在士大夫如天上的云彩,读书的人象树木一样成林,仕途顺利的人意气发舒,得意扬扬;仕进无路的人居于穷乡僻壤,心情抑郁,会有什么样的遭遇难以预测,还是趋吉避凶为好。世界是变化的,习俗千差万别,事物错综复杂,不能顺应事实情况的变化而变化,而用同一尺度去衡量复杂的事物,那就如同刻舟求剑,守株待兔一样了。冒着羞愧而放任心愿,必然要发生无道德的行为,这是有道德修养的人决不会去做的。越王勾践所做的"冒愧逞愿"之事,结果使帝王基业几乎不能长久地相传下去。用巧妙的手段很快达到不正当的目的,我不愿走那样的路,谋求晋升官职,苟且求容,我不愿缩着肩膀去奉承讨好,取悦于别人的赏识,虽有犀牛皮制造的坚舟及劲桨,别人渡河了,我却尚要等待。为人处事只有尊奉自然和顺的原则,恪守忠实笃厚的信条,做官食禄,得之不以为荣,不得不以为耻。对名利视而不见,心中便不会失去清明,身处低位而不忧愁,这确实是具有高尚道德的人所时刻注意的事。正要以天老为师而地典为友,和他们一样具有不同流俗,清高傲岸的态度,黄帝的臣子尚且不足以羡慕,哪里还赞扬殷商时的贤臣彭咸和周聃(按:老子李聃)。我的生活态度与世不同,虽然只自己一人如此,但仍坚持不懈地追求。您担忧朱泙漫的才能不能得到应用,我却恨轮扁的斫轮技艺不能用语言来传授给别人。你看到雕琢成器的木雕能独自高飞,怜悯我不能升迁高官而再次任史官之职,我却感叹你丢弃井底之蛙的固陋之见,却又去迁就鸥鹨嗜好腐鼠的口味,可悲你先笑而后又号哭啊。

斐豹杀掉了督戒,烧掉了丹书;礼至把国子挟着扔到城外,作了记载功绩的铭刻;弦高用牛群犒赏来犯的秦兵,而使之退敌;墨翟用解带为城制止攻宋,而保全了城市;贯高以正辞独自承担罪责,而显示了高尚的道义;苏武被匈奴扣留,持汉节牧羊直到节旄尽落,表现了效汉的忠贞气节;蒲且擅长使用射鸟短箭,而显露出高超的技巧;詹何的钓鱼技术,达到了精妙的地步;弈秋以高妙的棋术,而获得了声誉;王豹因善于唱歌,而名声流传。我前进不能把名字与立德、立功者并列,后退不能和上述的斐豹等人一样。担忧三皇之书《三坟》已经消亡,惋惜八卦之书《八索》没有人整理。期望推究前人的榜样,如且如老子任柱史一样,虽在朝廷为官,但淡泊恬退如同隐居。将美玉藏在木闸中等待识货者,按照颜回出仕与隐居的态度对待自己的进退,连晋、楚那样富裕也不羡慕,敢于以此告诫于挚友。

汉顺帝阳嘉元年,张衡又创制了测定风向和地震方位的候风地动仪。这种仪器是用纯铜铸造而成的,圆径八尺,上有隆起圆盖,外形象一个酒坛子,仪体的外表刻有篆体文字以及山、龟、鸟兽等图形，仪体内部的中央立着一根能做惯性运动的摆柱，连着指向东、西、南、北、东南、东北、西南、西北八个方向的八根横杆，安装着连动的机关枢纽，仪体外部八个方向铸有八条龙，每个龙头朝下，嘴里都各衔有一个铜球，对应于每个龙头的下方铸有八个蟾蜍，都张着嘴准备承接铜球。其内部的构件都巧妙地牵制着，起灵活的传动作用，这些都隐蔽地装在如同酒坛子里面，盖上外盖则周围紧密无缝。如果发生地震，地动仪内的摆柱因此受到振动，触击某一个方向的横杆而发动其他机械，使相应的龙头张开嘴巴吐出铜球，落在下面铜蟾蜍的嘴中，两者相撞时发出很大的响声，监视地动仪的人因此就知道发生了地震。某个方位的地震使一条龙内的机械发动，而其他七条龙头不动，从吐出铜球的那条龙头所指的方向，便可测知地震发生的方向。事实证明，实际地震情况与在地动仪上测到的地震情况完全吻合，据前代文献所记载，当不知道有地震发生的时候，曾经有一条龙机发动而没有感觉到有地震现象，京城的学者们都惊疑张衡的地动仪不灵验。几天以后，官方传达消息的驿卒到来，陇西（今甘肃临洮县一带）果真发生了地震（按：发生在公元138年2月3日，这是世界地震史上第一次被测定的地震），于是大家都佩服这种仪器精准巧妙。从此以后，便命令史官用这个方法开始记载地震情况。

那时国家政事日渐败坏，皇帝的统治大权落到了外戚与宦官手中。张衡因此向皇帝呈上奏折，陈述这些事情说："唯有陛下通达的智慧和美好的德行，受到人民敬仰，本应承受天意继承皇位，但中途遭到颠覆，帝王的美德一度被埋没了。今得以迅速升迁，登上至高无上的皇位，正如人们所说，将要登上崇高位置的人，必定是先要经历一番艰难困苦。亲身经历过艰难困苦的人才能知道百姓的疾苦，历经过很多的艰险难易的人才能明辨事物的真伪，所以能处理种种事务，什么问题都能解决，所有的事都能处理得很妥当，政绩显著，诸业兴盛。怪不得神灵赐给福禄，百姓给予荣誉。而今天下人事对立局面未得解决，灾祸不断发生，神灵虽然遥远，但暗地相合的警诫就在眼前。仁政赐福、淫乱降祸，就像影子和声音一样随之而来。注重恩惠道德就会产生美好的结果，坚持过错就会带来祸患。通向天堂的道路虽然遥远，但吉祥和凶恶的事是可以看见的。近代的郑众、蔡伦、江京、樊丰、周广、王圣等人都可以效法。所以，恭敬俭朴、威严禁忌、必受到福气。奢侈荒淫，诮媚怠慢，很少不被杀戮的。记取以往的经验教训，可以作为以后的借鉴。情欲胜过天性，随欲而行，不知回首，难道只是不贤吗？中等才能的人都是如此。假若不是贤达，见有所得不考虑它是否符合道义，积累坏事而成罪过，其罪是不可原谅的。当初假使能瞻前顾后，做事谨慎周到，将前事当成镜子而引以为戒，则怎么能落入凶险灾难的境地呢？高贵宠幸的臣子，大家都敬仰，臣子有罪过，上上下下的人都知道。赞扬美好的事，非难丑恶的事，大家的想法都是一样的。怨恨之言充满四海，神明降其祸害邪僻。常年雨水不充足，反思有什么过失，正如《洪范》书中所说：'国君行为有差错，则出现久旱不雨。'担心群臣穷奢极欲，昏庸地越过法典和礼教，从下面影响到上面，因此加速了灾祸的到来。前年（按：汉顺帝永元三年，即公元128年），国都洛阳发生地震，山崩地裂，地震的强烈破坏，给震区人民造成严重的灾难。君以静治于前，臣以动治以后，威望出自君主，不趋于下级，是合乎礼治施行的政治。我内心很担心圣上对治理国家的事有懈怠情绪，制度、政令不是完全出于皇帝一人，不能下决心政专于己，让群臣与圣上具有同样的威望。君威不可分于他人，君德不能让别人共有，正如《洪范》中所说：'臣下如擅专威福和美食，就有害于国家。'上天鉴察甚明，虽然离得很远也不遗漏。上天以灾异警示于人，前后已有数次了，但未看出有什么改变，所以灾祸反复出现。自然不是圣人，就不可能没有过失。希望陛下考虑，所以才考察古代率由旧章，不要使驾驭臣下的刑德八柄（按：即君主驾驭臣下的八种手段。《周礼·天官·大宰》：'以八柄诏王驭群臣。一曰爵，以驭其贵；二曰禄，以驭其富；三曰予，以驭其幸；四曰置，以驭其行；五曰生以驭其福；六曰夺，以驭其贫；七曰废，以驭其罪；八曰诛，以驭其过。'），不由天子。如果恩泽都由皇上施给下面，事事依据礼制，礼制完善了，奢侈越轨的行为就不会发生，事情合理相宜就没有凶患过失。然后神灵也因为天下治理恰当，而灾祸消除不会再有了。"

东汉开国之初，汉光武帝刘秀善于用图谶来预言治乱兴废、吉凶得失，到汉明帝、汉章帝，还是效法祖先。刘秀建立东汉，振兴汉朝之后，儒家学者都争先恐后学习宣扬神学迷信的图谶和纬书，并且还加附以迷惑人的妖言邪说。张衡认为图谶和纬书都是虚妄之言，不是圣人的说法，于是向皇帝上疏说："我听说圣人明确审定阴阳历法以确定吉凶，重视用龟甲和蓍草占卦，同时也采用九宫（按：中央宫加上卦的八宫）的方法占卦，通过天象以验证人事间的吉凶之道，一直都是这样做的。有的是观察星辰运行合乎规律可不符合规律，来确定千万气候寒暖变化的原因，有的是根据龟甲和蓍草的占卦、策问情况而进行吉凶判断，女巫男觋装神弄鬼祈祷预言吉凶，他们这样做的根据，其道理是各不相同的。事先确定各种现象所预示对应的吉凶祸福，然后再以事实去证验，因为一些有知识的人推崇它，所以称之为谶书。谶书开始出现的时候，知道它的人很少，从汉朝代替秦朝，经过激烈的战争才建立汉朝，功成业就，可谓是件大事情，就是在这个时期，尚没有出现图谶之学。如西汉时期的经学家夏侯胜、眭弘等人，都以讲阴阳灾异等学术而闻名，在他们的著述中，没有一句讲谶书的事。西汉的经学家和目录学家刘向、刘歆父子，所领导校订的国家秘藏图书，查阅审定的所谓儒家、道家、阴阳家、法家、名家、墨家、纵横家、杂家、农家九家之学术著作，也没有谶说的记录。汉成帝和汉哀帝之后，才开始听到谶说之言。《尚书》记载上古帝王唐尧命令部落首领鲧治理洪水，鲧用了九年时间而绩业无成，被杀死在羽山，大禹奉首领虞舜之命继续治理江河、兴修水利，获得了成功。而《春秋谶》却说是由名叫共工的人治理的洪水。凡图谶之书都说黄帝讨伐蚩尤，而唯独《诗谶》一书认为是"蚩尤失败，然后是唐尧受命。《春秋元命包》中有公输般与墨翟（墨子）的故事，其事出自战国时期，并非是春秋时代的事情。该书又说"另外有个益州"，而益州（今四川境内）的建置始予汉代。长安周围三辅地区的帝王坟墓，历代都可知道。至于谶书图中的内容终止于汉成帝时。同一卷书，几件事前后说法互相矛盾，圣人的言语势必不能象这样的。恐怕一定是一些弄虚作假的人要挟世人，以骗取资财。过去有位在宫廷任侍中之职的贾逵（字景伯，是天文学家和经学家），他曾摘录谶书中互相矛盾的事三十余件，那些宣扬图谶的人都不能解答。至于王莽篡夺汉朝的王位，给西汉造成莫大的祸患，八十卷所谓谶纬之书为什么没有预言而引起人们的戒备？由此可见，图谶纬书形成于西汉哀帝刘欣和平帝刘衍之际。而且《河图络书》（共十五卷）和《六艺》（共三十六卷）的篇幅，著录已经固定，后人想加上谶纬之说，是不容许轻易改动的。东汉永元年间，清河郡的谶纬学者宋景根据历史记载推测，预言要发生水灾，并且虚妄地说，他很清楚地看见了伏羲氏传给大禹平治水土的玉简。有些人以至于放弃家产，逃往山上，以避水灾。后来都没有应验，丁是又重新采取以往已发生过的事，用来作为验证。至于东汉顺帝刘保恢复帝位，谶纬家们也未能预先知道。所以，谶纬之说是欺骗世人、有害风俗的虚妄之言，以此来欺瞒皇上和达官贵族，事情的真假十分明显，不如将其揭露和禁止。何况律历、卦候、九宫、风角之卦占，常常能够得到应验。世人就是不肯学习，而且竟然认为是不可信的。就好象绘画家，实际存在的东西难以画得像，而虚假的东西可以随意乱画，别人不好讲究。应该把收藏的图谶之书，一概严令禁绝使用，才能使正邪不再有所混乱，各种典籍就无缺点和受到玷污了。"

张衡于阳嘉元年（公元132）升任公车司马令侍中，皇帝召引他到自己所住的宫内任职，他在皇帝左右，常以含蓄的语言议论政事，并给予暗示和劝告。皇帝曾问张衡天下有什么憎恨厌恶的事情，宫中的太监们害怕所做的坏事被告发而毁掉自己，都用眼睛看着他，于是张衡未用真话对答而离开。宦官竖子们唯恐日后会有所祸患，索性都在皇帝身边说他的坏话。

张衡常常图谋自身安全之事，认为吉凶之间具有依赖转换关系，其结果难以预测。于是就撰著《思玄赋》，用以宣扬、寄托自己的感情和志向。

汉顺帝刘保永和初年，到诸侯国河间（今河北献县东南）作相。当时河间国王刘政态度骄横，各种设施超过出了与自己身份相应的规定，不遵守制度法令；又有很多豪强大族，也和河间王一样做出不合法度的事。张衡一到任，严明法律，整顿法度，暗中查明奸党的姓名，很快将这些人捉拿归案，于是从上到下的人都规规矩矩，没有人敢再做越轨的事，人们都称颂他对国家政事治理很好。任职三年，上书请求退休，未获允准，被征召授以尚书之职，协助皇帝管理文书等事。东汉永和四年（公元139年）逝世，终年六十二岁。

著有《周官训诂》，崔瑗认为与诸儒生不能有什么不同。张衡又想继孔子研究、解释《周易》所做的《彖》《象》之书尚未完成的部分，遗憾的是最终未能完成。还著有诗、赋、铭、七言、《灵宪》《应间》《七辩》《巡诰》《悬图》等共三十二篇。

汉顺帝永初年中，谒者仆射刘珍、校书郎刘桃骓等在洛阳南宫东观从事著作，修撰《汉记》，据此制定汉代的礼仪制度，上书请求张衡参加研究其事，恰巧此时刘珍、刘桃骓二人相继逝世了，因而张衡常常因此叹息，想最终完成这件事情。他在做侍中期间，上疏请求允许他专门从事东观的修撰事业，收捡整理遗文，全力继续修撰《汉记》。又条陈司马迁、班固所记叙的与典籍不相符合的事有十多项。还认为王莽传中只应该记载他篡位的事就足矣了，至于逐年逐月记录国家大事及灾祥，宜放在《元后本纪》中。又认为淮阳王刘玄即位，为大家所公认。刘玄于光武帝刘秀初年为将军，然后即皇帝位，所以应该以更始年号建于光武年号之初。多次上书，始终不被采纳。到了后人著述的时候，都不详备，对此人们感到很遗憾。

范晔评论道：崔瑗称颂张衡说："技术穷究天地，制作和自然造化相同。"他"数术"与"制作"的精巧细密难道能用语言表达出来的吗！推究张衡设计制作浑天仪和候风地动仪的巧夺天工的构思，似乎天地都无法包蕴他的灵秀之气；运用心思制作候风地动仪等机械,世界上任何人的智慧都不能与他相提并论,所以说他的思路深刻精微,是人的智慧在当时所能达到的最高水平。《礼记·乐记》上说:"德行先建立起来,而后技艺才能方能获得发展。"衡量张衡这种才智思虑,难道仅仅是"艺"吗?他的技艺精巧,对德行又有什么损害呢?

范晔称赞说:天、地、人三才之理,本当相通,但人的性灵却多有所蔽,所以很少有人能穷究天地之理的。张衡则近者能推究各种"数术"技艺,远者又能钻研出深奥不易被人知道的规律法则。如果没有深刻悠远的思考,怎么能够如此明晰、清楚呢?

蔡邕传

【题解】

蔡邕(公元 132~192 年),字伯喈,东汉东留郡围县(今河南开封市)人。自幼孝敬父母。博学多才,长于词章,又好天文、历数;善弹琴,是著名的音乐家;书法也称名于世。青年时,沉湎于学问,不愿出来做官。汉灵帝时,任为司徒桥玄府吏,后任河平县令,又升为郎中,在东观校书。又升任议郎,于熹平四年和杨赐、马日碑、张驯等人,正定《六经》中的文字讹误,蔡邕亲笔书写上石,立碑于国立大学门外,成为经书的标准版本,在当时影响很大,这就是历史上有名的《熹平石经》。同时,他对东汉时的行政得失,社会情弊也多有建议。他因向灵帝上书,劾及当时的权臣,因堂锢之祸,被投入监狱,流放边地,后遇赦得免,又因怨家陷害,逃亡到吴越地区。

蔡邕

汉灵帝死后,董卓专权,董卓敬重他的才学,召他为官,三日之间,三升其职,后拜官中郎将,因此后世称他为"蔡中郎",在董卓专权期间,对于董卓的胡作非为,他曾多方劝诫。董卓对他很敬重,给他的待遇也很优厚。董卓被杀后,蔡邕因出于个人恩怨,曾表示惋惜,被司徒王允投入狱中。他乞求免他一死,以续成汉史,未被允许,后死于狱中。

他的著作很多没有流传下来。后人辑其诗文为《蔡中郎集》。

【原文】

蔡邕字伯喈,陈留围人也。六世祖勋,好黄老,平帝时为郿令。王莽初,授以厌戎连率。勋对印绶仰天叹曰:"吾策名汉室,死归其正。昔曾子不受季孙之赐,况可事二姓哉?"遂携将家属,逃入深山,与鲍宣、卓茂等同不仕新室。父棱,亦有清白行,谥曰贞定公。

邕性笃孝，母常滞病三年，邕自非寒暑节变，未尝解襟带，不寝寐者七旬。母卒，庐于冢侧，动静以礼。有菟驯扰其室傍，又木生连理，远近奇之，多往观焉。与叔父从弟同居，三世不分财，乡党高其义。少博学，师事太傅胡广。好辞章、数术、天文、妙操音律。

桓帝时，中常侍徐璜、左悺等五侯擅恣，闻邕善鼓琴，遂白天子，敕陈留太守督促发遣。邕不得已。行到偃师，称疾而归。闲居玩古，不交当世。感东方朔《客难》及杨雄、班固、崔骃之徒设疑以自通，乃斟酌群言，韪其是而矫其非，作《释诲》以戒厉云尔。

有务世公子诲于华颠胡老曰："盖闻圣人之大宝曰位，故以仁守位，以财聚人。然则有位斯贵，有财斯富，行义达道，士之司也。故伊挚有负鼎之炫，仲尼设执鞭之言，宁子有清商之歌，百里有豢牛之事。夫如是，则圣哲之通趣，古人之明志也。夫子生清穆之世，禀醇和之灵，覃思典籍，韫椟《六经》，安贫乐贱，与世无营，沈精重渊。抗志高冥，包括无外，综析无形，其已久矣。曾不能拔萃出群，扬芳飞文，登天庭，序彝伦，扫六合之秽匿，清宇宙之埃尘，连光芒于白日，属炎气于景云。时逝岁暮，默而无闻。小子惑焉，是以有云。方今圣上宽明，辅弼贤知，崇英逸伟。不坠于地，德弘者建宰相而裂土，才羡者荷荣禄而蒙赐。盍亦回涂要至，俯仰取容，辑当世之利，定不拔之功，荣家宗于此时，遗不灭之令踪？夫独未之思邪，何为守彼而不通此？"

胡老傲然而笑曰："若公子，所谓睹暖昧之利，而忘昭皙之害；专必成之功，而忽蹉跌之败者已。"公子谡尔敛袂而兴曰："胡为其然也？"胡老曰："居，吾将释汝。昔自太极，君臣始基，有羲皇之洪宁，唐虞之至时。三代之隆，亦有缉熙，五伯扶微，勤而抚之。于斯已降，天网纵，人驰，王涂坏，太极阤，君臣土崩，上下瓦解。于是智者骋诈，辩者驰说，武夫奋略，战士讲锐。电骇风驰，雾散云披，亦诈乖诡，以合时宜。或画一策而绾万金，或谈崇朝而锡瑞珪。连衡者六印磊落，合从者骈组流离。隆贵翕习，积富无崖，据巧蹈机，以忘其危。夫华离蒂而萎，条去干而枯，女冶容而淫，士背道而辜。人毁其满，神疾其邪，利端始萌。害渐亦牙。速速方縠，夭夭是加，欲丰其屋，乃蔀基家。是故天地否闭，圣哲潜形，石门守晨，沮溺耦耕，颜歇抱璞，蘧瑗保生，齐人归乐，孔子斯征，雍渠骖乘，逝而遗轻。夫岂傲主而背国乎？道不可以倾也。

"且我闻之，日南至则黄钟应，融风动而鱼上冰，蕤宾统则微阴萌，兼葭苍而白露凝。寒暑相推，阴阳代兴，运极则化，理乱相承。今大汉绍陶唐之洪烈，荡四海之残灾，隆隐灭之高，拆绲地之基。皇道惟融，帝猷显丕，泯泯庶类，含甘吮滋。检六合之群品，济之乎雍熙，群僚恭己于职司，圣主垂拱乎两楹。君臣穆穆，守之以平，济济多士，端委缙绅，鸿渐盈阶，振鹭充庭。譬犹钟山之玉，泗滨之石，珪璧不为之盈，采浮磬不为之索。曩者，洪源辟而口隩集，武功定而干戈戢，猃狁攘而吉甫宴。城濮捷而晋凯入。故当其有事也，则蓑笠并载，擐甲扬锋，不给于务；当其无事也，则舒绅缓佩，鸣玉以步，绰有余裕。

"夫世臣、门子，贽御之族，天隆其祜，主丰其禄。抱膺从容，爵位自从，摄须理髯，馀官委贵。其进取也，顺倾转圆，不足以喻其便；逡巡放屣，不足以况其易。夫有逸群之才，人人有优赡之智。童子不问疑于老成，瞳蒙不稽谋于先生。心恬澹于守高，意无为于持盈。灿乎煌煌，莫非华荣。明哲泊焉，不失所宁。狂淫振荡，乃乱其情。贪夫殉财，夸者死权。瞻仰此事,休躁心烦。暗谦盈之效,迷损益之数,骋驽骀于修路,慕骐骥而增驱,卑俯乎外戚之门,乞助乎近贵之誉。荣显未副,从而颠踬,下获熏胥之辜,高受灭家之诛。前车已覆,袭轨而骛,曾不鉴祸,以知畏惧。予惟悼哉,害其若是! 天高地厚,居而蹐之。怨岂在明,患生不思,战战兢兢,必慎厥尤。

"且用之则行,圣训也;舍之则藏,至顺也。夫九河盈溢,非一块所防;带甲百万,非一勇所抗。今子责匹夫以清宇宙,庸可以水旱而累尧、汤乎? 惧烟炎之毁尖,何光芒之敢扬哉! 且夫地将震而枢星直,井无景则日阴食,元首宽则望舒朓,侯王肃则月侧匿。是以君子推微达著,寻端见绪,履霜知冰,践露知暑。时行则行,时止则止,清息盈冲,取诸天纪。利用遭泰,可与处否,乐天知命,持神任己。群车方奔乎险路,安能与之齐轨? 思危难而自豫,故在贱而不耻。方将骋驰乎典籍之崇涂,休息乎仁义之渊薮,盘旋乎周、孔之庭宇,揖儒、墨而与为友。舒之足以光四表,收之则莫能知其所有。若乃丁千载之运,应神灵之符,闿阊阖,乘天衢,拥华盖而奉皇枢,纳玄策于圣德,宣太平于中区。计合谋从,己之图也;勋绩不立,予之辜也。龟凤山翳,雾露不除,踊跃草莱,祇见其愚。不我知者,将谓之迂。修业思真,弃此焉如? 静以俟命,不妒不渝。'百岁之后,归乎其居。'幸其获称,天所诱也。罕漫而已,非己咎也。昔伯翳综声于鸟语,葛卢辩音于鸣牛,董父受氏于豢龙,奚仲供德于衡辀,倕氏兴政于巧工,造父登御于骅骝,非子享土于善围,狼瞫取右于禽囚,弓父毕精于筋角,佽非明勇于赴流,寿王创基于格五,东方要幸于谈优,上官效力于执盖,弘羊据相于运筹。仆不能参迹于若人,故抱璞而优游。"

于是公子仰首降阶,忸怩而避。胡老乃扬衡含笑,援琴而歌。歌曰:"练余心兮浸太清,涤秽浊兮存正灵。和液畅兮神气宁,情志泊兮心亭亭,嗜欲息兮无由生。踔宇宙而遗俗兮,眇翩翩而独征。"

建宁三年,辟司徒桥玄府,玄甚敬待之。出补河平长。召拜郎中,校书东观。迁议郎。邕以经籍去圣久远,文字多谬,俗儒穿凿,疑误后学,熹平四年,乃与五官中郎将堂溪典、光禄大夫杨赐、谏议大夫马日磾、议郎张驯、韩说、太史令单扬等,奏求正定《六经》文字。灵帝许之,邕乃自书丹于碑,使工镌刻立于太学门外。于是后儒晚学,咸取正焉。及碑始立,其观视及摹写者,车乘日千馀两,填塞街陌。

初,朝议以州郡相党,人情出周,乃制婚姻之家及两州人士不得对相监临。至是复有三互法,禁忌转密,选用艰难。幽、冀二州,久缺不补。邕上疏曰:"伏见幽冀旧壤,铠马所出,比年兵饥,渐至空耗。今者百姓虚县,万里萧条,阙职经时,吏人延属,而三府选举,逾月不定。臣经怪其事,而论者云'避三互',十一州有禁,当取二州而已。又二州之士,或复限以岁月,狐疑迟淹,以失事会。愚以为三互之禁,禁之薄者,今但申以威灵,明其宪令,在任之人岂不戒惧,而当坐充设三互,自生留阂邪? 昔韩安国起自徒中,朱买臣出于幽贱,并以才宜,还守本邦。又张敞亡命,擢授剧州。岂复顾循三互,继以末制乎? 三分明知二州之要,所宜速定,当越禁取能,以救时敝;而不顾争臣之义,苟避轻微之科,选用稽滞,以失其人。臣愿陛下上则先帝,蠲除近禁,其诸州刺史器用可换者,无拘日月三互,以差厥中。"书奏不省。

初,帝好学,自造《皇羲篇》五十章,因引诸生能为文赋者。本颇以经学相招,后诸为尺牍及工书鸟篆者，皆加引召，遂至数十人。侍中祭酒乐松、贾护，多引无行趣势之徒，并待制鸿都门下，熹陈方俗闾里小事，帝甚悦之，待以不次之位。又市贾小民，为宣陵孝子者，复数十人，悉除为郎中、太子舍人。时频有雷霆疾风，伤树拔木，地震、陨雹、蝗虫之害。又鲜卑犯境，役赋及民。六年七月，制书引咎，诰群臣各陈政要所当施行。邕上封事曰：

臣伏读圣旨，虽周成遇风，讯诸执事，宣王遭旱；密勿祗畏，无以或加。臣闻天降灾异，缘象而至。辟历数发，殆刑诛繁多之所生也。风者天之号令，所以教人也。夫昭事上帝，则自怀多福；宗庙致敬，则鬼神以著。国之大事，实先祀典，天子圣躬所当恭事。臣自在宰府，乃备朱衣，迎气五郊，而车驾稀出，四时至敬，屡委有司，虽有解除，犹为疏废。故皇天不悦，显此诸异。《鸿范传》曰："政悖德隐，厥风发屋折木。"《坤》为地道，《易》称安贞。阴气愤盛，则当静反动，法为下叛。夫权不在上，则雹伤物；政有苛暴，则虎狼食人；贪利伤民，则蝗虫损稼。去六月二十八日，太白与月相迫，兵事恶之。鲜卑犯塞，所从来远，今之出师，未见其利。上违天文，下逆人事。诚当博览众议，从其安者。臣不胜愤满，谨条宜所施行七事表左：

一事：明堂月令，天子以四立乃季夏之节，迎五帝于郊，所以导致神气，祈福丰年，清庙祭祀，追往孝敬，养老辟雍，示人礼化，皆帝者之大业，祖宗所祗奉也。而有司数以蕃国疏丧，宫内产生，乃吏卒小汙，屡生忌故。窃见南郊斋戒，未尝有废，至于它祀，辄兴异议。岂南郊卑而它祀尊哉？孝元皇帝策书曰："礼之至敬，莫重于祭，所以竭心亲奉，以致肃祗者也。"又元和故事，复申先典。前后制书，推心恳恻。而近者以来，更任太史，忘礼敬之大，任禁忌之书，拘信小故，以亏大典。《礼》：妻，妾产者，斋则不入侧室之门。无废祭之文也。所谓宫中有卒，三月不祭者，谓士庶人数堵之室，共处其中耳，岂谓皇居之旷，臣妾之众哉？自今斋制宜如故典，庶答风霆灾妖之异。

二事：臣闻国之将兴，至言数闻，内知己政，外见民情。是故先帝虽有圣明之姿，而犹广求得失。又因灾异，援引幽隐，重贤良、方正、敦朴、有道之选，危言极谏，不绝于朝。陛下亲政以来，频年灾异，而未闻特举博选之旨。诚当思省述修旧事，使抱忠之臣展其狂直，以解《易传》"政悖德隐"之言。

三事：夫求贤之道，未必一涂，或以德显，或以言扬。顷者，立朝之士，曾不以忠信见赏，恒被谤讪之诛，遂使群下结口，莫图正辞。郎中张文，前独尽狂言，圣听纳受，以责三司。臣子旷然，众庶解悦。臣愚以为宜擢文右职，以劝忠謇，宣声海内，博开政路。

四事：夫司隶校尉、诸州刺史，所以督察奸枉，分别黑白者也。伏见幽州刺史杨熹、益州刺史庞芝、凉州刺史刘虔，各有奉公疾奸之心，熹等所纠，其效尤多。徐皆枉桡，不能称职。或有抱罪怀瑕，与下同疾，纲网弛纵，莫相举察，公府台阁，亦复默然。五年制书，议遣八使，又令三公，谣言奏事。是时奉公者欣然得志，邪枉者忧悸失色。未详斯议，所因寝息。昔刘向奏曰："夫执狐疑之计者，开群枉之门；养不断之虑者，来谗邪之口。"今始闻善政，旋复变易，足令海内测度朝政。宜追定八使，纠举非法，更选忠清，平章赏罚。三公岁尽，差其殿最，使吏知奉公之福，营私之祸，则众灾之原，庶可塞矣。

五事：臣闻古者取士，必使诸侯岁贡。孝武之世，郡举孝廉，又有贤良、文学之选，于是名臣辈出，文武并兴。汉之得人，数路而已。夫书画辞赋，才之小者，匡国理政，未有其能。陛下即位之初，先涉经术。听政馀日，观省篇章，聊以游意，当代博弈，非以教化取士之本。而诸生竞利，作者鼎沸。其高者颇引经训风喻之言；下则连偶俗语，有类俳优；或窃成文，虚冒名氏。臣每受诏于盛化门，差次录第，其未及者，亦复随辈皆见拜擢。既加之恩，难复收改，但守奉禄，于义已弘，不可复使理人及仕州郡。昔孝宣会诸儒于石渠，章帝集学士于白虎，通经释义，其事优大，文武之道，所宜从之。若乃小能小善，虽有可观，孔子以为"致远则泥"，君子故当志其大者。

六事：墨绶长吏，职典理人，皆当以惠利为绩，日月为劳。褒责之科，所宜分明。而今在任无复能省，乃其还者，多召拜议郎、郎中。若器用优美，不宜处之冗散。如有衅故，自当极其刑诛。岂有伏罪惧考，反求迁转，更相放效，臧否无章？先帝旧典，未尝有此。可皆断绝，以核真伪。

七事：伏见前一切以宣陵孝子为太子舍人。臣闻孝文皇帝制丧服三十六日，虽继体之君，父子至亲，公卿列臣，受恩之重，皆屈情从制，不敢逾越。今虚伪小人，本非骨肉，既无幸私之恩，又无禄仕之实，恻隐思慕，情何缘生？而群聚山陵，假名称孝，行不隐心，义无所依，至有奸轨之人，通容其中。桓思皇后祖载之时，东郡有盗人妻者亡在孝中，本县追捕，乃伏其辜。虚伪杂秽，难得胜言。又前至得拜，后辈被遗；或经年陵次，以暂归见漏；或以人自代，亦蒙宠荣。争讼怨恨，凶凶道路。太子官属，宜搜选令德，岂有但取丘墓凶丑之人？其为不祥，莫与大焉。宜遣归田里，以明诈伪。

书奏，帝乃亲迎气北郊，及行辟雍之礼。又诏宣陵孝子为舍人者，悉改为丞尉焉。光和元年，遂置鸿都门学，画孔子及七十二弟子像。其诸生皆敕州郡三公举用辟召，或出为刺史、太守，入为尚书、侍中，乃有封侯赐爵者，士君子皆耻与为列焉。

时妖异数见，人相惊扰。其年七月，诏召邕与光禄大夫杨赐、谏议大夫马日磾、议郎张华、太史令单扬诣金商门，引入崇德殿，使中常侍曹节、王甫就问灾异及消改变故所宜施行。邕悉心以对。又特诏问曰："比灾变互生，未知厥咎，朝廷焦心，载怀恐惧。每访群公卿士，庶闻忠言，而各存括囊，莫肯尽心。以邕经学深奥，故密特稽问，宜披露失得，指陈政要，勿有依违，自生疑讳。具对经术，以皂囊封上。"邕对曰："臣伏惟陛下，圣德允明，深悼灾咎，褒臣末学，特垂访及，非臣蝼蚁所能堪副。斯诚输写肝胆出命之秋，岂可以顾患避害，使陛下不闻至戒哉！臣伏思诸异，皆亡国之怪也。天于大汉，殷勤不已，故屡出妖变，以当谴责，欲令人君感司，改危即安。今灾眚之发，不于它所，远则门垣，近在寺署，其为监戒，可谓至切。蚚坠鸡化，皆妇人干政之所致也。前者乳母赵娆，贵重天下，生则赀藏侔于天府，死则丘墓逾于园陵，两子受封，兄弟典郡、续以永乐门史霍玉，依阻城社，又为奸邪。今者道路纷纷，复云有程大人者，察其风声。将为国患。宜高为堤防，明设禁令，深惟赵、霍，以为至戒。今圣意勤勤，思明邪正。而闻太尉张颢，为玉所进。光禄勋姓璋，有名贪浊；又长水校尉赵玹、屯骑校尉盖升，并叨时幸，荣富优足。宜念小人在位之咎，退思引身避贤之福。伏见廷尉郭禧，纯厚老成；光禄大夫桥玄，聪达方直。故太尉刘宠，忠实守正：并宜为谋主，数见访问。夫宰相大臣，君之四体，委任责成，优劣已分，不宜听纳小吏，雕琢大臣也。又尚方工技之作，鸿都篇赋之文，可且消息，以示惟忧。《诗》云：

'畏天之怒，不敢戏豫。'天戒诚不可戏也。宰府孝廉，士之高选。近者以辟召不慎，切责三公，而今并以小文超取选举，开请托之门，违明王之典，众心不厌，莫之敢言。臣愿陛下忍而绝之。思惟万机，以答天望。圣朝既自约厉，左右近臣亦宜从化。人自抑损，以塞咎戒，则天道亏满，鬼神福谦矣。臣以愚赣，感激忘身，敢触忌讳，手书具对。夫君臣不密，上有漏言之戒，下有失身之祸。愿寝臣表，无使尽忠之吏，受怨奸仇。"章奏，帝览而叹息，因起更衣，曹节于后窃视之，悉宣语左右，事遂漏露。其为邕所裁黜者，皆侧目思报。

初，邕与司徒刘郃素不相平，叔父卫尉质又与将作大匠阳球有隙。球即中常侍程璜女夫也，璜遂使人飞章言邕、质数以私事请托于郃，郃不听，邕含隐切，志欲相中。于是诏下尚书，召邕诘状。邕上书自陈曰："臣被召，问以大鸿胪刘郃前为济阴太守，臣属吏张宛长休百日，郃为司隶，又托河内郡吏李奇为州书佐，乃营护故河南尹羊陟、侍御史胡毋班，郃不为用致怨之状。臣征营怖悸，肝胆涂地，不知死命所在。窃自寻案，实属宛、奇，不及陟、班。凡休假小吏，非结恨之本。与陟姻家，岂敢申助私党？如臣父子欲相伤陷，当明言台阁，具陈恨状所缘。内无寸事，而谤书外发，宜以臣对与郃参验。臣得以学问特蒙褒异，执事秘馆，操管御前，姓名状貌，微简圣心。今年七月，召诣金商门，问以灾异，赍诏申旨，诱臣使言。臣实愚赣，唯识忠尽，出命忘躯，不顾后害，遂讥刺公卿，内及宠臣。实欲以上对圣问，救消灾异，规为陛下建康宁之计。陛下不念忠臣直言，宜加掩蔽，诽谤卒至，便用疑怪。尽心之吏，岂得容哉？诏书每下，百官各上封事，欲以改政思谴，除凶致吉，而言者不蒙延纳之福，旋被陷破之祸。今皆杜口结舌，以臣为戒，谁敢为陛下尽忠孝乎？臣季父质，连见拔擢，位在上列。臣被蒙恩渥，数见访逮。言事者因此欲陷臣父子，破臣门户，非复发纠奸伏，补益国家者也。臣年四十有六，孤特一身，得托名忠臣，死有馀荣，恐陛下于此不复闻至言矣。臣之愚冗，职当咎患，但前者所对，质不及闻，而衰老白首，横见引逮，随臣摧设，并入坑陷，诚冤诚痛。臣一入牢狱，当为楚毒所迫，趣以饮章，辞情可缘复闻？死期垂至，冒昧自陈。愿身当辜戮，丐质不并坐，则身死之日，更生之年也。惟陛下加餐，为万姓自爱。"于是下邕、质于洛阳狱，劾以仇怨奉公，议害大臣，大不敬，弃市。事奏，中常侍吕强愍邕无罪，请之，帝亦更思其章，有诏减死一等，与家属髡钳徙朔方，不得以赦令除。阳球使客追路刺邕，客感其义，皆莫为用。球又赂其部主使加毒害，所赂者反以其情戒邕，故每得免焉。居五原安阳县。

邕前在东观，与卢植、韩说等撰补《后汉记》，会遭事流离，不及得成，因上书自陈，奏其所著十意，分别首目，连置章左。帝嘉其才高，会明年大赦，乃宥邕还本郡。邕自徙及归。凡九月焉。将就还路，五原太守王智饯之。酒酣，智起舞属邕，邕不为报，智者，中常侍王甫弟也，素贵骄，惭于宾客，诟邕曰："徒敢轻我！"邕拂衣而去。智衔之，密告邕怨于囚放，谤讪朝廷。内宠恶之。邕虑卒不免，乃亡命江海，远迹吴会。往来依太山羊氏，积十二年，在吴。

吴人有烧桐以爨者，邕闻火烈之声，知其良木，因请而裁为琴，果有美音，而其尾犹焦，故时人名曰"焦尾琴"焉。初，邕在陈留也，其邻人有以酒食召邕者，比往而酒以酣焉。客有弹琴于屏，邕至门试潜听之，曰："嘻！以乐召我而有杀心，何也？"遂反。将命者告主人曰："蔡君向来，至门而去。"邕素为邦乡所宗，主人遽自追而问其故，邕具以告，莫不怃然。弹琴者曰："我向鼓弦，见螳螂方向鸣蝉，蝉将去而未飞，螳螂为之一前一却。吾心耸然，惟恐螳螂之失之也，此岂为杀心而形于声者乎？"邕莞然而笑曰："此足以当之矣。"

中平六年，灵帝崩，董卓为司空，闻邕名高，辟之。称疾不就。卓大怒，詈曰："我力能族人，蔡邕遂偃蹇者，不旋踵矣。"又切敕州郡举邕诣府，邕不得已，到，署祭酒，甚见敬重。举高第，补侍御史，又转持书御史，迁尚书。三日之间，周历三台。迁巴郡太守，复留为侍中。

初平元年，拜左中郎将，从献帝迁都长安，封高阳乡侯。

董卓宾客部曲议欲尊卓比太公，称尚父。卓谋之于邕，邕曰："太公辅周，受命剪商，故特为其号。今明公威德，诚为巍巍，然比之尚父，愚意以为未可。宜须关东平定，车驾还返旧京，然后议之。"卓从其言。

二年六月，地震，卓以问邕，邕对曰："地动者，阴盛侵阳，臣下逾制之所致也。前春郊天，公奉引车驾，乘金华青盖，爪画两辖，远近以为非宜。"卓于是改乘皂盖车。

卓重邕才学，厚相遇待，每集宴，辄令邕鼓琴赞事，邕亦每存匡益。然卓多自很，邕恨其言少从，谓从弟谷曰："董公性刚而遂非，终难济也。吾欲东奔兖州，若道远难达，且遁逃山东以待之，何如？"谷曰："君状异恒人，每行观者盈集。以此自匿，不亦难乎？"邕乃止。

及卓被诛，邕在司徒王允坐，殊不意言之而叹，有动于色。允勃然叱之曰："董卓国之大贼，几倾汉室。君为王臣，所宜同忿，而怀其私遇，以忘大节！今天诛有罪，而反相伤痛，岂不共为逆哉？"即收付廷尉治罪。邕陈辞谢，乞黥首刖足，继成汉史。士大夫多矜救之，不能得。太尉马日磾驰往谓允曰："伯喈旷世逸才，多识汉事，当续成后史，为一代大典。且忠孝素著，而所坐无名，诛之无乃失人望乎？"允曰："昔武帝不杀司马迁，使作谤书，流于后世。方今国祚中衰，神器不固，不可令佞臣执笔在幼主左右，既无益圣德，复使吾党蒙其讪议。"日磾退而告人曰："王公其不长世乎？善人，国之纪也。制作，国之典也。灭纪废典，其能久乎！"邕遂死狱中。允悔，欲止而不及。时年六十一。缙绅诸儒莫不流涕。北海郑玄闻而叹曰："汉世之事，谁与正之！"兖州、陈留间皆画像而颂焉。

其撰集汉事，未见录以继后史。适作《灵纪》及十意，又补诸列传四十二篇，因李傕之乱，湮没多不存。所著诗、赋、碑、诔、铭、赞、连珠、箴、吊、论议、《独断》《劝学》《释诲》《叙乐》《女训》《篆势》、祝文、章表、书记，凡百四篇，传于世。

【译文】

蔡邕字伯喈，是陈留郡圉县人。他的六世祖名叫蔡勋，喜好黄老之学，前汉平帝时，任郿县令。王莽初年，任他为厌戎郡太守。蔡勋面对封官的印信，仰天长叹，说道："我是汉朝的臣子，死也要为汉朝而死。古代曾子不接受季孙氏的赏赐，怎么可以侍奉异姓呢！"于是携带家眷，逃进深山，和鲍宣、卓茂等人一起，誓不做新朝的臣子。蔡邕的父亲叫蔡棱，也有清白的操行，死后谥号为贞定公。

蔡邕生性孝顺，他的母亲曾卧病三年，蔡邕除非在夏冬二季换换衣服，平常不脱衣服，也没躺下睡过觉，这样一直坚持七十多天。母亲死后，住在母亲的坟墓旁边，一切行动都按礼法去做。在他的住处,出现温驯的兔子跑前跑后,屋旁又长出两棵枝干相连的树木,远近人都认为这是新鲜事,争着去看。蔡邕和他的叔叔、堂弟住在一起,三辈没有分家,乡亲们都很敬重他的品行。他少年时就博学多才,拜太傅胡广为师。又善于写文章、研究数术和天文,还弹得一手好琴。

后汉桓帝时,中常侍徐璜、左悺等五人专权肆行,他们听说蔡邕善于弹琴,于是奏明皇帝,命令陈留太守督促蔡邕进京。蔡邕不得已,走到偃师县,托词生病,回到家乡。他在家闲居,沉湎于古代文化,不和世人交往。他有感于东方朔的《客难》以及杨雄、班固、崔骃等人自问自答的文章形式,于是对以上诸人的言论,加以审视,他们说得对的就采纳,他们说得不对的就加以纠正,著作《释诲》一文,以此来自励,文章说:

有一位有治世之心的青年人向一位白发老人请教说:“我听说圣人最宝贵的是名位,所以用推行仁义来保持名位,用财富来招集人才。但是有了名位就尊贵,有了财物便富有,推行仁义,至于圣王之道,这是读书人的职责。所以伊挚背负烹器求见商汤;孔子也说过,如果能富贵行道,就是给人当随从,他也愿干;宁戚用歌声来求齐桓公任用。百里奚卑身喂牛求见秦穆公。以上这些人和事,说明圣贤哲人有共同的志趣,这是古人明明白白的志向啊。您老先生,生活在清明的时代,又具有纯和的资质,深研古代典籍,胸怀《六经》,安于贫贱地位,与世无争,才华沉沦,志在天外,胸中囊括天地人事,精研自然之理,已经很久了。但没能出类拔萃,展布才华,登上朝廷高位,以圣王之道整顿天下,清除人世间的丑恶,扫去宇宙间的尘埃,使治世的光芒犹如白日,使世间的和气直逼白云。随着时间的流逝,你的岁数也大了,仍是默默无闻。我真感到迷惑不解,所以我说了以上这些话,当今皇帝宽容圣明,辅佐的臣子都贤良明智,英才大器,不被逸弃,德高的人被任为宰相而授爵分封,才大的人享受富贵蒙受赏赐。你何不灵活处世,以达到目的,和世人共同俯仰,站住脚跟,坐收治世的荣利,建立不朽的功勋,在这时建立光宗耀祖的功业,留下永不磨灭的美名? 这些难道您没想过吗? 为什么守住您那一套而不明白这个道理呢?

白发老人傲然笑了笑,说道:“你这个年轻人,你真是常说的只看到那不明不白的功利,而忘记明明摆着的祸害;一心只指望成功,而忽视跌跤失败的那种人啊。”年轻人肃然起敬,拢起衣襟站起来说:“为什么这么说呢?”白发老人说:“你坐下,我将向你解释清楚。过去在远古时代,君臣之分刚刚奠定,曾出现过伏羲氏的安宁时代,唐尧、虞舜的理想时期。三代的兴盛,也属盛世之光,春秋五霸时期,开始走下坡路,但他们仍勉力维持。从此以后,维系社会的法网松弛,人的道德崩溃,先王的治道被破坏,天下混乱,君臣关系、上下关系,都土崩瓦解。于是有权术者驰骋诈幻,能言善辩者到处游说,武将施展韬略,战士讲习武艺。各种人物的活动,象风掣雷电,风云变幻,欺诈诡谲,以适应社会时尚。有的人因筹划一条妙计而得到万金的赏赐,有的人游说一个早晨便得到美玉宝物。主张连衡的,同时佩六国的官印,主张合纵的,也是腰里多印生辉。骤然富贵,财富无数,各逞机巧,忘记了危险。花朵脱离花蒂就会枯萎,枝条离开树干就会干枯,女人打扮妖艳必定淫乱,士人背叛圣贤之道必然获罪。人们诅咒他们的暴发骤富,神明也痛恨他们的邪恶行径,容华富贵刚刚到手,祸害的种子已经萌芽。刚刚乘上华丽的车子,祸害就临头了。要加高加大住室,反而使原来的住室昏暗不明。因此,社会黑暗,圣人和哲人都隐匿藏身，如石门的守门人，如长沮、桀溺隐于耕作，如颜阖怀才而不出来当官，如蘧伯玉不出世而保全性命。齐人送给季桓子女伎，孔子就离开齐国；卫灵公和阉人同乘一车，孔子就离开卫国去曹国，象丢掉不值钱的东西一样。我哪里是傲视君主而背弃祖国呢？因为我的理想不能实现罢了。

再者，我也听说过，冬至时节正应黄锺之律；东北风吹起，天将变暖，鱼儿会跳到冰上；五月夏季，阴气则渐渐萌发；芦苇变黄，露水开始凝结为霜。冷热循环，阴阳代起，发展到极点就要发生变化，治和乱也是互相推移。现在又朝继承陶唐氏的余绪，扫清天下的残祸，圣德比天高、比地厚。圣王之道推行，上下融洽，皇帝的宏才大略显现于世，平民百姓，都广受恩惠。挑选天下的英才，治理成清平治世，群臣都恪守自己的职责，圣君可以垂手而治。君臣关系和谐，共守太平之世，人才济济，从从容容，君子在朝，人才充盈。好比钟山的美玉，泗水之滨的美石，即使在锺山上加上几块美玉也不显得多，采出泗水中几块磐石，也并不显得少。在古代，大禹时洪水得到治理，河流稳定，周武王用武功平定了天下战乱；猃狁被赶走，尹吉甫才得休息；城濮之战，楚军失败，晋人得以凯旋。所以，国家有战事，穿着蓑衣戴着斗笠上战场，披甲操戈，仍显得忙不过来；国家平安无事，穿上宽衣博带，走起路来佩玉叮当响，显得悠闲从容。

再说那些世代勋臣、大官的子弟，他们是皇帝的下人，上天保佑，君主给他优厚的俸禄，从容而行，自然得到爵位，他们捋须整髯，居官尊贵。他们进身之时，如果用顺从圆转，还不足以形容他们升官的方便，用逡巡放逸，也不足以形容他们升官的容易。人人有超群的才能，个个有丰富的智慧。小孩不向有经验的老成人请教，任事不懂的学生也不找先生问难。心境恬淡高远，已经走到极点而不知停止。仍铺张煊赫，炫耀荣华富贵。有头脑的人，能知足而止，所以能保持安宁。狂妄而胡作非为，只会把人的心志搞乱。贪财的人为财而死，炫耀浮夸的人必死于权势。看到这些现象，心烦意乱。不明白谦受益、满招损的道理。驾着劣马走远路，羡慕千里驹的快速而拼命驱赶，在外戚门前卑躬屈膝，乞求权贵提携。荣华富贵还没攀到，就跌跤摔下来，轻者被牵连坐罪，重者招灭门之祸。前面的车子已经翻了，后面的车子仍沿这条路奔驰，不借鉴前车蹈祸的教训，从而知畏惧而止。我为这些人的下场而悲悼，祸害竟是如此厉害！天如此之高远，地如此之深厚，不敢不谨慎从事。招来幽怨并不在明智与否，祸患发生都是不深思熟虑所致。定要战战兢兢，必须慎之又慎。

用我则推行我的治道，这是孔圣人的明训；不用我则隐晦韬光，也是圣人的至理名言。天下河水泛滥，并非一块土能够堵塞；百万大军，也非一介勇夫所能抵抗。现在你责备我这个普通人不去清除天下的污秽，那么可把发生水旱灾害归罪于唐尧、商汤吗？我惧怕我这缕微微青烟会招来没顶之灾，哪里还敢大放光芒呢？再说，地震之前兆是天枢星散开，井中没有日影表明发生了日蚀。君主宽容如同晦日，则月亮出现在西方；侯王急下，如同朔日，则月亮出现在东方。因此，有识之士能够见微知著，看到开头就能知其发展的脉络，脚踏秋霜就知严冬将至，踹着露水就知是暑热天气将到。时势允许则出世行道，时势不允许则退身而止，掌握个中消息，取之于天地的规律。以此来判断前途的利害，来决定自己去留，乐天知命，按照自己的意志行事。大批车辆在险路上奔驰，我怎么能和他们并驾而行？考虑到危难而自我安乐，所以身处贱位而不自以为耻。我将在圣贤典籍这条光明大道上驰骋，在仁义的林海中游息，踏着周公、孔子的足迹，与儒、墨学说为友。施展才能，可以光照天下；收敛韬略，则谁也不知我胸怀何物。如果遇上千载难逢的时运，上应天命，皇帝招贤之天门大开，我会登上天街，在盛大的仪仗簇拥下掌握权柄，向皇帝献上高明的策略，在华夏大地上实现太平盛世的理想。如果我的策略合乎皇帝的要求而被采纳，这当然是我的希望；如果我不能因而建功立业，那是我的罪过。如果在这时，贤者仍隐居深山，小人没有被清除，贤者仍然与草木为伍，只能说明他愚蠢。不了解我的人，将责备我曲线求荣。君子欲建功立业求得其名，舍弃这条道路，还往哪里去？所以我静静地等候时运的到来，不懈不怠。百年以后，葬入坟墓也就算了。若有幸而获得世人称誉，那也是上天诱导之功。如果默默无闻而死，也不是我的罪过。古代的伯翳能与禽鸟交谈，葛卢能听懂牛鸣，董父因好龙而得姓豢龙氏，奚仲能造精美的车子，倕氏的巧于工艺，造父的善于驾马，非子因善于养马而被封，狼瞫因勇斩囚徒而获得为晋襄公驾车之职，弓父的殚精谒思制造出精弓，佽非入江斩蛟之勇，吾丘寿王因精于围棋而官待诏，东方朔因长于诙谐出默而成为汉武的近倖，上官桀因善于系紧车盖而得官，桑弘羊因精于计算而位居丞相。我没有以上古人的幸运，所以我怀才而优游岁月。"

于是那个年轻人仰头避开老人的视线，退下台阶，惭愧而去。白发老人扬眉含笑，弹琴歌唱，唱道：'静修我的心志，使之达到最高的境界，涤荡心灵中的污秽，保存天地之正气。心情舒畅而神气宁静，志向淡泊而心神高远，各种欲念不生。超越世事而摆脱尘俗，在浩渺境界中独来独往。"

建宁三年，在司徒桥玄府中任职，桥玄对他很敬重。后来外补为河平县令。又被召进京任官郎中，在东观校勘图书。后又升为议郎。蔡邕认为，经典图籍距圣人的年代久远，文字多有错讹，浅俗的学者据以穿凿附会，贻误后来的学者。在熹平四年，他与五官中郎将堂溪典、光禄大夫杨赐、谏议大夫马日磾、议郎张驯、韩说、太史令单飏等人，向皇帝上奏，乞求订正《六经》中的文字。汉灵帝批准，蔡邕于是亲自用朱砂把经文书写在石碑上，让石工雕刻，立在太学门外。晚生后学，都据此来改正经书中的错讹。碑刚刚竖起，前来观看和照抄的人很多，常常每天有千余辆车子，把大街小巷都塞满了。

当初，朝廷的官员认为，州郡的官员互相结成帮派，郡人也结伙营私，于是做出了这样的规定，凡是联姻之家以及两州的官员，不得互相做对方的监察官员。到这时又制定了联姻之家以及两州人士不得互相在该地任官的"三互法"，禁令更加周密，选用官员就很困难。幽、冀二州，官员缺额久久不补。蔡邕上奏说："我了解到，幽、冀二州是汉朝的根据地，盔甲和战马大都是该地出产，近年因战乱和灾荒，这一地区耗尽了财力。现在百姓们家家空虚，万里萧条，官位长久空缺，下面的办事吏员也盼望有所统属，但太尉、司徒、司马三府选任官员，几个月也定不下来。我曾为此事感到奇怪，而议事的官员说是因为回避三互法。十一州的禁令，具体来说只是二州罢了。再者，二州的士人，或限于年岁资历，迟疑观望，失去实施政事的机会。我认为三互法的禁令，只是浅层次的措施，如申明严厉的皇威，明确法令，在任的官员哪能不畏惧，敢于犯三互法的本旨，岂肯自我阻隔前途？当年韩安国出身子罪徒之中，朱买臣出身于低贱，都因为才能适宜，都做了本乡的太守。再者，张敞原是个逃亡之徒，超拔为大州刺史。这哪里管什么三互之法，受细枝末节的制约呢？太尉、司徒、司马三公明知幽冀二州的重要，赶快确定官员，应该超出三互法的禁令，选取有能力的人，改变二州的破败局面；若置我直言敢谏之议于不顾，为避开微不足道的规定，任官久而不决，而失去人才。我希望陛下您上学光武皇帝，废除近来这些禁令，各州刺史才气可以调换的，不要拘泥于资历和三互法的规定，以求用得其人。"奏疏呈上去，皇帝不加理睬。

当初灵帝好学，自己著作《皇羲篇》五十章，因而召集来不少善于作文赋的读书人。本来是以长于经学招集文人的，后来把长于作书信的以及工书法篆文的都加招引，于是有数十人之多。侍中祭酒乐松、贾护等人，又招来品行不端、趋炎附势之徒多人，都在鸿都门下侍奉皇帝，这些人喜欢向皇帝陈说些民间的世俗琐事。皇帝听了却很高兴，越级提拔这些人为官。另外，一些市井小人，因为做了宣陵的守坟户，几十个人，都任为郎中、太子舍人。因而当时的天象反常，经常打雷刮大风，树木被折断或连根拔起，又有地震、冰雹、蝗虫等灾害。鲜卑人入侵边境，民间加重了劳役和赋税。六年七月，皇帝下诏书行咎自责，令群臣各自陈述应该施行的行政要务。蔡邕上奏说：

我读了圣旨，虽然象周成王时遇上风灾，向诸大臣讯问政事；周宣王时遭受旱灾，而勤政畏惧，比起陛下的虔诚态度，都不在话下。我听说上天下降灾害，都是因人事而发。频频出现惊雷，大概是因为受刑被处死的人太多所致。风是上天的号令，是用来警告人的。虔诚地按上天的意志行事，就会带来好处；礼敬祖宗，则鬼神安稳。国家的大事，首先要注重祭祀的典礼，天子应该亲自恭敬从事。我自从任宰相府的官员，以至任祭祀官，各种郊祭，皇帝很少亲行，礼敬四时节气这样重要的祭祀活动，经常是派官代行，虽然曾向上天谢罪，究竟是废礼不敬。所以上天不高兴，才降下这种种灾异。《鸿范传》说："政事违背天意，使上天好生之德隐而不显，就会出现大风刮倒房屋、折断树木的灾害。"《坤》卦象征地理，《易经》上说，安静则大吉大利。阴气太盛，应该用安静来行正，"法为下叛"。大权不掌握在上边，则相应的灾害是冰雹的灾伤；行政苛刻暴戾，相应的灾害是虎狼吃人；官员因贪利而伤害百姓，相应的灾害是蝗虫损害庄稼。去年六月二十八日，太白星与月亮相近，兵家认为不是好兆头。鲜卑人犯境，是长久以来的边患，现在出兵，还看不到取胜的可能。这样就上背天象，下背民心。确应广听诸臣的议论，采纳实实可行的意见。我怀着满腔忧愤，敬陈应实行的七件事如下：

第一件事：按照朝廷的祭祀时间表规定，皇帝在立春、立夏、立秋、立冬以及夏末的节气，亲自祭祀，迎接五帝，以此来乞求风调雨顺，上天赐福，带来丰收。宗庙祭祀，为了向祖宗申孝敬之诚，赡养老人，开设学校，是为了以礼化教育人，这都是做皇帝应重视的大事，为祖宗以来所恪守。使下面的官员，往往因疏远封国的丧事、家里有子女降生，或者小吏的病死，以此为忌，而废弃大事。我看到祭天之礼，还没遭废弃，至于其他的祭祀，往往有不同意见。难道说祭天之礼卑微不足道、其他祭祀因重要而多异议吗？孝元皇帝曾说过："典礼最尊敬的，莫过于祭祀，以此来竭心致诚亲身而行，表达严肃的敬仰之情。"再者，章帝元和年间所行的事例，再次申明遵从先王的旧典。前后圣旨，推心置腹，态度诚恳。但是近来的情况,往往更换太史之官。把祭祀的大事几乎忘掉,听信各种禁忌书上所载,因很小的事情,亏缺祭祀大典。《礼经》上说,妻妾生小孩,丈夫在斋戒期间不入产房之门,没有讲到因此而废弃祭礼的文字。所说的家里死了人,因而三个月不举行祭礼,那是指一般百姓人家只有几间房子,一家人共同居住的情况,哪里可比皇宫之大、妻妾之众呢?从今以后,斋戒期间应照旧有礼典行事,以此来回答上天风雷灾变的示警。

第二件事:我听说,一个国家将要兴盛,能经常听到治理国家的名言高论,朝廷之内,对行政情况了如指掌,在朝廷之外,对民情体察入微。因此,已故的桓帝虽然具有圣哲的资质,而仍然广泛听取行政的得失。又因发生灾变,提拔那些沉沦的人物,重视贤良、方正、淳朴、有道等科的选拔,因此正直诤谏的言论,不断在朝廷上出现。陛下您主持政事以来,连年发生灾变,但没有听到为此而特别举行广取贤良的圣旨。确应认真思考,按旧章办事,让胸怀忠义的臣子,施展他们的抱负,来改变《易传》上所说"行政乘背、有德者隐身"的局面。

第三件事:求得贤能之臣的途径,不只一条,有的因道德高尚名世,有的因直言敢谏扬名。近来,在朝的臣子,并没有因忠心耿耿被赏赐,却常招致恶言毁谤而被罪,于是群臣下僚结舌缄口,没有人敢出来主持正义。郎中张文,以前曾单枪匹马披肝沥胆条陈忠言,蒙圣上采纳,责令三司衙门实行。这样,群臣解除了思想负担,众百姓也都很高兴。我认为应该提升张文任要职,以鼓励忠正耿直,并在天下广为宣传,这样就会广开议论政事之路。

第四件事:司隶校尉和各州的刺史,这些官员的责任是监督官员、辨奸纠枉、分别黑白。我看到幽州刺史杨熹、益州刺史宠芝、凉州刺史刘虔,每人都胸怀秉公奉法、疾恨奸恶的忠心,杨熹的举劾,功效很好。其他人大都废公枉法,根本不称职。有的刺史本身,就有罪恶,和下级同病相怜,法网松弛,互不揭发,三公台阁各官也保持沉默。建宁五年下的圣旨,准备派遣使者巡行天下,又下令三公根据民间歌谣所反映的民间利弊,上奏天子。当时奉公守法的官员洋洋得意,奸邪枉法的官员惊怕失色。但不知这种措施为何原因废而不行。过去刘向向皇帝上奏曾说:"用将信将疑的态度去执行某种计划,就会为枉法者大开方便之门;优柔寡断,必然招致谗邪的议论。"现在刚刚听到将要推行善政,马上又变卦,这样做,促使天下人对朝廷政事做出种种猜度。应该重新任命使者,纠察非法的官员,选任忠心清白的官员,赏罚分明。太尉、司徒、司马三公衙门,每年年末,评品各官的高下,使下级官吏明白,奉公守法者得福,营私枉法者得祸。这样,各种灾变可以从根本上杜绝。

第五件事:我听说古代选取官员,必让各诸侯每年向朝廷贡献人才。武帝之时,令各州郡选取孝廉,又设有贤良、文学之科,于是名臣辈出,文臣武将,人才济济。汉朝之所以能得到人才,就是这几条途径罢了。长于书法、绘画、诗词文赋,那只不过是小才小艺,治理国家政事,他们无能力担任。陛下你继位为天子,刚刚开始,应该先涉猎儒家的经典学术,政事余暇,可以浏览文辞篇章,松弛一下精神,以此来代替下棋等娱乐,但文辞篇章不能作为教化百姓,选取人才的根据。然而读书人为争夺利禄,做文章势头沸沸扬扬。其中高明一些的,还引证一些经典中劝世的文字;等而下之的作者,则连连搬用民间俗语村言,简直象演滑稽戏;有的剽窃成文,假冒他人的名字。我经常在盛化门接受圣旨,评定作者的等级名次,那些不及格的人,也和其他人一样都被提拔委任。既已经加恩任官,也难以再收回,这些人若只守职领取俸禄,国家对他们也算仁至义尽,不应该再派他们去做治理百姓的州郡地方官。当年汉宣帝把儒家学者聚集在石渠阁,汉章帝聚集学士于白虎观,通解经文,解释疑义,这事情很重要,这也是周文王、周武王的治世之道,应该遵循。象那样擅长小才小艺,虽然也达到相当的水平,孔夫子认为,若以此来治理国家大事,那就扞格难通了,所以有识之士应该把心志用到大的方面。

第六件事:品级为六百石的地方吏员,他的责任是治理百姓,对他们的考察,应以是否给百姓带来福利实惠为成绩,以任职时间长短为资历。表彰或责罚的条款,应该黑白分明。但是现在对地方官在任治绩根据不清楚,等任期满召还,大多提升为议郎、郎中等官。如果其中有才具优秀的,不应安排他们为闲职。如在任期间犯有罪过,应该加以刑罚。这样怎么会发生隐瞒罪行害怕考察、反而谋求升迁、互相效法、好坏不分这样的情况呢? 已故皇帝的旧法,没有出现这种情况。应该当机立断,辨其真伪。

第七件事:在前面我说到把为宣陵守坟人都提拔为太子舍人一事。我听说汉文帝规定服丧期为三十六天,虽然是继位的君主,是父子骨肉之亲,公师大臣,受皇帝莫大之恩,都压抑自己的感情,按规定办事,不敢超期服丧。现在那些虚伪小人,本不是皇帝的亲骨肉,皇帝生前也没有喜欢过他们,他们本身也没有一官半职,那么殷切思念的感情,从何而产生? 他们聚集在陵墓旁,声称行孝,他们的行为不符合本心,按照礼仪,没有任何根据,甚至有奸邪坏人,混迹其中。桓思皇后的灵柩出殡之时,东郡有一个拐骗别人老婆的人混在孝子的队伍中,本县派人来追捕,才承认罪恶。象这样虚伪污乱的情况,难以枚举。又有先来到陵墓边的人被委任为官,后来的被弃置不顾;有的长年在陵墓守陵,偶尔回一趟家,就被遗漏;有的请人代替,也受到恩宠而荣升。因此发生争吵、怨恨,怨声载道。太子的辅佐官员,应该选取德高望重的人来担任,哪能只选取坟墓房的不三不四的不吉利的人? 这种不吉利的情况,再没有比这严重的人。应该把这些人遣送回农村,并揭露他们的伪骗行为。

奏本送上去,灵帝才亲自主持北郊祭礼,又到太学主持祭孔仪式。又发布命令,那些守陵孝子被任为舍人的,一律改为丞尉。光和元年,又设立鸿都门学校,在校内图画孔子和七十二弟子像。在校读书的生员,命令各州郡及三公府举荐任用,有的出任外的州刺史、郡太守,有的在朝廷被任为尚书、侍中等官,甚至有被封侯赐爵位的,而有识之士都耻与这些人为伍。

当时各种怪异现象不断出现,人人惊恐。这年七月,灵帝召蔡邕和光禄大夫杨赐、谏议大夫马日碑、仪郎张华、太史令单飏等人到金商门,又带进崇德殿,派中常侍曹节、王甫向他们询问灾变情形以及为消除灾变应实行的措施。蔡邕详细回答,灵帝又亲自召问说:"近来灾变迭起,不知有什么过错得罪了上天,朝廷为此而焦心,满怀恐惧。询问各个王公大臣,希望听到忠正言论,但他们都闭口不言,不肯说出心里话。因为你蔡邕经学渊博,所以特别单独秘密向你询问,你应该指出行政的得失,提出行政的要领,不要模棱两可,自生疑惑。回答的奏章,密封呈上。"蔡邕回奏说:"我看陛下你圣德清明，深深为发生灾变而自责，您褒奖我的学业，特地向我询问，这使我这微不足道的臣子怎么敢承当。现在确实是披肝沥胆的时候，怎么能顾虑直言敢谏会带来的祸害、而使陛下您听不到惊戒的言论呢！我认为各种灾变的发生，都是亡国的征兆。上天对于大汉王朝，仍然是特别关照，因此才屡屡降下灾变，以此来进行谴责，是想让君王省悟，转危为安。现在灾变发生，不在其他地方，却发生在京城附近，或京城各衙门，它是上天的警告，再明确也不过了。长虹下落、雄鸡异化，这都是妇女干政所招致。在此之前，皇帝的乳母赵娆，成为天下的高贵人物，生前的财富可和国库相比，死后的坟墓，比皇帝的陵墓还气派，两个儿子受封爵，她的兄弟也任为州郡长官；接着又有永乐门史霍玉，凭借皇威，又为非作歹。现在路人又传言纷纷，说又出了一个程大人，看他的来势，将要成为国家的祸害。应该提高警惕，加以防备，明令禁止，以赵娆、霍玉为鉴戒。现在陛下您情真意切，想辨明邪正。但听说太尉张颢，是霍玉引荐的；光禄勋姓璋，是有名的贪官；再如长水校尉赵玄、屯骑校尉盖升，都侥幸受宠而荣华富足。应该想到，小人在位给国家带来的灾害；退一步想，这些人引退让贤也是他们的福分。我了解到，廷尉郭禧，敦厚老练；光禄大夫桥玄，练达正直；原太尉刘宠，忠诚正派，这些人都应是皇帝的智囊人物，经常向他们询问政事。宰相大臣，好比皇帝的四肢，委任他们，责其成效，他们的优劣自然分明，不应从听小吏的意见，陷大臣于罪过。再者，尚方令所做的工巧器物、鸿都门所作的诗词文赋，可暂且停止，以表示忧虑。《诗经》上说："恐怕上天发怒，不敢游戏淫逸。"上天的敬戒，确不可当作儿戏啊。宰相府的孝廉，那是士人中高材者才能充任。近来因荐举不慎，责备三公，但现在却只凭小小艺能超拔选取，这样就大开后门，违背了圣上选人的条法，众心不服。却没有人敢出来说话。我希望陛下您下决心杜绝这种弊端，全部心力用于政事，以此来报答上天的期望。圣上既然自我严格要求，左右亲近的臣子也应随之转变作风。人人自我约制，以此来回答上天的警告，那么天时自然由灾变转为圆满正常，鬼神都受福不浅。我出于正直与忠诚，因受激励，置身家性命于度外，所以才敢于讲出别人因忌讳不敢讲的话，亲笔来回答。君臣之间若不能保密，君上若不知戒惧而泄露了机密，会给臣下带来杀身之祸。我希望把我的奏本对陛下不要下发，且莫使尽忠的官吏，因此而招致怨仇。"奏本呈上，灵帝看了以后，异常感叹，因起身去换衣服，中常侍曹节偷看了奏本，把全部内容宣扬出去，于是机密泄露。那些被蔡邕弹劾的人，都横眉怒目地要加以报复。

当初，蔡邕和司徒刘郃平常就合不来，他的叔父卫尉蔡质又与将昕大臣阳球有仇。而阳球又是中常侍程璜的女婿，程璜于是派人向朝廷写匿名信说蔡邕、蔡质叔侄屡因私事请刘郃帮忙，刘郃不答应，蔡邕怀恨在心，发誓要中伤刘郃。皇帝批下，让尚书处理，召来蔡邕，追问事实。蔡邕上书自辩说："我被责问，问大鸿胪刘郃前此为济阴太守的时候，我属下吏员张宛病休了一百天（按规定，吏员病休百日应免官）；刘郃任司隶时，我又托他提拔河内郡吏员李奇为州的文书官；又请他营救原河南尹羊陟、侍御史胡毋班，我的请求，他都不答应，因此我怨恨他等情形。我听了以后满怀惶惑恐惧，忧心如焚，不知罪过在哪里。我自己寻思这案件的来由，实因张宛、李奇之事而起，与羊陟、胡毋班无关。但是小吏的休假，也不是结怨的原因。我家与羊陟家虽是亲家，怎么敢救援私党？如果我们父子想陷害刘郃,自应向台阁大臣揭发,详细陈述所谓怨恨刘郃的缘由。没有尺寸的事实,而散发匿名信,应该用我的申辩和刘郃对质。我能够以学问渊博,受到褒奖,在祕阁任职,在皇帝身边作文字工作,因而我的姓名长相学问才能,被圣上注意。今年七月,把我召到金商门,问起灾变的原因,又下诏旨,让我直言。我出于忠正直率,只知竭尽忠心,生死置之度外,没顾忌到因此而招致祸害,于是讽刺了王公大臣,以及圣上身边的宠臣,我本想回答圣上的询问,以消除灾变,为陛下您献长治久安之计。陛下您没考虑到对忠臣的直率言论,应加以保密,因泄露而诽谤猛烈而来,陛下你也因此而产生疑惑。这样,尽忠的官吏,还有容身之处吗?每次圣旨须颁下,群臣各密封奏事,本想改革政事,以免上天谴责,逢凶化吉,但进谏的臣子没有因此而得福,反而马上遭受诬陷祸害。现在人人闭口不言,以我为前车之鉴,这样谁还敢为陛下您尽忠尽孝呢?我叔父蔡质,连连被提拔,位居高官。我受陛下皇恩,屡被垂问。因此,有人想陷害我们父子,使我们家族破败,他们并不是为了揭发奸邪、为国家利益着想的。我今年四十六岁,孤身一人,如能列名忠臣,死了也很荣耀。恐怕陛下您从此再也听不到忠正的谏言了。因我的忠直,招来祸害,但我前面的回答,蔡质不知道,他已经白发衰老,横遭牵连,因我被祸,也一并被坑害,实在冤枉,实在令人痛心。我一进监狱,必然被严刑逼问,追问匿名信所列的罪名。我的辩白情况,陛下您怎么能听得到?我的死期快要到了,冒昧向您陈述,我情愿一人抵罪而死,请求不要把蔡质连坐,那么我死的那一天,也就是我再生之日。希望陛下您努力加餐,为天下百姓自加珍重。"于是把蔡邕、蔡质投入洛阳监狱,判他以官报私仇、陷害大臣的大不敬罪名,处以死刑。判决上奏,中常侍吕强怜悯蔡邕无罪而被判死刑,请求皇帝宽宥,灵帝也想到蔡邕章奏中辩白的情形,下旨免去死罪,降罪一等,和家属一起,剃去头发、脖子上套上铁圈,流放到朔方郡,遇上大赦也不能赦免。阳球派刺客在路上刺杀蔡邕,因刺客被蔡邕的义气所感动,几个刺客都没有刺杀蔡邕。阳球贿赂当地主管官员杀害他,但被贿赂的官员反而把这种情况告诉蔡邕,所以多次得以免死。被安置在五原郡安阳县。

蔡邕以前在东观任职,和卢植、韩说等人著补《后汉记》,因遭官司被流放,未能成书,因此他向皇帝上书,陈述他著作的十志的内容,分别篇目,写在奏章的后面。灵帝欣赏他的才能,遇上第二年大赦,于是宽免蔡邕,归还本郡。蔡邕从流放至归还,共历九个月。将要归还上路,五原太守王智为他饯行。喝得酒酣耳热,王智离席起舞,向蔡邕劝酒,蔡邕却不加理睬。王智是中常侍王甫的弟弟,平常娇贵惯了,在宾客面前使他下不了台,于是大骂蔡邕:"你这个罪徒,竟敢轻视我!"蔡邕拂衣而去。王智痛恨蔡邕,向朝廷密告蔡邕在流放地满腹牢骚,诽谤朝廷。皇帝的庞臣听了也非常讨厌蔡邕。蔡邕估计终究难以免祸,于是逃亡江海之中。远逃吴郡、会稽一带。来来往往,依靠太山羊氏家,在吴郡呆了十二年。

吴郡人有烧桐木煮饭的人家,蔡邕听到桐木燃烧发出的声响,断定是上好的木材,于是向人家求来,制作成琴,果然音色很美,因尾部有燃烧的痕迹,所以当时人命名为"焦尾琴"。当初,蔡邕在陈留郡时,他的邻居有一次请他喝酒吃饭,蔡邕到邻人家门的时候,酒席已进入高潮。东道主家有个宾客在屏风里弹琴,蔡邕来到门口暗暗偷听,他惊诧地说:

"哼！用音乐来招引我,而暗藏杀机,这是怎么回事?"于是就回去了。邻居的管事人对主人说:"蔡生先刚才来过,到门口又回去了。"蔡邕向来受乡亲们敬重,主人赶紧把他追回,问是怎么回事,蔡邕说出原因,在场的宾客都莫名其妙地发出笑声。弹琴的人说:"在我刚才弹琴的时候,看见螳螂正盯着鸣叫的蝉,蝉将要飞去,螳螂的身体正一前一后的跃跃欲试。我心里很着急,唯恐螳螂失去良机,莫非因此产生杀机表现在琴声里面?"蔡邕听了,嘿嘿一笑,说道:"这就足以说明问题所在了。"

中平六年,灵帝逝世,董卓任司空,听说蔡邕名望很高,召辟他出来做官,蔡邕声称有病不赴任。董卓大为恼火,骂道:"我的权威,能够灭人家族,蔡邕这样傲慢,我让你祸不旋踵。"又严令州郡官员推举蔡邕到他的司空府,蔡邕不得已来到,任命他为代理祭酒,很受敬重。因考试名列前茅,补官侍御史,又转升为持书御史,又升任尚书。三天之内,经历三个官署。后又升任巴郡太守,又召进京任为侍中。

初平元年,任为左中郎将,随献帝迁都长安,封为高阳乡侯。

董卓的门客家人想让董卓尊比姜太公,称为尚父。董卓为此向蔡邕问计,蔡邕说:"姜太公辅佐周天子,受命灭商,所以才特别给他这样的名号。现在您的权威和盛德,诚然很高,但是和姜太公相比。我认为现在还不能这么做。应等到关东地方平定了,皇帝从长安迁回旧都洛阳,然后再说。"董卓听从了他的意见。二年六月,长安一带发生地震,董卓问蔡邕是什么原因,蔡邕回答说:"发生地震,是阴气太盛,浸渍了阳气,是臣子行为出格造成的。去年春天举行祭天礼,明公您引领皇帝坐车,您的坐车上,饰有金花青布车棚,车厢上画有金爪的花纹,(这是皇太子、皇子所乘车的装饰),远近的人都认为你这种做法不合适。"于是董卓改乘黑棚车。

董卓很敬重蔡邕的才学,给他的待遇很优厚,每次朝官饮宴,往往请蔡邕弹琴助兴,蔡邕也利用各种机会劝诫董卓。但是董草刚愎自用,蔡邕有感于他的劝诫很少被听从,便对他的堂弟蔡谷说:"董公性情刚愎而陷于罪过,最终难成大事。我想向东逃到兖州去,如果路远难去,暂且逃到山东等待时机,你看怎么样?"蔡谷说:"您的相貌和平常人长得不一样,每次出外,围观的人很多。这样自我藏身,不是很难做到吗?"蔡邕才没有东去。

到董卓被杀后,蔡邕在司徒王允家做客,蔡邕无意之中谈起此事,深为叹惜,面部表情也表现出来。王允勃然大怒,斥骂说:"董卓是国家的叛贼,几乎推翻了汉朝。你作为国家的臣子,应该同仇敌忾,但你却念念不忘他对你的私人恩情,忘记了大节!现在杀死这有罪之人,你却反而为此而悲痛,难道不是和他一起谋反的吗?"立即交付廷尉去治罪。蔡邕上书谢罪,请求只刺面砍脚,以便继续修成汉史。在朝官员们很多人营救他,但都未奏效。太尉马日磾快马去见王允,对他说:"蔡伯喈是旷世奇才,对汉朝的史事很熟悉,应该让他续成后汉史,成为一代典籍。况且他一向以忠孝著名。判罪也无确切事实,杀了他不担心失去人心吗?"王允说:"当年汉武帝不杀司马迁,让他写出诽谤朝廷的史书,流传至后代。现在国运中衰,江山不稳,绝不可让这样阿谀奏承的臣子在幼年皇帝身边记录史事。这样既对幼主的道德培养不利,而且我们这些人也会受他的史书讽刺。"马日磾退出后对人说:"王大人可能活不长久了。完美的人,是国家的纪纲所示;著作,是国家的经籍典则。毁灭纪纲、废掉籍则,这样的人还能活长久吗!"于是蔡邕死在狱中。王允也后悔了,想要挽救,已来不久了。蔡邕死时六十一岁。上层人士和学者们没有不为此而流泪的。北海人郑玄听到这一消息,感叹说:"关于汉代的史事,再找谁去请教呢!"兖州、陈留等地都图画他的影像称颂他。

他撰集的汉代史料,还没有编录的续后汉史书。只做了《灵帝纪》及十志,又补了四十二篇列传,这些文稿因李傕的叛乱,大都散失没有保存下来。他所作的诗、赋、碑文、诔文、铭文、赞文、连珠文、箴文、吊文、论议文字,以及《独断》《劝学》《释诲》《叙乐》《女训》《篆势》和祝文、章表、书记等,共一百零四篇,流传于世。

董卓传

【题解】

董卓,东汉末年西北方的豪强,他凭借地方势力,以军功起家,成为称霸一方的军阀。在黄巾起义冲击下已经摇摇欲坠的东汉朝廷,始终就没有被董卓放在眼里。他按兵西北,静观时局,一旦入朝,就废天子,弑太后,专断朝政,奴视公卿,已经俨然是当朝皇帝了。他实在算不得"奸臣",因为他既不"奸",也不"臣",他的历史就是从土皇帝到只差"名份"的真皇帝。而他的统治术似乎只有无休止的烧杀抢掠,然后把财富聚敛到自己的土围子中,归其还是土皇帝那一套。董卓被老百姓点了"天灯",但他的余孽继续祸乱天下,真是死有余辜了。

【原文】

董卓字仲颖,陇西临洮人也。性粗猛有谋。少尝游羌中,尽与豪帅相结。后归耕于野,诸豪帅有来从之者,卓为杀耕牛,与共宴乐。豪帅感其意,归相敛得杂畜千余头以遗之,由是以健侠知名。为州兵马掾,常徼守塞下。卓膂力过人,双带两鞬,左右驰射,为羌胡所畏。

桓帝末,以六郡良家子为羽林郎,从中郎将张奂为军司马,共击汉阳叛羌,破之,拜郎中,赐缣九千匹。卓曰:"为者则己,有者则士。"乃悉分与吏兵,无所留。稍迁西域戊己校尉,坐事免。后为并州刺史,河东太守。

中平元年,拜东中郎将,持节,代卢植击张角于下曲阳,军败抵罪。其冬,北地先零羌及枹罕河关群盗反叛,遂共立湟中义从胡北宫伯玉、李文侯为将军,杀护羌校尉泠徵。伯玉等乃劫致金城人边章、韩遂,使专任军政,共杀金城太守陈懿,攻烧州郡。明年春,将数万骑入寇三辅,侵逼园陵,托诛宦官为名,诏以卓为中郎将,副左车骑将军皇甫嵩征之。嵩以无功免归,而边章、韩遂等大成盛。朝廷复以司空张温为车骑将军,假节,执金吾袁滂为副。拜卓破虏将军,与荡冠将军周慎并统于温。并诸郡兵步骑合十余万,屯美阳,以卫园陵。章、遂亦进兵美阳。温、卓与战,辄不利。十一月,夜有流星如火,光长十余丈,照章、遂营中，驴马尽鸣。贼以为不祥，欲归金城。卓闻之喜，明日，乃与右扶风鲍鸿等并兵俱攻，大破之，斩首数千级。章、遂败走榆中，温乃遣周慎将三万人追讨之。温参军事孙坚说慎曰："贼城中无谷，当外转粮食。坚愿得万人断其运道，将军以大兵继后，贼必困乏而不敢战。若走入羌中，并力讨之，则凉州可定也。"慎不从，引军围榆中城。而章、遂分屯葵园狭，反断慎运道。慎惧，乃弃车重而退。温时亦使卓将兵三万讨先零羌，卓于望垣北为羌胡所围，粮食乏绝，进退逼急。乃于所度水中伪立隔，以为捕鱼，而潜从阳下过军。比贼追之，决水已深，不得度。时众军败退，唯卓全师而还，屯于扶风，封郿乡侯，邑千户。

董卓

三年春，遣使者持节就长安拜张温为太尉。三公在外，始之于温。其冬，徵温还京师，韩遂乃杀边章及伯玉、文侯，拥兵十余万，进围陇西。太守李相如反，与遂连和，共杀凉州刺史耿鄙。而鄙司马扶风马腾，亦拥兵反叛，又汉阳王国，自号"合众将军"，皆与韩遂合。共推王国为主，悉令领其众，寇掠三辅。五年，围陈仓。乃拜卓前将军，与左将军皇甫嵩击破之。韩遂等复共废王国，而劫故信都令汉阳阎忠，使督统诸部。忠耻为众所胁，感恚病死。遂等稍争权利，更相杀害，其诸部曲并各乖离。

六年，徵卓为少府，不肯就，上书言："所将湟中义从及秦胡兵皆诣臣曰：'牢直不毕，禀赐断绝，妻子饥冻。'牵挽臣车，使不得行。羌胡敝肠狗态，臣不能禁止，辄将顺安慰。增异复上。"朝廷不能制，颇以为虑。及灵帝寝疾，玺书拜卓为并州牧，令以兵属皇甫嵩。卓复上书言曰："臣既无老谋，又无壮事，天恩误加，掌戎十年，士卒大小相狎弥久，恋臣畜养之恩，为臣奋一旦之命，乞将之北州，效力边垂。"于是驻兵河东，以观时变。

乃帝崩，大将军何进、司隶校尉袁绍谋诛阉宦，而太后不许，乃私呼卓将兵入朝，以胁太后。卓得召，即时就道。并上书曰："中常侍张让等窃幸承宠，浊乱海内。臣闻扬汤止沸，莫若去薪；溃痈虽痛，胜于内食。昔赵鞅兴晋阳之甲，以逐君侧之恶人。今臣辄鸣钟鼓如洛阳，请收让等，以清奸秽。"卓未至而何进败，虎贲中郎将袁术乃烧南宫，欲讨宦官，而中常侍段珪等劫少帝及陈留王夜走小平津。卓远见火起，引兵急进，未明到城西，闻少帝在北芒，因往奉迎。帝见卓将兵卒至，恐怖涕泣。卓与言，不能辞对；与陈留王语，遂及祸乱之事。卓以王为贤，且为董太后所养，卓自以与太后同族，有废立意。

初，卓之入也，步骑不过三千，自嫌兵少，恐不为远近所服，率四五日辄夜潜出军近营，明旦乃大陈旌鼓而还，以为西兵复至，洛中无知者。寻而何进及弟苗先所领部曲皆归于卓，卓又使吕布杀执金吾丁原而并其众，卓兵士大盛。乃讽朝廷策免司空刘弘而自代之。因集议废立。百僚大会。卓乃奋首而言曰："大者天地，其次君臣，所以为政。皇帝暗弱，不可以奉宗庙，为天下主。今欲王，何如？"公卿以下莫敢对。卓又抗言曰："昔霍光定策，延年案剑。有敢沮大议，皆以军法从之。"坐者震动。尚书卢植独曰："昔太甲既立不明，昌邑罪过千余，故有废立之事。今上富于秋，行无失德，非前事之比也。"卓大怒，罢坐。明日复集群僚于崇德前殿，遂胁太后，策废少帝。曰："皇帝在丧，无人子之心。威仪不类人君，今废为弘农王。"乃立陈留王，是为献帝。又议太后蹴迫永乐太后，至令忧死，逆妇姑之礼，无孝顺之节，迁于永安宫，遂以弑崩。

卓迁太尉，领前将军事，加节传斧钺虎贲，更封郿侯。卓乃与司徒黄琬、司空杨彪，俱带铁锧诣阙上书，追理陈蕃、窦武及诸党人，以从人望。于是番复蕃等爵位，擢用子孙。

寻进卓为相国，入朝不趋，剑履上殿。封母为池阳君，置令丞。

是时洛中贵戚室第相望，金帛财产，家家殷积。卓纵放兵士，突其庐舍，淫略妇女，剽虏资物，谓之"搜牢"。人情崩恐，不保朝夕。及何后葬，开文陵，卓悉取藏中珍物。又奸乱公主，妻略宫人，虐刑滥罚，睚眦必死，群僚内外莫能自固。卓尝遣军至阳城，时人会于社下，悉令就斩之，驾其车重，载其妇女，以头系车辕，歌呼而还。又坏五铢钱，更铸小钱，悉取洛阳及长安铜人、锺虡、飞廉、铜马之属，以充铸焉。故货贱物贵，谷石数万。又钱无轮郭文章，不便人用。时人以为秦始皇见长于临洮。乃铸铜人。卓，临洮人也，而今毁之。虽成毁不同，凶暴相类焉。

卓素闻天下同疾阉官诛杀忠良，乃其在事，虽行无道，则犹忍性矫情，擢用群士。乃任吏部尚书汉阳周珌、侍中汝南伍琼、尚书郑公业、长史何颙等，以处士荀爽为司空。其染党锢者陈纪、韩融之徒，皆为列卿。幽滞之士，多所显拔，以尚书韩馥为冀州刺史，侍中刘岱为兖州刺史，陈留孔伷为豫州刺史，颍川张咨为南阳太守。卓所亲爱，并不处显职，但将校而已。初平元年，馥等到官，与袁绍之徒十余人，名兴义兵，同盟讨卓，而伍琼、周珌阴为内主。

初，灵帝末，黄巾余党郭太等复起西河白波谷，转寇太原，遂破河东，百姓流转三辅，号为"白波贼"，众十余万。卓遣中郎将牛辅击之，不能却。及闻东方兵起，惧，乃鸩杀弘农王，欲徙都长安。会公卿议，太尉黄琬、司徒杨彪廷争不能得，而伍琼、周珌又固谏之。卓因大怒曰："卓初入朝，二子劝用善士，故相从，则诸君到官，举兵相图。此二君卖卓，卓何用相负！"遂斩琼、珌。而彪、琬恐惧。诣卓谢曰："小人恋旧，非欲沮国事也，请以不及为罪。"卓既杀琼、珌，旋亦悔之，故表彪、琬为光禄大夫。于是迁天子西都。

初，长安遭赤眉之乱，宫室营寺焚灭无余，是时唯有高庙、京兆府舍，遂便时幸焉。后移未央宫。于是尽徙洛阳人数百万口于长安，步骑驱蹙，更相蹈藉，饥饿寇掠，积尸盈路。卓自屯留毕圭苑中，悉烧宫庙官府居家，二百里内无复孑遗。又使吕布发诸帝陵，及公卿已下冢墓，收其珍宝。

时长沙太守孙坚亦率豫州诸郡兵讨卓。卓先遣将徐荣、李蒙四出虏掠。荣遇坚于梁，与战，破坚，生擒颍川太守李旻，亨之。卓所得义兵士卒，皆以布缠裹，倒立于地，热膏灌杀之。

时河内太守王匡屯兵河阳津，将以图卓。卓遣疑兵挑战，而潜使锐卒从小平津过津北，破之，死者略尽。明年，孙坚收合散卒，进屯梁县之阳人。卓遣将胡轸、吕布攻之。布与轸不相能，军中自惊恐，士卒散乱。坚追击之，轸、布败走。卓遣将李傕诣坚求和。坚拒绝不受，进军大谷，距洛九十里。卓自出与坚战于诸陵墓间。卓败走，却屯黾池，聚兵于陕。坚进洛阳宣阳城门，更击吕布，布复破走，坚乃扫除宗庙，平塞诸陵，分兵出函谷关，至新安、黾池间，以截卓后。卓谓长史刘艾曰："关东诸将数败矣，无能为也。唯孙坚小戆，诸将军宜惧之。"乃使东中郎将董越屯黾池，中郎将段煨屯华阴，中郎将牛辅屯安邑，其余中郎将、校尉布在诸县，以御山东。

卓讽朝廷使光禄勋宣璠持节拜卓为太师，位在诸侯王上。乃引还长安，百官迎路拜揖。卓遂僭拟车服，乘金华青盖，爪画两辕，时人号"竿摩车"，言其服饰近天子也。以弟旻为左将军，封鄠侯，兄子璜为侍中、中军校尉，皆典兵事。于是宗族内外，并居列位。其子孙虽在髫龀，男皆封侯，女为邑君。

数与百官置酒宴会，淫乐纵恣。乃结垒于长安城东以自居。又筑坞于郿，高厚七丈，号曰"万岁坞"。积谷为三十年储。自云："事成，雄据天下，不成，守此足以毕老。"尝至郿行坞，公卿已下祖道于横门。卓施帐幔饮设，诱降北地反击数百人，于坐中杀之。先断其舌，次斩手足，次凿其眼目，以镬煮之。未及得死，偃转杯案间。会者战栗，亡失匕箸，而卓饮食自若。诸将有言语蹉跌，便戮于前。又稍诛关中旧族，陷以叛逆。

时太史望气，言当有大臣戮死者。卓乃使人诬卫尉张温与袁术交通，遂笞温于市，杀之，以塞天变，前温出屯美阳，令卓与边章等战，无功。温召又不时应命，即到而辞对不逊。时孙坚为温参军，劝温陈兵斩之。温曰："卓有威名，方倚以西行。"坚曰："明公亲帅王师，威震天下，何恃于卓而赖之乎？坚闻古之名将，杖钺临众，未有不断斩以示威武者也。故穰苴斩庄贾，魏绛戮杨干。今若纵之，自亏威重，后悔何及！"温不能从，而卓犹怀忌恨，故及于难。

温字伯慎，少有名誉，累登公卿。亦阴与司徒王允共谋诛卓，事未及发而见害。越骑校尉汝南伍孚，忿卓凶毒，志手刃之，乃朝服怀佩刀以见卓。孚语毕辞去，卓起送至阁，以手抚其背，孚因出刀刺之，不中。卓自奋得免，急呼左右执杀之，而大诟曰："虏欲反耶！"孚大言曰："恨不得磔裂奸贼于都市，以谢天地！"言未毕而毙。

时王允与吕布及仆射士孙瑞谋诛卓。有人书"吕"字于布上，负而行于市，歌曰："布乎！"有告卓者，卓不悟。三年四月，帝疾新愈，大会未央殿。卓朝服升车，既而马惊堕泥，还入更衣。其少妻止之，卓不从，遂行。乃陈兵夹道，自垒及宫，左步右骑，屯卫周币，令吕布等扞卫前后。王允与士孙瑞密表其事，使瑞自书诏以授布，令骑都尉李肃与布同心勇士十余人，伪著卫士服于北掖门内待卓。卓将至，马惊不行，怪惧欲还。吕布劝令进，遂入门。肃以戟刺之，卓衷甲不入，伤臂堕车，顾大呼曰："吕布何在？"布曰："有诏讨贼臣。"卓大骂曰："庸狗敢如是邪！"布应声持矛刺卓，趣兵斩之。主簿田仪及卓仓头前赴其尸，布又杀之。驰赍赦书，以令宫陛内外。士卒皆称万岁，百姓歌舞于道。长安中士女卖其球玉衣装市酒肉相庆者，填满街肆。使皇甫嵩攻卓弟旻于郿坞，杀其母妻男女，尽灭其族。乃尸卓于市。天时始热。卓素充肥，脂流于地。守尸吏然火置卓脐中，光明达曙，如是积日，诸袁门生又聚董氏之尸，焚灰扬之于路。坞中珍藏有金二三万斤，银八九万斤，锦绮缋縠纨素奇玩，积如丘山。

初，卓以牛辅子婿，素所亲信，使以兵屯陕。辅分遣其校尉李傕、郭汜、张济将步骑数万，击破河南尹朱儁于中牟。因掠陈留、颍川诸县，杀略男女，所过无复遗类。吕布乃使李肃以诏命至陕讨辅等，辅等逆与肃战，肃败走弘农，布诛杀之。其后牛辅营中无故大惊，辅惧，乃赍金宝逾城走。左右利其货，斩辅，送首长安。

催、汜等以王允、吕布杀董卓，故忿怒并州人，并州人其在军者男女数百人，皆诛杀之。牛辅既败，众无所依，欲各散去。催等恐，乃先遣使诣长安，求乞赦免。王允以为一岁不可再赦，不许之。催等益怀忧惧，不知所为。武威人贾诩时在催军，说之曰："闻长安中议欲尽诛凉州人。诸君若弃军单行，则一亭长能束君矣。不如相率而西，以攻长安，为董公报仇。事济，奉国家以正天下；若其不合，走未后也。"催等然之，各相谓曰："京师不赦我，我当以死决之。若攻长安克，则得天下矣；不克，则钞三辅归女财物，西归乡里，尚可延命。"众以为然，于是共结盟，率军数千，晨夜西行。王允闻之，乃遣卓故将胡轸、徐荣击之于新丰。荣战死，轸以众降。催随道收兵，比至长安，已十余万，与卓故部典樊稠、李蒙等合，围长安，城峻不可攻，守之八日，吕布军有叟兵内反，引催众得入。城溃，放兵虏掠，死者万余人，杀卫尉种拂等。吕布战败出奔。王允奉天子保宣平城门楼上。于是大赦天下，李催、郭汜、樊稠等皆为将军。遂围门楼，共表请司徒王允出，问"太师何罪？"允穷蹙乃下，后数日见杀。催等葬董卓于郿，并收董氏所焚尸之灰，合敛一棺而葬之。葬日，大风雨，霆震卓墓，流水入藏，漂其棺木。

【译文】

董卓，字仲颖，陇西郡临洮县人。性情粗猛而有智谋。他年轻时曾经游历于羌人地区，与羌人的酋长全都互相结交了。后来他回去耕地于田野中，羌人酋长有来找他的，他就为众人杀死了耕牛，与他们共享宴乐。酋长为他的情意所感动，回去就聚敛了各种牲畜千余头送给他。从此他便以豪健仁侠而闻名。他担任州中的兵马掾，经常巡守塞下。董卓膂力过人，身佩两套弓箭，可以左右驰射，为羌人所畏惧。

汉桓帝末年，征募六郡良家子弟为羽林郎，董卓随从中郎将张奂担任军司马，共同讨伐汉阳郡叛乱的羌人，击破羌人，拜官为郎中，赏赐帛九千匹，董卓道："立功的虽然是我自己，但有了赏赐则是将士的。"便全部分给了官兵们，自己一无所留。稍升为西域戊己校尉，因为犯事而被免职。后来又担任过并州刺史和河东太守。

汉灵帝中平元年，董卓拜中郎将，持节，代替卢植攻打张角于曲阳，兵败而抵罪。这年冬天，北地的先零羌人枹罕、河关群盗反叛，于是共同拥立义从胡人北宫伯玉、李文侯为将军，杀死护羌校尉泠徵。李伯玉等又劫持金城人边章、韩遂，让他们专门主持军政，共杀金城太守陈懿，攻打焚烧州郡。明年春季，他们率领数万骑兵入寇三辅，侵逼汉帝的园陵，假借诛灭宦官为名义。朝廷下诏以董卓为中郎将，作为左车骑将军皇甫嵩的副职，前往征讨。皇甫嵩以师出无功免职归乡，而边章、韩遂则声势益盛。朝廷又以司空张温为车骑将军，假节，执金吾袁滂为副职。任命董卓为破虏将军，与荡寇将军周慎共受张温统率。归并诸郡步兵骑兵共十余万，屯驻美阳，以护卫园陵。边章、韩遂也进兵美阳。张温、董卓与之交战，屡屡受挫。十一月，夜间有流星如火，光长十余丈，照耀边章、韩遂的军营之中，驴马都受惊而鸣叫起来。贼军认为这是不祥之兆。想回归金城。董卓听说很是高兴，第二天，便与右扶风人鲍鸿等联合出击，大破敌军，斩首数千级。边章、韩遂败逃榆中，张温便派遣周慎率领三万人追讨。张温手下的参军事孙坚向周慎建议道："贼寇城中没有谷物，必当从外面运输粮食。我愿得万人切断其粮道，将军以大军随后进击，贼寇必然困乏而不敢接战。如果他们逃入羌中，我们并力进讨，则凉州就可以平定了。"周慎不肯听从，领兵包围榆中城。而边章和韩遂分兵屯扎葵园峡，反而断绝了周慎的粮道。周慎害怕了，便抛弃了辎重而退军。张温当时也派遣董卓率兵三万人征讨先零羌，董卓在望垣之北为羌人所围困，粮食乏绝，进退都很危急。董卓便在准备涉渡的河中假装建造堤埝以捕鱼，而悄悄地从堤埝下转移军队。等到敌人追来，决开的水已经很深，不能涉渡了。当时诸路军队败退，只有董卓全师而还。董卓屯驻于扶风，封郿乡侯，食邑千户。

中平三年春，朝廷派遣使者至长安，拜张温为太尉。三公在朝廷之外，自张温开始。这年冬天，朝廷征调张温回京师。韩遂便杀死边章及北宫伯玉、李文侯，拥兵十余万，进兵包围陇西郡城。陇西太守李相如造反，与韩遂联合，共杀凉州刺史耿鄙。而耿鄙的司马，扶风人马腾，也拥兵反叛；还有汉阳人王国，自称"合众将军"，都与韩遂联合起来。他们共同推举王国为首，让他统领所有的兵众，寇掠三辅。中平五年，他们包围了陈仓。于是朝廷任命董卓为前将军，与左将军皇甫嵩，共同击破敌军。韩遂等人又一起废黜了王国，而劫持过去的信都县令汉阳人阎忠，让他统帅诸部。阎忠为被人胁持而感到羞耻，怨恨生病而死。韩遂等人渐渐地争夺权利，互相杀害，他们诸部曲之间都各自分裂了。

中平六年，朝廷征调董卓为少府。董卓不肯就任，上书说："我所率领的湟中义从和秦胡兵，都前来见我，说：'供应不能保证，食粮已经断绝，老婆孩子又冻又饿。'牵挽着我的车，让我不能起行。羌人良心不好，情态如狗，我不能强行禁止，只可顺情安慰。如果有新的变化当再奏闻。"朝廷不能控制董卓，很是忧虑。及至灵帝卧病。以玺书拜董卓为并州牧，让他把军队交给皇甫嵩。董卓又上书说道："我既无老谋深算，又无丰功伟绩，只是天恩误加于我，才使我执掌了十年戎马。如今将士大小与我狎熟很久，留恋我的畜养之恩，肯为我奋起献出自己的生命。请允许我率他们到北部州郡，效力于边疆。"于是他就驻兵于河东，静观时局的变化。

及至灵帝驾崩，大将军何进、司隶校尉袁绍策划诛灭宦官，而何太后不同意，于是他们私自招呼董卓率兵入朝，以要挟太后。董卓得到召命，立即上路，并上书道："中常侍张让等侥幸承受皇帝的恩宠，扰乱天下。我听说：扬汤止沸，不如釜底抽薪；溃决的痈疽虽疼，但胜于让好肉腐烂。古时代赵鞅发动晋阳的兵马，以逐除君王身旁的恶人。如今我就要鸣钟擂鼓前往洛阳，请允许我收捕张让一伙，以扫清奸恶。"董卓未至洛阳，而何进已经被宦官杀害，虎贲中郎将袁术便纵火南宫，企图讨伐宦官，而中常侍段珪等，劫持少帝及陈留王，趁夜逃奔小平津。董卓从很远就看见起火，率兵疾进，天未明就赶到洛阳城西。他听说少帝在北邙山，于是前往奉迎。少帝见董卓率领军队突然来到，害怕得哭泣起来。董卓与他说话，他都不能应对。与陈留王谈话，才讲起发生祸乱的事。董卓认为陈留王有才能，而且是董太后的养子，董卓又自认为与董太后同族，便产生了废立皇帝的念头。

起初董卓进入洛阳，步兵骑兵不过三千，他自己嫌兵少，唯恐不为远近畏服，便每隔四五天就让军队悄悄出城接近营地,次日早晨便大张旗鼓地回城,使人以为西面的军队又来了,洛阳人没有看透这把戏的。不久,何进和他弟弟何苗所属的军队都归属于董卓,董卓又让吕布杀死了执金吾丁原而吞并了他的部属,董卓的军队便强盛起来,他便示意朝廷免去司空刘弘,而由自己代替。于是他召集商议废立皇帝的事。百官大集会,董卓便昂首而言道:"首先是天地,其次是君臣,从事政治就依靠这些。皇帝暗昧软弱,不可以侍奉宗庙,为天下之主宰。现在我想仿照伊尹废太甲、霍光废昌邑王的故事,改立陈留王为皇帝,何如?"公卿以下没有敢应声的。董卓又高声说道:"当年霍光决定废立皇帝,田延年手按宝剑,准备处斩反对者。今天有敢于阻止这个重大决定的,都要以军法处置。"在座的无不震惊,只有尚书卢植说道:"当年太甲既立为王,暗昧不明,昌邑王罪过千余条,所以有废立的事。当今皇上少年力强,行为没有过失,不是能用太甲、昌邑王来比拟的。"董卓大怒,中止会议。第二天,他又重新召集百官于崇德前殿,胁持何太后,定策废黜少帝,道:"皇帝在服丧期间,缺少为人子的孝心,威仪不象君主,今废为弘农王。"于是便立陈留王,是为献帝。又定议何太后逼迫灵帝之母永乐太后,致使忧惧而死,悖逆婆媳之礼,毫无孝顺之节,于是迁移何太后至永安宫,接着便被董卓弑杀了。

董卓改官为太尉,兼领前将军事,加节传、斧钺、虎贲,加封郿侯。董卓便与司徒黄琬、司空杨彪,俱携带斧砧诣阙上书,要求重新审理陈蕃、窦武及诸党人案,以顺从人们的心愿。于是把陈蕃等人的爵位全部恢复,选拔任用他们的子孙。

不久董卓又晋升为相国,入朝时可以不急趋,还可以佩剑着履上殿。封他的母亲为池阳君,家中配置令丞。

当时洛阳城中豪门贵戚的甲第比比相望,金帛财产,家家充积。董卓放纵他的士兵,冲进他们的屋舍,奸淫掠夺妇女,剽劫抢掠财物,称之为"搜牢"。人心失望畏惧,朝不保夕。及至葬埋何太后,打开文陵,董卓把陵墓中所藏的珍宝财物卷取一空。他还奸淫公主,把宫女抢去做姬妾,虐刑滥罚,睚眦必死,内外群臣,不能自保。董卓曾经派军队至阳城,当时人们正集会于社庙之下,董卓命令把他们全部斩杀,然后驾上他们的车马,载上他们的妇女,把人头系在车辕上,歌唱呼叫而还。他还销毁五铢钱,改铸小钱,把洛阳的铜人、锺虡、铜飞廉、铜马全都取来,用作熔铸铜钱的材料。故而货币贬值,物价腾贵,每石谷物价值数万。他铸的钱还没有轮廓文字,人们不便使用。当时的人认为,秦始皇时在临洮看见巨人,于是铸了铜人;而董卓是临洮人,在现在销毁了铜人。他们虽然一个熔铸,一个销毁,但凶暴却是一样的。

董卓平素就听说。天下之人都愤恨宦官诛杀忠良,所以他把持大权之后,虽然肆行无道,但还要耐性矫情,擢用士大夫。于是他任用吏部尚书汉阳周珌,侍中汝南伍琼,尚书郑公业,长史何颙等人,以处士荀爽为司空;那些为党锢之禁所牵连的陈纪、韩融之徒,都用为列卿;幽困不得志的士人,很多得到提拔。他还用尚书韩馥为冀州刺史,侍中刘岱为兖州刺史,陈留孔伷为豫州刺史,颍川张咨为南阳太守。董卓自己所亲信宠爱的人,并不安排显要的职位,只是担任将校而已。汉献帝初平元年,韩馥等人到任,与袁绍等十余人,各发起义兵,联盟征讨董卓,而伍琼、周珌暗中为内应。

早先在灵帝末年,黄巾军的余党郭太等人,重新起兵于西河郡的白波谷,转战入寇太原郡，接着击破河东郡，百姓流亡到三辅地区，称他们为"白波贼"，有众十余万人。董卓派遣中郎将牛辅讨击，不能击退。及至闻听东方袁绍等义兵兴起，董卓害怕了，便鸩杀弘农王，想要迁都长安。集合公卿商议，太尉黄琬、司徒杨彪在朝廷上极力反对而不被接受，伍琼、周珌又坚决地劝阻。董卓大怒，道："我开始入朝，你二人劝我用善士，所以我才听从。可是那些人一上任，就举兵图谋我。这是你们二位出卖了我，我没有什么对不住你们的！"于是斩了伍琼和周珌。而杨彪、黄琬恐惧了，便登门向董卓道歉，说："小人留恋旧地，不是想阻挠国事，请处罚我们的思虑不及之罪吧。"董卓既已杀死了伍琼、周珌，很快就后悔了，所以表举杨彪、黄琬为光禄大夫。于是把天子迁往西都长安。

早先，长安遭受赤眉军之乱，宫室官廨焚烧得一干二净，此时只有高祖的宗庙和京兆府衙，于是便临时安排天子住下，后来才迁到未央宫。接着把洛阳数百万人全部迁徙到长安，步兵骑兵驱赶着，互相践踏，加上饥饿和强盗的掳掠，路上满是尸体。董卓自己屯留于洛阳的毕圭苑，把宫室、宗庙、官府、居民全部焚烧，二百里以内没有了人家。他又让吕布挖掘诸帝的陵墓以及公卿以下的坟茔，搜索其中的珍宝。

当时长沙太守孙坚也率领豫州诸郡兵马讨伐董卓。董卓先派遣将领徐荣、李蒙四出掳掠。徐荣在梁县遭遇孙坚，与之交战，击破孙坚，生擒颍川太守李旻，用沸水烹死。董卓所俘虏的义兵士卒，都用布缠裹起来，倒立于地。用热油灌死。

当时河内太守王匡屯兵于河阳津，准备图谋董卓。董卓派遣疑兵挑战，而悄悄用精锐部队从小平津过至河阳津之北，击破王匡，几乎都杀光了。明年，孙坚收聚败散的兵卒，进兵屯驻梁县的阳人。董卓派遣将领胡轸、吕布进攻。吕布与胡轸不合，军中自相惊恐，士卒散乱逃走。孙坚追击，胡轸、吕布败逃。董卓派将领李傕去见孙坚求和，孙坚拒绝不肯答应，进军大谷，距洛阳九十里。董卓亲自出兵与孙坚战于诸陵墓间。董卓败逃，退屯于渑池，聚兵于陕县。孙坚进洛阳城宣阳门，再击吕布。吕布再次被击败逃走。孙坚便清扫宗庙，填平陵墓的盗洞，然后分兵出函谷关，至新安、渑池之间，以攻击董卓的身后。董卓对长史刘艾说："关东诸将已经屡次被我击败，无所作为了。只有孙坚憨勇，诸位将军应该谨慎些。"便派东中郎将董越屯渑池，中郎将段煨屯华阴，中郎将牛辅屯安邑，其余中郎将、校尉分布诸县，以抵御山东诸军。

董卓示意朝廷派光禄勋宣璠持节杖拜自己为太师，位次在诸侯王之上。于是便率兵回长安，百官在路上拜揖相迎。董卓便僭拟天子的车服制度。车盖为青色，饰以金花，车箱两侧画以文彩，当时的人称为"竿摩车"，意思是说他的服饰接近天子。他安排他的弟弟董旻为左将军，封鄠侯，哥哥的儿子董璜为侍中、中军校尉，都典掌兵权。于是宗族内外，并居显要。他的子孙虽然尚且年幼，但男的都封侯，女的都封县君。

他常常与百官置酒宴会，淫乐无度，放纵恣肆。他在长安城东建造城垒，自己居住。他还在郿县兴筑坞堡，城墙高厚各七丈，号称"万岁坞"。积存谷物可食用三十年。他自己说："事情成功，我雄踞天下；事情不成，守此足以终老。"他曾经前往郿县的坞堡，公卿以下百官送行于横门之外。董卓搭设账幔，摆下宴席，把数百名诱降的北地造反者，就在宴会上处死。先割下舌头，然后斩下手足，再剜掉眼睛，用锅来煮。那些人还没有咽气，宛转于酒案之间。与会者全身战栗，连筷子都拿不住，但董卓却饮食自若。诸将有言语不当，便立刻杀戮于面前。他还诬陷以叛逆之罪，诛杀一些关中的旧豪族。

当时太史望气占卜，说应该要有大臣被戮死。董卓便命人诬陷卫尉张温与袁术勾结，于是在闹市中鞭笞张温，然后杀死他，以应付天变。过去张温曾出兵屯驻美阳，命令董卓与边章作战，董卓不能取胜，张温召董卓，他又不即遵命赶到，来到之言词又很不逊。当时孙坚担任张温的参军，劝张温陈列兵伍，拿董卓示众。张温道："董卓有威名，我正要靠他向西进军呢。"孙坚道："明公亲率王师，威振天下，何必仗恃董卓而依赖他呢？我听说，古代的名将，手持斧钺以临众，没有不断然处斩以显示威武的。所以齐将军司马穰苴敢于斩杀迟到的监军庄贾，晋大夫魏绛敢于诛戮乱行的杨干的仆人。今天您如果宽纵了他，您自己就丧失了威严，必将后悔无及！"张温不肯听从，而董卓却还心怀忌恨，所以张温终于遇难。

张温字伯慎，年轻时就有声誉，屡次位至公卿。他也暗自与司徒王允一起策划诛除董卓，事情还没有开始就被害了。越骑校尉汝南人伍孚，痛恨董卓的凶狠恶毒，立志要亲手杀死他，便身穿朝服，怀藏佩刀，以见董卓。伍孚说完话告辞，董卓起身送至门阁，以手拍抚伍孚的后背，伍孚于是出刀刺之，没有刺中。董卓自己挣扎脱身，急忙吆喝左右捉住伍孚杀掉，大骂道："奴才要造反么！"伍孚高声道："我恨不能碎割奸贼于都市，以谢天下！"话未说完就死了。

当时王允与吕布以及仆射士孙瑞阴谋策划诛除董卓。有人在布上写个字"吕"，背着行走于市，唱着："布啊！"有人告诉董卓，董卓还不醒悟。初平三年四月，献帝的病刚刚痊愈，大会群臣于未央殿。董卓身穿朝服登上车，接着马惊了，他掉到泥地上，又回屋换衣服。他的小妻劝他不要上朝。董卓不听，便走了。于是他陈兵夹列道路两旁，从他住的城垒直到皇宫，左步右骑，层层屯卫，命吕布等捍卫前后。王允便与士孙瑞秘密向献帝表奏诛杀董卓的计划，让士孙瑞自己书写诏书交给吕布，命骑都尉李肃与吕布的心腹将士十余人，穿上皇宫卫士的服装，埋伏在北掖门，以等候董卓。董卓将至，马惊不行，董卓觉得奇怪，想要回去。吕布劝他进宫，于是他进入北掖门。李肃用戟刺之，董卓内有铁甲，未能刺入，他的胳臂受伤而跌落车下，回头大呼道："吕布何在！"吕布道："有诏书讨贼臣！"董卓大骂："蠢狗岂敢如此！"吕布应声持矛刺董卓，催促兵士斩首。主簿田仪及董卓的仓头奔向董卓的尸体，吕布又杀了他们。派人携带皇帝的赦令，驰马宣示宫廷内外。士卒都高呼万岁，百姓在道路上歌舞起来。长城中的仕女卖掉珠宝衣服来买酒肉相庆贺的，填满了街肆。又派皇甫嵩往郿坞攻打董卓的弟弟董旻，杀死了他的母亲、妻子、女儿，诛灭了全族。于是把董卓的尸体横陈于街市，当时天气刚开始热，董卓很肥胖，尸体中的油脂都流了一地。夜间看守尸体的官就点着火放在董卓的肚脐中，光亮直照到天明，这样接连的好几天。袁氏的门生们又把董卓一族人的尸首聚敛起来，烧化成灰，扬弃在道路上。郿坞中的珍藏，黄金有二三万斤，白银有八九万斤，绫罗绸缎、珍宝奇玩，堆积如山。

开初，董卓认为牛辅是自己的女婿，一向亲信，派他带兵屯驻陕县。牛辅分别派遣他手下的校尉李傕、郭汜、张济率领步骑数万，击破河南尹朱儁于中牟，因而掳掠陈留、颍川等县，杀掠男女，所过之处无复人烟。吕布便派李肃以诏命至陕县讨伐牛辅等。牛辅等迎战李肃，李肃败逃至弘农，吕布诛杀了他。此后牛辅军营无故大惊，牛辅害怕，便携带金货宝物翻城逃走。左右贪他的财货，便杀死了他，把他的首级送到长安。

李傕、郭汜等因为王允、吕布杀死了董卓，所以愤恨并州人。并州人在他们军队中有男女数百人，全部都杀掉了。牛辅既已败死，众人无所依托，就想各自逃散。李傕等人害怕了，便选派使者去长安，请求赦免。王允认为一年之中不可大赦两次，不肯答应。武威人贾诩当时在李傕的军中，对李傕说道：“听说长安城中议论要杀尽凉州人，诸君如果抛弃军队单独逃走，那么一个亭长就能生擒诸君。不如率领军队西进，攻打长安，为董公报仇。事情成功，就奉社稷以平定天下；如若失败，再逃走也不晚。”李傕等人以为不错，便对众将道：“京师不赦免我们，我们就应该以死相拼。如果攻克长安，就得到天下了；攻不克，就抄掠三辅的妇女财物，西归乡里，还可以存活。”众人以为有理，于是共同结盟，率军数千，昼夜兼行。王允听说了，便派遣董卓的旧将领胡轸、徐荣攻击于新丰。徐荣战死，胡轸率众投降。李傕一路上收聚散兵，及至长安，已经有十余万人。他们又与董卓的旧部樊稠、李蒙等会合，包围了长安。城墙高峻，不可强攻，守城八天，吕布军中有蜀兵反叛，引导李傕兵众入城。长安城溃，纵兵掳掠，死者数万人，杀卫尉种拂等。吕布战败出逃。王允奉天子退守于宣平门城楼之上。于是大赦天下，李傕、郭汜、樊稠等皆为将军。李义等包围了城楼，共上表要求司徒王允出来，问：“太师有什么罪？”王允穷蹙无奈，便走下城楼，数日之后就被杀了。李傕等埋葬董卓于郿县，并收敛董氏焚尸的骨灰，合聚于一口棺材而埋葬。埋葬那天，风雨大作，雷霆震毁董卓的坟墓，水流入墓穴，漂走了棺木。

郑众传

【题解】

郑众，字季产，南阳犨人。明帝时在太子家供职，章帝时升为中常侍。和帝时，窦太后秉政，窦宪专权，郑众首谋杀死窦宪，得任大长秋，由此参与计议政事，成为东汉第一个当权的宦官。和帝不忘郑众的功劳，封他为鄛乡侯。

【原文】

郑众，字季产，南阳犨人。为人谨敏，有心计。永平中，初给事太子家。肃宗即位，拜小黄门，迁中常侍。和帝初，加位钩盾令。

时窦太后秉政，后兄大将军宪等并窃威权，朝臣上下莫不附之。而众独一心王室，不事豪党，帝亲信焉。

及宪兄弟图作不轨，众遂首谋诛之，以功迁大长秋。策勋班赏，每辞多受少。由是常与议事，中官用权，自众始焉。

十四年，帝念众功美，封为鄛乡侯，食邑千五百户。永初元年，和熹皇后益封三百户。

元初元年卒，养子闳嗣。闳卒，子安嗣，后国绝。桓帝延熹二年，绍封众曾孙石雠为关内侯。

【译文】

郑众，字季产，南阳犨地人。为人谨慎机敏，很有心计。永平年间，郑众开始在太子家供职。章帝即位，受任小黄门，升为中常侍。和帝初年，进位为钩盾令。

当时，窦太后执掌朝政，窦太后的哥哥大将军窦宪等人都窃用威势权力，大小朝臣无不依附。只有郑众一心为王室效力，不肯事奉豪臣权贵一伙，和帝对他亲近信任。及至窦宪兄弟图谋不轨，郑众便首谋杀死窦宪，因功升为大长秋。纪功颁赏，郑众往往推辞的时候多，接受的时候少，因此得以经常参与计议政事。宦官当权，就是由郑众开始的。

永元十四年，和帝念及郑众立了大功，封他为鄃乡侯，食邑一千五百户。永初元年，和熹皇后又增封他三百户。

郑众在元初元年死去，养子郑闳承袭爵位。郑闳死后，其子郑安承袭爵位。后来封国不再存在。桓帝在延熹二年继续封郑众的曾孙郑石雠为关内侯。

孙程传

【题解】

孙程，字稚卿，涿郡新城人。安帝、北乡侯、顺帝在位时期有宦官。明帝去世，北乡侯立为天子，外戚阎显专权，宦官江京、李闰等人用事。孙程首谋拥立济阴王为顺帝，诛灭阎显及江京等，与宦官王康等十八人同时封侯，这就是东汉历史上的"十九侯"。

【原文】

孙程，字稚卿，涿郡新城人也。安帝时为中黄门，给事长乐宫。

时邓太后临朝，帝不亲政事。小黄门李闰与帝乳母王圣常共谮太后兄执金吾悝等，言欲废帝，立平原王翼，帝每忿惧。及太后崩，遂诛邓氏而废平原王，封闰雍乡侯。又小黄门江京以谄诌进，初迎帝于邸，以功封都乡侯。食邑各三百户。闰、京并迁中常侍，江京兼大长秋，与中常侍樊丰、黄门令刘安、钩盾令陈达及王圣、圣女伯荣扇动内外，竞为侈虐。又帝舅大将军耿宝、皇后兄大鸿胪阎显更相阿党，遂枉杀太尉杨震，废皇太子为济阴王。

明年，帝崩，立北乡侯为天子。显等遂专朝争权，乃讽有司奏诛樊丰、废耿宝、王圣，及党与皆见死徙。

十月，北乡侯病笃。程谓济阴王谒者长兴渠曰："王以嫡统，本无失德，先帝用谮，遂至废黜。若北乡疾不起，共断江京、阎显，事乃可成。"渠等然之。又中黄门南阳王康，先为太子府史，自太子之废，常怀叹愤。又长乐太宫丞京王国，并附同于程。至二十七日，北乡侯薨，阎显白太后，征诸王子，简为帝嗣。未及至，十一月二日，程遂与王康等十八人聚谋于西钟下，皆截单衣为誓。四日夜，程等共会崇德殿上，因入章台门。时江京、刘安及李闰、陈达等俱坐省门下，程与王康共就斩京、安、达，以李闰权势积为省内所服，欲引为主，因举刃胁阎曰："今当立济阴王，无得动摇。"阎曰："诺。"于是扶阎起，俱于西钟下迎济阴王立之，是为顺帝。召尚书令、仆射以下，从辇幸南宫云台，程等留守省门，遮扞内外。阎显时在禁中，忧迫不知所为，小黄门樊登劝显发兵，以太后诏召越骑校尉冯诗、虎贲中郎将阎崇屯朔平门，以御程等。诱诗入省，太后使授之印曰："能得济阴王者封万户侯，得李闰者五千户侯。"显以诗所将众少，使与登迎吏士于左掖门外，诗因格杀登，归营屯守。显弟卫尉景遽从省中还外府，收兵至盛德门，程传召诸尚书使收景。尚书郭镇时卧病，闻之，即率直宿羽林出南止车门，逢景从吏士，拔白刃呼曰："无干兵。"镇即下车，持节诏之。景曰："何等诏？"因斫镇，不中。镇引剑击景堕车，左右以戟叉其匈，遂禽之，送廷尉狱，即夜死。

且日，令侍御史收显等送狱，于是遂定。下诏曰："夫表功录善，古今之通义也。故中常侍长乐太仆江京、黄门令刘安、钩盾令陈达，与故车骑将军阎显兄弟谋议恶逆，倾乱天下。中黄门孙、程、王康、长乐太官丞王国、中黄门黄龙、彭恺、孟叔、李建、王成、张贤、史泛、马国、王道、李元、杨佗、陈予、赵封、李刚、魏猛、苗光等，怀忠愤发，戮力协谋，遂扫灭元恶，以定王室。《诗》不云乎：'无言不雠，无德不报。'程为谋首，康、国协同，其封程为浮阳侯，食邑万户；康为华容侯，国为郦侯，各九千户；黄龙为湖南侯，五千户；鼓恺为西平昌侯，孟叔为中庐侯，李建为复阳侯，各四千二百户；王成为广宗侯，张贤为祝阿侯，史泛为临沮侯，马国为广平侯，王道为范县侯，李元为褒信侯，杨佗为山都侯，陈予为下隽侯，赵封为析县侯，李刚为枝江侯，各四千户；魏猛为夷陵侯，二千户；苗光为东阿侯，千户。"是为十九侯，加赐车马、金银、钱帛各有差。李闰以先不豫谋，故不封。遂擢拜程骑都尉。

永建元年，程与张贤、孟叔、马国等为司隶校尉虞诩讼罪，怀表上殿，呵叱左右。帝怒，遂免程官，因悉遣十九侯就国，后徙封程为宜城侯。程既到国，怨恨恚怼，封还印绶、符策，亡归京师，往来山中。诏书追求，复故爵土，赐车马衣物，遣还国。

三年，帝念程等功勋，悉征还京师。程与王道、李元皆拜骑都尉，余悉奉朝请。阳嘉元年，程病甚，即拜奉车都尉，位特进。及卒，使五官中郎将追赠车骑将军印绶，赐谥刚侯。侍御史持节监护丧事，乘舆幸北部尉传，瞻望车骑。

程临终遗言上书，以国传弟美，帝许之，而分程半，封程养子寿为浮阳侯。后诏书录微功，封兴渠为高望亭侯。四年，诏宦官养子悉听得为后，袭封爵，定著乎令。

王康、王国、彭恺、王成、赵封、魏猛六人皆早卒。黄龙、杨佗、孟叔、李建、张贤、史泛、王道、李元、李刚九人与阿母山阳君宋娥更相货赂，求高官增邑，又诬罔中常侍曹腾、孟贲等。永和二年，发觉，并遣就国，减租四分之一，宋娥夺爵归田舍。唯马国、陈予、苗光保全封邑。

初，帝见废，监太子家小黄门籍建、傅高梵、长秋长赵熹、丞良贺、药长夏珍皆以无过获罪，建等坐徙朔方。及帝即位，并擢为中常侍。梵坐臧罪，减死一等。建后封东乡侯，三百户。

贺清俭退厚，位至大长秋。阳嘉中，诏九卿举武猛，贺独无所荐。帝引问其故，对曰："臣生自草茅，长于宫掖，既无知人之明，又未尝交知士类。昔卫鞅因景监以见，有识知其不终。今得臣举者,匪荣伊辱。"固辞之。及卒,帝思贺忠,封其养子为都乡侯,三百户。

【译文】

孙程,字稚卿,涿郡新城人。安帝时担任中黄门,在长乐宫供职办事。

当时,邓太后临朝主政,安帝不亲自处理国家政务。小黄门李闰与安帝的奶娘王圣经常共同诋毁邓太后的哥哥执金吾邓悝等人,说他打算废黜安帝,扶立平原王刘翼,安帝每每愤怨恐惧。及至邓太后去世,安帝随即诛杀邓氏,废黜平原王,封李闰为雍乡侯。又有小黄门江京凭谗言阿谀得以进用,起初到藩邸迎接安帝,因功封为都乡侯,李闰、江京两人食邑各三百户,同时升任中常侍。江京兼任大长秋,与中常侍樊丰、黄门令刘安、钩盾令陈达以及王圣、王圣的女儿伯荣,扇动朝廷内外的人士攀比奢侈,竟为暴虐。还有安帝的舅舅大将军耿宝、皇后的哥哥大鸿胪阎显互相朋比结党,竟至冤杀太尉杨震,废黜皇太子为济阴王。

第二年,安帝去世,立北乡侯为天子,阎显等人随即把持朝政,争夺权权,暗示主管官员奏请处死樊丰,废黜耿宝、王圣,连同他们的党羽都遭到杀害或流放。

十月,北乡侯病情严重,孙程对济阴王的谒者长兴渠说:"济阴王是嫡系皇统,本来没有过错,由于先帝听信谗言,才导致废黜。倘若北乡侯一病不起,你我共同除掉江京、阎显,大事就可成功。"兴渠等人认为言之有理。又有中黄门南阳人王康,先前担任太子府史,自从太子被废,经常心怀慨叹与愤怨。还有长乐太官丞京兆人王国也附和孙程,成了同谋。到二十七日,北乡侯去世。阎显禀告阎太后,征召诸王之子,挑选皇帝的后嗣。诸王之子还没有来,十一月二日,孙程就与王康等十八人聚集在西钟楼下密谋,都割去一截单衣,立下盟誓。四日夜晚,孙程等人共同会集在崇德殿上,于是进入章台门。当时江京、刘安以及李闰、陈达等人都坐在宫门下,孙程与王康一起就地杀死江京、刘安和陈达。由于李闰长期掌握权势,为宫中的人们所推服,孙程等人打算推他为首领,便举刀威胁李闰说:"如今应当立济阴王为帝,不得动摇。"李闰说:"是"。于是大家扶起李闰,都到西钟楼下迎接济阴王即位,这就是顺帝。他们召集尚书令、仆射以下官员,跟随顺帝的车驾前往南宫云合,孙程等人留守宫门,切断内外联系。

当时阎显正在宫中,忧虑焦急,不知所措。小黄门樊登劝阎显调集兵力,用阎太后的诏书召集越骑校尉冯诗、虎贲中郎将阎崇驻兵朔平门,来抵御孙程等人。阎显诱使冯诗进宫后,阎太后让人把印信交给他说:"能捉到济阴王的,封为万户侯,捉到李闰的,封为五千户侯。"阎显认为冯诗带来的部众太少,让他与樊登在左掖门外迎接部下将士。冯诗乘机杀死樊登,回营驻守。阎显的弟弟卫尉阎景连忙从宫中返回卫尉府,收集军队来到盛德门,孙程传召诸尚书,让他们逮捕阎景。尚书郭镇这时在卧床有病,听说后就率领值宿的羽林军出了南止车门,遇到阎景部下将士,拔出刀剑,高呼说:"不要动兵!"郭镇立即下车,手持符节,让阎景受诏。阎景说:"什么诏书!"便砍郭镇,但没有砍中。郭镇拔剑把阎景打下车来,身边的人用戟刺中他的胸部,随即将他捉住,送进廷尉监狱,当夜死去。

天亮时,侍御史受命将阎显等人逮捕入狱,于是局面稳定。朝廷下诏说:"表彰功勋,录用善人,是古今共同的道理。原来的中常侍长乐太仆江京、黄门令刘安、钩盾令陈达,与原来的车骑将军阎显兄弟谋划大逆之罪，倾覆天下。中黄门孙程、王康、长乐太官丞王国、中黄门黄龙、彭恺、孟叔、李建、王成、张贤、史汎、马国、王道、李元、杨佗、陈予、赵封、李刚、魏猛、苗光等人，心怀忠义，奋发而起，齐心合力，随即扫灭首恶，使王室得以稳定。《诗经》不是说过：'言无不答，德无不报'吗，孙程首谋，王康、王国协同。现封孙程为浮阳侯，食邑一万户；王康为华客侯，王国为郦侯，食吗各九千户；黄龙为肖南侯，食邑五千户；鼓恺为西平昌侯，孟叔为中庐侯，李建为复阳侯，食邑各四千二百户；王成为广宗侯，张贤为祝阿侯，史汎为临沮侯，马国为广平侯，王道为范县侯，李元为褒信侯，杨佗为山都侯，陈予为下隽侯，赵封为析县侯，李刚为枝江侯，食邑各四千户；魏猛为夷陵侯，食邑两千户；苗光为陈阿侯，食邑一千户。"这就是十九侯。顺帝又赐给他们车马、金银、钱币、布帛各有等差。由于李闰事先没有参与策划，所以没有封爵。顺帝随即提升孙程为骑都尉。

永建元年，孙程与张贤、孟叔、马国等人替司隶校尉虞诩的罪行辩护，怀揣奏表上殿，呵斥侍臣。顺帝发怒，随即免去孙程的官职，就势打发十九侯一律返回封国，后来又改封孙程为宜城侯。孙程来到封国后，心怀怨恨，把印信、符策封好交还，本人逃回京城，往来山中。顺帝颁发诏书，将他找回，恢复原先的爵位和封国，赐给车马衣物，让他返回封国。

永建三年，顺帝念及孙程等人的功勋，征召他们一律返回京城。孙程与王道、李元都被任命为骑都尉，其余诸人都给以奉朝请名义，可以参加朝会。阳嘉元年，孙程病情严重，顺帝便任命他为车骑都尉，位居特进。及至孙程死去，顺帝派五官中郎将追赠他车骑将军的印信，赐谥号为刚侯。侍御史手持符节，监护丧事，顺帝乘车前往北部尉驿舍，瞭望送葬车马的情形。

孙程临死前留下遗言，上书请求把封国传给弟弟孙美。顺帝应允，但将孙程的封国分出一半，封孙程的养子孙寿为浮阳侯。后来，诏书命令记录群臣被忽略的功劳，封兴渠为高望亭侯。永建四年，诏书规定宦官的养子都允许立为后嗣，承袭封爵，并明文载入律令。

王康、王国、彭恺、王成、赵封、魏猛六人都死得早。黄龙、杨佗、孟叔、李建、张贤、史汎、王道、李元、李刚九人与乳母山阳君宋娥互相贿赂，谋求高官，增加封邑，还欺骗中常侍曹腾、孟贲等人。永和二年，朝廷发觉了他们的行径，把他们一律遣返封国，消减封地租税的四分之一，宋娥被削去爵位，放归家居。只有马国、陈予、苗光保全了封邑。

起初，顺帝当太子时遭到废黜，监太子家的小黄门籍建、太子傅高梵、长秋长赵熹、家丞良贺、药长夏珍都没有罪过，却受到惩治，籍建等人被判罪流放到朔方。及至顺帝即位，将他们一律提升为中常侍。其后，高梵因贪赃判罪，照死刑减罪一等。后来籍建被封为东乡侯，食邑三百户。

良贺清廉俭朴，谦退厚重，官至大长秋。阳嘉年间，有诏命令九卿推举威武勇猛之士，唯独良贺没有举荐一人。顺帝叫他来问其中的缘由，良贺回答说："臣生在民间，长在宫中，既没有有知人之明，又不曾交结士人。从前卫鞅通过景监去见秦穆公，有识之士由此知道他的下场不好。如今谁得到的我举荐，这不是荣耀，而是耻辱。"又坚决推辞一番。及至良贺死后，顺帝怀念良贺的忠心，封他的养子为都乡侯，食邑三百户。

曹腾传

【题解】

曹腾，字季兴，东汉沛国谯县人。为顺帝、冲帝、质帝、桓帝四朝的宦官，因参与扶立桓帝有功，官至高位，倍受宠信，当权宫中，一些士大夫都由他提拔进用。他是魏武帝曹操的祖父，三国魏明帝曹睿追尊他为高皇帝。

【原文】

曹腾，字季兴，沛国谯人也。安帝时，除黄门从官。顺帝在东宫，邓太后以腾年少谨厚，使侍皇太子书，特见亲爱。及帝即位，腾为小黄门，迁中常侍。桓帝得立，腾与长乐太仆州辅等七人，以定策功，皆封亭侯，腾为费亭侯，迁大长秋，加位特进。

腾用事省闼三十余年，奉事四帝，未尝有过。其所进达，皆海内名人，陈留虞放、边韶、南阳延固、张温、弘农张奂、颍川堂谿典等。时蜀郡太守因计吏赂遗于腾，益州刺史种暠于斜谷关搜得其书，上奏太守，并以劾腾，请下廷尉案罪。帝曰："书自外来，非腾之过。"遂寝暠奏。腾不为纤介，常称暠为能吏，时人嗟美之。

腾卒，养子嵩嗣。种暠后为司徒，告宾客曰："今身为公，乃曹常侍力焉。"

嵩，灵帝时货赂中官及输西园钱一亿万，故位至太尉。及子操起兵，不肯相随，乃与少子疾避乱琅玡，为徐州刺史陶谦所杀。

【译文】

曹腾，字季兴，沛国谯县人。安帝时，多任黄门从官。顺帝在东宫当太子时，邓太后因曹腾年轻，谨慎而又朴实，让他陪太子读书，特别受到亲近宠爱。乃至顺帝即位，曹腾当了小黄门，升为中常侍。桓帝得以继位，曹腾与长乐太仆州辅七人，因拥立有功，都被封为亭侯，曹腾成了费亭侯，升为大长秋，加位特进。

曹腾在宫中当权三十余年，事奉过四位皇帝，从来没有过失。他进用的人，都是海内知名士，有陈留的虞放、边韶、南阳的延固、张温、弘农的张奂、颍川的堂谿典等人。当时蜀郡太守通过掌管户口赋税的官吏贿赂曹腾，益州刺史种暠在斜谷关搜查到有关书信，上报太守，并且据此弹劾曹腾，请求交付廷尉查办治罪。桓帝说："书信来自朝外，不是曹腾的过错。"便将种暠的奏章搁置下来。曹腾毫不介意，经常称许种暠是能干的官吏，时人对曹腾赞叹褒美。

曹腾去世，养子曹嵩立为后嗣。种暠后来当了司徒，告诉宾客说："现在我身居三公之位，是曹常侍促成的。"

灵帝时，曹嵩贿赂宦官并向西园交了一亿万钱，所以得到太尉职位。及至他的儿子曹操起兵，曹嵩不肯跟随，便与小儿子曹疾到琅玡躲避战乱，被徐州刺史陶谦杀死。

单超传

【题解】

单超、徐璜、具瑗、左悺、唐衡五人，主要是东汉桓帝在位时期的宦官。延熹二年，桓帝与他们定谋诛灭把持朝政的外戚梁冀，得以同日封侯，是为东汉历史上的"五侯"。"五侯"中除单超翌年死去外，其余四人，骄横奢侈，结党营私，贿赂公行，无恶不作，当时有"左回天，俱独坐，徐卧贞，唐两堕"的时谚。

【原文】

单超，河南人。徐璜，下邳良城人。具瑗，魏郡元城人。左悺，河南平阴人。唐衡，颍川郾人也。恒帝初，超、璜、瑗为中常侍，悺、衡为小黄门史。

初，梁冀两妹为顺、桓二帝皇后，冀代父商为大将军，再世权戚，威震天下。冀自诛太尉李固、杜乔等，骄横益甚，皇后乘势忌恣，多所鸩毒，上下钳口，莫有言者。帝逼畏久，恒怀不平，恐言泄，不敢谋之。

延熹二年，皇后崩，帝因如厕，独呼衡问："左右与外舍不相得者皆谁乎？"衡对曰："单超、左悺前诣河南尹不疑，礼敬小简，不疑收其兄弟送洛阳狱，二人诣门谢，乃得解。徐璜、具瑗常私忿疾外舍放横，口不敢道。"于是帝呼超、悺入室，谓曰："梁将军兄弟专固国朝，迫胁外内，公卿以下，从其风旨。今欲诛之，于常侍意何如？"超等对曰："诚国奸贼，当诛日久。臣等弱劣，未知圣意何如耳。"帝曰："审然者，常侍密图之。"对曰："图之不难，但恐陛下复中狐疑。"帝曰："奸臣胁国，当伏其罪，何疑乎！"于是更召璜、瑗等五人，遂定其议。帝啮超臂出血为盟。于是诏收冀及宗亲党与，悉诛之。悺、衡迁中常侍，封超新丰侯，二万户，璜武原侯，瑗东武阳侯，各五万千户，赐钱各千五百万；悺上蔡侯，衡汝阳侯，各万三千户，赐钱各千三百万。五人同日封，故世谓之"五侯"。又封小黄门刘普、赵忠等人为乡侯。自是权归宦官，朝廷日乱矣。

超病，帝遣使者就拜车骑将军。明年，薨，赐东园秘器、棺中玉具，赠侯将军印绶，使者理丧。及葬，发五营骑士，侍御史护丧，将作大匠起冢茔。

其后，四侯转横，天下为之语曰："左回天，具独坐，徐卧虎，唐两堕。"皆竞起第宅，楼观壮丽，穷极伎巧。金银罽毦，施于犬马。多取良人美女以为姬妾，皆珍饰华侈，拟则宫人。其仆从皆乘牛车而从列骑。又养其疏属，或乞嗣异姓，或买苍头为子，并以传国袭封。兄弟姻戚皆宰州临郡，辜较百姓，与盗贼无异。超弟安为河东太守，弟子匡为济阴太守，璜弟盛为河内太守，悺弟敏为陈留太守，瑗兄恭为沛相，皆为所在蠹害。

璜兄子宣为邳令，暴虐尤甚。先是，求故汝南太守下邳李暠女不能得，及到县，遂将吏卒至暠家，载其女归，戏射杀之，埋著寺内。时下邳县属东海，汝南黄浮为东海相。有告言宣者，浮乃收宣家属，无少长悉考之。掾史以下固谏争，浮曰："徐宣国贼，今日杀之，明日坐死,足以瞑目矣。"即案宣罪弃市,暴其尸以示百姓,郡中震慄。璜于是诉怨于帝,帝大怒,浮坐髡钳,输作右校。

五侯宗族宾客虐遍天下,民不堪命,起为寇贼。七年,衡卒,亦赠车骑将军,如超故事。璜卒,赗赐钱布,赐冢茔地。明年,司隶校尉韩演因奏悺罪恶,及其兄太仆南乡侯称请托州郡,聚敛为奸,宾客放纵,侵犯吏民。悺、称皆自杀。演又奏瑗兄沛相恭臧罪,征诣廷尉。瑗诣狱谢,上还东武侯印绶,诏贬为都乡侯,卒于家。超及璜、衡袭封者,并降为乡侯,租入岁皆三百万,子弟分封者悉夺爵土。刘普等贬为关内侯。

【译文】

单超,河南人。徐璜,下邳国良城县人。具瑗魏郡元城县人。左悺,河南平阴县人。唐衡,颍川郡郾县人。桓帝初年,单超、徐璜、具瑗担任中常侍,左悺、唐衡担任小黄门史。

起初,梁冀的两个妹妹当了顺、桓二帝的皇后,梁冀代替父亲梁商担任大将军,成为两世权势显赫的外戚,威振天下。梁冀从诛杀太尉李固、杜乔等人以来愈加骄横。皇后仗着自家的势力,肆意嫉妒,毒死不少人,上下闭口,无人敢言。桓帝长期受梁氏的逼迫,经常心怀不满,只是害怕言有泄露,不敢与人商量。

延熹二年,梁皇后去世,桓帝趁上厕所的机会,单独叫去唐衡询问:"身边的人有谁与皇后家不投机?"唐衡回答说:"以前单超、左悺去见河南尹梁不疑,礼数稍嫌简慢,梁不疑逮捕他们的兄弟,送交洛阳监狱,单、左二人上门道歉,才被释放。徐璜、具瑗经常痛恨皇后家肆意横行,只是口不敢言。"于是桓帝把单超、左悺叫到内室,对他们说:"梁将军把持朝廷,胁迫内外,公卿以下官员顺从他的旨意。现在打算杀他,常侍意下如何?"单超等人回答说:"他的确是国家的奸贼,早就该杀。只是臣等势力孤弱,人又顽劣,不知陛下有何打算?"桓帝说:"这是明摆着的,两位常侍暗中设法除掉他吧。"单超等人回答说:"除掉他不难,只怕陛下心里犹豫不定。"桓帝说:"奸臣威胁国家,应该让他服罪,有什么可犹豫的!"于是又把徐璜、具瑗等五人叫来,随即议定其事,桓帝把单超的胳臂咬出血,起了盟誓。接着桓帝颁诏逮捕梁冀及其宗族亲属和党羽,一律杀掉。左悺、唐衡升任中常侍。封单超为新丰侯,食邑两万户,徐璜为武原侯,具瑗为东阳侯,食邑各一万五千户,各赐一千五百万钱;左悺为上蔡侯,唐衡为汝阴侯,食邑各三千户,各赐一千三百万钱。五人同时封侯,所以世人称他们为"五侯"。又封小黄门刘普、赵忠等八人为乡侯。从此,权力落在宦官手中,朝廷越来越乱。

单超得了病,桓帝派使者前去任命他们为车骑将军。明年,单超去世,桓帝颁赐东园的秘器、材、王匣,赠给侯爵和将军职位的印绶,由使者治丧。及至入葬,由侍御史护送灵柩,由将作大匠起造坟茔。

后来,其余四侯变得蛮横起来,天下为此编了几句话说:"左悺力能回天,具瑗骄贵无比,徐璜犹如卧虎,唐衡无所不为。"他们竞相起造宅第,宅第中楼观壮丽,工巧无比。金银、毛织品、羽毛装饰,施及犬马。他们大多娶良民家的美女作为姬妾,都用珍宝打扮得华丽而又奢侈,学宫女的样儿。他们的仆人都乘坐牛车,成队的人骑马跟随。他们又收养远房的亲属,有的在异姓中寻求后嗣,有的去买仆人当自己的儿子,都得以传承封国的爵位。兄弟和亲戚都当了州郡的长官，敲诈百姓，与强盗没有区别。

单超的弟弟单安担任河东太守，弟弟的儿子单匡担任济阴太守，徐璜的弟弟徐盛担任河内太守，左悺的弟弟左敏担任陈留太守，具瑗的哥哥具恭担任沛相，在当地都侵害百姓。

徐璜的哥哥的儿子徐宣担任下邳县令，尤其暴虐。在此之前，徐宣要娶原先的汝南太守下邳人李暠的女儿，未能如愿。及至徐宣来到下邳县，随即带领史卒来到李暠家，把他女儿用车拉回，玩笑间把她射死，埋在寺庙里。当时下邳县归属东海，汝南人黄浮担任东海相，有人告发徐宣，黄浮便逮捕徐宣的家属，无论老少，悉加拷打。掾史以下属吏再三劝阻，黄浮说："徐宣是个国贼，今天我杀死他，明天因此获罪而死，也可以瞑目了。"当即依法判处徐宣弃市，把尸首暴露在街市上，给百姓看，郡中人吓得发抖。于是徐璜向桓帝诉怨，桓帝大怒，黄浮获罪，被处以剃去头发，铁圈加颈的刑罚，罚做苦工。五侯的宗族宾客残害百姓遍及天下，百姓不堪忍受，只好群起反抗。延熹七年，唐衡死去，桓帝也追赠他为车骑将军，一如单超的先例。徐璜死去，桓帝赠送助葬钱布，赐给坟茔地。明年，司隶校尉韩演借机奏陈左悺的罪恶，牵涉到他哥哥太仆南乡侯左称在州郡互相请托，搜刮钱财，营私舞弊，宾客为所欲为，侵犯吏民，左悺和左称都自杀了。韩演又奏陈具瑗的哥哥沛相具恭的贪赃罪，被召到廷尉审理。具瑗前往监狱谢罪，桓帝让他交还东武侯的印信，颁诏贬他为都乡侯，后来死在家中。承袭单超以及徐璜、唐衡的封国的人，一律降为乡侯，每年租税收入一律为三百万，对受到分封的子弟，全部削去爵位与封国。刘普等人被贬为关内侯。

张让、赵忠传

【题解】

张让，东汉颍川人。桓帝时为小黄门，灵帝时与赵忠等十一人担任中常侍，封为列侯，形成操纵政权的宦官集团，有"十常侍"之称。劝灵帝增收租税以修宫室，灵帝对张让等备极宠信，常说："张常侍是我父，赵常侍是我母"。其父兄子弟、姻亲宾客遍布天下，贪婪残暴，损害百姓。中平六年，何进谋诛宦官，被张让等人杀死。接着，袁绍屠杀宦官殆尽，张让劫持献帝逃走，途中投黄河而死。

【原文】

张让者，颍川人；赵忠者，安平人也。少皆给事省中，桓帝时为小黄门。忠以与诛梁冀功封都乡侯，延熹八年黜为关内侯，食本县租千斛。灵帝时，让、忠并迁中常侍，封列侯，与曹节、王甫等相为表里。节死后，忠领大长秋。

让有监奴，典任家事，交通货赂，威形谊赫。扶风人孟佗，资产饶赡，与奴朋结，倾竭馈问，无所遗爱。奴咸德之，问佗曰："君何所欲？力能办也。"曰："吾望汝曹为我一拜耳。"时宾客求谒让者，车恒数百千两，佗时诣让，后至，不得进。监奴乃率诸苍头迎拜于路，遂共舆车入门，宾客咸惊，谓佗善于让，皆争以珍玩赂之，佗分以遗让。让大喜，遂以佗为凉州刺史。

是时，让、忠及夏恽、郭胜、孙璋、毕岚、栗嵩、段珪、高望、张恭、韩悝、宋典十二人，皆为中常侍，封侯贵宠，父兄子弟布列州郡，所在贪残，为人蠹害。黄巾既作，盗贼糜沸，郎中中山张钧上书曰：

窃惟张角所以能兴兵作乱，万人所以乐附之者，其源皆由十常侍多放父兄子弟、婚亲宾客，典据州郡，辜榷财利，侵掠百姓，百姓之冤无所告诉，故谋议不轨，聚为盗贼。宜斩十常侍，悬头南郊，以谢百姓，又遣使者布告天下，可不须师旅，而大寇自消。

天子以钧章示让等，皆免冠徒跣顿首，乞自致洛阳诏狱，并出家财以助军费，有诏皆冠履视事如故。帝怒钧曰："此真狂子也。十常侍固当有一人善者不？"钧复重上，犹如前章，辄寝不报。诏使廷尉、侍御史考为张角道者，御史承让等旨，遂诬奏钧学黄巾道，收掠死狱中。而让等实多与张角交通，后中常侍封谞、徐奉事独发觉，坐诛，帝因怒诘让等曰："汝曹常言党人欲为不轨，皆令禁锢，或有伏诛。今党人更为国用，汝曹反与张角通，为可斩未？"皆叩头云："故中常侍王甫、侯览所为。"帝乃止。

明年，南宫灾，让、忠等说帝，令敛天下田亩税十钱，以修宫室。发太原、河东、狄道诸郡林木及文石，每州郡部送至京师，黄门常侍辄令谴呵不中者，因强折贱买，十分雇一，因复货之于宦官，复不为即受，材木遂至腐积，宫室连年不成。刺史、太守复增私调，百姓呼嗟。

凡诏所征求，皆令西园驺密约敕，号曰"中使"，恐动州郡，多受赇赂。刺史、二千石及茂才、孝廉迁除，皆责助军、修宫钱，大郡至二三千万，余各有差。当之官者，皆先至西园谐价，然后得去。有钱不毕者，或至自杀。其守清者，乞不之官，皆迫遣之。时钜鹿太守河内司马直新除，以有清名，减责三百万。直被诏怅然曰："为民父母，而反割剥百姓，以称时求，吾不忍也。"辞疾，不听。行至孟津，上书极陈当世之失，古今祸败之戒，即吞药自杀。书奏，帝为暂绝修宫钱。

又造万金堂于西园，引司农金钱缯帛，仞积其中。又还河间买田宅，起第观。帝本侯家，宿贫，每叹桓帝不能作家居，故聚为私臧，复寄小黄门、常侍钱各数千万。常云："张常侍是我公，赵常侍是我母。"宦官得志，无所惮畏，并起第宅，拟则宫室。帝常登永安候台，宦官恐其望见居处，乃使中大人尚但谏曰："天子不当登高，登高则百姓虚散。"自是不敢复升台榭。

明年，遂使钩盾令宋典缮修南宫玉堂，又使掖庭令毕岚铸铜人四，列于仓龙、玄武阙。又铸四钟，皆受二千斛，县于玉堂及云台殿前。又铸天禄、虾蟆，吐水于平门外桥东，转水入宫。又作翻车、渴乌，施于桥西，用洒南北郊路，以省百姓洒道之费。又铸四出文钱，钱皆四道。识者窃言侈虐已甚，形象兆见，此钱成，必四道而去。及京师大乱，钱果流布四海。复以忠为车骑将军，百余日罢。

六年，帝崩。中军校尉袁绍说大将军何进，令诛中官，以悦天下。谋泄，让、忠等因进入省，遂共杀进。而绍勒兵斩忠，捕宦官，无少长悉斩之。让等数十人劫质天子，走河上，

【译文】

张让,颍川人,赵忠,安平人。年轻时都在宫中供职办事,桓帝时担任小黄门。赵忠因参与诛杀梁冀的功劳被封为都乡侯,延熹八年被贬黜为关内侯,每年收入本县租税一千斛。灵帝时,张让、赵忠一齐升任中常侍,被封为列侯,与曹节、王甫等人互相呼应。曹节死后,赵忠兼任大长秋。

张让有一个奴仆头目为他掌管家务,勾结官府,收受贿赂,声势显赫,令人生畏。扶风人孟佗财产丰饶,他与张让家的奴仆勾结,倾尽家财,赠送礼物,奴仆们都很感激他,便问他说:"你想得到什么,我们可以办到。"孟佗说:"我希望你们给我一拜。"当时,求见张让的宾客乘坐的车子经常有成千上万辆,孟佗那时去见张让,到得较晚,无法进去。那奴仆首领便带领众仆人到路上来迎接拜见他,随即拱卫他的车子进了大门。宾客都很吃惊,以为孟佗与张让关系很好,争着把珍贵的玩物赠送给他。孟佗拿出一部分送给张让,张让大喜,便让孟佗担任凉州刺史。

这时,张让、赵忠以及夏恽、郭胜、孙璋、毕岚、栗嵩、段珪、高望、张恭、韩悝、宋典十二人都是中常侍,被封为侯,尊贵得宠,父兄子弟都安置在州郡做官,所到之处,贪婪残暴,损害百姓。黄巾军兴起后,盗贼如同沸汤,郎中中山人张钧上书说:

臣认为,张角之所以能兴兵作乱,万民所以愿意归附张角,根源全在于十常侍多数安排父兄、子弟、姻亲、宾客把持州郡,垄断财利,侵夺百姓。百姓的冤苦无处申诉,所以图谋不轨,聚集起来,去当盗贼。应该斩杀十常侍,在南郊悬首示众,向百姓道歉,并派使者布告天下,就可以不用军队,使大寇自消。

灵帝把张钧的奏章拿给张让等人去看,张让等人都徐去朝冠,光着双脚,伏地叩头,要求自投洛阳奉诏关押犯人的监狱,并拿出家财,资助军费。有诏书命令他们仍然穿戴官服,任职治事。灵帝对张钧发怒说:"这真是个狂妄之人!十常侍中难道就没有一个好人!"张钧再次上书,象前一次上书一样,又被搁置,不给答复。灵帝颁诏命令廷尉、侍御史拷问入张角黄巾道的人,御史秉承张让等人的意旨,随即上奏诬称张钧学黄巾道,将他收捕入狱,拷打致死。但实际上张让等人多半与张角交往。后来,唯独中常侍封谞、徐奉勾通张角的事被朝廷发觉,两人获罪被杀,灵帝因此生气地质问张让等人说:"你们经常说党人打算图谋不轨,一概予以禁锢,有的还被处死。如今党人又为国家效力,你们反而与张角交往,是不是该杀?"张让等人都叩头说:"是原先的中常侍王甫、侯览干的。"灵帝这才没有追究。

明年,南宫发生火灾。张让、赵忠劝灵帝在全国征收田税,每亩十钱,以便修建宫室。朝廷征调太原、河东、狄道各郡的木材和有纹理的石头,每当州郡押送到京城时,黄门、常侍就吩咐呵责那些不合格的州郡,于是强迫折价贱买,售价只给十分之一,然后再卖给宦官,宦官又不马上接受,终至木材积压腐烂,连年建不成宫室。刺史、太守又把私人征调加进去,百姓大声悲叹。

凡是诏书征用官员,灵帝都让西园侍从暗中督促。号称"中使",他们惊动州郡,大量收受贿赂。升迁除授刺史、二千石以及茂才、孝廉时，都责成这些人交纳助军钱和修宫钱，大郡多达二三千万钱，其余官职要出的钱也各有等差。应该赴任的人，都需要先到西园谈好价钱，然后才能前去。有些人交不足钱，甚至被迫自杀。清廉自守的人要求不去上任，就一律强迫他们前往。当时，钜鹿太守河内人司马直刚刚受任新职，由于他有清廉的名声，便少让他交钱，减为三百万钱。司马直接到诏书，惆怅地说："为民父母，反而要剥削百姓，来满足时下的索求，我不忍心。"便托称有病，要求辞官，朝廷没有答应。他行至孟津时，上书极力陈述当世的失误和古今祸乱亡国的教训，随即吞药自杀。奏书呈送上去后，灵帝为此暂时不收修宫钱。

灵帝又在西园内建造万金堂，动用司农掌管的金钱丝帛充积其中。灵帝还回到河间去买田地住宅，起造府第楼观。灵帝原来出身侯爵之家，过去资财不丰，往往感叹桓帝不能积蓄家产，所以聚积私人财产，还在小黄门、常侍那里分别寄存了数千万钱。灵帝经常说："张常侍是我爹，赵常侍是我娘。"宦官得志，无所忌惮，一齐起造宅第，模仿宫室。灵帝曾经登上永安宫的瞭望台，宦官唯恐灵帝望见自己的住处，便让中大人尚但进谏说："天子不应该登高。天子登高，百姓就会失散。"从此，灵帝不敢再登台榭。

明年，灵帝委派钩盾令宋典修缮南宫的玉堂殿，又委派掖庭令毕岚铸成四个铜人，陈列在仓龙阙和玄武阙。又铸成四座钟，容积都是两千斛，悬挂在玉堂殿和云台殿前。又铸造天禄和蛤蟆，在平门外桥东吐水，把水转入宫中。又制造翻车和渴乌，安设在桥西，用来喷洒南北郊的道路，以便节省百姓喷洒道路的开支。又铸造四文钱，钱上都有四道纹路。有识者私下说，奢侈暴虐过甚，已经在形象上表现出征兆，这种钱铸成后，必然四道而去。及至京城大乱，这种钱果然流散全国。灵帝又任命赵忠为车骑将军，一百多天后免职。

中平六年，灵帝去世。中军校尉袁绍劝大将军何进下令诛杀宦官，以取悦天下。由于计划泄露，张让、赵忠等人趁何进进宫之机，便共同将他杀死。而袁绍率兵杀死赵忠，逮捕宦官，无论老少，一律处死。张让等数十人劫持献帝为人质，逃到黄河边。追兵迅速赶来，张让等人伤心哭泣，向献帝诀别说："臣等被消灭后，天下也就乱了。请陛下自爱！"然后跳到黄河里自尽了。

二十四史

三国志

导　读

　　《三国志》是由西晋史学家陈寿所著，其中六十五卷，包括《魏书》三十卷，《蜀书》十五卷，《吴书》二十卷，主要记载魏、蜀、吴三国鼎立时期的历史。家喻户晓的历史人物曹操、孙权、刘备、诸葛亮，都有专门的记载。

　　陈寿写《三国志》以前，已出现一些有关魏、吴的史作，如王沈的《魏书》，鱼豢的《魏略》，韦昭的《吴书》等。《三国志》中的《魏书》《吴书》，主要取材于这些史书。蜀政权没有设置史官，无专人负责搜集材料，编写蜀史。《蜀书》的材料是由陈寿采集和编次的。陈寿写书的时代靠近三国，可资利用的他人成果并不多，加上他是私人著述，没有条件获得大量的文献档案。我们阅读《三国志》时，就会发现陈寿有史料不足的困难，内容显得不够充实，很多重要人物，如徐干、陈琳、应玚、丁仪，丁廙等都没有专传，有专传的人，也往往失之简略。陈寿没有编写志。我们要了解三国时代的典章制度，只好借助于《晋书》。

　　魏、蜀、吴三足鼎立，所以陈寿用"三国"来命名他的史书。他是由三国入晋的人，作了晋的官吏，晋继承魏统一了全国，所以他不得不以《魏书》居前，用本纪来记述魏国的几代帝王。但对蜀、吴二主，形式上称"传"，记事方法却与本纪相同，按年叙事，实际上把蜀、吴放在与魏同等的地位，反映了历史的真实情况。可见陈寿是一个有创见的史学家。

　　《三国志》善于叙事，文笔简洁，剪裁得当，当时就受到赞许。与陈寿同时的夏侯湛写作《魏书》，看到《三国志》，认为没有另写新史的必要，就毁弃了自己的著作。后人更是推崇备至，认为在记载三国历史的史书中，独有陈书可以同《史记》《汉书》相比美。因此，其他各家的三国史相继泯灭无闻，只有《三国志》一直流传到现在。

　　陈寿死后一百多年，陆续出现大量的三国史的新史料。南朝宋文帝认为《三国志》太简略，就令裴松之作注。裴松之与范晔是同时代的人。他的注与重在训释文义的《史记》三家注和《汉书》颜师古注不同，主要是增补史实，资料极为丰富。粗略统计，注中列举魏晋人的著作达二百余种，所截取的史料比较完整，注文条目也相当多，文字总数超出正文三倍。就史料价值来说，并不亚于《三国志》。注中引用的书，现在大部分已经失传，这使裴注更加被人重视。据裴松之自己归纳，注文内容着重四个方面：一、应载而陈寿未载的史事，加以增补；二、同是一事，说法歧异，则采录异闻；三、对错误的记载予以纠正；四、对时事和陈寿的不正确看法进行评论。概括起来就是补缺、备异、纠谬、评论。这种注书方法，打开了注书的新局面。

武帝纪

【题解】

曹操(155~220),东汉沛国谯县(今安徽亳县)人。从小机警,有变应能力。二十岁被荐举为孝廉,任郎。历任洛阳北部尉、顿丘令、议郎。中平元年,以骑都尉身份参与镇压黄巾起义,调任济南相。中平六年,起兵讨董卓。初平三年,接受黄巾降卒三十万,吸收其中精锐,扩充自己兵力。建安元年,把汉献帝迎到许都,从此取得挟天子以令诸侯的政治优势。自建安三年至十二年,先后打败吕布、袁术、袁绍等人,基本统一黄河下游。建安十三年春天,曹操废除汉朝三公官职,设置丞相御史官职,曹操自任丞相。这年秋天,刘琮投降,曹操势力南抵长江。在赤壁被刘备孙权联军打败。建安十六年打败马超,夺取关中。建安十七年被封为魏公,接受九锡。建安二十一年,晋爵为魏王。建安二十五年去世。遗命丧事从简。儿子曹丕嗣位为丞相、魏王。这年冬天,曹丕灭亡汉朝建立魏朝,自立为皇帝,追尊曹操为武皇帝。东汉末年,军阀混战,天下大乱,百姓流离失所。曹操统一北部中国,曾发布抑制兼并命令,惩治豪强,开办学校,组织屯田,兴建水利,发展农业生产,使这一地区社会趋于稳定,经济得到发展。他提倡唯才是举,导致了选拔官吏制度由察举制向九品中正制的转化。他是当时最大的政治家。他身经百战,往往出奇制胜,曾注解《孙子兵法》,是一位杰出的军事家。他会写诗,对当时文学的发展,也有过积极影响。

【原文】

太祖武皇帝,沛国谯人也,姓曹,讳操,字孟德,汉相国参之后。桓帝世,曹腾为中常侍大长秋,封费亭侯。养子嵩嗣,官至太尉,莫能审其生出本末。嵩生太祖。

太祖少机警,有权数,而任侠放荡,不治行业,故世人未之奇也,惟梁国桥玄、南阳何颙异焉。玄谓太祖曰:"天下将乱,非命世之才不能济也,能安之者,其在君乎!"年二十,举孝廉,为郎,除洛阳北部尉,迁顿丘令,征拜议郎。光和末,黄巾起,拜骑都尉,讨颍川贼。迁为济南相,国有十余县,长吏多阿附贵戚,赃污狼籍,于是奏免其八,禁断淫祀,奸宄逃窜,郡界肃然。久之,征还为东郡太守,不就,称疾归乡里。

顷之,冀州刺史王芬、南阳许攸、沛国周旌等连接豪杰,谋废灵帝,立合肥侯,以告太祖。太祖拒之,芬等遂败。

金城边章、韩遂杀刺史郡守以叛,众十余万,天下骚动。征太祖为典军校尉。会灵帝崩,太子即位,太后临朝。大将军何进与袁绍谋诛宦官,太后不听。进乃召董卓,欲以胁太后,卓未至而进见杀。卓到,废帝为弘农王而立献帝,京都大乱。卓表太祖为骁骑校尉,欲与计事。太祖乃变易姓名,间行东归。出关,过中牟,为亭长所疑,执诣县,邑中或窃识之,为请得解。卓遂杀太后及弘农王。太祖至陈留,散家财,合义兵,将以诛卓。冬十二月，始起兵于己吾，是岁中平六年也。

初平元年春正月，后将军袁术、冀州牧韩馥、豫州刺史孔伷、兖州刺史刘岱、河内太守王匡、渤海太守袁绍、陈留太守张邈、东郡太守桥瑁、山阳太守袁遗、济北相鲍信同时俱起兵，众各数万，推绍为盟主。太祖行奋武将军。

二月，卓闻兵起，乃徙天子都长安。卓留屯洛阳，遂焚宫室。是时绍屯河内，邈、岱、瑁、遗屯酸枣，术屯南阳，伷屯颍川，馥在邺。卓兵强，绍等莫敢先进。太祖曰："举义兵以诛暴乱，大众已合，诸君何疑？向使董卓闻山东兵起，倚王室之重，据二周之险，东向以临天下；虽以无道行之，犹足为患。今焚烧宫室，劫迁天子，海内震动，不知所归，此天亡之时也。一

曹操

战而天下定矣，不可失也。"遂引兵西，将据成皋。邈遣将卫兹分兵随太祖，到荥阳汴水，遇卓将徐荣，与战不利，士卒死伤甚多。太祖为流矢所中，所乘马被创，从弟洪以马与太祖，得夜遁去。荣见太祖所将兵少，力战尽日，谓酸枣未易攻也，亦引兵还。太祖到酸枣，诸军兵十余万，日置酒高会，不图进取。太祖责让之，因为谋曰："诸君听吾计，使渤海引河内之众临孟津，酸枣诸将守成皋，据敖仓，塞轘辕、太谷，全制其险；使袁将军率南阳之军军丹、析，入武关，以震三辅，皆高垒深壁勿与战，益为疑兵，示天下形势，以顺诛逆，可立定也。今兵以义动，持疑而不进，失天下之望，窃为诸君耻之！"邈等不能用。

太祖兵少，乃与夏侯惇等诣扬州募兵，刺史陈温、丹阳太守周昕与兵四千余人。还到龙亢，士卒多叛。至铚、建平，复收兵得千余人，进屯河内。

刘岱与桥瑁相恶，岱杀瑁，以王肱领东郡太守。

袁绍与韩馥谋立幽州牧刘虞为帝，太祖拒之。绍又尝得一玉印，于太祖坐中举向其肘，太祖由是笑而恶焉。

二年春，绍、馥遂立虞为帝，虞终不敢当。夏四月，卓还长安。秋七月袁绍胁韩馥取冀州。

黑山贼于毒、白绕、眭固等十余万众略魏郡，东郡王肱不能御。太祖引兵入东郡，击白绕于濮阳，破之。袁绍因表太祖为东郡太守，治东武阳。

三年春，太祖军顿丘，毒等攻东武阳。太祖乃引兵西入山，攻毒等本屯。毒闻之，弃武阳还。太祖要击眭固，又击匈奴於夫罗于内黄，皆大破之。

夏四月，司徒王允与吕布共杀卓。卓将李傕、郭汜等杀允攻布，布败，东出武关。傕等擅朝政。

青州黄巾众百万入兖州，杀任城相郑遂，转入东平。刘岱欲击之，鲍信谏曰："今贼众

百万，百姓皆震恐，士卒无斗志，不可敌也。观贼众群辈相随，军无辎重，唯以钞略为资，今不若畜士众之力，先为固守。彼欲战不得，攻又不能，其势必离散，后选精锐，据其要害，击之可破也。"岱不从，遂与战，果为所杀。信乃与州吏万潜等至东郡迎太祖领兖州牧。遂进兵击黄巾于寿张东。信力战斗死，仅而破之。购求信丧不得，众乃刻木如信形状，祭而哭焉。追黄巾至济北。乞降。冬，受降卒三十余万，男女百余万口，收其精锐者，号为青州兵。

袁术与绍有隙，术求援于公孙瓒，瓒使刘备屯高唐，单经屯平原，陶谦屯发干，以逼绍。太祖与绍会击，皆破之。

四年春，军鄄城。荆州牧刘表断术粮道，术引军入陈留，屯封丘，黑山余贼及於夫罗等佐之。术使将刘详屯匡亭。太祖击详，术救之，与战，大破之。术退保封丘，遂围之。未合，术走襄邑。追到太寿，决渠水灌城。走宁陵。又追之。走九江。夏，太祖还军定陶。

下邳阙宣聚众数千人，自称天子，徐州牧陶谦与共举兵，取泰山华、费，略任城。秋，太祖征陶谦，下十余城。谦守城不敢出。是岁，孙策受袁术使渡江，数年间遂有江东。

兴平元年春，太祖自徐州还。初，太祖父嵩，去官后还谯，董卓之乱，避难琅邪，为陶谦所害，故太祖志在复仇东伐。夏，使荀彧、程昱守鄄城，复征陶谦。拔五城，遂略地至东海。还过郯，谦将曹豹与刘备屯郯东，要太祖。太祖击破之。遂攻拔襄贲，所过多所残戮。

会张邈与陈宫叛迎吕布，郡县皆应。荀彧、程昱保鄄城，范、东阿二县固守。太祖乃引军还。布到，攻鄄城不能下，西屯濮阳。太祖曰："布一旦得一州，不能据东平，断亢父、泰山之道乘险要我，而乃屯濮阳，吾知其无能为也。"遂进军攻之。布出兵战。先以骑犯青州兵，青州兵奔。太祖阵乱，驰突火出，坠马，烧左手掌。司马楼异扶太祖上马，遂引去。未至营止。诸将未与太祖相见，皆怖。太祖乃自力劳军，令军中促为攻具，进复攻之。与布相守百余日。蝗虫起，百姓大饿，布粮食亦尽。各引去。

秋九月，太祖还鄄城。布到乘氏，为其县人李进所破，东屯山阳。于是绍使人说太祖，欲连和。太祖新失兖州，军食尽，将许之。程昱止太祖，太祖从之。冬十月，太祖至东阿。是岁，谷一斛五十余万钱，人相食，乃罢吏兵新募者。陶谦死，刘备代之。

二年春，袭定陶。济阴太守吴资保南城，未拔。会吕布至，又击破之。夏，布将薛兰、李封屯钜野，太祖攻之，布救兰，兰败，布走，遂斩兰等。布复从东缗与陈宫将万余人来战。时太祖兵少，设伏，纵奇兵击，大破之。布夜走，太祖复攻，拔定陶，分兵平诸县。布东奔刘备，张邈从布，使其弟超将家属保雍丘。秋八月，围雍丘。冬十月，天子拜太祖兖州牧。十二月，雍丘溃，超自杀。夷邈三族。邈诣袁术请救，为其众所杀，兖州平。遂东略陈地。是岁，长安乱，天子东迁，败于曹阳，渡河幸安邑。

建安元年春正月，太祖军临武平，袁术所置陈相袁嗣降。

太祖将迎天子，诸将或疑，荀彧、程昱劝之，乃遣曹洪将兵西迎，卫将军董承与袁术将苌奴拒险，洪不得进。

汝南、颍川黄巾何仪、刘辟、黄邵、何曼等，众各数万，初应袁术，又附孙坚。二月，太祖进军讨破之,斩辟、邵等,仪及其众皆降。天子拜太祖建德将军,夏六月,迁镇东将军,封费亭侯。秋七月,杨奉、韩暹以天子还洛阳,奉别屯梁。太祖遂至洛阳,卫京都,暹遁走。天子假太祖节钺,录尚书事。洛阳残破,董昭等劝太祖都许。九月,车驾出辕辕而东,以太祖为大将军,封武平侯。自天子西迁,朝廷日乱,至是,宗庙社稷制度始立。

天子之东也,奉自梁欲要之,不及。冬十月,公征奉,奉南奔袁术,遂攻其梁屯,拔之。于是以袁绍为太尉,绍耻班在公下,不肯受。公乃固辞,以大将军让绍。天子拜公司空,行车骑将军。是岁用枣祗、韩浩等议,始兴屯田。

吕布袭刘备,取下邳。备来奔。程昱说公曰:"观刘备有雄才而甚得众心,终不为人下,不如早图之。"公曰:"方今收英雄时也,杀一人而失天下之心,不可。"

张济自关中走南阳。济死,从子绣领其众。二年春正月,公到宛。张绣降,既而悔之,复反。公与战,军败,为流矢所中,长子昂、弟子安民遇害。公乃引兵还舞阴,绣将骑来钞,公击破之。绣奔穰,与刘表合。公谓诸将曰:"吾降张绣等,失不便取其质,以至于此。吾知所以败。诸卿观之,自今已后不复败矣。"遂还许。

袁术欲称帝于淮南,使人告吕布。布收其使,上其书。术怒,攻布,为布所破。秋九月,术侵陈,公东征之。术闻公自来,弃军走,留其将桥蕤、李丰、梁纲、乐就。公到,击破蕤等,皆斩之。术走渡淮。公还许。

公之自舞阴还也,南阳、章陵诸县复叛为绣,公遣曹洪击之,不利,还屯叶,数为绣、表所侵。冬十一月,公自南征,至宛。表将邓济据湖阳。攻拔之,生禽济,湖阳降。攻舞阴,下之。

三年春正月,公还许,初置军师祭酒。三月,公围张绣于穰。夏五月,刘表遣兵救绣,以绝军后。公将引还,绣兵来,公军不得进,连营稍前。公与荀彧书曰:"贼来追吾,虽日行数里,吾策之,到安众,破绣必矣。"到安众,绣与表兵合,守险,公军前后受敌。公乃夜凿险为地道,悉过辎重,设奇兵。会明,贼谓公为遁也,悉军来追。乃纵奇兵步骑夹攻,大破之。秋七月,公还许。荀彧问公:"前以策贼必破,何也?"公曰:"虏遏吾归师,而与吾死地战,吾是以知胜矣。"

吕布复为袁术使高顺攻刘备,公遣夏侯惇救之,不利。备为顺所败。九月,公东征布。冬十月,屠彭城,获其相侯谐。进至下邳,布自将骑逆击。大破之,获其骁将成廉。追至城下,布恐,欲降。陈宫等沮其计,求救于术,劝布出战,战又败,乃还固守,攻之不下。时公连战,士卒罢,欲还。用荀攸、郭嘉计,遂决泗、沂水以灌城。月余,布将宋宪、魏续等执陈宫,举城降,生禽布、宫,皆杀之。太山臧霸、孙观、吴敦、尹礼、昌豨各聚众。布之破刘备也,霸等悉从布。布败,获霸等,公厚纳待,遂割青、徐二州附于海以委焉。分琅琊、东海、北海为城阳、利城、昌虑郡。

初,公为兖州,以东平毕谌为别驾。张邈之叛也,邈劫谌母弟妻子。公谢遣之,曰:"卿老母在彼,可去。"谌顿首无二心,公嘉之,为之流涕。既出,遂亡归。及布破,谌生得。众为谌惧。公曰:"夫人孝于其亲者,岂不亦忠于君乎!吾所求也。"以为鲁相。

四年春二月,公还至昌邑。张杨将杨丑杀杨,眭固又杀丑,以其众属袁绍,屯射犬。夏四月,进军临河,使史涣、曹仁渡河击之。固使杨故长史薛洪、河内太守缪尚留守,自将兵北迎绍求救，与涣、仁相遇犬城。交战，大破之，斩固。公遂济河，围射犬。洪、尚率众降，封为列侯，还军敖仓。以魏种为河内太守，属以河北事。

初，公举种孝廉。兖州叛，公曰："唯魏种且不弃孤也。"及闻种走，公怒曰："种不南走越，北走胡，不置汝也！"既下射犬，生擒种，公曰："唯其才也！"释其缚而用之。

是时袁绍既并公孙瓒，兼四州之地，众十余万，将进军攻许。诸将以为不可敌。公曰："吾知绍之为人，志大而智小，色厉而胆薄，忌克而少威，兵多而分画不明，将骄而政令不一，土地虽广，粮食虽丰，适足以为吾奉也。"秋八月，公进军黎阳，使臧霸等入青州破齐、北海、东安，留于禁屯河上。九月，公还许，分兵守官渡。冬十一月，张绣率众降，封列侯。十二月，公军官渡。

袁术自败于陈，稍困，袁谭讲自青州遣迎之。术欲从下邳北过，公遣刘备、朱灵要之。会术病死。程昱、郭嘉闻公遣备，言于公曰："刘备不可纵。"公悔，追之不及。备之未东也，阴与董承等谋反，至下邳，遂杀徐州刺史车胄，举兵屯沛。遣刘岱、王忠击之，不克。庐江太守刘勋率众降，封为列侯。

五年春正月，董承等谋泄，皆伏诛。公将自东征备，诸将皆曰："与公争天下者，袁绍也。今绍方来而弃之东，绍乘人后，若何？"公曰："夫刘备，人杰也，今不击，必为后患。袁绍虽有大志，而见事迟，必不动也。"郭嘉亦劝公，遂东击备，破之，生禽其将夏侯博。备走奔绍，获其妻子。备将关羽屯下邳，复进攻之，羽降。昌豨叛为备，又攻破之。公还官渡，绍卒不出。

二月，绍遣郭图、淳于琼、颜良攻东郡太守刘延于白马，绍引兵至黎阳，将渡河。夏四月，公北救延。荀攸说公曰："今兵少不敌，分其势乃可。公到延津，若将渡兵向其后者，绍必西应之，然后轻兵袭白马，掩其不备，颜良可禽也。"公从之。绍闻兵渡，即分兵西应之。公乃引军兼行趣白马，未至十余里，良大惊，来逆战。使张辽、关羽前登，击破，斩良。遂解白马围，徙其民，循河而西。绍于是渡河追公军，至延津南。公勒兵驻营南阪下，使登垒望之。曰："可五六百骑。"有顷，复曰："骑稍多，步兵不可胜数。"公曰："勿复白。"乃令骑解鞍放马。是时，白马辎重就道。诸将以为敌骑多，不如还保营。荀攸曰："此所以饵敌，如何去之！"绍骑将文丑与刘备将五六千骑前后至。诸将复曰："可上马。"公曰："未也。"有顷，骑至稍多，或分趣辎重。公曰："可矣。"乃皆上马。时骑不满六百，遂纵兵击，大破之，斩丑。良、丑皆绍名将也，再战，悉禽，绍军大震。公还军官渡。绍进保阳武。关羽亡归刘备。

八月，绍连营稍前，依沙堆为屯，东西数十里。公亦

袁绍

分营与相当,合战不利。时公兵不满万,伤者十二三。绍复进临官渡,起土山地道。公亦于内作之,以相应。绍射营中,矢如雨下,行者皆蒙楯,众大惧。时公粮少,与荀彧书,议欲还许。彧以为"绍悉众聚官渡,欲与公决胜败。公以至弱当至强,若不能制,必为所乘,是天下之大机也。且绍,布衣之雄耳,能聚人而不能用。夫以公之神武明哲而辅以大顺,何向而不济!"公从之。

孙策闻公与绍相持,乃谋袭许,未发,为刺客所杀。

汝南降贼刘辟等叛应绍,略许下。绍使刘备助辟,公使曹仁击破之。备走,遂破辟屯。

袁绍运谷车数千乘至,公用荀攸计,遣徐晃、史涣邀击,大破之,尽烧其车。公与绍相拒连月,虽比战斩将,然众少粮尽,士卒疲乏。公谓运者曰:"却十五日为汝破绍,不复劳汝矣。"冬十月,绍遣车运谷,使淳于琼等五人将兵万余人送之,宿绍营北四十里。绍谋臣许攸贪财,绍不能足,来奔,因说公击琼等。左右疑之,荀攸、贾诩劝公。公乃留曹洪守,自将步骑五千人夜往,会明至。琼等望见公兵少,出阵门外。公急击之,琼退保营,遂攻之。绍遣骑救琼。左右或言:"贼骑稍近,请分兵拒之。"公怒曰:"贼在背后,乃白!"士卒皆殊死战,大破琼等,皆斩之。绍初闻公之击琼,谓长子谭曰:"就彼攻琼等,吾攻拔其营,彼固无所归矣!"乃使张郃、高览攻曹洪。郃等闻琼破,遂来降。绍众大溃,绍及谭弃军走,渡河。追之不及,尽收其辎重图书珍宝,虏其众。公收绍书中,得许下及军中人书,皆焚之。冀州诸郡多举城邑降者。

初,桓帝时有黄星见于楚、宋之分,辽东殷馗善天文,言后五十岁当有真人起于梁、沛之间,其锋不可当。至是凡五十年,而公破绍,天下莫敌矣。

六年夏四月,扬兵河上,击绍仓亭军,破之。绍归,复收散卒,攻定诸叛郡县。九月,公还许。绍之未破也,使刘备略汝南,汝南贼共都等应之。遣蔡扬击都,不利,为都所破。公南征备。备闻公自行,走奔刘表,都等皆散。

七年春正月,公军谯,令曰:"吾起义兵,为天下除暴乱。旧土人民,死丧略尽,国中终日行,不见所识,使吾凄怆伤怀。其举义兵以来,将士绝无后者,求其亲戚以后之,授土田,官给耕牛,置学师以教之。为存者立庙,使祀其先人,魂而有灵,吾百年之后何恨哉!"遂至浚仪,治睢阳渠,遣使以太牢祀桥玄。进军官渡。

绍自军破后,发病欧血,夏五月死。小子尚,代谭,自号车骑将军,屯黎阳。秋九月,公征之,连战。谭、尚数败退,固守。

八年春三月,攻其郭,乃出战,击,大破之,谭、尚夜遁。夏四月,进军邺。五月还许,留贾信屯黎阳。

己酉,令曰:"《司马法》:'将军死绥',故赵括之母,乞不坐括。是古之将者,军破于外,而家受罪于内也。自命将征行,但赏功而不罚罪,非国典也。其令诸将出征,败军者抵罪,失利者免官爵。"

秋七月,令曰:"丧乱已来,十有五年,后生者不见仁义礼让之风,吾甚伤之。其令郡国各修文学,县满五百户置校官,选其乡之俊造而教学之,庶几先王之道不废,而有以益于天下。"

　　八月，公征刘表，军西平。公之去邺而南也，谭、尚争冀州，谭为尚所败，走保平原。尚攻之急，谭遣辛毗乞降请救。诸将皆疑，荀攸劝公许之，公乃引军还。冬十月，到黎阳，为子整与谭结婚。尚闻公北，乃释平原还邺。东平吕旷、吕翔叛尚，屯阳平，率其众降，封为列侯。

　　九年春正月，济河，遏淇水入白沟以通粮道。二月，尚复攻谭，留苏由、审配守邺。公进军到洹水，由降。既至，攻邺，为土山、地道。武安长尹楷屯毛城，通上党粮道。夏四月，留曹洪攻邺，公自将击楷，破之而还。尚将沮鹄守邯郸，又击拔之。易阳令韩范、涉长梁岐举县降，赐爵关内侯。五月，毁土山、地道，作围堑，决漳水灌城，城中饿死者过半。秋七月，尚还救邺，诸将皆以为"此归师，人自为战，不如避之。"公曰："尚从大道来，当避之；若循西山来者，此成禽耳。"尚果循西山来，临滏水为营。夜遣兵犯围，公逆击破走之，遂围其营。未合，尚惧，故豫州刺史阴夔及陈琳乞降，公不许，为围益急。尚夜遁，保祁山，追击之。其将马延、张顗等临阵降，众大溃，尚走中山。尽获其辎重，得尚印绶节钺，使尚降人示其家，城中崩沮。八月，审配兄子荣夜开所守城东门内兵。配逆战，败，生禽配，斩之，邺定。公临祀绍墓，哭之流涕。慰劳绍妻，还其家人宝物，赐杂缯絮，廪食之。

　　初，绍与公共起兵，绍问公曰："若事不辑，则方面何所可据？"公曰："足下意以为何如？"绍曰："吾南据河，北阻燕、代，兼戎狄之众，南向以争天下，庶可以济乎？"公曰："吾任天下之智力，以道御之，无所不可。"

　　九月，令曰："河北罹袁氏之难，其令无出今年租赋！"重豪强兼并之法，百姓喜悦。天子以公领冀州牧，公让还兖州。

　　公之围邺也，谭略取甘陵、安平、渤海、河间。尚败，还中山。谭攻之，尚奔故安，遂并其众。公遗谭书，责以负约，与之绝婚，女还，然后进军。谭惧，拔平原，走保南皮。十二月，公入平原，略定诸县。

　　十年春正月，攻谭，破之，斩谭，诛其妻子，冀州平。下令曰："其与袁氏同恶者，与之更始。"令民不得复私仇，禁厚葬，皆一之于法。是月，袁熙大将焦触、张南等叛攻熙、尚，熙、尚奔三郡乌丸。触等举其县降，封为列侯。初讨谭时，民亡椎冰，令不得降。顷之，亡民有诣门首者，公谓曰："听汝则违令，杀汝则诛首，归深自藏，无为吏所获。"民垂泣而去，后竟捕得。

　　夏四月，黑山贼张燕率其众十余万降，封为列侯。故安赵犊、霍奴等杀幽州刺史、涿郡太守。三郡乌丸攻鲜于辅于犷平。秋八月，公征之，斩犊等，乃渡潞河救犷平，乌丸奔走出塞。

　　九月，令曰："阿党比周，先圣所疾也。闻冀州俗，父子异部，更相毁誉。昔直不疑无兄，世人谓之盗嫂；第五伯鱼三娶孤女，谓之挝妇翁；王凤擅权，谷永比之申伯；王商忠议，张匡谓之左道：此皆以白为黑，欺天罔君者也。吾欲整齐风俗，四者不除，吾以为羞。"冬十月，公还邺。

　　初，袁绍以甥高干领并州牧，公之拔邺，干降，遂以为刺史。干闻公讨乌丸，乃以州叛，执上党太守，举兵守壶关口。遣乐进、李典击之，干还守壶关城。十一年春正月，公征干。干闻之，乃留其别将守城，走入匈奴，求救于单于，单于不受。公围壶关三月，拔之。

干遂走荆州，上洛都尉王琰捕斩之。

秋八月，公东征海贼管承，至淳于，遣乐进、李典击破之，承走入海岛。割东海之襄贲、郯、戚以益琅邪，省昌虑郡。

三郡乌丸承天下乱，破幽州，略有汉民合十余万户。袁绍皆立其酋豪为单于，以家人子为己女，妻焉。辽西单于蹋顿尤强，为绍所厚，故尚兄弟归之，数入塞为害。公将征之，凿渠，自呼沲入泒水，名平虏渠。又从泃河口凿入潞河，名泉州渠，以通海。

十二年春二月，公自淳于还邺。丁酉，令曰："吾起义兵诛暴乱，于今十九年，所征必克，岂吾功哉？乃贤士大夫之力也。天下虽未悉定，吾当要与贤士大夫共定之；而专飨其劳，吾何以安焉！其促定功行封。"于是大封功臣二十余人，皆为列侯，其余各以次受封，及复死事之孤，轻重各有差。

将北征三郡乌丸，诸将皆曰："袁尚，亡虏耳，夷狄贪而无亲，岂能为尚用？今深入征之，刘备必说刘表以袭许。万一为变，事不可悔。"惟郭嘉策表必不能任备，劝公行。夏五月，至无终。秋七月，大水，傍海道不通，田畴请为乡导，公从之。引军出卢龙塞，塞外道绝不通，乃堑山堙谷五百余里，经白檀，历平冈，涉鲜卑庭，东指柳城。未至二百里，虏乃知之。尚、熙与蹋顿、辽西单于楼班、右北平单于能臣抵之等将数万骑逆军。八月，登白狼山，卒与虏遇，众甚盛。公车重在后，被甲者少，左右皆惧。公登高，望虏阵不整，乃纵兵击之，使张辽为先锋，虏众大崩，斩蹋顿及名王已下，胡、汉降者二十余万口。辽东单于速仆丸及辽西、北平诸豪，弃其种人，与尚、熙奔辽东，众尚有数千骑。初，辽东太守公孙康恃远不服。及公破乌丸，或说公遂征之，尚兄弟可禽也。公曰："吾方使康斩送尚、熙首，不烦兵矣。"九月，公引兵自柳城还，康即斩尚、熙及速仆丸等，传其首。诸将或问："公还而康斩送尚、熙，何也？"公曰："彼素畏尚等，吾急之则并力，缓之则自相图，其势然也。"十一月至易水，代郡乌丸行单于普富卢、上郡乌丸单于那楼将其名王来贺。

十三年春正月，公还邺，作玄武池以肄舟师。汉罢三公官，置丞相、御史大夫。夏六月，以公为丞相。

秋七月，公南征刘表。八月，表卒，其子琮代屯襄阳，刘备屯樊。九月，公到新野，琮遂降，备走夏口。公进军江陵，下令荆州吏民，与之更始。乃论荆州服从之功，侯者十五人，以刘表大将文聘为江夏太守，使统本兵，引用荆州名士韩嵩、邓义等。益州牧刘璋始受征役，遣兵给军。十二月，孙权为备攻合肥。公自江陵征备，至巴丘，遣张憙救合肥。权闻憙至，乃走。公至赤壁，与备战，不利。于是大疫，吏士多死者，乃引军还。备遂有荆州、江南诸郡。

十四年春三月，军至谯，作轻舟，治水军。秋七月，自涡入淮，出肥水，军合肥。辛未，令曰："自顷已来，军数征行，或遇疫气，吏士死亡不归，家室怨旷，百姓流离，而仁者岂乐之哉？不得已也。其令死者家无基业不能自存者，县官勿绝廪，长吏存恤抚循，以称吾意。"置扬州郡县长吏，开芍陂屯田。十二月，军还谯。

十五年春，下令曰："自古受命及中兴之君，曷尝不得贤人君子与之共治天下者乎！及其得贤也，曾不出闾巷，岂幸相遇哉？上之人不求之耳。今天下尚未定，此特求贤之急时也。'孟公绰为赵、魏老则优，不可以为滕、薛大夫。'若必廉士而后可用，则齐桓其何以

曹兵百万下江南，清末年画。

霸世！今天下得无有被褐怀玉而钓于渭滨者乎？又得无盗嫂受金而未遇无知者乎？二三子其佐我明扬仄陋，唯才是举，吾得而用之。"冬，作铜雀台。

十六年春正月，天子命公世子丕为五官中郎将，置官属，为丞相副。太原商曜等以大陵叛，遣夏侯渊、徐晃围破之。张鲁据汉中，三月，遣钟繇讨之。公使渊等出河东与繇会。

是时关中诸将疑繇欲自袭马超，遂与韩遂、杨秋、李堪、成宜等叛。遣曹仁讨之。超等屯潼关，公敕诸将："关西兵精悍，坚壁勿与战。"秋七月，公西征，与超等夹关而军。公急持之，而潜遣徐晃、朱灵等夜渡蒲阪津，据河西为营。公自潼关北渡，未济，超赴船急战。校尉丁斐因放牛马以饵贼，贼乱取牛马，公乃得渡，循河为甬道而南。贼退，拒渭口，公乃多设疑兵，潜以舟载兵入渭，为浮桥，夜，分兵结营于渭南。贼夜攻营，伏兵击破之。超等屯渭南，遣信求割河以西请和，公不许。

九月，进军渡渭。超等数挑战，又不许；固请割地，求送任子，公用贾诩计，伪许之。韩遂请与公相见，公与遂父同岁孝廉，又与遂同时侪辈，于是交马语移时，不及军事，但说京都旧故，拊手欢笑。既罢，超等问遂："公何言？"遂曰："无所言也。"超等疑之。他日，公又与遂书，多所点窜，如遂改定者。超等愈疑遂。公乃与克日会战，先以轻兵挑之，战良久，乃纵虎骑夹击，大破之，斩成宜、李堪等。遂、超等走凉州，杨秋奔安定，关中平。诸将或问公曰："初，贼守潼关，渭北道缺，不从河东击冯翊而反守潼关，引日而后北渡，何也？"公曰："贼守潼关，若吾入河东，贼必引守诸津，则西河未可渡，吾故盛兵向潼关，贼悉众南守，西河之备虚，故二将得擅取西河。然后引军北渡，贼不能与吾争西河者，以有二将之军也。连车树栅，为甬道而南，既为不可胜，且以示弱。渡渭为坚垒，虏至不出，所以骄之也，故贼不为营垒而求割地。吾顺言许之，所以从其意，使自安而不为备，因畜士卒之力，一旦击之，所谓疾雷不及掩耳，兵之变化，固非一道也。"始，贼每一部到，公辄有喜色。贼破之后，诸将问其故。公答曰："关中长远，若贼各依险阻，征之，不一二年不可定也。今皆来集，其众虽多，莫相归服，军无适主，一举可灭，为功差易，吾是以喜。"

冬十月，军自长安北征杨秋，围安定。秋降，复其爵位，使留抚其民人。十二月，自安定还，留夏侯渊屯长安。

十七年春正月，公还邺。天子命公赞拜不名，入朝不趋，剑履上殿，如萧何故事。马超余众梁兴等屯蓝田，使夏侯渊击平之。割河内之荡阴、朝歌、林虑，东郡之卫国、顿丘、东武阳、发干，钜鹿之廮陶、曲周、南和，广平之任城，赵之襄国、邯郸、易阳以益魏郡。冬十月，公征孙权。

十八年春正月，进军濡须口，攻破权江西营，获权都督公孙阳，乃引军还。诏书并十四州，复为九州。夏四月，至邺。

五月丙申，天子使御史大夫郗虑持节策命公为魏公曰：

朕以不德，少遭愍凶，越在西土，迁于唐、卫。当此之时，若缀旒然，宗庙乏祀，社稷无位，群凶觊觎，分裂诸夏，率土之民，朕无获焉，即我高祖之命将坠于地。朕用夙兴假寐，震悼于厥心，曰："惟祖惟父，股肱先正，其孰能恤朕躬？"乃诱天衷，诞育丞相，保乂我皇家，弘济于艰难，朕实赖之。今将授君典礼，其敬听朕命。

昔者董卓初兴国难，群臣释位以谋王室，君则摄进，首启戎行，此君之忠于本朝也。后及黄巾反易天常，侵我三州，延及平民，君又剿之以宁东夏，此又君之功也。韩暹、杨奉专用威命，君则致讨，克黜其难，遂迁许都，造我京畿，设官兆祀，不失旧物，天地鬼神于是获乂，此又君之功也。袁术僭逆，肆于淮南，慑惮君灵，用丕显谋，蕲阳之役，桥蕤授首，稜威南迈，术以陨溃，此又君之功也。回戈东征，吕布就戮，乘辕将返，张杨殂毙，眭固伏罪，张绣稽服，此又君之功也。袁绍逆乱天常，谋危社稷，凭恃其众，称兵内侮，当此之时，王师寡弱，天下寒心，莫有固志，君执大节，精贯白日，奋其武怒，运其神策，致届官渡，大歼丑类，俾我国家拯于危坠，此又君之功也。济师洪河，拓定四州，袁谭、高干，咸枭其首，海盗奔迸，黑山顺轨，此又君之功也。乌丸三种，崇乱二世，袁尚因之，逼据塞北，束马县车，一征而灭，此又君之功也。刘表背诞，不供贡职，王师首路，威风先逝，百城八郡，交臂屈膝，此又君之功也。马超、成宜，同恶相济，滨据河、潼，求逞所欲，珍我渭南，献馘万计，遂定边境，抚和戎狄，此又君之功也。鲜卑、丁零，重译而至，单于白屋，请吏率职，此又君之功也。君有定天下之功，重之以明德，班叙海内，宣美风俗，旁施勤教，恤慎刑狱，吏无苛政，民无怀慝；敦崇帝族，表继绝世，旧德前功，罔不咸秩；虽伊尹格于皇天，周公光于四海，方之蔑如也。

朕闻先王并建明德，胙之以土，分之以民，崇其宠章，备其礼物，所以藩卫王室，左右厥世也。其在周成，管、蔡不静，惩难念功，乃使邵康公赐齐太公履，东至于海，西至于河，南至于穆陵，北至于无棣，五侯九伯，实得征之，世祚太师，以表东海。爰及襄王，亦有楚人不供王职，又命晋文登为侯伯，锡以二辂、虎贲、铁钺、秬鬯、弓矢，大启南阳，世作盟主。故周室之不坏，繄二国是赖。今君称丕显德，明保朕躬，奉答天命，导扬弘烈，绥爰九域，莫不率俾，功高于伊、周，而赏卑于齐、晋，朕甚恶焉。朕以眇眇之身，托于兆民之上，永思厥艰，若涉渊冰，非君攸济，朕无任焉。今以冀州之河东、河内、魏郡、赵国、中山、常山、钜鹿、安平、甘陵、平原凡十郡,封君为魏公。锡君玄土,苴以白茅,爰契尔龟,用建冢社。昔在周室,毕公、毛公入为卿佐,周、邵师保出为二伯,外内之任,君实宜之。其以丞相领冀州牧如故。又加君九锡其敬听朕命。以君经纬礼律,为民轨仪,使安职业,无或迁志,是用锡君大辂、戎辂各一,玄牡二驷。君劝分务本,稼穑昏作,粟帛滞积,大业惟兴,是用锡君衮冕之服,赤舄副焉。君敦尚谦让,俾民兴行,少长有礼,上下咸和,是用锡君轩县之乐,六佾之舞。君翼宣风化,爰发四方,远人革面,华夏充实,是用锡君朱户以居。君研其明哲,思帝所难,官才任贤,群善必举,是用锡君纳陛以登。君秉国之钧,正色处中,纤毫之恶,靡不抑退,是用锡君虎贲之士三百人。君纠虔天刑,章厥有罪,犯关干纪,莫不诛殛,是用锡君铁钺各一。君龙骧虎视,旁眺八维,掩讨逆节,折冲四海,是用锡君彤弓一、彤矢百,旅弓十,旅矢千。君以温恭为基,孝友为德,明允笃诚,感于朕思,是用锡君秬鬯一卣,珪瓒副焉。魏国置丞相已下群卿百僚,皆如汉初诸侯王之制。往钦哉,敬服朕命,简恤尔重,时亮庶功,用终尔显德,对扬我高祖之休命。

秋七月,始建魏社稷宗庙。天子聘公三女为贵人,少者待年于国。九月,作金虎台。凿渠引漳水入白沟以通河。冬十月,分魏郡为东西部,置都尉。十一月,初置尚书、侍中、六卿。

马超在汉阳,复因羌、胡为害,氐王千万叛应超,屯兴国。使夏侯渊讨之。

十九年春正月,始耕籍田。南安赵衢、汉阳尹奉等讨超,枭其妻子,超奔汉中。韩遂徙金城,入氐王千万部,率羌、胡万余骑与夏侯渊战,击,大破之,遂走西平。渊与诸将攻兴国,屠之。省安东、永阳郡。

安定太守毋丘兴将之官,公戒之曰:"羌、胡欲与中国通,自当遣人来,慎勿遣人往。善人难得,必将教羌、胡妄有所请求,因欲以自利;不从便为失异俗意,从之则无益事。"兴至,遣校尉范陵至羌中,陵果教羌,使自请为属国都尉。公曰:"吾预知当尔,非圣也,但更事多耳。"

三月,天子使魏公位在诸侯王上,改授金玺、赤绂、远游冠。

秋七月,公征孙权。

初,陇西宋建自称河首平汉王,聚众枹罕,改元,置百官,三十余年。遣夏侯渊自兴国讨冬十月,屠枹罕,斩建,凉州平。

公自合肥还。

十一月,汉皇后伏氏坐昔与父故屯骑校尉完书,云帝以董承被诛怨恨公,辞甚丑恶,发闻,后废黜死,兄弟皆伏法。

十二月,公至孟津。天子命公置旄头,宫殿设钟虡。乙未,令曰:"夫有行之士未必能进取,进取之士未必能有行也。陈平岂笃行,苏秦岂守信邪?而陈平定汉业,苏秦济弱燕。由此言之,士有偏短,庸可废乎!有司明思此义,则士无遗滞,官无废业矣。"又曰:"夫刑,百姓之命也,而军中典狱者或非其人,而任以三军死生之事,吾甚惧之。其选明达法理者,使持典刑。"于是置理曹掾属。

二十年春正月,天子立公中女为皇后。省云中、定襄、五原、朔方郡,郡置一县领其民,合以为新兴郡。

三月，公西征张鲁，至陈仓，将自武都入氐；氐人塞道，先遣张郃、朱灵等攻破之。夏四月，公自陈仓以出散关，至河池。氐王窦茂众万余人，恃险不服，五月，公攻屠之。西平、金城诸将麴演、蒋石等共斩送韩遂首。秋七月，公至阳平。张鲁使弟卫与将杨昂等据阳平关，横山筑城十余里，攻之不能拔，乃引军还。贼见大军退，其守备解散。公乃密遣解剽、高祚等乘险夜袭，大破之，斩其将杨任，进攻卫，卫等夜遁，鲁溃奔巴中。公军入南郑，尽得鲁府库珍宝。巴、汉皆降。复汉宁郡为汉中；分汉中之安阳、西城为西城郡，置太守；分锡、上庸郡，置都尉。

八月，孙权围合肥，张辽、李典击破之。

九月，巴七姓夷王朴胡、賨邑侯杜濩举巴夷、賨民来附，于是分巴郡，以胡为巴东太守，濩为巴西太守，皆封列侯。天子命公承制封拜诸侯守相。

冬十月，始置名号侯至五大夫，与旧列侯、关内侯凡六等，以赏军功。

十一月，鲁自巴中将其余众降。封鲁及五子皆为列侯。刘备袭刘璋，取益州，遂据巴中；遣张郃击之。

十二月，公自南郑还，留夏侯渊屯汉中。

二十一年春二月，公还邺。三月壬寅，公亲耕籍田。夏五月，天子进公爵为魏王。代郡乌丸行单于普富卢与其侯王来朝。天子命王女为公主，食汤沐邑。秋七月，匈奴南单于呼厨泉将其名王来朝，待以客礼，遂留魏，使右贤王去卑监其国。八月，以大理钟繇为相国。冬十月，治兵，遂征孙权，十一月至谯。

二十二年春正月，王军居巢。二月，进军屯江西郝溪。权在濡须口筑城拒守，遂逼攻之，权退之。三月，王引军还，留夏侯惇、曹仁、张辽等屯居巢。

夏四月。天子命王设天子旌旗，出入称警跸。五月，作泮宫。六月，以军师华歆为御史大夫。冬十月，天子命王冕十有二旒，乘金根车，驾六马，设五时副车，以五官中郎将丕为魏太子。

刘备遣张飞、马超、吴兰等屯下辩；遣曹洪拒之。

二十三年春正月，汉太医令吉本与少府耿纪、司直韦晃等反，攻许，烧丞相长史王必营，必与颍川典农中郎将严匡讨斩之。

曹洪破吴兰，斩其将任夔等。三月，张飞、马超走汉中，阴平氐强端斩吴兰，传其首。夏四月，代郡、上谷乌丸无臣氐等叛，遣鄢陵侯彰讨破之。

六月，令曰："古之葬者，必居瘠薄之地。其规西门豹祠西原上为寿陵，因高为基，不封不树，周礼冢人掌公墓之地，凡诸侯居左右以前，卿大夫居后，汉制亦谓之陪陵。其公卿大臣列将有功者，宜陪寿陵，其广为兆域，使足相容。"

秋七月，治兵，遂西征刘备，九月，至长安。

冬十月，宛守将侯音等反，执南阳太守，劫略民，吏保宛。初，曹仁讨关羽，屯樊城，是月使仁围宛。

二十四年春正月，仁屠宛，斩音。

夏侯渊与刘备战于阳平，为备所杀。三月，王自长安出斜谷，军遮要以临汉中，遂至阳平。备因险拒守。

夏五月,引军还长安。

秋七月,以夫人卞氏为王后。遣于禁助曹仁击关羽。八月,汉水溢,灌禁军,军没,羽获禁,遂围仁。使徐晃救之。九月,相国钟繇坐西曹掾魏讽反免。

冬十月,军还洛阳。孙权遣使上书,以讨关羽自效。王自洛阳南征羽,未至,晃攻羽,破之,羽走,仁围解。王军摩陂。

二十五年春正月,至洛阳。权击斩羽,传其首。

庚子,王崩于洛阳,年六十六。遗令曰:"天下尚未安定,未得遵古也。葬毕,皆除服。其将兵屯戍者,皆不得离屯部。有司各率乃职。敛以时服,无藏金玉珍宝。"谥曰武王。二月丁卯,葬高陵。

评曰:汉末,天下大乱,雄豪并起,而袁绍虎视四州,强盛莫敌。太祖运筹演谋,鞭挞宇内,揽申、商之法术,该韩、白之奇策,官方授材,各因其器,矫情任算,不念旧恶,终能总御皇机,克成洪业者,惟其明略最优也。抑可谓非常之人,超世之杰矣。

【译文】

太祖武皇帝,沛国谯县人,姓曹,名操,字孟德,是汉朝相国曹参的后代。桓帝时候,曹腾为中常侍大长秋,被封为费亭侯。曹腾养子曹嵩继承他的爵位,官做到太尉。谁也说不清曹嵩原来的家世渊源。曹嵩生了儿子这就是魏太祖武皇帝曹操。

太祖小时候机警,有应变本领,但喜好打抱不平,行为不检点,不注意增进自己的操行、事业。所以当时人并没觉得他有什么奇特之处,只有梁国桥玄,南阳何颙认为他不是一般人。桥玄对太祖说:"天下就要乱了,不是出色政治家解决不了问题,能安定天下的,大概就是你了。"二十岁,被推荐为孝廉,任命为郎,转任洛阳北部尉,升为顿丘县令,又被征召入朝任议郎。光和末年,黄巾起事,太祖被任命为骑都尉,讨伐颍川盗贼。升任济南国相,济南国有十多个县,县的主官和属吏大多巴结讨好权贵外戚,贪赃受贿,胡作非为。于是太祖奏请罢免了八个官吏。禁绝不合礼制的祭祀活动。坏人逃奔境外,郡内社会秩序清平安定。过了很长时间,又被调回京城,改任东郡太守;他不去上任,借口有病,返回家乡。

不久,冀州刺史王芬,南阳许攸,沛国周旌等联络地方豪强,策划废黜汉灵帝,立合肥侯为帝,把这个谋划通知了太祖,太祖拒绝参加,王芬等因而失败。

金城边章、韩遂杀死刺史、郡守,发动叛乱,有兵十几万,天下骚动。朝廷征召太祖为典军校尉。这时正碰上灵帝去世,太子即位,太后临朝听政。大将军何进和袁绍谋划屠杀宦官,太后不同意。何进就召董卓进京,想借董卓兵力胁迫太后。董卓还没抵达京城,何进就被杀了。董卓到京城,废黜皇帝为弘农王,另立献帝,京都大乱。董卓奏表请求任命太祖为骁骑校尉,想和太祖共商朝廷大事。太祖于是改名换姓,从小路东行回故乡。出了关,过中牟县,受到亭长怀疑,被逮捕押送到县城,中牟县有人偷偷认出了他,为他说好话,释放了他。这时董卓已经杀了太后和弘农王。太祖抵达陈留,拿出家产,募集义兵,准备讨伐董卓。冬天十二月,在己吾县开始成立部队,这一年是中平六年。

初平元年春正月,后将军袁术,冀州牧韩馥、豫州刺史孔伷、兖州刺史刘岱、河内太守王匡、渤海太守袁绍、陈留太守张邈、东郡太守桥瑁、山阳太守袁遗、济北相鲍信同时起兵,各有几万人军队,推袁绍为盟主。太祖代理奋武将军。

二月,董卓听说袁绍等人起兵,就把天子迁到长安去住,自己留驻洛阳,接着烧毁了宫殿。这时袁绍驻扎河内,张邈、刘岱、桥瑁、袁遗驻扎酸枣,袁术驻扎南阳,孔伷驻扎颖川,韩馥驻扎邺县。董卓兵力强大,袁绍等人谁也不敢率先进击。太祖说:"发动义兵,讨伐暴乱,大军已经会合,诸位还迟疑什么呢?假使董卓听说山东发动义兵,他就凭借王室的威势,紧守二周的险要,东向控制天下,虽然他是倒行逆施,那也还值得忧虑。现在他烧毁宫室强制迁徙天子,天下震动,不知道该投向何人,这是老天要他灭亡的时刻,一仗下来天下就安定了,机会不可放过啊。"接着领兵西进,打算去占领成皋。张邈派将军卫兹分领一些军队跟随太祖到荥阳汴水,遇到董卓将军徐荣,和徐荣交战失利了,士兵死伤很

曹操献刀图

多。太祖被流矢射中,骑的马受了伤,堂弟曹洪把马给太祖,太祖才得以趁夜逃开。徐荣见太祖带兵虽然不多,却仍能拼命坚持一整天战斗,估计酸枣不易攻取,也就带兵回去了。

太祖到酸枣,各路军马十多万人,天天酒席聚会,不考虑进取。太祖批评他们,并给他们出主意说:"你们诸位接受我的建议,让渤海太守领河内兵据守孟津,酸枣的各位将军守住成皋,占有敖仓,堵住辕辕、太谷通道,全面控制住险要地势,让袁将军率领南阳军队驻扎丹、淅,攻进武关,威胁三辅。然后各军都高筑壁垒,不出战,多设疑兵,向天下表明讨伐董卓的强大优势。以正义之师,讨伐叛逆。胜利立即可得。现在为伸张正义而发动了军队,却又迟疑不进,让天下失望,我暗暗为诸位感到羞耻。"张邈等不能采纳太祖建议。

太祖兵少,于是和夏侯惇等到扬州去募兵,刺史陈温、丹扬太守周昕拨给他四千多兵。返回的途中在龙亢停歇时,许多兵士叛逃了。到铚县,建平县,又招募一千多兵,进驻河内郡。

刘岱与桥瑁关系恶化,刘岱杀了桥瑁,以王肱代理东郡太守。

袁绍和韩馥策划拥立幽州牧刘虞为皇帝,太祖拒绝支持。袁绍又曾得到一颗玉印,和太祖共坐时,把玉印向太祖臂肘举去,让太祖看。太祖因此耻笑他讨厌他了。

二年春,袁绍、韩馥终于拥立刘虞为皇帝,刘虞却到底也不敢接受。夏四月,董卓回长安。秋七月,袁绍胁迫韩馥攻取冀州。

黑山贼于毒、白绕、眭固等十多万人进占魏郡、东郡,王肱抵挡不住。太祖带兵进东郡,在濮阳进攻白绕,打败了他。袁绍因而表奏朝廷推荐太祖为东郡太守,郡治设在东武阳。

三年春,太祖驻扎顿丘,于毒等进攻东武阳。太祖带兵西行入山,进攻于毒等人的大本营。于毒听说了,放弃武阳回救。太祖在半路拦击眭固,又在内黄攻击匈奴於夫罗,全都把他们打得大败。

夏四月,司徒王允和吕布一起杀了董卓,董卓将军李傕、郭汜等杀了王允,进攻吕布,吕布失败,向东败出武关。李傕等把持朝政。

青州黄巾一百多万人涌进兖州,杀了任城国相郑遂,又转入东平国境。刘岱打算进攻黄巾,鲍信劝阻说:"现在贼寇多到一百万人,百姓都非常恐惧,士兵没有斗志,不能和他们硬抗啊。我看贼寇拖家带口,军队没有稳定供应,只靠临时抢夺,现在不如保存兵力,先做好防守,他想打,没人和他打,想攻又攻不进来,他们势必离散解体,然后我们选拔精锐部队,占据他们的要害一进攻,就可以取胜了。"刘岱不听,坚持出战,果然被黄巾杀死。鲍信于是和兖州的属吏万潜等人到东郡迎接太祖来兼任兖州牧。接着太祖和鲍信等进兵,在寿张东攻击黄巾。鲍信奋战而死,才勉强打败了黄巾。悬赏也没找寻到鲍信尸体,大家就雕刻一尊鲍信木像,哭祭一番。追击黄巾直到济北,黄巾请求投降。冬天,接受黄巾投降士兵三十多万人,随行家属一百多万,太祖收编其中精锐部分,号称青州兵。

袁术和袁绍有矛盾,袁术向公孙瓒求援,公孙瓒派刘备驻扎高唐县,单经驻扎平原县,陶谦驻扎发干县,进逼袁绍。太祖和袁绍联合反击,把三支人马全都打败。

四年春,太祖驻扎在鄄城。荆州牧刘表截断袁术粮道,袁术带兵进入陈留,驻扎在封丘,黑山残余盗贼以及於夫罗等帮助袁术。袁术派将军刘详驻扎匡亭。太祖进攻刘详,袁术救刘详,太祖和袁术交战,大败袁术。袁术保封丘。太祖包围封丘,还未来得及合围,袁术又逃奔襄邑。太祖追到太寿,决开渠水灌城。袁术逃向宁陵。太祖又追他,他就逃奔九江。夏天,太祖回师驻扎定陶。下邳阙宣聚兵几千人,自称天子,徐州牧陶谦和他共同发兵,夺取了泰山郡的华、费,攻占任城。秋天,太祖征讨陶谦,攻占十几座城。陶谦守徐州不敢出城。

这一年,孙策奉袁术命令渡江,几年之内,就占有了江东。

兴平元年春天,太祖从徐州返回。当初,太祖父亲曹嵩卸任后回谯县,董卓之乱,在琅玡避难,被陶谦杀害,所以太祖一心想着复仇东伐。夏天,派荀彧、程昱守鄄城,再一次征讨陶谦。攻占五座城,接着扩大占领地区直至东海。回师经过郯县,陶谦的将军曹豹和刘备在郯东驻扎,拦击太祖,太祖打败他们。接着攻占襄贲。对所过之处,都大加摧残。

正在这时,张邈和陈宫反叛,去迎接吕布,郡县都起来响应。荀彧、程昱保卫鄄城,范、东阿两县坚守。太祖于是领兵回返。吕布到了,攻打鄄城没能攻下,向西转移,屯驻濮阳。太祖说:"吕布一个早上就得到了一个州,但不能占据东平,切断亢父、泰山之间的通道,利用险要地形拦击我,却远远地屯驻到濮阳去,我知道他办不出什么事了。"于是进兵攻打他。吕布出兵交战。先用骑兵冲青州兵,青州兵溃逃。太祖阵势变乱,太祖冒火奔逃,从马上坠落,烧了右手掌。司马楼异扶太祖上马,于是撤退。还没到营地就停下来了。诸将没见着太祖,都恐慌了。太祖就强撑着身体慰劳军队,下令军中加紧准备攻击器具,把部队向前开进,再一次攻打吕布军队。和吕布相持一百多天。蝗灾开始了,老百姓普遍挨饿,吕布军粮也用尽了。双方各自撤兵。

秋九月,太祖回鄄城。吕布到乘氏,被乘氏县人李进打败,向东转移驻扎山阳。这时袁绍派人劝说太祖,想和太祖建立和好关系。太祖新失去兖州,军粮用尽了,打算答应袁绍要求。程昱劝阻太祖,太祖接受了程昱意见。冬十月,太祖到东阿。这一年,谷子一斛五十多万钱,人饿得互相吃,于是太祖解散新招募的官兵。陶谦死了,刘备接替了他。

二年春,太祖袭击定陶。济阴太守吴资守卫南城,太祖没攻下来。正碰上吕布领兵来到,太祖又打败了吕布。夏,吕布将军薛兰、李封驻屯巨野,太祖进攻他们,吕布来救薛兰,薛打败了,吕布逃走了,于是杀了薛兰等人。吕布又和陈宫领兵一万多从东缗来交战。当时太祖兵少,布置了埋伏,出其不意,发动攻击,

吕布雕像

大败吕布。吕布连夜逃走,太祖再一次进攻,占领了定陶,分兵平定各县。吕布东逃投奔刘备,张邈跟从吕布,叫弟弟张超携带家属守卫雍丘。秋八月,太祖围雍丘。冬十月,天子任命太祖为兖州牧。十二月,雍丘城破,张超自杀。太祖杀尽张邈三族。张邈去找袁术求救,被自己的部下杀死。兖州平定,太祖接着向东攻打陈地。

这一年,长安发生混乱,天子东迁,在曹阳被打败,渡河到达安邑。

建安元年春正月,太祖兵临武平,袁术任命的陈国国相袁嗣投降。

太祖将要去迎接天子,有的将军怀疑这个举动恰当与否,荀彧、程昱劝太祖迎接。太祖于是派遣曹洪带兵西去迎接,卫将军董承与袁术将军苌奴占据险要地势抗拒,曹洪无法前进。

汝南、颍川黄巾何仪、刘辟、黄邵、何曼等,各有兵几万人,先响应袁术,后来又归附孙坚。二月,太祖进兵打败他们,杀了黄邵等人,刘辟、何仪和他们的部属全都投降。天子任命太祖为建德将军。夏六月,调任镇东将军,封费亭侯。秋七月,杨奉、韩暹带着天子

回洛阳,杨奉另外在梁县驻扎。太祖接着到达洛阳,在京都设防,韩暹逃走,天子赐予太祖节钺,录尚书事。洛阳残破,董昭等劝太祖迁都到许县去,九月,皇帝出辕辕关东行到许县,以太祖为大将军,封武平侯。自从天子西迁,朝廷一天比一天混乱,直到这时,才把宗庙、社稷制度建立起来。

天子东迁时,杨奉从梁县出发企图中途拦截,没来得及。冬十月,曹公征讨杨奉,杨奉南逃去投奔袁术,曹公就攻打杨奉的梁县营地,攻下来了。在这时候,朝廷以袁绍为太尉,袁绍耻于班次在曹公之下,不肯接受太尉职位,曹公就坚决辞职,把大将军的职位让给袁绍。天子任命曹公为司空,代理车骑将军。这一年,采纳枣祗、韩浩等人建议,开始兴办屯田。

吕布袭击刘备,攻占下邳。刘备来投奔曹公。程昱劝曹公说:"我看刘备有雄才大略而又很得人心,终究是不会甘居人下的,不如趁早除掉。"曹公说:"现在正是招收人才的时候,杀一个人而失掉天下人心,这办法不行。"

张济从关中逃到南阳。张济死后,侄子张绣率领他的兵。二年春正月,曹公到宛,张绣投降,接着又后悔,又反叛了。曹公和他交战,失败了,被流矢射中,长子曹昂,侄子曹安民遇害。曹公于是带兵回舞阴,张绣领骑兵来抢夺辎重,曹公打败了他,张绣逃奔穰县,和刘表会合。曹公对诸将说:"我接受张绣等人投降,错在没有马上就要他的人质,以至于弄到这个地步。我明白失败的原因了。你们诸位看着,从今以后,不会再有这类失败了。"接着就回许县去。

袁术想在淮南称皇帝,派人告诉吕布。吕布逮捕送信使者,把袁术的信转呈朝廷。袁术愤怒,进攻吕布。被吕布打败。秋九月,袁术侵扰陈郡,曹公东征袁术。袁术听说曹公亲自来了,丢下大军自己逃跑,留下将军桥蕤、李丰、梁纲、乐就统领军队。曹公到,打败桥蕤等将军,把他们都杀了。袁术逃过淮河。曹公回许县。

曹公从舞阴回许县的时候,南阳、章陵等县再次反叛,投向张绣,曹公派曹洪去攻打,战事不顺利,驻叶县,多次受到张绣刘表的侵袭。冬十一月,曹公亲自南征,到达宛县。刘表将军邓济据守湖阳,曹公攻破湖阳,活捉邓济,湖阳军民投降。攻舞阴,攻下来了。

三年春正月,曹公回许县。开始设置军师祭酒官职。三月,曹公把张绣包围在穰县。夏五月,刘表派兵救张绣,抄曹军后路。曹公将要退兵,张绣带兵来追,曹公军队前进不了,就聚拢部队,缓行推进。曹公给荀彧写信说:"贼来追我,我虽然一天只能前进几里,但我预计,走到安众县,一定可以打败张绣。"到了安众,张绣和刘表会师,守住了险要,曹公军队前后受敌。曹公于是趁夜在险要处开凿地下通道,把辎重全部运送过去,埋下伏兵。这时天亮了,贼以为曹公逃走了,调动全军来追。曹公就发动埋伏的步兵夹攻,把贼兵打得大败。秋七月,曹公回许县。荀彧问曹公:"事前已经预计贼必败,是怎么回事?"曹公说:"贼阻拦我回撤的部队,和我身处死地的部队作战,我所以知道必胜。

吕布又为了袁术而派高顺进攻刘备,曹公派夏侯惇救刘备,战斗不利,刘备被高顺打败。九月,曹公东征吕布。冬十月,曹公屠杀彭城军民,捉住了彭城国相侯谐。进到下邳,吕布亲自带骑兵反击。曹公大败吕布,捉住了吕布的猛将成廉。追到城下,吕布恐惧,打算投降。陈宫等人阻拦吕布投降,派人向袁术求援,又劝吕布出战,出战又败了,于是回城固守。曹公攻不进城，士卒疲苦，打算撤兵回返。后来还是采纳荀攸郭嘉计策，决开泗水沂水灌城。过了一个多月，吕布将军宋宪、魏续等逮捕陈宫，献城投降。曹公活捉吕布、陈宫，都杀了。太山臧霸、孙观、吴敦、尹礼、昌狶各自都聚合了一些部队。吕布打败刘备时，臧霸等全都跟从吕布。吕布失败，捉住了臧霸等人，曹公以优厚待遇接收了他们，接着又割青、徐两州沿海地区委托给他们。从琅玡国、东海郡、北海国中分出一部分地区建立城阳、利城、昌虑郡。

当初，曹公任兖州牧，任命东平国的毕谌为别驾。张邈叛变的时候，张邈劫持了毕谌的母亲、弟弟、妻子、儿女；曹公向他表示歉意，让他走，对他说："你老母在他那里，你可离开我到他那里去。"毕谌叩头表示没有二心。曹公夸赞了他，为他流了泪，毕谌退出去以后，就逃到张邈那里去了。等到打败吕布，毕谌被活捉了，大家为毕谌担心。营公说："一个人对父母孝顺，难道能不对君主忠心耿耿吗！这正是我所需要的人啊。"任命他为鲁国国相。

四年春二月，曹公回到昌邑。张杨部将杨丑杀了张杨，眭固又杀了杨丑，带着张杨部队投降袁绍，驻扎在射犬。夏四月，曹公进军到黄河边，派史涣、曹仁渡黄河进攻眭固。眭固派张杨原来的长史薛洪、河内太守缪尚留守，自己带兵北去迎接袁绍求救，在犬城遇到了史涣、曹仁。相互交战，大败眭固，杀了眭固。曹公于是渡过黄河，包围射犬。薛洪、缪尚领兵投降，被封为列侯。曹军回驻敖仓。以魏种为河内太守，把河北地区事务托付给他。

当初，曹公荐举魏种为孝廉。兖州反叛时，曹公说："只有魏种不会背弃我啊。"等到听说魏种逃跑了，曹公发怒地说："魏种，你不南逃到越，北逃到胡，我绝不放过你！"攻下射犬后，活捉了魏种，曹公说："只是考虑到他是个人才啊！"解开了绑他的绳子并任用了他。

当时袁绍已吞并了公孙瓒，兼有了四州的土地，兵有十多万，准备进军攻许县。诸将认为打不过袁绍。曹公说："我了解袁绍的为人。他志向大，智慧小；声色严厉，内心怯懦；好忌妒人，好争胜，但缺乏威信；兵员多，但组织混乱，隶属关系不明确；将军骄横，不听指挥，政令不统一。土地虽然广阔，粮食虽然丰富，恰好可以变成奉送给我的礼品。"秋八月，曹公进驻黎阳，使臧霸等人进入青州攻打齐、北海、东安等地。留于禁驻扎在黄河边。九月，曹公回许县，分兵守官渡。冬十一月，张绣率兵投降，被封为列侯。十二月，曹公进驻官渡。

袁术自从在陈郡失败，日渐窘困，袁谭从青州派人迎接他。袁术想经由下邳北行，曹公派刘备、朱灵去拦击。就在这时，袁术病死。程昱、郭嘉听说曹公派遣刘备出征，对曹公说："刘备不能放出去。"曹公懊悔，派人追赶，已经来不及。刘备没东去之前，暗地和董承等谋反，到下邳，就杀了徐州刺史车胄，宣布脱离曹公，带兵驻扎在沛国。曹公派刘岱、王忠去攻打，没有取胜。庐江太守刘勋带兵投降、被封为列侯。

五年春正月，董承等人的阴谋泄漏，都被处死。曹公将要亲自东征刘备，诸将都说："和您争天下的，是袁绍啊。现在袁绍正要来，您却丢下袁绍去东征，袁绍趁机抄我们后路，怎么办？"曹公说："那刘备，是人中豪杰啊，现在不打，必成后患。袁绍虽有大志，但遇事反应迟钝,必然来不及动作。"郭嘉也劝曹公,于是向东进攻刘备,打败了刘备,活捉刘备将军夏侯博。刘备逃奔袁绍。曹公俘虏了刘备的妻子和孩子,刘备的将军关羽驻扎下邳,曹公又攻下邳,关羽投降。因为昌豨叛投了刘备,曹公又进兵打垮昌豨。曹公回到官渡,袁绍到底也没有出击。

二月,袁绍派遣郭图、淳于琼、颜良去白马攻打东郡太守刘延,袁绍带兵到黎阳,准备渡河。夏四月,曹公北救刘延。荀攸劝曹公说:"现在我军兵少,不是敌人对手,把敌人兵力分散开来才好。您到延津做出要渡河抄他后路的样子,袁绍必然西去救应,然后您用轻兵奔袭白马,攻其不备,颜良可以打败。"曹公接受他的建议。袁绍所说曹军渡河,马上分兵西去救应。曹公就带兵强行军赶奔白马。离白马还有十多里时,颜良大惊,来迎战,曹公派张辽、关羽上前进攻,打败敌军,杀了颜良。于是解了白马之围,迁出白马民众,顺河西行。袁绍于是渡河追赶曹公军队,追到延津南。曹公停住部队,在南阪下扎营,派人登高瞭望,瞭望人报告说:"大约五六百个骑兵。"等了一会儿,又报告:"骑兵渐渐增加,步兵数不过来。"曹公说:"不要报告了。"就下令骑兵解下马鞍放开战马。这时,从白马运出的辎重都已上路,诸将认为敌方骑兵多,不如退回去结营自保。荀攸说:"这正是要用辎重引诱敌人,怎么要撤走?"袁绍骑兵将领文丑和刘备带五、六千人先后赶到。诸将又报告:"可以上马了。"曹公说:"没到时候"等了一会儿,敌骑渐多,有的散开奔向辎重。曹公说:"可以了。"可是大家上了马。当时曹公骑兵不到六百,就坚决发

刘备

动攻击,大败敌军,杀了文丑。颜良、文丑都是袁绍名将,两次战斗全被杀掉,袁绍军队大为震动。曹公回军驻扎官渡。袁绍向前推进守卫阳武。关羽逃归刘备。

八月,袁绍聚拢部队,一点儿一点儿向前推进,紧靠沙堆扎营,营垒东西相连几十里。曹公也展开部队和袁军一一对垒。相互交战,曹军不利。当时曹公军队不到一万人,带伤的有十分之二、三。袁绍又向前推进到官渡,堆土山,挖地道。曹公也在营垒里堆土山挖地道和他对抗。袁绍向曹公营内射箭,箭如雨下,走路的,都要蒙着盾牌,兵士非常恐惧。这时曹公军粮不足,给荀彧写信,和他商量想撤回许县。荀彧认为:"袁绍把全都军队集中到了官渡,打算和您决胜败。您是以最弱小的兵力对抗最强大的敌人,若不能战胜他,就要被他战胜,这是决定天下大局的关键啊。再说,袁绍不过是一般人的强者而已,能聚集人,但不会使用。凭您的英明威武,又加上是为朝廷讨伐叛逆名正言顺,能有什么事办不成!"曹公听从了荀彧的意见。

孙策听说曹公和袁绍相持,就计划袭击许县,还没出发,被刺客杀死了。

汝南归降的盗贼刘辟等反叛曹公响应袁绍，进攻许县附近地区。袁绍派刘备援助刘辟，曹公派曹仁击刘备。刘备逃走，曹仁接着攻破刘辟营垒。

袁绍几千辆运粮车到了前线，曹公用荀攸计策派徐晃、史涣拦击，大败袁军，把运粮车全部烧掉。曹公和袁绍对抗几个月，虽然一仗接一仗杀敌斩将，但兵少粮尽，士卒疲乏。曹公对运粮的人说："过十五天为你们打败袁绍，就不再劳累你们了。"冬十月，袁绍调车运输粮食，派淳于琼等五人带兵一万多人护送。停驻在袁绍军营北四十里。袁绍谋臣许攸贪财，袁绍不能满足他，他就来投奔曹公，于是趁机劝曹公进攻淳于琼。曹公左右的人怀疑许攸的建议，荀攸、贾诩劝曹公采纳。曹公于是留曹洪守营，自己带步兵骑兵五千人趁夜出发，天亮就到了。淳于琼等望见曹公兵少，就在营门外列阵。曹公迅速冲击，淳于琼退保营垒，曹公就进攻营垒。袁绍派骑兵救淳于琼。身边有人对曹公说："贼骑渐近了，请您分兵抵抗。"曹公生气地说："贼在我身背后再报告！"士兵都拼死作战，大败淳于琼等人，把他们都杀了。袁绍刚听说曹公进攻淳于琼时，对长子袁谭说："乘他进攻淳于琼，我攻占他的营地，他就没有地方可回了。"就派张郃、高览攻曹洪。张郃等听说淳于琼被打垮，就来投降曹公。袁绍部队彻底崩溃，袁绍和袁谭等人弃军逃走，渡过了黄河。曹公派兵追赶没有追上。缴获了袁绍的全部辎重、图书档案和珍宝，俘房了袁绍军队。曹公缴获的袁绍书信档案里，发现许县和前线军中人给袁绍的信，曹公把这些信全都烧毁了。冀州各郡大都献出城邑投降。

当初，桓帝时，有黄星在楚宋分野出现，辽东殷馗精通天文，说此后五十年，应当有真人兴起于梁、沛之间，他的发展不可阻挡。到此时一共五十年，而曹公打败袁绍，天下无敌了。

六年夏四月，曹公在黄河边炫耀武力，进攻袁绍在仓亭的驻军，打败了它。袁绍回冀州后，再次收聚走散的兵士，攻取平定各个反叛的郡县。九月，曹公回许县。袁绍没败之前，派刘备攻取汝南，汝南贼共都响应刘备。曹公派遣蔡扬攻打共都，不顺利，被共都打败了。曹公南征刘备。刘备听说曹公自己出征，就逃奔刘表去了，共都等人全都溃散。

七年春正月，曹公驻扎在谯县，下令说："我发动义兵，为天下除暴乱。故乡人民，几乎死光，在故乡走一天，碰不到一个熟人，这让我非常悲痛。现在我命令，发动义兵以来，将士绝了后代的，在亲戚中找人过继给他做后代，授给他们土地，官府供给他们耕牛，设置学校教育他们。替活着的人建立庙宇，让他们祭祀死去的亲人，魂如果有灵，我死之后还有什么遗憾呢！"接着到浚仪县，整修睢阳渠，派人用太牢祭祀桥玄。曹公进驻官渡。

袁绍自从军队被打败以后，发病吐血，夏五月死了。小儿子袁尚继承职位，大儿子袁谭自称车骑将军，驻扎黎阳。秋九月，曹公征讨他们，接连作战，袁谭、袁尚一次一次败退，固守自保。

八年春三月，曹公攻黎阳外城，袁军出战，曹军进击，大败袁军，袁谭、袁尚连夜逃走。夏四月，曹公进驻邺县。五月回许县，留贾信驻扎黎阳。

已酉，下令说："《司马法》说'将军败退的要处死'，所以赵括母亲请求不受赵括连累。这表明古代的将军，在外打败仗的，家中人要牵连承受罪罚。我自从派遣将军出征讨伐以来，只赏功而不罚罪，这不是国家的完善制度。现在我命令：将领出征，损耗军队的，要抵罪，作战失利的，要免官职、爵位。"秋七月，下令说："战乱以来，十五年了，青年人没来得及看到仁义礼让的社会风尚，我很伤心。现在我命令，各郡国都要研究文献典籍，满五百户的县设置校官，选拔当地学有成就的人对青年人施以教育，以便先王之道不被废弃，而有益于天下。"

八月，曹公征刘表，驻军西平。曹公离开邺县南征时，袁谭、袁尚争冀州，袁谭被袁尚打败，逃到平原县设防坚守。袁尚攻打紧急。袁谭派辛毗来找曹公，请接受投降，并请派兵去援救。诸将全都怀疑袁谭，荀攸则劝曹公答应他，曹公于是带兵北返。冬十月，到达黎阳，让儿子曹整和袁谭女儿订立婚约。袁尚听说曹公北来，就解了平原之围回邺县去。东平国吕旷、吕翔反叛袁尚，驻扎在阳平，率领部属投降曹公，被封为列侯。

九年春正月，渡过黄河，拦截淇水导入白沟以通粮道。二月，袁尚又攻袁谭，留苏由、审配守卫邺县。曹公进军到洹水，苏由投降。到邺县，攻城，堆土山，挖地道。袁尚的武安县长尹楷屯驻毛城，保证上党粮道的畅通。夏四月，曹公留曹洪攻邺，自己带兵进攻尹楷，打败了尹楷，然后回师。袁尚将军沮鹄守邯郸，曹公又攻取了邯郸。易阳县令韩范、涉县长梁岐带领全县投降，被封为关内侯。五月。平毁土山、地道，挖围城壕沟，决漳水灌城。城中饿死的人超过总人口的半数。秋七月，袁尚回师救邺。诸将都认为"这是回老家的部队，人人都会自动奋战，不如回避一下。"曹公说："袁尚从大道回来，应当回避，如果顺着西山回来，这就要变成我的俘虏了。"袁尚果然顺着西山回来，在滏水岸边扎营，夜里派军队来冲邺县城外的曹军包围圈。曹公反击，赶走袁军，接着要包围袁尚军营，包围圈还没合拢，袁尚害怕了，派原先的豫州刺史阴夔和陈琳来请求投降。曹公不同意，更加紧包围。袁尚夜里逃出包围，去守祁山。曹公追击袁尚，袁尚将军马延、张等临阵投降，袁军溃散。袁尚逃奔中山。曹公缴获了袁尚的全部辎重，得到了袁尚的印授节钺，让袁尚部下投降的人拿给袁尚家属看，邺县城里人心瓦解。八月，审配哥哥的儿子审荣，夜里打开他把守的城东门放进曹公军队，审配反击，败了，活捉了审配，杀了他，邺县平定了。曹公到墓上去祭祀袁绍，痛哭流泪，慰劳袁绍妻子，归还他们家人的宝物，赐给各种丝织品，由官府供给口粮。当初，袁绍和曹公共同起兵，袁绍问曹公；"如果事情不成，那么，什么地区可以据守呢？"曹公说："您的看法呢？"袁绍说："我南面守住黄河，北面守住燕、代，联合戎狄兵力，向南争夺天下，也许可以成功吧？"曹公说："我依靠天下人的才智，用恰当方法去组织、运用他们，没有哪处地方不可以据守。"

九月，曹公下令说："河北遭受袁氏的灾难，特令不交今年的田租、赋税！"加重惩治豪强兼并贫民的刑罚，百姓很高兴。天子任命曹公兼任冀州牧，曹公辞去兖州牧。

曹公围邺的时候，袁谭攻取甘陵、安平、渤海、河间。袁尚败回中山。袁谭攻中山，袁尚逃奔故安，袁谭于是兼并了袁尚的军队。曹公给袁谭写信，责备他不遵守约定，和他断绝婚姻关系，送回袁谭女儿，然后进军。袁谭恐惧，撤出平原郡逃往南皮县据守。十二月，曹公进入平原郡，平定郡内各县。

十年春正月，进攻袁谭，打败了袁军，杀了袁谭，处死了他的妻子儿女，冀州平定。下令说："跟袁氏办过坏事的，允许改过自新。"下令百姓不许报复私仇，禁止厚葬，违者一律依法制裁。这个月，袁熙大将焦触、张南反叛袁熙、袁尚，并进攻熙、尚，袁熙、袁尚逃奔三郡乌丸。焦触等带着他们县投降，被封为列侯。开始讨伐袁谭时，征发百姓凿冰通船，有的百姓畏惧苦累，逃跑了。曹公下令，以后这些人来归降，不得接受。不久，有的逃亡百姓来军营自首，曹公对他们说："允许你们投降，就破坏了军令；杀了你们，那又是杀认罪自首的人。你们赶快回去藏得隐秘一些，别让官吏抓住。"百姓们流着眼泪离去了。以后，到底还是被抓回来办了罪。

夏四月，黑山贼张燕率领十几万兵投降，被封为列侯。故安的赵犊、霍奴等杀幽州刺史、涿郡太守。三郡乌丸攻打驻守犷平的鲜于辅。秋八月，曹公出征，斩了赵犊等人，又渡潞河救犷平，乌丸奔逃出塞。

九月，下令说："偏袒同伙，相互勾结，是古代圣人所痛恨的，听说冀州风俗，即使是父子，也各有帮伙，称颂自己，诽谤对方。以前直不疑本没有哥哥，而世人竟说他通嫂嫂，第五伯鱼三次娶的都是无父的孤女，但有人却说他打过岳父；王凤专权跋扈，谷永却把他比作申伯，王商进献忠言，张匡却说他搞左道骗人，这都是以白为黑，欺骗上天蒙蔽君主的行为，我打算整顿风俗，这四种坏行为铲除不尽，我认为是我的耻辱。"冬十月，曹公回邺县。

当初，袁绍以外甥高干兼并州牧，曹公攻占邺县时，高干投降，就任命他为并州刺史。高干听说曹公讨伐乌丸，就在并州反叛，拘押了上党太守发兵把守住壶关口。曹公派乐进、李典去进攻高干，高干退守壶关城。十一年春十月，曹公征高干。高干听说曹公来征，就留下独立活动的将军守城，自己逃进匈奴，向单于求救，单于不接纳。曹公围壶关三个月，攻下了壶关。高干于是向荆州奔逃，被上洛都尉王琰逮捕杀掉。

秋八月，曹公东征海贼管承，到达淳于，派乐进、李典打败管承，管承逃上海岛。曹公割出东海郡的襄贲、郯、戚县并入琅玡国，撤销昌虑郡。

三郡乌丸趁天下大乱，攻入幽州，掳掠汉民共计十多万户。袁绍把他们的首领都立为单于，以百姓的女儿冒充自己的女儿嫁给他们。辽西单于蹋顿尤其强大，受到袁绍优待，所以袁尚兄弟投奔他，他一次次入塞扰乱。曹公准备去征讨蹋顿，就开凿渠道，从呼沱通入泒水，命名为泉州渠，以通渤海。

十二年春二月，曹公从淳于回邺县。丁酉，下令说："我发动义兵讨灭暴乱，到现在共十九年，所征必胜，难道是我的功劳吗？是贤士大夫的力量啊。天下虽然还没全部平定，我将会同贤士大夫一起去平定；但现在我独自享受功劳奖赏，我怎能心安呢？希望加紧评定功劳施行封赏。"于是大封功臣二十多人，都封为列侯。其余的各按等受封。并且为死者的孤儿免除徭役负担。轻重奖赏各有差别。

曹公将北征三郡乌丸，诸将都说："袁尚是一个在逃的贼寇罢了，夷狄贪婪而不讲交情，哪能被袁尚利用呢？现在深入其境去征讨，刘备必然劝说刘表袭击许县。万一事态恶化，后悔就来不及了。"只有郭嘉料定刘表必不能任用刘备，劝曹公出征。夏五月，到达无终。秋七月，大水泛滥，沿海道路不通，田畴请求当向导，曹公同意了。田畴带领军队出卢龙塞，塞外路断了，无法通行。于是平山填谷五百多里，经过白檀，穿过平冈，到达鲜卑庭，东进柳城。柳城只有二百里了，敌人才发觉。袁尚、袁熙和蹋顿，辽西单于楼班，右北平单于能臣抵之等带领几万骑兵迎战。八月，部队登上白狼山，突然遇上了敌军，敌军声势强大。曹公辎重还在后面，披甲兵士少，身边人都恐惧。曹公登上高处，望见敌阵不严整，于是挥兵进攻，派张辽为先锋，敌军大崩溃，斩了蹋顿及名王以下首领，胡、汉投降的有二十多万人。辽东单于速仆丸及辽西、北平各个乌丸首领，丢下本族人，和袁尚、袁熙逃奔辽东，只剩有骑兵几千人。当初，辽东太守公孙康凭仗地处偏远，不服从朝廷。等到曹公打败乌丸，有人劝曹公接着去征讨公孙康，袁尚兄弟就可以捉住了。曹公说："我正要让公孙康斩送袁尚、袁熙首级来，不需要麻烦兵士了。"九月，曹公领兵从柳城回返，公孙康就斩了袁尚、袁熙及速仆丸等，送来了首级。诸将中有人问："您回师而公孙康斩送袁尚、袁熙，这是什么原因？"曹公说："他一向畏惧袁尚等人，我紧逼，他们就要合力对我，我放松他们，他们就要自相残杀了，这是必然之势啊。"十一月，到达易水，代郡乌丸行单于普富卢、上郡乌丸行单于那楼带着他们的名王来祝贺。

乌桓人牧马图

　　十三年春正月，曹公回到邺县，开凿玄武池以训练水军。汉朝撤销三公官职，设置丞相、御史大夫。夏六月，以曹公为丞相。

　　秋七月，曹公南征刘表。八月，刘表去世，他儿子刘琮接替他职位，屯驻襄阳，刘备屯驻樊城。九月，曹公到新野，刘琮就投降了，刘备逃奔夏口。曹公进军江陵，下令荆州吏民，废除旧制度，实行新规定。接着，评论荆州归降者的功绩，封侯的十五个人，以刘表大将文聘为江夏太守，叫他统领本部兵马。邀请任用了荆州名士韩嵩、邓义等人。益州牧刘璋开始接受摊派给他的征调租赋徭役义务，派遣兵卒补给朝廷军队。十二月，孙权为刘备进攻合肥。曹公从江陵出发征讨刘备，到巴丘，派遣张熹救合肥。孙权听说张熹到了，就逃走了。曹公到赤壁，和刘备作战，不利。这时又流行瘟疫，死了不少官兵，于是领兵回返。刘备于是占有荆州、江南诸郡。

　　十四年春三月，曹公领兵到谯，修造轻便船，整训水军。秋七月，从涡水入淮水，出肥水，驻扎合肥。辛未，下令说："最近以来，多次出征，有时还遇到瘟疫，官兵死亡，不能回家,妻子失去丈夫,百姓流离失所,仁慈的人难道高兴这样吗?是不得已啊!现在下令,战死者的家属没有产业不能自己生活的,官府不得断绝食粮供应,主管官吏要抚恤慰问,以称我的心意。"为扬州郡、县委派主管官吏,开辟芍陂地区屯田。十二月,领兵回谯。

十五年春,下令说:"自古接受天命开国及中兴的君主,何曾不是得到贤人君子和他共同治理天下呢!在他得到贤才的时候,简直不需要走出里巷,难道是侥幸碰到的吗?只是有时在上位的人不肯去求啊。现在天下还没有平定,这正是求贤最迫切的时候啊。'孟公绰担任赵国、魏国的家臣是才力有余的,但不能任命为滕、薛一类小国的大夫。'如果限定只有廉洁的人才可任用,那齐桓公靠谁帮助成为霸主呢!现今天下难道没有身穿粗布陋衣,胸怀超凡见识,而在渭水边钓鱼的姜尚一类人吗?又难道没有蒙受'私通嫂嫂'恶名,确有接受贿赂事实,并且还没有得到魏无知力荐的陈平一类人吗?希望你们帮助我连最卑微的人也不要漏略,广泛发现人才。只要有才干就荐举,我好选拔任用。"冬,建造铜雀台。

十六年春正月,天子任命曹公嫡长子曹丕为五官中郎将,设置官属,为丞相副手。太原人商曜等在大陵反叛,派夏侯渊、徐晃包围打败了他们。张鲁割据汉中。三月,派钟繇讨伐他。曹公派夏侯渊等从河东出发与钟繇会师。

这时关中诸将怀疑钟繇将要袭击自己,马超于是和韩遂、杨秋、李堪、成宜等反叛。曹公派曹仁讨伐他们。马超等屯驻潼关,曹公告诫诸将:"关西兵精悍,你们坚守营垒别和他们交战。"秋七月,曹公西征,和马超等隔着潼关驻扎。曹公紧紧牵制住敌军,而暗派徐晃、朱灵等夜渡蒲阪津,占据河西扎营。曹公从潼关北渡河,还没渡过去时,马超急攻渡船,校尉丁斐于是放出牛马引诱贼兵,贼乱取牛马,曹公才得渡过河去,顺着河向南,边筑甬道边推进。贼后退,挡住渭口。曹公就多设疑兵,暗地用船运兵进入渭水。架浮桥,夜里,在渭水南岸分兵扎营。贼夜里攻营,伏兵起来打败了他们。马超等屯扎渭水南岸,派使者请求割让黄河西岸土地以缔结和约,曹公不同意。九月,进军渡渭水,马超等多次挑战,曹公又不应战。马超等又坚持请求割地,请求送来人质以缔结和约。曹公用贾诩计策,假装答应他们。韩遂请求与曹公相见。曹公和韩遂父亲同一年被举为孝廉,又和韩遂本人年龄不相上下,于是马头相接交谈多时,但不涉及军事,只谈京都老友往事,拍手欢笑。谈完以后,马超问韩遂:"您和他说了什么?"韩遂说:"没说什么。"马超等怀疑不信。另一天,曹公又给韩遂写信,多处涂改,弄得象是韩遂涂改的一样。马超等更加怀疑韩遂。曹公于是和他们定日子会战,先以轻装士兵挑战,交战很长时间,才派出勇猛骑兵夹攻,于是大败敌军,斩了成宜、李堪等人。韩遂、马超等逃奔凉州,杨秋逃奔安定,关中平定。诸将中有人问曹公:"当初,贼守潼关,渭水北岸防卫空虚,您不从河东攻冯翊而反守潼关,拖延一段时间后才北去渡河,这是为什么呢?"曹公说:"贼守潼关,如果我进入河东,贼必然分守各个渡口,那样一来,西河就不能渡了。我故意大兵向潼关,贼集中全力防守南部,西河守备空虚,所以两位将军能夺取西河!后来领兵北渡,贼无法和我争西河,那是因为西河已经有了我方两位将军的部队啊。连接兵车树立栅栏,筑甬道掩护着南进,既是要形成敌方不易取胜的态势,又要向敌方故意示弱。渡过渭水后构筑坚固壁垒,敌人来了不出战,为的是助长敌人的骄傲啊。所以贼不筑营垒而要求割地。我顺口答应了他，为的是顺从他的意思，使他们自己感到安全而不做战争准备。因而我得以蓄积士卒战斗力，突然出击，这就是所谓迅雷不及掩耳。兵势的变化，本没有一个固定的格式啊。"开始时，贼兵每有一部到达前线，曹公就有喜色，贼兵失败之后，诸将问他一再有喜色的原因，曹公回答："关中地域长道路远，若贼各在一处据险而守，征讨他们，没有一两年不能平定。现在都来集中，他们兵虽多，但谁也不服从谁，军队没有主帅，一仗就可以消灭，取得成功很容易，我因此高兴。"

冬十月，军队从长安北征杨秋，围安定。杨秋投降，就恢复了他的爵位，让他留任，安抚当地百姓。十二月，从安定回师，留夏侯渊驻扎长安。

十七年春正月，曹公回到邺县。天子特许曹公朝拜时，司仪宣呼行礼仪式，不须直呼其名；入朝时，不须小步快走；上殿时，可以穿鞋佩剑，就像当年萧何一样。马超残余部队梁兴等屯驻在蓝田，曹公派夏侯渊打败了这支军队平定了地方。割河内郡的荡阴、朝歌、林虑、东郡的卫国、顿丘、东武阳、发干、钜鹿郡的廮陶、曲周、南和、广平郡的任城，赵国的襄国、邯郸、易阳等县来扩大魏郡。冬十月，曹公征孙权。

马超雕像

十八年春正月，曹公进军濡须口，攻破孙权的江西营地，捉获孙权都督公孙阳，才带兵回返。天子下诏，把天下由十四州恢复为九州。夏四月，曹公到邺县。五月丙申，天子派御史大夫郗虑持节册命曹公为魏公，册文说：

朕由于不修德行，年少时遭遇忧患，先是远迁在西土，后又东迁到唐、卫，在这时候，象缀旒一样任凭别人执持。宗庙缺乏祭祀，社稷没有确定的位置；许多坏人觊觎皇位，分裂天下。境内百姓，朕不能领有，即使我高祖创建的皇权，也都几乎要坠落在地了。朕因此日夜忧虑，潜心默念："历代祖先啊，先代辅佐大臣们啊，你们谁能怜悯我啊？"这才感动了天心，诞生了丞相，保佑我皇家平安，在艰难中给我皇家巨大帮助，朕于是有了依靠。现在将授予您典法礼仪，希望您恭敬地听我的命令。

以前董卓首先作乱，把国家推进灾难，各位州牧郡守放下本管区域的政务来拯救王室，您引导他们前进，首先进攻敌军，这是您忠于本朝的表现啊。后来黄巾违犯天道，侵扰我三州，祸乱连累到百姓，您又打败他们，安定了东夏。这又是您的功劳啊。韩进、杨奉专擅朝政您就讨伐他们，消除他们制造的灾难。把朝廷迁到许都，建造京城重地，设置官府,开始祭祀,不遗弃应有的典礼制度,天地鬼神于是获得安宁。这又是您的功劳。袁术僭称帝号,在淮南胡作非为,但畏惧您的神威,您运用伟大英明谋略,蕲阳战役,桥蕤被杀,威势南指,袁术毙命,党羽溃散。这又是您的功劳。回师东征,吕布正法,战车将返,张杨丧命,眭固伏罪,张绣来降,这又是您的功劳。袁绍叛逆扰乱天道,阴谋颠覆社稷,凭恃他兵多,发动军队进犯朝廷,当这时候,国家兵力薄弱,上下恐惧,谁也没有坚定信心,您坚守保卫朝廷的大原则,精诚感动上天,发挥您的武威,运用您的神妙策略,亲临官渡,大歼叛贼。把我国家从危亡中拯救出来,这又是您的功劳。挥师渡大河,开拓疆域,平定四州,袁谭、高干,都被杀头,海盗奔逃,黑山归顺,这又是您的功劳啊。三支乌丸,作乱两世,袁尚投奔他们,占据塞北,威胁中原,您包裹马脚,挂牢车子,以防跌滑,穿隘过险,一战就消灭了他们,这又是您的功劳啊。刘表违抗朝廷,放纵胡为,不履行对朝廷的义务,王师出发,威风先到,百城八郡,屈膝投降,这又是您的功劳啊。马超、成宜,狼狈为奸,占据黄河、潼关,企图作恶逞凶,您在渭南把他们打垮,献上万颗首级,接着平定边境,安抚戎、狄并与他们和好。这又是您的功劳啊。鲜卑、丁零通过几层翻译也来朝见,单于白屋也愿意臣服,愿意纳贡,这又是您的功劳啊。您有平定天下的大功,又有完美的德性,您理顺全国上下的社会政治秩序,倡导美好风俗,普遍而辛勤地施行教诲,顾惜民命,审慎处理刑狱,官吏不施残暴,百姓不怀恶意,诚恳地尊崇帝族,显扬、接续中断的封爵,以前有功有德的人,没有谁没有得到应有的安排。虽然伊尹功勋上感皇天,周公业绩光照四海,也全都赶不上您。

朕听说先王都分封德高功大的人为诸侯,赐给他们土地,分给他们人民,增高他们的荣誉,完备他们用以显示特权的礼器,为的是让他们能保卫王室,辅佐朝廷。在周成王时,管叔、蔡叔作乱,叛乱平定以后,吸取叛乱教训,想念有功之臣,于是派邵康公向齐太公授权:在东到海、西到河、南到穆陵、北到无棣的范围之内,大小诸侯有过错,齐太公都有权征讨。把这权利世世赐予太师,使齐成为显赫于东方的大国。到襄王时,也有楚人不对周王尽义务的事发生,又命令晋文公担任侯伯,赐予他二辂、虎贲、铁钺、秬鬯、弓矢,开辟南阳大片土地,世世代代做诸侯盟主。所以周室没有灭亡,就是因为有二国可以依赖。现在您发挥大德,保卫朕的安全,顺应天命,发展大业,平定全国,没有谁不服从,功劳比伊尹、周公还高,而奖赏比齐、晋要低,朕很惭愧。我是一个渺小的人,高居万民之上,常想做皇帝的艰难,就像走近了深渊,就像在薄薄的冰面上行走,不是您帮我走过去,我没有人可以依靠。现在以冀州的河东、河内、魏郡、赵国、中山、常山、钜鹿、安平、甘宁陵、平原共十郡,封您为魏公。赐予您黑红色的土,用白茅包上,您可以去占卜吉日,建您魏国的社稷。过去在周朝时,毕公、毛公身有封国但又入朝任辅佐周王的卿,周公、召公以朝廷太师太保身份出朝兼为诸侯之伯,这种朝内朝外的重任,您都能同时担当起来。我命令您以丞相身份兼任冀州牧像原来一样。再加赐您九锡,希望您听从我的命令。考虑到您筹建制度,为人民提供行动规范,使民安居乐业,没有二心,因此赐予您大辂、戎辂各一辆,黑红色的马八匹。您鼓励农业,农民耕作努力,粮食丝帛都有积存,国家事业因而兴盛,因此赐予您衮服冕服,再配上一双赤舄。您提倡谦让,并使人民实际去做,因而年龄大年龄小的都讲礼貌,社会上下一片和谐,因此赐予您轩悬之车,六佾之舞。您辅佐

朝廷发扬汉朝风俗教化,直达四方,使远方民族改变精神面貌,中原精神生活更加充实,因此赐予您用朱红颜色漆门的特权。您深明道理,思念皇帝的困难,把有才能的人任用为官,把善良的人都提拔起来,因此赐予您在殿前纳陛的特权。您执掌国家大政,保持严肃公正不偏不倚态度,即使一点点小的坏人坏事,都不会不加压制、放逐,因此赐予您虎贲战士三百人。您严格按国家法律办事,揭露犯罪行为,触犯国法的,没有谁能逃脱惩处,因此赐予您铁和钺各一件。您高瞻远瞩,明察八方,周密地讨伐逆贼,平息全国的叛乱,因此赐予您彤弓一张,彤矢百支,秬铁弓一张,旅矢千支。您以温和恭敬为根本,孝顺友爱为美德,明智公平忠厚诚实,深深感动了我,因此赐予您秬鬯一卣,配上圭瓒。魏国设置丞相以下各种官职,都和汉初诸侯王的制度一样。慎重啊,您要大范围地普遍地关怀您的臣民,辅助他们做好各种事务,用这些行动来完成您的伟大功德,报答、颂扬我高祖传留下来的美好天命。

秋七月,开始建立魏国的社稷宗庙。天子聘魏公的三个女儿为贵人,岁数还小的,就暂且留在魏国等待结婚年龄的到来。九月,建造金虎台,凿渠引漳水进入白沟以通达黄河。冬十月,分魏郡为东西部,设置都尉管辖。十一月,开始设置尚书、侍中、六卿官职。

马超在汉阳,又联合羌、胡作乱,氐王千万反叛朝廷响应马超,在兴国驻兵。魏公派夏侯渊讨伐马超。

十九年春正月,魏公开始举行"耕籍田"礼。南安赵衢、汉阳尹奉等讨伐马超,斩了马超妻子、儿子的头,马超逃奔汉中。韩遂转徙到金城,又进入氐王千万的部落,率领羌、胡一万多骑兵和夏侯渊交战,夏侯渊出击,大败韩遂,韩遂逃奔西平。夏侯渊和诸将攻兴国,屠杀了兴国军民。朝廷撤销了安东、永阳郡。

安定太守毋丘兴将去赴任,魏公告诫他说:"羌、胡想和中国交往,自然会派人来联系,你千万不要先派人到羌、胡中去联系。善良人难找到,不善良人一定会教羌、胡乱提要求,他们乘机从中取利。不听从要求,就错失了羌、胡求好的美意,听了要求则对事情没有好处。"毋丘兴到任,派遣校尉范陵进入羌中,范陵果然给羌人出主意,叫他们自己提出,要当属国都尉。魏公说:"我预先就知道会出这样的事了,不是我聪明,是我经历的事情多罢了。"

三月,天子命令把魏公位次排列在诸侯王的上面。改授金玺、赤绂、远游冠。秋七月,魏公出征孙权。

当初,陇西宋建自称河首平汉王。在枹罕聚集部队,改纪元,设置百官,三十多年。魏公派夏侯渊从兴国出发去征讨。冬十月,屠杀枹罕军民,斩宋建,凉州平定。魏公从合肥返回。

十一月,汉皇后伏氏,过去因给她的以前任过屯骑校尉的父亲伏完写信,信中说皇帝因为董承被杀而怨恨魏公,语句恶毒,事情被人揭发,因此获罪。皇后被废黜杀死,皇后兄弟也被杀死。

十二月,魏公到孟津。天子命令魏公在出行仪仗队中配置旄头骑兵,宫殿中设置钟虡。已未,魏公下令说:"一般地说,品行好的,未必能有所作为,有所作为的,未必品行好。陈平难道厚道,苏秦难道守信吗?但陈平奠定了汉朝基业,苏秦扶助了弱小的燕国。

这样说来，士人有缺点，能废弃不用吗？主管部门要是明白这个道理，那么贤士就不会被遗漏丢弃，官府也就不会耽误工作了。"又说："一般说来，刑律，是百姓的生命线啊。但军中负责刑律的，有时不是合适人选，就这样把三军生死大权交给他，我很害怕。希望选择明白法律道理的人，让他主持刑法事务。"于是，设置理曹掾属。

二十年春正月，天子立魏公二女儿为皇后。撤销云中、定襄、五原、朔方郡，在每郡原来辖区设置一个县，管理当地居民，合并原四个郡为一个新兴郡。

三月，魏公西征张鲁，到陈仓，将要从武都进入氐。氐人挡住道路。魏公先派出张郃、朱灵等打败了氐人。夏四月，魏公从陈仓出散关，到河池。氐王窦茂兵有一万多人，凭仗有险可守，不投降。五月，魏公进攻并屠杀了氐人。西平、金城诸将麴演、蒋石等人共同斩了韩遂首级送给魏公。秋七月，魏公到阳平。张鲁派弟弟张卫和将军杨昂等据守阳平关。在山腰筑城十多里，魏公攻不破，于是带兵回撤。贼见大军后退，守备就松解了。魏公趁机秘密派遣解愲、高祚等穿越险要地段，在夜间发起进攻，大败张鲁军队，斩了张鲁将领杨任。进攻张卫，张卫在黑夜中逃走。张鲁军队溃散，逃往巴中。魏公军队进入南郑，全部缴获了张鲁库藏的珍宝。巴和汉地区全都归降。一把汉宁郡恢复为汉中郡，分出汉中郡的安阳县、西城县组成西城郡，设置太守。分锡、上庸为上庸郡，设置都尉。

八月，孙权围合肥，张辽、李典打败了他。

九月，巴人七姓戎王朴胡、賨邑侯杜濩带巴夷、賨民来归附。于是分开巴郡，以朴胡为巴东太守，杜濩为巴西太守，都封为列侯。天子命令魏公可以秉承皇帝旨意分封诸侯，任命太守、国相。

冬十月，开始设置名号侯到五大夫，连同旧有的列侯，关内侯，共六等，用于奖赏军功。

十一月，张鲁从巴中带着残余兵力来投降。张鲁和五个儿子都被封为列侯。刘备袭击刘璋，夺取益州，接着占有巴中。魏公派张郃去攻打刘备。

十二月，魏公从南郑返回，留夏侯渊驻扎汉中。

二十一年春二月，魏公回邺。三月壬寅，魏公亲耕籍田。夏五月，天子把魏公晋爵为魏王。代郡乌丸行单于普富卢和他部下的侯王来朝。天子下令让魏王女儿称公主，享受汤沐邑。秋七月，匈奴南单于呼厨泉带着部下名王来朝，魏王用客礼接待他，接着把他留在魏国，派右贤王去卑监匈奴国。八月，魏王以大理钟繇为相国。冬十月，魏王整训部队，接着出发征讨孙权，十一月，魏王到谯县。

二十二年春正月，魏王驻扎居巢。二月，进军驻扎江西郝溪。孙权在濡须口筑城拒守，于是魏王进逼攻打，孙权后退逃走。三月，魏王带兵回返，留夏侯惇、曹仁、张辽等驻屯居巢。

夏四月，天子命令魏王设置天子旌旗，出入称警跸。五月，建造泮宫。六月，魏王以军师华歆为御史大夫。冬十月，天子命令魏王冕上悬垂十二枚旒，乘坐金根车，驾六匹马，配设五时副车。以五官中郎将曹丕为魏国太子。

刘备派遣张飞、马超、吴兰等驻屯下辩。魏王派遣曹洪去对抗。

二十三春正月,汉太医令吉本和少府耿纪,司直韦晃等造反,进攻许都,烧丞相长史王必的军营,王必和颍川典农中郎将严匡攻杀了吉本等人。

曹洪打败吴兰,杀死吴兰将领任夔等人。三月,张飞、马超逃往汉中,阴平氐人强端杀了吴兰,把首级送给朝廷。夏四月,代郡,上谷乌丸无臣氐等人反叛,魏王派遣鄢陵侯曹彰去打败了他们。

六月,下令说:"古代埋葬死者,一定要找瘠薄的地去埋。现命令划出西门豹祠西边原上的一片地,来建造我的寿陵,就用原地高度为基点,不堆坟丘,不栽树为标志。《周礼》冢人掌管公墓土地,凡是诸侯都葬在王墓左右两侧的前方,卿大夫在后方。汉朝制度也叫作陪陵。现决定有功的公卿大臣列将,死后陪葬我的寿陵。把寿陵墓地规划得广阔一些,让陪葬的容纳得下。"

秋七月,魏王训练部队,接着西征刘备,九月,到长安。

冬十月,宛县守将侯音等人造反,逮捕南阳太守,掳掠官民,据守宛县。在这以前,曹仁奉命讨伐关羽,屯驻樊城。这个月,魏王派曹仁包围宛县。

二十四年春正月,曹仁屠杀宛县军民,杀了侯音。

夏侯渊与刘备在阳平交战,被刘备杀了。三月,魏王从长安出发,经过斜谷派军队占据了军事要地,进军汉中,接着又到阳平。刘备利用险要地势据守抵抗。

夏五月,魏王带兵回长安。秋七月,魏王以夫人卞氏为王后。魏王派于禁帮助曹仁进攻关羽。八月,汉水泛滥,淹了于禁军队,于禁军队全部溃散,关羽捉了于禁,接着包围曹仁。魏王派徐晃救曹仁。

九月,魏相国钟繇因为西曹掾魏讽造反而获罪,被免职。冬十月,魏王大军回洛阳。孙权送来书信,愿以讨伐关羽作为对朝廷的报效。魏王从洛阳南征关羽,还未到前线,徐晃已经打败了关羽,关羽逃走,曹仁被解围,魏王驻扎摩陂。

二十五年春正月,魏王到达洛阳,孙权攻杀了关羽,把关羽首级传送给朝廷。

庚子,魏王在洛阳去世,年龄是六十六岁。留下遗令说:"天下还没安定,还不能够一切遵从古代礼制办事。埋葬以后,全部除去孝服。那些带兵驻扎戍守的,都不许离开驻屯地。各部门官吏照常做自己的本职事情。用现在流行穿用的服装装殓,不要陪葬金玉珍宝。"魏王被谥为武王。二月丁卯,葬于高陵。

评:汉朝末年,天下大乱,英雄豪杰同时兴起,而袁绍占有四州,虎视眈眈,强盛无敌。太祖运用计谋,征讨天下,采纳申不害、商鞅的法术,兼用韩信、白起的奇谋,把官职授予有知识有才能的人,根据本人情况授予不同官职,控制感情,重视计谋,不记旧仇。终于能全面掌握大权,完成建国大业的原因,在于他有英明的谋略啊。他可以称得上是非常之人,盖世的英杰了。

魏文帝纪

【题解】

　　魏文帝曹丕(187~226年)字子桓,沛国谯县(今安徽亳县)人,三国时期魏国政权的开国皇帝。他是汉末权臣曹操的次子,因其兄曹昂在随父征讨张绣时被箭射死,无子,他遂成为嫡长。汉献帝建安十六年(211年),他被任命为五官中郎将,协助父亲处理国家政务。建安二十二年,他被立为魏王太子,正式成为曹操的继承人。建安二十五年正月,曹操去世,他嗣为魏王、丞相,改元为延康元年(220年)。他控制朝政后,开始处理父亲所遗留下的问题。为完成政权转移,他对大族采取了妥协态度,依照大族名士代表陈群的建议,设立九品官人之法,各地方长官任命在朝中任职的大族名士的代表为中正,由中正选出当地士人的品第,以此作为吏部选用官吏的依据。这一妥协消除了大族名士对他取代东汉政权的阻碍态度,从而顺利完成了东汉政权向曹魏政权的最后过渡。延康元年十月,他接受汉献帝的禅让,正式登上皇位,建立魏国政权。

魏文帝曹丕

　　他在位期间,将主要精力放在整理内政方面。以征伐孙权为理由,他三次亲自统军出征,以随行兵力为后盾,乘机解除了原来自成体系、不太服从命令的青州军将领的军权,彻底消除了青徐地方势力的潜在威胁,增强了曹魏政权的稳固。同时,他没有妄开战端,与吴、蜀两国都未发生大的战争,使北方地区的人民得到一定时间的休息,促进了北方地区经济的恢复与发展。

文皇帝讳丕,字子桓,武帝太子也。中平四年冬,生于谯。建安十六年,为五官中郎将、副丞相。二十二年,立为魏太子。太祖崩,嗣位为丞相、魏王。尊王后曰王太后。改建安二十五年为延康元年。

元年,二月,壬戌,以大中大夫贾诩为太尉,御史大夫华歆为相国,大理王朗为御史大夫。置散骑常侍、侍郎各四人。其宦人为官者不得过诸署令,为金策著令,藏之石室。

初,汉熹平五年,黄龙见谯,光禄大夫桥玄问太史令单飏:"此何祥也?"飏曰:"其国后当有王者兴,不及五十年,亦当复见。天事恒象,此其应也。"内黄殷登默而记之。至四十五年,登尚在。三月,黄龙见谯,登闻之曰:"单飏之言,其验兹乎!"

己卯,以前将军夏侯惇为大将军。涉貊、扶余单于、焉耆、于阗王皆各遣使奉献。夏四月,丁巳,饶安县言白雉见。庚午,大将军夏侯惇薨。五月,戊寅,天子命王追尊皇祖太尉曰太王,夫人丁氏曰太王后,封王子睿为武德侯。是月,冯翊山贼郑甘、王照率众降,皆封列侯。酒泉黄华、张掖张进等各执太守以叛。金城太守苏则讨进,斩之。华降。六月,辛亥,治兵于东郊。庚午,遂南征。

秋七月,庚辰,令曰:"轩辕有明台之议,放勋有衢室之问,皆所以广询於下也。百官有司,其务以职尽规谏,将率陈军法,朝士明制度,牧守申政事,缙绅考六艺,吾将兼览焉。"

孙权遣使奉献。蜀将孟达率众降。武都氐王杨仆率种人内附,居汉阳郡。

甲午,军次于谯,大飨六军及谯父老百姓于邑东。八月,石邑县言凤凰集。

冬十月,癸卯,下令曰:"诸将征伐,士卒死亡者或未收敛,吾甚哀之;其告郡国给槥椟殡敛,送至其家,官为设祭。"丙午,行至曲蠡。

汉帝以众望在魏,乃召群公卿士,告祠高庙。使兼御史大夫张音持节奉玺绶禅位,册曰:"咨尔魏王,昔者帝尧禅位于虞舜,舜亦以命禹,天命不于常,惟归有德。汉道陵迟,世失其序,降及朕躬,大乱兹昏,群凶肆逆,宇内颠覆。赖武王神武,拯兹难于四方,惟清区夏,以保绥我宗庙,岂予一人获乂,俾九服实受其赐。今王钦承前绪,光于乃德,恢文武之大业,昭尔考之弘烈。皇灵降瑞,人神告徵,诞惟亮采,师锡朕命,佥曰尔度克协于虞舜,用率我唐典,敬逊尔位。于戏!天之历数在尔躬,允执其中,天禄永终;君其祗顺大礼,飨兹万国,以肃承天命。"乃为坛于繁阳。庚午,王升坛即阼,百官陪位。事讫,降坛,视燎成礼而反。改延康为黄初,大赦。

黄初元年,十一月,癸酉,以河内之山阳邑万户奉汉帝为山阳公,行汉正朔,以天子之礼郊祭,上书不称臣,京都有事于太庙,致胙;封公之四子为列侯。追尊皇祖太王曰太皇帝,考武王曰武皇帝,尊王太后曰皇太后。赐男子爵人一级,为父后及孝悌力田人二级。以汉诸侯王为崇德侯,列侯为关中侯。以颍阴之繁阳亭为繁昌县。封爵增位各有差。改相国为司徒,御史大夫为司空,奉常为太常,郎中令为光禄勋,大理为廷尉,大农为大司农。群国县邑,多所改易。更授匈奴南单于呼厨泉魏玺绶,赐青盖车、乘舆、宝剑、玉玦。十二月,初营洛阳宫,戊午,幸洛阳。

是岁，长水校尉戴陵谏不宜数行弋猎，帝大怒；陵减死罪一等。

二年，春正月，郊祀天地、明堂。甲戌，校猎至原陵，遣使者以太牢祠汉世祖。乙亥，朝日于东郊。初令郡国口满十万者，岁察孝廉一人；其有秀异，无拘户口。辛巳，分三公户邑，封子弟各一人为列侯。壬午，复颍川郡一年田租。改许县为许昌县。以魏郡东部为阳平郡，西部为广平郡。

诏曰："昔仲尼资大圣之才，怀帝王之器，当衰周之末，无受命之运，在鲁、卫之朝，教化乎洙、泗之上，栖栖焉，遑遑焉，欲屈己以存道，贬身以救世。于时王公终莫能用之，乃退考五代之礼，修素王之事，因鲁史而制《春秋》，就太师而正《雅颂》，俾千载之后，莫不宗其文以述作，仰其圣以成谋，咨！可谓命世之大圣，亿载之师表者也。遭天下大乱，百祀堕坏，旧居之庙，毁而不修，褒成之后，绝而莫继，阙里不闻讲颂之声，四时不睹蒸尝之位，斯岂所谓崇礼报功，盛德百世必祀者哉！其以议郎孔羡为宗圣侯，邑百户，奉孔子祀。"令鲁郡修起旧庙，置百户吏卒以守卫之，又于其外广为室屋以居学者。

三月，加辽东太守公孙恭为车骑将军。初复五铢钱。夏四月，以车骑将军曹仁为大将军。五月，郑甘复叛，遣曹仁讨斩之。六月，庚子，初祀五岳四渎，咸秩群祀。丁卯，夫人甄氏卒。戊辰晦，日有食之，有司奏免太尉，诏曰："灾异之作，以谴元首，而归过股肱，岂禹、汤罪己之义乎？其令百官各虔厥职，后有天地之眚，勿复劾三公。"

秋八月，孙权遣使奉章，并遣于禁等还。丁巳，使太常邢贞持节拜权为大将军，封吴王，加九锡。冬十月，授杨彪光禄大夫。以谷贵，罢五铢钱。己卯，以大将军曹仁为大司马。十二月，行东巡。是岁筑陵云台。

三年，春正月，丙寅朔，日有蚀之。庚午，行幸许昌宫。诏曰："今之计、孝，古之贡士也；十室之邑，必有忠信，若限年然后取士，是吕尚、周晋不显于前世也。其令郡国所选，勿拘老幼；儒通经术，吏达文法，到皆试用。有司纠故不以实者。"

二月，鄯善、龟兹、于阗王各遣使奉献，诏曰："西戎即叙，氐、羌来王，《诗》《书》美之。顷者西域外夷并款塞内附，其遣使者抚劳之。"是后西域遂通，置戊己校尉。

三月，乙丑，立齐公睿为平原王，帝弟鄢陵公彰等十一人皆为王。初制封王之庶子为乡公，嗣王之庶子为亭侯，公之庶子为亭伯。甲戌，立皇子霖为河东王。甲午，行幸襄邑。夏四月，戊申，立鄄城侯植为鄄城王。癸亥，行还许昌宫。五月，以荆、扬、江表八郡为荆州，孙权领牧故也；荆州江北诸郡为郢州。

闰月，孙权破刘备于夷陵。初，帝闻备兵东下，与权交战，树栅连营七百余里，谓群臣曰："备不晓兵，岂有七百里营可以拒敌者乎！'苞原隰险阻而为军者为敌所禽'，此兵忌也。孙权上事今至矣。"后七日，破备书到。

秋七月，冀州大蝗，民饥，使尚书杜畿持节开仓廪以振之。八月，蜀大将黄权率众降。九月，甲午，诏曰："夫妇人与政，乱之本也。自今以后，群臣不得奏事太后，后族之家不得当辅政之任，又不得横受茅土之爵。以此诏传后世，若有背违，天下共诛之。"庚子，立皇后郭氏。赐天下男子爵人二级，鳏、寡、笃、癃及贫不能自存者赐谷。

冬十月，甲子，表首阳山东为寿陵，作终制曰："礼，国君即位为椑，存不忘亡也。昔尧葬谷林，通树之，禹葬会稽，农不易亩，故葬于山林，则合乎山林。封树之制，非上古也，吾无取焉。寿陵因山为体，无为封树，无立寝殿，造园邑，通神道。夫葬也者，藏也，欲人之不得见也。骨无痛痒之知，冢非栖神之宅，礼不墓祭，欲存亡之不黩也，为棺椁足以朽骨，衣衾足以朽肉而已。故吾营此丘墟不食之地，欲使易代之后不知其处。无施苇炭，无藏金银铜铁，一以瓦器，合古涂车、刍灵之义。棺但漆际会三过，饭含无以珠玉，无施珠襦玉匣，诸愚俗所为也。季孙以玙璠敛，孔子历级而救之，譬之暴骸中原。宋公厚葬，君子谓华元、乐莒不臣，以为弃君于恶。汉文帝之不发，霸陵无求也；光武之掘，原陵封树也。霸陵之完，功在释之；原陵之掘，罪在明帝。是释之忠以利君，明帝爱以害亲也。忠臣孝子，宜思仲尼、丘明、释之之言，鉴华元、乐莒、明帝之戒，存于所以安君定亲，使魂灵万载无危，斯则贤圣之忠孝矣。自古及今，未有不亡之国，亦无不掘之墓也。丧乱以来，汉氏诸陵无不发掘，至乃烧取玉匣金缕，骸骨并尽，是焚如之刑也，岂不重痛哉！祸由乎厚葬封树。'桑、霍为我戒'，不以明乎？其皇后及贵人以下，不随王之国者，有终没皆葬涧西，前又以表其处矣。盖舜葬苍梧，二妃不从，延陵葬子，远在嬴、博，魂而有灵，无不之也，一涧之间，不足为远。若违今诏，妄有所变改造施，吾为戮尸地下，戮而重戮，死而重死。臣子为蔑死君父，不忠不孝，使死者有知，将不福汝。其以此诏藏之宗庙，副在尚书、秘书、三府。"

是月，孙权复叛，复郢州为荆州。帝自许昌南征，诸军兵并进，权临江拒守。十一月，辛丑，行幸宛。庚申晦，日有食之。是岁，穿灵芝池。

四年春正月，诏曰："丧乱以来，兵革未戢，天下之人，互相残杀。今海内初定，敢有私复仇者皆族之。"筑南巡台于宛。三月，丙申，行自宛还洛阳宫。癸卯，月犯心中央大星。丁未，大司马曹仁薨。是月大疫。

夏五月，有鹈鹕鸟集灵芝池，诏曰："此诗人所谓污泽也。《曹诗》'刺恭公远君子而近小人'，今岂有贤智之士处于下位乎？否则斯鸟何为而至？其博举天下俊德茂才、独行君子，以答曹人之刺。"

六月甲戌，任城王彰薨于京都。甲申，太尉贾诩薨。太白昼见。是月大雨，伊、洛溢流，杀人民，坏庐宅。秋八月，丁卯，以廷尉钟繇为太尉。辛未，校猎于荥阳，遂东巡。论征孙权功，诸将已下进爵增户各有差。九月，甲辰，行幸许昌宫。

五年春正月，初令谋反大逆乃得相告，其余皆勿听治；敢妄相告，以其罪罪之。三月，行自许昌还洛阳宫。夏四月，立太学，制五经课试之法，置《春秋谷梁》博士。五月，有司以公卿朝朔望日，因奏疑事，听断大政，论辩得失。秋七月，行东巡，幸许昌宫。八月，为水军，亲御龙舟，循蔡、颍、浮淮，幸寿春。扬州界将吏士民，犯五岁刑已下，皆原除之。九月，遂至广陵，赦青、徐二州，改易诸将守。冬十月，乙卯，太白昼见。行还许昌宫。十一月，庚寅，以冀州饥，遣使者开仓廪振之。戊申晦，日有食之。

十二月，诏曰："先王制礼，所以昭孝事祖，大则郊社，其次宗庙，三辰五行，名山大川，非此族也，不在祀典。叔世衰乱，崇信巫史，至乃宫殿之内，户牖之间，无不沃酹，甚矣其惑也。自今，其敢设非祀之祭，巫祝之言，皆以执左道论，著于令典。"是岁，穿天渊池。

六年春二月，遣使者循行许昌以东尽沛郡，问民所疾苦，贫者振贷之，三月，行幸召陵，通讨虏渠。乙巳，还许昌宫。并州刺史梁习讨鲜卑轲比能，大破之。辛未，帝为舟师东征。五月，戊申，幸谯。壬戌，荧惑入太微。六月，利成郡兵蔡方等以郡反，杀太守徐质。遣屯骑校尉任福、步兵校尉段昭与青州刺史讨平之；其见胁略及亡命者，皆赦其罪。

秋七月，立皇子鉴为东武阳王。八月，帝遂以舟师自谯循涡入淮，从陆道幸徐。九月，筑东巡台。冬十月，行幸广陵故城，临江观兵，戎卒十余万，旌旗数百里。是岁大寒，水道冰，舟不得入江，乃引还。十一月，东武阳王鉴薨。十二月，行自谯过梁，遣使以太牢祀故汉太尉桥玄。

七年，正月，将幸许昌，许昌城南门无故自崩，帝心恶之，遂不入。壬子，行还洛阳宫。三月，筑九华台。夏五月，丙辰，帝疾笃，召中军大将军曹真、镇军大将军陈群、征东大将军曹休、抚军大将军司马宣王，并受遗诏辅嗣主。遣后宫淑媛、昭仪已下归其家。丁巳，帝崩于嘉福殿，时年四十。六月，戊寅，葬首阳陵。自殡及葬，皆以终制从事。

初，帝好文学，以著述为务，自所勒成垂百篇。又使诸儒撰集经传，随类相从，凡千余篇，号曰《皇览》。

【译文】

魏文帝曹丕，字子桓，是武帝曹操的太子。东汉灵帝中平四年冬季，生于谯县。汉献帝建安十六年，被任命为五官中郎将，成为丞相曹操处理军国事务的副手。建安二十二年，被立为魏王太子。曹操逝世后，他继位为丞相、魏王，把自己的母亲、魏王后卞氏尊称为王太后。同时，把建安二十五年改为延康元年。

延康元年二月壬戌，任命大中大夫贾诩为太尉，御史大夫华歆为相国，大理王朗为御史大夫。设置散骑常侍、散骑侍郎各四人。规定后宫宦官担任官职，不得超过诸署的署令，把这命令用黄金做成的简策记录下来，收藏在石室中。

起初，东汉灵帝熹平五年，有黄龙出现在谯县，光禄大夫桥玄为此询问太史令单飏说："这是什么祥瑞呢？"单飏回答说："在这个地方以后会有王者兴起，不到五十年，黄龙还会再度出现。上天安排的事情都会有预兆的，这就是与天意相对应的。"内黄人殷登暗自把这件事记下来。过了四十五年，殷登还活着。这年三月，又有黄龙出现在谯县，殷登听到后说："单飏的预言，大概就应验在这里了。"

三月己卯，任命前将军夏侯惇为大将军。涉貊单于、扶余单于、焉耆王、于阗王等都分别派遣使者前来进奉贡品。夏季四月丁巳，饶安县上书报告说有白雉出现。庚午，大将军夏侯惇逝世。五月戊寅，东汉献帝命令魏王曹丕为祖父太尉曹嵩追加尊号，称太王，称曹嵩夫人丁氏为太王后。同时，封曹丕的儿子曹睿为武德侯。本月，冯翊山贼郑甘、王照率领部众归降朝廷，都被封为列侯。酒泉人黄华、张掖人张进各自捉住本郡太守，背叛朝廷。金城郡太守苏则讨伐张进，将张进杀死。黄华投降。六月辛亥，在邺城东郊操练军队，庚午，曹丕率大军出发，向南征伐吴国。

秋季，七月庚辰，曹丕下令说："黄帝在明台听取贤人的议论，尧在道路边修建房屋，以便听到百姓的谈话，都是去广泛征询下面的意见。朝廷各部门的官员，都要尽到进行规谏的职责，将帅们可以谈论军务、军纪，朝士们议论制度，地方长官报告政务，士大夫们考察六艺，我都要详细审看。"

孙权派遣使者前来进奉贡品。蜀国大将孟达率领部众归降魏国。氐人武都部落首领杨仆率领部落归附魏国，内迁到汉阳郡居住。

甲午，曹丕统帅大军抵达故乡谯县，在东郊为随行军队及谯县的父老百姓举行盛宴。八月，石邑县上书报告，说有凤凰聚集。

冬季，十月癸卯，曹丕下令说："诸将领在进行征伐时，战死的士兵有的还没有被埋葬，我对此很怜悯。命令各郡、国预备棺材，把战死士兵装入棺内，送回他的家中，由官府为他安排祭礼。"丙午，曹丕率军抵达曲蠡。

汉献帝因为群臣都已依附魏王曹丕，于是召集朝中众官员，祭祀汉高祖刘邦庙，并禀告祖先，命令兼任御史大夫张音持节把皇帝的御玺、绶带进献给曹丕，表示把皇帝的位置让给曹丕。诏书说："告诉魏王：从前帝尧让位给虞舜，舜又让位给大禹，上天的意旨并不固定不变，只是由有德望的人来进行统治。汉朝的统治衰败已久，天下失去正常的秩序，到我这一代，战乱更加严重，许多凶暴之人横行肆虐，汉朝的统治已经被颠覆。幸亏武王曹操英明神武，把天下从这场灾难中拯救出来，重新安定，保护了汉朝的宗庙、社稷，不仅是我一个人享受太平，实在是天下都受到他的恩德。现在魏王曹丕继承父亲的事业，加以发扬光大，恢复周文王、周武王的大业，发展您父亲的宏图大计。上天降下祥瑞，人、神都提出预兆，建立了显赫的业绩，大家献言，让我下达命令，都指出您的品德才干与虞舜相同，因此，我遵循尧的做法，把皇帝的位置恭敬地让给您，呜呼！上天已把使命交付给您，运用得当，就能保天禄。请您恭顺大礼，治理天下万国，以上承天命。"于是，为曹丕在繁阳修筑举行即位仪式的高坛。十月庚午，魏王曹丕登上高坛，正式接受皇帝称号，朝廷大臣都参加了即位仪式。仪式完毕后，曹丕下坛，燃火祭祀天地山川，然后，返回宫殿。改延康元年为黄初元年，大赦天下。

黄初元年十一月癸酉，曹丕封汉献帝刘协为山阳公，把河内郡山阳县一万户百姓所居住的地方作为刘协的封地。在封地内，仍实行汉朝的年号，刘协可以用天子的规格祭祀天地，向皇帝上书时可以不称臣。当皇帝在京城祭祀太庙时，要赐予刘协祭肉。同时，封刘协的四个儿子为列侯。曹丕追尊祖父太王曹嵩为太皇帝，父亲武王曹操为武皇帝，尊称母亲武王太后卞氏为皇太后。赐予天下的男子每人晋爵一级，继承父亲成为家长的、孝顺父母、尊敬兄长以及努力耕田的人晋爵二级。把汉朝的诸侯王降封为崇德侯，列侯降封为关中侯。把颍阴的繁阳亭改为繁昌县。朝廷大臣分别受到增加爵位和晋升官职的赏赐。对官职名称进行改动：相国改为司徒、御史大夫改为司空、奉常改为太常、郎中令改为光禄勋、大理改为廷尉、大农改为大司农。郡、国、县及城镇的名称，也有很多改动。重新授予南匈奴单于呼厨泉魏国的玺印、绶带，赐给他青盖车、帝王用的乘舆、宝剑、玉玦等。十二月，开始修建洛阳宫。戊午，曹丕到达洛阳。

这一年，长水校尉戴陵劝阻曹丕，不要经常出去打猎，曹丕大怒，戴陵被判处比死罪轻一等的处分。

黄初二年春季，正月，曹丕到郊外祭祀天地、明堂。甲戌，曹丕到原陵打猎，派遣使者用太牢的规格祭祀东汉光武帝刘秀。乙亥，在东郊举行朝日仪式。开始命令各郡、国户口在十万以上的，每年推荐孝廉一名，有特别优秀的人才，不受名额限制。辛巳，从三公的封地中划分出一块，各封他们的子弟一人为列侯，以那块划出来的土地为封地。壬午，免除颍川郡一年的田租。改许县为许昌县。把魏郡的东部改为阳平郡，西部改为广平郡。

曹丕下诏说："从前，孔子有大圣人的才干，怀有帝王的气度，但他生于衰败的周朝末期，没有受天命的机运。他在鲁国与卫国任职，在洙水和泗水流域进行教育，栖栖惶惶，想要委屈自己以保存自己的政治主张和思想，贬低自己的身份去拯救世人。当时，各国的王、公终究不能任用他，于是他就隐退去考证五代的礼仪制度，代替帝王立法，在鲁国史书的基础上编撰《春秋》，到乐官那里去改正《雅》《颂》。使得千年以后，全都按照他的文章进行写作，依靠他的圣明制定谋略。啊！真可称之为绝世的大圣人，可以作为万代的师表了。现在遭到天下大乱，各种祭祀活动都受到毁坏，他的旧居祭庙，也毁坏而无人修理。他的后裔在汉朝曾被封为褒成侯，但这个爵位现在也没有人继承。在他故乡阙里听不到讲解和诵读经书的声音，每年的四季也没有人进行祭祀，这怎么能称为尊崇礼敬，报答他对世人的恩德，符合百代以后，也要祭祀对天下有大恩德人的制度呢？现在，任命议郎孔羡为宗圣侯，享有一百户的封地，作为孔子的后裔，负责按时祭祀。"命令鲁郡把孔子的旧祭庙重新修好，设置一百户官吏和士兵专门守卫祭庙，又在祭庙的外面大修房屋，供学者在那里居住、学习。

三月，晋升辽东太守公孙恭为车骑将军。开始恢复五铢钱，可以作为货币在市上流通。夏季，四月，任命车骑将军曹仁为大将军。五月，郑甘再次反叛，派遣曹仁进行讨伐，杀死郑甘。六月庚子，开始祭祀五岳、四渎，规定各种祭祀的规格。丁卯，曹丕的夫人甄氏逝世。戊辰，出现日食。有关部门提出应该罢免太尉，曹丕下诏说："上天降下灾异，是对元首进行谴责，而把过错都推给辅政的大臣，怎么符合大禹、商汤归罪于自己的本意呢？现在，命令文、武百官各尽职守，以后天地出现灾异，不要再弹劾三公。"

秋季，八月，孙权派遣使者进奉表章，并送于禁等人回来。丁巳，曹丕命令太常邢贞持符节到江东拜孙权为大将军，封吴王，并赐予九锡——使用九种帝王御用器物的特权。冬季，十月，任命杨彪为光禄大夫。因为粮食价格过高，废止五铢钱的使用。己卯，任命大将军曹仁为大司马。十二月，曹丕向东方出巡。这一年，修筑陵云台。

黄初三年春季，正月丙寅朔，出现日食。庚午，曹丕到达许昌宫。下诏说："现在的计吏、孝廉，就是古代的贡士。十户人家的村镇，必定会有忠信之人，如果限制年龄然后选取人才，那么，姜子牙、周太子晋就不会在前代有显赫的业绩了。现在，命令各郡、国在选取人才时，不要限制老幼。只要儒士精通经术，吏士通晓文法，一到就可以试用。由有关部门来检举推荐不实的人。"

二月，鄯善、龟兹、于阗等国的国王各自派遣使者前来进献贡品。曹丕下诏说："西戎归附大禹，氏人、羌人服从周朝的统治，《诗经》《尚书》中都大为赞美。最近，西域各国的少数族统治者纷纷都来到边塞，请求归附。派遣使者去安抚、慰劳他们。"以后，与西域的联系再度恢复，设置戊己校尉。

三月乙丑，曹丕封儿子齐公曹睿为平原王，同时，封自己的弟弟鄢陵公曹彰等十一人都为王。开始制定封王的庶子为乡公，嗣王的庶子为亭侯，公的庶子为亭伯的制度。甲戌，曹丕封儿子曹霖为河东王。甲午，曹丕出巡，到达襄邑。夏季，四月戊申，封鄄城侯曹植为鄄城王。癸亥，曹丕回到许昌宫。五月，把荆州、扬州在江南的八个郡称为荆州，是因为由孙权兼任荆州牧的原因。把荆州在长江以北的各郡改设为郢州。

闰六月，孙权在夷陵大败刘备统率的蜀军。起初，曹丕听说刘备统军东下，与孙权交战，建立营寨，绵延不断，有七百余里，就告诉大臣们说："刘备不懂得军事，哪里有七百里连营可以进攻敌人的！'在大片低洼和险要地区驻扎军队的，容易被敌人擒获'，这是兵法中的大忌。孙权报告战况的奏书就要到了。"过了七天，孙权击败刘备的奏书果然送到。

秋季，七月，冀州蝗灾严重，百姓饥饿，派尚书杜畿持符节打开官府粮库赈济饥民。八月，蜀军大将黄权率领部下投降魏国。九月甲午，曹丕下诏说："妇人干预政治，是祸乱的原因。从此以后，大臣们不得向太后奏报政事，外戚不能担任辅政的职务，也不能无故接受封爵。把这个诏书传到后世，如果有人违背，天下共诛之。"庚子，立郭氏为皇后。赐天下男子每人晋爵二级，对鳏夫、寡妇、病重、有残疾以及贫困无法生活的人赐给粮食。

冬季，十月甲子，曹丕把首阳山东侧划定为自己的陵墓，事先安排自己的丧葬事宜，说："依照礼制，国君在即位后就安排制作棺材，表示存不忘亡。从前，尧葬在谷林，都种上树；大禹葬在会稽，农民没有改变耕地的方向，所以埋葬在山林，就要合乎山林自然。修造坟墓，植树作为标志的制度，不是上古的制度，我不采用。我的陵墓依仗山势作为主体，不要再堆土作成高丘及四面种植树木，不要建立寝殿、园林，不要修筑神道。安葬的目的就是把人体埋藏起来，想要不再被别人看到。尸骨已没有痛痒的知觉，坟墓也不是神灵存身的地方。依照礼制，不在坟墓处设祭，是为了不轻慢死者，制作的棺椁能够装殓尸骨，衣服被褥能够遮掩尸体就行了。所以我选择在这丘陵不生长庄稼的地方修建墓，改朝换代之后，不再知道陵墓的位置。在墓内不要放置苇草木炭，不要收藏金、银、铜、铁器物，全部使用陶器，以符合古代用泥作的涂车、茅草扎成的人、马来送葬的制度。棺材只要在应该油漆的时候漆三遍，死后不要把珠玉含在我的嘴里，不要给穿上珠子做成的衣服，盛放在玉匣中，不要搞这些庸俗愚昧之人所做的事情。从前，当季孙要以君王佩戴的美玉殉葬时，孔子赶紧登上台阶去劝阻，把这个举动比喻作将死者的尸骨暴露在原野中。宋国的国君厚葬后，当时的君子都说华元、乐莒没有尽到臣子的职责，因为他们眼看君王犯了错误而不加阻止。汉文帝的霸陵在战乱中没有被发掘，是因为其中没有收藏值得挖掘的宝物。光武帝的原陵被挖掘，是因为修筑了高丘，并四面植树，作为标记，墓中也有大批陪葬的器物。霸陵保存完整的功劳在于张释之，原陵被发掘的过错在于汉明帝。因此，是张释之的忠心有利于君主，而明帝对父亲的爱心反而损害了亲人。忠臣孝子，应该考虑孔子、左丘明、张释之的议论，借鉴华元、乐莒、明帝的错误教训，心里存有怎样能使君主、亲人的遗骨安定不动，使死者的魂灵万年不危的想法，这就是圣贤的忠孝了。从古至今，没有不灭亡的国家，也没有不被掘的坟墓。战乱以来，汉朝皇帝的陵墓都遭到挖掘，甚至放火焚烧，以取得盛放尸骨的玉匣和死者身上穿的金缕衣，使得死者的尸骨也被烧尽，这犹如在受焚刑，怎能不深为痛苦呢！受祸的原因都在于修坟厚葬。前人已说，'要以桑弘羊和霍显因骄奢而招祸为戒，'这不是很明显的道理吗！将来，皇后以及贵人以下的妃嫔，凡不随她儿子到王国去的，死后都埋葬在涧西，以前我早定那里作为墓地。之所以这样做，是因为舜死后安葬在苍梧，他的两个妃子都没有与他葬在一起；延陵季子则把儿子远葬在泰山一带。魂魄如果有灵验，就没有不能到的地方，一涧的距离，不能算远。如果违背我这个诏书，妄加改动，修筑陵墓或厚葬，我死后在地下还将被戮尸，戮后还会再戮，真是死了一遍还要再死一遍。身为臣子的要是那样做，就是轻蔑死去的君父，不忠不孝，假如死者有知，将不会给你降福。把这个诏书收藏在宗庙，副本存在尚书、秘书和三府。"

这个月，孙权再次背叛魏国，恢复郢州为荆州。曹丕从许昌出军南征孙权，各路兵马齐头并进，孙权沿长江部署军队，抵抗魏军。十一月辛丑，曹丕到达宛城。庚申晦，出现日食。这一年，修凿灵芝池。

黄初四年春季，正月，曹丕下诏说："自从丧乱以来，战事不断，天下的人都互相残杀。现在，四海之内已经初步安定，以后，有敢于私自报仇，杀害别人的，都要处死他的全族。"在宛城修筑南巡台。三月丙申，曹丕从宛城返回洛阳宫，癸卯，月亮运行到心宿中间那一颗大星附近。丁未，大司马曹仁逝世。这一个月，瘟疫流行。

夏季，五月，有鹈鹕鸟聚集在灵芝池。曹丕下诏说："这就是人所称的污泽。《诗经·曹风》讲这是讽刺曹恭公疏远君子而亲近小人。如今，是否有贤能才智之士还被困留在下位？否则，这鸟为什么会来呢？现在，要广泛推荐天下品德出众、才能过人、操行高尚的人，以答复曹人的讽刺。"

六月甲戌，任城王曹彰在京城逝世。甲申，太尉贾诩逝世。太白星在白天出现。这个月大雨不停，伊水、洛水泛滥成灾，淹死百姓，冲坏房屋。秋季，八月丁卯，任命廷尉钟繇为太尉。辛未，曹丕在荥阳打猎，并乘势巡视东方。评定征伐孙权的战功，各军将领以下分别受到晋升爵位、增加封地的赏赐。九月甲辰，曹丕到达许昌宫。

黄初五年春季，正月，开始下令只有犯下谋反和大逆不道的罪过，才允许互相揭发，其余的罪名不再受理。如果有人诬告别人，就以他揭发的罪名来处罚他。三月，曹丕从许昌返回洛阳宫。夏季，四月，建立太学，制定五经考试的方法，设置讲授《春秋谷梁传》的博士。五月，有关部门制订在每月初一、十五日大臣朝见皇帝时，上奏有疑问的事情，听取决断大的施政方针，议论朝政的得失。秋季，七月，曹丕巡视东方，到达许昌宫。八月，曹丕调集水军，自己亲自乘坐龙舟，顺蔡水、颍水进入淮河，直达寿春。扬州界内的将领、官吏、士人和一般百姓，凡犯有判处五年刑期以下轻罪的人，都得到赦免。九月，曹丕到达广陵，下令在青州、徐州境内实行大赦，改换这一地区的统兵将领和官吏。冬季，十月乙卯，太白星在白天出现。曹丕返回许昌宫。十一月庚寅，因为冀州百姓缺粮，派遣使者打开官仓赈济饥民。十一月戊申，出现日食。

十二月，曹丕下诏说："从前，先王制定礼仪制度，是为了侍奉祖先，显示孝道。最重要的是在郊外祭祀天地，其次是在宗庙祭祀祖先，然后是祭祀日、月、星等三辰，金、木、水、火、土等五行以及各地的名山大川，在这范围以外的，都不是经典所记载应该祭祀的。到了末代，有的人信奉巫史，甚至在宫殿以内，门窗之间，到处都要把酒洒在地上祭祀鬼神，这是太过于困惑了。从此以后，有敢于进行这种经典所不记载的祭祀，相信巫史的话，都以信奉旁门邪道论处，把这点写入法律条文中。"这一年，修凿天渊池。

黄初六年春季二月，派遣使者在许昌以东巡视，直到沛郡，慰问百姓的疾苦，对贫困者发放赈济。三月，曹丕出行到达召陵，派人打通讨虏渠。乙巳，曹丕返回许昌宫。并州刺史梁习率军讨伐鲜卑人首领轲比能，大破鲜卑军。辛未，曹丕统率水军东征孙权。五月戊申，曹丕到达谯县。壬戌，火星运行到天空中被称作"太微"的区域中。六月，利城郡士兵蔡方等造反，占领郡城，杀死太守徐质。派遣屯骑校尉任福、步兵校尉段昭与青州刺史讨伐蔡方，平定了这次叛乱。凡被裹胁叛乱以及逃亡在外的，都赦免了他们的罪过。

秋季，七月，曹丕封儿子曹鉴为东武阳王。八月，曹丕率水军从谯县顺涡水进入淮河，从陆路到达徐州。九月，修筑东巡台。冬季，十月，曹丕到达广陵旧城，在长江边进行阅兵仪式，显示军威。魏军十余万人，旌旗招展，绵延数百里。这一年天气严寒，河流全部结冰，船不能进入长江，于是曹丕率军退回北方。十一月，东武阳王曹鉴逝世。十二月，曹丕从谯县经过梁国，派遣使者以太牢的规格祭祀已故汉朝太尉桥玄。

黄初七年春季，正月，曹丕将要到达许昌，许昌城的南门无缘无故自己崩坏，曹丕心中对此很不愉快，就没有进入许昌。壬子，曹丕返回洛阳宫。三月，修筑九华台。夏季，五月丙辰，曹丕病势垂危，召见中军大将军曹真、镇军大将军陈群、征东大将军曹休、抚军大将军司马懿，他们一齐领受曹丕遗诏，辅佐将要继承皇位的幼主曹睿。曹丕让后宫自淑媛、昭仪已下的妃嫔都出宫回到各自家中。丁巳，曹丕在嘉福殿逝世，终年四十岁。六月戊寅，把曹丕安葬在首阳陵，从殡敛到下葬，都是按照他生前的安排进行的。

起初，曹丕喜好文学，以撰写诗、赋、文、论为工作，自己写成的有将近一百篇。又让儒士们编撰前人所著的经书以及注释等，按类编排在一起，有一千余篇，称作《皇览》。

武宣卞皇后传

【题解】

卞氏，出身娼妓，二十岁时嫁给曹操作妾。生魏文帝曹丕等人。后被尊为皇太后。卒于太和四年（230）。

【原文】

武宣卞皇后，琅玡开阳人，文帝母也。本倡家。年二十，太祖于谯纳后为妾。后随太祖至洛。及董卓为乱，太祖微服东出避难。袁术传太祖凶问，时太祖左右至洛者皆欲归，后止之曰："曹君吉凶未可知，今日还家，明日若在，何面目复相见也？正使祸至，共死何苦！"遂从后言。太祖闻而善之。建安初，丁夫人废，遂以后为继室。诸子无母者，太祖皆令后养之。文帝为太子，左右长御贺后曰："将军拜太子，天下莫不欢喜，后当倾府藏赏赐。"后曰："王自以丕年大，故用为嗣，我但当以免无教导之过为幸耳，亦何为当重赐遗乎！"长御还，具以语太祖。太祖悦曰："怒不变容，喜不失节，故是最为难。

二十四年,拜为王后,策曰:"夫人卞氏,抚养诸子,有母仪之德,今进位王后,太子诸侯陪位,群卿上寿,减国内死罪一等。"二十五年,太祖崩,文帝即王位,尊后曰王太后,乃践阼,尊后曰皇太后,称永寿宫。明帝即位,尊太后曰太皇太后。

黄初中,文帝欲追封太后父母,尚书陈群奏曰:"陛下以圣德应运受命,创业革制,当永为后式。案典籍之文,无妇人分土命爵之制。在礼典,妇因夫爵,秦违古法,汉氏因之,非先王之令典也。"帝曰:"此议是也,其勿施行。以作著诏下藏之台阁,永为后式。"至太和四年春,明帝乃追谥太后祖父广曰开阳恭侯,父远曰敬侯,祖母周封阳都君及敬侯夫人,皆赠印绶。其年五月,后崩。七月,合葬高陵。

【译文】

武宣卞皇后,是瑯邪郡开阳县人,是魏文帝曹丕的亲生母亲。她出身于倡优伶人之家,当她二十岁那年,魏太祖曹操就在谯县纳卞后做了妾。后来,她又随太祖到了洛阳。等到董卓作乱时,魏太祖曹操换便衣向东逃出了洛阳去避难。不久,袁术就误传来了太祖已死的凶讯。当时,左右亲随中跟从太祖到洛阳的那些人,都想要逃回故里去。卞后劝阻他们说:"曹君的吉凶眼前还未能确知,今日大家都逃回老家去了,倘若明日曹君还在,我们还有什么脸面再与他相见呢? 退一步说,即使如今真的大祸临头,也不过就是大家一起去死,又有什么可怕的呢?"人们于是就听从了卞后的这番劝说,都留下没走。魏太祖曹操闻听此事后,就特别的善待她。汉献帝建安初年,原配丁夫人被废黜,曹操就以卞后做了继室夫人,诸子没有母亲的,魏太祖曹操就让卞后将他们都领过去抚养。魏文帝当时为太子时,左右长御们奉贺卞后说:"如今曹丕将军拜了太子,天下人没有不欢喜的,您应当把所有的府藏财宝都赏赐给大家。"卞后却说:"魏王只不过是因为曹丕年龄最大,所以才用他作继嗣,我只应当以免于对儿子少教导的过失而庆幸罢了,这又有什么值得重颁赏赐的呢!"长御们回去后,把这事儿全都告了魏太祖曹操。太祖听后高兴地说:"发怒而不变容颜,欢喜而不失节制,这才是最为难得的呀!"

汉献帝建安二十四年,卞氏夫人被拜封为王后。册封的命辞中说:"夫人卞氏,抚养诸位王子,具有做母亲表率的盛德,现在特进升她的品位作王后。太子与诸侯都要莅临府中作陪,众大臣则需上寿朝贺,国内的死囚们减罪一等。"建安二十五年,魏太祖曹操去世。魏文帝曹丕即魏王位,尊卞后为王太后。等到曹丕即皇帝位后,又尊卞后为皇太后,称之为永寿宫。魏明帝曹睿即位后,又尊卞太后为太皇太后。

魏文帝黄初年间,魏文帝曹丕想要追封卞太后的父母,尚书陈群上奏说:"陛下因为有圣德而应运受天命为帝,现在正是创新业、革旧制的非常时期,而今的一切都应当能作为后世永远奉行的法式。现今查案有关典籍里的条文,还没有人因妇人而被封土命爵的古制。在礼典旧章中,妇人只能因承丈夫的爵禄。秦朝违背古法,汉代又因袭秦代,这可不是上古先王们的诰令祀典啊。"文帝便说:"陈群的这番议论是对的,就不要按我原先的意思实施了吧。而且,我还要把他今天的奏议作为著作,颁诏下令藏在台阁之中,永远作为后世的法式。"到太和四年的春天,魏明帝才追谥卞太后的祖父卞广为开阳恭侯,父亲卞远为开阳敬侯,祖母周氏被追封为阳都君,以至连敬侯的夫人也都封赠了爵号印绶。

就在这一年的五月，卞后驾崩。七月，与太祖合葬在高陵。

毛玠传

【题解】

毛玠，字孝先，东汉末陈留平丘(今河南封丘东)人。早年为县吏。曹操取兖州，辟为治中从事，因与曹操论天下形势，颇有见地，转为幕府功曹。后为东曹掾，与崔琰共同举荐人才。升任尚书仆射。谏止曹操废立太子之事，被曹操比之汉初周昌。崔琰无罪被杀，毛玠心中不悦，被曹操收捕入狱，经桓阶、和洽相救而免，但仍被免官归家，后在家中去世。毛玠虽居高位，却常布衣蔬食，赏赐多救济贫族，家无余财。

【原文】

毛玠，字孝先，陈留平丘人也。少为县吏，以清公称。将避乱荆州，未至，闻刘表政令不明，遂住鲁阳。太祖临兖州，辟为治中从事。玠语太祖曰："今天下分崩，国主迁移，生民废业饥馑流亡。公家无经岁之储，百姓无安固之志，难以持久。今袁绍、刘表，虽士民众强，皆无经远之虑，未有树基建本者也。夫兵义者胜，守位以财；宜奉天子以令不臣，修耕植，畜军资，如此则霸王之业可成也。"太祖敬纳其言，转幕府功曹。

太祖为司空丞相，玠尝为东曹掾，与崔琰并典选举。其所举用，皆清正之士；虽于时有盛名，而行不由本者，终莫得进。务以俭率人，由是，天下之士莫不以廉节自励，虽贵宠之臣，舆服不敢过度。太祖叹曰："用人如此，使天下人自治，吾复何为哉！"文帝为五官将，亲自诣玠，属所亲眷。玠答曰："老臣以能守职，幸得免戾，今所说人非迁次，是以不敢奉命。"大军还邺，议所并省，玠请谒不行，时人惮之，咸欲省东曹，乃共白曰："旧西曹为上，东曹为次，宜省东曹。"太祖知其情，令曰："日出于东，月盛于东；凡人言方，亦复先东，何以省东曹？"遂省西曹。初，太祖平柳城，班所获器物，特以素屏风素冯几赐玠，曰："君有古人之风，故赐君古人之服。"玠居显位，常布衣蔬食，抚育孤兄子甚笃，赏赐以振施贫族。家无所余。迁右军师，魏国初建，为尚书仆射，复典选举。时太子未定，而临菑侯植有宠，玠密谏曰："近者袁绍以嫡庶不分，覆宗灭国。废立大事，非所宜闻。"后群僚会，玠起更衣，太祖目指曰："此古所谓国之司直，我之周昌也。"

崔琰既死，玠内不悦，后有白玠者，"出见黥面反者，其妻子没为官奴婢，玠言曰：'使天不雨者盖此也'。"太祖大怒，收玠付狱，大理钟繇诘玠曰："自古圣帝明王，罪及妻子。《书》云：'左不共左，右不共右，予则孥戮。'女司之职，男子入于罪隶，女子入于春稿。汉律，罪人妻子没为奴婢，黥面；汉法所行黥墨之刑，存于古典。今真奴婢祖先有罪，虽历百世，犹有黥面供官，一以宽良民之命，二以宥并罪之辜，此何以负于神明之意，而当致旱？案典谟，急恒寒若，舒恒燠若，宽则亢阳，所以为旱。玠之吐言，以为宽邪，以为急也？急当阴霖，何为反旱？成汤圣世，野无生草，周宣令主，旱魃为虐。亢旱以来，积三十年，归

咎黧面,为相值不?卫人伐邢,师兴而雨,罪恶无征,何以应天?玠讥谤之言,流于下民;不悦之声,上闻圣听。玠之吐言,势不独语,时见黧面,凡为几人?黧面奴婢,所识知邪?何缘得见,对之叹言?时以语谁,见答云何,以何日月,于何处所?事已发露,不得隐欺,具以状对。"玠曰:"臣闻萧生缢死,困于石显;贾子放外,谗在绛、灌;白起赐剑于杜邮,晁错致诛于东市,伍员绝命于吴都;斯数子者,或妒其前,或害其后。臣垂韶执简,累勤取官,职在机近,人事所窜。属臣以私,无势不绝,语臣以冤,无细不理。人情淫利,为法所禁;法禁于利,势能害之。青蝇横生,为臣作谤,谤臣之人,势不在他。昔王叔、陈生争正王廷,宣子平理,命举其契,是非有宜,曲直有所,《春秋》嘉焉,是以书之。臣不言此,无有时、人;说臣此言,必有征要。乞蒙宣子之辨,而求王叔之对。若臣以曲闻,即刑之日,方之安驷之赠;赐剑之来,比之重赏之惠,谨以状对。"时桓阶、和洽进言救玠,玠遂免黜,卒于家,太祖赐棺器钱帛、拜子机郎中。

毛玠

【译文】

毛玠字孝先,陈留国平丘人。早年在县中为吏,以清廉公正著称。将要到荆州避战乱,还未到达,听说刘表政策法令不明,于是又前往鲁阳。魏太祖曹操占领兖州,征辟他为治中从事。毛玠对曹操说:"如今国家分崩离析,国君四处迁移,百姓的生产废弃,因饥馑而四处流亡,官府连一年的储蓄都没有。百姓没有安心定居的念头,国家在这种形势下是难以持久的。现今袁绍、刘表,虽然手下士人、百姓众多强大,但都没有长远的打算,不是建立基业的人。用兵以遵守礼义者胜,保住地位必须依靠财力,您应该尊奉天子而向不守臣道的人发号施令,整顿农业耕作,储备军用物资,这样,霸王的业绩就可以成功了。"曹操敬佩地采纳了他的建议,转调他为自己官府的功曹。

曹操担任司空丞相,毛玠曾任东曹掾,与崔琰共同负责选拔官吏。他所举荐任用的人,都是清廉正直的士人,有些人在当时虽有名望,但行为不正派,结果也不能被他选用。他特别以俭朴作为他人表率,因此全国的士人无不以廉洁勉励自己,即使显贵得宠的臣僚,服饰器物也不敢违反法度。曹操赞叹说:"这样任用人才,使天下的人自己监督自己,我还再费什么心思呢!"曹丕担任五官中郎将,亲自拜访毛玠,托他照顾自己的亲属。毛玠回答说:"老臣因为能够尽忠职守,所以有幸没有获罪,您现在所说的人不应升迁,所以我不敢遵命。"大军回到邺城,讨论合并官署。毛玠请求不要推行,当时人们很忌惮他,都想撤销东曹。于是一起对曹操说:"先前西曹为上,东曹为次,应该减省东曹。"曹操知道他们的想法,因而下令说:"太阳从东方升起,月亮最圆的时候也在东边,人们谈到方位时,也先说东方,为什么要撤销东曹?"因此把西曹撤销了。当初,曹操平定了柳城,分赏所获得的器物,特别以素屏风和素凭几赏给毛玠,说:"你有古人的风范,所以赐给你古人所用的器物。"毛玠身居显要的地位,却常身穿布衣,吃普通菜饭,抚养教育哥哥的遗子非常周到;所得的赏赐也大多赈济施舍给贫困的人家,自己的家中没有什么剩余。迁升为右军师。魏国刚刚建立时,他任尚书仆射,仍然主持选拔任用官吏。当时还没有最后确定谁为太子,临菑侯曹植受到曹操宠爱,毛玠秘密劝谏曹操说:"近世袁绍因为不区分嫡子庶子,所以国破家亡。废立太子是大事;我不愿听到有这样的事。"后来群臣聚会讨论,毛玠起身更换衣服,曹操看着他说:"他就是古人所说的国家司直,我的周昌。"

崔琰被处死之后,毛玠心中闷闷不乐。后来有人告发说:"毛玠出门见到被黥面的反叛者,他们的妻子儿女被判为官家奴婢,他便说'造成天不下雨,就是因为这种做法'。"曹操大怒,把毛玠收捕入狱。大理钟繇诘问毛玠说:"自古以来,即使圣明的帝王,对罪犯也要连妻子儿女一同处罚。《尚书》说:'我向左,你们不一同向左;我向右,你们不一同向右,我将诛杀你们的妻子儿女。'司寇的职责,就是使男人判罪为奴,女人判罪舂米锄草。汉代法律,罪犯的妻子儿女要判为奴婢,在面部刺字。汉代法律中的面上刺字之法,在古代刑典中便有。如今真正的奴婢因祖先有罪,虽然经历百年,仍有在面上刺字为官府服役的人,其一是为了宽松良民的夫役,其二用来宽免多种罪行的处罚。这怎么会有负于上天神灵的本意,而造成旱灾? 依据经典,法令急迫会使天气寒冷,舒缓则天气变热,宽松就会使阳气上升,天气干旱。毛玠说的话,是认为宽松呢,还是急迫? 若是法令急迫,应当是阴雨连绵,为什么反而干旱? 成汤那样的圣明朝代,田地中也干得寸草不生;周宣王是英明的帝王,那时旱灾仍肆虐为害。天气干旱,已长达三十年,把原因归于黥面的刑罚,能说得过去吗? 春秋时卫国人讨伐邢国,刚出兵便下起雨来,它的罪恶还未显露出来,上天为什么就已经有了反映? 毛玠讥讽诽谤的言论,在平民百姓中流传;对朝廷不满的声音,已传到皇上那里。毛玠说话时,不可能自言自语,他见黥面的罪犯时,共有几个人? 黥面的奴婢,与他相识吗? 是什么原因使他们相见,说出这些感叹之言? 当时是对谁说的? 对方曾怎样应答? 在何月何日? 在什么地方? 事情已被揭发出来,不得隐瞒欺骗,要把实情全部讲出来。"毛玠说:"臣下听说萧望之的死,是因为石显的陷害;贾谊被贬黜,是因为周勃、灌夫的谗言;白起在杜邮被赐剑自杀;晁错在东市外以腰斩;伍员在吴国都城自缢;这几个人之死,或是有妒疾于前,或是有人迫害于后。臣下从青年起便负责文册简牍工作,因多年的勤勉而取得官位,职掌机密亲近之事,从而为人们所忌恨。说臣下有私心,不可能找不到理由;冤枉臣下,会无孔不入。人的本性热衷于利益,往往又为法令所禁止,法令禁止利欲,势必要受到利欲熏心者的破坏。谗言横生,诬陷诽谤臣下;诽谤臣下的人,也不可能有什么其他的理由。先前王叔、陈生在朝廷争论是非,宣子评定谁有道理,命令他们立下誓言,是非得以明辩,曲直各得其所,《春秋》对此表示赞赏,因此记录下来。臣下从未说过人们告发的那些话,也不可能有什么时间及听过这些话的人作证。说臣下有过那些话,一定要有确凿的证据。请求象陈宣子那样为臣辩白,我自己可以同五叔一样对证。如果臣下上面所说确是谎言,受刑之时,我会象乘安车驷马离去一样心安理得;赐剑自杀,如同受到重赏一样的恩惠。请求让我以实情对证。"当时桓阶、和洽也进言救助毛玠,毛玠因而只受免官贬黜的处分,死于家中。曹操赐给他棺木、器物、钱帛、拜他的儿子毛机为郎中。

钟繇传

钟繇

【题解】

钟繇(公元151~230年),字元常,颍川郡长社县(今河南省长葛县东)人。东汉末年举孝廉,官至侍中,尚书仆射。曹魏代汉,钟繇官至廷尉,封定陵侯。钟繇对于政事、军事都有一定才能,颇得曹氏父子的赏识,魏文帝曹丕称他为"一代伟人",虽不免过誉,可见他在曹魏时期是颇受尊重的。钟繇晚年被任为太傅,因此人称之为"钟太傅"。

钟繇是三国时期的著名书法家,与书圣王羲之齐名,人称"钟王"。钟繇起初师法曹喜、蔡邕、刘德升,兼善各体,尤精于隶书、楷书、行书。唐人张怀瓘在其《书断》中称钟繇的书法"真书绝世,刚柔备焉,点画之间,多有异趣,可谓幽深无际,古雅有馀,秦汉以来,一人而已"。汉字书体由隶到楷的变化,钟繇是这一时期有代表性的书家,有人说他创造出秦汉以来所未有的楷法,对汉字的定型有很大的贡献。钟繇的行书,对王羲之影响很大。钟繇的墨迹已不存,后人的摹本有《宣示表》《贺捷表》《荐季宣表》等。

【原文】

钟繇字元常,颍川长社人也。尝与族父瑜俱至洛阳,道遇相者,曰:"此童有贵相,然当厄于水,努力慎之!"行未十里,度桥,马惊,堕水几死。瑜以相者言中,益贵繇,而供给资费,使得专学。举孝廉,除尚书郎、阳陵令,以疾去。辟三府,为廷尉正、黄门侍郎。是时,汉帝在西京,李傕、郭汜等乱长安中,与关东断绝。太祖领兖州牧,始遣使上书。傕、汜等以为"关东欲自立天子,今曹操虽有使命,非其至实",议留太祖使,拒绝其意。繇说傕、汜等曰:"方今英雄并起,各矫命专利,唯曹兖州乃心王室,而逆其忠款,非所以副将来之望也。"傕,汜等用繇言,厚加答报,由是太祖使命遂得通。太祖既数听荀彧之称繇,又闻其说傕、汜、益虚心。后傕胁天子,繇与尚书郎韩斌同策谋,天子得出长安,繇有力焉。拜御史中丞迁侍中尚书仆射,并录前功封东武亭侯。

时关中诸将马腾、韩遂等，各拥强兵相与争。太祖方有事山东，以关右为忧。乃表繇以侍中守司隶校尉，持节督关中诸军，委之以后事，特使不拘科制。繇至长安，移书腾、遂等，为陈祸福，腾、遂各遣子入侍。太祖在官渡，与袁绍相持，繇送马一千余匹给军。太祖与繇书曰："得所送马，甚应其急。关右平定，朝廷无西顾之忧，足下之勋也。昔萧何镇守关中，足食成军，亦适当尔。"其后匈奴单于作乱平阳，繇率诸军围之，未拔；而袁尚所置河东太守郭援到河东，众甚盛。诸将议欲释之去，繇曰："袁氏方强，援之来，关中阴与之通，所以未悉叛者，顾吾威名故耳。若弃而去，示之以弱，所在之民，谁非寇仇？纵吾欲归，其得至乎！此为未战先自败也。且援刚愎好胜，必易吾军，若渡汾为营，及其未济击之，可大克也。"张既说马腾会击援，腾遣子超将精兵逆之。援至，果轻渡汾，众止之，不从。济水未半，击，大破之，斩援，降单于。语在《既传》。其后河东卫固作乱，与张晟、张琰及高干等并为寇，繇又率诸将讨破之。自天子西迁，洛阳人民单尽，繇徙关中民，又招纳亡叛以充之，数年间民户稍实。太祖征关中，得以为资，表繇为前军师。

魏国初建，为大理，迁相国。文帝在东宫赐繇五熟釜，为之铭曰："于赫有魏，作汉藩辅。厥相惟钟，实干心膂。靖恭夙夜，匪遑安处。百僚师师，楷兹度矩。"数年，坐西曹掾魏讽谋反，策罢就第。文帝即王位，复为大理。及践阼，改为廷尉，进封崇高乡侯。迁太尉，转封平阳乡侯。时司徒华歆、司空王朗，并先世名臣。文帝罢朝，谓左右曰："此三公者，乃一代之伟人也，后世殆难继矣！"明帝即位，进封定陵侯增邑五百，并前千八百户，迁太傅。繇有膝疾，拜起不便。时华歆亦以高年疾病，朝见皆使载舆车，虎贲舁上殿就坐。是后三公有疾，遂以为故事。

初，太祖下令，使平议死刑可宫割者。繇以为"古之肉刑，更历圣人，宜复施行，以代死刑"。议者以为非悦民之道，遂寝。及文帝临飨群臣，诏谓："太祖欲复肉刑，此诚圣王之法。公卿当善共议。"议未定，会有军事，复寝。太和中，繇上疏曰："大魏受命，继踪虞、夏。孝文革法，不合古道。先帝圣德，固天所纵，坟典之业，一以贯之。是以继世，仍发明诏，思复古刑，为一代法。连有军事，遂未施行。陛下远追二祖遗意，惜斩趾可以禁恶，恨入死之无辜，使明习律令，与群臣共议。出本当右趾而入大辟者，复行此刑。《书》云：'皇帝清问下民，鳏寡有辞于苗。'此言尧当除蚩尤、有苗之刑，先审问于下民之有辞者也。若今蔽狱之时，讯问三槐、九棘、群吏、万民，使如孝景之令，其当弃市，欲斩右趾者许之。其黥、劓、左趾、宫刑者，自如孝文，易以髡、笞。能有奸者，率年二十至四五十，虽斩其足，犹任生育。今天下人少于孝文之世，下计所全，岁三千人。张苍除肉刑，所杀岁以万计。臣欲复肉刑，岁生三千人。子贡问能济民可谓仁乎？子曰：'何事于仁，必也圣乎，尧、舜其犹病诸！'又曰：'仁远乎哉？我欲仁，斯仁至矣。'若诚行之，斯民永济。"书奏诏曰太傅学优才，高留心政事又于刑理深远，此大事公卿群僚善共平议司徒王朗议，以为："繇欲轻减大辟之条，以增益刖刑之数，此即起偃为竖，化尸为人矣。然臣之愚，犹有未合微异之意。夫五刑之属，著在科律，科律自有减死一等之法，不死即为减。施行已久，不待远假斧凿于彼肉刑，然后有罪次也。前世仁者，不忍肉刑之惨酷，是以废而不用。不用已来，历年数百。今复行之，恐所减之文未彰于万民之目，而肉刑之问已宣于冠仇之耳，非所以来远人也。今可按繇所欲轻之死罪，使减死之髡、刖。嫌其轻者，可倍其居作之岁数。内有以生易死不訾之恩,外无以刖易钛骇耳之声。"议者百馀人,与朗同者多。帝以吴、蜀未平,且寝。

太和四年,繇薨。帝素服临吊,谥曰成侯。子毓嗣。初,文帝分毓户邑,封繇弟演及子劭、孙豫列侯。

毓字稚叔。年十四为散骑侍郎,机捷谈笑有父风。太和初,蜀相诸葛亮围祁山,明帝欲西征,毓上疏曰:"夫策贵庙胜,功尚帷幄,不下殿堂之上,而决胜千里之外。车驾宜镇守中土,以为四方威势之援,今大军西征虽有百倍之威于关中之费,所损非一。且盛署行师,诗人所重,实非至尊动轫之时也。"迁黄门侍郎。时大兴洛阳宫室,车驾便幸许昌,天下当朝正许昌。许昌逼狭,于城南以毡为殿,备设鱼龙曼延,民罢劳役。毓谏,以为"水旱不时,帑藏空虚,凡此之类,可须丰年。"又上"宜复关内开荒地,使民肆力于农。"事遂施行。正始中,为散骑侍郎。大将军曹爽盛夏兴军伐蜀,蜀拒守,军不得进。爽方欲增兵,毓与书曰:"窃以为庙胜之策,不临矢石;王者之兵,有征无战。诚以干戚可以服有苗,退舍足以纳原寇,不必纵吴汉于江关,骋韩信于井陉也,见可而进,知难而退,盖自古之政。惟公侯详之!"爽无功而还。后以失爽意,徙侍中,出为魏郡太守。爽既诛,入为御史中丞、侍中廷尉。听君父已没,臣子得为理谤,及士为侯,其妻不复配嫁,毓所创也。

正元中,毋丘俭、文钦反,毓持节至扬、豫州班行赦令,告谕士民,还为尚书。诸葛诞反,大将军司马文王议自诣寿春讨诞。会吴大将孙壹率众降,或以为"吴新有衅,必不能复出军。东兵已多,可须后问"。毓以为:"夫论事料敌,当以己度人。今诞举淮南之地以与吴国孙壹所率,口不至千,兵不过三百。吴之所失盖为无几。若寿春之围未解,而吴国之内转安,未可必其不出也。"大将军曰:"善。"遂将毓行。淮南既平,为青州刺史,加后将军,迁都督徐州诸军事,假节,又转都督荆州。景元四年薨,追赠车骑将军,谥曰惠侯。子骏嗣。毓弟会,自有传。

【译文】

钟繇字元常,是颍川郡长社县人。他曾和他本族的叔父钟瑜一起去洛阳,在路上遇见一位相面先生,相面先生看着钟繇说道:"这孩子生有一副尊贵相,只是有溺水之灾,要特别小心谨慎!"往前走了不到十里路,过一座桥,所骑的马受惊,钟繇被摔下河里,差点儿被淹死。钟瑜因相面先生的话很灵验,更加看重钟繇,供应他财物,让他专心从事学问。钟繇考中孝廉,任官尚书郎、阳陵县令,后因疾病去职。应司徒、司马、司空三府的征召,被任为廷尉正、黄门侍郎。当时汉献帝在西京长安,李傕、郭汜等人在长安发动叛乱,长安和关东地区交通断绝。曹操为兖州刺史,派人去向汉献帝上书。李傕、郭汜等人认为,"关东地区想另立天子,现在曹操虽然派来使者表示臣属,恐怕不是出自真心。"打算扣留曹操的使者,表示加以拒绝。钟繇劝李傕、郭汜等人说:"现在天下的形势是,各路英雄乘时兴起,都诈称受皇帝的命令而专权行事,只有兖州刺史曹操真心向着皇帝,如果拒绝他的忠诚表示,就会使忠心于皇帝的人感到失望。"李傕、郭汜等人采纳了他的意见,对曹操厚礼报答,从此曹操才和朝廷保持联系。曹操多次听到荀彧称赞钟繇,又听说他对李傕、郭汜等人的劝诚,对他就更加赏识。后来李傕劫持汉献帝,钟繇和尚书郎韩斌共同策划,汉献帝才得以逃出长安,这是钟繇尽力的结果。朝廷任钟繇为御史中丞,又升任侍中尚书仆射,论功行赏,封他为东武亭侯。

当时关中割据将领马腾、韩遂等人,都拥有强大的军事力量,互相争夺。曹操在关东因有战事牵制,不能分身,他深为关中的形势忧虑。于是他上奏天子,让钟繇以侍中的身份代理司隶校尉一职,颁发给他符节,统领关中各军,并把以后关中的政事委托给他,还特别授权,行事不必受常规条法的束缚。钟繇来到长安,写信给马腾、韩遂等人,向他们说明利害关系,马腾和韩遂都把他们的儿子送交朝廷,作为人质,表示他们的忠诚。曹操在官渡与袁绍两军相对峙,钟繇给曹操送来两千多匹战马,供军队使用。曹操给钟繇写信说:"得到你送来的战马,解决了当前的急需。关中地区得以平定,朝廷没有后顾之忧,这都是您的功劳,过去萧何镇守关中,为前线供应足够的军粮,军队才能行军作战,您也是这么做的。"后来匈奴的头领在平阳骚乱,钟繇率领各路人马把平阳包围起来,但没有攻克;这时袁尚设置的河东太守郭援来到河东地区,他的兵力强盛。钟繇手下的众将领纷纷议论,想解围退走,钟繇说道:"现在袁尚的力量还比较强大,郭援来到河东,关中的割据势力暗暗和他联系,现在他们之所以还没有全部背叛朝廷,是顾忌我的威慑力量。如果放弃攻城解围退走,暴露出我们的软弱,那么各地的人,哪个不是我们的敌人? 即使我们想撤退,能回得去吗? 这是不战而自败。再说郭援这个人,刚愎自用,又使气好胜,他必然不把我军放在眼里,如果他要渡过汾水安营扎寨,在他们还没有渡过汾水时发动攻击,可以大获全胜。"这时张既对说马腾会同钟繇攻击郭援,马腾派他的儿子马超率领精兵强将迎击郭援。郭援来到汾河边,果然就轻率下令渡河,他手下的人劝阻,他不听。兵士们还没渡过一半,钟繇发动攻击,把敌人打得大败,郭援被杀,匈奴头领投降。这事在《张既传》中有记述。后来河东的卫固发动叛乱,和张晟、张琰、高干等人到处抢掠,钟繇又率诸将把他们剿灭。自从汉献帝西去长安,洛阳的百姓也大都逃亡,钟繇从关中迁民至洛阳,又招集逃亡的百姓和失败的叛兵充实洛阳的人口,几年之间,洛阳的民户才稍稍得到充实。曹操征伐关中时,洛阳能够提供人力物力,于是曹操上奏,任钟繇为前军师。

曹操被封为魏王,魏国建立,任钟繇为大理,升任相国。曹丕为魏王世子,赏赐钟繇一口五味锅,锅上镌刻铭文说:"显赫的魏国,是汉朝的拱卫。它的相国钟繇,是魏国的左膀右臂。他不分昼夜操劳国事,没有一时一刻安逸。是百官学习的榜样,百官都以他为规矩。"几年之后,西曹掾魏讽谋反,钟繇受到牵连,罢官回家。曹丕继位为魏王,再任钟繇为大理。曹丕做了皇帝,改任钟繇为廷尉,封爵晋升为崇高分侯。升为太尉,封爵转为平阳乡侯。当时的司徒华歆、司空王朗,都是先朝的名臣。曹丕退朝后曾对身边的人说:"华歆、王朗和钟繇这三个人,是一代伟人,后难为继了!"魏明帝即位,进封钟繇为定陵侯,封邑增加五百户,加上以前的封户,共一千八百户,又升任他为太傅。钟繇患有膝关节病,跪拜很不方便。当时华歆也因年老多病,他们上朝时都乘坐小车,壮士把他们抬至殿上,然后就座。从此以后,三公有病,上朝准许乘车,成为相沿的成例。

当初,曹操下令,让钟繇等人审查将死刑改为宫刑的罪犯。钟繇认为:"古代的肉刑,历代圣人都执行,应该恢复,以代替死刑。"参加讨论的人认为这不是爱民措施,于是这事就搁置起来。文帝宴请群臣,当场下令说:"司法机关想恢复肉刑,这实在是圣王的德政,公卿大臣应该赞成他的意见。"议论了一番,还没定下来,遇上军事行动,这事就又搁置下来。明帝太和年间,钟繇上书说:"魏国建立国家,继承虞舜、复禹的传统。汉文帝变革法律,不符合古代的法律思想。太祖的品德,是上天赋予的,他对古代的典籍,能够融会贯通。文帝继位以后,又颁发诏书,想恢复古刑,使之成为一代成法。因连年有战事,未能付诸施行。陛下您继承二位先帝的遗志,出于爱民之心,以为斩脚足的惩罚罪恶,被判为死刑是无辜的,让我明习法令,和群臣共同议定。罪恶本该斩去右脚而被判为死刑的,仍用斩足之刑。《书经》上说:皇帝请问下民,鳏寡有辞于苗。'这句话是说,尧帝在废除蚩尤、有苗的刑法时,先向有意见的百姓询问。如果现在在审理疑案的时候,首先问三公九卿、各色吏员以及百姓征求意见,按照汉景帝时的律令,罪该判死刑的犯人,如果他愿意斩去右脚,应该允许。另外如刺面、割鼻、斩左脚、阉割等刑罚,按照汉文帝时的律令,改为剃发、杖打。有犯罪能力的人,大都在二十岁至四、五十岁之间,虽然斩去他的脚,仍能够生育。现在国家的人口比汉文帝时代少,如实行上面的改刑措施,每年能够全活三千人。张苍废除肉刑,判死刑的每年数以万计。我想恢复肉刑,每年可使三千人免死。子贡问孔子:'能够拯救百姓,是否可算作仁人?'孔子回答说:'何止是仁人,那一定是圣人了,尧、舜也感到难于做到!'孔子又说:'仁距我们很远吗?我们想做到仁,仁就在我们身边,如果真的实行这种刑法,老百姓可以永世得到周全。"他的这封奏疏呈上去,皇帝下旨说:"太傅钟繇,学问渊博,富有高才,对政事又特别留心,又对于刑法研究很深。这是国家的大事,公卿群臣很好地讨论讨论。"司徒王朗论及此事,他认为:"钟繇想减轻死罪的条款,增加斩足之刑的数量,这就是起死回生,化死尸为活人的措施。但是我的意见和他的意见稍微有些不同。五刑的各种刑罚,在法律上有明文规定,其中本来就有'减死一等'的律条,不够死罪就是减死一等。这条法律实行已经很久了,不需再去借用斧凿等肉刑名目而后才能分别罪恶的轻重。前代出于仁慈之心,不忍心用残酷的肉刑,因此肉刑废而不用。不用肉刑,已经有几百年了。如果现在恢复肉刑,我担心减轻刑罚的条文老百姓还未看到,而恢复肉刑的消息已经传到敌人的耳朵里,远处的百姓谁还敢来归顺我们呢!现在可按照钟繇想法,若想把死罪囚犯减轻,判为减死一等剃发、斩足。如果认为这样太轻的话,可以成倍增加服罪役的年数。这样,对国内犯人有免死全活的大恩,对外也不会产生以斩脚代替脚镣那种骇人听闻的谣传。"参加讨论的有一百多人,同意王朗意见的人居多。皇帝因吴、蜀二国还没有平定,就暂且搁置下来。

太和四年,钟繇逝世。皇帝身穿素服亲自去吊唁,赠谥号为"成侯"。他的儿子钟毓继承他的爵位。当初,文帝下令将钟毓的封邑人户分出一部分,用来分给钟繇的弟弟钟演和钟繇的儿子钟劭、孙子钟豫,都封为列侯。

钟毓字稚叔。他十四岁时就任散骑侍郎,他生性机敏,谈笑风生,很像他的父亲。太和初年,蜀国丞相诸葛亮围攻祁山,魏明帝打算亲自率兵西征,钟毓上疏说:"军事行动所贵的是朝廷的高明决策,建功立业在于运筹帷幄,身不下殿堂,而能决胜于千里之外。陛下您应镇守中原,调动兵力形成四面八方有威势的援军。如果大军西征,虽然对敌人有百倍的威力,但对于关中地区来说,损耗可就大了。再说,盛夏进军,《诗经》的作者都持慎重的态度,这的确不是陛下亲自征伐的时节。"因此,升他为黄门侍郎。当时在洛阳大兴土木,建筑宫殿,皇帝离开洛阳到许昌,全国的官员都到许昌去朝见皇帝。许昌城地方狭小,于是在城南搭盖毡房作为宫殿,并备有各种游艺陈设,老百姓服劳役疲于奔命。钟毓上疏劝谏,他说:"各地不时发生水旱灾害,国库空虚,这一切兴造,可等到丰收年头。"他又上疏说:"应恢复开垦关中荒地的措施,让老百姓尽力于农耕。"他的建议付诸实行。正始年间,他任散骑常侍。大将军曹爽在盛夏兴兵征伐蜀国,蜀军坚守,曹爽的军队无法前进。曹爽正要增兵,钟毓给他写信说:"我认为高明的决策,不会在枪林弹雨中强攻;正义之师,出兵征伐,不会遇到抵抗。诚如大禹舞干戚可以征服三苗,晋文公用退避三舍足以降服楚军,而不必像汉光武帝派吴汉赴江关破敌,也不必像汉王刘邦那样,派韩信去井隆击破赵军。形势有利,可以前进,形势不利,应知难而退,这是自古以来用兵处世之道。希望公侯大人您仔细考虑!"结果曹爽是无功而回。后来因与曹爽意见不合,钟毓被降为侍中,又外任为魏郡太守。曹爽谋反被杀,钟毓调回京师,任御史中丞、侍中廷尉。钟毓在廷尉任上,做出几条新规定:君主和父亲逝世之后,他的臣属和儿子可以替君主或父亲辩白被诬谤的委屈;士人得到侯位封爵,犯罪以后,他的妻子不再强行陪嫁他人。

正元年间,毋丘俭、文钦谋反,钟毓持节出使扬州、豫州,宣布朝廷的大赦令,晓谕各地的官吏、百姓,回京后被任为尚书。诸葛诞反叛,大将军司马懿打算亲自率兵去寿春讨伐诸葛诞。当时正值吴国大将孙壹率部来投降,有人认为:"吴国内部最近出现矛盾,必然不能再派军出征。我军在东部战线的兵力很多,因此可暂不出征,看以后形势发生如何,再做定夺。"钟毓认为:"分析形势,估量敌人的动向,应该从敌我双方面的情况出发。现在诸葛诞把淮南大块土地拱手送给吴国,而孙壹所率来降的人,总数还不到一千,其中作战的兵士不过三百人。吴国的损失,微乎其微。如果不解除寿春被围困的局面,吴国国内反而会因此而安定,不能认为它一定不会出兵。"司马懿听了,说道:"你说得好。"于是他带领钟毓出兵东征。淮南平定之后,钟毓任青州刺史,加后将军衔,升任都督徐州诸军事、假节,又转任都督荆州诸军事。他在景元四年逝世,追赠他为车骑将军,赠谥号为"惠侯"。他的儿子钟骏继承他的爵位。钟毓的弟弟钟会,本书另有传记。

张辽传

【题解】

张辽(169~222),三国时期曹操的著名大将。字文远,雁门马邑(故城在今山西省朔县)人。生于乱世,出身行伍。东汉末年,为并州刺史丁原属官。初平三年(192),张辽归属于吕布,升为骑都尉。建安三年(198),张辽归降曹操,被任命为中郎将。其后,张辽以其智勇,屡建战功。建安五年(200),曹操与袁绍大战于官渡,张辽与关羽率军解白马之围。建安十二年(207),随曹操北征乌桓和袁尚,他自请为先锋,奋力冲击,大破敌众,阵斩乌桓单于蹋顿,收降众十余万口。建安二十年(215),孙权率十万军队进围合肥,他与李典率步卒八百人，大破孙权，创造了历史上的重要战例，因而威震东南，被任命为征东将军。黄初三年(222)，率军攻吴，病死军中。魏文帝接到丧耗后，为之流涕，赐谥号叫刚侯。

【原文】

张辽字文远，雁门马邑人也。本聂壹之后，以避怨变姓。少为郡吏。汉末，并州刺史丁原以辽武力过人，召为从事，使将兵诣京都。何进遣诣河北募兵，得千馀人。还，进败，以兵属董卓。卓败，以兵属吕布，迁骑都尉。布为李傕所败，从布东奔徐州，领鲁相，时年二十八。太祖破吕布於下邳，辽将其众降，拜中郎将，赐爵关内侯。数有战功，迁裨将军。袁绍破，别遣辽定鲁国诸县。与夏侯渊围昌豨於东海，数月粮尽，议引军还，辽谓渊曰："数日已来，每行诸围。豨辄属目视辽。又其射矢更稀，此必豨计犹豫，故不力战。辽欲挑与语，傥可诱也"，乃使谓豨曰："公有命，使辽传之"。豨果下与辽语，辽为说"太祖神武，方以德怀四方，先附者受大赏。"豨乃许降。辽遂单身上三公山，入豨家，拜妻子。豨欢喜，随诣太祖。太祖遣豨还，责辽曰："此非大将法也。"辽谢曰："以明公威信著於四海，辽奉圣旨，豨必不敢害故也。"从讨袁谭、袁尚於黎阳，有功，行中坚将军。从攻尚於邺；尚坚守不下。太祖还许，使辽与乐进拔阴安，徒其民河南。复从攻邺，邺破，辽别徇赵国、常山，招降缘山诸贼及黑山孙轻等。从攻袁谭，谭破，别将徇海滨，破辽东贼柳毅等。还邺，太祖自出迎辽，引共载，以辽为荡寇将军。复别击荆州，定江夏诸县，还屯临颍，封都亭侯。从征袁尚於柳城，卒与虏遇，辽劝太祖战，气甚奋，太祖壮之，自以所持麾授辽。遂击，大破之，斩单于蹋顿。

时荆州未定，复遣辽屯长社。临发，军中有谋反者，夜惊乱起火，一军尽扰，辽谓左右曰："勿动。是不一营尽反，必有造变者，欲以动乱人耳。"乃令军中，其不反者安坐。辽将亲兵数十人，中陈而立，有顷定，即得首谋者杀之。陈兰、梅成以氐六县叛，太祖遣于禁、臧霸等讨成，辽督张郃、牛盖等讨兰。成伪降禁，禁还。成遂将其众就兰，转入灊山。灊中有天柱山，高峻二十馀里，道险狭，步径裁通，兰等壁其上。辽欲进，诸将曰："兵少道险，难用深入。"辽曰："此所谓一与一，勇者得前耳。"遂进到山下安营，攻之，斩兰、成首，尽虏其众。太祖论诸将功曰："登天山，履峻险，以取兰、成，荡寇功也。"增邑，假节。

太祖既征孙权还，使辽与乐进、李典等将七千馀人屯合肥。太祖征张鲁，教与护军薛悌，署函边曰：贼至乃发。俄而权率十万众围合肥，乃共发教，教曰："若孙权至者，张、李将军出战；乐将军守，护军勿得与战。"诸将皆疑。辽曰："公远征在外，比救至，彼破我必矣。是以教指及其未合逆击之，折其盛势，以安众心，然后可守也。成败之机，在此一战，诸君何疑？"李典亦与辽同。於是辽夜募敢从之士，得八百人，椎牛飨将士，明日大战，平旦，辽被甲持戟，先登陷陈，杀数十人，斩二将，大呼自名，冲垒入，至权麾下。权大惊，众不知所为，走登高冢，以长戟自守。辽叱权下战，权不敢动，望见辽所将众少，乃聚围辽数重。辽左右麾围，直前急击，围开，辽将麾下数十人得出，馀众号呼曰："将军弃我乎！"辽复还突围，拔出馀众。权人马皆披靡，无敢当者。自旦战至日中，吴人夺气，还修守备，众心乃安，诸将咸服。权守合肥十馀日，城不可拔，乃引退。辽率诸军追击，几复获权。太祖大壮辽，拜征东将军。建安二十一年，太祖复征孙权，到合肥，循行辽战处，叹息者良久。乃增辽兵，多留诸军，徙屯居巢。

关羽围曹仁於樊，会权称藩，召辽及诸军悉还救仁。辽未至，徐晃已破关羽，仁围解。辽与太祖会摩陂。辽军至，太祖乘辇出劳之，还屯陈郡。文帝即王位，转前将军。分封兄汜及一子列侯。孙权复叛，遣辽还屯合肥，进辽爵都乡侯。给辽母舆车，及兵马送辽家诣屯，敕辽母至，导从出迎。所督诸军将吏皆罗拜道侧，观者荣之。文帝践阼，封晋阳侯，增邑千户，并前二千六百户。黄初二年，辽朝洛阳宫，文帝引辽会建始殿，亲问破吴意状。帝叹息顾左右曰："此亦古之召虎也。"为起第舍，又特为辽母作殿，以辽所从破吴军应募步卒，皆为虎贲。孙权复称藩。辽还屯雍丘，得疾。帝遣侍中刘晔将太医视疾，虎贲问消息，道路相属。疾未瘳，帝迎辽就行在所，车驾亲临，执其手，赐以御衣，太官日送御食。疾小差，还屯。孙权复叛，帝遣辽乘舟，与曹休至海陵，临江。权甚惮焉，敕诸将："张辽虽病，不可当也，慎之！"是岁，辽与诸将破权将吕范。辽病笃，遂薨于江都。帝为流涕，谥曰刚侯。子虎嗣。六年，帝追念辽、典在合肥之功，诏曰："合肥之役，辽、典以步卒八百，破贼十万，自古用兵，未之有也，使贼至今夺气，可谓国之爪牙矣。其分辽、典邑各百户，赐一子爵关内侯。"虎为偏将军，薨。子统嗣。

【译文】

张辽，字文远，雁门郡马邑县人。原本是聂壹的后人。因躲避怨家而改姓。他年轻时充当郡吏。东汉末叶，并州刺史丁原因为张辽武力过人，召他充当州从事，派他率领部队前往京师，何进又派遣他前往河北招募士兵，招募了一千多人。回到京师时，何进已被杀害，张辽率兵隶属董卓。董卓失败后，他又带兵隶属吕布，升为骑都尉。吕布被李傕战败，张辽跟随吕布向东逃到徐州，兼任鲁国相，当时年仅二十八岁。魏太祖曹操在下邳打垮吕布，张辽带领他的部下投降曹操，任命为中郎将，给予爵位关内侯，多次建立战功，升为裨将军。袁绍失败以后，曹操另外派遣张辽平定鲁国各县。和夏侯渊在东海围攻昌豨，几个月后粮食吃光了，商议退兵。张辽对夏侯渊说：几天以来，我每次巡视东海城，昌豨总是向我凝视。另外，他们射箭变得稀少。这一定是因为昌豨在计谋上犹豫不决，所以才不努力作战。我打算邀他随便谈谈，或许可以劝他投降。"于是派人对昌豨说："曹公有信，派张辽转告你。"昌豨果然下城和张辽交谈，张辽劝他说："曹公神明威武，正用仁德安抚四方，先归附他的人会受到大的赏赐。"昌豨就答应投降。张辽于是一人登上三公山，进入昌豨家里，拜访他的妻子儿女。昌豨高兴，就跟随他前往见太祖。太祖派遣昌豨回去驻守，并责备张辽说："这不是大将的做法。"张辽认错说："因为明公的威信在四海都明显，我奉您的旨令到昌豨家，昌豨一定不敢加害于我，我才敢这样做。"跟随太祖到黎阳讨伐袁谭、袁尚，建立了战功，代理中坚将军。跟随太祖去邺城攻打袁尚，由于袁尚坚守，没有攻下。太祖回到许昌，派张辽和乐进攻克阴安，迁徙那里的百姓到黄河南岸。重新跟随曹操攻打邺城，邺城被攻破。张辽另外带兵夺取赵国、常山，招降沿山抢劫的众贼和黑山贼孙轻等。跟随太祖攻打袁谭、袁谭失败。另外率兵夺取海滨地区，打败辽东贼柳毅等。回到邺，太祖亲自出来迎接张辽，引导他和他共同乘坐一辆车，任用张辽充当荡寇将军。又另外率兵攻打荆州，平定江夏各县，回师驻守临颍，晋爵都亭侯。跟随太祖到柳城征讨袁尚，仓促和敌人遭遇，张辽劝太祖迎战，精神非常奋发，太祖支持他，就把所拿用来指挥军队的旗帜送给张辽。于是进击，大败袁尚，斩杀乌桓单于蹋顿。

当时荆州还未平定，又派张辽驻守长社。临出发时，军中有人图谋反叛，夜里军中受惊大乱，又着起火来，全军士兵都陷于混乱之中。张辽对身旁的人说："不要动。这不是一营都反叛，一定是有人想造反，打算用骚动来扰乱人心。于是下令军中，不反叛的人都安静坐下。张辽率领亲兵几十人，站在军营中间。片刻就平定下来，捉拿到谋反者的头杀了。陈兰、梅成据氐六县反叛，太祖派于禁、臧霸等征伐梅成，张辽监督指挥张郃、牛盖征伐陈兰。梅成假装投降于禁，于禁回师。梅成于是率领他的部下投奔陈兰，转移进入灊山。灊中有座天柱山，山势陡峭，高二十余里，道路艰险狭窄，步行才能通过，陈兰等在山上构筑壁垒。张辽打算进攻，众将说："我们兵少，道路艰险，难于用深入攻敌的战术。"张辽说："这就是所说的势均力敌，勇敢的一方得到胜利。"于是进军到山下扎下营寨，然后进攻，杀了陈兰、梅成，全部俘虏了他们的部下。太祖评论众将的功劳，说："登天山，踩险峻，以便攻取陈兰、梅成，是荡寇将军的功劳。"给张辽增封了食邑，并让他持节。

太祖征伐孙权回来以后，派遣张辽和乐进、李典等率领七千多人驻守合肥。太祖征伐张鲁时，给护军薛悌一封亲笔信，在信封边沿上写着"敌人到时再拆开"。不久，孙权率领十万军队围攻合肥。于是众将共同拆开信，信上说："如果孙权来到，张辽、李典将军出城迎战，乐进将军守城，护军不得参战。"众将满腹疑团，张辽说："曹公远征在外，等到救兵来到，敌人必然会攻破城池。因此信上指示我们在敌人还没有集合前给以迎头痛击，挫败他们的锐气，来安抚众心，然后才能守住城池。成败的关键，在此一战，各位君子还有什么疑惑的？"李典和张辽见解相同。于是张辽当夜募集敢于跟随自己出战的士兵，得到八百人，杀牛设宴犒劳将士，准备明日大战。清晨，张辽身披盔甲，手持长戟，身先士卒，冲锋陷阵，杀敌数十人，斩将二员，他大声喊着"我是张辽"，冲入敌兵营垒，直到孙权的指挥旗下。孙权大惊，众将不知所措，退着登上一座高丘，众将用长戟护着孙权。张辽呵斥孙权下来交战，孙权不敢动弹，望见张辽所带的兵少，才下令将张辽重重包围。张辽指挥左右突围，向前突击，冲开了包围圈，张辽率领部下几十人冲出了重围，剩下的士兵呼喊："将军！抛下我们不管吗？"张辽又回马冲进包围圈，救出了余下的士兵。孙权的人马都望风溃散，没有敢抵挡的人。从清晨到中午，东吴的士兵丧失了斗志。张辽命令回城，整修守备，军心人心得以安定，众将都佩服张辽。孙权围攻合肥十余天，不能攻克，就带兵走了。张辽率领众军追击，差一点又抓获孙权。太祖十分赏识张辽的勇猛无畏，授官征东将军。建安二十一年，太祖重新征伐孙权，来到合肥后，巡视张辽当年战斗过的地方，感慨叹息许久。于是增加张辽的兵力，多留众军，由张辽总管，迁到居巢驻守。

关羽在樊县围攻曹仁，恰巧碰上这时孙权向魏称臣，太祖召张辽和众军都回来救曹仁。张辽还没有到，徐晃已经打败关羽，解除了对曹仁的包围。张辽与太祖在摩陂会合。张辽军队赶到时，太祖乘辇车出来慰劳他们，回来驻守陈郡。魏文帝即王位后，张辽转任前将军。又封他哥哥张汎和一个儿子做列侯。孙权重新反叛，文帝派遣张辽回军驻守合肥，晋升张辽的爵位为都乡侯。把皇帝乘坐的车，送给张辽的妈妈。又派兵马把张辽的家人送到驻守的地方,并下诏:张辽的妈妈到达时,仪仗队要出来迎接。张辽所监督指挥的众军将吏都在路旁围着下拜,观看的人都认为张辽很荣耀。文帝登基后,封张辽为晋阳侯,加封食邑千户,加上以前封的共二千六百户。黄初二年,张辽到洛阳宫朝见文帝,文帝在建始殿接见了他。亲自询问打败吴军时的情景。文帝听后感叹地回顾左右说:"这也是古代的召虎啊!"为他兴建府第,又特意为张辽的母亲建造殿堂,由张辽招募跟随他打败吴军的步兵,都被任用作虎贲。孙权再次向魏称臣。张辽回军驻守雍丘,得病。文帝派侍中刘晔带太医给他看病,询问他病情的虎贲在路上络绎不绝。病没有愈,文帝就迎接张辽到他的住所,文帝亲自去看望张辽,握着他的手,赐给他皇上的衣服,太官每天送给他皇帝的饮食。病刚好一点儿,就回到驻地。孙权又反叛,文帝派遣张辽和曹休乘船到达海陵,来到长江之滨。孙权十分害怕他。告诫众将:"张辽虽然患病,但勇不可当。要对他谨慎。"这一年,张辽和众将打败孙权的将领吕范。张辽病重,于是在江都去世。文帝为他流泪,谥号叫刚侯。儿子张虎继承爵位。黄初六年,文帝追念张辽、李典在合肥的战功,下诏说:"合肥战役,张辽、李典用步兵八百人打败敌人十万,自古用兵,不曾有过。使敌人至今丧气,真可以说是国家的武臣啊!从张辽、李典食邑中各分出一百户,赐给一个儿子爵关内侯。"张虎充当偏将军,去世。张虎的儿子张统继承爵位。

徐晃传

【题解】

徐晃(？~227),三国时期魏国的名将。字公明,河南杨邑(今山西省洪洞县东南人)。生于东汉末年。青年时期为郡吏。后授官为骑都尉。初追随杨奉,曾建议献帝还洛阳。建安元年(196),出归曹操,深得曹操器重,先后参与了征吕布、伐睢固、击刘备、解白马之围等战役,因作战勇敢升为偏将军。又奉命与史涣袭击袁绍的运粮车队,因功被封为都亭侯。建安九年(204),他讨平易阳(今河北省涉县境内),又征讨毛城(今河北省武安县西),连破三屯。然后挥师东向,随曹军主力大破袁谭于南皮,略定诸县。建安十二年(207),徐晃随曹操北征乌桓,授官为横野将军。建安十三年,(208),徐晃随曹军主力南征荆州,与曹仁阻击东吴大将周瑜于江陵。建安十五年(210),他平定商曜在太原的叛乱。建安十六年(211),他配合曹操,大败马超、韩遂于渭河南岸,并与夏侯渊一起平定了鄃糜、汧县氏族诸部。建安二十年(215),随曹操往征汉中张鲁,张鲁投降。建安二十四年(219),曹仁于樊城被关羽围困,力孤势危。徐晃率军驰援,大败关羽军,解樊城之围。于是回师,曹操迎出七里,置酒慰劳徐晃,赞扬徐晃有周亚夫之风。黄初元年(220),曹丕授官徐晃为右将军,进封逯乡侯。曹丕登极后,又定封为杨侯。曾与夏侯尚一起在上庸打败刘备的部将孟达。魏明帝即位后,徐晃受命拒吴将诸葛瑾于襄阳,因病重回到都城,不久去世,皇上赐谥号叫壮侯。徐晃一生戎马,在长期的战争实践中增长了才干,积累了经验,他智勇双全,治军严谨,是当时杰出的将领之一。

徐晃字公明，河东杨人也。为郡吏，从车骑将军杨奉讨贼有功，拜骑都尉。李傕、郭汜之乱长安也，晃说奉，令与天子还洛阳，奉从其计。天子渡河至安邑，封晃都亭侯。及到洛阳，韩暹、董承日争斗，晃说奉令归太祖；奉欲从之，后悔。太祖讨奉於梁，晃遂归太祖。

太祖授晃兵，使击卷、原武贼，破之，拜裨将军。从征吕布，别降布将赵庶、李邹等。与史涣斩眭固於河内。从破刘备，又从破颜良，拔白马，进至延津，破文丑，拜偏将军。与曹洪击隐强贼祝臂，破之，又与史涣击袁绍运车於故市，功最多，封都亭侯。太祖既围邺，破邯郸，易阳令韩范伪以城降而拒守，太祖遣晃攻之。晃至，飞矢城中，为陈成败。范悔，晃辄降之。既而言於太祖曰："二袁未破，诸城未下者倾耳而听，今日灭易阳，明日皆以死守，恐河北无定时也。愿公降易阳以示诸城，则莫不望风。"太祖善之。别讨毛城，设伏兵掩击，破三屯。从破袁谭於南皮，讨平原叛贼，克之。从征蹋顿，拜横野将军。从征荆州，别屯樊，讨中庐、临沮、宜城贼。又与满宠讨关羽於汉津，与曹仁击周瑜於江陵。十五年，讨太原反者，围太陵，拔之，斩贼帅商曜。韩遂、马超等反关右，遣晃屯汾阴以抚河东，赐牛酒，令上先人墓。太祖至潼关，恐不得渡，召问晃。晃曰："公盛兵於此，而贼不复别守蒲坂，知其无谋也。令假臣精兵渡蒲坂津，为军先置，以截其里，贼可擒也。"太祖曰："善。"使晃以步骑四千人渡津。作堑栅未成，贼梁兴夜将步骑五千余人攻晃，晃击走之，太祖军得渡。遂破超等，使晃与夏侯渊平隃糜、汧诸氏，与太祖会安定。太祖还邺，使晃与夏侯渊平鄜、夏阳馀贼，斩梁兴，降三千馀户。从征张鲁。别遣晃讨攻椟、仇夷诸山氏，皆降之。迁平寇将军。解将军张顺围。击贼陈福等三十馀屯，皆破之。

太祖还邺，留晃与夏侯渊拒刘备於阳平。备遣陈式等十馀营绝马鸣阁道，晃别征破之，贼自投山谷，多死者。太祖闻，甚喜，假晃节，令曰："此阁道，汉中之险要咽喉也。刘备欲断绝外内，以取汉中。将军一举，克夺贼计，善之善者也。"太祖遂自至阳平，引出汉中诸军。复遣晃助曹仁讨关羽，屯宛。会汉水暴溢，于禁等没。羽围仁於樊，又围将军吕常于襄阳。晃所将多新卒。以羽难与争锋，遂前至阳陵陂屯。太祖复还，遣将军徐商、吕建等诣晃，令曰："须兵马集至，乃俱前。"贼屯偃城。晃到，诡道作都堑，示欲截其后，贼烧屯走。晃得偃城，两面连营，稍前，去贼围三丈所。未攻，太祖前后遣殷署、朱盖等凡十二营诣晃。贼围头有屯，又别屯四冢。晃扬声当攻围头屯，而密攻四冢。羽见四冢欲坏，自将步骑五千出战，晃击之，退走，遂追陷与俱入围，破之，或自投沔水死。太祖令曰："贼围堑鹿角十重，将军致战全胜，遂陷贼围，多斩首虏。吾用兵三十馀年，及所闻古之善用兵者，未有长驱径入敌围者也。且樊、襄阳之在围。过於莒、即墨，将军之功，逾孙武、穰苴。"晃振旅还摩陂，太祖迎晃七里，置酒大会。太祖举卮酒劝晃，且劳之曰："全樊、襄阳，将军之功也。"时诸军皆集，太祖案行诸营，士卒咸离陈观，而晃军营整齐，将士驻陈不动。太祖叹曰："徐将军可谓有周亚夫之风矣。"

文帝即王位，以晃为右将军，进封逯乡侯。及践阼，进封杨侯。与夏侯尚讨刘备於上庸，破之。以晃镇阳平，徒封阳平侯。明帝即位。拒吴将诸葛瑾於襄阳。增邑二百，并前三千一百户。病笃，遗令敛以时服。

性俭约畏慎，将军常远斥候，先为不可胜，然后战，追奔争利，士不暇食。常叹曰："古人患不遭明君，今幸遇之，当以功自效，何用私誉为！"终不广交援。太和元年薨，谥曰壮侯。子盖嗣。盖薨，子霸嗣。明帝分晃户，封晃子孙二人列侯。

【译文】

徐晃，字公明，河东郡杨县人。充当郡吏时，跟随车骑将军杨奉征伐贼子立功，授官骑都尉。李傕、郭汜交战，使长安大乱时，徐晃劝谏杨奉，让他和汉献帝退到洛阳，杨奉听从了他的建议。汉献帝渡过黄河到达安邑后，赐封徐晃充当都亭侯。等到了洛阳以后，韩暹、董承每天明争暗斗，徐晃劝谏杨奉归附太祖曹操，杨奉开始打算听从他的建议，后来又懊悔了。太祖到梁县征伐杨奉，徐晃于是归附了太祖。

太祖授给徐晃兵力，让他攻打卷和原武县的贼子，打败了他们，授官裨将军。跟随太祖讨伐吕布，另外招降吕布将领赵庶、李邹等。和史涣在河内杀睦固。跟随太祖打败刘备，又跟随太祖打败了颜良，攻克了白马县，进军到达延津，打败文丑，授官偏将军。和曹洪攻打滱强贼子祝臂，打败了他，又与史涣到故市袭击袁绍的运粮车队，建功最多，封都亭侯。太祖包围邺城以后，攻破邯郸，易阳令韩范假意率城投降，然后抗拒坚守，太祖派遣徐晃去攻打他。徐晃到达以后，写了封劝降信射到城内，向韩范陈述成败得失。韩范懊悔了，徐晃就招降他。回来以后对太祖说："袁谭、袁尚没有被打垮，没有攻克的各城侧耳倾听，如果今天屠灭易阳，那么明天都誓死坚守，恐怕河北就没有平定的那一天了。希望您招降易阳用来示意各城，那么没有不望风投降的。"太祖认为他说得正确。另外率兵征伐毛城，安排伏兵乘人不备而袭击，攻破三个壁垒。跟随太祖在南皮打败了袁谭，征伐平原叛乱的贼子，战胜了他们。跟随太祖征伐乌丸单于蹋顿，授官横野将军。跟随太祖征伐荆州，单独率兵驻守在樊，征伐中庐、临沮、宜城县的贼子，又和满宠在汉津征伐关羽，和曹仁在江陵攻打周瑜。建安十五年，出兵征代太原郡的叛军，围攻大陵县，攻克了它，杀了他们的统帅商曜。韩遂、马超等在关西反叛，曹操派遣徐晃驻守汾阴县以便安抚河东郡，赏赐牛和酒，让他到祖先墓上扫墓。太祖到潼关，担心渡不过黄河，召见徐晃询问他的看法。徐晃说："您在这里集结大军，而贼子不另外派兵把守蒲坂，可知他们没有计谋。现在让我率领精兵，渡过蒲坂津，为我军打前站，从里面截击贼子，贼子就可以抓获了。"太祖说："好！"令徐晃率步兵、骑兵四千人渡过蒲坂津。挖壕沟置栅栏，还没有完成，贼子梁兴乘黑夜率五千多步骑兵进攻徐晃，徐晃击退了他们，使太祖的部队得以渡河。于是打败马超等，又派徐晃、夏侯渊平定隃糜，汧等县氐人，和太祖在安定会师。太祖回到邺城，让徐晃和夏侯渊平定鄠、夏阳等地残余贼子，杀梁兴、招降三千多户人家。跟随太祖征伐张鲁。另外派遣徐晃征伐攻打椟、仇夷等山氐，全都招降了他们。升平寇将军。解救了被围困的将军张顺。攻打贼子陈福等三十多个壁垒，都攻破了。

太祖回到邺城，留下徐晃和夏侯渊在阳平抵御刘备。刘备派遣陈式等十多营的兵力断绝马鸣阁道，徐晃率兵绕道攻击贼子，贼子被迫跳下山涧，摔死很多。太祖听说后，非常高兴，赐徐晃持节，下令说："这个阁道是汉中的险要咽喉。刘备打算断绝内外，以便取得汉中。将军一举破坏了敌人的计划,真是太好了。"太祖于是亲自到阳平,领回汉中众军。又派遣徐晃协助曹仁征伐关羽,驻守在宛城。恰巧碰上汉水暴涨,于禁等被汉水淹没投降。关羽在樊城围攻曹仁,又在襄阳围攻将军吕常。徐晃统率的大都是新兵,因此难于和关羽正面交锋,于是前进到阳陵陂驻守。太祖从阳平回来后,又派遣将军徐商、吕建等来见徐晃,传令说:"等到我军兵马到齐后,再一起进攻。"贼子在郾城驻守。徐晃到郾城后,扬言挖壕沟,表示打算断绝敌人的后路,贼子烧掉壁垒撤走。徐晃夺得郾城后,和贼子营垒相连,稍微向前,在离贼子的包围圈三丈远的地方扎下营盘。还没有进攻,太祖先后派遣殷署、朱盖等共计十二营的兵力前往与徐晃会师。贼子在围头驻守,又另外在四冢驻守。徐晃故意对外宣扬说应当攻打围头的驻军,却隐蔽地攻打四冢。关羽看见四冢将要被攻破,亲自率领步、骑兵五千人出来与徐晃交战,徐晃把关羽击败,于是乘胜追击与关羽一起进入了包围圈内,打败了贼子,有的贼子走投无路,就跳入沔水被淹死。太祖下令说:"贼子围城的壕沟、鹿寨有十层,将军精力专注于作战获得全胜,于是攻破贼子的包围,斩杀了很多敌方的首级,我用兵三十多年,以及所听说的古代善于用兵的人,还没有长驱直入冲进敌人包围圈的。而且樊城、襄阳被围困的程度比当年莒、即墨的围困还要严重,将军的功勋,超过了孙武、穰苴。"徐晃整顿部队回到摩陂,太祖在城外七里迎接徐晃,设酒席举行盛大的宴会。大祖举杯向徐晃劝酒,并且慰劳他说:"保全樊城、襄阳,是将军的功劳啊!"当时众军都集合在这里,太祖巡视各营,其他营的士兵都离开队列观看太祖,唯独徐晃军营整齐,将士站在队列里不动,太祖感叹说:"徐将军可以说有周亚夫的风度。"

文帝即魏王位后,任用徐晃为右将军,晋封逯乡侯。等到文帝登基,徐晃晋爵为杨侯。和夏侯尚到上庸征伐刘备,打败了他。文帝任用徐晃镇守阳平,改封阳平侯。明帝登基后,徐晃在襄阳抵御吴将诸葛瑾。增封食邑二百户,加上以前封的,共三千一百户。徐晃病重,遗嘱按当时普通人的丧服来收敛他。

徐晃生性节俭谨慎,率领军队经常在远处设进行侦察的士兵,先使自己立于不败之地,然后才发起进攻,追击敌人争立战功,士兵没有闲暇吃饭。他时常感叹地说:"古时人忧虑遇不上贤明的君主,而今我幸运地遇上了,应当立功报效,怎么能追求个人荣誉呢?"最终不交结亲贵。太和元年去世,起谥号叫壮侯。儿子徐盖继承侯位。徐盖去世,儿子徐霸继承侯位。明帝从徐晃食邑中分出一部分,封徐晃子孙二人充当列侯。

曹植传

【题解】

　　曹植(192~232),三国时魏诗人。字子建,谯(今安徽亳县)人。曹操第三子,因最后受封陈郡,卒谥思,后人又称他"陈王"或"陈思王"。因富于才学,早年受曹操宠爱,一度欲立为太子,后曹丕、曹叡为帝,曹植备受猜忌,抑郁而终。

诗歌是曹植文学活动的主要领域，前期诗歌或写贵公子的优游生活，或写"生乎乱，长乎军"的时代感受，后期诗歌多抒发压制下的愤懑和哀怨。他的诗得益于乐府诗的营养，在五言诗歌艺术的发展上做出重大贡献。善用比兴手法，语言凝练精工，音韵和谐，钟嵘评价说："骨气奇高，词采华茂，情兼雅怨，体破文质。"（《诗品》）曹植被视为五言诗的一代宗匠。

曹植兼工辞赋和散文，《洛神赋》等堪称传世佳作。原有集已散佚，今存南宋本《曹子建集》十卷。

曹植

【原文】

陈思王植字子建。年十岁馀，诵读诗、论及辞赋数十万言，善属文。太祖尝视其文，谓植曰："汝倩人邪?"植跪曰："言出为论，下笔成章，顾当面试，奈何倩人?"时邺铜爵台新成，太祖悉将诸子登台，使各为赋。植援笔立成，可观，太祖甚异之。性简易，不治威仪。舆马服饰，不尚华丽。每进见难问，应声而对，特见宠爱。建安十六年，封平原侯。十九年，徙封临菑侯。太祖征孙权，使植留守邺，戒之曰："吾昔为顿邱令，年二十三。思此时所行，无悔於今。今汝年亦二十三矣，可不勉与!"植即以才见异，而丁仪、丁廙、杨修等为之羽翼。太祖狐疑，几为太子者数矣。而植任性而行，不自雕励，饮酒不节。文帝御之以术，矫情自饰，宫人左右，并为之说，故遂定为嗣。二十二年，增植邑五千，并前万户。植尝乘车行驰道中，开司马门出。太祖大怒，公车令坐死。由是重诸侯科禁，而植宠日衰。太祖既虑终始之变，以杨修颇有才策，而又袁氏之甥也，於是以罪诛修。植益内不自安。二十四年，曹仁为关羽所围。太祖以植为南中郎将，行征虏将军，欲遣救仁，呼有所敕戒。植醉不能受命，於是悔而罢之。

文帝即王位，诛丁仪、丁廙并其男口。植与诸侯并就国。黄初二年，监国谒者灌均希指，奏"植醉酒悖慢，劫胁使者"。有司请治罪，帝以太后故，贬爵安乡侯。其年改封鄄城侯。三年，立为鄄城王，邑二千五百户。

四年，徙封雍丘王。其年，朝京都。上疏曰：

臣自抱衅归藩，刻肌刻骨，追思罪戾，昼分而食，夜分而寝。诚以天网不可重离，圣恩难可再恃。窃感相鼠之篇，无礼遄死之义，形影相吊，五情愧赧。以罪弃生，则违古贤"夕改"之劝，忍活苟全，则犯诗人"胡颜"之讥。伏惟陛下德象天地，恩隆父母，施畅春风，泽如时雨。是以不别荆棘者，庆云之惠也；七子均养者，尸鸠之仁也；舍罪责功者，明君之举也；矜愚爱能者，慈父之恩也：是以愚臣徘徊於恩泽而不能自弃者也。

前奉诏书，臣等绝朝，心离志绝，自分黄耇无复执珪之望。不图圣诏猥垂齿召，至止之日，驰心辇毂。僻处西馆，未奉阙廷，踊跃之怀，瞻望反仄。谨拜表献诗二篇，其辞曰："於穆显考，时惟武皇，受命于天，宁济四方。朱旗所拂，九土披攘，玄化滂流，荒服来王。超商越周，与唐比踪。笃生我皇，奕世载聪，武则肃烈，文则时雍，受禅炎汉，临君万邦。

万邦即化,率由旧则;广命懿亲,以藩王国。帝曰尔侯,君兹青土,奄有海滨,方周于鲁,车服有辉,旗章有叙,济济隽义,我弼我辅。伊予小子,恃宠骄盈,举挂时网,动乱国经。作藩作屏,先轨是坠,傲我皇使,犯我朝仪。国有典刑,我削我绌,将寘于理,元凶是率。明明天子,时笃同类,不忍我刑,暴之朝肆,违彼执宪,哀予小子。改封兖邑,于河之滨,股肱弗置,有君无臣,荒淫之阙,谁弼予身?茕茕仆夫,于彼冀方。嗟予小子,乃罹斯殃。赫赫天子,恩不遗物,冠我玄冕,要我朱绂。朱绂光大,使我荣华,剖符授玉,王爵是加。仰齿金玺,俯执圣策,皇恩过隆,祗承怵惕。咨我小子,顽凶是婴,逝惭陵墓,存愧阙廷。匪敢傲德,实恩是恃,威灵改加,足以没齿。昊天罔极,性命不图,常惧颠沛,抱罪黄垆。愿蒙矢石,建旗东岳,庶立豪牦,微功自赎。危躯授命,知足免戾,甘赴江、湘,奋戈吴、越。天启其衷,得会京畿,迟奉圣颜,如渴如饥。心之云慕,怆矣其悲,天高听卑,皇肯照微!"又曰:"肃承明诏,应会皇都,星陈凤驾,秣马脂车。命彼掌徒,肃我征旅,朝发鸾台,夕宿兰渚。芒芒原隰,祁祁士女,经彼公田,乐我稷黍。爰有樛木,重阴匪息;虽有糇粮,饥不遑食。望城不过,面邑匪游。仆夫警策,平路是由。玄驷蔼蔼,扬镳漂沫;流风翼衡,轻云承盖。涉涧之滨,缘山之隈,遵彼河浒,黄阪是阶。西济关谷,或降或升;骓骖倦路,再寝再兴。将朝圣皇,匪敢晏宁;弭节长骛,指日遄征。前驱举燧,后乘抗旌;轮不辍运,鸾无废声。爰暨帝室,税此西墉;嘉诏未赐,朝觐莫从,仰瞻城阈,俯惟阙廷;长怀永慕,忧心如醒。"帝嘉其辞义,优诏答勉之。

六年,帝东征,还过雍丘,幸植宫,增户五百。太和元年,徙封浚仪。二年复还雍丘。植常自愤怨,抱利器而无所施,上疏求自试曰:

臣闻士之生世,入则事父,出则事君;事父尚於荣亲,事君贵於兴国。故慈父不能爱无益之子,仁君不能畜无用之臣。夫论德而授官者,成功之君也;量能而受爵者,毕命之臣也。故君无虚授,臣无虚受;虚授谓之谬举,虚受谓之尸禄,诗之"素餐"所由作也。昔二虢不辞两国之任,其德厚也,且,奭不让燕,鲁之封,其功大也。今臣蒙国重恩,三世于今矣。正值陛下升平之际,沐浴圣泽,潜润德教,可谓厚幸矣。而窃位东藩。爵在上列,身被轻暖,口厌百味,目极华靡,耳倦丝竹者,爵重禄厚之所致也。退念古之授爵禄者,有异於此,皆以功勤济国,辅主惠民。今臣无德可述,无功可纪,若此终年无益国朝,将挂风人"彼己"之讥。是以上惭玄冕,俯愧朱绂。

方今天下一统,九州晏如,而顾西有违命之蜀,东有不臣之吴,使边境未得脱甲,谋士未得高枕者,诚欲混同宇内以致太和也。故启灭有扈而夏功昭,成克商、奄而周德著。今陛下以圣明统世,将欲卒文、武之功,继成、康之隆,简贤授能,以方叔、召虎之臣镇御四境,为国爪牙者,可谓当矣。然而高鸟未挂於轻缴,渊鱼未县於钩饵者,恐钓射之术或未尽也昔耿弇不俟光武,亟击张步,言不以贼遗於君父。故车右伏剑於鸣毂,雍门刎首於齐境,若此二士,岂恶生而尚死哉?诚忿其慢主而陵君也。夫君之宠臣,欲以除患兴利;臣之事君。必以杀身靖乱,以功报主。昔贾谊弱冠,求试属国,请系单于之颈而制其命;终军以妙年使越,欲得长缨缨其王,羁致北阙。此二臣,岂好为夸主而耀世哉?志成郁结,欲逞其才力,输能於明君也。昔汉武为霍去病治第,辞曰:"匈奴未灭,臣无以家为!"固夫忧国忘家,捐躯济难,忠臣之志也。今臣居外,非不厚也,而寝不安席,食不遑味者,伏以二方未克为念。

伏见先武皇帝武臣宿将，年耆即世者有闻矣。虽贤不乏世，宿将旧卒，犹习战阵。窃不自量，志在效命，庶立毛发之功，以报所受之恩。若使陛下出不世之诏，效臣锥刀之用，使得西属大将军，当一校之队，若东属大司马，统偏舟之任，必乘危蹈险，骋舟奋骊，突刃触锋，为士卒先。虽未能禽权馘亮，庶将虏其雄率，歼其丑类，必效须臾之捷，以灭终身之愧，使名挂史笔，事列朝策。虽身分蜀境，首县吴阙，犹生之年也。如微才弗试，没世无闻，徒荣其躯而丰其体，生无益於事，死无损於数，虚荷上位而忝重禄，禽息鸟视，终於白首，此徒圈牢之养物，非臣之所志也。流闻东军失备，师徒小衄，辍食弃餐，奋袂攘衽，抚剑东顾，而心已驰於吴会矣。

臣昔从先武皇帝南极赤岸，东临沧海，西望玉门，北出玄塞，伏见所以行军用兵之势，可谓神妙矣。故兵者不可豫言，临难而制变者也。志欲自效於明时，立功於圣世。每览史籍，观古忠臣义士，出一朝之命，以徇国家之难，身虽屠裂，而功铭著於鼎钟，名称垂於竹帛，未尝不拊心而叹息也。臣闻明主使臣，不废有罪。故奔北败军之将用，秦、鲁以成其功；绝缨盗马之臣赦，楚、赵以济其难。臣窃感先帝早崩，威王弃世，臣独何人，以堪长久！常恐先朝露，填沟壑，坟土未乾，而身名并灭。臣闻骐骥长鸣，则伯乐照其能；卢狗悲号，则韩国知其才。是以效之齐、楚之路，以逞千里之任；试之狡兔之捷，以验搏噬之用。今臣志狗马之微功，窃自惟度，终无伯乐、韩国之举，是以於邑而窃自痛者也。

夫临博而企竦，闻乐而窃抃者，或有赏音而识道也。昔毛遂，赵之陪隶，犹假锥囊之喻，以寤主立功，何况魏魏大魏多士之朝，而无慷慨死难之臣乎！夫自炫自媒者，士女之丑行也。干时求进者，道家之明忌也。而臣敢陈闻於陛下者，诚与国分形同气，忧患共之者也。冀以尘雾之微补益山海，荧烛末光增辉日月，是以敢冒其丑而献其忠。三年，徙封东阿。五年，复上疏求存问亲戚，因致其意曰：

臣闻天称其高者，以无不覆；地称其广者，以无不载；日月称其明者，以无不照；江海称其大者，以无不容。故孔子曰："大哉尧之为君！惟天为大，惟尧则之。"夫天德之於万物，可谓弘广矣。盖尧之为教，先亲后疏，自近及远。其传曰："克明峻德，以亲九族；九族既睦，平章百姓。"及周之文王亦崇厥化，其诗曰："刑于寡妻，至于兄弟，以御于家邦。"是以雍雍穆穆，风人咏之。昔周公吊管、蔡之不咸，广封懿亲以藩屏王室，传曰："周之宗盟，异姓为后。"诚骨肉之恩爽而不离，亲亲之义实在敦固，未有义而后其君，仁而遗其亲者也。

伏惟陛下资帝唐钦明之德，体文王翼翼之仁，惠洽椒房，恩昭九族，群后百寮，番休递上，执政不废於公朝，下情得展於私室，亲理之路通，庆吊之情展，诚可谓恕己治人，推惠施恩者矣。至於臣者，人道绝绪，禁锢明时，臣窃自伤也。不敢过望交气类，修人事，叙人伦。近且婚媾不通，兄弟乖绝，吉凶之问塞，庆吊之礼废，恩纪之违，甚於路人，隔阂之异，殊於胡越。今臣以一切之制，永无朝觐之望，至于注心皇极，结情紫闼，神明知之矣。然天实为之，谓之何哉！退惟诸王常有戚戚具尔之心，愿陛下沛然垂诏，使诸国庆问、四节得展，以叙骨肉之欢恩，全怡怡之笃义。妃妾之家，膏沐之遗，岁得再通，齐义於贵宗，等惠於百司，如此，则古人之所叹，风雅之所咏，复存於圣世矣。

臣伏自惟省，无锥刀之用。及观陛下之所拔授，若以臣为异姓，窃自料度，不后於朝士矣。若得辞远游，戴武弁，解朱组，佩青绂，驸马、奉车，趣得一号，安宅京室，执鞭珥笔，出从华盖，入侍辇毂，承答圣问，拾遗左右，乃臣丹诚之至愿，不离於梦想者也。远慕鹿鸣君臣之宴，中咏常棣匪他之诚，下思伐木友生之义，终怀蓼莪罔极之哀；每四节之会，块然独处，左右惟仆隶，所对惟妻子，高谈无所与陈，发义无所兴展，未尝不闻乐而拊心，临觞而叹息也。臣伏以为犬马之诚不能动人，譬人之诚不能动天。崩城、陨霜，臣初信之，以臣心况，徒虚语耳。若葵藿之倾叶，太阳虽不为之回光，然向之者诚也。窃自比於葵藿，若降天地之施，垂三光之明者，实在陛下。

臣闻文子曰："不为福始，不为祸先。"今之否隔，友于同忧，而臣独倡言者，窃不愿於圣世使有不蒙施之物。有不蒙施之物，必有惨毒之怀，故《柏舟》有"天只"之怨，《谷风》有"弃予"之叹。故伊尹耻其君不为尧舜，孟子曰："不以舜之所以事尧事其君者，不敬其君者也。"臣之愚蔽，固非虞、伊，至於欲使陛下崇光被时雍之美，宣缉熙章明之德者，是臣悾悾之诚，窃所独守，实怀鹤立企伫之心。敢复陈闻者，冀陛下倘发天聪而垂神听也。

诏报曰："盖教化所由，各有隆弊，非皆善始而恶终也，事使之然。故夫忠厚仁及草木，则《行苇》之诗作；恩泽衰薄，不亲九族，则角弓之章刺。今令诸国兄弟，情理简怠。妃妾之家，膏沐疏略，朕纵不能敦而睦之，王援古喻义备悉矣，何言精诚不足以感通哉？夫明贵贱，崇亲亲，礼贤良，顺少长，国之纲纪，本无禁固诸国通问之诏也，矫枉过正，下吏惧谴，以至於此耳，已敕有司，如王所诉。"

植复上疏陈审举之义，曰：

臣闻天地协气而万物生，君臣合德而庶政成；五帝之世非皆智，三季之末非皆愚，用与不用，知与不知也。即时有举贤之名，而无得贤之实，必各援其类而进矣。谚曰："相门有相，将门有将。"夫相者，文德昭者也；将者，武功烈者也。文德昭，则可以匡国朝，致雍熙，稷、契、夔、龙是也；武功烈，则所以征不庭，威四夷，南仲、方叔是矣。昔伊尹之为媵臣，至贱也，吕尚之处屠钓，至陋也，及其见举於武汤、周文，诚道合志同，玄谟神通，岂复假近习之荐，因左右之介哉。书曰："有不世之君，必能用不世之臣；用不世之臣，必能立不世之功。"殷周二王是矣。若夫龌龊近步，遵常守故，安足为陛下言哉？故阴阳不和，三光不畅，官旷无人，庶政不整者，三司之责也。疆场骚动，方隅内侵，没军丧众，干戈不息者，边将之忧也。岂可虚荷国宠而不称其任哉？故任益隆者负益重，位益高者责益深，书称"无旷庶官"，诗有"职思其忧"，此其义也。

陛下体天真之淑圣，登神机以继统，冀闻康哉之歌，偃武行文之美。而数年以来，水旱不时，民困衣食，师徒之发，岁岁增调，加东有覆败之军，西有殪没之将，至使蚌蛤浮翔於淮、泗，鼷鼬谨诈於林木。臣每念之，未尝不辍食而挥餐，临觞而扼腕矣。昔汉之发代，疑朝有变，宋昌曰："内有朱虚、东牟之亲，外有齐、楚、淮南、琅玡，此则磐石之宗，愿王勿疑。"臣伏惟陛下远览姬文二虢之援，中虑周成召、毕之辅，下存宋昌磐石之固。昔骐骥之於吴阪，可谓困矣，及其伯乐相之，孙邮御之，形体不劳而坐取千里。盖伯乐善御马，明君善御臣；伯乐驰千里，明君致太平；诚任贤使能之明效也。若朝司惟良，万机内理，武将行师，方难克弭。陛下可得雍容都城，何事劳动銮驾，暴露於边境哉？

臣闻羊质虎皮,见草则悦,见豺则战,忘其皮之虎也。今置将不良,有似於此。故语曰:"患为之者不知,知之者不得为也。"昔乐毅奔赵,心不忘燕;廉颇在楚,思为赵将。臣生乎乱,长乎军,又数承教于武皇帝,伏见行师用兵之要,不必取孙、吴而暗与之合。窃揆之於心,常愿得一奉朝觐,排金门,蹈玉陛,列有职之臣,赐须臾之间,使臣得一散所怀,摅舒蕴积,死不恨矣。

被鸿胪所下发士息书,期会甚急。又闻豹尾已建,戎轩鹜驾,陛下将复劳玉躬,扰挂神思。臣诚竦息,不遑宁处。愿得策马执鞭,首当尘露,撮风后之奇,接孙、吴之要,追慕卜商起予左右,效命先驱,毕命轮毂,虽无大益,冀有小补。然天高听远,情不上通,徒独望青云而拊心,仰高天而叹息耳。屈平曰:"国有骥而不知乘,焉皇皇而更索!"昔管、蔡放诛,周、召依弼;叔鱼陷刑,叔向匡国。三监之衅,臣自当之;二南之辅,求必不远。华宗贵族,藩王之中,必有应斯举者。故传曰:"无周公之亲,不得行周公之事。"唯陛下少留意焉。

近者汉氏广建藩王,丰则连城数十,约则飨食祖祭而已,未若姬周之树国,五等之品制也。若扶苏之谏始皇,淳于越之难周青臣,可谓知时变矣,夫能使天下倾耳注目者当权者是矣,故谋能移主,威能慑下,豪右执政,不在亲戚;权之所在,虽疏必重,势之所去,虽亲必轻,盖取齐者田族,非吕宗也。分晋者赵、魏,非姬姓也。惟陛下察之。苟吉专其位,凶离其患者,异姓之臣也。欲国之安,祈家之贵,存共其荣,没同其祸者,公族之臣也。今反公族疏而异姓亲,臣窃惑焉。

臣闻孟子曰:"君子穷则独善其身,达则兼善天下。"今臣与陛下践冰履炭,登山浮涧,寒温燥湿,高下共之,岂得离陛下哉?不胜愤懑,拜表陈情。若有不合,乞且藏之书府,不便灭弃,臣死之后,事或可思。若有豪厘少挂圣意者,乞出之朝堂,使夫博古之士,纠臣表之不合义者。如是,则臣愿足矣。

帝辄优文答报。

其年冬,诏诸王朝六年正月。其二月,以陈四县封植为陈王,邑三千五百户。植每欲求别见独谈,论及时政,幸冀试用,终不能得。既还,怅然绝望。时法制,待藩国既自峻迫,寮属皆贾竖下才,兵人给其残老,大数不过二百人。又植以前过,事事复减半,十一年中而三徙都,常汲汲无欢,遂发疾薨,时年四十一。遗令薄葬。以小子志,保家之主也,欲立之。初,植登鱼山,临东阿,喟然有终焉之心,遂营为墓。子志嗣,徙封济北王。景初中诏曰:"陈思王昔虽有过失,既克己慎行,以补前阙,且自少至终,篇籍不离於手,诚难能也。其收黄初中诸奏植罪状,公卿已下议尚书、中书、秘书三府、大鸿胪者皆削除之。撰录植前后所著赋颂诗铭杂论凡百馀篇,副藏内外。"志累增邑,并前九百九十户。

【译文】

陈思王曹植,字子建,年纪才十余岁就能诵读《诗经》《论语》及辞赋几十万言,擅长写文章。魏太祖曹操曾在看过他的文章后,问他:"你这篇文章是请人代笔的吗?"曹植跪下回答说:"出口成文,下笔成章,可以当面考试,为什么要请人代笔呢?"当时,邺城(故城在今河北临漳北)铜雀台刚刚建成,魏太祖就领着儿子们到台上,让他们各自写赋赞颂。曹植提笔撰写,片刻则成,写得极好,魏太祖十分惊异。曹植性情坦率随和,不讲究威严、礼仪。车马服饰,不追求华艳、富丽。每次进见父王便被诘难考问,他总是应声而答,因此,特别受魏太祖宠爱。建安十六年(211),被封为平原侯。建安十九年(214),改封为临菑侯。魏太祖讨伐孙权时,派他留守邺城,告诫他说:"我过去做顿丘令时,年纪二十三岁,回想那时的所作所为,至今没有什么可后悔的。现在,你也二十三岁了,不可不勤勉自励呀!"曹植既因才气被刮目相看,又有丁仪、丁廙、杨修等人作为羽翼。魏太祖生性多疑虑,频繁改变太子的人选。曹植行事任性,自己不能谨言慎行,饮酒又不节制。魏文帝则善用手段,能克制感情,自我掩饰,宫廷的嫔妃、魏太祖左右的官员又一起说他的好话,所以他被确定为继承人。

建安二十二年(217),曹植增加食邑五千户,和以前的加起来共一万户。他曾经擅自驾车行驶在帝王行走的道上,打开司马门奔驰而出。魏太祖大怒,把掌管王室车马的公车令处死。因为这件事,曹操重视了对各位王侯的法令条规。而对曹植的宠爱越来越差了。魏太祖既担心他身后王位交接时会有变故,又因为杨修很有才华计谋,又是袁绍的外甥,因此。找个罪名杀了杨修。曹植为此内心更为不安。建安二十四年(219),曹仁被关羽所围困,魏太祖命曹植为南中郎将、行征虏将军,要派他援救曹仁,派人叫他前去亲受命令,曹植却喝得酩酊大醉,以致不能前往受命?魏太祖因此后悔,并罢免了曹植的官职。

魏文帝继承王位后,诛杀了丁仪、丁廙及他们家的全部男子。曹植和各位王侯一起被集中到京城。黄初二年(221),监国谒者灌均迎合旨意,上书启奏,说曹植"醉于酒而违逆傲慢,并且威胁使者",管事的大臣要求皇帝治他的罪,魏文帝因为太后的干预,只贬他为安乡侯。同年又改封为鄄城侯,三年后,立他为鄄城王,食邑二千五百户。

黄初四年(233),改封为雍丘王,那年,到京城朝见皇帝,上疏说:

臣自从戴罪归返分封之地后,刻骨铭心,追思罪过,中午才吃饭,半夜才睡眠,委实感到国家法制不可再犯,圣上恩典难以再依赖,私下感到《相鼠篇》里说的'人如果不懂礼仪,为什么不快死'的深义。孤身只影,内心感到羞愧!如果因自己的罪过而轻生,会违背古代圣贤朝过夕改的告诫;如果忍着羞耻而苟全生命,就会犯了诗人所说的'有何面目'的讥讽。只因仰仗陛下的天地间人们所效法的大德,如恩谊深厚的父母,如吹遍大地的春风,如润泽万物的时雨。不另眼看待荆棘等无用之物的,是祥云的恩惠;对七个孩子平等抚养的,是布谷鸟的仁爱;赦免过错让人立功的,是明君的做法;怜恤愚儿爱惜智儿的,是慈父的恩情。这就是愚臣往复思念陛下恩泽而不忍轻生自弃的原因。

以前接到陛下的诏书,愚臣则离开朝廷,感到心灰意冷,自以为到老都没有再朝见陛下的希望了。没想到陛下有辱垂召,颁发诏书,至到达之日,便心驰朝廷。孤寂地住在邸第,久未奉诏来朝,热烈向往,日夜瞻望,内心辗转不安。谨拜献这表章和诗歌两篇。歌词中说:"壮美啊,显赫的父王,当时唯独魏武皇帝接受上苍之命,安定四方州郡。朱旗飘拂之处,九州扰攘尽消。道德归化如滂沱的雨水,流布四方,蛮荒之邦也来朝拜。挥师胜过商汤、周武,禅让与唐尧、虞舜齐步,圣性感灵气之厚而生吾皇陛下,陛下前世聪敏,武则威烈,文则和畅,接受了汉室的禅让,成为万邦君王。万邦既已归顺,悉心遵循旧的章则。分封兄弟，以捍卫国家。先帝命我为临菑侯，管理这青州之地，地到海滨，如周国、鲁国，车马服饰，熠熠生辉，旌旗徽帜，次第井然。贤能济济，辅佐朝政。小臣该死，依仗恩宠而骄傲自满，触动了体制，扰乱了国法。作为国家的藩篱、屏障，却毁废了先世的典章，对帝皇的使者傲慢不逊，触犯了朝廷的威仪。国家自有典章刑制。削减了我的食邑的户数，贬低了我的爵位。要致于坐狱，与元凶同类。圣明的天子，兄弟情深，不忍对我施刑，将我暴尸朝市。对我的违法，哀怜我这小人，改封邑于黄河之滨的兖州。没有得力的助手，有君王而无朝臣，全因我的荒唐过失，还有谁肯来辅佐我呢？我孤身一人，悽然孑立，置身于冀州，嗟叹我这小人竟遭此祸殃。显赫圣明的天子，广施恩泽，不遗一物，仍对我授予冠冕，给我系上朱绂。朱绂光彩耀眼，让我荣耀华贵，授予我官府、玉玺，继而封王晋爵。仰承玉侯金玺，俯受圣上方策，陛下恩典如此厚重，真令我诚惶诚恐。感叹我这小人，受凶顽羁绊，愧对先父的坟地，愧对兄长的朝廷。自当不敢再对兄长不敬，确实是依靠着恩宠。由于圣上的威灵，才改封我为雍丘王，这足以令我没齿不忘了。天地无极，人寿难测，常恐颠沛不测，至死未能赎罪。愿意冒着飞箭走石，出征东吴，或许能建立微末之功，以赎过去之罪。冒着生命的危险接受使命，方足以免去罪孽。甘愿奔赴江汉、湘水，奋战于三吴、百越。苍天启迪我的诚心，使我得以奉召赴京，等待拜见圣上容颜，此心如饥似渴。内心的仰慕追悔，真是悲切难言啊！与天齐高的陛下，一定愿意听取卑下的诉说；辉煌无比的吾皇，一定会光照小臣的！

疏中又说：

敬承圣上贤明的诏书，应召与诸王到皇都朝觐，及早备好车驾，饲饱马匹，润滑车轴。命令侍从官员，备好朝京行装。早晨从鸾台出发，晚上歇息于兰渚。广阔的原野，众多的人群，行经公田，看到庄稼丰收，无限欣喜。为了赶路，看到树下绿荫重重，不敢歇息；虽带了食物，饿了也顾不上吃；望见城市，不敢穿过；面对城邑，不敢逗留。随从策马，一路奔走。驾车的四匹黑马，整整齐齐，昂首直奔。飘风扶起车辕，轻云托起车盖。涉水淌过涧边，沿着山坳而行，顺着黄河岸边，又来到黄坂。西渡伊阙太谷，有时下山有时上行，不顾车马路途的疲倦，几经晓行夜宿。想到即将朝拜圣皇，不敢有片刻的安宁；专心驱驰，定日速行。前有举着火把的车子，后有扛着旌旗的车辆。车轮不停地转动，车铃不停地鸣响，抵达帝京，住在邸第。圣上诏书尚未赐下，微臣无从朝觐。仰着高瞻皇门，俯伏朝廷之下，永怀追慕之心，忧虑如醉如痴。

魏文帝赞许他的辞义剀切，宽和地以诏书答复，嘉勉他。

黄初六年（225），魏文帝东征，班师时路过雍丘（故城在今河南杞县），驾幸曹植宫中，给他增加了五百户食邑。魏明帝太和元年（227）转封浚仪（今河南开封），太和二年（228），又回到雍丘。曹植常常自感忧愤，觉得有才华而无处施展，于是上疏自荐，疏中说：

臣听说过，士大夫生于世，在家侍奉父亲，出仕侍奉君主，侍奉父亲只求使父亲荣耀；侍奉君王贵在使国家振兴。因此，慈祥的父亲不能眷爱无益的儿子，仁爱的君王不能养无用的臣子。考核其德行而授予官职，这才是可成就伟大功业的国君，估量自己的才能而接受爵位，才是尽力效命的大臣。所以，国君没有凭空授予官职的，大臣没有凭，空得官晋爵的。凭空授官被称为错误的选拔,凭空得官被称为白食其禄。这就是《诗经》中《素餐》的写作缘由。过去,虢仲、虢叔不推辞两个国君的任命,是因为他的德行深厚;周公旦、召公奭不退让燕国、鲁国的封地,是因为他们的功勋巨大。现在微臣承蒙国家深厚的恩典,至今已历经三世。正当陛下治理国家举世太平的时候,我沐浴圣上雨露,深受恩惠教化,可称极为幸运。我占有东藩王位,爵位在上乘之列,身披轻暖的衣服,口里吃的,连美味佳肴也厌倦,举目看尽美人,侧耳听倦了丝竹之音,这正是因为我爵位高、食禄厚才拥有的呀!回想古代那些授予爵位俸禄的人,与这有所不同,他们都以功劳救济国家,辅佐君主,恩惠百姓。如今,微臣无德行可以述说,无功劳可以记载,如果这样终生,则无益于国家朝廷,就将应了诗人写的《彼己》中的嘲讽了。因此,对上有愧于天子冕服,俯身有愧于朱色绶带。

如今,天下统一,九州安定。但向西看,有违抗朝廷的蜀国,东边又有不称臣的吴国,这使边境不能解除武装,谋士不能高枕无忧,实在必须使宇内统一,以达到天下太平。所以,夏启消灭有扈氏,使夏朝功业显赫,周成王战败蔡商、徐奄,使周朝的德威显著。如今,陛下以圣贤明德统治天下,将要完成魏武帝、魏文帝的功业,继承周成王、康王的盛世,选贤授能,用方叔、召虎这样的大臣镇守四方边境,作为国家的武臣,可以说是妥当的。但是,高飞的鸟还未被轻箭所中,深水里的鱼还未悬挂在钩铒上,恐怕是钓鱼射箭的技术还不尽精深。过去耿弇不等光武帝到达,就猛攻张步,说是不让贼子留于君父面前,所以,车右因车轮响而饮剑,雍门狄自杀于齐国国境。像这样两位义士,难道是厌生乐死吗?实在是对敌人傲慢君王、欺凌君主表示愤怒啊!君主的宠臣,应当铲除灾难,振兴民利;臣子侍奉君王,必须殉身平乱,以功绩报答君主。过去贾谊年少时,请求皇上授予属国官衔,让他去擒杀单于;终军少年就出使南越,要用长缨缚住越王,捆送汉廷。这两位大臣,难道是为了向君主夸口、向世间炫耀吗?只因壮志受到压抑,想表明其才能、力量,为贤明的君主贡献才能。过去,汉武帝为霍去病建府邸,霍去病说:"匈取未灭,臣无心建家!"因此,忧国忘家,捐躯救难,是忠臣的志向。如今,臣居住在京畿以外,并非不宽裕,但寝不安席,食不甘味,是因为常常忧虑到蜀、吴两方还未征服。

微臣看到先武皇帝的武臣老将,年老辞世的消息常常传出。虽然,现在世上并不缺乏贤能的人,老将旧兵,还在操练作战阵法。我私下不自量力,志在为陛下效命,希望立下毛发小功,以报答所受的恩典。陛下如能下个非同寻常的诏书,让我发挥锥刀一样的小作用,使我在西属大将军麾下当一名校尉,或在东属大司马军中负责管单船的责任,臣下必定踏危履险、驰舟策马、推锋出刃、身先士卒,即使不能擒孙权,斩孔明,也要擒其大将,灭其兵众,定以短暂的胜利,来消除终生的惭愧,使自己名声出现在史笔之下,业绩陈述于国史之中。即使身体分裂于蜀国境内,首级悬挂于吴国城门,也是虽死犹生。如果微臣小才不能得以一试,终生默默无闻,白白使身躯荣耀、肥胖,活着无益于国家大事,死了也无损于命运。白白辜负王侯爵位、占有优厚的利禄,像飞禽一样栖息,如鸟一样浅见,直到白头老死,这只是圈牢里饲养的畜生,绝不是臣子的志向啊!传闻东吴前线疏于防备,军队遭到小挫折,我停食弃餐,挥袖提襟,按剑东望,心早已飞往吴会(今江苏东部、浙江西部)了。

　　臣过去随从先武皇帝出征，南抵赤岸，东至渤海，西望玉门关，北出卢龙塞，微臣见到当时用兵的势头，可谓神妙。因此用兵不可能预言，必须面对强敌随时应变。微臣立志效命于昌明之时，立功于圣主之世，每每览阅史书，看到古代忠臣义士，舍去短暂的生命，来殉国家的危难，身躯虽遭屠戮割袭，但功勋铭刻于鼎钟之上，英名永垂于史书之中，我无不扪心长叹啊！微臣听说贤明的君主使用臣子，不因其有罪而弃之不用，所以，使用了败北的将军，秦国、鲁国以此战胜敌方取得了成功；赦免了被拔掉帽缨和盗食骏马的臣子，楚王、秦王因此难中得救。微臣自深感先帝早逝，威王辞世，臣是何人，哪堪独自长活于世上！常恐先于朝露而去，尸填沟壑，坟土未干，身与名已一起泯灭。微臣听说，骏马长鸣是因为伯乐明白它的性能；卢狗哀叫，是因为韩国知道它的才能。因此，要效法齐、楚的道路，来显示能承担驰骋千里重任的本领；请以狡兔的敏捷，来验证它善于攫食的能力。现在微臣志在建立狗、马的微功，但私下揣度，终究没有伯乐、韩国的举荐，因此内心压抑，自感痛苦啊！

　　踮起脚尖观棋的人，听音乐听得拍起手来的人，说不定也有知音，懂行的呢！过去，毛遂只是赵国的陪客，他还借襄中的锥子可以脱颖而出的比喻，来提醒主人让他去立功，何况巍然于世的大魏国是贤士众多的王朝，难道会没有慷慨殉身国难的大臣吗？自卖自夸，对士大夫、女子而言都是可耻的行为。迎合时势，追求官位，是道家的大禁忌，而臣之所以敢于向陛下陈情表意，确实是因为与国家虽然形体分开，却气息相同，忧患与共的呀！希望以尘雾般的微薄来使山海有所补益，以萤火、蜡烛的微光来使日月增辉。因此，才敢于不顾自己的丑陋，来向陛下献上忠心。太和三年（229）改封东阿（在今山东）。太和五年（231）再度上疏请求慰问亲戚，以表达他的心意，疏中说：

　　臣听说过，天之所以称之为"高"，是因为它无所不盖；地之所以称之为"广"，是因为它无所不负载；日月之所以称之为明，是因为它无所不照耀；江海之所以称之为大，是因为它无所不容纳。因此，孔子说："尧作为君主真是伟大，只有天伟大，也只有尧能效法它。"天穹的德行对于地上的万物，可称为宏大广阔。尧的政教准则是先亲后疏，由、近及远，《尚书·尧典》说他"大德昭显，光照万物，与九族亲善，而九族和睦，又光照百官。"到了周朝的文王也尊崇教化。《诗经·思齐篇》写道："周公以法制对待嫡妻，以致他的兄弟也用此治理家庭、国家。"这就是诗人所咏颂的"雍雍""穆穆"。过去，周公感慨管叔、蔡叔和他不一致，广泛分封宗亲，以便作为屏障来捍卫王室。《左传》中说："周朝的同宗之盟，取不周的姓给予后代。"实在是骨肉之情虽疏远但不离散，同宗相亲之义真诚深厚。没有那种讲道义而怠慢君王、讲仁政却遗弃宗亲的人。

　　陛下秉承唐尧光辉的品德，实行文王恭慎的仁义，仁惠施遍后宫，恩典光照九族，列侯百官轮番休息，依次入值，朝廷上公务畅行，在家里人情畅达，亲人和睦之路坦荡，喜庆吊伤之情展现，实在可称为以己体人，广施恩惠。至于微臣，与人情世道断绝联系，盛明之世却被禁锢，私下暗自悲伤。臣不敢奢望交结朋友，从事往来，畅叙人伦。近来，更是婚嫁不知，兄弟隔绝，吉凶讯息不通，庆吊的礼节废弃，不念亲情比对路人还严重，相互隔阂，超过胡越、蛮夷。如今，微臣因法制的束缚，永无朝见陛下的希望，以致心向皇天，情系宫廷，只有神明才知道了，但老天真是这样做，能说它什么呢？退思诸位王侯，都有兄弟相亲的心情，愿陛下宽容颁下诏书，使各诸侯庆吊可以互相致意，四个气节可以互相见面，以款叙骨肉欢聚之情，成全兄弟和悦的深厚情谊。如对妃妾之家，赠予胭脂甘浆，每年给了还要再给。对贵族宗亲一样仁义，对文武百官同等施惠。这样，古人所赞叹的圣王之为，风雅所咏颂的兄弟情闲，便再度出现在当今圣明之世了。

臣反省自己，至今未发挥锥刀一样的作用。看到陛下对我的提拔、授职，如果臣是异姓，臣私下揣摩，这种提拔绝不比朝廷士大夫差。如果准予辞去王爵之位，戴上武冠，解开朱色绥带，佩上青色绥带，驸马都尉或奉东都尉任授一职，在京城安家，为陛下执鞭戴笔，出宫追随华盖，入宫侍奉在东旁，回答陛下的垂问，在左右拾遗补阙，这乃是臣衷心向往的最大心愿，在梦中时时出现。首先常羡慕古代《诗经·鹿鸣》中的君臣欢宴，其次常吟咏《常棣》篇中对不肯宴乐同姓的告诫，再次常思索《伐木》篇中与朋友饮宴的意义，最后常怀着《蓼莪》篇中对父母恩德无限的哀悼。每逢四个节气理当相会，我却独在一处，左右只有仆人下隶，所对的只有妻子、子女。高谈阔论没有可以听的人，阐述道理没有可以充分施展的地方，无不听到音乐而扣心，面对酒杯而叹息。臣总认为犬、马的忠诚不能打动主人，就如人的诚心不能感动上苍一样。孟姜女哭夫使城墙崩塌，邹衍遭囚使夏日飘霜，臣起初相信，但以臣的心相比，这只是荒诞的话了。就如葵菜叶倾向太阳，太阳虽然不以光辉回照，但它向往之心实在真诚。臣把自己比作葵菜，而降，下天地一般的施惠，垂下三重光芒的，便是陛下了。

臣听辛文子说过："不论招福或是致祸，都不率先为之。"今天这种隔阂的情况，兄弟都感到忧虑，而臣独先言及，实在是不愿意让这圣明之世还有不蒙受陛下施惠的东西。如果有不蒙受施惠的东西，必然怀有深切怨恨之情，所以《柏舟》篇有"母啊天啊。不谅人啊"的抱怨，《谷风》有"将要得到安乐，你反而丢弃我"的哀叹。因此，伊尹以其君不效法尧舜为耻辱，孟子说："不用舜侍奉尧的做法去侍奉君主，就是不敬重君主。"臣愚蠢蒙昧、固然不是虞舜、伊尹之辈，但想要让陛下崇尚德光普照、时世和睦的美德，宣扬光明昭彰的品德，这是臣谨敬的诚意。臣独自想到的确是怀有辣身仵立、献言陛下的忠心。敢于再次陈述，希望陛下或许肯垂耳下听。

魏明帝下诏书答复道："道德教化所施，有昌盛也有败劣，并非都是以善开始而以恶告终的，事情的发展就是这样。因此，忠义仁厚施及草木，便出现了《行苇》这诗篇；恩德施惠衰竭单薄，不亲善九族，就有《角弓》的诗章加以讽刺。如今，使得诸侯兄弟感情伦理简慢解怠，妻妾后宫，脂粉稀少，简单，朕限使不能督促而使之和睦，但陈思王引用古事比喻道理的意思全都明白了。准说精诚不足以打动人心、沟通感情呢？分清贵贱，推崇亲人相亲，礼遇贤才良士，遵循长幼之序，是国家纲常法纪，本来就没有限制诸侯互通讯息的诏书，只是矫枉过正，下面的官吏恐受指责，才出现这种情况罢了。已下令有关官员，按照陈思王所诉说的那样去做了。"

曹植再次上疏陈述用人的道理，疏中说：

臣听说，天地间气候适宜，万物才能生长；君臣同心同德，政事才能成功。五帝时代的人并非都十分聪慧，夏、商、周末年的人并非都十分愚蠢，其实就在于是否知人善任。时世既然只有举贤授能之名，而没有获得使用贤能之实，势必各自引进他的同类来当官。

谚语说："相门有相，将门有将。"作为宰相的人才，一定是政治举措十分显著的；作为将领的人才，一定是军事功绩十分显赫的。政德显著，就可以挽救国家、朝廷，达到富足和悦，稷、契、夔、龙就是这样的人；武功显赫，就能用来征服不肯归顺的人，威震四邻，南仲、方叔就是这样的人。过去，伊尹作为一个随嫁的奴仆，是最卑贱的；吕尚处于屠宰、钓鱼地位，是最为鄙陋的。到了他们为商汤、周文王所选用，实在是志同道合，他们深远的谋略神通广大，哪里是凭天子所近幸的人的举荐或天子近臣的干预而当官的人呢？《尚书》上说："有非凡的君主，必定能任用非凡的大臣，任用非凡的大臣，必定能建立非凡的功业。"商汤、周文王两位就是这样的国君。如果裹足不前，墨守成规旧法，哪里值得上向陛下进言呢？因此，寒暑不协和、日、月、星光不顺畅，官职空缺无人，政事不整饬，是太尉、司徒、司空三公的责任；边疆战场骚乱不定，四邻侵扰，兵败丧师，战事不息，这是边关将领的忧虑。哪里可以空负国家的恩宠而不称其职的呢？因此，任职越高的人，责任越重；官位越高的人，责任越大。《尚书》说："不能有旷废职守、才不称其任的空官。"《诗经》有"在其职要忧虑其政"，就是这个意思。

陛下体现了善美神圣的天然真质，登上了帝位，继承了帝业，希望能听到"君主圣明啊，大臣贤良啊，诸事安康啊"的歌咏，能听到偃武修文的赞美。但几年以来，水灾、旱灾从不间断，人民衣食困乏，军队一味征伐，年年增派，加上东部有覆没败北的军队，西部有战死的将军，这样，致使蚌蛤浮游于淮水、泗水之中，黄鼠狼喧哗于山林、树木之间。臣每当想到这些，无不停餐弃食，对酒扼腕啊！过去，汉文帝去代国(今山西离石、灵石、昔阳及河北蔚县、阳原、怀安等地)担心朝廷里会有变故，宋昌说："京城里有朱虚侯刘章、东牟侯刘兴居这样的至亲，外地有齐王刘肥、楚王刘交、淮南王刘长、琅琊王刘泽，这些都是牢固如磐石的宗亲，请君王不必多虑。"臣愿陛下远则看到虢仲、虢叔对周文王的辅佐，次则考虑召公奭、毕公高对周成王的辅助，再则想到宋昌说的盘石坚固的道理。过去，骏马对于吴国山坡，可说是困顿的，到了伯乐看中它，孙邮驾驭它，驰骋千里，形体一点也不劳顿。伯乐善于驾驭马匹，明君善于使用大臣；伯乐驰骋千里明君实现太平，实在都是举贤授能的明显效果。如果朝廷官员贤良，处理国家纷繁政务，武将带兵，四方的兵灾都可以制止，陛下可以从容住在京城，有什么事要起动銮驾、亲征边境呢？

臣听说，羊披上虎皮，见到青草仍十分高兴，见到豺狼就颤抖不已，忘了它披着虎皮了，如今，任用的边将不好，就像是这样。所以常言道："就怕做事的人不明智，明智的人没机会去做。"过去，乐毅逃到赵国，心不忘燕国；廉颇在楚国，心里想着当赵国的将军。臣生于动乱时代，成长于军旅之中，又一再承蒙魏武皇帝的教导，看到统兵用兵的要领，不必取自孙子、吴起兵书却与它默契，私自在心中揣度，总是希望一旦奉旨朝觐，推开金马门，走上玉石阶，站在有职务的大臣之列，赐予短暂的时间，使臣有机会一抒心怀，排除心中的积郁，死而无憾啊！

及至鸿胪发下致士家子弟的公文，知道时限紧迫。又听说天子出行的车马已经备好，兵车疾行，陛下又要御驾亲征，花费心神了。臣确实忧虑不安，无暇安居。但愿能策马执鞭，在驾前为陛下挡住尘土露水，施行风后用兵奇术，掌握孙子、吴起兵书的要领，追忆羡慕卜商，愿像他那样在君王左右为前驱去拼命，以至殉命于车轮之下，这样做虽然没有大的用处，但希望有小小的补益。但是陛下位高处远，此情未能上达，只有独自徒然望着青云抚心思虑，仰望高天长声叹息而已。屈平说："国家有良马却不知道驾乘，何故惶惶然另行追求？"过去管叔、蔡叔遭流放被杀死，周公、召公作为辅佐，叔鱼受到酷刑，叔向辅助朝廷。监国大夫的罪过，臣自当领受，周、召二公的辅佐，可望求得。荣华的宗亲、显贵的家族，诸侯王之中必定有响应这种举荐的。所以《左传》说："不是周公的亲族，不能做周公的事。"只请陛下对此稍加留意。

近代，汉朝广泛设立诸侯国，大的接连几十座城市，小的只能供养祭祀而已，不如周朝树立诸侯国，分设五等品制。像扶苏劝谏秦始皇分封诸侯，淳于越责难周青臣而主张分封，可说都是知道时世变化的。能令天下倾听注视的，是当权的人，因此，其谋略能使君主改变主意，威严能使下属畏惧。如果大豪族执政，不重视亲戚，权势所在必倚重疏远的异姓，权势丧失必定轻视亲戚。窃取齐国政权的是田氏家族而非吕姓宗亲；分裂晋国的是赵、魏而非姬姓，只请陛下明察。如果是吉则专擅其位，凶则遭其荼毒的，总是异姓的大臣。要使国家安定，祈求家族富贵，存在就共享荣耀，遭难就同受其祸的，是宗亲同族的大臣。如今反而是宗亲同族疏远而异姓大臣亲近，臣对此心下十分疑惑。

臣听说孟子讲过：'君子困窘时就会善其身，发迹时就兼利天下。'如今，臣与陛下踩冰层，步炭火，登高山，涉深涧，冷暖干湿，休戚与共，哪能离得开陛下呢？承受不了烦闷之苦，所以拜献此表，陈抒感情。如有不合意的地方，乞请暂且把它收藏在书馆里，不要立即焚毁抛弃，臣死之后，有些事也许值思念。如有点滴稍合陛下圣意的，乞求示知朝廷，让博通古事的士人，来举察臣表中不合情理的地方。如果这样，那么，臣的心愿就满足了。

明魏帝以嘉许的诏书答复。

那年冬天，魏明帝诏令诸位王侯于太和六年（232）正月朝会京城。这年二月，以陈国四县封曹植为陈王，食邑三千五百户。曹植每每要求明帝能另外召见，单独交谈，讨论时政，希望能幸运地得到试用，但终究不能如愿。回封地以后，惆怅绝望。当时的典章制度，对分封诸侯国已是十分严峻，官佐属吏都是市侩小子卑下的人物，兵丁佣人都是伤残病老的，最多不超过二百人。曹植又因为过去的过失，事事都被削减一半，十一年当中三次被改换封地，总是郁郁寡欢，因此就发病逝世，终年四十一岁，他遗嘱予以薄葬。由儿子曹志作为一家之主，立他为继承人。初时，曹植登上鱼山，面对东阿，油然产生安寝于此的愿望，于是在这里建立墓地。儿子曹志继位，改封济北王。景初年间，魏明帝下诏书道："陈思王过去虽然有过失，但已经约束自己，行为谨慎，可以弥补以前的缺陷，而且从年少到终老，不停地著述，实在难能可贵。他所收集的黄初年间弹劾曹植罪状的各种奏章，公卿们已经下达到尚书、秘书、中书三府，以及大鸿胪等部门，全部予以废除。编撰、抄录了曹植前后所著的赋、颂、诗、铭文、杂论共百余篇，收复本藏于宫廷内外。"曹志连连增加食邑，同以前的食邑加在一起，共有九百九十户。

刘劭传

【题解】

刘劭,字孔才,三国时广平邯郸(今属河北)人。魏文帝时,官至尚书郎、散骑侍郎,受诏编撰《皇览》。魏明帝时,任陈留太守、骑都尉,与议郎庾嶷等制定律令,撰《新律》十八篇,著《律略论》。升任散骑常侍,受诏作《许都赋》《洛阳赋》《都官考课》,并著《乐论》十四篇。魏齐王时,从事讲学,赐关内侯。死后赠光禄勋。刘劭的著作还有《法论》《人物志》等。本篇传记突出了刘邵的多才多艺,他不仅擅长著书立说,而且在政治、军事、教育等方面都有所作为,对辞赋、乐理亦有所建树。夏侯惠在荐书中几乎将刘邵说成是十全十美的完人。

【原文】

刘劭字孔才,广平邯郸人也。建安中,为计吏,诣许。太史上言:"正旦当日蚀。"劭时在尚书令荀彧所,坐者数十人,或云当废朝,或云宜却会。劭曰:"梓慎、裨灶,古之良史,犹占水火,错失天时。《礼记》曰诸侯旅见天子,及门不得终礼者四,日蚀在一。然则圣人垂制,不为变〔异〕豫废朝礼者,或灾消异伏,或推术谬误也。"或善其言。敕朝会如旧,日亦不蚀。

御史大夫郗虑辟劭,会虑免,拜太子舍人,迁秘书郎。黄初中,为尚书郎、散骑侍郎。受诏集五经群书,以类相从,作《皇览》。明帝即位,出为陈留太守,敦崇教化,百姓称之。徵拜骑都尉,与议郎庾嶷、荀诜等定科令,作《新律》十八篇,著《律略论》。迁散骑常侍。

刘劭《绣余论画图卷》(局部)

时闻公孙渊受孙权燕王之号,议者欲留渊计吏,遣兵讨之。邵以为"昔袁尚兄弟归渊父康,康斩这其首,是渊先世之效忠也。又所闻虚实,未可审知。古者要荒未服,修德而不征,重劳民也。宜加宽贷,使有以自新。"后渊果断送权使张弥等首。劭尝作《赵都赋》,明帝美之,诏劭作《许都》《洛都赋》。时外兴军旅,内营宫室,劭作二赋,皆讽谏焉。

青龙中,吴围合肥,时东方吏士皆分休,征东将军满宠表请中军兵,并召休将士,须集击之。劭议以为"贼众新至,心专气锐。宠以少人自战其地,若便进击,不必能制。宠求待兵,未有所失也。以为可先遣步兵五千,精骑三千,军前发,扬声进道,震曜形势。骑到合肥,疏其行队,多其旌鼓,曜兵城下,引出贼后,拟其归路,要其粮道。贼闻大军来,骑断其后,必震怖遁走,不战自破贼矣。"帝从之。兵比至合肥,贼果退还。

时诏书博求众贤。散骑侍郎夏侯惠荐劭曰:"伏见常侍刘劭,深忠笃思,体周于数,心所错综,源流弘远,是以群才大小,咸取所同而斟酌焉。故性实之士服其平和良正,清静之人慕其玄虚退让,文学之士嘉其推步详密,法理之士明其分数精比,意思之士知其沈深笃固,文章之士爱其著论属辞,制度之士贵其化略较要,策谋之士赞其明思通微,凡此诸论,皆取适己所长而举其支流者也。臣数听其清谈,览其笃论,渐渍历年,服膺弥久,实为朝廷奇其器量。以为若此人者,宜辅翼机事,纳谋帏幄,当与国道俱隆,非世俗所常有也。惟陛下垂优游之听,使劭承清闲之欢,得自尽于前,则德音上通,辉耀日新矣。"

景初中,受诏作《都官考课》。劭上疏曰:"百官考课,王政之大较,然而历代弗务,是以治典阙而未补,能否混而相蒙。陛下以上圣之宏略,愍王纲之弛颓,神虑内鉴,明诏外发。臣奉恩旷然,得以启矇,辄作《都官考课》七十二条,又作《说略》一篇。臣学寡识浅,诚不足以宣畅圣旨,著定典制。"又以为宜制礼作乐,以移风俗,著《乐论》十四篇,事成未上。会明帝崩,不施行。正始中,执经讲学,赐爵关内侯。凡所撰述,《法论》《人物志》之类百余篇。卒,追赠光禄勋。子琳嗣。

【译文】

刘邵,字孔才,是广平邯郸人。汉献帝建安中,任计吏,到达许昌。太史进言说:"正月初一正当日蚀。"刘劭当时在尚书令荀彧那里,在座的有数十人,有的说应当免去上朝,有的说应当推却朝见。刘劭说:"梓慎和裨灶,是古时候的出色史官,尚且占卜水火之灾而错失天时。《礼记》说,诸侯谒见天子,到宫门不能完成拜谒礼仪的原因有四个,日蚀是其中之一。但是圣人留下制度不因为灾变怪异而预先废除朝廷礼仪,是由于有的灾变消除怪异隐伏的,有的推算谬误。"荀彧赞同他的说法。敕命朝见照旧,日蚀也没有发生。

御史大夫郗虑征召刘劭,恰好郗虑被免职,刘邵被任命为太子舍人,升为秘书郎。魏文帝黄初中,为尚书郎、散骑侍郎。接受诏命会集五经群书,分类编排,著《皇览》。魏明帝曹叡即位,出任陈留太守,一心推崇教化,百姓十分感戴他。调任骑都尉,与议郎庾嶷、荀诜等编定法令条例,著《新律》十八篇,撰《律略论》。升任散骑常侍。当时听说公孙渊接受孙权封赠的燕王称号,商议的人想将公孙渊作为计吏留在洛阳,派遣军队讨伐他的部属。刘劭认为:"从前袁尚兄弟归顺公孙渊的父亲公孙康,公孙康将他们的头砍下来送给魏武帝曹操,这是公孙渊前辈效忠的表现。同时听到的消息是虚是实,还没有真正搞清楚。古时候边远地区没有归顺,天子推行仁政而不进行征讨,对安抚百姓十分重视,应当加以宽恕,给他自新的机会。"后来公孙渊果真将孙权使者张弥等人的头砍下来送给魏明帝曹叡。刘劭曾作《赵都赋》,明帝十分赞赏,诏命刘劭作《许都赋》《洛阳赋》。当时对外用兵,在内营建宫室。刘劭写作两篇赋,对此都进行了讽谏。

明帝青龙中,吴国兵围合肥,当时东部的将士都分别休假,征东将军满宠上表请用中军兵,并召回休假将士,将集结军队后进击他们。刘劭建议以为"贼人众多,刚刚到达,思想专注,气势逼人。满宠因人少在自己的地盘内自卫,如果立即进击,必定不能取胜。满宠请求等待集结兵力,没有不对的地方。"认为"可以先派步兵五千,精锐骑兵三千,军队向前进发,一路上大造声势,耀武扬威。骑兵到达合肥,将队伍疏散,多置旌旗军鼓,在城下炫耀武力,将贼人引出城后,摸清他们的归路,截断他们的粮道。贼人听说大军到来,骑兵截断他们的后路,必定惊慌逃跑,不用交战便将贼人打败了。"明帝听从了他的主张。军队到达合肥,贼人果真退回。

当时下诏书广求各种贤人,散骑侍郎夏侯惠举荐刘劭说:"伏见常侍刘劭,忠心耿耿,深谋远虑,对于礼数领悟周详,凡是经他归纳总结的,均源流广大深远,因此各种大小才干的人,都从他那里取出共同点而加以吸收。所以性情老实的士人佩服他平和正直,追求清静的人仰慕他沉着谦让,博学的士人赞美他对天文历法推算周密,原则性强的士人了解他剖刺精审,头脑清醒的士人知道他深沉稳重,文人学士喜欢他著书立说,拟议法规的士人看重他去粗取精,出谋划策的士人颂扬他思想敏锐明察秋毫,所有这些议论,都是选择符合自己的口味的长处而举出他的支流罢了。我多次听他清谈,察看他的高论,浸渍经年,服膺良久,替朝廷着想,实在惊叹他的器量。让为像这样的人才,适宜辅佐机密要事,在军中出谋献策,理当与国家的治道同样受到尊崇,不是世俗间经常具有的。愿陛下愉快地倾听意见,让刘劭轻松地得到信用,能在陛下面前奉献自己的全部才华,那么就美言上达,光辉灿烂,日新月异了。"

魏明帝景初中,接受诏命作《都官考课》。刘劭上书说:"考验百官的功过,是王政的大法,然而历代不加重视,因此治国的大典残缺而没有进行修补,使得能与不能混杂而相互遮掩。陛下凭借上等圣人的宏图大略,忧心王纲的废弛,思虑如神,心地似镜,高明的诏书向外发出。我接受恩典,豁然开朗,茅塞顿开,便作《都官考课》七十二条,又作《说略》一篇。我学识浅薄,实在不足以表达圣意,制定典章制度。"又认为应当制礼作乐,以移风易俗,著《乐论》十四篇,大功告成,没有来得及上奏。恰好明帝逝世,没有施行。魏齐王正始中,手持经书讲学,赐爵关内侯。他的全部著作,有《法论》《人物志》等一百多篇。死后,追赠光禄勋。儿子刘琳世袭。

邓艾传

【题解】

邓艾(197~264),三国时期魏国名将。字士载,棘阳(今河南省南阳市)人。邓艾生于三国初年,社会动荡。他少孤家贫,为屯田农民。后稍长,作小吏,司马懿发现邓艾颇具才能,擢作掾吏,后升尚书郎。建议屯田两淮,且佃且守,广开漕渠,引河入汴,灌溉淮北农田,广为储谷,并著《济河论》,加以阐述,从而保证了征吴所需的军粮。累升城阳、汝南太守,所到之处荒地开辟,粮食增加,军民都得到充足供应。魏嘉平五年(253年),因邓艾的建议合宜,被调升为兖州刺史,加振威将军。魏正元元年,邓艾因有打败毋丘俭和文钦的功劳,授官长水校尉,进封方城乡侯。魏甘露元年,邓艾因大破蜀汉姜维功,升任镇西将军,都督陇右诸军,进封邓侯。魏景元四年(263)奉诏以征西将军,与钟会诸葛绪分三路伐蜀。邓艾出奇兵,自阴平经人烟稀少地区行军七百余里,凿山开道,造桥梁,修栈道,山高谷深,极为艰险,而且粮运又十分困难,即将断炊,差一点陷于绝境。邓艾用毡子裹着身体从山上滚下去,将士们都抓着树枝藤条,沿着悬崖陡壁,一个紧接一个前进,夺取江油,进克涪县,在绵竹(今四川省德阳北)击斩蜀将诸葛瞻,攻至成都,迫使蜀后主刘禅投降。进位太尉。邓艾又依东汉邓禹成例,自行任命官职,以安抚初附。司马昭认为邓艾恃功专断,心甚不悦。钟会借机诬他谋反,槛车征还解京。后钟会作乱被杀,邓艾虽为部曲解救,复为监军卫瓘派兵追杀而死。邓艾功高遭忌被杀,是封建时代的一种悲剧。经人梳理鸣冤,晋武帝时平反。

【原文】

邓艾字士载,义阳棘阳人也。少孤,太祖破荆州,徙汝南,为农民养犊。年十二,随母至颍川,读故太丘长陈寔碑文,言"文为世范,行为士则",艾遂自名范,字士则。后宗族有与同者,故改焉。为都尉学士,以口吃,不得作干佐。为稻田守丛草吏。同郡吏父怜其家贫,资给甚厚,艾初不称谢。每见高山大泽,辄规度指画军营处所,时人多笑焉。后为典农纲纪,上计吏,因使见太尉司马宣王。宣王奇之,辟之为掾,迁尚书郎。

邓艾

时欲广田畜谷,为灭贼资,使艾行陈、项已东至寿春。艾以为"田良水少,不足以尽地利,宜开河渠,可以引水灌溉,大积军粮,又通运漕之道。乃著《济河论》以喻其指。又以为"昔破黄巾,因为屯田,积谷于许都以制四方。今三隅已定,事在淮南,每大军征举,运兵过半,功费巨亿,以为大役。陈、蔡之间,上下田良,可省许昌左右诸稻田,并水东下,令淮北屯二万人,淮南三万人,十二分休,常有四万人,且田且守。水丰常收三倍於西,计除众费,岁完五百万斛以为军资。六七年间,可积三千万斛於淮上,此则十万之众五年食也。以此乘吴,无往而不克矣。"宣王善之,事皆施行。正始二年,乃开广漕渠,每东南有事,大军兴众,泛舟而下,达于江、淮、资食有储而无水害,艾所建也。

出参征西军事,迁南安太守。嘉平元年,与征西将军郭淮拒蜀偏将军姜维。维退,淮因,西击羌。艾曰:"贼去未远,或能复还。宜分诸军以备不虞。"于是留艾屯白水北。三日,维遣廖化自白水南向艾结营。艾谓诸将曰:"维今卒还,吾军人少,法当来渡而不作桥。此维使化持吾,令不得还。维必自东袭取洮城。"洮城在水北,去艾屯六十里。艾即夜潜军径列,维果来渡,而艾先至据城,得以不败。赐爵关内侯。加讨寇将军,后迁城阳太守。

是时并州右贤王刘豹并为一部,艾上言曰:"戎狄兽心,不以义亲,强则侵暴,弱则内附,故周宣有猃狁之寇,汉祖有平城之围。每匈奴一盛,为前代重患。自单于在外,莫能牵制长卑。诱而致之,使来入侍。由是羌夷失统,合散无主。以单于在内,万里顺轨。今单于之尊日疏,外土之威浸重,则胡虏不可不深备也。闻刘豹部有叛胡,可因叛割为二国，以分其势。去卑功显前朝，而子不继业，宜加其子显号，使居雁门。离国弱寇，追录旧勋，此御边长计也。"又陈："羌胡与民同处者，宜以渐出之，使居民表崇廉耻之教，塞奸宄之路。"大将军司马景王新辅政，多纳用焉。迁汝南太守，至则寻求昔所厚己吏父，久已死，遣吏祭之，重遗其母，举其子与计吏。艾所在，荒野开辟，军民并丰。

诸葛恪围合肥新城，不克，退归。艾言景王曰："孙权已没，大臣未附，吴名宗大族，皆有部曲，阻兵仗势，足以建命。恪新秉国政，而内无其主，不念抚恤上下以立根基，竞于外事，虐用其民，悉国之众，顿于坚城，死者万数，载祸而归，此恪获罪之日也。昔子胥、吴起、商鞅、乐毅皆见任时君，主没而败。况恪才非四贤，而不虑大患，其亡可待也。"恪归，果见诛，迁兖州刺史，加振威将军。上言曰："国之所急，惟农与战，国富则兵强，兵强则战胜。然农者，胜之本也。孔子曰'足食足兵'，食在兵前也。上无设爵之劝，则下无财畜之功。今使考绩之赏，在於积粟富民，则交游之路绝，浮华之原塞矣。"

高贵乡公即尊位，进封方城亭侯。毋丘俭作乱，遣健步赍书，欲疑惑大众，艾斩之，兼道进军，先趣乐嘉城，作浮桥。司马景王至，遂据之。文钦以后大军破败於城下，艾追之至丘头。钦奔吴。吴大将军孙峻等号十万众，将渡江，镇东将军诸葛诞遣艾据肥阳，艾以与贼势相远，非要害之地，辄移屯附亭，遣泰山太守诸葛绪等于黎浆拒战，遂走之。其年徵拜长水校尉。以破钦等功，进封方城乡侯，行安西将军。解雍州刺史王经围於狄道，姜维退驻钟提，乃以艾为安西将军，假节、领护东羌校尉。议者多以为维力已竭，未能更出。艾曰："洮西之败，非小失也；破军杀将，仓廪空虚，百姓流离，几於危亡。今以策言之，彼有乘胜之势，我有虚弱之实，一也。彼上下相习，五兵犀利，我将易兵新，器杖未复，二也。彼以船行，吾以陆军，劳逸不同，三也。狄道、陇西、南安、祁山，各当有守，彼专为一，我分为四，四也。从南安、陇西，因食羌谷，若趣祁山，熟麦千顷，为之县饵，五也。贼有黠数，其来必矣。"顷之，维果向祁山，闻艾已有备，乃回从董亭趣南安，艾据武城山以相持。维与艾争险，不克，其夜，渡渭东行，缘山趣上邽，艾与战於段谷，大破之。甘露元年诏曰："逆贼姜维连年狡黠，民夷骚动，西土不宁。艾筹画有方，忠勇奋发，斩将十数，馘首千计；国威震於巴、蜀，武声扬於江、岷。今以艾为镇西将军、都督陇右诸军事，进封邓侯。分五百户封子忠为亭侯。"二年，拒姜维于长城，维退还。迁征西将军，前后增邑凡六千六百户。景元三年，又破维于侯和，维却保沓中。四年秋，诏诸军征蜀，大将军司马文王皆指授节度，使艾与维相缀连；雍州刺史诸葛绪要维，令不得归。艾遣天水太守王颀等直攻维营，陇西太守牵弘等邀其前，金城太守杨欣等诣甘松。维闻钟会诸军已入汉中，引退还。欣等追蹑於强川口，大战，维败走。闻雍州已塞道，屯桥头，从孔函谷入北道，欲出雍州后。诸葛绪闻之，却还三十里。维入北道三十馀里，闻绪军却，寻还，从桥头过，绪趣截维，较一日不及。维遂东引，还守剑阁。钟会攻维未能克。艾上言："今贼摧折，宜遂乘之，从阴平由邪径经汉德阳亭趣涪，出剑阁西百里，去成都三百馀里，奇兵冲其腹心。剑阁之守必还赴涪，则会方轨而进；剑阁之军不还，则应涪之兵寡矣。军志有之曰：'攻其无备，出其不意。'今掩其空虚，破之必矣。"

冬十月，艾自阴平道行无人之地七百馀里，凿山通道，造作桥阁，山高谷深，至为艰险，又粮运将匮，频於危殆，艾以毡自裹，推转而下。将士皆攀木缘崖，鱼贯而进，先登至江由，蜀守将马邈降。蜀卫将军诸葛瞻自涪还绵竹，列陈待艾。艾遣子惠唐亭侯忠等出其右，司马师纂等出其左。忠、纂战不利，并退还，曰："贼未可击"，艾怒曰："存亡之分，在此一举，何不可之有？"乃叱忠、纂等，将斩之。忠纂驰还更战，大破之，斩瞻及尚书张遵等首，进军到雒。刘禅遣使奉皇帝玺绶，为笺诣艾请降。

艾至成都，禅率太子诸王及群臣六十馀人面缚舆榇诣军门，艾执节解缚焚榇，受而宥之，检御将士，无所虏略，绥纳降附，使复旧业，蜀人称焉。辄依邓禹故事，承制拜禅行骠骑将军，太子奉车、诸王驸马都尉。蜀群司各随高下拜为王官，或领艾官属。以师纂领益州刺史，陇西太守牵弘等领蜀中诸郡。使於绵竹筑台以为京观，用彰战功，士卒死事者皆与蜀兵同共埋藏。艾深自矜伐，谓蜀士大夫曰："诸君赖遭某，故得有今日耳。若遇吴汉之徒，已殄灭矣。"又曰："姜维自一时雄儿也，与某相值，故穷耳。"有识者笑之。

十二月，诏曰："艾曜威奋武，深入虏庭，斩将搴旗，枭其鲸鲵，使僭号之主，稽首系颈，历世逋诛，一朝而平。兵不逾时，战不终日，云彻席卷，荡定巴蜀。虽白起破强楚，韩信克劲赵，吴汉禽子阳，亚夫灭七国，计功论美，不足比勋也。其以艾为太尉，增邑二万户，封子二人亭侯，各食邑千户。"艾言司马文王曰："兵有先声而后实者，今因平蜀之势以乘吴，吴人震恐，席卷之时也。然大举之后，将士疲劳，不可便用，且徐缓之；留陇右兵二万人，蜀兵二万人，煮盐兴冶，为军农要用，并作舟船，豫顺流之事，然后发使告以利害，吴必归化，可不征而定也。今宜厚刘禅以致孙休，安士民以来远人，若便送禅於京都，吴以为流徒，则於向化之心不劝。宜权停留，须来年秋冬，比尔吴亦足平。以为可封禅为扶风王，锡其资财，供其左右。郡有董卓坞，为之宫舍。爵其子为公侯，食郡内县，以显归命之宠。开广陵、城阳以待吴人，则畏威怀德，望风而从矣。"文王使监军卫瓘喻艾："事当须报，不宜辄行。"艾重言曰："御命征行，奉指授之策，元恶既服，至于承制拜假，以安初附，谓合权宜。今蜀举众归命，地尽南海，东接吴会，宜早镇定。若待国命，往复道途，延引日月。《春秋》之义，大夫出疆，有可以安社稷，利国家，专之可也。今吴未宾，势与蜀连，不可拘常以失事机。兵法，进不求名，退不避罪，艾虽无古人之节，终不自嫌以损于国也。"钟会、胡烈、师纂等皆白艾所作悖逆，变衅以结。诏书槛车徵艾。

艾父子既囚，钟会至成都，先送艾，然后作乱。会已死，艾本营将士追出艾槛车，迎还。瓘遣田续等讨艾，遇於绵竹西，斩之。子忠与艾俱死馀子在洛阳者悉诛，徙艾妻子及孙於西域。

初，艾当伐蜀，梦坐山上而有流水，以问殄虏护军爰邵。邵曰："按《易》卦，山上有水曰蹇。蹇繇曰：'蹇利西南，不利东北。'孔子曰：'蹇利西南，往有功也；不利东北，其道穷也。'往必克蜀，殆不还乎！"艾怃然不乐。

泰始元年，晋室践阼，诏曰："昔太尉王凌谋废齐王，而王竟不足以守位。征西将军邓艾，矜功失节，实应大辟。然被书之日，罢遣人众，束手受罪，比于求生遂为恶者，诚复不同。今大赦得还，若无子孙者听使立后，令祭祀不绝"三年，议郎段灼上疏理艾曰："艾心怀至忠而荷反逆之名，平定巴蜀而受夷灭之诛，臣窃悼之。惜哉，言艾之反也！艾性刚急，轻犯雅俗，不能协同朋类，故莫肯理之。臣敢言艾不反之状。昔姜维有断陇右之志，艾修治备守，积谷强兵。值岁凶旱，艾为区种，身被乌衣，手执末耜，以率将士。上下相感,莫不尽力。艾持节守边,所统万数,而不难仆虏之劳,士民之役,非执节忠勤,孰能若此?故落门、段谷之战,以少击多,摧破强贼。先帝知其可任,委艾庙胜,授以长策。艾受命忘身,束马县车,自投死地,勇气陵云,士众乘势,使刘禅君臣面缚,又手屈膝。艾功名以成,当书之竹帛,传祚万世。七十老公,反欲何求!艾诚恃养育之恩,心不自疑,矫命承制,权安社稷;虽违常科,合古之义,原心定罪,本在可论。钟会忌艾威名,构成其事。忠而受诛,信而见疑,头县马市,诸子并斩,见之者垂泣,闻之者叹息。陛下龙兴,阐弘大度,释诸嫌忌,受诛之家,不拘叙用。昔秦民怜白起之无罪,吴人伤子胥之冤酷,皆为立祠。今天下民人为艾悼心痛恨,亦犹是也。臣以为艾身首分离,捐弃草土,宜收尸丧,还其田宅。以平蜀之功,绍封其孙,使阖棺定谥,死无余恨,赦冤魂于黄泉,收信义于后世,葬一人而天下慕其行,埋一魂而天下归其义,所为者寡而悦者众矣。?九年,诏曰:"艾有功勋,受罪不逃刑,而子孙为民隶,朕常愍之。其以嫡孙朗为郎中。"

艾在西时,修治障塞,筑起城坞。泰始中,羌虏大叛,频杀刺史,凉州道断。吏民安全者,皆保艾所筑坞焉。

【译文】

邓艾,字士载,义阳棘阳人。少年时代就失去了父亲,魏太祖曹操攻破荆州,邓艾迁居汝南,替农民养小牛。十二岁时,跟随母亲到颍川,读前任太丘长陈寔的碑文,看到碑文中说:"文章为世人典范,行为是读书人的准则。"邓艾于是自己起名为范,字士则。后因与宗族有人同名,所以改名为艾,字士则。曾充当都尉学士,因为口吃,不能作干佐,充当稻田守丛小吏。同郡一个可作他父辈的官吏同情他家中清贫,赠给他家的财物很多,邓艾最初不表示感谢。每次看见高山大泽,就指点规划设立军营的地方,当时人们大多笑话他。后来充当典农纲纪、上计吏,奉使往见太尉司马宣王。司马宣王认为他才能出众,召征他为掾吏,又升任尚书郎。

当时打算拓广田地,储备谷物,作为消灭贼军的资本。派邓艾巡查陈、项以东直至寿春地区一带,邓艾认为"土地虽好,但缺少水源,不能够充分发挥土地适宜种植作物的条件,应当开凿河渠,可以引水灌溉。能大量储积军队用粮,又可以开通运输粮食供应京城或送往指定公仓的水路。"于是撰写《济河论》,来说明他的意图。又认为"从前打败黄巾军,因为实行屯田,在许昌积蓄谷物,用以控制四方。现在三面的边境都已平定,战事发生在淮南,每次大军出动征伐,运输粮食的士兵超过半数,人力费用以上亿计算,被认为是巨大的劳役。陈、蔡之间,上地低平,耕田优良,可以省去许昌附近的各处稻田,把水积聚起来向东流。命令淮北驻屯垦兵二万人,淮南驻屯垦兵三万人。十分之二轮流休息,平常可有四万,一边耕种田地,一边进行防守。水源丰足,常年收获要三倍于西部地区,计算中扣除屯田者自费,每年交纳五百万斛充作军资。六七年之间,可以在淮河一带积蓄三千万斛粮食,这就足够十万大军五年的食用。用这些力量利用机会攻打吴国,没有不被攻破的。"司马宣王认为他说的好。事情全都得到施行。正始二年,就把运粮的河渠开凿宽阔,每次东南发生战事,出动大军,乘船而下,到达长江、淮河一带,军资粮食有所储备而没有水的灾害,这都是邓艾所建立的功劳。

司马懿命邓艾参与征西军事，调升为南安太守。嘉平元年，邓艾和征西将军郭淮抗拒蜀国偏将军姜维。姜维受阻，引军退还，郭淮趁机向西方攻打羌人。邓艾说："贼军离开不远，或者能够又回来，应当分兵防守以防意外。"于是留下邓艾驻守在白水北边。三天后，姜维派遣廖化从白水南岸向邓艾驻守的地方进发并扎下营垒。邓艾对各位将领说："姜维的军队现在突然返回，我军人少。依照兵法，敌人应当渡河进攻，却不兴建桥梁。这是姜维指使廖化来牵制我，叫我不能返回。姜维一定从东边袭取洮城。洮城在白水北岸，距离邓艾的军营有六十里。邓艾立即在夜晚秘密地行军一直赶到洮城，姜维果然前来渡河，而邓艾的军先到占据了洮城，因此没有失败。赐封邓艾爵位关内侯，加封讨冠将军，后来又调任城阳太守。

这时并州右贤王刘豹把匈奴合并为一部。邓艾上书说："戎狄是野兽心肠，不讲正义姻亲，强大了就要侵犯中原，实施强暴，弱小时就向中央依顺附从，所以周宣王时有猃狁的侵扰，汉高祖在平城遇到围困，每次匈奴一强盛起来，都是前代的重大祸患。由于匈奴的单于在中国之外，中国不能牵制他们的君王和臣子。后来诱使他们接近，得到他们的单于，让他们来入朝服侍。因此羌、夷失去统帅，聚合分散都没有人主管。因为单于在中国内部，所以万里之内都沿着一个轨道前进。现在单于的尊严日益减少，外地首领的威望逐渐提高。那么对胡贼就不能不加深防备了。听说刘豹的部下有叛逆的胡人，可以乘着叛变把他们分割为二国，用来分散他的势力。去卑的功劳在前朝很显著，而他的儿子不能继承他的事业，应该给他的儿子加封显贵的称号，让他居住在雁门。分裂匈奴的国家，削弱敌人的力量，追忆记录旧日的功臣，这是治理边疆的长久计策。"又陈述说："羌胡与汉民同住一个地方的，应该逐渐把他们分离开来。使得汉民以崇尚礼义廉耻教化的人为榜样，堵塞邪恶犯法作乱的人的道路。"大将军司马景王刚刚辅佐国政，对邓艾的建议大多能采纳施行。调邓艾任汝南太守。邓艾到了汝南，就去寻找从前厚待自己的父辈官吏，由于时间长久，他已经去世了，邓艾就派遣官吏去祭祀他，赠送他母亲贵重的财物，推举他的儿子做计吏。邓艾所治理的地方，荒芜的原野都开辟成良田，军队和百姓都过着丰足的生活。

诸葛恪围攻合肥新城，没有攻取，退兵回师。邓艾对司马景王说："孙权现在已经去世，大臣还没有归服，吴国的名宗大族，全都有自己的部曲，依仗兵势，足以夺取帝位。诸葛恪刚刚执掌国政，而内部还没有君主。他不想去抚慰救济上上下下，以建立自己的根基，却在外部事情上争逐，暴虐地使用他的民众，用全国的军队力量打新城，在坚固的城下陷于困境，死的人有一万多，结果带着灾祸返回了吴国，这是诸葛恪获罪的日子。从前伍子胥、吴起、商鞅、乐毅都被当时的君主所重用，君主去世后就遭到惨败。何况诸葛恪的才干赶不上这四位贤人，而不忧虑大的祸害，他的灭亡指日可待了。"诸葛恪回师后，果然被杀害。邓艾又调升为兖州刺史，加封为振威将军。邓艾上书说："国家所急需做好的，只是农业与打仗。国家富裕就会兵力强大，兵力强大，作战才能取得胜利。然而农业才是胜利的根本。孔子说'粮食、军备都很充足'，把粮食放在军备的前面。上面如果没有设置爵位奖励耕作储粮，下面就没有创造、积蓄财富的干劲。如果现在把考察政绩时的奖赏，给予储积粮食、使民众富裕的人，那么托人情游说的道路会断绝，追求浮华的根源也堵塞了。"

高贵乡公登基,进封邓艾为方城亭侯。毋丘俭发动叛乱,派遣善于奔走的士兵带去书信,打算迷惑大众,邓艾杀了使者,兼程进军,首选奔赴乐嘉城,架设浮桥。司马景王来到后,就占据了乐嘉。文钦的大军因为来晚了而战败在城下,邓艾追击文钦,追到丘头。文钦逃跑到吴国。吴国大将军孙峻等人率领大军,号称十万,准备渡过长江。镇东将军诸葛诞派遣邓艾去据守肥城,邓艾认为肥城跟贼军攻击方向相距很远,不是要害地方,就自己转移到附亭驻守,派遣泰山太守诸葛绪等在黎浆拒敌作战,于是把敌人赶走。这一年授官长水校尉。因为他有打败文钦等战功,进封他的爵位为方城乡侯,代行安西将军的职务。邓艾在狄道解除了对雍州刺史王经的包围,姜维退军,驻地钟提,于是任命邓艾为安西将军,持节,兼任护东羌校尉。朝廷中的谏议官员们大多认为姜维的兵力已经竭尽,没有能力再出兵进攻。邓艾说:"洮西之败,不是小的失败。打败了我们的军队,杀死将领,仓库空虚了,百姓流徙离散,差不多陷于危亡。现在通过比较计算说一下,对方有乘胜进攻的气势,我们有虚弱的实际,这是第一。对方将士上下互相熟悉,矛、戟、弓、剑、戈等五种兵器锋利,我们改换了将领,新增了士兵,损坏了的兵器没有修复,这是第二。对方用船运兵行军,我们军队走陆路,辛劳安逸不同,这是第三。狄道、陇西、南安、祁山,每个地方都应当有兵防守,对方把兵力集中在一起,我方军队分为四处,这是第四。姜维从南安、陇西出兵,可以顺便食用羌人的粮食,倘若奔赴祁山,那里有成熟的麦子上千顷之多,是吸引他们前来的饵料,这是第五。逆贼狡黠善算,他一定会来。"不久,姜维果然向祁山进军,听说邓艾已有防备,便返回从董亭奔赴南安。邓艾占据了武城山,与姜维相持。姜维与邓艾争夺险要地形,没有攻下。这天夜里,姜维渡过渭河向东进军,沿着山路奔赴上邽。邓艾与姜维在段谷交战,把姜维打得大败。甘露元年下诏说:"逆贼姜维狡猾,连续多年,使民众和夷人骚动,西方边境不得安宁。邓艾筹划有方,忠诚勇敢,奋发进取,杀死敌军将领十几员,杀死敌军士兵以千计算,国家的威望震动了巴、蜀,武力的名声在长江、岷江一带传扬。现在任命邓艾充当镇西将军,统领陇右各军军务,进封爵位为邓侯。把他的食邑分出五百户封给他的儿子邓忠,封邓忠充当亭侯。"二年,邓艾在长城抗拒姜维。姜维退回去。迁升邓艾作征西将军,前后赐封的食邑一共六千六百户。景元三年,又在侯和打败姜维,姜维退回去保住沓中。景元四年秋天,下诏命令各军征伐蜀国,大将军司马文王统帅全部军队,亲自指挥,让邓艾和姜维交兵相持;派雍州刺史诸葛绪拦腰堵截姜维,让姜维无法退回去。邓艾派遣天水太守王颀等人直接进攻姜维的营地,陇西太守牵弘等人在姜维前面阻拦,金城太守杨欣等人前往甘松。姜维听说钟会各军已经进入汉中,带领军队退回。杨欣等人跟踪追击到强川口,双方发生大战,姜维战败逃走。姜维听说雍州的军队已经阻塞了道路,占据了桥头,于是便从孔函谷进入北部道路,打算出兵绕到雍州军队的背后。诸葛绪听说后,往回退去三十里。姜维进入北道三十多里后,听说诸葛绪退兵,赶紧往回走,从桥头过去。诸葛绪赶上去阻截姜维,但晚了一天,没有赶上。姜维于是领兵向东,退回去坚守剑阁。钟会的军队进攻姜维没能攻下。邓艾上书说:"现在贼军的力量已经受到摧折,应该乘胜进军,如果从阴平出发由小路经过蜀汉的德阳亭奔赴涪县,此地在剑阁西一百里,离成都三百多里,在这里出奇兵冲击蜀汉的心腹地区，那么剑阁的守军必然往回东赴涪县，而钟会就可以两车并行着向前推进。如果剑阁的留军不往回撤，那么接应涪县的兵就很少了。军志上有句话叫：'乘对方没有防备的时候，而突然出兵攻击他。'现在偷袭他们的空虚地带，打败他们是确定不疑的。"

冬季十月，邓艾从阴平出发，走了七百余里的无人之地，凿山开路，架桥梁，建阁道，山高谷深，极为艰险，运来的粮食也将吃尽，濒临危险的绝境，邓艾用毡毯裹着自己，翻转着滚下山去，将士们也都攀缘着树木崖壁，鱼贯而进。邓艾首先到达江油，蜀国守将马邈投降。蜀国卫将军诸葛瞻从涪城回到绵竹，列好兵阵等待邓艾进攻。邓艾派他儿子惠唐亭侯邓忠等人攻其右翼，派司马师纂等人攻其左翼。邓忠、师纂战斗不利，都退了回来，说："贼军不可击破。"邓艾恼怒说："存亡之别在此一举，有什么不可以被打败的？"就责叱邓忠、师纂等人，要把他们斩首，邓忠、师纂等策马奔回再次交战，大败贼军。斩下诸葛瞻和尚书张遵等人的人头，进军到雒城。刘禅派遣使者送上皇帝玺印绶带，写了信前往邓艾那里请求投降。

邓艾到了成都，刘禅率领太子诸王和群臣六十余人反绑双手，而脸朝前，又用车拉棺材，前往军营门前表示投降。邓艾手持节，解开他们的绑缚，焚烧了棺材，接受投降并且宽恕了他们。邓艾检查约束手下将士，没有掳掠抢劫的现象，安抚任命投降归顺人员，使他们全回复旧业。蜀人赞扬邓艾。邓艾就依照邓禹的成例，授官刘禅为行骠骑将军，授官太子为奉车都尉，各位亲王为驸马都尉。蜀群臣各自根据地位的高低授官为王官，有的人领受了邓艾属下的官职。任命师纂代理益州刺史，任命陇西太守牵弘等人代管蜀中各郡。派人在绵竹修理高台作为京观，用来表彰战功。士兵在战争中死亡的，全和蜀兵一起埋葬。邓艾甚为居功自傲，他对蜀国的士大夫们说："各位君子多亏遇到了我，所以才能有今日，如果遇到吴汉那样的人，恐怕已经被杀光了。"又说："姜维自然是一时的英雄，只是遇上了我，才失败了。"有见识的人都嘲笑他。

十二月，下诏书说："邓艾显示军威，奋扬武力，深入敌人的腹地，杀死敌将夺取旗帜，斩杀了他们带头作恶的人，使得冒用帝王尊号的首领，被绑着颈项，磕头求饶，历经几代该杀的逃犯，一个早晨就被平定。用兵没有超过时间，作战没有用一整天，浮云尽散，势如卷席。扫荡平定了巴蜀地区。虽然白起打败强大的楚国，韩信攻克强劲的赵国，吴汉捕获公孙子阳，周亚夫灭亡七国，计算功劳，评论美德，还不足以与这次功勋相比。任命邓艾充当太尉，增加食邑二万户，封他的两个儿子充当亭侯，各食邑一千户。"邓艾对司马文王说："用兵有先造成声势然后发兵的情况，如今乘平定蜀国的声势去攻打吴国，吴人必将受到震恐，这是一举攻灭吴国的大好时机。但是我们在大规模用兵之后，将士们都十分疲劳，不能立即用兵，应暂缓一些时日。我想留下陇右兵二万人、蜀兵二万人，在这里煮盐、炼铁，以备军事、农事之用。同时制作舟船，预先为顺流攻吴做准备。然后派出使者告以利害，吴国必定归顺，可以不用征伐就平定吴国。如今应厚待刘禅以招致孙休，安抚读书人和老百姓，使远方的人民来归顺，倘若马上就把刘禅送到京师，吴国会以为把刘禅流放了，就没法再劝说他们归顺了。应该暂时停下来不发兵，等到明年秋天、冬天，到了那时，吴国也可以平定了。我以为可封刘禅为扶风王，赐给他资财，供给他左右侍奉之人。扶风郡有董卓坞，可当作他的官府，赐给他儿子以公侯的爵位，以郡内的县为食邑，以此来显示归顺所受到的恩宠。再开放广陵、城阳二郡作为封国以等待吴人归顺，这样他们畏惧我们的威严，感激我们的恩德，就会望风而顺从了。"司马文王让监军卫瓘去晓喻邓艾说："做事应当上报，不宜就按己意实行。"邓艾再次上书说："我受命出征，奉行指示给我的计策，现在首恶已经归附，至于秉承旨意授给他们官爵，以安抚刚刚依附之人，我认为也是合乎权宜的计策。如今蜀国举国上下都已归顺，国土南至南海，东接吴国，应该尽早使其安定下来。如果等待国命，来往于道路，就会拖延时日。《春秋》之义说：'大夫出国在外，如果有可以安社稷、利国家之事，自行决断是可以的。'如今吴国尚未归附，势必与蜀国联合，所以不可以拘于常理，而失去事情成功的机会。《兵法》上说："进不求名，退不避罪。我虽然没有古人的节操，也终究不会自我疑惑、而损害国家利益！"钟会、胡烈、师纂等人全部告发邓艾所做的大逆不道的事，认为他有变乱的征兆，并且具结担保所说是实。朝廷下诏书命令用槛车把邓艾送到京师来。

邓艾父子被囚禁后，钟会到了成都，先送走邓艾，然后叛乱。钟会被杀死以后，邓艾本营将士追赶囚禁邓艾的槛车，把邓艾放出，迎接回去。卫瓘派遣田续等人征伐邓艾，在绵竹西边相遇，把邓艾杀了。儿子邓忠和邓艾一块被杀，在洛阳的其余儿子也都被诛杀，把邓艾的妻子和孙子迁到西域居住。

当初，邓艾在征伐蜀国时，做梦梦见坐在山上，又有流水。把此梦告诉殄虏护军爰邵，并向他询问。爰邵说："依照《易》卦，山上有水叫《蹇》卦。《蹇》卦的卦辞说：《蹇》利于西南，不利于东北。'孙子说：'《蹇》利西南，前往会有功劳；不利东北，是他的路穷尽了。'这次前往一定能攻下蜀国，但是大概回不了来呀！"邓艾茫然失意，很不高兴。

泰始元年，晋朝皇帝即位，下诏书说："从前太尉王凌策划废掉齐王，而齐王竟然不能守住自己的王位。征西将军邓艾，夸耀军功，失去名节，确实应该受到斩首的刑罚。然而接受诏书之日，制止部下，把他们支派走，自己把手捆起来，接受惩罚，比起那些为了活命就作恶的，实在又有区别。现在大赦，他们的家属可以回来，倘若没有子孙的，允许他们自己确立后嗣，让他们的祭祀不致断绝。"三年，议郎段灼上书为邓艾辩冤说："邓艾心怀最大的忠诚却承担了反叛的名声，平定巴蜀却受到杀尽全家的惩罚，臣下暗中悼念他。说邓艾叛逆，真令人痛心啊！邓艾性格刚毅急躁，轻易地得罪了高雅的人士和俗人，不能和同僚协调合作，所以没有什么人肯理他。臣下有勇气诉说邓艾不会叛逆的实情。以前姜维有截断陇右的志向，邓艾修整防备设施严加守卫，积聚粮食使兵力强大。正赶上遭受大旱灾，邓艾亲自安排耕种，身披黑衣服，手里拿着耒耜，用这种实际行动作为将士的表率。上上下下都受到感动，没有谁不尽力而为的。邓艾持符节防守边疆，所统率的军队用万来计算，而不驱使奴仆俘虏服苦役，不加重士兵、百姓的劳役，不是秉持节义忠心尽力的人，谁能如此？所以在洛门、段谷的战役里，以少击多，大败强大的贼军。先皇帝知道他是可以任用的，把朝廷确定的胜利方略托付给了邓艾，给他统率大军的权力。邓艾接受命令，忘我作战，束住骏马不骑，悬起大车不用，亲自投身于极其艰险的死路上，勇气凌云，统率将士乘着胜利的形势前进，使得刘禅君臣把自己绑起来，而脸朝前，表示投降，叉手屈膝，以示顺从。邓艾的功名，已经告成，应当把它书写在竹简丝织品上，使他的福禄流传万代。七十岁的老人，反叛打算求取什么呢！邓艾诚心依恃君王养育的恩情，内心不怀疑自己的言行,假传命令说是承受了帝王的诏书,权且安定国家;虽然违背通常的法律条文,但有符合古义的地方。根据他的本心来定罪,本来是可以讨论的。钟会忌恨邓艾的威望名声,才造成这件事情的。忠心耿耿反而受到诛杀,诚信可靠却被怀疑。邓艾的头被悬挂在马市上,各个儿子一块被杀,看见的人都落泪,听到这件事的人为他们叹息。陛下登基,阐明您的弘明大度,开释了各个受到猜嫌疑忌的人,受过诛罚的人家也不受限制,得到任用。从前秦国民众可怜白起无罪被杀,吴国人伤感伍子胥受的冤枉深重,都给他们建立了祠堂。现在天下民众悼念邓艾,痛恨不平的心情也还是这样。臣下认为邓艾的身子和头颅分离,丢弃在荒野里,应该收殓他的尸体举行丧礼,归还他原有的田地房屋。用平定蜀国的功劳,继续赐封他的孙子,使他能在盖上棺盖后确定谥号,死了也没有遗恨了。赦免了邓艾的黄泉的冤魂,在后世取得信义的名声。安葬一人而使天下仰慕您的德行,埋葬一个灵魂而天下归向您的仁义。所做的事少而高兴的人多啊!"九年,下诏书说:"邓艾有功勋,受处罚时不逃避刑法,而孙子却充当平民奴隶,朕常常哀怜他们,现在任命嫡孙邓朗充当朗中。"

邓艾在西部时,整修治理边防界墙和关塞,修筑城堡。泰始年间,羌人举行大叛乱,多次杀死刺史,通向凉州的道路被切断。而官吏平民能够得到安全的,都是依靠邓艾所修筑的城堡的保护。

华佗传

【题解】

华佗是历史上著名的神医,这篇传记中记载的他治病的情况,颇具传奇色彩,可见他的医术之高妙,也说明古代医学的发展情况。马王堆医书中的《五十二病方》《导引图》等,很多处与华佗的医术一脉相承,证实了传记的可信性。华佗最杰出的贡献是使用麻醉进行外科手术,以及"五禽戏"等养生方法。当我们看到华佗竟死于非命,医学著作被焚毁时,是一幕多么悲惨的情景啊!封建专制下统治阶级对科学技术的摧残,从这里可以清楚地反映出来。

【原文】

华佗字元化,沛国谯人也,一名旉。游学徐土,兼通数经。沛相陈珪举孝廉,太尉黄琬辟,皆不就。晓养性之术,时人以为年且百岁而貌有壮容。又精方药,其疗疾,合汤不过数种,心解分剂,不复称量,煮熟便饮,语其节度,舍去辄愈。若当炙,一两处,每处七八壮,病亦应除。若当针,亦不过一两处,下针言"当引某许,若至,语人"。病者言"已到",应便拔针,病亦行差。若病结积在内,针药所不能及,当须刳割者,饮其麻沸散,须臾便如醉死无所知,因破取。病若在肠中,便断肠湔洗,缝腹膏摩,四五日差,不痛,人亦不自寤,一月之间,即平复矣。

故甘陵相夫人有娠六月，腹痛不安，佗视脉，曰："胎已死矣。"使人手摸知所在，在左则男，在右则女。人云"在左"，於是为汤下之，果下男形，即愈。

县吏尹世苦四支烦，口中干，不欲闻人声，小便不利。佗曰："试作热食，得汗则愈；不汗，后三日死。"即作热食而不汗出，佗曰："藏气已绝於内，当啼泣而绝。"果如佗言。

府吏兒寻、李延共止，俱头痛身热，所苦正同。佗曰："寻当下之，延当发汗。"或难其异，佗曰："寻外实，延内实，故治之宜殊。"即各与药，明旦并起。

盐渎严昕与数人共候佗，适至，佗谓昕曰："君身中佳否？"昕曰："自如常。"佗曰："君有急病见於面，莫多饮酒。"坐毕归，行数里，昕卒头眩坠车，人扶将还，载归家，中宿死。

华佗

故督邮顿子献得病已差，诣佗视脉，曰："尚虚，未得复，勿为劳事，御内即死。临死，当吐舌数寸。"其妻闻其病除，从百余里来省之，止宿交接，中间三日发病，一如佗言。

督邮徐毅得病，佗往省之。毅谓佗曰："昨使医曹吏刘租针胃管讫，便苦咳嗽，欲卧不安。"佗曰："刺不得胃管，误中肝也，食当日减，五日不救。"遂如佗言。

东阳陈叔山小男二岁得疾，下利常先啼，日以羸困。问佗，佗曰："其母怀躯，阳气内养，乳中虚冷，儿得母寒，故令不时愈。"佗与四物女宛丸，十日即除。

彭城夫人夜之厕，虿螫其手，呻呼无赖。佗令温汤近热，渍手其中，卒可得寐，但旁人数为易汤，汤令暖之，其旦即愈。

军吏梅平得病，除名还家，家居广陵，未至二百里，止亲人舍。有顷，佗偶至主人许，主人令佗视平，佗谓平曰："君早见我，可不至此。今疾已结，促去可得与家相见，五日卒。"应时归，如佗所刻。

佗行道，见一人病咽塞，嗜食而不得下，家人车载欲往就医。佗闻其呻吟，驻车往视，语之曰："向来道边有卖饼家蒜齑大酢，从取三升饮之，病自当去。"即如佗言，立吐蛇一枚，县车边，欲造佗。佗尚未还，小儿戏门前，逆见，自相谓曰："似逢我公，车边病是也。"疾者前入坐，见佗北壁县此蛇辈约以十数。

又有一郡守病，佗以为其人盛怒则差，乃多受其货而不加治，无何弃去，留书骂之。郡守果大怒，令人追捉杀佗。郡守子知之，属使勿逐。守嗔恚既甚，吐黑血数升而愈。

又有一士大夫不快，佗云："君病甚，当破腹取。然君寿亦不过十年，病不能杀君，忍病十岁，寿俱当尽，不足故自刳裂。"士大夫不耐痛痒，必欲除之。佗遂下手，所患寻差，十年竟死。

广陵太守陈登得病，胸中烦懑，面赤不食。佗脉之曰："府君胃中有虫数升，欲成内疽，食腥物所为也。"即作汤二升，先服一升，斯须尽服之。食顷，吐出三升许虫，赤头皆动，半身是生鱼脍也，所苦便愈。佗曰："此病后三期当发，遇良医乃可济救。"依期果发动,时佗不在,如言而死。

太祖闻而召佗,佗常在左右。太祖苦头风,每发,心乱目眩,佗针鬲,随手而差。

李将军妻病甚,呼佗视脉,曰:"伤娠而胎不去。"将军言:"闻实伤娠,胎已去矣。"佗曰:"案脉,胎未去也。"将军以为不然。佗舍去,妇稍小差。百余日复动,更呼佗。佗曰:"此脉故事有胎。前当生两儿,一儿先出,血出甚多,后儿不及生。母不自觉,旁人亦不寤,不复迎,遂不得生。胎死,血脉不复归,必燥著母脊,故使多脊痛。今当与汤,并针一处,此死胎必出。"汤针既加,妇痛急如欲生者。佗曰:"此死胎久枯,不能自出,宜使人探之。"果得一死男,手足完具,色黑,长可尺所。

佗之绝技,凡此类也。然本作士人,以医见业,意常自悔,后太祖亲理,得病笃重,使佗专视。佗曰:"此近难济,恒事攻治,可延岁月。"佗久远家思归,因曰:"当得家书,方欲暂还耳"。到家,辞以妻病,数乞期不反。太祖累书呼,又敕郡县发遣。佗恃能厌食事,犹不上道。太祖大怒使人往检。若妻信病,赐小豆四十斛,宽假限日;若其虚诈,便收送之。於是传付许狱,考验首服。荀彧请曰:"佗术实工,人命所县,宜含宥之。"太祖曰:"不忧,天下当无此鼠辈耶?"遂考竟佗。佗临死,出一卷书与狱吏,曰:"此可以活人。"吏畏法不受,佗亦不强,索火烧之。佗死后,太祖头风未除。太祖曰:"佗能愈此。小人养吾病,欲以自重,然吾不杀此子,亦终当不为我断此根原耳。"及后爱子仓舒病困,太祖叹曰:"吾悔杀华佗,令此儿强死也。"

初,军吏李成苦咳嗽,昼夜不寤,时吐脓血,以问佗。佗言:"君病肠臃,咳之所吐,非从肺来也。与君散两钱,当吐二升馀脓血讫,快自养,一月可小起,好自将爱,一年便健。十八岁当一小发,服此散,亦行复差。若不得此药,故当死。"复与两钱散,成得药去。五六岁,亲中人有病如成者,谓成曰:"卿今强健,我欲死,何忍无急去药,以待不祥?先持贷我,我差为卿从华佗更索。"成与之。已故到谯,适值佗见收,匆匆不忍从求。后十八岁,成病竟发,无药可服,以至於死。

广陵吴普、彭城樊阿皆从佗学。普依准佗治,多所全济。佗语普曰:"人体欲得劳动,但不当使极尔。动摇则谷气得消,血脉流通,病不得生,譬犹户枢不朽是也。是以古之仙者为导引之事,熊颈鸱顾,引挽腰体,动诸关节,以求难老。吾有一术,名五禽之戏,一曰虎,二曰鹿,三曰熊,四曰猿,五曰鸟,亦以除疾,并利蹄足,以当导引。体中不快,起作一禽之戏,沾濡汗出,因上著粉,身体轻便,腹中欲食。"普施行之,年九十馀,耳目聪明,齿牙完坚。阿善针术。凡医咸言背及胸藏之间不可妄针,针之不过四分,而阿针背入一二寸,巨阙胸藏针下五六寸,而病辄皆瘳。阿从佗求可服食益於人者,佗授以漆叶青黏散。漆叶屑一升,青黏屑十四两,以是为率,言久服去三虫,利五藏,轻体,使人头不白。阿从其言,寿百馀岁。漆叶处所而有,青黏生於丰、沛、彭城及朝歌云。

【译文】

华佗,字元化,沛国谯县人,又名叫敷。曾在徐州一带到处求学,通晓几种经典。沛国相陈珪推举他作孝廉,太尉黄琬聘请他做官,他全都不去。华佗通晓养生的方法。当时人们认为他快有一百岁了,但他还保留着壮年人的面容。华佗精于开药方。他治疗病的处方,配制汤剂只用几种药物。他心中掌握药物的分量,配药时不用称量,煮好药就让病人饮用,同时告诉他们用药的次数,用完药后就会痊愈。如果要给病人针灸,也不过选一两个穴位,每处不过灸七、八个艾柱,病就消除了。如果扎针,也不过一两处。下针时对病人说:"入针的感觉应该传到某处,如果感到了,就告诉我。"病人说:"针感已经到了。"随即拔针,病痛也跟着消失。如果疾病聚结在身体内部,针灸、药物都不能达到,必须开刀割去的,就给病人喝麻沸散,不一会儿,病人就和醉死一样,什么也不知道了。华佗就开刀割取病患。病患如果在肠子中,就切开肠子清洗,然后缝合腹部,用药膏涂抹伤口,四五天就好了,不会疼痛,病人自己也不会感觉到。一个月以内,伤口就全部长好了。

前任甘陵相的夫人怀孕六个月,腹中疼痛不安。华佗给她号脉,说:"胎儿已经死了。"让人用手探查胎儿的位置,胎儿在左边是男孩,在右边就是女孩。人家回答说:"在左边。"华佗就配了汤药给她打胎,果然打下来一个男形的胎儿,病也就好了。

县吏尹世苦于四肢发热,口中干燥,不想听到人说话的声音,小便不通畅。华佗说:"试着做些热饭给他吃,出了汗就能痊愈,不出汗的话,三天以后就要死。"立即做了热饭给他吃,但他不出汗。华佗说:"内脏的气息已经断绝了,他会哭着断气的。"果然和华佗说的一样。

府吏兒寻、李延一起患病来求治,都是头痛,身体发热,受到的痛苦一样。华佗说:"兒寻应该下泻,李延应当发汗。"有的人提出疑问,为什么他们的治法不同?华佗说:"兒寻身体外实,而李延身体内实,所以治疗的方法不一样。"就分别给了药物。第二天早上两个人都能起床了。

盐渎人严昕和几个人一起来探望华佗,刚一进门,华佗就对严昕说:"您身体感觉好吗?"严昕说:"和平常一样。"华佗说:"从脸上看,您有急病,不要多喝酒。"严昕等人坐了一会儿回去。走了几里地,严昕头晕,从车上掉了下来。别人把他扶起来,用车拉回家里,第二天半夜就死了。

前任督邮顿子献得了病,已经治好了,又去请华佗诊脉。华佗说:"你身体还很虚弱,没有完全恢复,不要做过于劳累的事,如性交就会立刻死去。临死时,会把舌头吐出几寸长。"顿献的妻子听说他病好了,从一百多里地以外赶来看他,住在他那里,夜晚性交。隔了三天,顿子献就发病了,结果和华佗说的一样。

督邮徐毅得了病,华佗去看他。徐毅对华佗说:"昨天让医曹吏刘租给胃管扎针,扎完针,就苦于咳嗽不止,想躺下,不得安宁。"华佗说:"扎针没有扎到胃管上,错扎到肝上了。以后饮食会一天天减少,五天以后死去,无法救活了。"果然和华佗的预言相同。

东阳人陈叔山的小儿子两岁时得了病,泻肚之前经常哭啼不止,一天天瘦弱下去。他来问华佗。华佗说:"这个孩子的母亲怀孕时,阳气聚在内脏养护,乳汁变得虚冷,孩子受了母亲的寒气,所以不能很快痊愈。"华佗给了他四物女宛丸这种药,十天以后病就好了。

彭城夫人晚上去厕所,被毒蝎螫了手,痛得呻吟呼喊,没有办法。华佗让人把汤药烧热,让夫人把手泡在汤药中。夫人终于可以睡着了。但是要由别人多次换汤药,让汤药保持温暖,天亮时手就好了。

军吏梅平得了病，被军队除名回家。他的家住在广陵，走了不到二百里，在亲戚的家里住宿。不一会儿，华佗也偶然地来到这个人家中，主人让华佗来看梅平的病。华佗对梅平说："您早点来见我，就不至于到这个地步了。现在您的疾病已经无法治疗了，赶快回去还可以见到家人，五天后就要死了。"梅平马上赶回家，死的日子与华佗的说法一样。

华佗在路上走时，见到一个人得病，咽喉堵塞，想吃东西又咽不下去，他的家人用车拉着他准备去求医。华佗听到他的呻吟声，停下车去看他，对他说："刚才经过的道路边上有卖饼的，那里有蒜泥和醋。你们从那里取三升来给他喝了，病自然就好了。"他们就照华佗的话做了。病人马上吐出了一条蛇。他们把蛇挂在车边，想到华佗家去拜谢。华佗还没有回来，小孩子们在门前玩耍，迎面见到了，就互相说道："这些人好象遇到我家公公了，车边挂的蛇就是公公给除灭的。"这个病人近前到华佗家里坐下，看到华佗屋里北墙上挂的这类蛇虫大约有几十条。

又有一个郡守得了病。华佗认为让这个人大怒就能痊愈，就收下了他的很多财物，却不给他治病，不久就扔下病人走了，还留下一封信骂他。郡守果然大怒，命令人去追赶华佗，把他捉来杀死。郡守的儿子知道内情，嘱咐下属不要去追。太守愤怒极了，然后吐出几升黑血。病就好了。

又有一个士大夫身体不适。华佗说："您的病患在内脏深处，必须剖腹切除。但是您的寿命也超不过十年了，病不会要您的命，您忍受十年的病痛，寿命也和疾病一同完结了。不值得特地去剖腹切除。"士大夫忍受不了这种痛痒，一定要切除它。华佗就做了手术，士大夫的病很快好了，但他终究在十年后死了。

广陵太守陈登得了病，胸中憋闷，脸色红涨，吃不下东西。华佗给他诊脉后说："您的胃里有几升虫子，快要在里面形成痈疽了。这是吃生腥的食物造成的。"华佗就配了二升汤药，让他先喝一升，过一会儿再把汤药全部服下。过了有一顿饭的功夫，陈登吐出大约三升的虫子。虫子有红色的头，全在蠕动，一半身子象是生鱼片。陈登的病痛就痊愈了。华佗说："这个病三年以后还会发作，遇到良医才可以救治。"到了三年后陈登果然又犯病了，当时华佗不在，陈登象华佗所说的那样死去了。

魏太祖曹操听说以后，把华佗召去，让他经常在自己身边。太祖苦于头风病，每次发病都感到眼花心乱。华佗用针扎他的膈间，手到病除。

李将军的妻子病得很厉害，叫华佗来诊脉。华佗说："伤了胎，但胎儿没有流产。"李将军说："听说确实是伤了胎，但是胎儿已经打下去了。"华佗说："根据脉象，胎儿还没有打下去。"李将军认为华佗说的不对。华佗就离去了。妇人也稍微有些好转。一百多天后，病情又加重，再次来找华佗。华佗说："这个脉象的惯例是有胎儿。前一次应当生两个孩子，一个孩子先生出来，血出得很多，后一个孩子来不及生出来。母亲自己没有感觉，别人也不明白，不再帮助接生，所以没有生下来。胎儿死了，血脉不再通畅，胎儿一定会干枯，贴在母亲的脊背内部，所以造成母亲脊背经常疼痛。现在应该给他汤药，同时用针扎一个地方，这个死胎一定会下来。"用完汤药和针刺后，妇人剧烈疼痛，象要临产时一样。华佗说："这个死胎时间长了，已经枯干，没办法自己生下它，应该让人去掏出来。"果然取出一个死了的男胎，手足都齐全了，颜色变黑，大约有一尺来长。

　　华佗的高超医术，全都与此相类似。但是华佗本来是读书人，却被人看作是依靠医术成名的，心中常感到后悔。以后太祖亲自管理国事时，得了很严重的病，让华佗专门给他治病。华佗说："这种病很难在短期内治好，长期坚持医治，才能延长您的生命。"华佗离家时间太长了，想回家去，就对太祖说："接到家信了，想要暂时回家去一趟。"华佗回家后，借口妻子有病，多次请求延长假期，不肯返回。太祖连续去信叫他回来，又命令郡县官员把他遣送回来。华佗依恃自己的本领，厌恶吃官府的粮饷，还是不肯上路回去。太祖大怒，派人去查验，如果华佗的妻子真病了，赐给他小豆四十斛，再宽限他一些假期，如果他说谎骗人，就把他抓起来送回。于是华佗就被押送到许都的监狱，经审问拷打，华佗认了罪。荀彧请求说："华佗的医术确实精深，关系到人的生命，应该给予宽恕。"太祖说："不用担心，天底下还会没有这样的鼠辈吗？"便把华佗处死。华佗临死时，拿出一卷书来给狱吏，说："这卷书可以救活人命。"狱吏害怕犯法，不敢接受。华佗也不勉强他，要了火，把这卷书烧了。华佗死后，太祖的头风病还没有除掉。太祖说："华佗能把这种病治好，这个小人却让我的病延续下去，想用它抬高自己的身价。如果我不杀死这个小子，他也始终不肯给我除去这个病根的。"等到后来太祖的爱子仓舒病危时，太祖叹息道："我后悔把华佗杀掉，眼睁睁地看着孩子死去了。"

　　当初，军吏李成苦于咳嗽，白天黑夜都无法睡觉，常常吐出脓血。他把这些病情告诉华佗。华佗说："您的病是肠痈，咳嗽时吐出来的脓，不是从肺里出来的。我给您两钱药散。吃了后要吐出两升多脓血，吐完后自己保养，心情愉快，一个月就可以见到一些起色，好好地爱护调养身体，一年以后就可以恢复健康。十八年后会有一次小发作。服这个药散，就还会治好。如果没有这个药，就要死了。"又给了他两钱药散。李成得到药以后，过了五、六年，他的亲戚里面有人也得了同样的病。他就对李成说："您现在身体强壮，我却要死了。您怎么忍心藏着不急用的药，等待有病时再用呢？先把药借给我用。我病好了后，替您去找华佗再要这种药。"李成给了他。李成以后有机会到谯县，正巧碰上华佗被抓走，匆忙之中，不忍心去向他求药。后来十八年到了，李成的病终于发作，没有药服用，以致死去。

　　广陵人吴普、彭城人樊阿全跟随华佗学医。吴普依照华佗的治疗方法治病，很多病人都被治好了。华佗对吴普说："人的身体需要劳动，只是不要让身体过分疲劳罢了。活动就可以使食物得到消化吸收，血脉流通，不会产生疾病，这就是同门的转轴不会腐朽一样的道理。由此古代成仙的人都做导引术，模仿熊晃动脖子，模仿鸱鹰四下张望，伸展拉长腰肢和身体，活动各个关节，用来求得长生不老。我有一个方法，叫作'五禽戏'，一是模仿虎，二是模仿鹿，三是模仿熊，四是模仿猿猴，五是模仿鸟，既可以用来除去疾病，同时还有利于手脚健康，用它来代替导引术。身体不舒服了，就起身做一种动物的活动，做得身上出汗，沾湿了衣服后，再在身上擦一些药粉，就会感到身体轻便，食欲大振。"吴普按照"五禽戏"锻炼，活到九十多岁了，仍然耳聪目明，牙齿完整结实。樊阿善于扎针。所有的医生都说人的背部和胸腹部位不能轻易针刺，如果扎针，深不能超过四分。而樊阿扎背上的穴位入针深一、二寸，扎巨阙、胸藏等穴位下针达五、六寸。而病就全能治好。樊阿向华佗求教，要吃下去有益于人的药方。华佗传授给他漆叶青粘散。用漆叶碎屑一升,青粘屑十四两,按照这个比例配药,据说长期服用可以去除人体内的三种寄生虫,对五脏有益,使身体轻便,头发不会变白。樊阿按照他的话去做,活到一百多岁。漆叶到处都有,青粘生长在丰县、沛县、彭城和朝歌等地。

诸葛亮传

【题解】

诸葛亮(181~234)字孔明,东汉末琅玡国阳都县(今山东沂南)人。幼年丧父,随叔父流寓荆州。叔父死后,诸葛亮在襄阳隆中隐居,亲身参加耕作,常自比于管仲、乐毅,人称"卧龙"。汉献帝建安十二年(207),刘备往访,三次登门,诸葛亮才出见刘备。诸葛亮建议刘备先占荆州、益州,东联孙权,北拒曹操,形成独立势力,然后相机进取,统一天下。这就是有名的《隆中对》。刘备对此建议深为赞许,于是诸葛亮决定追随刘备。此后他协助刘备逐步实施隆中建议,联合孙权在赤壁打退曹操,接着夺得荆州、益州,与曹操、孙权形成鼎足之势。曹丕代汉自立后,刘备在成都称帝,任命诸葛亮为丞相。刘备病危时,向诸葛亮托孤。刘备死,后主即位,诸葛亮被封为武乡侯,以丞相身份兼领益州牧,大小政事,全都取决于他。诸葛亮志在辅佐后主讨魏、兴汉、统一天下,于是对外恢复与孙权的友好,对内整顿官制,修订法律,改良社会风气,改善与边疆民族的关系,增强经济、军事实力。后主建兴五年(公元227年)率师北驻汉中,临行前向后主奏表辞行,这份表,就是有名的《出师表》,表中洋溢着诸葛亮忠君谋国深情。从建兴六年起,多次出兵伐魏。建兴十二年春,进据武功五丈原,与魏将司马懿对峙。鉴于军粮转运困难往往牵制军事活动,于是分兵就地屯田,以求长久驻守。当年八月,诸葛亮病死军中。司马懿察看其营垒遗址,叹他是"天下奇才"。他遗命丧事简办,不用陪葬品。身死之后,家无余财。

诸葛亮雕像

诸葛亮品德高尚,政治才能杰出,精通军事。他的活动对三国时代的天下大局产生过重大作用。他的品德言行对中华民族优秀传统文化的形成有积极影响。

【原文】

诸葛亮,字孔明,琅玡阳都人也。汉司隶校尉诸葛丰后也。父珪,字君贡,汉末为太山郡丞。亮早孤,从父玄为袁术所署豫章太守,玄将亮及亮弟均之官。会汉朝更选朱皓代玄。玄素与荆州牧刘表有旧，往依之。玄卒，亮躬耕陇亩，好为《梁父吟》。身长八尺，每自比于管仲、乐毅，时人莫之许也。惟博陵崔州平、颍川徐庶元直与亮友善，谓为信然。

时先主屯新野。徐庶见先主，先主器之，谓先主曰："诸葛孔明者，卧龙也，将军岂愿见之乎？"先主曰："君与俱来。"庶曰："此人可就见，不可屈致也。将军宜枉驾顾之。"由是先主遂诣亮，凡三往，乃见。因屏人曰："汉室倾颓，奸臣窃命，主上蒙尘。孤不度德量力，欲信大义于天下，而智术浅短，遂用猖蹶，至于今日。然志犹未已，君谓计将安出？"亮答曰："自董卓以来，豪杰并起，跨州连郡者不可胜数。曹操比于袁绍，则名微而众寡，然操遂能克绍，以弱为强者，非惟天时，抑亦人谋也。今操已拥百万之众，挟天子而令诸侯，此诚不可与争锋。孙权据有江东，已历三世，国险而民附，贤能为之用，此可以为援而不可图也。荆州北据汉、沔，利尽南海，东连吴会，西通巴、蜀，此用武之国，而其主不能守，此殆天所以资将军，将军岂有意乎？益州险塞，沃野千里，天府之土，高祖因之以成帝业。刘璋暗弱，张鲁在北，民殷国富而不知存恤，智能之士思得明君。将军既帝室之胄，信义著于四海，总揽英雄，思贤如渴，若跨有荆、益，保其岩阻，西和诸戎，南抚夷越，外结好孙权，内修政理，天下有变，则命一上将将荆州之军以向宛、洛，将军身率益州之众出于秦川，百姓孰敢不箪食壶浆以迎将军者乎？诚如是，则霸业可成，汉室可兴矣。"先主曰："善！"于是与亮情好日密。关羽、张飞等不悦，先主解之曰："孤之有孔明，犹鱼之有水也。愿诸君勿复言。"羽、飞乃止。

刘表长子琦，亦深器亮。表受后妻之言，爱少子琮，不悦于琦。琦每欲与亮谋自安之术，亮辄拒塞，未与处画。琦乃将亮游观后园，共上高楼，饮宴之间，令人去梯，因谓亮曰："今日上不至天，下不至地，言出子口，入于吾耳，可以言未？"亮答曰："君不见申生在内而危，重耳在外而安乎？"琦意感悟，阴规出计。会黄祖死，得出，遂为江夏太守。俄而表卒，琮闻曹公来征，遣使请降。先主在樊闻之，率其众南行，亮与徐庶并从，为曹公所追破，获庶母。庶辞先主而指其心曰："本欲与将军共图王霸之业者，以此方寸之地也。今已失老母，方寸乱矣，无益于事，请从此别。"遂诣曹公。

先主至于夏口，亮曰："事急矣，请奉命求救于孙将军。"时权拥军在柴桑，观望成败。亮说权曰："海内大乱，将军起兵据有江东，刘豫州亦收众汉南，与曹操并争天下。今操芟夷大难，略已平矣，遂破荆州，威震四海。英雄无所用武，故豫州遁逃至此。将军量力而处之：若能以吴、越之众与中国抗衡，不如早与之绝；若不能当，何不案兵束甲，北面而事之！今将军外托服从之名，而内怀犹豫之计，事急而不断，祸至无日矣！"权曰："苟如君言，刘豫州何不遂事之乎？"亮曰："田横，齐之壮士耳，犹守义不辱，况刘豫州王室之胄，英才盖世，众士慕仰，若水之归海，若事之不济，此乃天也，安能复为之下乎！"权勃然曰："吾不能举全吴之地，十万之众，受制于人。吾计决矣！非刘豫州莫可以当曹操者，然豫州新败之后，安能抗此难乎？"亮曰："豫州军虽败于长阪，今战士还者及关羽水军精甲万人，刘琦合江夏战士亦不下万人，曹操之众，远来疲弊，闻追豫州，轻骑一日一夜行三百余里，此所谓'强弩之末，势不能穿鲁缟'者也。故兵法忌之，曰'必蹶上将军'。且北方之人，不习水战；又荆州之民附操者，逼兵势耳，非心服也。今将军诚能命猛将统兵数万，与豫州协规同力，破操军必矣。操军破，必北还，如此则荆、吴之势强，鼎足之形成矣。成败之机，在于今日。"权大悦，即遣周瑜、程普、鲁肃等水军三万，随亮诣先主，并力拒曹。曹公败于赤壁，引军归邺。先主遂收江南，以亮为军师中郎将，使督零陵、桂阳、长沙三郡，调其赋税，以充军实。

建安十六年，益州牧刘璋遣法正迎先主，使击张鲁。亮与关羽镇荆州。先主自葭萌还攻璋，亮与张飞、赵云等率众溯江，分定郡县，与先主共围成都。成都平，以亮为军师将军，署左将军府事。先主外出，亮常镇守成都，足食足兵。二十六年，群下劝先主称尊号，先主未许，亮说曰："昔吴汉、耿弇等初劝世祖即帝位，世祖辞让，前后数四，耿纯进言曰：'天下英雄喁喁，冀有所望。如不从议者，士大夫各归求主，无为从公也。'世祖感纯言深至，遂然诺之。今曹氏篡汉，天下无主，大王刘氏苗族，绍世而起，今即帝位，乃其宜也。士大夫随大王久勤苦者，亦欲望尺寸之功如纯言耳。"先主于是即帝位，策亮为丞相曰："朕遭家不造，奉承大统，兢兢业业，不敢康宁，思靖百姓，惧未能绥。於戏！丞相亮其悉朕意，无怠辅朕之阙，助宣重光，以照明天下，君其勖哉！"亮以丞相录尚书事，假节。张飞卒后，领司隶校尉。

章武三年春，先主于永安病笃，召亮于成都，属以后事，谓亮曰："君才十倍曹丕，必能安国，终定大事。若嗣子可辅，辅之；如其不才，君可自取。"亮涕泣曰："臣敢竭股肱之力，效忠贞之节，继之以死！"先主又为诏敕后主曰："汝与丞相从事，事之如父。"建兴元年，封亮武乡侯，开府治事。顷之，又领益州牧。政事无巨细，咸决于亮。南中诸郡，并皆叛乱，亮以新遭大丧，故未便加兵，且遣使聘吴，因结和亲，遂为与国。

三年春，亮率众南征，其秋悉平。军资所出，国以富饶，乃治戎讲武，以俟大举。五年，率诸军北驻汉中，临发，上疏曰：

先帝创业未半而中道崩殂，今天下三分，益州疲弊，此诚危急存亡之秋也。然侍卫之臣不懈于内，忠志之士忘身于外者，盖追先帝之殊遇，欲报之于陛下也。诚宜开张圣听，以光先帝遗德，恢弘志士之气，不宜妄自菲薄，引喻失义，以塞忠谏之路也。宫中府中，俱为一体，陟罚臧否，不宜异同。若有作奸犯科及为忠善者，宜付有司论其刑赏，以昭陛下平明之理，不宜偏私，使内外异法也。侍中侍郎郭攸之、费祎、董允等，此皆良实，志虑忠纯，是以先帝简拔以遗陛下。愚以为宫中之事，事无大小，悉以咨之，然后施行，必能裨补阙漏，有所广益。将军向宠，性行淑均，晓畅军事，试用于昔日，先帝称之曰能，是以众议举宠为督。愚以为营中之事，悉以咨之，必能使行阵和睦，优劣得所。亲贤臣，远小人，此先汉所以兴隆也；亲小人，远贤臣，此后汉所以倾颓也。先帝在时，每与臣论此事，未尝不叹息痛恨于桓、灵也。侍中、尚书、长史、参军，此悉贞良死节之臣，愿陛下亲之信之，则汉室之隆，可计日而待也。

臣本布衣，躬耕于南阳，苟全性命于乱世，不求闻达于诸侯。先帝不以臣卑鄙，猥自枉屈，三顾臣于草庐之中，咨臣以当世之事，由是感激，遂许先帝以驱驰。后值倾覆，受任于败军之际，奉命于危难之间，尔来二十有一年矣。先帝知臣谨慎，故临崩寄臣以大事也。受命以来，夙夜忧叹，恐托付不效，以伤先帝之明。故五月渡泸，深入不毛。今南方已定，兵甲已足，当奖率三军，北定中原，庶竭驽钝，攘除奸凶，兴复汉室，还于旧都。此臣所以报先帝，而忠陛下之职分也。

至于斟酌损益，进尽忠言，则攸之、祎、允之任也。愿陛下托臣以讨贼兴复之效，不效，则治臣之罪，以告先帝之灵。责攸之、祎、允等之慢，以彰其咎。陛下亦宜自谋，以咨诹善道，察纳雅言，深追先帝遗诏。臣不胜受恩感激。今当远离，临表涕零，不知所言。

遂行，屯于沔阳。

六年春，扬声由斜谷道取郿，使赵云、邓芝为疑军，据箕谷，魏大将军曹真举众拒之。亮身率诸军攻祁山，戎陈整齐，赏罚肃而号令明，南安、天水、安定三郡叛魏应亮，关中响震。魏明帝西镇长安，命张郃拒亮，亮使马谡督诸军在前，与郃战于街亭。谡违亮节度，举动失宜，大为郃所破。亮拔西县千余家，还于汉中。戮谡以谢众，上疏曰："臣以弱才，叨窃非据，亲秉旄钺以厉三军，不能训章明法，临事而惧，至有街亭违命之阙，箕谷不戒之失，咎皆在臣，授任无方。臣明不知人，恤事多暗，《春秋》责帅，臣职是当。请自贬三等，以督厥咎。"于是以亮为右将军，行丞相事，所总统如前。

冬，亮复出散关，围陈仓，曹真拒之，亮粮尽而还。魏将王双率骑追亮，亮与战，破之，斩双。七年，亮遣陈式攻武都、阴平。魏雍州刺史郭淮率众欲击式，亮自出至建威，淮退还，遂平二郡。诏策亮曰："街亭之役，咎由马谡，而君引愆，深自贬抑，重违君意，听顺所守。前年耀师，馘斩王双，今岁爰征，郭淮遁走，降集氏、羌，兴复二郡，威镇凶暴，功勋显然。方今天下骚扰，元恶未枭，君受大任，干国之重，而久自挹损，非所以光扬洪烈矣。今复君丞相，君其勿辞。"

九年，亮复出祁山，以木牛运，粮尽退军，与魏将张郃交战，射杀郃。十二年春，亮悉大众由斜谷出，以流马运，据武功五丈原，与司马宣王对于渭南。亮每患粮不继，使己志不伸，是以分兵屯田，为久驻之基，耕者杂于渭滨居民之间，而百姓安堵，军无私焉。相持百余日。其年八月，亮疾病，卒于军，时年五十四。及军退，宣王案行其营垒处所，曰："天下奇才也！"

亮遗命葬汉中定军山，因山为坟，冢足容棺，敛以时服，不须器物。诏策曰："惟君体资文武，明睿笃诚，受遗托孤，匡辅朕躬，继绝兴微，志存靖乱；爰整六师，无岁不征，神武赫然，威镇八荒，将建殊功于季汉，参伊、周之巨勋。如何不吊，事临垂克，遘疾陨丧！朕用伤悼，肝心若裂。夫崇德序功，纪行命谥，所以光昭将来，刊载不朽。今使使持节左中郎将杜琼，赠君丞相武乡侯印绶，谥君为忠武侯。魂而有灵，嘉兹宠荣。呜呼哀哉！呜呼哀哉！"

初，亮自表后主曰："成都有桑八百株，薄田十五顷，子弟衣食，自有余饶。至于臣在外任，无别调度，随身衣食，悉仰于官，不别治生，以长尺寸。若臣死之日，不使内有余帛，外有赢财，以负陛下。"及卒，如其所言。

亮性长于巧思，损益连弩，木牛流马，皆出其意；推演兵法，作八阵图，咸得其要云。亮言教书奏多可观，别为一集。

景耀六年春，诏为亮立庙于沔阳。秋，魏镇西将军钟会征蜀，至汉川，祭亮之庙，令军士不得于亮墓所左右刍牧樵采。亮弟均，官至长水校尉。亮子瞻，嗣爵。

《诸葛氏集》目录

右二十四篇，凡十万四千一百一十二字。

臣寿等言：臣前在著作郎，侍中领中书监济北侯臣荀勖、中书令关内侯臣和峤奏，使臣定故蜀丞相诸葛亮故事。亮毗佐危国，负阻不宾，然犹存录其言，耻善有遗，诚是大晋光明至德，泽被无疆，自古以来，未之有伦也。辄删除复重，随类相从，凡为二十四篇，篇名如右。

亮少有逸群之才，英霸之器，身长八尺，容貌甚伟，时人异焉。遭汉末扰乱，随叔父玄避难荆州，躬耕于野，不求闻达。时左将军刘备以亮有殊量，乃三顾亮于草庐之中；亮深谓备雄姿杰出，遂解带写诚，厚相结纳。及魏武帝南征荆州，刘琮举州委质，而备失势众寡，无立锥之地。亮时年二十七，乃建奇策，身使孙权，求援吴会。权既宿服仰备，又睹亮奇雅，甚敬重之，即遣兵三万人以助备。备得用与武帝交战，大破其军，乘胜克捷，江南悉平。后备又西取益州。益州既定，以亮为军师将军。备称尊号，拜亮为丞相，录尚书事。及备殂没，嗣子幼弱，事无巨细，亮皆专之。于是外连东吴，内平南越，立法施度，整理戎旅，工械技巧，物究其极，科教严明，赏罚必信，无恶不惩，无善不显，至于吏不容奸，人怀自厉，道不拾遗，强不侵弱，风化肃然也。

当此之时，亮之素志，进欲龙骧虎视，苞括四海，退欲跨陵边疆，震荡宇内。又自以为无身之日，则未有能蹈涉中原，抗衡上国者，是以用兵不戢，屡耀其武。然亮才，于治戎为长，奇谋为短，理民之干，优于将略。而所与对敌，或值人杰，加众寡不侔，攻守异体，故虽连年动众，未能有克。昔萧何荐韩信，管仲举王子城父，皆忖己之长，未能兼有故也。亮之器能政理，抑亦管、萧之亚匹也，而时之名将无城父、韩信，故使功业陵迟，大义不及邪？盖天命有归，不可以智力争也。

青龙二年春，亮帅众出武功，分兵屯田，为久驻之基。其秋病卒。黎庶追思，以为口实。至今梁、益之民，咨述亮者，言犹在耳，虽《甘棠》之咏召公，郑人之歌子产，无以远譬也。孟轲有云："以逸道使民，虽劳不怨；以生道杀人，虽死不忿。"信矣！论者或怪亮文采不艳，而过于丁宁周至。臣愚以为咎繇大贤也，周公圣人也，考之《尚书》，咎繇之谟略而雅，周公之诰烦而悉。何则？咎繇与舜、禹共谈，周公与群下矢誓故也。亮所与言，尽众人凡士，故其文指不得及远也。然其声教遗言，皆经事综物，公诚之心，形于文墨，足以知其人之意理，而有补于当世。

伏惟陛下迈踪古圣，荡然无忌，故虽敌国诽谤之言，咸肆其辞而无所革讳，所以明大通之道也。谨录写上诣著作。臣寿诚惶诚恐，顿首顿首，死罪死罪。泰始十年二月一日

癸巳，平阳侯相臣陈寿上。

乔字伯松，亮兄瑾之第二子也。本字仲慎。与兄元逊俱有名于时，论者以为乔才不及兄，而性业过之。初，亮未有子，求乔为嗣。瑾启孙权遣乔来西，亮以乔为己适子，故易其字焉。拜为驸马都尉，随亮至汉中。年二十五，建兴六年卒。子攀，官至行护军翊武将军，亦早卒。诸葛恪见诛于吴，子孙皆尽，而亮自有胄裔，故攀还复为瑾后。

瞻字思远。建兴十二年，亮出武功，与兄瑾书曰："瞻今已八岁，聪慧可爱，嫌其早成，恐不为重器耳。"年十七，尚公主，拜骑都尉。其明年为羽林中郎将，屡迁射声校尉、侍中、尚书仆射，加军师将军。瞻工书画，强识念。蜀人追思亮，咸爱其才敏。每朝廷有一善政佳事，虽非瞻所建倡，百姓皆传相告曰："葛侯之所为也。"是以美声溢誉，有过其实。景耀四年，为行都护卫将军，与辅国大将军南乡侯董厥并平尚书事。六年冬，魏征西将军邓艾伐蜀，自阴平由景谷道旁入。瞻督诸军至涪停住，前锋破，退还，住绵竹。艾遣书诱瞻曰："若降者必表为琅邪王。"瞻怒，斩艾使。遂战，大败，临陈死，时年三十七。众皆离散。艾长驱至成都，瞻长子尚，与瞻俱没。次子京及攀子显等，咸熙元年内移河东。

董厥者，丞相亮时为府令史，亮称之曰："董令史，良士也。吾每与之言，思慎宜适。"徙为主薄。亮卒后，稍迁至尚书仆射，代陈祗为尚书令，迁大将军平台事，而义阳樊建代焉。延熙十四年，以校尉使吴，值孙权病笃，不自见建。权问诸葛恪曰："樊建何如宗预也？"恪对曰："才识不及预，而雅性过之。"后为侍中，守尚书令。自瞻、厥、建统事，姜维常征伐在外，宦人黄皓窃弄机柄，咸共将护，无能匡矫，然建特不与皓和好往来。蜀破之明年春，厥、建俱诣京都，同为相国参军，其秋并兼散骑常侍，使蜀慰劳。

【译文】

诸葛亮，字孔明，琅邪郡阳都县人，汉朝司隶校尉诸葛丰的后代。父亲名珪，字君贡，汉末任太山郡丞。诸葛亮很早就死了父亲，叔父诸葛玄是袁术任命的豫章太守，诸葛玄携带诸葛亮和诸葛亮弟弟诸葛均去赴任。正碰上汉朝改派朱皓取代诸葛玄。诸葛玄一向和荆州牧刘表有交往，就去投奔刘表。诸葛玄死后，诸葛亮亲自参加农田耕种，喜欢吟诵《梁父吟》。身高八尺，常常拿自己和管仲、乐毅相提并论，当时人没有谁赞成他的自我评价。只有和诸葛亮友好的博陵崔州平，颍川徐庶元直，认为诸葛亮的自我评价符合实际。

当时先主（刘备）屯驻新野，徐庶拜见先主，先主器重徐庶。徐庶对先主说："诸葛孔明，是一条卧龙，将军是否愿意见见他？"先主说："您陪他一起来吧。"徐庶说："此人可以去拜见，不能委曲他来拜见将军。将军应当委屈自己前去拜见他。"于是先主就去拜见诸葛亮，共去了三次，才见到。于是屏退其他人，对诸葛亮说："汉朝陷入危机，奸臣窃取了大权，皇帝流离失所。我不考虑自己的品德能力，想在全天下伸张大义，可是智慧和办法不够，因此遭受挫折，直到今天。但我志向还没放弃，您说怎么办好？"诸葛亮回答说："从董卓以来，豪杰并起，地跨几个州几个郡的，多得数不过来。曹操和袁绍相比，名声小，兵力少，但曹操终能打垮袁绍，变弱为强，这不仅时机碰得好，也是人的谋略强啊。现在曹操已经拥有百万之众，挟持了天子，以天子名义号令诸侯，这的确不能和他正面冲突了。"

孙权占有江东，已经历了三代，地势险要，人民拥护，贤士能人愿为他效力。这支力量可结为外援，而不能去并吞。荆州北面有汉水沔水可供据守，远接南海的广阔地域可以提供丰盛财源，东与吴会相连，西面通达巴蜀，这是兵家必争的地方，但它的主人没有能力来守护。这可能是老天为将军提供的，将军有意吗？益州地形险要，肥田沃土上千里，是座物产富饶的天然仓库，高祖凭借它建成了帝业。刘璋糊涂软弱，北受张鲁威胁，境内人口众多，财源充沛，但不懂得关怀体贴民众，有智慧有才干的人希望得到贤明君主。将军既是皇室后代，信义天下皆知，多方招求英雄，思慕贤才如饥如渴，如能跨有

三顾茅庐

荆、益两州，守住险要，西面和各支戎人和好，南面安抚夷越各族，对外和孙权建立友好关系，对内改进政治，天下形势一有变化，就派一员上将率领荆州兵力进军宛、洛，将军亲自率领益州兵力出击秦川，百姓有谁敢不用篮子盛饭，用壶装酒欢迎您的部队呢？如果真像这样了，那霸业就可建成，汉朝就可复兴了。"先主说："说得好！"于是和诸葛亮一天比一天友好亲密起来。关羽、张飞等不高兴，先主向他们解释说："我有了孔明，就像鱼得了水一样，希望你们各位不要再说什么了。"关羽、张飞于是不再议论。

刘表长子刘琦，也非常器重诸葛亮。刘表听了后妻的话，爱小儿子刘琮，不爱刘琦。刘琦常想和诸葛亮研究自保安全的办法，诸葛亮总是拒绝，不给他出主意。刘琦于是领诸葛亮游览后花园，一同登上高楼。喝酒时，叫人把楼梯撤了，然后对诸葛亮说："现在上不连天，下不连地，话从你口中出来，只进我的耳朵，可以说了吗？"诸葛亮说："您没看到申生在内遭遇了灾祸，重耳在外获得了安全吗？"刘琦领悟了这话的含意，暗地谋划去外地任职的办法。正巧黄祖死了，有了外出任职的机会，就当了江夏太守，不久刘表死了，刘琮听说曹操来攻荆州，就派去使者请求投降。先主在樊城听说了，率领部下向南走，诸葛亮和徐庶都随行，被曹操追上来击溃，俘虏了徐庶的母亲。徐庶向先主告辞，指着心说："本来想和您一起创建王霸大业的，是这一小块地方，现在失去了老母，这小块地方乱了，不能再对事情有所帮助了，请允许我从此和您分别。"于是就到曹操那里去了。

先主到达夏口，诸葛亮说："事情危急了，请派我去向孙将军求救。"当时孙权带兵驻扎柴桑，观望成败。诸葛亮劝孙权说："天下大乱，将军起兵占有了江东，刘豫州也在汉南招募军队，和曹操争夺天下。现在曹操已经破除大敌，基本控制了北方局势，接着又击破荆州，威镇四海。英雄没有用武之地了，所以刘豫州逃到这里。希望将军量力而行。如果能凭借吴、越兵力和中原对抗，不如早点和曹操决裂；如果不能抵挡，为什么不放下刀枪卷起盔甲，屈膝投降称臣呢！现在将军表面装作服从，内心还在犹豫，事情紧急而不下决断，大祸就要降临了。"孙权说："如果像您说的这样，刘豫州为什么不干脆投降他呢？"

诸葛亮说："田横只不过是齐国一个壮士罢了,还坚守原则不屈辱投降呢,更何况刘豫州是王室后代,英才盖世无双,众多贤士思慕敬仰他就像水归大海一样? 如果事情不成功,那是天意,怎么能向曹操投降称臣呢?"孙权激动地说:"我不能拿全吴土地十万大军,交给别人控制。我考虑定了! 不是刘豫州,没有谁可以抵挡曹操。但豫州刚刚战败,能担当起这重任吗?"诸葛亮说:"豫州军队虽在长阪战败,现在从战场回来的战士加上关羽精锐水军有一万人,刘琦会合江夏战士也不下万人。曹操军队,远来疲劳,听说追击刘豫州时,轻骑一天一夜行三百多里,这就是所谓的'即使是强弓射出的箭,飞到尽头时,力量也要衰减得连薄薄的鲁地丝绸也穿不过去了。'所以兵法上禁止这样进军,说'必定会导致主帅的失败。'加上北方人不习惯水战,还有荆州民众归附曹操,是曹操用军事力量威逼的结果,不是心服。现在将军果真能派遣猛将带几万军队和豫州同心协力,则打败曹操,必定无疑。曹操失败,必然退回北方,如此则荆、吴势力增强,鼎足三分局面就确立下来了。成败关键,在于您今天的决定。"孙权非常高兴,就派周瑜、程普、鲁肃等水军三万人,随诸葛亮去见先主,合力抵抗曹操。曹操在赤壁战败,带兵回返邺城。先主于是占领江南,以诸葛亮为军师中郎将,让他督察零陵、桂阳、长沙三郡事务,征调三郡赋税,供应军需。

建安十六年,益州牧刘璋派法正迎接先主,要先主攻打张鲁。诸葛亮和关羽镇守荆州。先主从葭萌出发回师攻击刘璋,诸葛亮与张飞、赵云等率兵溯江而上,分头平定郡县,和先主合围成都。成都攻克,以诸葛亮为军师将军,署左将军府事。先主外出,诸葛亮常镇守成都,确保钱粮足用,兵力充实。二十六年,部下劝先主称皇帝,先主没答应。诸葛亮劝说道:"当年吴汉、耿弇等开始劝世祖称皇帝,世祖辞让,劝说好几次也没答应。耿纯对世祖说:'天下英雄敬仰归向您,都在您身上寄托着希望,如果您坚持不听从大家建议,士大夫们就各自转回去另找主人,没有必要再跟从您了。'世祖被耿纯真挚深刻的谈话感动了,就接受了大家的建议。现在曹氏篡夺了汉朝政权,天下无主,大王是刘氏后裔,是为了延续刘氏帝统才奋起斗争的,现在接受帝号,是应当的事。士大夫随大王长期辛苦,也是想建点小功,如耿纯所说的那样。"先主于是即位为皇帝,任命诸葛亮为丞相,任命书说:"朕遭遇家族不幸,恭敬地承接了帝位。小心谨慎,不敢安逸,希望丞相诸葛亮了解朕的意思,不要放松弥补朕的不足,帮助朕发扬伟大的汉室光辉,以照明天下。希望您努力啊。"诸葛亮以丞相录尚书事,假节。张飞死后,诸葛亮兼司隶校尉。

章武三年春,先主在永安病重,把诸葛亮从成都召去,托付后事。对诸葛亮说:"您的才能是曹丕的十倍,必能安定国家,最终完成统一大业。如果太子可以辅佐,就辅佐他,如果他不成才,您可以取而代之。"诸葛亮流着泪说:"我一定竭尽全力辅佐,坚守忠贞原则,一直到死。"先主又写一份诏书告诫后主:"您和丞相共事,要把他当父亲一样看待。"建兴元年,封诸葛亮为武乡侯,设立丞相府署办理政务。不久,又兼益州牧。政事不分大小,都由诸葛亮决定。南中地区各个郡,全都叛乱了,诸葛亮因为新遭国丧,所以没有马上派兵镇压。暂且先遣派使者出访东吴,趁便建立和平友善关系,进而结成盟国。

三年春,诸葛亮率兵南征,当年秋天全都平定,南中能提供军事物资,国家因而逐渐富饶。于是整军练武,等待机会出兵伐魏。五年,率领各路大军北驻汉中,出发前,给皇帝呈上奏疏说：

先帝创建大业没有一半就中途逝世了，现在天下三分，益州困难重重，这确实是危急存亡的关键时刻。但侍卫大臣在朝廷依然兢兢业业，毫不懈怠；忠诚将士在疆场依然英勇奋战，不顾个人安危，这是因为他们追念先帝的特殊恩惠，想向陛下报答啊。陛下确实应当广泛听取意见，以发扬先帝遗留的美德，进一步振奋志士们的精神，不应该无缘无故看轻自己，用不恰当的借口去堵塞臣下进献忠谏的途径。皇宫和丞相府的臣僚是一个整体，赏罚褒贬，不应当标准不同。如果有作恶犯法和尽忠行善的，应该交付主管官吏研究奖惩，以显示陛下处理国事的公正严明。不应该有所偏袒，使宫内宫外有不同，准则。侍中、侍郎郭攸之、费祎、董允等，这些都是善良诚实人，心怀忠贞思想纯洁，所以先帝选拔出来遗留给陛下。我认为宫里的事，不论大小，全都听取他们意见，然后施行，必定能减少缺漏，增强效果。将军向宠，性格温和善良，办事公正，通晓军事，以前试用过他，先帝称赞他"有才能"，所以大家讨论推举他为中部督。我认为军营中的事全都听取他的意见，必能使将士和睦，不同才能的人都各得其所。亲近贤臣疏远小人，这是前汉兴隆的原因；亲近小人疏远贤臣，这是后汉衰落的原因，先帝在世时，常和我议论这些事，没有一次不对桓、灵时的情况深感遗憾。侍中、尚书、长史、参军，这些都是忠贞善良宁死也要坚持原则的人，希望陛下亲近他们信任他们，这样，汉室的兴盛就不用许多日子了。

我本是平民百姓，在南阳亲身从事耕作，只想在乱世里勉强保全性命，并没想在诸侯间扬名做官。先帝不在乎我低贱鄙陋，他降低身份，三次到草屋中来看望我，征询我对当世的看法，我从而受到感动，就答应追随先帝奋斗。后来遭遇失败，在军事溃退中接受重任，在艰难危险时奉命出使，从那以来已经二十一个年头了。先帝知道我谨慎，所以临终把大事托付给我。接受托付以来，日夜忧虑，唯恐托付的事不能实现，伤了先帝知人之明。所以五月里渡涉泸水，深入荒凉地带。现在南方已经平定，兵力已经充足，应该鼓舞、率领三军，北进平定中原。希望能竭尽我平庸的才能，扫除奸邪恶人，兴复汉朝，返回旧都，这是我报答先帝和效忠陛下的职责啊。

至于斟酌内政，除弊兴利，尽忠劝谏，那是攸之、祎、允的职责。希望陛下把消灭贼寇兴复汉朝的成效托付给我，不见成效，就治我的罪，报告先帝在天之灵。责备攸之、祎、允的怠慢，公布他们的过错。陛下也应当自己多加考虑，访询安邦治国的好办法，考察接纳正确意见，深入追念先帝遗诏。我承受大恩无限感激，现在就要远离陛下了，面对这份表章，不禁落泪，不知自己说了什么。

于是率军出发，屯驻于沔阳。

六年春，扬言经由斜谷道进攻郿县，派赵云、邓艾作为疑兵，占据箕谷，魏大将军曹真带兵抵挡赵云、邓芝。诸葛亮亲领各路兵马攻祁山，队伍整齐，赏罚严肃，号令分明，南安、天水、安定三郡反叛魏国响应诸葛亮，整个关中震动。魏明帝西行坐镇长安，派张郃抵挡诸葛亮，诸葛亮派马谡督领各路大军前行，和张郃战于街亭。马谡违背诸葛亮部署，行动失当，被张郃打得大败。诸葛亮迁徙西县居民一千多家回到汉中。杀掉马谡，以向将士承认错误。上疏说："我以微薄才能，占据了不应占有的高位，亲任统帅，整训三军，没能讲清制度，严明法规，没能临事警惕慎思，所以出现街亭违背部署的错误，箕谷戒备不周的过失，错误都在于我任人不当。我缺乏知人之明，考虑事情多有糊涂之处。《春秋》有追究主帅责任的原则，根据我的职务，应当承当责任，请允许我自己降职三级，以惩罚我的罪过。"于是以诸葛亮为右将军，代行丞相职务，所管辖事务和以前一样。

冬季，诸葛亮又从散关出击，包围陈仓，曹真率军抵挡。诸葛亮军粮用尽，只好后撤，魏将王双率骑兵追击，诸葛亮与他交战，打败了他，斩了他。七年，诸葛亮派陈式攻武都、阴平，魏国雍州刺史郭淮率兵想进击陈式，诸葛亮亲自进到建威，郭淮退回，于是平定了武都、阴平两郡。后主给诸葛亮下诏书说："街亭战役，罪在马谡，而您把罪责加在自己身上，深深贬低压抑自己。我不便违背您的心意，听从了您的要求。前年出兵，斩了王双，今年出征，郭淮遁逃，招降氐、羌，收复两郡，威镇残暴敌人，功勋卓著。现在天下还不安定，首恶尚未铲除，您肩负重任，主持国家大事，却长久自我贬低压制，这不是光大弘扬兴复大业的办法，现在恢复您的丞相官职，希望您不要推辞。"

九年，诸葛亮又取道祁山出击，以木牛运输，军粮用尽只好退兵。和魏将张郃交战，射死张郃。十二年春，诸葛亮统率全部大军由斜谷出兵，用流马运输，占据武功的五丈原和司马宣王对峙于渭水南岸。诸葛亮常担忧军粮供应不上，使自己大志不能实现，所以就分出军队就地屯田耕种，作为长久驻扎的基础，屯田士兵散住在渭水沿岸居民之间，而百姓安居，军队不扰民自利。相持一百多天，当年八月，诸葛亮患重病，在军营中逝世。年龄是五十四岁。军队撤退以后，宣王巡察诸葛亮的营垒故址，说："真是天下奇才啊！"

诸葛亮临终时嘱咐，把他葬在汉中定军山，依山造坟，墓坑仅能放下棺柩，就以当时的服装入殓，不用殉葬品。后主下诏书说："您兼具文武才能，明智、忠厚、诚实。接受托孤遗诏，匡正辅佐朕，接续中断的汉朝，兴复衰落的皇室，志在平定大乱。于是您整顿军队，没有一年不出兵征讨，英武神奇，威震八方。即将为第三次崛起的汉朝建立特殊功勋，建立可与伊尹、周公媲美的功勋，老天为什么不施仁慈，事情接近完成，却患病去世！我为此非常伤心，心肝像碎裂一样难受。尊崇美德，评定功勋，条例事迹，议定谥号，为的是让您的光辉照耀后世，让您青史留名永垂不朽。现在派遣使持节左中郎将杜琼，赠您丞相武乡侯印绶，谥您为忠武侯，魂如果有灵，您将因获得这份荣誉而高兴。唉，伤心啊！唉，伤心啊！"

当初，诸葛亮自己上表给后主说："成都我家有桑树八百棵，薄田十五顷，我后代的穿衣吃饭，会有富余。至于我在外任官，没有别的开支，随身衣食，全由官府供给。我不再另外经营产业，增加少许财富。到我死的时候，不让家中、任上有多余财物，而辜负陛下恩德。"到他死时，情况像他所说的一样。

诸葛亮天性擅长于巧思，改进连弩，制造木牛流马，都出于他的设计。研究运用兵法，设计八阵图，都掌握住了要害。诸葛亮言论、教令、书信、奏议大多值得阅读，另编为一集。

景耀六年春天，后主下诏在沔阳为诸葛亮建庙。当年秋天，魏国镇西将军钟会征蜀，抵达汉川，祭祀诸葛亮的庙，下令军士不许在诸葛亮墓地左右放牧打柴。诸葛亮弟弟诸葛均，官做到长水校尉。诸葛亮儿子诸葛瞻，继承了诸葛亮的封爵。

《诸葛氏集》目录：

右二十四篇,共十万四千一百一十二字。

臣陈寿等奏报陛下:我以前任著作郎时,侍中领中书监济北侯臣荀勖、中书令关内侯臣和峤上奏,建议让我编定故蜀丞相诸葛亮故事。诸葛亮辅佐垂危的国家,凭借险要地势不肯降服,但现在仍然记录保存他的言论,以遗漏美好言行不加记载为羞耻,这真是大晋朝光辉崇高美德,恩泽广施无边的具体表现。自古以来,没有谁能与大晋朝相比。所以我就删除重复内容,分类编辑,共为二十四篇,篇名如右所列。

诸葛亮年轻时就有超群才能,出众气概,身高八尺,相貌堂堂,当时人都对他另眼相看。遭逢汉末的混乱,跟随叔父诸葛玄到荆州避难,亲身从事田野耕作,不求出名做官。当时左将军刘备认为诸葛亮有特殊才能,就三次去诸葛亮草屋拜访他,诸葛亮也深深感到刘备抱负宏伟才智杰出,于是彼此坦诚交谈,缔结深交。等到魏武帝南征荆州,刘琮献荆州投降,刘备失去依靠,兵力又单薄,没有立锥之地。诸葛亮当时二十七岁,就献出奇计,亲自出使孙权,向吴求援。孙权早就佩服敬仰刘备,又看到诸葛亮见识出众,谈吐高雅,很敬重他,就派兵三万协助刘备,刘备借助这支力量与魏武帝交战,大破武帝军队。又乘胜进军,江南全部平定。后来刘备又西取益州。益州平定后,以诸葛亮为军师将军。刘备称皇帝,任命诸葛亮为丞相,录尚书事。等到刘备去世,后主年纪轻才能弱,事情不管大小,诸葛亮都全权决定。于是向外联络东吴,对内平定南越。制定法令,颁布制度,整顿军队,极力改进机械工艺。法禁、教化严明,该赏必赏,该罚必罚,没有一件罪恶不受惩处,没有一种好事不受表彰,直到官吏中再也藏不住奸邪,社会上人人想着上进,路上没有人拾取别人遗失的财物,没有恃强凌弱,社会风气严肃清新。

在这时候,诸葛亮的一贯想法是,最好能长驱直进统一全国,退一步也要能夺占边疆,威胁中原。又考虑到身死之后,怕没人能接替他进兵中原抗击魏国。所以他就用兵不止,屡次出击。但诸葛亮擅长组织训练军队,而缺乏指挥战争的奇谋,政治才能超过军事才能,而与他对敌的有的恰是人中豪杰,加上众寡悬殊,攻守形势不同,所以虽然连年用兵也没能取胜。过去,萧何推荐韩信,管仲推荐王子城父,都是考虑到自己的擅长,不能兼有各个方面。诸葛亮的政治才能,可以和管、萧匹敌,但当时没有城父、韩信那样的名将,所以才使他功业日衰,统一大志不能实现吧? 这大概是天命注定,不可凭个人智力去争的啊。

青龙二年春,诸葛亮率兵进驻武功,分兵屯田,建设长期驻守的基地。当年秋天病死,百姓追念他,把他作为日常话题,至今梁州、益州百姓关于诸葛亮的讲述,仍然可以听

到。即使《甘棠》歌颂召公，郑国人歌颂子产，也不会超过这种程度吧。孟轲有句话说："为人民的安逸而使用民力，即使劳苦，人民也不抱怨；为了人民的生存而让人民做出牺牲，即使丢去生命，人民也无愤恨。"真是如此啊。有人嫌诸葛亮文章的文采不足，而过于具体周到。我认为，咎繇是大贤人，周公是圣人，考察《尚书》可见，咎繇陈述计谋的话语简略而典雅，周公的诰语烦琐而详细，为什么呢？因为咎繇是和舜、禹对谈，而周公是和众多的下属共立誓言啊。诸葛亮所与对话的，都是平凡众人，所以文章意旨不能深奥啊。但他的训教遗言，都是关于实际事物的分析或处理，他的公正诚实思想，洋溢于字句之间，从中可了解他的志趣、观点，对当代也具有启发意义。

陛下效法古代圣王，胸怀坦荡，不存忌讳，所以虽是敌国的诽谤言论，也都让它保留全文，而不予删削，为的是阐明古今通用的道理啊。我恭敬地抄写诸葛亮故事上交著作郎。臣陈寿诚惶诚恐，顿首顿首，死罪死罪。泰始十年二月一日癸巳，平阳侯相陈寿上。

诸葛乔字伯松，诸葛亮哥哥诸葛瑾的第二儿子。本来字仲慎，和哥哥元逊在当时都有名气。评论的人认为，诸葛乔的才干不如哥哥，而性格、学业则超过哥哥。起初，诸葛亮没有儿子，请求把诸葛乔过继给自己。诸葛瑾请示孙权后把诸葛乔送来西边。诸葛亮以诸葛乔为自己嫡子，所以改了他的字。诸葛乔被任命为驸马都尉，随诸葛亮到汉中。活到二十五岁，建兴六年死了。他儿子诸葛攀官做到护军翊武将军，也死得早。诸葛恪在吴国被杀，子孙全被杀光，而诸葛亮自己有了后代，所以诸葛攀回过去又做诸葛瑾的后代。

诸葛瞻字思远，建兴十二年，诸葛亮出兵武功，给哥哥诸葛瑾写信说："瞻今已八岁，聪明可爱，我嫌他早熟，怕成不了大器。"十七岁时和公主结婚，被任命为骑都尉。第二年，为羽林中郎将。先后升为射声校尉、侍中、尚书仆射、加军师将军。诸葛瞻擅长书画，记忆力强。蜀人追念诸葛亮，都爱诸葛瞻的才能和聪敏。每逢朝廷有一件好政策好事情，即使不是诸葛瞻建议倡导的，百姓也都相互转告："这是葛侯办的。"所以好名声超过了实际情况。景耀四年，为行都护卫将军，和辅国大将军南乡侯董厥一起平尚书事。六年冬，魏征西将军邓艾伐蜀，从阴平经由景谷道旁进入蜀境，诸葛瞻督领各路军队集中涪县驻扎，前锋被邓艾打败，就后撤到锦竹驻扎。邓艾写信给诸葛瞻诱降："如果投降，一定请求封你为琅琊王。"诸葛瞻大怒，斩了邓艾使者，于是交战，大败，阵亡了。当时是三十七岁。军队全部溃散，邓艾长驱进入成都。诸葛瞻长子诸葛尚，和诸葛瞻一起阵亡。次子诸葛京和诸葛攀儿子诸葛显等在咸熙元年，被迁到内地，安置在河东。

董厥，在诸葛亮做丞相时担任丞相府令史，诸葛亮称赞说："董令史是优秀人才啊，我常和他交谈，他思虑谨慎，举措适宜。"调为主薄。诸葛亮死后，逐渐升到尚书仆射，代替陈祗为尚书令。延熙十四年，樊建以校尉身份出使吴国，碰上孙权病重，不亲自接见樊建。孙权问诸葛恪："樊建和宗预比怎么样？"诸葛恪说："才干见识不如宗预，而品性、高雅超过宗预。"后来任侍中，守尚书令。自从诸葛瞻、董厥、樊建主持政事，姜维经常在外作战，宦人黄皓就趁机窃夺大权，诸葛瞻等容忍迁就，不能纠正，但樊建独不和黄皓和好往来。蜀国灭亡的第二年春天，董厥、樊建一起到京都，同被任命为相国参军。当年秋天，又同都兼任散骑常侍，被派到蜀地去慰劳。

关羽传

【题解】

关羽（？～219），东汉末年名将。字云长，河东解（今山西临猗西南）人。早年和张飞一起追随刘备，参加兼并战争，充当别部司马。三人情同手足。建安五年（200），刘备被曹操打败，关羽为曹操所擒，很受优待，授官偏将军。官渡之战中，袁绍与曹操交战，袁绍大将严良进攻白马（今河南滑县东），关羽策马于万众之中刺斩颜良，解白马之围，作为对曹操的报答，然后奔归刘备。建安十三年（208），曹操南征，刘备撤离樊城，并且命令关羽率领水军乘船经汉水到江陵会合，后共同到夏口，与孙吴联军在赤壁（今湖北蒲圻境内）大战曹军，曹操兵败退归许昌。赤壁之战后，关羽授官襄阳太守、荡寇将军。刘备西取益州，又任命关羽统理荆州之事，镇守江陵。关羽勇冠三军而好学，读《左传》"略皆上口"。建安二十四年（219）升前将军，得持符节斧钺，率军围曹操大将曹仁于樊城（今湖北襄樊），适值汉水暴涨，水淹曹操七军，收降于禁，擒斩庞德，威震北方。曹操曾计议将都城由许昌徙于他处，以避其锋。谋士司马懿、蒋济建议，利用孙、刘矛盾，以割江南地为条件，劝孙权袭击关羽后方，曹操采纳。当年，孙权派吕蒙趁关羽在襄樊作战的机会，袭击荆州。关羽后方空虚，平日对待部下又骄矜少恩。江陵守将不战而降，家属均为吴军所得。关羽闻讯，从襄阳赶回，将士皆无斗志，不得已西保麦城。并使人召孟达、刘封速发援军，两人竟不奉命。关羽见势穷援绝，只好弃城突围，行至章乡（今湖北当阳东北），与子关平均被吴将擒斩。关羽戎马一生，为人武勇，雄烈忠义，是刘备集团的重要大将，但孤傲自负，终致失败。关羽死后，被追谥为壮缪侯。

【原文】

关羽字云长，本字长生，河东解人也。亡命奔涿郡。先主於乡里合徒众，而羽与张飞为之御侮。先主为平原相，以羽、飞为别部司马，分统部曲。先主与二人寝则同床，恩若兄弟。而稠人广坐，侍立终日，随先主周旋，不避艰险。先主之袭杀徐州刺史车胄，使羽守下邳城，行太守事，而身还小沛。

建安五年，曹公东征，先主奔袁绍。曹公禽羽以归，拜为偏将军，礼之甚厚。绍遣大将（军）颜良攻东郡太守刘延於白马，曹公使张辽及羽为先锋击之。羽望见良麾盖，策马刺良於万众之中，斩其首还，绍诸将莫能当者，遂解白马围。曹公即表封羽为汉寿亭侯。初，曹公壮羽为人，而察其心神无久留之意，谓张辽曰："卿试以情问之。"即而辽以问羽，羽叹曰："吾极知曹公待我厚，然吾受刘将军厚恩，誓以共死，不可背之。吾终不留，吾要当立效以报曹公乃去。"辽以羽言报曹公，曹公义之。及羽杀颜良，曹公知其必去，重加赏赐。羽尽封其所赐，拜书告辞，而奔先主於袁军。左右欲追之，曹公曰："彼各为其主，勿追也。"

从先主就刘表。表卒，曹公定荆州，先主自樊将南渡江，别遣羽乘船数百艘会江陵。曹公追至当阳长阪，先主斜趣汉津，适与羽船相值，共至夏口。孙权遣兵佐先主拒曹公，曹公引军退归。先主收江南诸郡，乃封拜元勋，以羽为襄阳太守、荡寇将军，驻江北。先主西定益州，拜羽董督荆州事。羽闻马超来降，旧非故人，羽书与诸葛亮，问超人才可谁比类。亮知羽护前，乃答之曰："孟起兼资文武，雄烈过人，一世之杰，黥、彭之徒，当与益德并驱争先，犹未及髯之绝伦逸群也。"羽美须髯，故亮谓之髯。羽省书大悦，以示宾客。

关羽

羽尝为流矢所中，贯其左臂，后创虽愈，每至阴雨，骨常疼痛，医曰："矢镞有毒，毒入于骨，当破臂作创，刮骨去毒，然后此患乃除耳。"羽便伸臂令医劈之。时羽适请诸将饮食相对，臂血流离，盈於盘器，而羽割灸引酒，言笑自若。

二十四年，先主为汉中王，拜羽为前将军，假节钺。是岁，羽率众攻曹仁於樊。曹公遣于禁助仁。秋，大霖雨，汉水泛溢，禁所督七军皆没。禁降羽，羽又斩将军庞德。梁郏、陆浑群盗或遥受羽印号，为之支党，羽威震华夏。曹公议徙许都以避其锐，司马宣王、蒋济以为关羽得志，孙权必不愿也。可遣人劝权蹑其后，许割江南以封权，则樊围自解。曹公从之，先是，权遣使为子索羽女，羽骂辱其使，不许婚，权大怒。又南郡太守糜芳在江陵，将军傅士仁屯公安，素皆嫌羽轻己。自羽之出军，芳、仁供给军资，不悉相救。羽言"还当治之"，芳，仁咸怀惧不安。於是权阴诱芳、仁，芳、仁使人迎权。而曹公遣徐晃救曹仁，羽不能克引军退还，权已据江陵，尽虏羽士众妻子，羽军遂散。权遣将逆击羽，斩羽及子平于临沮。追谥羽曰壮缪侯。子兴嗣。兴字安国，少有令问，丞相诸葛亮深器异之。弱冠为侍中、中监军，数岁卒。子统嗣，尚公主，官至虎贲中郎将。卒，无子，以兴庶子彝续封。

【译文】

关羽，字云长，原来字长生，河东解县人。逃亡到涿郡。先主在家乡会聚党徒兵众，关羽和张飞为他担任护卫。先主做了平原相后，任命关羽、张飞充当别部司马，分别统领士兵。先主和他们俩睡觉同在一个床上，情谊如同兄弟一样。而在大庭广众之中，他们两人整天侍立在先主身后，跟随先主驰骋于战场，不躲避艰难险阻。先主袭击徐州，杀死了徐州刺史车胄，让关羽驻守下邳城，代行太守的职责，而自己则回到小沛。

建安五年，曹公东征，先主投奔袁绍。曹公捉拿关羽而回，授官关羽充当偏将军，对他的礼遇非常优厚。袁绍派遣大将颜良在白马进攻东郡太守刘延，曹公让张飞和关羽充当先锋攻打颜良。关羽从远处看见颜良的指挥旗帜之顶，便鞭打坐骑，在万军之中刺杀了颜良，并斩其首级而回，袁绍的众将没有人能够抵挡他，于是解除了对白马的包围。曹公马上上奏章给朝廷，请封关羽充当汉寿亭侯。当初，曹公器重关羽为人勇猛而有气概，但察觉他的心神不安，没有长久留下的意思，就对张辽说："凭着您和关羽的交情，试着去问问他。"不久，张辽去问关羽，关羽感叹说："我深知曹公待我厚道，然而我受刘将军恩惠更深，曾发誓同生死，我不能背叛他。我最终是不能留在这里的，我要等立了功，报答曹公以后才离去。"张辽把关羽的话向曹公做了汇报，曹公认为他很讲义气。等到关羽杀了颜良。曹公知道他一定要离开，就对他赏赐很重。关羽把曹公的赏赐全部封存起来，恭敬地写了封告别信，就跑到袁绍军中去投奔先主。曹公身边的人打算追回关羽，曹公说："人家是各自为自己的主人，不要追了。"

　　关羽跟随先主去荆州投靠刘表。刘表去世后，曹公平定了荆州。先主从樊城将要南渡长江，另外派遣关羽率领战船几百艘在江陵会合。曹公追到当阳县的长坂坡，先主抄近路奔赴汉津，恰巧和关羽的船队相遇，共同来到夏口。孙权派兵帮助先主抵御曹公，曹公领兵退回。先主收复了长江以南各郡，就给立了大功的臣下授官封爵，任命关羽充当襄阳太守、荡寇将军，驻守长江以北。先主向西平定益州，授权关羽管理监督荆州事务。关羽听说马超前来投降，而他从前并不是旧友，关羽写信给诸葛亮，询问马超为人、才干可以同谁相类比。诸葛亮知道关羽不愿屈居他人之下，就回信说："马超文武双全，勇猛刚强超过一般人，是一代的俊杰，是英布、彭越一类的人物，能够和张益德并驾齐驱，争个先后，但是还赶不上美髯公您的超群绝伦啊！"关羽的胡须很好看，因此诸葛亮称他为美髯公。关羽看了信后十分喜悦，把它交给宾客们传阅。

　　关羽曾经被乱飞的或无端飞来的箭所射中，穿透了他的左臂，后来创口虽然好了，但每到阴雨天气，骨头就时常疼痛，医生说："箭头有毒，毒素进入了骨头里，应当割掉左臂上的伤口，刮去骨头上的毒素，然后这个病痛才会消除。"关羽便伸出臂膀，让医生把伤口割开。当时关羽正宴请众将相对吃喝，手臂上鲜血淋漓，装满了接血的盘子，然而关羽割肉取酒，说说笑笑好像平时一样。

　　建安二十四年，先主成为汉中王，授官关羽充当前将军，持符节斧钺。此年，关羽率领部众在樊城进攻曹仁。曹公派遣于禁援助曹仁。秋天，大雨绵绵未断，汉水泛滥，于禁所监督指挥的七军全被淹没。于禁投降了关羽，关羽又斩杀了将军庞德。梁县、郏县、陆浑县反抗曹操的势力有的在远方接受了关羽的印信和号令，作为他的分支部队，关羽的威望名声震动了中原。曹公提议迁离许都来躲避关羽的锋芒。司马懿、蒋济认为，关羽的志愿或欲望得以实现，孙权一定不愿意，可以派遣人劝说孙权偷袭关羽的后方，并许诺事成之后把长江以南地区分封孙权，那么对樊城的围困自然就解除了。曹公听从了他们的建议。在这之前，孙权派遣使者为自己的儿子向关羽的女儿求婚，关羽辱骂了他的使者，不答应这门婚事，孙权十分恼怒。另外，南郡太守糜芳驻守江陵，将军士仁驻守公安，平素全怨恨关羽轻视自己。从关羽出兵以来，糜芳、士仁供给他军需物资，但却不尽力援助他。关羽说："回去以后一定要惩治他们。"糜芳、士仁内心恐惧不安。于是孙权秘密地引诱糜芳和士仁，糜芳和士仁就派人去迎接孙权。而曹公派遣徐晃援救曹仁，关公不能战胜，便带兵退回。孙权已经占据了江陵，全部俘虏了关羽及其将士们的妻子、儿女，关羽的军队于是溃散了。孙权派遣将领迎击关羽，在临沮杀了关羽和他的儿子关平。

　　后主追封关羽的谥号叫壮缪侯。儿子关兴继承了爵位。关兴，字安国，年轻时就有很好的名声,丞相诸葛亮很器重他,认为他与众不同。二十岁左右充当侍中、中监军,几年以后去世。儿子关统继承爵位,娶公主为妻,官做到虎贲中郎将。关统死后没有儿子,由关兴庶子关彝续封。

马超传

【题解】

马超(176~222)三国时期蜀国名将。字孟起,扶风茂陵(今陕西兴平东北)人。父马腾与韩遂等人于汉灵帝时起兵割据凉州。后来因为内部矛盾,马腾又归汉,至京师任卫尉,马超因领其众,做偏将军,很得羌胡等族人心。建安十六年(211)曹操西征关陇,马超与韩遂等关中割据势力屯兵据守潼关,联合抵抗,曹操采纳谋士贾诩的离间计,致使马超与韩遂互相猜疑,于是一举将马超击溃。马超率羌、胡退出关中,转战陇上,攻取冀城,杀凉州刺史韦康,兼并他的部众,自称征西将军,督凉州军事。不久,降将杨阜、姜叙等合谋进袭马超,杀其妻子。马超无所依托,于是南奔汉中,依附张鲁,不得志。建安十九年(214),归附刘备。当时刘璋被刘备围于成都,马超率军抵城下,城中震怖,加速了刘璋的失败。建安二十三年,刘备率军进攻汉中,马超从征。建安二十四年,刘备进位汉中王,授官马超为左将军,持节;章武元年(221),升骠骑将军,兼任凉州牧,封斄乡侯。次年病逝,追谥号为威侯。马超文武全才,勇猛过人,但谋略不足。

【原文】

马超字孟起,扶风茂陵人也。父腾,灵帝末与边章、韩遂等俱起事於西州。初平三年,遂、腾率众诣长安。汉朝以遂为镇西将军,遣还金城,腾为征西将军,遣屯郿。后腾袭长安,败走,退还凉州。司隶校尉钟繇镇关中,移书遂、腾,为陈祸福。腾遣超随繇讨郭援、高幹於平阳,超将庞德亲斩援首。后腾与韩遂不和,求还京畿。於是徵为卫尉,以超为偏将军,封都亭侯,领腾部曲。

超既统众,遂与韩遂合从,及杨秋、李堪,成宜等相结,进军至潼关。曹公与遂、超单马会语,超负其多力,阴欲突前捉曹公,曹公左右将许褚瞋目眄之,超乃不敢动。曹公用贾诩谋,离间超、遂,更相猜疑,军以大败。超走保诸戎,曹公追至安定,会北方有事,引军东还。杨阜说曹公曰:"超有信、布之勇,甚得羌、胡心。若大军还,不严为其备,陇上诸郡非国家之有也。"超果率诸戎以击陇上郡县,陇上郡县皆应之,杀凉州刺史韦康,据冀城,有其众。超自称征西将军,领并州牧,督凉州军事。康故吏民杨阜、姜叙、梁宽、赵衢等,合谋击超。阜、叙起於卤城,超出攻之,不能下;宽、衢闭冀城门,超不得入。进退狼狈,乃奔汉中依张鲁。鲁不足与计事,内怀於邑,闻先主围刘璋於成都,密书请降。

先主遣人迎超,超将兵径到城下。城中震怖,璋即稽首,以超为平西将军,督临沮,因为前都亭侯。先主为汉中王,拜超为左将军,假节。章武元年,迁骠骑将军,领凉州牧,进封犛乡侯,策曰:"朕以不德,获继至尊,奉承宗庙。曹操父子,世载其罪,朕用惨怛,疢如疾首。海内怨愤,归正反本,暨于氏、羌率服,獯鬻慕义。以君信著北土,威武并昭,是以委任授君,抗飏虓虎,兼董万里,求民之瘼。其明宣朝化,怀保远迩,肃慎赏罚,以笃汉祜,以对于天下。"二年卒,时年四十七。临没上疏曰:"臣门宗二百馀口,为孟德所诛略尽,惟有从弟岱,当为微宗血食之继,深托陛下,馀无复言。"追谥超曰威侯,子承嗣。岱位至平北将军,进爵陈仓侯。超女配安平王理。

【译文】

马超,字孟起,扶风茂陵人。他的父亲马腾,在灵帝末年与边章、韩遂等人一起在西州起事。初平三年,韩遂、马腾率领部众前往长安勤王。汉朝任命韩遂充当镇西将军,派遣他回到金城;任命马腾充当征西将军,派遣他驻守在郿县。后来马腾袭击长安,失败后逃走,退回凉州。司隶校尉钟

马超

繇镇守关中,写信给韩遂、马腾,向他们陈述利害祸福。马腾派遣马超跟随钟繇到平阳征伐郭援、高干,马超的部将庞德亲手砍下了郭援的头颅。后来马腾和韩遂有隙,要求回到京城一带。于是朝廷就征召马腾充当卫尉,任命马超充当偏将军,封爵都亭侯,代领马腾的部众。

马超代领马腾的部众后,就和韩遂联合,并与杨秋、李堪、成宜等互相串通,进军来到潼关。曹操和韩遂、马超单人匹马会面谈话,马超仗着他的力气大,暗中打算冲到曹操跟前把曹操活捉,曹操身边大将许褚瞪眼怒视他,马超才不敢轻举妄动。曹公采纳谋士贾诩的计策,离间马超和韩遂的关系,二人彼此猜疑,他们的军队因此大败。马超逃跑到北方戎人里据守,曹公追击到安定,恰巧碰上北方有战事,他只好统领部队东回。杨阜劝谏曹公说:"马超有韩信、英布的勇猛,又很得羌人、胡人的心。如果大军回去,而不对他严加防备,那么陇上各郡就将不为国家所有了。"曹军离开后,马超果然率领各戎人部落去进攻陇上郡县,陇上郡县都响应他,杀死了凉州刺史韦康,占领了冀城,占有了该城的官兵和百姓。马超自称征西将军,兼任并州州牧,管理、指挥凉州军事。韦康原来的官吏和平民杨阜、姜叙、梁宽、赵衢等人,共同谋划攻打马超。杨阜、姜叙在卤城起兵,马超从冀城出发攻打卤城,不能攻下;梁宽、赵衢关闭了冀城门,马超不得退入。进退两难,狼狈不堪,就跑到汉中,依附了张鲁。张鲁不能够和他共谋大事,马超的内心抑郁,听说先主刘备在成都把刘璋包围起来,就秘密写信请求归降先主。

先主派遣人迎接马超,马超率兵径直来到成都城下。城中官兵都震惊惶恐,刘璋就跪拜于地,停留一段较长的时间,表示投降了。先主任命马超充当平西将军,督率临沮,

沿袭了以前朝廷封给他的都亭侯。先主做汉中王,授官马超充当左将军、持节。章武元年,升骠骑将军,兼任凉州牧,进封牦乡侯,册文说:"朕凭着无德之身,得以继承皇位,奉上天之命,接续汉朝皇室。曹操父子,他们的罪恶充满人世间。朕因此十分忧伤,痛心疾首。海内的人怨恨愤怒,思归汉朝正统,乃至于氐、羌之族顺服,獯鬻人倾慕正义。由于您的信义著称于北方,威望和勇武都很昭著,因此我把重任交给您。让您克制强敌,兼管万里,体察关心平民百姓的疾苦。您要公开宣扬朝廷的教化,招抚和安置远近各族,严肃审慎地进行赏罚,以加深汉朝的福运,以对得起天下的黎民百姓。"章武二年,马超离开人世,享年四十七岁。他在弥留之际上书说:"臣家宗族二百多口人,大概被曹孟德杀戮光了,只有堂弟马岱应该充当马氏孤弱宗族接续香火的人,我恳切地把他托付给陛下。其余没有什么再要说的了。"追谥马超叫威侯,他的儿子马承继承了爵位。马岱官位做到平北将军,进爵陈仓侯。马超的女儿嫁给了安平王刘理。

赵云传

【题解】

赵云(? ~229),三国时期蜀汉名将。字子龙,常山真定人。行伍出身。初依公孙瓒,后归刘备。建安十三年(208),曹操率军进袭荆州,刘备败于当阳长坂,他力战救护甘夫人和刘备儿子刘禅。这年冬天,赵云又参加了孙刘联军与曹军在赤壁的大战。大战刚结束,他率军往取桂阳郡,升任为牙门将军,兼任桂阳太守。建安十九年(214),他随孔明入川,参与刘备夺取益州的战斗。刘备得益州,任命赵云为翊军将军,他谏阻刘备大肆封赏。建安二十二年(217),赵云随刘备进取汉中,曾在汉中摆空城计吓退曹兵。蜀汉章武元年(221),刘备兴兵为关羽报仇,赵云予以谏阻,指出国贼是曹丕而非孙权,表现了远大政治眼光。蜀汉建兴六年(228),随诸葛亮伐魏,进攻关中,分军抵御曹真主力,因众寡不敌,退回汉中,但没有遭到大的损失。次年病故,追谥为顺平侯。总之,赵云是刘备阵营中一位智勇双全的重要将领,被誉为"一身都是胆"。

【原文】

赵云字子龙,常山真定人也。本属公孙瓒,瓒遣先主为田楷拒袁绍,云遂随从,为先主主骑。及先主为曹公所追於当阳长阪,弃妻子南走,云身抱弱子,即后主也,保护甘夫人,即后主母也。皆得免难。迁为牙门将军。先主入蜀,云留荆州。

先主自葭萌还攻刘璋,召诸葛亮。亮率云与张飞等俱泝江西上,平定郡县。至江州分遣云从外水上江阳,与亮会于成都。成都既定,以云为翊军将军。建兴元年,为中护军,征南将军,封永昌亭侯,迁镇东将军。五年随诸葛亮驻汉中。明年,亮出军,扬声由斜谷道,曹真遣大众当之。亮令云与邓芝往拒,而身攻祁山。云、芝兵弱敌强,失利於箕谷,然敛众固守,不至大败。军退,贬为镇军将军。七年卒,追谥顺平侯。

初,先主时,惟法正见谥;后主时,诸葛亮功德盖世,蒋琬、费祎荷国之重,亦见谥;陈祗宠待,特加殊奖,夏侯霸远来归国,故复得谥;於是关羽、张飞、马超、庞统、黄忠及云乃追谥,时论以为荣。云子统嗣,官至虎贲中郎,督行领军,次子广,牙门将,随姜维沓中,临阵战死。

【译文】

赵云,字子龙,常山郡真定县人。他本来是公孙瓒的部下,公孙瓒派遣先主刘备为田楷抗拒袁绍,赵云于是跟随先主,充当先主的主要骑从。等到先主被曹公追击到当阳长坂,抛弃妻子儿女向南逃跑,赵云亲自抱着先主的幼子,就是后主刘禅,并保护甘夫人,就是后主的母亲,使他们全得以免于死难。赵云被升任为牙门将军。先主进入四川时,赵云留守荆州。

先主从葭萌回军进攻刘璋,征召诸葛亮。诸葛亮率领赵云和张飞等人一起逆江西上,沿途平定郡县。进抵江州时,分派赵云从岷江而上江阳,与诸葛亮在成都会师。成都平定以后,任命赵云充当翊军将军。建兴元年,充当中护军、征南将军,被封为永昌亭侯,后又升为镇东将军。建兴五年,赵云跟随诸葛亮驻守汉中。建兴六年,诸葛亮出动军队征伐魏国,宣扬说要经过斜谷道,曹真派遣大部队在此抵挡蜀军。诸葛亮下令赵云与邓芝前往抗拒,而亲自率领军队进攻祁山。赵云、邓芝的兵力弱小而敌军强大,因此在箕谷失利,然而他们聚集军队固守,不至于大败。军队退回来后,他被降为镇军将军。建兴七年,赵云逝世,追加谥号为顺平侯。

赵云

当初,先主在世时,只有法正被赐谥号。后主在位时,诸葛亮功勋、德行超过世人,蒋琬、费祎担负国家重任,也被加以谥号。陈祗被宠幸,特别给予特殊的奖励,夏侯霸从远方前来归附,所以也得到了谥号;于是关羽、张飞、马超、庞统、黄忠和赵云就都追加了谥号,时人议论认为光荣。赵云的儿子赵统继承爵位,官至虎贲中郎,监管率领军队。赵云的次子赵广,官做到牙门将,跟随姜维出征沓中,在战场上战死。

周瑜传

【题解】

周瑜(175～210),东汉末年孙策、孙权的重要将领。字公瑾。庐江舒县(今安徽庐江西南）人。出身官宦世家，年轻时与孙策友好。初依袁术，为居巢县长，后投奔孙策，时年二十四，人称周郎，充当建威中郎将。孙策打算攻取荆州，任命他为中护军，兼任江夏太守。从此，跟随孙策征伐，助其奠定割据江东基础，深得信任，互为连襟。建安五年（200），孙策去世，孙权继立，但地位不稳，江南形势存在着土崩瓦解的可能，而周瑜与长史张昭共掌众事，尽心扶持，对孙权站稳脚跟起了重要作用。不久，曹操挟新破袁绍之势，要孙权送子作为人质，群臣犹豫不决，只有周瑜分析江东有利条件，坚决主张不要派遣，并且建议占据江东，拥兵观变，以争取主动，避免受制于他人。建安十三年（208），刘琮以荆州降曹操。率大军由江陵顺流东下，群臣震恐，多主归降。周瑜同鲁肃一起力排众议，坚决主张抵抗，他列举江南地方数千里，兵精粮足，臣下用命等理由，又分析了曹军存在的种种矛盾和弱点。终于坚定了孙权抗战的决心。孙权就与刘备联合，共同抗曹。此时曹军已经染了疫病，初战即小败，曹操于是屯兵江北乌林，隔江对阵。周瑜部将黄盖献火攻之策，用苦肉计诈降曹操，率满装柴草、膏油并饰以帷幕的蒙冲斗舰十艘，在接近曹营时顺风放火，致使曹军战舰与岸上营寨皆遭火焚。周瑜亲率主力擂鼓前进，曹操大败北归。周瑜以其亲自指挥了这场著名的战役而彪炳史册。赤壁之战后，周瑜被拜为偏将军，兼任南郡太守。后建议攻取益州刘璋，而后并汉中张鲁，再联合凉州势力，共同讨伐曹操，以统一北方。这一建议获得了采纳，尚未施行，周瑜就病故了。周瑜精于音乐，时人有"曲有误，周郎顾"之语。

【原文】

周瑜字公瑾，庐江舒人也。从祖父景，景子忠，皆为汉太尉。父异，洛阳令。

瑜长壮有姿貌。初，孙坚兴义兵讨董卓，徙家於舒。坚子策与瑜同年，独相友善，瑜推道南大宅以舍策，升堂拜母，有无通共。瑜从父尚为丹杨太守，瑜往省之。会策将东渡，到历阳，驰书报瑜，瑜将兵迎策。策大喜曰："吾得卿，谐也。"遂从攻横江、当利，皆拔之。乃渡击秣陵，破笮融、薛礼，转下湖孰、江乘，进入曲阿，刘繇奔走，而策之众已数万矣。因谓瑜曰："吾以此众取吴会平山越已足。卿还镇丹杨。"瑜还。顷之，袁术遣从弟胤代尚为太守，而瑜与尚俱还寿春。术欲以瑜为将，瑜观术终无所成，故求为居巢长；欲假涂东归，术听之，遂自居巢还吴。是岁，建安三年也。策亲自迎瑜，授建威中郎将，即与兵二千人，骑五十匹。瑜时年二十四，吴中皆呼为周郎。以瑜恩信著于庐江，出备牛渚，后领春谷长。顷之，策欲取荆州，以瑜为中护军，领江夏太守，从攻皖，拔之。时得桥公两女，皆国色也。策自纳大桥，瑜纳小桥。复进寻阳，破刘勋，讨江夏，还定豫章、庐陵，留镇巴丘。

五年，策薨，权统事。瑜将兵赴丧，遂留吴，以中护军与长史张昭共掌众事。十一年，督孙瑜等讨麻、保二屯，枭其渠帅，囚俘万余口，还备宫亭。江夏太守黄祖遣将邓龙将兵数千人入柴桑，瑜追讨击，生虏龙送吴。十三年春，权讨江夏，瑜为前部大督。

其年九月，曹公入荆州。刘琮举众降，曹公得其水军，船步兵数十万，将士闻之皆恐。权延见群下，问以计策。议者咸曰："曹公豺虎也，然托名汉相，挟天子以征四方，动以朝廷为辞，今日拒之，事更不顺。且将军大势，可以拒操者，长江也。今操得荆州，奄有其地,刘表治水军,蒙冲斗舰,乃以千数,操悉浮以沿江,兼有步兵,水陆俱下,此为长江之险,已与我共之矣。而势力众寡,又不可论。愚谓大计不如迎之。"瑜曰:"不然。操虽托名汉相,其实汉贼也。将军以神武雄才,兼仗父兄之烈,割据江东,地方数千里,兵精足用,英雄乐业,尚当横行天下,为汉家除残去秽。况操自送死,而可迎之邪?请为将军筹之:今使北土已安,操无内忧,能旷日持久,来争疆场,又能与我校胜负於船楫间乎?今北土既未平安,加马超、韩遂尚在关西,为操后患。且舍鞍马,仗舟楫,与吴越争衡,本非中国所长。又今盛寒,马无藁草,驱中国士众远涉江湖之间,不习水土,必生疾病。此数四者,用兵之患也,

周瑜

而操皆冒行之。将军禽操,宜在今日。瑜请得精兵三万人,进住夏口,保为将军破之。"权曰:"老贼欲废汉自立久矣,徒忌二袁、吕布、刘表与孤耳。今数雄已灭,惟孤尚存,孤与老贼,势不两立。君言当击,甚与孤合,此天以君授孤也。"

时刘备为曹公所破,欲引南渡江,与鲁肃遇於当阳,遂共图计,因进住夏口,遣诸葛亮诣权。权遂遣瑜及程普等与备并力逆曹公,遇於赤壁。时曹公军众已有疾病,初一交战,公军败退,引次江北。瑜等在南岸。瑜部将黄盖曰:"今寇众我寡,难与持久。然观操军船舰首尾相接,可烧而走也。"乃取蒙冲斗舰数十艘,实以薪草,膏油灌其中,裹以帷幕,上建牙旗,先书报曹公,欺以欲降。又豫备走舸,各系大船后,因引次俱前。曹公军吏士皆延颈观望,指言盖降。盖放诸船,同时发火。时风盛猛,悉延烧岸上营落。顷之,烟炎张天,人马烧溺死者甚众,军遂败退,还保南郡。备与瑜等复共追。曹公留曹仁等守江陵城,径自北归。

瑜与程普又进南郡,与仁相对,各隔大江。兵未交锋,瑜即遣甘宁前据夷陵。仁分兵骑别攻围宁。宁告急於瑜。瑜用吕蒙计,留凌统以守其后,身与蒙上救宁。宁围既解,乃渡屯北岸,克期大战。瑜亲跨马栎陈,会流矢中右胁,疮甚,便还。后仁闻瑜卧未起,勒兵就陈。瑜乃自兴,案行军营,激扬吏士,仁由是遂退。

权拜瑜偏将军,领南郡太守。以下隽、汉昌、浏阳、州陵为奉邑,屯据江陵。刘备以左将军领荆州牧,治公安。备诣京见权,瑜上疏曰:"刘备以枭雄之姿,而有关羽、张飞熊虎之将,必非久屈为人用者。愚谓大计宜徙备置吴,盛为筑宫室,多其美女玩好,以娱其耳目,分此二人,各置一方,使如瑜者得挟与攻战,大事可定也。今猥割土地以资业之,聚此三人,俱在疆场,恐蛟龙得云雨,终非池中物也。"权以曹公在北方,当广揽英雄,又恐备难卒制,故不纳。

是时刘璋为益州牧，外有张鲁寇侵，瑜乃诣京见权曰："今曹操新折衄，方忧在腹心，未能与将军连兵相事也。乞与奋威俱进取蜀，得蜀而并张鲁，因留奋威固守其地，好与马超结援。瑜还与将军据襄阳以蹙曹，北方可图也。"权许之。瑜还江陵，为行装，而道於巴丘病卒，时年三十六。权素服举哀，感动左右，丧当还吴，又迎之芜湖，众事费度，一为供给。后著令曰："故将军周瑜、程普，其有人客，皆不得问。"初瑜见友於策，太妃又使权以兄奉之。是时权位为将军，诸将宾客为礼尚简，而瑜独先尽敬，便执臣节。性度恢廓，大率为得人，惟与程普不睦。

瑜少精意於音乐，虽三爵之后，其有阙误，瑜必知之，知之必顾，故时人谣曰："曲有误，周郎顾。"

瑜两男一女。女配太子登，男循尚公主，拜骑都尉，有瑜风，早卒。循弟胤，初拜兴业都尉，妻以宗女，授兵千人，屯公安。黄龙元年，封都乡侯，后以罪徙庐陵郡。赤乌二年，诸葛瑾、步骘连名上疏曰："故将军周瑜子胤，昔蒙粉饰，受封为将，不能养之以福，思立功效，至纵情欲，招速罪辟。臣窃以瑜昔见宠任，入作心膂，出为爪牙，衔命出征，身当矢石，尽节用命，视死如归，故能摧曹操於乌林，走曹仁於郢都，扬国威德，华夏是震，蠢尔蛮荆，莫不宾服，虽周之方叔，汉之信、布，诚无以尚也。夫折冲扞难之臣，自古帝王莫不贵重，故汉高帝封爵之誓曰'使黄河如带，太山如砺，国以永存，爰及苗裔'，申以丹书，重以盟诅，藏于宗庙，传於无穷，欲使功臣之后，世世相踵，非徒子孙，乃关苗裔，报德明功，勤勤恳恳，如此之至，欲以劝戒后人，用命之臣，死而无悔也。况於瑜身没未久，而其子胤降为匹夫，益可悼伤。窃惟陛下钦明稽古，隆於兴继，为胤归诉，乞丐馀罪，还兵复爵，使失旦之鸡，复得一鸣，抱罪之臣，展其后效。"权答曰："腹心旧勋，与孤协事，公瑾有之，诚所不忘。昔胤年少，初无功劳，横授精兵，爵以侯将，盖念公瑾以及於胤也。而胤恃此，酗淫自恣，前后告喻，曾无悛改。孤於公瑾，义犹二君，乐胤成就，岂有已哉？追胤罪恶，未宜便还，且欲苦之，使自知耳。今二君勤勤援引汉高河山之誓，孤用恶然。虽德非其畴，犹欲庶几，事亦如尔，故未顺旨。以公瑾之子，而二君在中间，苟使能改，亦何患乎！"瑾、骘表比上，朱然及全琮亦俱陈乞，权乃许之。会胤病死。

瑜兄子峻，亦以瑜元功为偏将军，领吏士千人。峻卒，全琮表峻子护为将。权曰："昔走曹操，拓有荆州，皆是公瑾，常不忘之。初闻峻亡，仍欲用护，闻护性行危险，用之适为作祸，故便止之。孤念公瑾，岂有已乎？"

【译文】

周瑜，字公瑾，庐江郡舒县人。堂祖父周景、周景的儿子周忠，都充当过汉朝的太尉。父亲周异，做过洛阳令。

周瑜长得健壮美貌。当初孙坚举义兵讨伐董卓，把家迁徙到舒县。孙坚的儿子孙策和周瑜同岁，两人互相友好，周瑜把路南大宅院让给孙策居住，到上房去跪拜孙策的母亲，生活上互通有无，互相帮助。周瑜的堂父周尚充当丹杨太守，周瑜前往看望他。恰巧碰上孙策将要东渡，到了历阳，写信告诉周瑜，周瑜率领军队来迎接孙策。孙策很高兴地说："我得到您，我们会配合适当的。"周瑜于是就跟随孙策攻打横江、当利，都攻下了。又

二十四史精华 三国志

渡过长江攻打秣陵,打败了笮融、薛礼,转而又攻克了湖孰、江乘,进入曲阿,刘繇逃走了。这时孙策的部众已达到几万人。他对周瑜说:"我用这许多人攻取吴郡、会稽二郡,平定山越,已经足够了。你回去镇守丹杨吧。"周瑜回到丹杨。不久,袁术派遣堂弟袁胤取代周尚充当太守,周瑜和周尚一起回到寿春。袁术打算任用周瑜充当自己的部将,周瑜察看袁术最终不会有什么成就,所以只请求充当居巢县长,打算借路回到江东,袁术听从了。于是周瑜从居巢回到了吴郡。这年,正是建安三年。孙策亲自迎接周瑜,授予他建威中郎将的官职,立即给他二千名士兵、五十名骑兵。周瑜当时二十四岁,吴郡人都称他为"周郎"。因为周瑜在庐江恩德信义昭著,孙策派他防守牛渚,后来兼任春谷县长。不久,孙策打算攻取荆州,任用周瑜充当中护军,兼任江夏太守,跟随孙策攻打皖县,也攻下了。当时得到桥公的两个女儿,都长得极其美丽,倾国倾城。孙策自己娶了大桥,周瑜娶了小桥。又进攻寻阳,打败了刘勋,征伐江夏郡,回后平定了豫章、庐陵,周瑜留下来镇守巴丘。

建安五年,孙策去世,孙权主管各项事务。周瑜率领军队前来吊丧,于是留在吴郡,用中护军的身份和长史张昭一块掌管军政等大事。建安十一年,他指挥监督孙瑜等人征伐麻、保两个军事据点,杀了两个据点的首领,俘虏了一万多人,然后回军防守宫亭。江夏太守黄祖派遣部将邓龙率领军队几千人进入柴桑,周瑜追击他们,活捉邓龙押送吴郡。建安十三年春天,孙权征伐江夏,周瑜充当前部大督。

这年九月,曹公进入荆州,刘综带领他的全部人马投降,曹公得到了他的水军,水兵、步兵发展到几十万人,东吴官兵听说了无不惶恐。孙权召集部下,询问计策。议论的人都说:"曹公真是豺虎啊,然而他假借汉朝丞相的名义。挟持天子以讨伐四方,动不动就用朝廷的名义来发布命令。今天我们如果进行抗拒,就更显得名不正而言不顺。况且将军可以抵抗曹操的是依仗长江天险。现在,曹操占有荆州的土地,刘表所训练的水军,包括数以千计的蒙冲战船,已由曹操接管,曹操让全部船只沿长江而下,再加上步兵,水陆并进。这样,长江天险已由曹操与我们共有,而双方兵力的多少,又不能相提并论。因此,依我们的意见,最好是去迎接曹操,投降朝廷。"周瑜说:"不对,曹操虽然假借汉朝丞相的名义,但实际上是汉朝的贼臣。将军用神武英雄的才略,又凭借父兄的威名,割据长江以东,统治的地方有几千里,精兵足够使用,英雄乐于效力,还应当横行天下,为汉朝清除残暴污秽。何况曹操自己前来送死,怎么可以去迎降?请允许我为将军分析:现在假设北方已经完全安定,曹操没有后顾之忧,能够旷日持久地来与我们争夺地盘,但是能否在水战上和我们一决胜负呢?如今北方尚未完全平定,加以马超、韩遂还在函谷关以西,是曹操的后患。而曹操舍弃鞍马,改用船舰,与生长在水乡的江东人决一胜负,本来就不是中原士兵的长处。又,现在正是严寒,战马缺乏草料。而且,驱使中原地区的士兵远道跋涉来到江湖地区,不服水土,必然会发生疾病。所列举的四点,都是用兵者所应该深为担心的,而曹操却冒险行动,将军活捉曹操,应该在今天。我请求率领精兵三万人,进驻夏口,保证能为将军打败曹操。"孙权说:"曹操老贼早就想要废掉汉朝皇帝,自己篡位了,只是顾忌袁绍、袁术、吕布、刘表和我孙权。现在,那几个英雄都已被消灭,只剩下我还存在。我与老贼势不两立。你主张迎战曹军,正合我意,这是上天把你授给了我!"

这时刘备被曹公打败,打算带领军队向南渡长江,在当阳和鲁肃相遇,于是共同商量计划,因此进驻夏口,派遣诸葛亮前往拜见孙权。孙权于是派遣周瑜和程普等人和刘备合力抗击曹公,两军在赤壁相遇。当时曹操的部队中已发生疾疫,两军初次交战,曹军就败退。退兵驻扎在长江北岸。周瑜等人率军驻扎在长江南岸。周瑜的部将黄盖说:"如今敌众我寡,难以长期相持。然而我看到曹军正把战船连在一起,首尾相接,可以用火攻,击败曹军,迫其逃走。"于是,选取蒙冲战舰几十艘,装满柴草,中间灌上油脂,外面裹着帷幕,上面插上牙旗,事先让黄盖写信报告曹公,以打算投降欺骗他,又准备了快船,分别系在大船的后面,于是依次一起向前驶去。曹操军队的官兵都伸长脖子观看,指着船说是黄盖来投降了。黄盖解开各条船只,同时点起火来。当时风势盛大凶猛,大火蔓延到岸上的所有营寨。顷刻之间,曹营烟火冲天,人马烧死、淹死的很多,曹军于是败退,退保南郡。刘备和周瑜又共同追击。曹公留下曹仁守卫江陵城,自己径直回到北方。

周瑜和程普又进军南郡,和曹仁对峙,中间隔着长江。两军还没有交锋,周瑜立即派遣甘宁前往占据夷陵。曹仁分出一部分步兵,骑兵另外去围攻甘宁。甘宁向周瑜报告危急。周瑜采纳吕蒙的计策,留下凌统守卫后方,亲自和吕蒙一起到长江上游去救援甘宁。对甘宁的包围被解除后,周瑜就渡过长江到北岸驻守,约定日期与曹仁大战。周瑜亲自骑马督战,恰巧碰上乱箭射中右肋,伤势很重,便回到营地。后来曹仁听到周瑜卧床不起,就率领军队上阵。周瑜于是强打精神,到军营巡行视察,使官兵激奋昂扬,曹仁因此就退兵。

孙权授任周瑜充当偏将军,兼任南郡太守。用下隽、汉昌、刘阳、州陵做他薪俸的食邑,让他驻守江陵。刘备以左将军的身份兼任荆州牧,驻在公安。刘备前往京(镇江)拜见孙权的时候,周瑜上书说:"刘备是一代枭雄,而且有关羽、张飞这些熊、虎一样的猛将辅佐,一定不是长久屈居人下,为您所任用的人。我认为最好的办法,应该把刘备迁走,安置在吴郡,为他大兴土木,建筑豪华舒适的住宅,多给他供应美女和其他玩赏娱乐的物品,使他耳目感官得到娱乐享受。与此同时,把关羽和张飞分开,派他们各驻一地,使象我周瑜这样的将领能统率他们作战,这样,天下大事可定。如今多割土地资助他们,使这三人都聚在疆界,恐怕就会象蛟龙得到了云雨,终究不会再留在水池中了。"孙权认为曹公在北方,正应该广为招揽英雄豪杰,又担心刘备难以很快制服,所以没有听从他的建议。

这时刘璋充当益州牧,外面有张鲁的掠夺侵扰,周瑜就前往京城拜见孙权说:"现在曹操刚刚遭到挫折,担心内部有人借机叛乱,所以,他不能再对将军发动大规模进攻,我请求与奋威将军一起率军攻取蜀地,进而吞并张鲁,然后,留奋威将军牢固地守卫那里,与马超结成联盟互相声援。我回来与将军据守襄阳,紧逼曹操,这样,就可以规划进取北方了。"孙权同意这个计划。周瑜回到江陵,整顿行装,路过巴丘时病死了,当时年仅三十六岁。孙权穿着丧服为他举哀,感动了身旁的人。周瑜的灵柩要运回吴郡,孙权又亲自到芜湖迎接,各项费用,一概为之供给。后来又颁布命令说:"对已故将军周瑜、程普的所有佃客,都不得向他们索取东西。"当初周瑜被孙策当作好友对待,太妃又让孙权以兄长之礼尊奉他。那时孙权的职位是讨虏将军,各位将领宾客对待他的礼节还较为简单,而只有周瑜带头,以极其恭敬的臣属礼节拜见孙权。周瑜有大度,其心胸宽阔,大体能得人心,只是和程普不相和睦。

周瑜年轻时精心研究音乐,即使喝了三爵酒以后,弹唱的音乐如有错误,周瑜也一定知道,知道了一定要回头看看,所以当时人唱的歌谣说:"曲有误,周郎顾。"

周郎有两个儿子一个女儿。女儿嫁给太子孙登。儿子周循娶公主为妻,授官骑都尉,有周瑜的遗风,年轻时就去世了。周循的弟弟周胤,最初授官兴业都尉,取了宗室的女儿为妻,给予他一千军队,驻守公安。黄龙元年,封他为都乡侯,后因罪迁徙庐陵郡。赤乌二年,诸葛瑾、步骘联名上书说:"已故将军周瑜的儿子周胤,过去因受到过度的赞扬,被封充当将军。他不能在得到国家优厚待遇时,思虑为国家立功,取得成效,反而放纵情欲,以致迅速招致罪罚。臣等私下考虑,从前周瑜被主上宠爱信任,在内是心腹重臣,在外是得力的猛将,受命出征,用身子抵挡箭和石头,冒死完成使命,视死如归,所以能够在乌林打垮曹操,在郢都赶跑曹仁,张扬了国家的威德,中原受到震动,连愚昧的蛮荆,没有不服从的。虽说是周朝的方叔、汉朝的韩信、英布,功劳也没有他高。能够挫败敌人进攻,解除国家危难的大臣,从古以来的帝王没有不敬重的。所以汉高祖封爵的誓词说:'即使黄河小得像衣带,太行山小得像块磨刀石,他们的封国也将永远保存,传到后代子子孙孙'。并用丹砂写成誓词申明,又以盟誓的隆重仪式,把誓词藏在祖庙里。让它永远流传,打算使功臣的后代,世世代代继承。不只是子孙,就连更远的后代也要关心到。以报答臣的德行,表彰他们的功劳。恳切到如此的地步,是打算用来劝导告诫后世的人,以使为国效命之臣,死了也不后悔。何况周瑜去世不久,而他儿子周胤就降为平民,更加使人哀伤。只有陛下能够亲自明白地考察古代的事,重视兴灭继绝的道理,因此我们为周胤求情,乞求赦免他的罪过,归还他带的军队,恢复他原有的爵位,使失去了报晓机会的雄鸡,能够鸣叫一次;负罪的臣下,以后能有效力的机会。"孙权回答说:"视为心腹的老功臣,和我协作共事的,其中有周公瑾,确实是不能忘记的。从前周胤年幼,开始并无功劳,平白地领受精兵,封以侯爵,全都是思念周瑜才对他宠爱的。但周胤依仗恩宠,酗酒荒淫,恣意放纵,前后多次告诫,没有改悔。我对周瑜的情义同你们二位一样,乐于看到周胤有成就,岂有终止? 可是迫于周胤罪恶太重,未必就能马上转变,我还想让他尝点苦头,使他能自己了解自己。现在你们二位诚恳地引用汉高祖封爵的誓词,我感到惭愧。虽然我的德行不敢和汉高祖相比,还是打算要和他差不多,事情就是如此,所以没有听从你们的建议。就凭他是周瑜的儿子,又有你们二位在中间保驾,假如他能改正,还有什么担忧呢?"诸葛瑾、步骘的奏章屡次呈上,朱然和全琮也都来陈述意见为周胤求情,孙权于是同意了他们的请求。恰巧碰上周胤病死。

周瑜的侄子周峻,也因为周瑜的大功被封为偏将军,率领官兵一千人。周峻去世后,全琮上表举荐周峻的儿子周护充当将领。孙权说:"从前打败曹操,吞并荆州,全是周瑜的功劳,我是常记不忘。起初听说周峻去世,便想任用周护。后听说周护性情凶狠,任用他恰恰是毁了他,所以改变了主意。我思念周瑜,难道有终止吗?"

吕蒙传

【题解】

　　吕蒙（178~219），东汉末孙权阵营的重要将领。字子明，汝南富波（今安徽阜南东南）人。少为孙权别部司马，治军有方，士兵操练娴熟，得到信任。建安十三年（208），跟随孙权征伐消灭刘表将领黄祖，升横野中郎将。同年，又跟随周瑜、程普大败曹操于赤壁。建安十九年（214），吕蒙与甘宁一起攻破皖城（今安徽潜山），获曹操将朱光及男女数万口，被任命为庐江太守。次年，奉命西取长沙、零陵、桂阳三郡，计赚刘备零陵太守郝普。后来升任左护军、虎威将军。鲁肃去世，取代他指挥军队，驻守陆口，与关羽为邻。建安二十四年（219），孙权采纳吕蒙献计，令其称病回建业，使威名尚未显著的陆逊代守陆口，用此麻痹关羽不以吴军为患，而调大军北至樊城进攻曹军。乘其后方空虚之际，吕蒙暗率精兵攻取南郡（今湖北江陵）。入城后军纪严明，抚恤老病，优待关羽将士家属，使随关羽回救的将士丧失斗志，从而斩关羽父子，荆州遂定。因平定荆州之功，吕蒙升南郡太守，被封为孱陵侯。不久，病逝。临终前嘱咐所得赏赐在他死后全部上缴给国家，丧事力求节俭。吕蒙显贵后，勤于读书，见识大增，筹略奇善。总之，吕蒙是一位有胆有识，英武过人的良将，他一生中对孙吴的主要贡献，是策划和主持了袭取荆州的战役，使孙权的势力从局促的江东向长江中游发展，同时也解除了来自荆州上游的威胁，为孙吴政权的稳定奠定了基础。

吕蒙

【原文】

　　吕蒙字子明，汝南富陂人也。少南渡，依姊夫邓当。当为孙策将，数讨山越。蒙年十五六，窃随当击贼，当顾见大惊，呵叱不能禁止。归以告蒙母，母恚欲罚之，蒙曰："贫贱难可居，脱误有功，富贵可致。且不探虎穴，安得虎子？"母哀而舍之。时当职吏以蒙年小轻之，曰："彼竖子何能为？此欲以肉馁虎耳。"他日与蒙会，又蚩辱之。蒙大怒，引刀杀吏，出走，逃邑子郑长家。出因校尉袁雄自首，承间为言，策召见奇之，引置左右。

　　数岁，邓当死，张昭荐蒙代当，拜别部司马。权统事，料诸小将兵少而用薄者，欲并合之。蒙阴赊赏，为兵作绛衣行縢，及简日，陈列赫然，兵人练习，权见之大悦，增其兵。从讨丹杨，所向有功，拜平北都尉，领广德长。

　　从征黄祖，祖令都督陈就逆以水军出战。蒙勒前锋，亲枭就首，将士乘胜，进攻其城。祖闻就死，委城走，兵追禽之。权曰："事之克，由陈就先获也。"以蒙为横野中郎将，赐钱千万。

是岁，又与周瑜、程普等西破曹公於乌林，围曹仁於南郡。益州将袭肃举军来附，瑜表以肃兵益蒙，蒙盛称肃有胆用，且慕化远来，于义宜益不宜夺也。权善其言，还肃兵。瑜使甘宁前据夷陵，曹仁分众攻宁，宁困急，使使请救。诸将以兵少不足分，蒙谓瑜、普曰："留凌公绩，蒙与君行，解围释急，势亦不久，蒙保公绩能十日守也。"又说瑜分遣三百人柴断险道，贼走可得其马。瑜从之。军到夷陵，即日交战，所杀过半。敌夜遁去，行遇柴道，骑皆舍马步走。兵追蹙击，获马三百匹，方船载还。於是将士形势自倍，乃渡江立屯，与相攻击，曹仁退走。遂据南郡，抚定荆州。还，拜偏将军，领寻阳令。

鲁肃代周瑜，当之陆口，过蒙屯下。肃意尚轻蒙，或说肃曰："吕将军功名日显，不可以故意待也，君宜顾之。"遂往诣蒙。酒酣，蒙问肃曰："君受重任，与关羽为邻，将何计略，以备不虞？"肃造次应曰："临时施宜。"蒙曰："今东西虽为一家，而关羽实熊虎也，计安可不豫定？"因为肃画五策。肃於是越席就之，拊其背曰："吕子明，吾不知卿才略所及乃至於此也。"遂拜蒙母，结友而别。

时蒙与成当、宋定、徐顾屯次比近，三将死，子弟幼弱，权悉以兵并蒙。蒙固辞，陈启顾等皆勤劳国事，子弟虽小，不可废也。书三上，权乃听。蒙於是又为择师，使辅导之，其操心率如此。

魏使庐江谢奇为蕲春典农，屯皖田乡，数为边寇。蒙使人诱之，不从，则伺隙袭击，奇遂缩退，其部伍孙子才、宋豪等，皆携负老弱，诣蒙降。后从权拒曹公於濡须，数进奇计，又劝权夹水口立坞，所以备御甚精，曹公不能下而退。

曹公遣朱光为庐江大守，屯皖，大开稻田，又令间人招诱鄱阳贼帅，使作内应。蒙曰："皖田肥美，若一收孰，彼众必增，如是数岁，操态见矣，宜早除之。"乃具陈其状。於是权亲征皖，引见诸将，问以计策。蒙乃荐甘宁为升城督，督攻在前，蒙以精锐继之。侵晨进攻，蒙手执枹鼓，士卒皆腾踊自升，食时破之。既而张辽至夹石，闻城已拔，乃退。权嘉其功，即拜庐江太守，所得人马皆分与之，别赐寻阳屯田六百人，官属三十人，蒙还寻阳，未期而庐陵贼起，诸将讨击不能禽，权曰："鸷鸟累百，不如一鹗。"复令蒙讨之。蒙至，诛其首恶，馀皆释放，复为平民。

是时刘备令关羽镇守，专有荆土，权命蒙西取长沙、零、桂三郡。蒙移书二郡，望风归服，惟零陵太守郝普城守不降。而备自蜀亲至公安，遣羽争三郡。权时住陆口，使鲁肃将万人屯益阳拒羽，而飞书召蒙，使舍零陵，急还助肃。初，蒙既定长沙、当之零陵，过酃，载南阳邓玄之，玄之者郝普之旧也，欲令诱普。及被书当还，蒙秘之，夜召诸将，授以方略，晨当攻城，顾谓玄之曰："郝子太闻世间有忠义事，亦欲为之，而不知时也。左将军在汉中，为夏侯渊所围。关羽在南郡，今至尊身自临之。近者破樊本屯，救酃，逆为孙规所破。此皆目前之事，君所亲见也。彼方首尾倒悬，救死不给，岂有馀力复营此哉？令吾士卒精锐，人思致命，至尊遣兵，相继於道，今子太以旦夕之命，待不可望之救，犹牛蹄中鱼，冀赖江汉，其不可恃亦明矣。若子太必能一士卒之心，保孤城之守，尚能稽延旦夕，以待所归者，可也。今吾计力度虑，而以攻此，曾不移日，而城必破，城破之后，身死何益於事，而令百岁老母，戴白受诛，岂不痛哉？度此家不得外问，谓援可恃，故至於此耳。君可见之，为陈祸福。"玄之见普,具宣蒙意,普惧而听之。玄之先出报蒙,普寻后当至,蒙豫敕四将,各选百人,普出,便入守城门。须臾普出,蒙迎执其手,与俱下船。语毕,出书示之,因抚手大笑。普见书,知备在公安,而羽在益阳,惭恨入地。蒙留孙皎,委以后事。即日引军赴益阳。刘备请盟,权乃归普等,割湘水,以零陵还之。以寻阳、阳新为蒙奉邑。

师还,遂征合肥,即彻兵,为张辽等所袭,蒙与凌统以死捍卫。后曹公又大出濡须,权以蒙为督,据前所立坞,置强弩万张於其上,以拒曹公。曹公前锋屯未就,蒙攻破之,曹公引退。拜蒙左护军、虎威将军。

鲁肃卒,蒙西屯陆口,肃军人马万馀尽以属蒙。又拜汉昌太守,食下隽、刘阳、汉昌、州陵。与关羽分土接境,知羽骁雄,有并兼心,且居国上流,其势难久。初,鲁肃等以为曹公尚存,祸难始构,宜相辅协,与之同仇,不可失也,蒙又密陈计策曰:"令征虏守南郡,潘璋住白帝,蒋钦将游兵万人,循江上下,应敌所在,蒙为国家前据襄阳,如此,何忧於操,何赖於羽?且羽君臣,矜其诈力,所在反覆,不可以腹心待也。今羽所以未便东向者,以至尊圣明,蒙等尚存也。今不於强壮时图之,一旦僵仆,欲复陈力,其可得邪?"权深纳其策,又聊复与论取徐州意,蒙对曰:"今操远在河北,新破诸袁,抚集幽、冀,未暇东顾。徐土守兵,闻不足言,往自可克。然地势陆通,骁骑所骋,至尊今日得徐州,操后旬必来争,虽以七八万人守之,犹当怀忧,不如取羽,全据长江,形势益张。"权尤以此言为当。及蒙代肃,初至陆口,外倍修恩厚,与羽结好。

后羽讨樊,留兵将备公安,南郡。蒙上疏曰:"羽讨樊而多留备兵,必恐蒙图其后故也。蒙常有病,乞分士众还建业,以治疾为名。羽闻之,必撤备兵,尽赴襄阳。大军浮江,昼夜驰上,袭其空虚,则南郡可下,而羽可禽也。"遂称病笃,权乃露檄召蒙还,阴与图计。羽果信之,稍撤兵以赴樊。魏使于禁救樊,羽尽禽禁等,人马数万,托以粮乏,擅取相关米。权闻之,遂行,先遣蒙在前。蒙至寻阳,尽伏其精兵舸舰中,使白衣摇橹,作商贾人服,昼夜兼行,至羽所置江边屯候,尽收缚之,是故羽不闻知。遂到南郡,士仁、糜芳皆降。蒙入据城,尽得羽及将士家属,皆抚慰,约令军中不得干历人家,有所求取。蒙麾下士,是汝南人,取民家一笠,以覆官铠,官铠虽公,蒙犹以为犯军令,不可以乡里故而废法,遂垂涕斩之。於是军中震慄,道不拾遗。蒙旦暮使亲近存恤耆老,问所不足,疾病者给医药,饥寒者赐衣粮。羽府藏财宝,皆封闭以待权至。羽还,在道路,数使人与蒙相闻,蒙辄厚遇其使,周游城中,家家致问,或手书示信。羽人还,私相参讯,咸知家门无恙,见待过於平时,故羽吏士无斗心。会权寻至,羽自知孤穷,乃走麦城,西至漳乡,众皆委羽而降,权使朱然、潘璋断其径路,即父子俱获,荆州遂定。

以蒙为南郡太守,封孱陵侯,赐钱一亿,黄金五百斤,蒙固辞金钱,权不许。封爵未下,会蒙疾发,权时在公安,迎置内殿,所以治护者万方,募封内有能愈蒙疾者,赐千金。时有针加,权为之惨戚,欲数见其颜色,又恐劳动,常穿壁瞻之,见小能下食则喜,顾左右言笑,不然则咄唶,夜不能寐。病中瘳,为下赦令,群臣毕贺。后更增笃,权自临视,命道士於星辰下为之请命。年四十二,遂卒於内殿。时权哀痛甚,为之降损,蒙未死时,所得金宝诸赐尽付府藏,敕主者命绝之日皆上还,丧事务约。权闻之,益以悲感。

蒙少不修书传,每陈大事,常口占为笺疏。常以部曲事为江夏太守蔡遗所白,蒙无恨意。及豫章太守顾邵卒，权问所用，蒙因荐遗奉职佳吏，权笑曰："君欲为祁奚耶？"於是用之。甘宁粗暴好杀，既常失蒙意，又时违权令，权怒之，蒙辄陈请："天下未定，斗将如宁难得，宜容忍之。"权遂厚宁，卒得其用。

蒙子霸袭爵，与守冢三百家，复田五十顷，霸卒，兄琮袭侯。琮卒，弟睦嗣。

孙权与陆逊论周瑜、鲁肃及蒙曰："公瑾雄烈，胆略兼人，遂破孟德，开拓荆州，邈焉难继，君今继之。公瑾昔要子敬来东，致达於孤，孤与宴语，便及大略帝王之业，此一快也。后孟德因获刘琮之势，张言方率数十万众水步俱下。孤普请诸将，咨问所宜，无适先对，至子布、文表、俱言宜遣使修檄迎之，子敬即驳言不可，劝孤急呼公瑾，付任以众，逆而击之，此二快也。且其决计策，意出张苏远矣；后虽劝吾借玄德地，是其一短，不足以损其二长也。周公不求备於一人，故孤忘其短而贵其长，常以比方邓禹也。又子明少时，孤谓不辞剧易，果敢有胆而已；及身长大，学问开益，筹略奇至，可以次於公瑾，但言议英发不及之耳。图取关羽，胜於子敬。子敬答孤书云：'帝王之起，皆有驱除，羽不足忌。'此子敬内不能办，外为大言耳，孤亦恕之，不苟责也。然其作军屯营，不失令行禁止，部界无废负，路无拾遗，其法亦美也。"

【译文】

吕蒙，字子明，是汝南富陂人。他年轻时南渡长江，投靠姐夫邓当。邓当是孙策的部将，多次征伐山越。吕蒙十五六岁时，秘密地跟随邓当袭击强盗，邓当回头看见吕蒙，非常吃惊，大声斥责也禁止不住。回来后邓当将这件事告诉了吕蒙的母亲，吕母很恼怒，打算处罚他。吕蒙说："贫穷卑贱难于活下去，虽说是疏忽失误，万一有功劳，便可得到富贵。而且不进老虎洞，怎能捉到小老虎？"吕母因怜爱而放了他。当时邓当部下的小吏因为吕蒙年纪小而轻视他，说："那个小子能有什么作为呢？这是想拿肉来喂老虎罢了。"过几天和吕蒙相会时，又侮辱他。吕蒙很生气，抽刀杀了那个小吏，逃跑了，逃到同乡郑长的家里。以后出来到校尉袁雄那里检举自己，袁雄又趁机会向孙策为他求情，孙策召见吕蒙，感到奇异，把他安排在自己身边。

过了几年，邓当去世，张昭推荐吕蒙接替邓当领兵，被任命为别部司马。孙权主管军政大事时，考虑到各小将兵员少而费用又不足，打算合并部队。吕蒙秘密地赊买布料，为士兵做了大红色衣服和绑腿，等到检阅的日子，吕蒙的军队队列整齐，使人惊讶，士兵人人都在操练习武，孙权看了很喜悦，于是增加了他的兵员。他跟随孙权征伐丹杨，打到哪里都有功劳，被提升充当平北都尉，兼任广德县长。

吕蒙跟随孙权征伐黄祖，黄祖命令都督陈就率水军迎战孙权。吕蒙率领先锋部队，亲自杀死陈就，将士们乘胜进攻黄祖的城池。黄祖听说陈就阵亡，弃城逃跑，士兵追击抓住了他。孙权说："这次战役能够取胜，是由于先抓着陈就的缘故。"提升吕蒙充当横野中郎将，赏赐钱千万。

这一年，吕蒙又和周瑜、程普等向西在乌林打败曹公，在南郡包围了曹仁。益州将领袭肃率领全军前来归附，周瑜上表建议把袭肃部队增补给吕蒙，吕蒙大力称赞袭肃有胆略，并且仰慕德化远来归附，从道义上讲应该增加他的兵力，而不应夺取他的兵权。孙权认为他说的很好，就交还了袭肃的部队。周瑜派甘宁前去占领夷陵，曹仁分出一部分军队去进攻甘宁，甘宁被困危急，派使者请求救援。众将都认为兵力少，不能再分兵救援，吕蒙对周瑜、程普说："让凌公绩留下来，我与你们同行，前去解围排急，看形势也不会时间长了，我担保公绩能够守城十日。"又劝谏周瑜分派三百人去用木柴阻断险要的道路，贼军逃跑时就可以得到他们的战马。周瑜听从了他的建议。援军来到夷陵，当天交战，杀伤敌军超过半数。敌军夜晚逃离，前进中遇到干柴堵塞的道路，骑兵都丢下马匹徒步逃跑。大军追击紧迫，获得战马三百匹，用两只船合并而成的大船运回。于是将士斗志倍增，就渡江建立兵营，双方互相攻击，曹仁败退逃走，于是占据南郡，安抚平定了荆州。吕蒙回京后，被任命为偏将军，兼任寻阳县令。

鲁肃接替周瑜，将去陆口，路过吕蒙的军营。鲁肃内心还轻视吕蒙，有人劝谏鲁肃说："吕将军功名日益显著，不可以旧情对待他，您应该去拜访他。"于是来到吕蒙的军营，酒喝到尽兴的时候，吕蒙问鲁肃说："您接受重任，与关羽的军队相邻，将采用什么计策谋略，以防备预料不到的事情呢？"鲁肃随随便便地回答说："临时采取适宜的措施。"吕蒙说："现在东、西的吴、蜀虽然联盟，而关羽确实是一位熊虎一样的猛将，计策怎能不预先计划好？"因此他给鲁肃提出了五条计策。鲁肃于是离开自己的席位，接近吕蒙，轻拍吕蒙的背说："吕子明，我不知道您的才能计略竟然达到这样高的水平。"于是拜见吕蒙的母亲，和吕蒙结成朋友而后告别。

当时吕蒙与成当、宋定、徐顾的军营紧挨着，这三位将军死后，他们的子弟还幼小，孙权准备把他们的军队全部并给吕蒙。吕蒙坚决推辞，并陈述徐顾等人都为国家大事辛勤劳苦，他们的子弟虽然幼小，但是不可废除他们的军权。上书三次，孙权于是听从了他的意见。吕蒙就给他们选择老师，让老师辅助教导他们，他操心的事像这个样子。

魏国派庐江人谢奇充当蕲春典农，驻守在皖县乡村，多次侵犯吴国边境。吕蒙让人引诱他投降，他不听从，于是看准机会袭击他，他就退缩回去了，他的部属孙子才、宋豪等人都牵着小孩背着老人，前往吕蒙的军营投降。后来跟随孙权在濡须口抵御曹公，多次进献奇妙的计策，又劝孙权在濡须口两面建筑堡坞，所以战备御敌的工作做得很精细，曹公不能攻下就退回去了。

曹公派遣朱光充当庐江太守，驻守皖县，大力开垦稻田，又命令间谍引诱招降鄱阳贼兵头子，让他们做内应。吕蒙说："皖县的田地很肥沃，如果稻子丰收，他们的兵员必然增加，如此几年，曹操的有利态势就出现了。应该早点除掉他们。"就具体地向孙权陈述情况。于是孙权亲自征伐皖县，接见众将，询问他们用什么计策。吕蒙就推荐甘宁充当登城指挥，在前面指挥进攻，吕蒙率领精锐部队作后援。凌晨时进攻，吕蒙亲自拿鼓槌击鼓，士兵都奔腾跳跃，勇敢登城，吃早饭的时候，攻下了皖县。不久张辽来到夹石，听说皖县城已被攻取，就退回去了。孙权嘉奖吕蒙的功劳，立即授任庐江太守，缴获的人马都分给他，另外赐给他寻阳屯田客六百人，属官三十人。吕蒙回到寻阳，不到一年，庐陵的贼人又起事了，众将征伐进击不能擒拿，孙权说："鸷鸟一百，不如一鹗。"重新命令吕蒙征伐他们。吕蒙来到庐陵，杀了贼人中的首恶分子，对其余的人都予以释放，恢复他们的平民身份。

　　这时刘备命令关羽镇守荆州，占有了荆州的全部土地，孙权命令吕蒙向西夺取长沙、零陵、桂阳三郡。他传递文书给长沙、桂阳两个郡，它们都望风归附孙权，只有零陵太守郝普坚守城池，不肯投降。而刘备从蜀亲自来到公安，派遣关羽争夺三郡。当时孙权住在陆口，指使鲁肃率领一万人驻守益阳抵御关羽，又火速传信征召吕蒙，指使他放弃零陵，急速返回援助鲁肃。起初，吕蒙已经平定了长沙，应当去零陵，经过郦县时，同车载着南阳人邓玄之，邓玄之是郝普的老朋友，打算让他诱降郝普。等到接到孙权的信，应当返回时，吕蒙对来信保密，夜晚召集众将，授给计谋，议定次日早晨攻城，回头对邓玄之说："郝子太知道人世间的忠义的事，也打算去做，而不知道时机。左将军在汉中，被夏侯渊所包围。关羽在南郡，现在最尊贵的人（孙权）也亲临南郡，近来攻破了樊城关羽的大本营，援救郦县，又被孙规打败。这全是眼前发生的事，是您亲自目睹的。他们正在头脚倒悬，救死都来不及，难道还有余力再营救零陵吗？现在我方军队装备好，战斗力强，人人都想为国拼命效力，最尊贵的人调遣兵力，在路上相继而来。如今子太将危在旦夕的生命，等待没有希望的援救，犹如牛蹄玩弄下水中的鱼，还希望依赖长江、汉水来活命，其不可依仗也是明若观火的。如果子太一定能够统一士卒的心，保守孤城，尚且能拖延很短的时间，以等待有所投奔，也是可以的。今天我计划好兵力，深思熟虑，攻取零陵城，不过一天，城必然会被攻破，城破以后，自身死了于事有何益处，而使百岁老母，满头白发被杀，难道不痛心吗？我估计郝普得不到外面的消息，以为可以依仗救援，所以到了这样的地步。您可以去见他，为他陈述利害祸福。"邓玄之见郝普，具体地转达了吕蒙的意见，郝普因害怕而听从了。邓玄之先出城向吕蒙报告，说明郝普不久以后就到，吕蒙事先告诫四个将领，各选拔一百人，待郝普一出城，马上入城守住城门。过了片刻，郝普出了城，吕蒙迎上去握住他的手，和他一块上船。寒暄完毕，取出孙权的信让他看，因而拍手大笑。郝普看了信，知道刘备驻扎公安，而关羽驻扎益阳，惭愧悔恨得想钻进地下去。吕蒙留下孙皎，把后事委托给他，当日带领军队奔赴益阳。刘备请求结盟和好，孙权就归还了郝普等人，以湘水为界，把零陵郡还给刘备，孙权把寻阳、阳新作为吕蒙的食邑。

　　吕蒙回师，就征伐合肥，军队撤退以后，被张辽等人袭击，吕蒙和凌统拼死力战，捍卫孙权。以后曹公又大量出兵濡须。孙权任命吕蒙充当都督，依据从前所建立的堡坞，在上面设置一万张强弩，用来抗拒曹公。趁曹公前锋扎营未完之机，吕蒙攻破了他们，曹公率军退回。因此，任命吕蒙为左护军、虎威将军。

　　鲁肃去世后，吕蒙在西边陆口驻守，孙权把鲁肃的军队一万多人都交给吕蒙管辖。又被任命为汉昌太守，把下隽、刘阳、汉昌、州陵四县作他的食邑。和关羽划分荆州地区分别治理，彼此边境相接，吕蒙知道关羽是勇猛雄健的人物，有兼并邻郡之心，并且处于有权势的社会地位，结盟和好的形势难于长久。当初，鲁肃等人认为曹公还存在，由于祸患和灾难才双方结合，应该互相辅助协同，彼此同心协力，不能失却联盟关系。吕蒙向孙权秘密陈述计策说："如今命令征虏将军守南郡，潘璋驻守白帝，蒋钦率领机动部队一万人在长江上下往返，哪里出现敌人，就在哪里投入战斗，吕蒙在我方的上游据守襄阳，这样，既不担忧曹操，也不依赖关羽！况且关羽等人依靠阴谋诡计，反复无常，不可以真心相待。现在关羽之所以没有向东进攻我们，是因为至尊圣贤英明，我和其他将领们还存在。如今，不在我们强壮时解除这一后患，一旦我们死了，再与他较量，还有可能吗？"孙权全部采纳了他的计策，又随便和他讨论攻取徐州的利弊。吕蒙回答说："当今曹操远在黄河以北，新近攻破了诸袁，安抚幽州、冀州，以和民心，来不及考虑东部的事情，徐州地区的守军，据说力量不强，只要我们去，自然可以取胜。然而该地位于陆路交通的要冲，适合骁勇的骑兵驰骋，至尊今天夺取了徐州，曹操随后就会来争，尽管派七、八万人防守，仍然令人担忧。不如击败关羽，全部占据长江，我们的势力更加壮大，也就容易守卫了。"孙权特别认为他的这些分析很得当。等到吕蒙代替鲁肃，初到陆口驻兵，外表上加倍与关羽修好，来往亲密。

后来关羽征伐樊城，留下一部分兵力防守公安、南郡。吕蒙向孙权上书说："关羽征伐樊城，却留下很多军队防守，一定是害怕我从后面进攻他。我经常害病，请求您允许我以治病为名，率一部分士兵回建业，关羽知道后，必然撤回防守的军队，全力进攻襄阳。我军大队人马溯长江而上，昼夜兼行，趁他的防守空虚，进行袭击，南郡就可攻取，关羽他会被我擒获。"于是，吕蒙自称病重，孙权则公开下令，要吕蒙返回，暗中参与策划。关羽果然信以为真，逐渐撤掉南郡兵力，开赴樊城，魏国命令于禁援救樊城，关羽全部俘虏了于禁等人，人马几万，借口缺粮，便擅自取用孙权湘关的粮米。孙权听到这种情况，就采取行动，先派遣吕蒙在前面行军。吕蒙到达寻阳，把精锐士卒都埋伏在名为舸艫的船中，招募一些平民百姓摇橹，令将士化装成商人，昼夜兼程，关羽设置在江边守望的官兵，都被活捉，所以关羽对吕蒙的行动一无所知。于是到达南郡，蜀将士仁和南郡太守糜芳都投降了。吕蒙进入并占据了江陵城，全部得到关羽和将士们的家属，都给予安抚慰问，约法命令全军不得骚扰百姓和向百姓索取财物。吕蒙账下有一亲兵，是汝南人，从百姓家中拿了一个斗笠遮盖官府的铠甲；铠甲虽然属于公物，吕蒙仍认为他违犯了军令，不能因为是同乡的缘故，就破坏军法，便流着眼泪将这个亲兵处死了。全军都因此事震惊，恐惧，南郡从此道不拾遗。吕蒙还在早晨和夜晚派亲近的人慰问和抚恤老人，询问他们生活有什么困难，给病人送去医药，给饥寒的人送去衣服和粮食。关羽官府中的财物、珍宝，全部封存起来，等候孙权前来处理。关羽返回江陵途中，多次派使者与吕蒙互通消息，吕蒙每次都热情款待关羽的使者，允许他在城中各处游览，关羽部下将士的家属看见使者，都上前询问，还有人托他给自己的亲人带去书信。使者返回，关羽部属私下里询问家中情况，尽知家中平安，所受对待超过以前，因此关羽的将士都无心再战了。恰巧碰上孙权紧跟着到了江陵。关羽自知势孤力穷，就逃往麦城，再向西到了漳乡，众士兵都抛弃关羽而投降孙权。孙权派遣朱然、潘璋堵住关羽必经的路，关羽父子立即一块被抓获，荆州于是平定了。

孙权任命吕蒙为南郡太守，封为孱陵侯，赏赐钱一亿，黄金五百斤。吕蒙坚决不接收黄金和钱，孙权不许可，封爵还没有颁下，恰巧碰上吕蒙的病发作。孙权当时住在公安，把吕蒙迎接安置在他所住的内殿，千方百计为吕蒙治疗和护理，广泛征求国内有能治好吕蒙疾病的，赏赐黄金一千斤。医生为吕蒙针灸时，孙权便为他感到愁苦悲伤；想多去看望几次，又恐怕影响他的休息，只好在墙壁上挖个小洞偷偷地看，见到吕蒙可以吃少量的食物，即喜形于色，回头对左右的人又说又笑；看到吕蒙不能进食，便唉声叹气，叹息不止，夜不成眠。吕蒙的病好了一半，孙权便下令赦免罪犯，以示庆贺，文武官员都来道喜。以后病情加重，孙权亲自到病榻前看望，命令道士晚上对着星辰为他祈求延长寿命。吕蒙四十二岁时，就死于内殿。当时孙权非常悲痛，为他的丧事减乐损膳以示哀悼。吕蒙没有死的时候，他所得到赏赐给他的金银珠宝等贵重物品全部交给府库收藏，命令主管的人在他死后全部上交，丧事务必简单节约。孙权听到这些事，更加悲哀而感动。

吕蒙年少时不学习经传典籍，每次陈述大事，常常口授其词由他人记录后作为上奏的文书。曾经因为部下的事故，被江夏太守蔡遗所弹劾，而吕蒙却无怨恨之意。等到豫章太守顾邵死后，孙权问吕蒙由谁取代，昌蒙趁机推荐蔡遗是胜任这个职务的好官吏，孙权笑着说："你打算充当祁奚吗？"于是任用了蔡遗。甘宁粗暴，喜欢滥杀人，既常常使吕蒙不满意，又时时违背孙权的意图，孙权对他很恼怒，吕蒙总是陈情请求说："天下还没有安定，战将像甘宁这样的人难得，应对他宽容忍耐。"孙权于是厚待甘宁，最终还是得到重任。

吕蒙的儿子吕霸继承了爵位，赐给守护坟墓的人三百家，免除租税的田地五十顷。吕霸去世后，他哥哥吕琮继承了侯爵。吕琮去世后，他弟弟吕睦继承了爵位。

孙权和陆逊谈论周瑜、鲁肃及吕蒙时说："周公瑾有雄心大志，胆略过人，因此能打败曹操，攻取荆州，能够和他相比的人，实在太少了。他的高才，难于找到接替他的人，如今你继承了。公瑾过去拦截鲁子敬到东吴，把他推荐给我，我和他喝酒说话，便谈及建立帝王大业的雄才大略，这是第一大痛快事。后来，曹操收纳了刘琮的势力，声言亲率水、陆军几十万同时来江东，我询问所有将领，请教对策，谁都不愿回答，问到张子布、秦文表时，都说应派使者带着公文，前去迎接。鲁子敬当即反驳说不可，劝我迅速召回周公瑾，命令他率大军迎头痛击曹操，这是第二大痛快事。而且他决定的计谋、策略，远远超过了张仪、苏秦，后来，他虽然劝我把土地借给刘备，这是他的一个短处，但却不足以损害他的两个长处。周公对人不求全责备，所以我不计较他的短处而重视他的长处，常常将他比作邓禹。吕子明年轻时，我认为他只是不怕艰难，勇敢不怕死而已；在他年长以后，学问愈来愈好，韬略常常出奇制胜，可以说仅次于周公瑾，但是言谈议论略有不如。谋划消灭关羽这一点，却超过鲁子敬。鲁子敬给我的信中说：'成就帝王大业的人，都要利用他人的力量，对关羽不必有所顾忌。'这是鲁子敬不能对付关羽，却空说大话；我仍原谅了他，没有轻易责备。可是他行军作战。安营驻守，能做到令行禁止，他的辖区内，文武官员都尽心尽职，治安良好，路不拾遗，他的治军很令人称道。"

陆绩传

【题解】

陆绩，生卒年不详。汉朝末年人。博学多才，在孙权的政权机构中作郁林太守（今广西玉林市），三十二岁去世。

陆绩是二十四孝之一。"陆绩怀橘",说的就是他五六岁时到袁术家做客的故事。《三国演义》中诸葛亮"舌战群儒"一节,陆绩也被作为群儒之一。他质问诸葛亮,然而诸葛亮一句"那不是怀橘的陆郎吗",竟使他闭口吞声。

陆绩是个天文学家。他著的《浑天图》已不存在,但他拥护浑天说的言论却影响深远,经常被当时和以后的天文学家引用,甚至把他和张衡并提。陆绩曾造了一部浑天象即天球仪,形状像鸟卵,为椭圆。依浑天象,则黄道直径应长于赤道。测量天球大小,现在看来是很可笑的。但陆绩把浑天象做成椭圆,说明他已朦胧地觉得,天球(实际上是地球)不是正圆。这个认识是很宝贵的。

【原文】

陆绩字公纪,吴人也。父康,汉末为庐江太守。绩年六岁,于九江见袁术。术出桔,绩怀三枚,去,拜辞堕地,术谓曰:"陆郎作宾客面怀桔乎?"绩跪答曰:"欲归遗母。"术大奇之。孙策在吴,张昭、张纮、秦松为上宾,共论四海未泰,须当用武治而平之,绩年少末坐,遥大声言曰:"昔管夷吾相齐桓公,九合诸侯,一匡天下,不用兵车。孔子曰:'远人不服,则修文德以来之。'今论者不务道德怀取之术,而惟尚武,绩虽童蒙,窃所未安也。"昭等异焉。

绩容貌雄壮,博学多识,星历算数无不该览。虞翻旧齿名盛,庞统荆州令士,年亦差长,皆与绩友善。孙权统事,辟为奏曹掾,以直道见惮,出为郁林太守,加偏将军,给兵二千人。绩即有蹶疾,又意在儒雅,非其志也。虽有军事,著述不废。作《浑天图》,注《易》释《玄》,皆传于世。豫自知亡日,乃为辞曰:"有汉志士吴郡陆绩,幼敦《诗》《书》,长玩《礼》《易》,受命南征,遭疾遇厄,遭命不幸,呜呼悲隔!"又曰:"从今已去,六十年之外,车同轨,书同文,恨不及见也。"年三十二卒。长子宏,会稽南部都尉。次子叡,长水校尉。

【译文】

陆绩,字公纪,吴郡吴县人(今苏州市人)。父亲陆康,汉朝末年任庐江太守。陆绩六岁时,在九江袁术家做客,袁术拿出橘子招待他。陆绩揣了三个橘子在怀里,离去时,向袁术拜别,掉在了地上。袁术对他说:"陆郎做客还要揣橘子吗?"陆绩跪下回答说:"想带回去给母亲吃。"袁术大为惊奇。孙策占据吴地时,张昭、张纮、秦松都是上宾,他们在一起议论,四海尚未太平,必须用武力镇压来平定天下。陆绩年龄小坐在末座上,他远远地大声说:"过去管仲辅佐齐桓公,九次和诸侯会盟,终于拯救了天下,而不用武力。孔子说:'远方的人不服从,就要很好地修养自己的德行以感召吸引他们。'现在你们不讲求用道德怀柔的办法,而只崇尚武力,我虽年幼无知,可觉得心里不安。"张昭等人异常惊奇。

陆绩魁梧健壮,学识渊博,天文、历法和算术,没有不研究的。虞翻很早就已进入名流行列,庞统是荆州的有识高士,年龄也比陆绩大不少,他们都和陆绩友好。孙权执政时,委任他在主管奏议的部门工作。因为他说话太直而使孙权害怕。被调出去做郁林太守兼偏将军,给他二千兵。陆绩本来就有脚病,他的志愿是要做儒生雅士,领兵不是他的志愿。虽然有战事,但从不放弃著述。作《浑天图》,注释《周易》《太玄》,都流传后世。

自己预先知道要去世的日子，就写了遗言说："汉朝的志士吴郡陆绩，从小攻读《诗经》《尚书》，长大熟悉《礼》和《周易》，接受命令来到南方，身染疾病，困于灾祸，这意外的遭遇使我命不久长。唉，悲痛难忍"。又说："从现在起六十年之后，'车同轨，书同文'（天下统一）。遗憾我不能看到了。"三十二岁去世。他的大儿子陆宏，是会稽南部的都尉，二儿子陆叡，是长水的校尉。

二十四史

晋书

导　读

　　《晋书》是中国的《二十五史》之一，是唐朝时期编写的，全书共一百三十卷，包括帝纪十卷，志二十卷，列传七十卷，载记三十卷。记载了从司马懿开始到晋恭帝元熙二年(420年)为止，包括西晋和东晋的历史，并用"载记"的形式兼述了十六国割据政权的兴亡。

　　本书成于众手。唐太宗贞观二十年(646年)，诏令房玄龄、褚遂良、许敬宗为监修，组织编写《晋书》，参加的人员有令狐德棻、李淳风、李延寿等人。唐太宗给宣帝司马懿、武帝司马炎两篇帝纪和陆机、王羲之两篇传写了论赞，所以旧本《晋书》又题"御撰"。

　　唐代以前，曾有二十多部关于两晋的史书，房玄龄等人修《晋书》，主要利用齐臧荣绪的《晋书》作蓝本，参考了其他各史。因为有各家晋史为基础，修史人员众多，所以只经过三年就写完了全书。

　　《宋书》成书于《晋书》之前，它的志追溯到三国或东西晋。《晋书》效法《宋书》，各志都从汉末讲起。后人一致推重李淳风写的《天文志》《律历志》。因为他熟悉天文历法，所以《天文志》中记载的天体、仪象、星宿位置等，达到了一定的科学水平。当然，其中揉杂的唯心主义是应该剔除的。《食货志》虽然有些疏略，但其中关于曹魏屯田，兴修水利，发展农业，经营西北，以及对晋朝占田制的记载，都是难得的史料。

　　《晋书》的体例与前四史有一点明显的不同，即增设了"载记"，记载既不是"正统"君主，又不是"正统"臣属的"僭伪"人物。十六国中的前赵、后赵、前燕、前秦、后秦、后蜀、后梁、后燕、西秦、北燕、南凉、南燕、北凉、夏等国，都收入"载记"，只有前凉、西凉载入列传。因为前凉的最高统治者张轨原为晋臣，西凉的最高统治者李暠是唐朝皇帝的始祖，在作者看来显然不宜列入"载记"。

　　《晋书》在取材方面，不十分注意史料的甄别取舍，喜欢采用小说笔记里的奇闻轶事，《搜神记》《幽明录》中一些荒诞不经之谈也加以收录，损害了它的史料价值。另外，书中有记事前后矛盾和疏漏遗脱的地方。《冯紞传》说："紞兄恢，自有传。"实际上本书并没有冯恢传。魏晋盛行九品中正制，《武帝纪》记载政府命令郡中正用六条标准选拔官吏，这样一件值得重视的事情，《职官志》却没有记载。《晋书》的执笔人，大多数擅长诗词文赋，有片面追求辞藻华丽的倾向。因此，后人批评它"竟为绮艳，不求笃实"。这也是它的一个缺点。

晋武帝纪

【题解】

晋武帝司马炎（236~290），字安世，河内郡温县（今河南省温县）人，魏相国司马昭的长子。公元265年8月，继其父任晋王、相国，同年12月即皇帝位。死后庙号世祖，武帝是他的谥号。

司马炎是在其父祖辈经营近半个世纪的基础上，接受魏帝的禅让而建立晋国的。在其执政期间，消灭南方的孙氏政权，结束了近百年的分裂，恢复了全国的统一。又颁布了户调令，用强制兼鼓励的政策使农民务尽地利，采取承认又适当限制的措施以缓和大族兼并土地。全国在统一的、促进生产发展的政策法令下，逐渐恢复和发展了社会经济，出现了太康年间"天下无事，赋税平均，人咸安其业而乐其事"的局面，是一个难得的安定时期。但是，随着政权的稳定，天下的统一，司马炎滋长了自满情绪，倦怠于处理国政，后宫多达万人，沉溺在游宴享乐之中，助长了魏末以来的奢靡风气。加上司马氏的政权，是在大族的拥戴和支持下取得的，司马炎即位之后，便在政治上、经济上给予这些大族种种特权，形成了"门阀制度"，使奢侈之风更加泛滥，败坏了社会风气。当时就有"奢侈之费，甚于天灾"的说法。晚年，明知惠帝司马衷不堪重任，仍然将帝位传给了他。采取广封宗室，委以重任，扶植后族，授予大权的措施，使他们互相制约，辅翼惠帝，以求得晋王朝的长治久安。但事与愿违，当他身死之日，便是祸乱开端之时，爆发了历史上罕见的宗室戚属间的相互残杀，从而使刚刚统一的国家又陷入长时间的战乱分裂。虽说这是由当时的各种因素所造成，但司马炎晚年所推行的政策起了重要的作用。

【原文】

武皇帝讳炎，字安世，文帝长子也。宽惠仁厚，沈深有度量。魏嘉平中，封北平亭侯，历给事中、奉车都尉、中垒将军，加散骑常侍，累迁中护军、假节。迎常道乡公於东武阳，迁中抚军，进封新昌乡侯。及晋国建，立为世子，拜抚军大将军、开府，副贰相国。

初，文帝以景帝既宣帝之嫡，早世无后，以帝弟攸为嗣，特加爱异，自谓摄居相位，百年之后，大业宜归攸。每曰："此景王之天下也，吾何与焉。"将议立世子，属意於攸。何曾等固争曰："中抚军聪明神武，有超世之才。发委地，手过膝，此非人臣之相也。"由是遂定。咸熙二年五月，立为晋王太子。

八月辛卯，文帝崩，太子嗣相国、晋王位。下令：宽刑宥罪，抚众息役，国内行服三日。是月，长人见於襄武，长三丈，告县人王始曰："今当太平。"

九月戊午，以魏司徒何曾为丞相，镇南将军王沈为御史大夫，中护军贾充为卫将军，议郎裴秀为尚书令、光禄大夫；皆开府。

十一月，初置四护军，以统城外诸军。闰月乙未，令诸郡中正以六条举淹滞：一曰忠恪匪躬,二曰孝敬尽礼,三曰友于兄弟,四曰洁身劳谦,五曰信义可复,六曰学以为己。

是时,晋德既洽,四海宅心。於是天子知历数有在,乃使太保郑冲奉策曰:"咨尔晋王:我皇祖有虞氏诞膺灵运,受终于陶唐,亦以命于有夏。惟三后陟配于天,而咸用光敷圣德。自兹厥后,天又辑大命于汉。火德既衰,乃眷命我高祖。方轨虞夏四代之明显,我不敢知。惟王乃祖乃父,服膺明哲,辅亮我皇家,勋德光于四海。格尔上下神祇,罔不克顺,地平天成,万邦以乂。应受上帝之命,协皇极之中。肆予一人,祗承天序,以敬授尔位。历数实在尔躬,允执其中,天禄永终。於戏!王其钦顺天命,率循训典,底绥四国,用保天休,无替我二皇之弘烈。"帝初以礼让,魏朝公卿何曾、王沈等固请,乃从之。

泰始元年冬十二月丙寅,设坛于南郊,百僚在位及匈奴南单于四夷会者数万人,柴燎告类于上帝曰:"皇帝臣炎敢用玄牡明告于皇皇后帝:魏帝稽协皇运,绍天明命以命炎:昔者唐尧,熙隆大道,禅位虞舜,舜又以禅禹,迈德垂训,多历年载。暨汉德既衰,太祖武皇帝拨乱济时,扶翼刘氏,又用受命于汉。粤在魏室,仍世多故,几於颠坠,实赖有晋匡拯之德,用获保厥肆祀,弘济于艰难,此则晋之有大造于魏也。诞惟四方,罔不祗顺、廓清梁、岷,包怀扬、越,八纮同轨,祥瑞屡臻,天人协应,无思不服。肆予宪章三后,用集大命于兹。炎维德不嗣,辞不获命。於是群公卿士,百辟庶僚,黎献陪隶,暨于百蛮君长,佥曰'皇天鉴下,求人之瘼,既有成命,固非克让所得距违。天序不可以无统,人神不可以旷主。'炎虔奉皇运,寅畏天威,敬简元辰,升坛受禅,告类上帝,永答众望。"礼毕,即洛阳宫幸太极前殿,诏曰:"昔朕皇祖宣王,圣哲钦明,诞应期运,熙帝之载,肇启洪基。伯考景王,履道宣猷,缉熙诸夏。至于皇考文王,睿哲光远,允协灵祇,应天顺时,受兹明命。仁济于宇宙,功格于上下。肆魏氏弘鉴于古训,仪刑于唐虞,畴咨群后,爰辑大命于朕身。予一人畏天之命,用不敢违。惟朕寡德,负荷洪烈,托于王公之上,以君临四海,惴惴惟惧,罔知所济。惟尔股肱爪牙之佐,文武不贰之臣,乃祖乃父,实左右我先王,光隆我大业。思与万国,共享休祚。"於是大赦,改元。赐天下爵,人五级;鳏寡孤独不能自存者谷,人五斛。复天下租赋及关市之税一年,逋债宿负皆勿收。除旧嫌,解禁锢,亡官失爵者悉复之。

丁卯,遣太仆刘原告于太庙。封魏帝为陈留王,邑万户,居於邺宫;魏氏诸王皆为县侯。追尊宣王为宣皇帝,景王为景皇帝,文王为文皇帝,宣王妃张氏为宣穆皇后。尊太妃王氏曰皇太后,宫曰崇化。封皇叔祖父孚为安平王,皇叔父干为平原王、亮为扶风王、伷为东莞王、骏为汝阴王、肜为梁王、伦为琅邪王,皇弟攸为齐王、鉴为乐安王、机为燕王,皇从伯父望为义阳王,皇从叔父辅为渤海王、晃为下邳王、瑰为太原王、珪为高阳王、衡为常山王、子文为沛王、泰为陇西王、权为彭城王、绥为范阳王、遂为济南王、逊为谯王、睦为中山王、陵为北海王、斌为陈王,皇从父兄洪为河间王,皇从父弟茂为东平王。以骠骑将军石苞为大司马,封乐陵公,车骑将军陈骞为高平公,卫将军贾充为车骑将军、鲁公,尚书令裴秀为钜鹿公,侍中荀勖为济北公,太保郑冲为太傅、寿光公,太尉王祥为太保、睢陵公,丞相何曾为太尉、朗陵公,御史大夫王沈为骠骑将军、博陵公,司空荀顗为临淮公,镇北大将军卫瓘为菑阳公。其余增封进爵各有差,文武普增位二等。改景初历为太始历,腊以酉,社以丑。

戊辰，下诏大弘俭约，出御府珠玉玩好之物，颁赐王公以下各有差。置中军将军，以统宿卫七军。

己巳，诏陈留王载天子旌旗，备五时副车，行魏正朔，郊祀天地，礼乐制度皆如魏旧，上书不称臣。赐山阳公刘康、安乐公刘禅子弟一人为驸马都尉。乙亥，以安平王孚为太宰、假黄钺、大都督中外诸军事。诏曰："昔王凌谋废齐王，而王竟不足以守位。邓艾虽矜功失节，然束手受罪。今大赦其家，还使立后。兴灭继绝，约法省刑。除魏氏宗室禁锢。诸将吏遭三年丧者，遣宁终丧。百姓复其徭役。罢部曲将、长吏以下质任。省郡国御调，禁乐府靡丽百戏之伎及雕文游畋之具。开直言之路，置谏官以掌之。"

是月，凤凰六、青龙三、白龙二、麒麟各一见于郡国。

二年春正月丙戌，遣兼侍中侯史光等持节四方，循省风俗，除禳祝之不在祀典者。丁亥，有司请建七庙，帝重其役，不许。庚寅，罢鸡鸣歌。辛丑，尊景皇帝夫人羊氏曰景皇后，宫曰弘训。丙午，立皇后杨氏。

二月，除汉宗室禁锢。己未，常山王衡薨。诏曰："五等之封，皆录旧勋。本为县侯者传封次子为亭侯，乡侯为关内侯，亭侯为关中侯，皆食本户十分之一。"丁丑，郊祀宣皇帝以配天，宗祀文皇帝于明堂以配上帝。庚午，诏曰："古者百官，官箴王阙。然保氏特以谏净为职，今之侍中、常侍实处此位。择其能正色弼违、匡救不逮者，以兼此选。"

三月戊戌，吴人来吊祭，有司奏为答诏。帝曰："昔汉文、光武怀抚尉他、公孙述，皆未正君臣之仪，所以羁縻未宾也。皓遣使之始未知国庆，但以书答之。"

夏五月戊辰，诏曰："陈留王操尚谦冲，每事辄表，非所以优崇之也。主者喻意，非大事皆使王官表上之。"壬子，骠骑将军、博陵公王沈卒。

六月壬申，济南王遂薨。

秋七月辛巳，营太庙，致荆山之木，采华山之石；铸铜柱十二，涂以黄金，镂以百物，缀以明珠。戊戌，谯王逊薨。丙午晦，日有蚀之。

八月丙辰，省右将军官。

初，帝虽从汉魏之制，既葬除服，而深衣素冠，降席撤膳，哀敬如丧者。戊辰，有司奏改服进膳，不许；遂礼终而后复吉。及太后之丧，亦如之。九月乙未，散骑常侍皇甫陶、傅玄领谏官，上书谏净，有司奏请寝之。诏曰："凡关言人主，人臣所至难，而苦不能听纳，自古忠臣直士之所慷慨也。每陈事出付主者，多从深刻，乃云恩贷当由主上，是何言乎？其详评议。"

戊戌，有司奏："大晋继三皇之踪，蹈舜禹之迹，应天顺时，受禅有魏，宜一用前代正朔服色，皆如虞遵唐故事。"奏可。

冬十月丙午朔，日有蚀之。丁未，诏曰："昔舜葬苍梧，农不易亩；禹葬成纪，市不改肆。上惟祖考清简之旨，所徙陵十里内居人，动为烦扰，一切停之。"

十一月己卯，倭人来献方物。并圜丘、方丘于南、北郊，二至之祀合于二郊。罢山阳公国督军，除其禁制。己丑，追尊景帝夫人夏侯氏为景怀皇后。辛卯，迁祖祢神主于太庙。

十二月。罢农官为郡县。

是岁，凤凰六、青龙十、黄龙九、麒麟各一见於郡国。

三年春正月癸丑，白龙二见於弘农渑池。

丁卯，立皇子衷为皇太子。诏曰："朕以不德，托于四海之上，兢兢祗畏，惧无以康济寓内，思与天下式明王度，正本清源，於置胤树嫡，非所先务。又近世每建太子，宽宥施惠之事，间不获已，顺从王公卿士之议耳。方今世运垂年，将陈之以德义，示之以好恶，使百姓蠲多幸之虑，笃终始之行，曲惠小仁，故无取焉。咸使知闻。"

三月戊寅，初令二千石得终三年丧。丁未，昼昏。罢武卫将军官。以李熹为太子太傅。太山石崩。

夏四月戊午，张掖太守焦胜上言：氏池县大柳谷口有玄石一所，白昼成文，实大晋之休祥，图之以献。诏以制币告于太庙，藏之天府。

秋八月，罢都护将军，以其五署还光禄勋。

九月甲申，诏曰："古者以德诏爵，以庸制禄，虽下士犹食上农，外足以奉公忘私，内足以养亲施惠。今在位者禄不代耕，非所以崇化之本也。其议增吏俸。"赐王公以下帛各有差。以太尉何曾为太保、义阳王望为太尉、司空荀颢为司徒。

冬十月，听士卒遭父母丧者，非在疆场，皆得奔赴。

十二月，徙宗圣侯孔震为奉圣亭侯。山阳公刘康来朝。禁星气谶纬之学。

四年春正月辛未，以尚书令裴秀为司空。

丙戌，律令成，封爵、赐帛各有差。有星孛于轸。丁亥，帝耕於藉田。戊子，诏曰："古设象刑而众不犯，今虽参夷而奸不绝，何德刑相去之远哉！先帝深愍黎元，哀矜庶狱，乃命群后，考正典刑。朕守遗业，永惟保乂皇基，思与万国以无为为政。方今阳春养物，东作始兴，朕亲率王公卿士耕藉田千亩。又律令既就，班之天下，将以简法务本，惠育海内。宜宽有罪，使得自新，其大赦天下。长吏、郡丞、长史各赐马一匹。"

二月庚子，增置山阳公国相、郎中令、陵令、杂工宰人、鼓吹车马各有差。罢中军将军，置北军中候官。甲寅，以东海刘俭有至行，拜为郎。以中军将军羊祜为尚书左仆射、东莞王伷为尚书右仆射。

三月戊子，皇太后王氏崩。

夏四月戊戌，太保、睢陵公王祥薨。己亥，祔葬文明皇后王氏於崇阳陵。罢振威、振威护军官，置左、右积弩将军。

六月丙申朔，诏曰："郡国守相，三载一巡行属县，必以春，此古者所以述职宣风展义也。见长吏，观风俗，协礼律，考度量，存问耆老，亲见百年；录囚徒，理冤枉，详察政刑得失，知百姓所患苦。无有远近，便若朕亲临之。敦喻五教，劝务农功；勉励学者，思勤正典，无为百家庸末，致远必泥。士庶有好学笃道，孝弟忠信，清白异行者，举而进之；有不孝敬於父母，不长悌於族党，悖礼弃常，不率法令者，纠而罪之。田畴辟，生业修，礼教设，禁令行，则长吏之能也；人穷匮，农事荒，奸盗起，刑狱烦，下陵上替，礼义不兴，斯长吏之否也。若长吏在官公廉，虑不及私，正色直节，不饰名誉者，及身行贪秽，谄黩求容，公节不立，而私门日富者，并谨察之。扬清激浊，举善弹违，此朕所以垂拱总纲，责成於良二千石也。於戏戒哉！"

秋七月,太山石崩,众星西流。戊午,遣使者侯史光循行天下。己卯,谒崇阳陵。

九月,青、徐、兖、豫四州大水,伊洛溢,合於河,开仓以振之。诏曰:"虽诏有所欲,及奏得可而於事不便者,皆不可隐情。"

冬十月,吴将施绩入江夏,万郁寇襄阳。遣太尉、义阳王望屯龙陂。荆州刺史胡烈击败郁。吴将顾容寇郁林,太守毛炅大破之,斩其交州刺史刘俊、将军修则。

十一月,吴将丁奉等出苟陂,安东将军、汝阴王骏与义阳王望击走之。己未,诏王公卿尹及郡国守相,举贤良方正直言之士。

十二月,班五条诏书於郡国:一曰正身,二曰勤百姓,三曰抚孤寡,四曰敦本息末,五曰去人事。庚寅,帝临听讼观,录廷尉洛阳狱囚,亲平决焉。扶南、林邑各遣使来献。

五年春正月癸巳,申戒郡国计吏、守相令长,务尽地利,禁游食商贩。丙申,帝临听讼观录囚徒,多所原遣。青龙二见於荥阳。

二月,以雍州陇右五郡及凉州之金城、梁州之阴平置秦州。辛巳,白龙二见於赵国。青、徐、兖三州水,遣使振恤之。壬寅,以尚书左仆射羊祜都督荆州诸军事,征东大将军卫瓘都督青州诸军事,东莞王伷镇东大将军、都督徐州诸军事。丁亥,诏曰:"古者岁书群吏之能否,三年而诛赏之。诸令史前后,但简遣疏劣,而无有劝进,非黜陟之谓也。其条勤能有称尤异者,岁以为常。吾将议其功劳。"三月己未,诏蜀相诸葛亮孙京随才署吏。

夏四月,地震。

五月辛卯朔,凤凰见于赵国。曲赦交趾、九真、日南五岁刑。

六月,郴奚官督郭廙上疏陈五事以谏,言甚切直,擢为屯留令。西平人麴路伐登闻鼓,言多妖谤,有司奏弃市。帝曰:"朕之过也。"舍而不问。罢镇军将军,复置左、右将军官。

秋七月,延群公,询谠言。

九月,有星孛于紫宫。

冬十月丙子,以汲郡太守王宏有政绩,赐谷千斛。

十一月,追封谥皇弟兆为城阳哀王,以皇子景度嗣。

十二月,诏州郡举勇猛秀异之才。

六月春正月丁亥朔,帝临轩,不设乐。吴将丁奉入涡口,扬州刺史牵弘击走之。

三月,赦五岁刑已下。

夏四月,白龙二见於东莞。

五月,立寿安亭侯承为南宫王。

六月戊午,秦州刺史胡烈击叛虏於万斛堆,力战,死之。诏遣尚书石鉴行安西将军、都督秦州诸军事,与奋威护军田章讨之。

秋七月丁酉,复陇右五郡遇寇害者租赋,不能自存者廪贷之。乙巳,城阳王景度薨。诏曰:"自泰始以来,大事皆撰录秘书,写副。后有其事,辄宜缀集以为常。"丁未,以汝阴王骏为镇西大将军、都督雍、凉二州诸军事。

九月,大宛献汗血马,焉者来贡方物。

冬十一月,幸辟雍,行乡饮酒之礼,赐太常博士、学生帛牛酒各有差。立皇子柬为汝南王。

十二月，吴夏口督、前将军孙秀帅众来奔，拜骠骑将军、开府仪同三司，封会稽公。戊辰，复置镇军官。

七年春正月丙午，皇太子冠，赐王公以下帛各有差。匈奴帅刘猛叛出塞。

三月，孙皓帅众趋寿阳，遣大司马望屯淮北以距之。丙戌，司空、钜鹿公裴秀薨。癸巳，以中护军王业为尚书左仆射，高阳王珪为尚书右仆射。孙秀部将何崇帅众五千人来降。

夏四月，九真太守董元为吴将虞汜所攻，军败，死之。北地胡寇金城，凉州刺史牵弘讨之。群虏内叛，围弘於青山；弘军败，死之。

五月，立皇子宪为城阳王。雍、凉、秦三州饥，赦其境内殊死以下。

闰月，大雪，太官减膳。诏交趾三郡、南中诸郡无出今年户调。

六月，诏公卿以下举将帅各一人。辛丑，大司马、义阳王望薨。大雨霖，伊、洛、河溢，流居人四千余家，杀三百余人，有诏振贷、给棺。

秋七月癸酉，以车骑将军贾充为都督秦、凉二州诸军事。吴将陶璜等围交趾，太守杨稷与郁林太守毛炅及日南等三郡降於吴。

八月丙戌，以征东大将军卫瓘为征北大将军、都督幽州诸军事。丙申，城阳王宪薨。分益州之南中四郡置宁州，曲赦四郡殊死已下。

冬十月丁丑，日有蚀之。

十一月丁巳，卫公姬署薨。

十二月，大雪。罢中领军，并北军中候。以光禄大夫郑袤为司空。

八年春正月，监军何桢讨匈奴刘猛，累破之，左部帅李恪杀猛而降。癸亥，帝耕于藉田。

二月乙亥，禁雕文绮组非法之物。壬辰，太宰、安平王孚薨。诏内外群官举任边郡者各三人。帝与右将军皇甫陶论事，陶与帝争言，散骑常侍郑徽表请罪之。帝曰："谠言謇谔，所望於左右也。人主常以阿媚为患，岂以争臣为损哉！徽越职妄奏，岂朕之意。"遂免徽官。

夏四月，置后将军，以备四军。六月，益州牙门张弘诬其刺史皇甫晏反，杀之，传首京师。弘坐伏诛，夷三族。壬辰，大赦。丙申，诏复陇右四郡遇寇害者田租。

秋七月，以车骑将军贾充为司空。

九月，吴西陵督步阐来降，拜卫将军、开府仪同三司，封宜都公。吴将陆抗攻阐，遣车骑将军羊祜帅众出江陵，荆州刺史杨肇迎阐於西陵，巴东监军徐胤击建平以救阐。

冬十月辛未朔，日有蚀之。

十二月，肇攻抗，不克而还。阐城陷，为抗所擒。

九年春正月辛酉，司空、密陵侯郑袤薨。

二月癸巳，司徒、乐陵公石苞薨。立安平亭侯隆为安平王。

三月，立皇子祗为东海王。

夏四月戊辰朔，日有蚀之。

五月，旱。以太保何曾领司徒。

六月乙未，东海王祗薨。

秋七月丁酉朔，日有蚀之。吴将鲁淑围弋阳，征虏将军王浑击败之。罢五官、左、右中郎将、弘训太仆、卫尉、大长秋等官。鲜卑寇广宁，杀略五千人。诏聘公卿以下子女以备六宫，采择未毕，权禁断婚姻。

冬十月辛巳，制女年十七父母不嫁者，使长吏配之。

十一月丁酉，临宣武观大阅诸军，甲辰乃罢。

十年春正月辛亥，帝耕于藉田。

闰月癸酉，太傅、寿光公郑冲薨。己卯，高阳王珪薨。庚辰，太原王瑰薨。

丁亥，诏曰："嫡庶之别，所以辨上下，明贵贱。而近世以来，多皆内宠，登妃后之职，乱尊卑之序。自今以后，皆不得登用妾媵为嫡正。"

二月，分幽州五郡置平州。

三月癸亥，日有蚀之。

夏四月己未，太尉、临淮公荀顗薨。

六月癸巳，临听讼观录囚徒，多所原遣。是夏，大蝗。

秋七月丙寅，皇后杨氏崩。壬午，吴平虏将军孟泰、偏将军王嗣等帅众降。

八月，凉州虏寇金城诸郡，镇西将军、汝阴王骏讨之，斩其帅乞文泥等。戊申，葬元皇后于峻阳陵。

九月癸亥，以大将军陈骞为太尉。攻拔吴枳里城，获吴立信校尉庄祐。吴将孙遵、李承帅众寇江夏，太守嵇喜击破之。立河桥于富平津。

冬十一月，立城东七里涧石桥。庚午，帝临宣武观，大阅诸军。

十二月，有星孛于轸。置藉田令。立太原王子辑为高阳王。吴威北将军严聪、扬威将军严整、偏将军朱买来降。

是岁，凿陕南山，决河，东注洛，以通运漕。

咸宁元年春正月戊午朔，大赦，改元。

二月，以将士应已娶者多，家有五女者给复。辛酉，以故邺令夏谡有清称，赐谷百斛。以奉禄薄，赐公卿以下帛有差。叛虏树机能送质请降。

夏五月，下邳、广陵大风，拔木，坏庐舍。

六月，鲜卑力微遣子来献。吴人寇江夏。西域戊己校尉马循讨叛鲜卑，破之，斩其渠帅。戊申，置太子詹事官。

秋七月甲申晦，日有蚀之。郡国蝗。

八月壬寅，沛王子文薨。以故太傅郑冲、太尉荀顗、司徒石苞、司空裴秀、骠骑将军王沈、安平献王孚等及太保何曾、司空贾充、太尉陈骞、中书监荀勖、平南将军羊祜、齐王攸等，皆列于铭飨。

九月甲子，青州蝗，徐州大水。

冬十月乙酉，常山王殷薨。癸巳，彭城王权薨。

十一月癸亥，大阅於宣武观，至于己巳。

十二月丁亥，追尊宣帝庙曰高祖，景帝曰世宗，文帝曰太祖。是月大疫，洛阳死者太半。封裴颀为钜鹿公。

二年春正月，以疾疫废朝。赐诸散吏至于士卒丝各有差。

二月丙戌，河间王洪薨。甲午，赦五岁刑以下。东夷八国归化。并州虏犯塞，监并州诸军事胡奋击破之。

初，敦煌太守尹璩卒，州以敦煌令梁澄领太守事，议郎令狐丰废澄，自领郡事。丰死，弟宏代之。至是，凉州刺史杨欣斩宏，传首洛阳。

先是，帝不豫，及瘳，群臣上寿。诏曰："每念顷遇疫气死亡，为之怆然。岂以一身之休息，忘百姓之艰邪？诸上礼者皆绝之。"

夏五月，镇西大将军、汝阴王骏讨北胡，斩其渠帅吐敦。立国子学。庚午，大雩。

六月癸丑，荐荔支于太庙。甲戌，有星孛于氐。自春旱，至于是月始雨。吴京下督孙楷帅众来降，以为车骑将军，封丹杨侯。白龙二见于新兴井中。

秋七月，有星孛于大角。吴临平湖自汉末壅塞，至是自开。父老相传云："此湖塞，天下乱；此湖开，天下平。"癸丑，安平王隆薨。东夷十七国内附。河南、魏郡暴水，杀百余人，诏给棺。鲜卑阿罗多等寇边，西域戊己校尉马循讨之，斩首四千余级，获生九千余人，於是来降。

八月庚辰，河东、平阳地震。己亥，以太保何曾为太傅，太尉陈骞为大司马，司空贾充为太尉，镇军大将军、齐王攸为司空。有星孛于太微，九月又孛于翼。丁未，起太仓於城东，常平仓於东、西市。

闰月，荆州五郡水，流四千余家。

冬十月，以汝阴王骏为征西大将军、平南将军羊祜为征南大将军。丁卯，立皇后杨氏，大赦，赐王公以下及于鳏寡各有差。

十一月，白龙二见于梁国。

十二月，征处士安定皇甫谧为太子中庶子。封后父镇军将军杨骏为临晋侯。是日，以平州刺史傅询、前广平太守孟桓清白有闻，询赐帛二百匹，桓百匹。

三年春正月丙子朔，日有蚀之。立皇子裕为始平王、安平穆王隆弟敦为安平王。诏曰："宗室戚属，国之枝叶，欲令奉率德义，为天下式。然处富贵而能慎行者寡，召穆公纠合兄弟而赋唐棣之诗，此姬氏所以本枝百世也。今以卫将军、扶风王亮为宗师，所当施行，皆谘之於宗师也。"庚寅，始平王裕薨。有星孛於西方。使征北大将军卫瓘讨鲜卑力微。

三月，平虏护军文淑讨叛虏树机能等，并破之。有星孛于胃。乙未，帝将射雉，虑损麦苗而止。

夏五月戊子，吴将邵凯、夏祥帅众七千余人来降。

六月，益、梁八郡水，杀三百余人，没邸阁别仓。

秋七月，以都督豫州诸军事王浑为都督扬州诸军事。中山王睦以罪废为丹水侯。

八月癸亥，徙扶风王亮为汝南王、东莞王伷为琅玡王、汝阴王骏为扶风王、琅玡王伦为赵王、渤海王辅为太原王、太原王颙为河间王、北海王陵为任城王、陈王斌为西河王、汝南王柬为南阳王、济南王耽为中山王、河间王威为章武王。立皇子玮为始平王、允为濮阳王、该为新都王、遐为清河王，钜平侯羊祜为南城侯。以汝南王亮为镇南大将军。大风拔树，暴寒且冰，郡国五陨霜，伤谷。

九月戊子，以左将军胡奋为都督江北诸军事。兖、豫、徐、青、荆、益、梁七州大水，伤秋稼，诏振给之。立齐王子蕤为辽东王、赞为广汉王。

冬十一月丙戌，帝临宣武观大阅，至于壬辰。

十二月，吴将孙慎入江夏、汝南，略千余家而去。

是岁，西北杂虏及鲜卑、匈奴、五溪蛮夷、東夷三国前后十余辈，各帅种人部落内附。

四年春正月庚午朔，日有蚀之。

三月甲申，尚书左仆射卢钦卒。辛酉，以尚书右仆射山涛为尚书左仆射。东夷六国来献。

夏四月，蚩尤旗见於东井。

六月丁未，阴平广武地震，甲子又震。凉州刺史杨欣与虏若罗拔能等战於武威，败绩，死之。弘训皇后羊氏崩。

秋七月己丑，附葬景献皇后羊氏于峻平陵。庚寅，高阳正缉薨。癸巳，范阳王绥薨。荆、扬郡国二十皆大水。

九月，以太傅何曾为太宰。辛巳，以尚书令李胤为司徒。

冬十月，以征北大将军卫瓘为尚书令。扬州刺史应绰伐吴皖城，斩首五千级，焚谷米百八十万斛。

十一月辛巳，太医司马程据献雉头裘，帝以奇技异服，典礼所禁，焚之於殿前。甲申，敕内外敢有犯者，罪之。吴昭武将军刘翻、厉武将军祖始来降。辛卯，以尚书杜预都督荆州诸军事；征南大将军羊祜卒。

十二月乙未，西河王斌薨。丁未，太宰、朗陵公何曾薨。

是岁，东夷九国内附。

五年春正月，虏帅树机能攻陷凉州。乙丑，使讨虏护军、武威太守马隆击之。

二月甲午，白麟见於平原。

三月，匈奴都督拔弈虚帅部落归化。乙亥，以百姓饥馑，减御膳之半。有星孛于柳。

夏四月，又孛于女御。大赦，降除部曲督以下质任。〔五月〕丁亥，郡国八雨雹，伤秋稼，坏百姓庐舍。

秋七月，有星孛于紫宫。

九月甲午，麟见于河南。

冬十月戊寅，匈奴馀渠都督独雍等帅部落归化。汲郡人不准掘魏襄王冢，得竹简小篆古书十余万言，藏于秘府。

十一月，大举伐吴，遣镇军将军、琅玡王仙出涂中，安东将军王浑出江西，建威将军王戎出武昌，平南将军胡奋出夏口，镇南大将军杜预出江陵，龙骧将军王浚、广武将军唐彬率巴蜀之卒浮江而下，东西凡二十余万。以太尉贾充为大都督，行冠军将军杨济为副，总统众军。

十二月，马隆击叛虏树机能，大破，斩之，凉州平。肃慎来献楛矢石砮。

太康元年春正月己丑朔，五色气冠日。癸丑，王浑克吴寻阳、赖乡诸城，获吴武威将军周兴。

二月戊午，王濬、唐彬等克丹杨城。庚申，又克西陵，杀西陵都督、镇军将军留宪，征南将军成璩，西陵监郑广。壬戌，濬又克夷道乐乡城，杀夷道监陆延；平南将军胡奋克江平夏口、武昌，顺流长鹜，直造秣陵，与奋、戎审量其宜。杜预当镇静零、桂、怀辑衡阳。大兵既过，荆州南境固当传檄而定，预当分万人给濬，七千给彬；夏口既平，奋宜以七千人给濬；武昌既了，戎当以六千人增彬。太尉充移屯项，总督诸方。"濬进破夏口、武昌，遂泛舟东下，所至皆平。王浑、周濬与吴丞相张悌战于版桥，大破之，斩悌及其将孙震、沈莹，传首洛阳。孙皓穷蹙请降，送玺绶於琅玡王伷。

三月壬寅，王濬以舟师至于建邺之石头，孙皓大惧，面缚舆榇，降于军门。濬仗节解缚焚榇，送于京都。收其图籍，克州四，郡四十三，县三百一十三，户五十二万三千，吏三万二千，兵二十三万，男女口二百三十万。其牧守已下皆因吴所置，除其苛政，示之简易，吴人大悦。

夏四月乙酉，大赦，改元、大酺五日，恤孤老困穷。河东，高平雨雹，伤秋稼。遣兼侍中张侧、黄门侍郎朱震分使扬、越，慰其初附。白麟见于顿丘。三河、魏郡、弘农雨雹，伤宿麦。

五月辛亥，封孙皓为归命侯，拜其太子为中郎，诸子为郎中。吴之旧望，随才擢叙。孙氏大将战亡之家徙於寿阳；将吏渡江复十年，百姓及百工复二十年。

（六月）丙寅，帝临轩大会，引皓入殿，群臣咸称万岁。丁卯，荐鄜渌酒于太庙。郡国六雹，伤秋稼。庚午，诏士卒年六十以上罢归于家。庚辰，以王濬为辅国大将军、襄阳侯，杜预当阳侯，王戎安丰侯，唐彬上庸侯，贾充、琅玡王伷以下增封。於是论功行封，赐公卿以下帛各有差。

（六月）丁丑，初置翊军校尉官。封丹水侯睦为高阳王。甲申，东夷十国归化。

秋七月，虏轲成泥寇西平、浩亹，杀督将以下三百余人。东夷二十国朝献。庚寅，以尚书魏舒为尚书右仆射。

八月，车师前部遣子入侍。己未，封皇弟延祚为乐平王。白龙三见于永昌。

九月，群臣以天下一统，屡请封禅，帝谦让弗许。

冬十月丁巳，除五女复。

十二月戊辰，广汉王赞薨。

二年春二月，淮南、丹杨地震。

三月丙申，安平王敦薨。赐王公以下吴生口各有差。诏选孙皓妓妾五千人入宫。东夷五国朝献。

夏六月，东夷五国内附。郡国十六雨雹，大风拔树，坏百姓庐舍。江夏、泰山水，流居人三百余家。

秋七月，上党又暴风、雨雹，伤秋稼。

八月，有星孛于张。

冬十月,鲜卑慕容瘣寇昌黎。

十一月壬寅,大司马陈骞薨。有星孛于轩辕。鲜卑寇辽西,平州刺史鲜于婴讨破之。

三年春正月丁丑,罢秦州,并雍州。甲午,以尚书张华都督幽州诸军事。

三月,安北将军严询败鲜卑慕容瘣於昌黎。杀伤数万人。

夏四月庚午,太尉、鲁公贾充薨。

闰月丙子,司徒、广陆侯李胤薨。五月癸丑,白龙二见于济南。

秋七月,罢平州、宁州刺史三年一入奏事。

九月,东夷二十九国归化,献其方物。吴故将莞恭、帛奉举兵反,攻害建邺令,遂围扬州;徐州刺史稽喜讨平之。

冬十二月甲申,以司空、齐王攸为大司马、督青州诸军事,镇东大将军、琅玡王伷为抚军大将军,汝南王亮为太尉,光禄大夫山涛为司徒,尚书令卫瓘为司空。丙申,诏四方水旱甚者无出田租。

四年春二月甲申,以尚书右仆射魏舒为尚书左仆射、下邳王晃为尚书右仆射。戊午,司徒山涛薨。

二月己丑,立长乐亭侯寔为北海王。

三月庚子朔,日有蚀之。癸丑,大司马、齐王攸薨。

夏四月,任城王陵薨。

五月己亥,大将军、琅玡王伷薨。徙辽东王蕤为东莱王。

六月,增九卿礼秩。牂柯獠二千余落内属。

秋七月壬子,以尚书右仆射、下邳王晃为都督青州诸军事。丙寅,兖州大水,复其田租。

八月,鄯善国遣子入侍,假其归义侯。以陇西王泰为尚书右仆射。

冬十一月戊午,新都王该薨。以尚书左仆射魏舒为司徒。

十二月庚午,大阅于宣武观。

是岁,河内及荆州、扬州大水。

五年春正月己亥,青龙二见于武库井中。

二月丙寅,立南宫王子祐为长乐王。壬辰,地震。

夏四月,任城、鲁国池水赤如血。五月丙午,宣帝庙梁折。

六月,初置黄沙狱。

秋七月戊申,皇子恢薨。任城、梁国、中山雨雹,伤秋稼。减天下户课三分之一。

九月,南安大风折木。郡国五大水、陨霜,伤秋稼。

冬十一月甲辰,太原王辅薨。

十二月庚午,大赦。林邑、大秦国各遣使来献。

闰月,镇南大将军、当阳侯杜预卒。

六年春正月甲申朔,以比岁不登,免租贷宿负。戊辰,以征南大将军王浑为尚书左仆射、尚书褚䂮都督扬州诸军事、杨济都督荆州诸军事。

三月,郡国六陨霜,伤桑麦。

夏四月,扶南等十国来献,参离四千余落内附。郡国四旱,十大水,坏百姓庐舍。

秋七月,巴西地震。

八月丙戌朔,日有蚀之。减百姓绵绢三分之一。白龙见于京兆。以镇军大将军王浚为抚军大将军。

九月丙子,山阳公刘康薨。

冬十月,南安山崩,水出。南阳郡获两足兽。龟兹、焉耆国遣子入侍。

十二月甲申,大阅于宣武观,旬日而罢。庚子,抚军大将军、襄阳侯王浚卒。

七年春正月甲寅朔,日有蚀之。乙卯,诏曰:"比年灾异屡发,日蚀三朝,地震山崩。邦之不减,实在朕躬。公卿大臣各上封事,极言其故,勿有所讳。"

夏五月,郡国十三旱。鲜卑慕容瘣寇辽东。

秋七月,朱提山崩;犍为地震。

八月,东夷十一国内附。京兆地震。

九月戊寅,骠骑将军、扶风王骏薨。郡国八大水。

冬十一月壬子,以陇西王泰都督关中诸军事。

十二月,遣侍御史巡遭水诸郡。出后宫才人、妓女以下二百七十人归于家。始制大臣听终丧三年。己亥,河阴雨赤雪二顷。

是岁,扶南等二十一国、马韩等十一国遣使来献。

八年春正月戊申朔,日有蚀之。太庙殿陷。

三月乙丑,临商观震。

夏四月,齐国、天水陨霜,伤麦。

六月鲁国大风,拔树木,坏百姓庐舍。郡国八大水。

秋七月,前殿地陷,深数丈,中有破船。

八月,东夷二国内附。

九月,改营太庙。

冬十月,南康平固县吏李丰反,聚众攻郡县,自号将军。

十一月,海安令萧辅聚众反。

十二月,吴兴人蒋迪聚党反,围阳羡县。州郡捕讨,皆伏诛。南夷扶南、西域康居国各遣使来献。

是岁,郡国五地震。

九年春正月壬申朔,日有蚀之。诏曰:"兴化之本,由政平讼理也。二千石长吏不能勤恤人隐,而轻挟私故,兴长刑狱;又多贪浊,烦扰百姓。其敕刺史二千石纠其秽浊,举其公清,有司议其黜陟。"令内外群官举清能,拔寒素。江东四郡地震。

二月,尚书右仆射、阳夏侯胡奋卒,以尚书朱整为尚书右仆射。

三月丁丑,皇后亲桑于西郊,赐帛各有差。壬辰,初并二社为一。

夏四月,江南郡国八地震;陇西陨霜,伤宿麦。

五月,义阳王奇有罪,黜为三纵亭侯。诏内外群官举守令之才。

六月庚子朔,日有蚀之。徙章武王威为义阳王。郡国三十二大旱,伤麦。

秋八月壬子，星陨如雨。诏郡国五岁刑以下决遣，无留庶狱。

九月，东夷七国诣校尉内附。郡国二十四螟。

冬十二月癸卯，立河间平王洪子英为章武王。戊申，青龙、黄龙各一见于鲁国。

十年夏四月，以京兆太守刘霄、阳平太守梁柳有政绩，各赐谷千斛。郡国八陨霜。太庙成。乙巳，迁神主于新庙，帝迎于道左，遂祫祭。大赦，文武增位一等，作庙者二等。丁未，尚书右仆射、广兴侯朱整卒。癸丑，崇贤殿灾。

五月，鲜卑慕容瘣来降，东夷十一国内附。

六月庚子，山阳公刘瑾薨。复置二社。

冬十月壬子，徙南宫王承为武邑王。

十一月丙辰，守尚书令、左光禄大夫荀勖卒。帝疾瘳，赐王公以下帛有差。含章殿鞠室火。

甲申，以汝南王亮为大司马、大都督、假黄钺。改封南阳王柬为秦王、始平王玮为楚王、濮阳王允为淮南王，并假节之国，各统方州军事。立皇子乂为长沙王、颖为成都王、晏为吴王、炽为豫章王、演为代王，皇孙遹为广陵王。立濮阳王子迪为汉王、始平王子仪为毗陵王、汝南王次子兼为西阳公。徙扶风王畅为顺阳王、畅弟歆为新野公、琅玡王觐弟谵为东武公、繇为东安公、漼为广陵公、卷为东莞公。改诸王国相为内史。

（十二月）庚寅，太庙梁折。

是岁，东夷绝远三十馀国、西南夷二十馀国来献。虏奚轲男女十万口来降。

太熙元年春正月辛酉朔，改元。己巳，以尚书左仆射王浑为司徒、司空瓘为太保。

二月辛丑，东夷七国朝贡。琅玡王觐薨。

三月甲子，以右光禄大夫石鉴为司空。

夏四月辛丑，以侍中、车骑将军杨骏为太尉、都督中外诸军、录尚书事。己酉，帝崩于含章殿，时年五十五，葬峻阳陵，庙号世祖。

帝宇量弘厚，造次必于仁恕；容纳谠正，未尝失色于人；明达善谋，能断大事。故得抚宁万国，绥静四方。承魏氏奢侈刻弊之后，百姓思古之遗风，乃厉以恭俭，敦以寡欲。有司尝奏御牛青丝绋断，诏以青麻代之。临朝宽裕，法度有恒。高阳许允既为文帝所杀，允子奇为太常丞。帝将有事于太庙，朝议以奇受害之门，不欲接近左右，请出为长史。帝乃追述允凤望，称奇之才，擢为祠部郎，时论称其夷旷。平吴之后，天下乂安，遂怠于政术，耽于游宴，宠爱后党，亲贵当权，旧臣不得专任，彝章紊废，请谒行矣。爰至末年，知惠帝弗克负荷，然恃皇孙聪睿，故无废立之心。复虑非贾后所生，终致危败，遂与腹心共图后事。说者纷然，久而不定，竟用王佑之谋，遣太子母弟秦王柬都督关中，楚王玮、淮南王允并镇守要害，以强帝室。又恐杨氏之逼，复以佑为北军中候，以典禁兵。既而寝疾弥留，至于大渐，佐命元勋，皆已先没，群臣惶惑，计无所从。会帝小差，有诏以汝南王亮辅政，又欲令朝士之有名望年少者数人佐之；杨骏秘而不宣。帝复寻至迷乱，杨后辄为诏以骏辅政，促亮进发。帝寻小间，问汝南王来未，意欲见之，有所付托。左右答言未至，帝遂困笃。中朝之乱，实始于斯矣。

【译文】

武皇帝名炎，字安世，是文帝司马昭的长子。为人宽容厚道，慈善好施，喜怒不形于色，有容人的气量。魏国嘉平年间，赐爵北平亭侯，历任给事中、奉车都尉、中垒将军，同时还兼任散骑常侍，经过多次提拔后做了中护军、假节。奉命到东武阳县去迎接常道乡公曹奂，被提升作中抚军，进封爵位为新昌乡侯。到晋王国建立的时候，便被确定为王国的继承人，授官抚军大将军、开府，作相国的副手。

开初，文帝因为景帝司马师是宣帝司马懿的直系长子，早年去世，没有后代，便将武帝的弟弟司马攸过继给他，作为子嗣，并特别加以宠爱，自己认为是代司马攸担任相国职位的，今后死了，晋王的王位应当交还给攸。常常说："这是景王的天下，我怎么去分享啊。"当议论王国继承人的时候，便有意使司马攸继承。何曾等人坚决反对说："中抚军聪察明智，神明威武，才华出众，旷世少有。又立发垂地，手长过膝，这不是一般人臣的长相啊。"由于大臣们的坚持，就定了下来。咸熙二年五月，司马炎被立为晋王的太子。

晋武帝司马炎

八月初九，文帝司马昭去世，太子司马炎继承了相国、晋王的职位。发布命令：放宽刑罚，赦免犯人，安抚百姓，减轻徭役，国内举行三日的丧礼。这一月，身材高大的人出现在襄武县境，长达三丈，告诉该县县民王始："现在天下应当太平了。"

九月初七，任命魏国的司徒何曾担任晋王国的丞相，镇南将军王沈担任御史大夫，中护军贾充担任卫将军，议郎裴秀担任尚书令、光禄大夫；他们都设置办公机构，聘请办事人员。

十一月，初次设立四护军，来统率京城以外的军队。

〔闰十一月〕十五日，下令各郡中正官，按六条标准推荐沉抑在下、不得升进的人员：一是忠诚恭谨，奋不顾身，二是善事尊长，合乎礼仪，三是友爱兄弟，尊敬兄长，四是洁身自好，勤劳谦虚，五是讲究信义，遵守诺言，六是努力学习，陶冶自身。

这时候，晋王的恩德普及，四方归心。由于这样，魏国的皇帝曹奂知道天命已经有了归属，就派遣太保郑冲送策书说："啊！你这位晋王：我的祖先虞舜大受上天安排的命运，从唐尧处承继了帝位，也因天命又禅让给了夏禹。三位君主死后的灵魂上升天庭，配享天帝，而且都能广布天子恩德。自从夏禹受禅以后，上天又将伟大的使命降落在汉帝身上。因火德而兴起的汉帝已经衰微,于是又选中并授命给我的高祖。媲美于虞夏四代的光明显赫,这不是我一个人知道,是四海公认的。晋王你的祖辈和父辈,衷心信服贤明的先哲,辅弼光大我曹氏宗族,功业德泽广布四方。至于天地神灵,无不亲善和顺,水土得到平治,万物得到成长,各方因此得到安宁。应当接受上天的使命,协调帝王统治天下的中正法则。于是,我虔诚地遵守帝王世系的传递,将帝位恭敬地禅让给你。帝王相继的次序已经落在你身上了,诚实的执行公平合理的原则吧,上天赐予的禄位得以长久。啊!晋王,你应恭敬地顺从天帝的意旨,一切遵循常规法则,安抚周边国家,用来保持上天赐予的吉祥,不要废弃我武帝、文皇伟大功业。"武帝开始表示礼貌的谦让,魏国的公卿大臣何曾、王沈等人坚持请求,才接受了魏帝的禅让。

泰始元年冬季十二月十七日,在南郊设置坛场,百官有爵位的以及匈奴南单于等四方各国到会的有数万人,举行烧柴祭天的仪式,将继承帝位的事报告天帝说:"新任皇帝臣司马炎冒昧使用黑色的公牛做祭品,明白地告诉光明而伟大的天帝:魏帝考查了帝位转移的运数,秉承了上天神圣的意旨来命令我:从前的唐尧,发扬光大了崇高的理想,禅让帝位给虞舜,舜又将帝位禅让给夏禹,他们都努力推行德政,留下了光辉的典范,得以世代相传,历年久远。到了汉朝,火德衰微,太祖武皇帝平息动乱,匡时救世,扶持拥戴刘氏,因此又接受了汉帝的禅让。就说进入魏朝吧,仍然是几代动乱,几乎到了灭亡的地步,实实在在依靠晋王匡扶拯救的功德,因此得以保存魏国的宗庙祭祀,在艰难危险的时候,给予了极大的帮助,这都是晋王有大功于魏国啊。广阔的四方,无不恭敬顺从,肃清梁、岷,席卷扬、越,极远的荒外也得到统一,吉祥与符瑞多次出现,天命与人事互相呼应,四方无不服从。于是,我效法尧、舜、禹三帝,接受上天授予的帝位。我司马炎的威德不足以继承帝统,辞让又得不到准许。在这时候,公卿大臣,百官僚佐,庶民仆隶以及各族酋长,都说:'皇天洞察下方,寻求民间的疾苦,既然授命为贤明的君主,就不是谦让可以拒绝和违背的事情。帝王的世系不可以无人继统,庶民的生计与神灵的祭祀不可以无人主持。'我虔诚地奉行帝王传递的命运,恭谨地畏惧天命的威严,慎重地选择了吉日良辰,登坛接受魏国的禅让,举行祭天仪式将登基的事报告天帝,并永久地满足众人的厚望。"禅让的典礼结束,武帝就来到洛阳宫,亲临太极前殿,发布诏令说:"从前,我的祖父宣王,聪慧明智,敬慎明察,顺应上天的运数,弘扬帝王的功德,开创了宏伟的基业。伯父景王,身行正道,明达事理,兴旺发达了中国。到了父亲文王,思虑精密远大,和洽天地神灵,适应天命,顺从时运,接受了晋王的封爵。仁慈普及四海,功业惊动天地。因此,魏国曹氏借鉴先王的法则,效法唐尧的禅让,访求诸侯公卿,归结天命于我本人。我敬畏上天的成命,因此不敢违背。想到我的威德不足,承担如此宏大的功业,置身在王侯公卿的上面,得以主宰天下,内心不安,十分畏惧,不知该如何治理国家。只有依靠你们这些在我左右的得力助手,忠心耿耿的文武大臣,你们的祖辈父辈,已经辅佐过我的祖先,光大兴隆了我晋国的基业。打算与天下各方共同享受这美好的岁月。"与此同时,颁布对已判刑囚犯的减免令,更改年号。赏赐天下人的爵位,每人五级;鳏寡孤独生活困难的人以稻谷,每人五斛。免收一年的田租、户调和关市的商税,老账、旧债全部免去。调解过去嫌隙,废除原来的禁令,撤去官职、削除爵位的人,全都给予恢复。

十八日,武帝派遣太仆刘原到太庙禀告接受禅让的事。分封魏帝曹奂为陈留王,食邑一万户,居住在邺城的王宫中;曹氏诸王都降为县侯。追加尊号:宣王司马懿称宣皇帝,景王司马师称景皇帝,文王司马昭称文皇帝,宣王妃张氏称宣穆皇后。尊称太妃王氏为皇太后,居住的宫名崇化宫。分封叔祖父司马孚为安平王,叔父司马干为平原王、司马亮为扶风王、司马伷为东莞王、司马骏为汝阴王、司马肜为梁王、司马伦为琅玡王,弟弟司马攸为齐王、司马鉴为乐安王、司马机为燕王,堂伯父司马望为义阳王,堂叔父司马辅为渤海王、司马晃为下邳王、司马瑰为太原王、司马珪为高阳王、司马衡为常山王、司马子文为沛王、司马泰为陇西王、司马权为彭城王、司马绥为范阳王、司马遂为济南王、司马逊为谯王、司马睦为中山王、司马陵为北海王、司马斌为陈王,堂兄司马洪为河间王,堂弟司马懋为东平王。以骠骑将军石苞任大司马,赐爵乐陵公,车骑将军陈骞赐爵高平公,卫将军贾充任车骑将军、鲁公,尚书令裴秀赐爵钜鹿公,侍中荀勖赐爵济北公,太保郑冲任太傅、寿光公,太尉王祥任太保、睢陵公,王国丞相何曾任太尉、朗陵公,御史大夫王沈任骠骑将军、博陵公,司空荀颉赐爵临淮公,镇北大将军卫瓘赐爵葍阳公。其余人员增加封邑、进封爵位各有不同的等次,文武百官普遍增加爵位二级。改《景初历》名为《太始历》,腊祭百神用酉日,祭祀社神用丑日。

十九日,武帝下达诏令,大力倡导勤俭节约,拿出皇宫库藏的珍珠玉石、赏玩嗜好这类物品,分赏王公以下人员,按不同等次进行。设置中军将军,用来统领宿卫的左卫、右卫、骁骑、游击、前军、左军、右军等七军。

二十日,武帝诏令陈留王曹奂使用天子的旗帜,备用按东、西、南、北、中方位配置的青、白、红、黑、黄五色侍从车,继续沿用魏国的历法,照常在南郊祭天、北郊祭地,礼乐制度也不改变,上书晋帝不必称臣。赐给山阳公刘康、安乐公刘禅的子弟各一人为驸马都尉。二十六日,任命安平王司马孚担任太宰、假黄钺、大都督中外诸军事。又下诏令说:"从前,王凌策划废黜齐王曹芳,但曹芳终究未能保住自己的帝位。邓艾虽然自夸功勋,有失臣节,但他没有反抗,接受处罚。现在,彻底赦免他们家属的罪行,各自回到原地并确定他们的直系继承人。使衰败的世家兴旺起来,灭绝的大族后继有人,简化法典,省并刑律。废除曹魏时期对宗室担任官职的禁令。将官佐吏遭遇三年丧期的丧事,准许回家服完丧礼。百姓免去他们的徭役。停止部曲将领、州郡长吏以下人员的人质制度。减少郡国供给皇宫的征调,禁止主管音乐的部门演出奢侈华丽的散乐、杂技等伎艺,以及雕刻彩饰这类出游、田猎的器具。鼓励众人敢于讲真话,设置谏官来主管这件事情。"

这一月,凤凰六只、青龙三条、白龙二条、麒麟各一只,出现在郡国境内。

二年春季正月初七,武帝派遣兼任侍中侯史光等人,给予符节,出使四方,视察民间的风俗,禁止不合礼制的祭祀。初八,有关部门请求建立供奉七代祖先的庙堂,武帝难于为这事征发徭役,没有批准。十一日,罢黜宫中在五更的时候,主唱鸡歌的卫士。二十二日,尊称景皇帝夫人羊氏为景皇后,居住的宫名弘训宫。二十七日,册立杨氏为皇后。

二月,解除原魏国对汉朝宗室任官的禁令。十一日,常山王司马衡去世。武帝下诏书说:"五等爵位的分封,都是选取过去建立了功勋的人。本封是县侯的传爵位给次子降为亭侯,乡侯的降为关内侯,亭侯的降为关中侯,都收取他的封户租税的十分之一作为俸二十九日,郊外祭天,用宣皇帝司马懿配享,在太庙中祭祀祖先,用文皇帝司马昭配天帝。二十二日,诏书说:"古代百官,都可以规诫帝王的过失。但是,保氏官特别以直言规劝天子作为自己的职责,现在的侍中、散骑常侍,实际上处在保氏官这样的职位上。挑选那些能够打破情面、矫正过误,匡扶救助、弥补不足的人,来兼任侍中、散骑常侍。"

三月二十日,吴国派遣使臣前来吊唁文帝司马昭,有关部门上奏回答吴国称诏书。武帝说:"从前,汉文帝、后汉光武帝怀柔安抚慰他、公孙述,都没有辩证君臣的名分礼仪,这是用来笼络还没有归服的人的啊。孙皓派遣使臣的时候,还不知道晋国已经接受了魏帝的禅让,只用书信的方式来回答他。"

夏季五月戊辰,武帝下达诏令说:"陈留王品德谦恭,每有一事就上表奏闻,这不是优待尊崇他的办法啊。主管的人应该向他讲明用意,不是重大的事情,就由王国的官属用表的方式上奏。"壬子,骠骑将军、博陵公王沈去世。

六月二十五日,济南王司马遂去世。

秋季七月初五,营建太庙,运来荆山的木材,开采华山的石料;铸造铜柱十二根,表面涂上黄金,雕刻各种物象,用明珠加以装饰。二十二日,谯王司马逊去世。三十日,发生日蚀。

八月初十,裁减右将军官职。

起初,武帝虽然遵从汉魏的制度,已安葬了文帝,便脱去丧服,但是身穿居家的衣服,头戴白色的帽子,不侍御座,撤去御膳,悲哀恭敬如同居丧时期一样。二十二日,有关部门上奏,请求改穿官服,恢复御膳,武帝不允许;直到三年丧期服满以后,才恢复平日的服食起居。后来服太后的丧礼,也是这样。九月二十日,散骑常侍皇甫陶、傅玄兼任谏官,上书直言规诫,有关部门上奏武帝,请求搁置这件事。武帝下诏书说:"大凡涉及谈论人主的过失,臣下最感困难,又苦于人主不能倾听与采纳,这就是从古以来忠臣直士所以情绪激昂的原因啊。常常将陈述的事交主管的人,又大多近乎严厉的挑剔,说是优容宽厚应该由皇上施予,这像什么话吗? 一定要详细评论议定。"

二十三日,有关部门上奏:"晋继承伏羲、神农、黄帝的业绩,踏着虞舜、夏禹的脚印,适应天命,顺从时运,接受魏帝的禅让,应当统一使用前朝的历法和车马、祭牲的颜色,都如同虞舜遵守唐尧典制的先例。"奏章被批准。

冬季十月初一,发生日蚀。初二,武帝下诏书说:"从前,虞舜下葬苍梧,当地的农夫并未让出耕地;夏禹下葬成纪。那里的市井依旧照常营业。追思祖先清廉简易的宗旨,所迁徙陵地十里以内居民这件事,动辄引起烦扰骚乱,应该完全停止它。"

十一月初五,倭国人来朝进献特产。合并冬至圆坛祭天、夏至方坛祭地于南郊祭天、北郊祭地,使冬至与夏至的祭祀统一于南郊与北郊。撤销原魏国监视山阳公国的督军官职,废除对它的有关禁令与限制。十五日,景帝夫人夏侯氏被追加尊号为景怀皇后。十七日,迁徙已死祖先的牌位进入太庙。

十二月,撤销屯田制的农官系统,将它与郡县合并。

这一年,凤凰六只、青龙十条、黄龙九条、麒麟各一只,出现在郡国境内。

三年春季正月癸丑,白龙二条,出现在弘农郡的渑池县境。

丁卯，武帝册立长子司马衷作晋国的太子。颁布诏令说："我以不足的德望，被推尊为天子，小心恭谨，心怀畏惧，担心不能安定匡救天下，想同全国上下，共同整饬、发扬王者的政教，从根本上进行变革，对于设置继承人，明确嫡长子，不是最紧迫的事情。加上近代每次建置太子，必定有赦免罪犯、施行恩惠的事，其间往往是不得已才这样做的，都是顺从王公百官的奏请罢了。当今，盛衰治乱的更迭变化即将稳定，准备用道德仁义的道理去教化他们，用真善丑恶的典型去诱导和警戒他们，使百姓放弃投机侥幸的念头，笃守终始如一的行为，小恩小惠，所以没有必要采用它了。这样的政策要使大家都能明白。"

三月初六，初次准许二千石以上的官吏，可以守完三年的丧礼。丁未，白天如同黄昏一样黑暗。裁减武卫将军官职。任命李憙做太子太傅。太山发生石崖崩裂。

夏季四月十六日，张掖郡的太守焦胜上书说：氏池县的大柳谷口有一处黑色石崖，白天显现出彩色纹理，实在是大晋国的吉祥，将它描画下来，进献朝廷。武帝下令用一丈八尺长的绢帛作祭品，上告于太庙，并将图像藏在秘府中。

秋季八月，撤销都护将军机构，将它所管辖的五官、左、右以及虎贲、羽林五署交还给光禄勋。

九月十四日，武帝下诏书说："古时候，用德行高低来显示爵位等级，按功劳大小来制定俸禄多少，虽然是最低一级的官吏，还享有上等农夫的收入，对外能够做到奉公守法，丢掉私念，对内完全可以赡养家人，周济亲友。现在，有爵位的官员，俸禄还不能养家糊口。这不是用来倡导教化的根本方法啊。当议论增加官吏的薪俸。"赏赐王侯公卿以下人员数量不等的绢帛。升太尉何曾任太保、义阳王司马望任太尉、司空荀颉任司徒。

冬季十月，准许士兵中遭遇父母死亡的人，只要不是在边疆战场上，都可以回家奔丧。

十二月，改封宗圣侯孔震为奉圣亭侯。山阳公刘康入京朝见。禁止占星望气、预言吉凶的法术。

四年春季正月初三，武帝任命尚书令裴秀担任司空。

十八日，晋国的律令修订完成，参与的人增封爵位、赏赐绢帛各有不同的等级。光芒四射的彗星名字称孛的出现在轸宿星区。十九日，武帝在用于宗庙祭祀的农田上，举行耕田的仪式。二十日。下诏令说："古代，设置象征五刑的特异服饰来表示耻辱，但是百姓都不去犯法，如今，虽然有诛灭父族、母族和妻族的酷刑，可是作奸犯科的事不断发生，为什么德化与刑治的差别有这么大呢！文帝十分爱惜百姓，怜悯狱讼，于是命令众大臣参考历代刑典，修订晋朝的法律。我继承父祖留下的基业，想使天下长治久安，愿同各方用德化作为治国的根本。当前，温暖的春天繁殖着万物，春耕刚刚开始，我亲自带领王公百官，耕种用于宗庙祭祀的农田千亩。加上律令已经修订完成，将它颁布于天下，准备采用简化刑律、致力德化，来慈爱抚育境内的百姓。应当从宽处理犯法的人，使他们得到改正过误、重新做人的机会，对天下已经判刑的罪犯，实行免刑或减刑吧。长吏、郡丞、长史每人赐马一匹。"

二月初三，山阳公国增加设置相、郎中令、陵令、杂工宰人、鼓吹车马各有不同的数量。废除中军将军官、设置北军中候代替它。十七日,由于东海人刘俭有突出的德行,被任命为郎官。调中军将军羊祜担任尚书左仆射、东莞王司马伷担任尚书右仆射。

三月二十一日,皇太后王氏去世。

夏季四月初二,太保、睢陵公王祥去世。初三,将文明皇后王氏在崇阳陵内与文帝合葬。废除振威、扬威护军等官,设置左、右积弩将军。

六月初一,武帝下达诏书说:"郡国的守相,每三年一次巡视所属的各县,必定在春季,这是古代地方官吏用来陈述职守、传布风化、展示礼仪的方式啊。接见长吏,观察风俗,协调礼律,考查度量,慰问老人,拜访高年;讯视囚徒,受理冤狱,仔细考察政令、刑罚的成功与失败,深入了解百姓所忧虑与痛苦的事情。不分远近,都如同我亲身巡视这些地方。督促教导五常,勉励从事农耕;劝勉求学的人,使他们专心致意于六经,不要学习诸子百家的非根本之学,妨碍了自己的远大前程。士人和庶民中有勤奋学习,遵循道德、孝亲敬兄,诚实守信,廉洁奉公,品行优异的人,推荐并进用他们;有在父母面前不孝敬,在亲族面前不仁爱,违反礼义,抛弃纲常,不遵守法令的人,举发并惩治他们。田地垦辟,生产发展,礼教普及,令行禁止,这是地方官吏的能干啊;百姓穷困,农田荒芜,盗贼四起,狱讼繁多,欺下瞒上,礼教废弛,这是地方官吏的无能啊。如果地方官吏任职期间,有秉公廉洁,不谋私利,刚正不阿,不图虚名的人,以及那些自身贪赃受贿,靠献媚黩货求得安身,公正节操没有树立,但是私家财富却日益增加的人,都要细心考察他们。奖善惩恶,进贤去邪,这正是我垂衣拱手,总揽大纲,督责完成治理天下的任务于贤能的郡国守相的目的啊。唉,你们要警戒啊!"

秋季七月,太山发生石崩,一群陨星向西流失。戊午,武帝派遣使臣侯史光巡视天下。十四日,祭拜崇阳陵。

九月,青、徐、兖、豫四州发生严重的水灾,伊河、洛河洪水泛滥,与黄河连成一片,政府开仓以赈救灾民。武帝下诏说:"即使诏令已做了规定,以及奏请得到批准的事情,但在实施中有不符合实际的,都要如实上报,不可隐瞒。"

冬季十月,吴国将领施绩入侵江夏,万郁寇扰襄阳。武帝派遣太尉、义阳王司马望出屯龙陂。荆州刺史胡烈打败了万郁。吴将顾容入寇郁林,太守毛炅沉重地打击了他,杀了吴国的交州刺史刘俊、将军修则。

十一月,吴国将领丁奉等人出兵苟陂,安东将军、汝阴王司马骏与义阳王司马望反击,打退了这次入侵。二十七日,武帝诏令王公百官以及郡国守相,推荐德行高尚、公正耿介、直言不讳的人士。

十二月,武帝向郡国守相颁布五条诏书:一是修养心身,二是厚待百姓,三是体恤孤寡,四是重农抑商,五是杜绝请托。二十八日,武帝到听讼观查阅廷尉府洛阳地区在押囚犯的案卷,并亲自审讯罪犯,进行判决。扶南、林邑国分别派遣使臣来朝,贡献物品。

五年春季正月初一。武帝一再告诫郡国掌管税收、财务的计吏,以及守相、令长,务必使农民充分利用土地资源,禁止他们弃农经商。初四,武帝到听讼观,查阅囚犯的案卷,并亲自审讯,大多从宽释放。青龙二条出现在荥阳郡境内。

二月,分雍州的陇右五郡以及凉州的金城、梁州的阴平,建置秦州。二十日,二条白龙出现在赵国境内。青、徐、兖三州发生水灾，武帝派遣使臣去救济慰问灾民。壬寅，任命尚书左仆射羊祜都督荆州诸军事，征东大将军卫瓘都督青州诸军事，东莞王司马伷镇东大将军、都督徐州诸军事。二十六日，武帝下诏令说："古时候，每年记录各种属吏的功绩与过误，积累三年再惩罚或奖励他们。现在，令史这类属吏，只选择粗疏低劣的人加以淘汰，起不到鼓励、劝进的作用，不是晋升勤能、罢黜疏劣的好办法啊。当分别记录勤恪能干、功绩卓著，德行优异这样的人，年年如此，成为制度，我将评论他们的事功劳绩。"

三月二十八日，诏令蜀汉丞相诸葛亮的孙子诸葛京，根据他的才能，安排适当的官职。

夏季四月，发生地震。

五月初一，凤凰出现在赵国境内。特赦交趾、九真、日南这三郡判处五年以下刑期的囚犯。

六月，邺城的奚官督郭廙上书武帝，陈述五件事情，用来谏诤，言辞十分恳切直率，武帝破格提升他担任屯留县的县令。西平人麴路敲打朝堂外面供吏民进谏、明冤用的登闻鼓，上奏的言辞大多妖妄诽谤，有关部门奏请将他斩于市场，陈尸示众。武帝说："是我的过错啊。"释放了麴路，不加追究。撤销镇军将军，重新设置左、右将军的官职。

秋季七月，延请诸公入朝，征询正直的言论。

九月，彗星出现在紫宫星座。

冬季十月十九日，武帝因汲郡太守王宏治理有方，成效卓著，赐谷一千斛。

十一月，武帝给弟弟司马兆追加封爵、谥号为城阳哀王，并将儿子景度过继给司马兆，作为后嗣，继承他的爵位。

十二月，武帝下令州郡推荐勇敢有力、优秀奇异的人才。

六年春季正月初一，武帝不侍正殿而来到殿前，也没有陈列乐队。吴国将领丁奉入侵涡口，扬州刺史牵弘打败并赶走了他。

三月，武帝下令赦免判处五年以下刑期的囚犯。

夏季四月，白龙二条出现在东莞境内。

五月，分封寿安亭侯司马承为南宫王。

六月初四，秦州刺史胡烈在万斛堆处进讨叛虏秃发树机能，奋力战斗，死在战场上。武帝下诏派遣尚书石鉴代行安西将军、都督秦州诸军事，和奋威将军田章共同讨伐叛虏。

秋季七月十四日，武帝下令陇右五郡遭受叛虏侵扰的百姓，免收田租、户调，无法维持生活的人，开仓救济他们。二十二日，城阳王司马景度去世。武帝下诏令说："自从泰始初到现在，重大的事件都编撰记录下来，保存在秘书府内，还抄写有副本。今后凡有这类事件，都应加以编撰汇集，并把它作为经常的制度。"二十四日，任命汝阴王司马骏担任镇西大将军、都督雍、凉二州诸军事。

九月，大宛国进献汗血马，焉耆来朝进贡特产。

冬季十一月，武帝亲自来至太学，举行祝贺学业有成的"乡饮酒"古礼，并分别不同的等次，赏赐太常博士、学生的绢帛牛酒。分封儿子司马柬为汝南王。

十二月，吴国的夏口督、前将军孙秀率领兵众前来投降，授官骠骑将军、开府仪同三司,赐爵会稽公。十七日,又恢复设置镇军将军官职。

七年春季正月二十六日,武帝给太子司马衷举行表示成人的加冠典礼,赏赐王公以下人员分别以不同等次的绢帛。匈奴族酋帅刘猛反叛,出奔塞外。

三月,吴帝孙皓率领兵将进军寿阳,武帝派遣大司马司马望出屯淮北来防御他。初七,司空、钜鹿公裴秀去世。十四日,任命中护军王业担任尚书左仆射、高阳王司马珪担任尚书右仆射。孙秀所部将领何崇带领五千人,前来投降。

夏季四月,九真郡太守董元被吴国将领虞氾围攻,军队战败,死在战斗中。北地胡人寇金城,凉州刺史牵弘讨伐叛胡。鲜卑等族在内地叛变,将牵弘围困在青山地界;弘军战败,死在战场上。

五月,武帝封儿子司马宪为城阳王。雍、凉、秦三州发生饥荒,武帝下令赦免这三州境内判处斩刑以下的罪犯。

闰五月,武帝举行求雨的祭祀,太官也减低膳食标准。又下令交趾三郡、南中各郡,免交今年的户调。

六月,武帝诏令公卿以下人员,每人推荐将帅一名。二十四日,大司马、义阳王司马望去世。大雨连绵,伊河、洛河、黄河洪水泛滥成灾,漂流居民四千多家,淹死三百多人,诏令救济灾民,死了的赐予棺材。

秋季七月二十六日,调车骑将军贾充担任都督秦、凉二州诸军事。吴国将领陶璜等人围攻交趾,太守杨稷和郁林太守毛灵以及日南三郡向吴国投降。

八月初九,调征东大将军卫瓘担任征北大将军、都督幽州诸军事。十九日,城阳王司马宪去世。分益州的南中四郡建置宁州,特赦这四郡判处斩刑以下的囚犯。

冬季十月初一,发生日蚀。

冬十一月十二日,卫公姬署去世。

十二月,天降大雪。撤销中领军官署,将它与北军中候机构合并。调光禄大夫郑袤担任司空。

八年春季正月,监军何桢出讨匈奴族刘猛,多次打败了他,匈奴左部酋帅李恪杀了刘猛,前来投降。十九日,武帝在用来祭祀宗庙的农田里,举行耕田仪式。

二月初一,禁止制造违反规定的装饰品、丝织物。十八日,太宰、安平王司马孚去世。诏令中央、地方各级官吏,每人推荐能胜任边郡职事的人三名。武帝和右将军皇甫陶议论政事,陶与武帝发生争论,散骑常侍郑徽上表请求依法处治皇甫陶。武帝说:"敢于讲真话,这是殷切希望在我身边的人,都能做到的事情啊。君主常常因为有了阿谀奉承的人,才造成祸患,那里会由于有了正直的大臣,使国家遭受损害的啊!郑徽超越职权,妄自上奏,难道符合我的本意吗。"于是,撤了郑徽的官职。

夏季四月,增设后将军,用来完备前、后、左、右四军的建制。六月,益州牙门张弘诬陷他的刺史皇甫晏谋反,并将晏杀害,通过驿站送人头到京都。张弘坐罪被处死,诛灭了他的父、母、妻三族。二十日,武帝颁布对已判刑囚犯的减免令。二十四日,诏令陇右四郡遭受叛虏侵害的人家,免交田租。

秋季七月,调车骑将军贾充担任司空。

九月，吴国西陵督步阐前来投降，授官卫将军、开府仪同三司，赐爵宜都公。吴国将领陆抗进攻步阐，武帝派遣车骑将军羊祜带领兵众从江陵进军，荆州刺史杨肇到西陵迎接步阐，巴东监军徐胤进攻吴国的建平郡，来牵制吴国，救援步阐。

冬季十月初一，发生日蚀。

十二月，杨肇进攻陆抗，不能取胜，被迫撤军退回。步阐因西陵城陷落，被陆抗擒获。

九年春季正月二十二日，司空、密陵侯郑袤去世。

二月二十五日，司徒、乐陵公石苞去世。武帝分封安平亭侯司马隆为安平王。

三月，分封儿子司马祗为东海王。

夏季四月初一，出现日蚀。

五月，发生旱灾。任命太保何曾兼领司徒。

六月二十九日，东海王司马祗去世。

秋季七月初一，发生日蚀。吴国的将领鲁淑围攻弋阳，征虏将军王浑打败了他。撤销五官、左、右中郎将、弘训太仆、卫尉、大长秋等官职。鲜卑族入侵广宁，杀戮、掳掠五千人。武帝下诏选聘公卿以下人员的女儿来充实后宫，搜罗挑选没有结束以前，暂时禁止婚嫁。

冬季十月十七日，武帝发布命令，女子满了十七岁，父母还没有将她出嫁的，由当地官吏给她婚配。

十一月初三，武帝来到宣武观，举行盛大的阅兵典礼，初十才结束。

十年春季正月十八日，武帝在用于宗庙祭祀的农田里，举行耕田仪式。

闰正月十一日，太傅、寿光公郑冲去世。十七日，高阳王司马珪去世。十八日，太原王司马瑰去世。

二十五日，武帝下诏书说："嫡子与庶子的区别，用来分辨上下，表明贵贱。但是，近代以来，大多宠爱姬妾，使她们升上了后妃的位置，搞乱了尊卑贵贱的秩序。从现在起以至将来，都不准选用妾媵作为嫡系正妻。"

二月，分幽州的五郡建置平州。

三月初二，发生日蚀。

夏季四月二十八日，太尉、临淮公荀顗去世。

六月初三，武帝到听讼观，查阅囚徒的案卷，亲自审讯犯人，多数被从宽发落，得到释放。这一年的夏季，出现严重的蝗灾。

秋季七月初六，杨皇后去世。二十二日，吴国平虏将军孟泰，偏将军王嗣等人，带领军队来投降。

八月，凉州的叛虏入寇金城等郡，镇西将军、汝阴王司马骏讨伐叛虏，杀了他的酋帅乞文泥等人。十九日，将元皇后杨氏安葬在峻阳陵内。

九月初四，武帝调大将军陈骞担任太尉。晋军攻下了吴国的枳里城，活捉吴的立信校尉庄祐。吴国将领孙遵、李承率领军队，入侵江夏，太守嵇喜打败了他们。在富平津处修建了黄河大桥。

冬季十一月，在洛阳城东的七里涧处，修建了石桥。十二日，武帝来到宣武观，大规十二月,彗星出现在轸宿星区。武帝设置管理在春耕前举行亲耕仪式这种农田的藉田令。分封太原王的儿子司马辑为高阳王。吴国威北将军严聪、扬威将军严整、偏将军朱买来晋投降。

这一年,凿通陕南山,在黄河堤岸上打开缺口,使河水向东流入洛河,用来畅通漕运。

咸宁元年春季正月初一,颁布对已判刑罪犯的减免令,更改年号。

二月,由于将官、士兵已到结婚年龄应当娶妻的人众多,便规定了凡是养育有五个女儿的人家,就免去他的租调徭役。辛酉,原任郿县县令夏谡做官清廉,名声远扬,赏赐稻谷一百斛。由于官吏的俸禄菲薄,分别不同的等次,赏赐公卿以下人员的绢帛。叛虏树机能送来人质,请求归降。

夏季五月,下邳、广陵两地区发生风灾,吹倒了树木,毁坏了百姓的房屋。

六月,鲜卑族力微派遣儿子来朝贡献。吴国入寇江夏。西域戊已校尉马循讨伐叛虏鲜卑,打败了它,杀了它的渠帅。二十四日,设置总管东宫事务的太子詹事官。

秋季七月三十日,发生日蚀。郡国出现螟虫灾害。

八月十八日,沛王司马子文去世。武帝将死去的太傅郑冲、太尉荀顗、司徒石苞、司空裴秀、骠骑将军王沈、安平献王司马孚等王公,以及还健在的太保何曾、司空贾充、太尉陈骞、中书监荀勖、平南将军羊祜、齐王司马攸等功臣,都书名在旗幡上,配享于太庙。

九月十一日,青州发生螟害,徐州洪水泛滥成灾。

冬季十月初二,常山王司马殷去世。初十,彭城王司马权去世。

十一月十一日,武帝在宣武观大规模地检阅军队,到十七日才结束。

十二月初五,追加尊号:宣帝庙称高祖,景帝庙称世宗,文帝庙称太祖。这一月,发生了严重的瘟疫,洛阳地区的百姓死亡超过了一半。武帝分封裴颀为钜鹿公。

二年春季正月,由于瘟疫流行,停止了元日的朝会。分别不同的等次,赏赐没有固定职事的闲散官吏下至士兵的蚕丝。

二月初五,河间王司马洪去世。十三日,武帝下令赦免判处五年以下刑期的囚犯。东方夷族有八国归顺。并州的叛虏侵犯边塞,被监并州诸军事胡奋打败。

起初,敦煌太守尹璩去世,凉州刺史任用敦煌县令梁澄代领太守的职务,议郎令狐丰罢黜梁澄,擅自代领该郡事务。丰死以后,弟弟令狐宏又代行郡职。到这,凉州刺史杨欣杀了令狐宏,通过驿站送宏头到洛阳。

早些时候,武帝患病,到现在病体痊愈,大臣们祝贺平安。武帝下诏书说:"每次想到近来遭遇瘟疫死去的人们,心里就为他们十分难过。难道能因我一个人的病体康复,就忘了百姓的苦难了吗?凡是来祝贺平安的人,都应该予以谢绝。"

夏季五月,镇西大将军、汝阴王司马骏讨伐北胡,杀了它的渠帅吐敦。创立专门供五品以上官员子弟读书的国子学。二十一日,武帝举行了隆重的求雨祭祀。

六月癸丑,武帝在太庙中进献荔支。甲戌,彗星出现在氐宿星区。从春季发生旱灾,到这一月才降雨。吴国京下督孙楷率领军队来降,被任命为车骑将军,赐爵丹杨侯。白龙二条出现在新兴郡的井中。

秋季七月，彗星出现在大角星附近。吴国的临平湖自后汉末年淤塞，到这时自行开通。年老的人都在传说："此湖堵塞，天下大乱；此湖畅通，天下太平。"初五，安平王司马隆去世。东方夷族有十七国归附。河南、魏郡洪水泛滥成灾，淹死了一百多人，武帝诏令赐予棺材。鲜卑族阿罗多等人入寇边境，西域戊己校尉马循征讨入侵鲜卑，杀死四千多人，生俘九千多人，在这种形势下，阿罗多等人来晋投降。

八月初二，河东、平阳发生地震。二十一日，以太保何曾任太傅，太尉陈骞任大司马，司空贾充任太尉，镇军大将军、齐王司马攸任司空。彗星出现在太微星座，九月又出现在翼宿星区。丁未，在洛阳城东修建太仓，又在东、西市场修建常平仓。

闰九月，荆州有五郡发生水灾，漂流居民四千多家。

冬季十月，任命汝阴王司马骏担任征西大将军、平南将军羊祜担任征南大将军。二十一日，册立杨氏为皇后，颁布对已判刑罪犯的减免令，赏赐王公以下人员以及鳏寡各有不同的等次。

十一月，白龙二条出现在梁国境内。

十二月，武帝征召从未任官的士人安定郡皇甫谧，出任太子中庶子。进封皇后的父亲镇军将军杨骏爵位为临晋侯。这一月，由于平州刺史傅询、前任广平太守孟桓做官清廉、名声远扬，傅询赏赐绢帛二百匹，孟桓一百匹。

三年春季正月初一，发生日蚀。武帝分封儿子司马裕为始平王、安平穆王司马隆的弟弟司马敦安平王。又下诏书说："宗族和亲属，都是国家的辅翼，想使他们遵守和奉行道德礼仪的规范，成为天下人们学习的榜样。但是，身处富贵地位又能谨慎行事的人很少，召穆公召集兄弟在一起，歌咏名为《唐棣》的诗篇作为训诫，这是周代姬氏本宗和支庶能够传递百代、没有凋残的原因啊。现在任命卫将军、扶风王司马亮担任宗师，所有应当施行的事情，都要在宗师那里征询意见啊。"十五日，始平王司马裕去世。彗星出现在西方。武帝派遣征北大将军卫瓘征讨鲜卑族的力微。

三月，平虏护军文淑讨伐叛虏树机能等人，都打败了他们。彗星出现在胃宿星区。二十一日，武帝准备进行一次田猎活动，担心践踏了麦苗而停止。

夏季五月十五日，吴国将领邵凯、夏祥带领兵众七千多人前来归降。

六月，益、梁二州有八郡发生水灾，漂杀居民三百多人，淹没了囤积军粮的简易仓库。

秋季七月，调都督豫州诸军事王浑担任都督扬州诸军事。中山王司马睦由于犯罪，削爵为丹阳县侯。

八月二十一日，武帝改封扶风王司马亮为汝南王、东莞王司马伷为琅玡王、汝阴王司马骏为扶风王、琅玡王司马伦为赵王、渤海王司马辅为太原王、太原王司马颙为河间王、北海王司马陵为任城王、陈王司马斌为西河王、汝南王司马柬为南阳王、济南王司马耽为中山王、河间王司马威为章武王。分封儿子司马玮为始平王、司马允为濮阳王、司马该为新都王、司马遐为清河王，钜平侯羊祜为南城侯。任命汝南王司马亮作镇南大将军。大风吹倒树木，突然降温并且结了冰，五郡国降霜成灾，伤害了庄稼。

九月十七日，调左将军胡奋任都督江北诸军事。兖、豫、徐、青、荆、益、梁七州发生严重的水灾，淹没了秋季作物，武帝诏令开仓赈济灾民。分封齐王的儿子司马蕤为辽东王、司马赞为广汉王。

冬季十一月十六日,武帝来到宣武观,大规模地检阅军队,到二十二日才结束。

十二月,吴国的将领孙慎入寇江夏、汝南,掳掠一千余家后撤走。

这一年,西北杂居的各族,以及鲜卑、匈奴、五溪蛮夷、东方夷族的三个国家,先后十多人次,各自带领本族部落归顺。

四年春季正月初一,发生日蚀。

三月十五日,尚书左仆射卢钦去世。辛酉,调尚书右仆射山涛任尚书左仆射。东方夷族有六国来京朝贡。

夏季四月,光芒类似蚩尤旗状的彗星出现在井宿星区。

六月初十,阴平郡的广武县发生地震,二十七日又震。州刺史杨欣在武威地区与叛虏若罗拔能等人交战,大败,死在战场上。弘训皇后羊氏去世。

秋季七月二十三日,武帝将景献皇后羊氏与景帝合葬于峻平陵内。二十二日,高阳王司马缉去世。二十六日,范阳王司马绥去世。荆、扬二州有二十个郡国,都发生了严重的水灾。

九月,调太傅何曾任太宰。十五日,调尚书令李胤任司徒。

冬季十月,武帝调征北大将军卫瓘任尚书令。扬州刺史应绰进攻吴国的皖城,杀敌军五千人,焚毁囤聚的谷米一百八十万斛。

十一月十六日,太医官署的司马程据,进献用雄鸡头部羽毛制成的裘衣,武帝因其为新奇特异的服饰,是被典制礼仪禁止的东西,在大殿前面焚烧了它。十九日,又敕令中央、地方官吏敢有再违犯的,将惩罚他们。吴国昭武将军刘翻、厉武将军祖始来晋投降。二十六日,调尚书杜预出任都督荆州诸军事;征南大将军羊祜去世。

十二月初一,西河王司马斌去世。十三日,太宰、朗陵公何曾去世。

这一年,东方夷族有九国归附。

五年春季正月,叛虏酋帅树机能攻陷凉州。初一,武帝派遣讨虏护军、武威太守马隆讨伐他。

二月初一,白麟出现在平原国。

三月,匈奴族都督拔弈虚带领部落归顺。十二日,由于百姓正度荒年,武帝也减少膳食费用的一半。彗星出现在柳宿星区。

夏季四月,彗星又出现在女御星区。武帝颁布对已判刑囚犯的减免令,废除部曲督以下将吏的人质制度。

五月二十五日,有八郡国下降冰雹,伤害秋季农作物,损坏了百姓的房屋。

秋季七月,彗星出现在紫宫星座。

九月初四,有麟出现在河南郡。

冬季十月十九日,匈奴余渠都督独雍等人带领部落归顺。汲郡人不准发掘战国魏襄王的墓葬,得到有小篆字体的竹简古书共十多万字,收藏在保存国家秘籍的部门。

十一月,武帝大规模地征伐吴国,派遣镇军将军、琅玡王司马伷出兵涂中,安东将军王浑出兵长江西岸,建威将军王戎出兵武昌,平南将军胡奋出兵夏口,镇南大将军杜预出兵江陵,龙骧将军王濬、广武将军唐彬率领巴蜀的士兵,顺长江向下游进军,东西共有军队二十多万。任命贾充担任大都督,行冠军将军杨济做他的副手,总领各路军队。

十二月,马隆进攻叛虏树机能,彻底打败了叛虏,杀了树机能,凉州的叛乱平定。肃慎国派遣使臣,前来贡献楛木箭杆,石制箭镞。

太康元年春季正月初一,五色云气覆盖了太阳。二十五日,王浑攻克吴国的寻阳、赖乡等城池,活捉了吴国的武威将军周兴。

二月初一,王濬、唐彬等人攻下了丹杨城。初三,又攻克西陵,杀了吴国的西陵都督、镇军将军留宪、征南将军成璩,西陵监郑广。初五,王濬又攻占夷道、乐乡等城,杀了夷道监陆晏、水军都督陆景。十七日,杜预攻陷江陵,杀了吴国的江陵督伍延;平南将军胡奋攻克江安。在这时候,晋国各路军队同时并进,乐乡、荆门等地的吴国守军,相继前来归降。十八日,武帝任命王濬担任都督益、梁二州诸军事,又下达诏令说:"王濬、唐彬向东进军,肃清巴丘以后,与胡奋、王戎共同攻克夏口、武昌,再顺流东下,直达秣陵,与胡奋、王戎审时度势,相机行事。杜预应当稳定零、桂,安抚衡阳。大军既已前进,荆州的南部地区,定当传布檄文就可平定,杜预应分一万人给王濬,七千人给唐彬;夏口既已攻下,胡奋应分七千人给王濬;武昌既已得手,王戎应分六千人增加唐彬的兵力。太尉贾充移驻项城,总管监督各方事宜。"王濬率军向前,攻陷了夏口、武昌,于是战舰漂浮东下,凡是到达的地方,没有遇到抵御就平定了。王浑、周浚在版桥界地,与吴国的丞相张悌交战,大败吴军,杀了张悌以及随同他的吴国将领孙震、沈莹,将他们的人头送往洛阳。孙皓穷困紧迫,请求投降,向琅玡王司马伷送上吴国皇帝的御玺及绶带。

三月十五日,王濬率领水军,直达建邺的石头城,孙皓十分恐惧,反缚双手,载着棺材,在晋军营门前投降。王濬手持符节,代表武帝解开了他的双手,烧毁棺材,送他上京都洛阳。收集吴国的地图户籍,取得四州,四十三郡,三百一十三县,五十二万三千户,三万二千吏,二十三万兵,男女共二百三十万口吴国原来任命的州牧郡守以下的官吏,都继续留任,废除了孙皓繁琐残酷的政令,宣布了简便易行的措施,吴国百姓十分高兴。

夏季四月二十九日,武帝颁发对已判刑囚犯的减免令,更改年号,特别准许民间举行五天的集会饮宴,来表示欢庆,赈恤孤寡老弱、贫困穷苦的人。河东、高平下降冰雹和雨,伤害了秋季作物。武帝派遣兼侍中张侧、黄门侍郎朱震,分别出使扬、越地区,抚慰刚刚归顺的百姓。白麟出现在顿丘境内。三河、魏郡、弘农下降冰雹和雨,伤害了隔年才成熟的麦苗。

五月二十五日,武帝赐孙皓爵位为归命侯,任命他的太子孙瑾担任中郎,其余的儿子任郎中。吴国德高望重的人,根据他们的才能,任命相应的官职。孙氏在交战中阵亡的高级将领,他们的家属搬迁到寿阳县居住;将吏渡江北来定居的,免除十年的租调徭役,百姓和各种工匠,免除二十年。

六月十一日,武帝来到殿前,举行盛大的朝会,并引孙皓上殿,众大臣都高呼万岁。十二日,在太庙中进献鄪渌美酒。有六郡国遭遇雹灾,伤害了秋季农作物。十五日,武帝诏令凡士兵中年龄在六十岁以上的人,都免去徭役,回归家中。二十五日,任命王濬为辅国大将军、襄阳县侯,杜预当阳县侯,王戎安丰县侯,唐彬上庸县侯,贾充、琅玡王司马伷以下人员，都增加封邑。与此同时，评论功绩，进行封赏，分别不同等次赐予公卿以下人员的绢帛。

二十二日，初次设置翊军校尉官职。复封丹水侯司马睦为高阳王。二十九日，东方夷族有十国归附。

秋季七月，叛虏轲成泥入寇西平、浩亹，杀晋督将以下三百多人。东方夷族有二十国入朝贡献。初五，调尚书魏舒任尚书右仆射。

八月，车师前部国王派遣儿子入侍武帝。初五，武帝分封弟弟司马延祚为乐平王。三条白龙出现在永昌境内。

九月，众大臣由于天下统一，多次请求到泰山举行祭礼天地的典礼，武帝谦让，没有允许。

冬季十月初四，废除家中养育五个女儿免除租调徭役的法令。

十二月十五日，广汉王司马赞去世。

二年春季二月，淮南、丹杨发生地震。

三月十五日，安平王司马敦去世。分别不同等次，将俘掠的吴国人口赏赐王公以下人员。武帝下令挑选原孙皓的妓妾五千人，进入后宫。东方夷族有五国入朝贡献。

夏季六月，东方夷族五国归顺。有十六郡国下降冰雹和雨，大风吹倒树木，毁坏百姓的房屋。江夏、泰山发生水灾，漂流居民三百多家。

秋季七月，上党又遭暴风、冰雹大雨袭击，毁坏了秋季作物。

八月，彗星出现在张宿星区。

冬季十月，鲜卑族的慕容瘣入寇昌黎郡。

十一月二十五日，大司马陈骞去世。彗星出现在轩辕星区。鲜卑族入寇辽西郡，平州刺史鲜于婴讨伐，打退了这次侵扰。

三年春季正月初一，撤销秦州建制，与雍州合并。十八日，调尚书令张华出任都督幽州诸军事。

三月，安北将军严询在昌黎地界，打败了鲜卑族慕容瘣，鲜卑死伤数万人。

夏季四月二十五日，太尉、鲁公贾充去世。

闰四月初一，司徒、广陵侯李胤去世。

五月初九，二条白龙出现在济南境内。

秋季七月，废除平州、宁州刺史每三年一次入朝奏事的制度。

九月，东方夷族有二十九国归服，贡献他们的特产。吴国原将领莞恭、帛奉起兵反叛，攻陷建邺县城，杀了县令，竟然围攻扬州；徐州刺史嵇喜讨伐，平定了这次叛乱。

冬季十二月十三日，调司空、齐王司马攸任大司马、督青州诸军事，镇东大将军、琅玡王司马伷任抚军大将军，汝南王司马亮任太尉，光禄大夫山涛任司徒，尚书令卫瓘任司空。二十五日，武帝诏令国内水灾、旱灾特别严重的地区，不交田租。

四年春季二月十四日，调尚书右仆射魏舒任尚书左仆射、下邳王司马晃任尚书右仆射。戊午，司徒山涛去世。

二月十九日，武帝分封长乐亭侯司马寔为北海王。

三月初一,发生日蚀。十四日,大司马、齐王司马攸去世。

夏季四月,任城王司马陵去世。

五月初一,大将军、琅琊王司马伷去世。改封辽东王司马蕤为东莱王。

六月,增加九卿官职的礼遇与品秩。牂牁境内的獠族二千多部落归顺。

秋季七月十四日,调尚书右仆射、下邳王司马晃出任都督青州诸军事。二十八日,兖州洪水成灾,免收灾区百姓的田租。

八月,鄯善国王派遣儿子入侍,武帝赐给归义侯的封号。任命陇西王司马泰担任尚书右仆射。

冬季十一月二十二日,新都王司马该去世。调尚书左仆射魏舒担任司徒。

十二月初五,武帝在宣武观大规模地检阅军队。

这一年,河内郡以及荆州、扬州都发生了严重的水灾。

五年春季正月初四,青龙二条出现在武器库内的井中。

二月初二,封南宫王的儿子司马砧为长乐王。二十八日,发生地震。

夏季四月,任城、鲁国的池水色红如血。五月十三日,宣帝庙的大梁断折。

六月,初次设置奉皇帝诏令关押犯人的黄沙监狱。

秋季七月十六日,武帝的儿子司马恢去世。任城、梁国、中山下降雨和冰雹,损坏了秋季农作物。减少征收天下户调的三分之一。

九月,南安地区遭受风灾,吹断了树木。有五郡国发生严重的水灾,降霜成害,损伤了秋季农作物。

冬季十一月十四日,太原王司马辅去世。

十二月初十,武帝发布对已判刑罪犯的减免令。林邑、大秦国分别派遣使臣来朝贡献。

闰十二月,镇南大将军、当阳侯杜预去世。

六年春季正月初一,由于连续几年农业歉收,免除了百姓所欠田租、债务中的旧账。初九,调征南大将军王浑任尚书左仆射、尚书褚䂮都督扬州诸军事、杨济都督荆州诸军事。

三月,有六郡国遭遇霜灾,损害了桑树和麦苗。

夏季四月,扶南等十国来朝贡献,参离四千多部落归附。有四郡国发生干旱,十郡国洪水泛滥成灾,毁坏了百姓的房屋。

秋季七月,巴西地区发生地震。

八月初一,发生日蚀。武帝下令减少征收百姓三分之一的绵绢。有白龙出现在京兆郡内。调镇军大将军王浚任抚军大将军。

九月二十一日,山阳公刘康去世。

冬季十月,南安境内发生山崖滑坡,地下水从中流出。南阳郡捕捉到只有两只足的野兽。龟兹、焉耆国王派遣儿子入侍武帝。

十二月初一,武帝在宣武观大规模地检阅军队,经过十天才结束。十七日,抚军大将军、襄阳侯王浚去世。

七年春季正月初一，发生日蚀。初二，武帝下诏令说："近几年来，自然灾害和怪异现象多次出现，日蚀发生在正月初一，地壳震动，山崖滑坡。国家治理得不好，责任完全在我一人。公卿大臣每人都密封上书，尽你们所知，讲出灾异多次出现的原因，不要有任何隐瞒或忌讳。"

夏季五月，有十三郡国发生旱灾。鲜卑族慕容瘣入寇辽东。

秋季七月，朱提出现山崩；犍为发生地震。

八月，东方夷族有十一国归顺。京兆发生地震。

九月二十九日，骠骑将军、扶风王司马骏去世。有八郡国发生严重的水灾。

冬季十一月初四，武帝任命陇西王司马泰都督关中诸军事。

十二月，武帝派遣侍御史视察遭受水灾的各郡国。释放后宫女官才人、歌妓舞女以下二百七十多人，各回自己的家中。初次颁发大臣服满三年丧礼的制度。二十一日，河阴地区下降赤雪，面积达二百亩。

这一年，扶南等二十一个国家、马韩等十一个国家派遣使臣，来朝贡献。

八年春季正月初一，发生日蚀。太庙的大殿下塌。

三月十九日，临商观发生地震。

夏季四月，齐国、天水降霜成灾，损害了麦苗。

六月，鲁国发生严重风灾，吹倒了树木，毁坏了百姓的房屋。有八个郡国又出现了严重的水灾。

秋季七月，前殿的地面下陷，深达几丈，其中发现有埋在下面的破船。

八月，东方夷族有二国归顺。

九月，改建太庙。

冬季十月，南康郡的平固县县吏李丰反叛，聚集同党围攻郡县，自称将军。

十一月，海安县的县令萧辅，聚集徒众反叛。

十二月，吴兴郡人蒋迪，聚集党徒反叛，围攻阳羡县。州郡发兵捕捉讨伐，全部判处死刑。南方夷人扶南、西域的康居等国，分别派遣使臣，来朝贡献。

这一年，有五郡国发生了地震。

九年春季正月初一，发生日蚀。武帝下诏书说："振兴教化的根本，在于政治安定清明，讼事平允及时，地方官吏不去多方体恤百姓的疾苦，却任意凭借私人的恩怨，制造扩大狱讼；又大多贪残污浊，扰乱百姓。当敕令刺史、郡守，纠察那些贪赃枉法的人，推荐那些公正清廉的人，有关部门讨论他们的罢黜或升迁。"又要求中央、地方各级官吏，荐举清廉有才能的人，提拔出身微贱的人。长江东岸的四郡发生地震。

二月，尚书右仆射、阳夏侯胡奋去世，调尚书朱整任尚书右仆射。

三月初七，杨皇后在洛阳城西的郊外，举行亲身蚕事的典礼，分别不同等次赏赐绢帛。二十二日，初次将春季祭社和秋季祭社合并为春季祭社。

夏季四月，长江南岸有八郡国发生地震；陇西郡降霜成灾，伤害了越冬麦苗。

五月，义阳王司马奇触犯刑律，削爵为三纵亭侯。武帝诏令中央、地方各级官吏推荐能胜任郡守、县令职事的人才。

六月初一,发生日蚀。改封章武王司马威为义阳王。有三十二个郡国发生严重旱灾,损害了麦田。

秋季八月十四日,陨石坠落有如雨点。武帝下令郡国将判处五年以下刑期的囚犯马上结案发遣,不要滞留各种讼事。

九月,东方夷族有七国到东夷校尉府归顺。二十四个郡国发生螟灾。

冬季十二月初七,分封河间平王司马洪的儿子司马英为章武王。十二日,青龙、黄龙各一条出现在鲁国境内。

十年夏季四月,由于京兆太守刘肇、阳平太守梁柳办事有方,成效卓著,分别赏赐稻谷一千斛。有八郡国发生霜灾。太庙改建完成。十一日,迁徙死去祖先的牌位进入新建的太庙,武帝在道旁亲自迎接,并举行祭祀远祖、近祖的典礼;颁布对已判刑罪犯的减免令,文武百官增加爵位一级,参加修建太庙的增加二级。十三日,尚书右仆射、广兴侯朱整去世。十九日,崇贤殿发生火灾。

五月,鲜卑族慕容瘣归降,东方夷族有十一国归顺。

六月初七,山阳公刘瑾去世。又恢复分别设置春季祭社与秋季祭社。

冬季十月二十一日,改封南宫王司马承为武邑王。

十一月丙辰,代行尚书令、左光禄大夫荀勖去世。武帝疾病初愈,赏赐王公以下人员的绢帛,各有不同等次。含章殿练武的鞠室发生火灾。

二十三日,武帝任命汝南王司马亮担任大司马、大都督、假黄钺。改封南阳王司马柬为秦王、始平王司马玮为楚王、濮阳王司马允为淮南王,都授予假节的权力,去到各自的封国,并分别统率封国所在地附近数州的军事。分封儿子司马乂为长沙王、司马颖为成都王、司马晏为吴王、司马炽为豫章王、司马演为代王,孙子司马遹为广陵王。又分封濮阳王的儿子司马迪为汉王、始平王的儿子司马仪为毗陵王、汝南王的次子司马羕为西阳公。改封扶风王司马畅为顺阳王、畅的弟弟司马歆为新野公、琅邪王司马觐的弟弟澹为东武公、繇为东安公、漼为广陵公、卷为东莞公。各王国的属官相,改名内史。

二十九日,太庙的大梁断折。

这一年,东方夷族僻远的三十多个国家、西南方夷族的二十多个国家,来朝贡献。叛虏奚轲率男女卜万人归降。

太熙元年春季正月初一,更改年号。初九,调尚书左仆射王浑任司徒、司空卫瓘任太保。

二月十二日,东方夷族有七国入朝贡献。琅邪王司马觐去世。

三月初五,调右光禄大夫石鉴任司空。

夏季四月十二日,调侍中、车骑将军杨骏任太尉、都督中外诸军、录尚书事。二十日,武帝在含章殿逝世,时年五十五岁,葬在峻阳陵地,庙号世祖。

武帝度量宏大,待人厚道,一切事情都本着仁恕的原则办理,能容纳直言正论,从不以粗暴的态度待人;明智通达,长于谋略,能断大事。因此,得以安定各方,平定天下。继魏国奢侈奇刻的风气之后,百姓怀念过去古朴的风尚,武帝就用恭敬节俭原则来加以鞭策,用清心寡欲思想来加以劝导。有关部门曾经上奏宫中的牛青丝鼻绳断了,武帝命令用青麻绳代替它。当朝处理政事能宽容,法令制度有常规。高阳许允被文帝司马昭处死,允的儿子许奇担任太常丞。武帝将要在太庙中行事,朝臣议论因为许奇出生在遭受过打击的家庭,不想要他在行事的时候接近武帝,请求将他调离太常府,出外任长史。武帝追述许允旧日的声誉,称赞许奇的才能,反而提拔他担任了祠部郎,当时的舆论都赞扬武帝这种公正豁达的气度。平定吴国以后,天下太平,于是对施政方略产生了厌倦,沉溺在游荡宴乐的生活之中,放纵偏爱皇后家族,亲近并优待当朝权贵,经验丰富的老臣宿将,得不到信任和重用,典章制度遭到破坏,请托徇私公开流行。到了晚年,明知惠帝司马衷不能承担大任,但是仗恃孙子司马遹天资聪颖,智力过人,所以没有另立太子的打算。又考虑到司马遹不是贾后亲生的儿子,担心最终会导致危机与失败,于是便和亲信共同商议死后的保证措施。出主意的人各说不一,长时间又下不了决心,最后采用了王佑的谋划,派遣太子司马衷的弟弟秦王司马柬都督关中,楚王司马玮、淮南王司马允同时出镇要害的地方,来增强皇室司马氏的力量。又担心皇后杨氏的逼迫,再任命王佑作北军中侯,来统率保卫皇帝的禁军。不久,武帝卧病不起,不见好转,渐渐进入危险状态,共同缔造晋国的功臣,都已先期死去,文武百官惶恐不安,也不知该怎么办才好。适逢武帝的病情稍稍缓了过来,有诏令任命汝南王司马亮辅佐朝政,又想在朝臣中挑选几位名声好、年纪轻的人协助司马亮辅政;杨骏隐藏诏令,不予公布。武帝转眼间又迷糊错乱,杨皇后趁机拟定诏书,任命杨骏辅佐政务,催逼司马亮马上出发,到镇赴任。武帝一会苏醒,询问汝南王司马亮来了没有,示意想见到他,有重要的事情向他交代,身边的人回答没有到,武帝便进入了昏迷垂危的地步。朝廷内部的动乱,实在是起于这样的安排啊。

惠贾皇后传

【题解】

贾南风(? ~300 年),晋惠帝的皇后。父亲贾充,是协助司马炎篡位的功臣,官至大都督。贾南风妒忌而奸诈,专宠后宫,性情残暴,传中记录了她的不少丑行。以后,她又干预朝政,诛杀了杨骏、司马亮等人,谋害太子,终于造成了司马伦等人的"八王之乱",葬送了西晋王朝,自己也被司马伦假借圣旨毒死。

【原文】

惠贾皇后讳南风,平阳人也,小名峕。父充,别有传。初,武帝欲为太子取卫瓘女,元后纳贾郭亲党之说,欲婚贾氏。帝曰:"卫公女有五可,贾公女有五不可。卫家种贤而多子,美而长白;贾家种妒而少子,丑而短黑。"元后固请,荀颉、荀勖并称充女之贤,乃定婚。始欲聘后妹午,午年十二,小太子一岁,短小未胜衣。更娶南风,时年十五,大太子二岁。泰始八年二月辛卯,册拜太子妃。妒忌多权诈,太子畏而惑之,嫔御罕有进幸者。

帝常疑太子不慧,且朝臣和峤等多以为言,故欲试之。尽召东宫大小官属,为设宴会，而密封疑事，使太子决之，停信待反。妃大惧，情外人作答。答者多引古义。给使张泓曰："太子不学，而答诏引义，必责作草主，更益谴负。不如直以意对。"妃大喜，语泓："便为我好答，富贵与汝共之。"泓素有小才，具草，令太子自写。帝省之，甚悦。先示太子少傅卫瓘，瓘大踌躇，众人乃知瓘先有毁言，殿上皆称万岁。充密遣语妃云："卫瓘老奴，几破汝家。"

妃性酷虐，尝手杀数人。或以戟掷孕妾，子随刃坠地。帝闻之，大怒，已修金墉城，将废之。充华赵粲从容言曰："贾妃年少，妒是妇人之情耳，长自当差。愿陛下察之。"其后杨珧亦为之言曰："陛下忘贾公闾耶？"荀勖深救之，故

贾南风

得不废。惠帝即位，立为皇后，生河东、临海、始平公主、哀献皇女。

后暴戾日甚。侍中贾模，后之族兄，右卫郭彰，后之从舅，并以才望居位，与楚王玮、东安公繇分掌朝政。后母广城君养孙贾谧干预国事，权侔人主。繇密欲废后，贾氏惮之。及太宰亮、卫瓘等表繇徙带方，夺楚王中候，后知玮怨之，乃使帝作密诏令玮诛瓘、亮，以报宿憾。模知后凶暴，恐祸及己，乃与裴頠、王衍谋废之，衍悔而谋寝。

后遂荒淫放恣，与太医令程据等乱彰内外。洛南有盗尉部小吏，端丽美容止，既给厮役，忽有非常衣服，众咸疑其窃盗，尉嫌而辩之。贾后疏亲欲求盗物，往听对辞。小吏云："先行逢一老妪，说家有疾病，师卜云宜得城南少年厌之，欲暂相烦，必有重报。於是随去，上车下帷，内簏箱中，行可十余里，过六七门限，开簏箱，忽见楼阙好屋。问此是何处，云是天上，即以香汤见浴，好衣美食将入。见一妇人，年可三十五六，短形青黑色，眉后有疵。见留数夕，共寝欢宴，临出赠此众物。"听者闻其形状，知是贾后，惭笑而去，尉亦解意。时他人入者多死，惟此小吏，以后爱之，得全而出。及河东公主有疾，师巫以为宜施宽令，乃称诏大赦天下。

初，后诈有身，内稾物为产具，遂取妹夫韩寿子慰祖养之，托谅闇所生，故弗显。遂谋废太子，以所养代立。时洛中谣曰："南风烈烈吹黄沙，遥望鲁国郁嵯峨，前至三月灭汝家。"后母广城君以后无子，甚敬重愍怀，每劝厉后，使加慈爱。贾谧恃贵骄纵，不能推崇太子，广城君恒切责之。及广城君病笃，占术谓不宜封广城，乃改封宜城。后出侍疾十余日，太子常往宜城第，将医出入，恂恂尽礼。宜城临终执后手，令尽意于太子，言甚切至。又曰："赵粲及午必乱汝事，我死后，勿复听入，深忆吾言。"后不能遵之，遂专制天下，威服内外。更与粲、午专为奸谋，诬害太子，众恶彰著。初，诛杨骏及汝南王亮、太保卫瓘、楚王玮等，皆临机专断，宦人董猛参预其事。猛，武帝时为寺人监，侍东宫，得亲信于后，预

诛杨骏，封武安侯，猛三兄皆为亭侯，天下咸怨。

及太子废黜，赵王伦、孙秀等因众怨谋欲废后。后数遣宫婢微服於人间视听，其谋颇泄。后甚惧，遂害太子，以绝众望。赵王伦乃率兵入宫，使诩军校尉齐王冏入殿废后。后与冏母有隙，故伦使之。后惊曰："卿何为来！"冏曰："有诏收后。"后曰："诏当从我出，何诏也？"后至上阁，遥呼帝曰："陛下有妇，使人废之，亦行自废。"又问冏曰："起事者谁？"冏曰："梁、赵。"后曰："系狗当系颈，今反系其尾。何得不然！"至宫西，见谧尸，再举声而哭遽止。伦乃矫诏遣尚书刘弘等持节赍金屑酒赐后死。后在位十一年。赵粲、贾午、韩寿、董猛等皆伏诛。临海公主先封清河，洛阳之乱，为人所略，传卖吴兴钱温。温以送女，女遇主甚酷。元帝镇建邺，主诣县自言。元帝诛温及女，改封临海，宗正曹统尚之。

【译文】

惠贾皇后名叫南风，平阳人，她的小名叫峕。父亲贾充另有传记。起初晋武帝想要给太子娶卫瓘的女儿，元皇后采纳了贾充、郭氏亲戚朋友的建议，想要娶贾氏。武帝说："卫公的女儿有五条可娶之处，贾公的女儿有五条不可娶之处。卫家的后代贤惠而且能多生儿子，美丽、白皙、个子又高。贾家的后代好妒忌又生孩子少，又丑又黑，个子矮小。"元皇后坚决请求，荀颉、荀勖又都称赞贾充女儿贤惠，就定下了贾氏这门婚事。开始想要聘娶贾皇后的妹妹贾午，贾午当时十二岁，比太子小一岁，个子矮小，撑不起衣服。就改娶了贾南风，当时她十五岁，比太子大两岁。泰始八年二月辛卯那天，贾南风被册封为太子妃。她为人好妒忌又奸诈多变，太子又害怕她，又被她迷惑，嫔妃们很少有能与太子同房的。

武帝常怀疑太子不聪慧，而且朝臣和峤等人也多这样说，所以想要试验他一下。武帝把东宫的大小官员都召集来，给他们举办宴会，而秘密地把一些疑难问题封在信封中，让太子去决断，把信留下来等待回答。贾妃非常害怕，请别人帮助回答。回答的人引用了很多古代的经义。给使张泓说："太子不学习，却在回答诏令时引用经义，皇帝一定会追究起草的人，更加重对太子的谴责与失望。不如直接用本意去回答。"贾妃非常高兴，对张泓说："你就给我好好回答，得到富贵和你一同享受。"张泓一直有些小才能，就起草了答复，让太子自己抄写。武帝看了以后，非常欢喜，先把它拿给太子少傅卫瓘看。卫瓘十分踌躇，官员们都知道卫瓘以前有过诋毁太子的语言，就在殿上齐声称颂万岁。贾充秘密派人对贾妃说："卫瓘这个老奴才，差点毁灭了你的一家。"

贾妃的性格残酷暴虐，曾经亲手杀死了几个人。有一次她用戟向怀孕的小妾扔去。胎儿随着戟刃一起落地了。武帝听说这件事后，大怒，已经修好了金墉城，准备把贾妃废黜送到那里去。充华赵粲从容不迫地说："贾妃年纪小，妒忌只是妇人的常情罢了，长大一点自然就会好了。希望陛下谅解这一点。"以后杨珧也替她说话，说："陛下忘了贾公闾吗？"荀勖努力救助她，所以没有被废黜。惠帝即位后，把贾妃立为皇后。她生了河东、临海、始平公主和哀献皇女。

贾后的暴戾性情越来越厉害。侍中贾模，是皇后的族兄，右卫将军郭彰，是皇后的堂舅，全都依仗才能声望登上高位，他们和楚王司马玮，东安公司马繇分掌朝政。贾后母亲广城君的养孙贾谧干预国家大事，权势与皇帝相等。司马繇秘密地准备废黜贾后，贾氏很惧怕他。到了太宰司马亮、卫瓘等人上书奏请把司马繇迁到带方去并免去楚王的北军中候职务时，贾后知道司马玮怨恨他们，就让皇帝写了密诏命令司马玮诛杀卫瓘和司马亮，以报旧日的仇怨。贾模知道贾后凶暴，恐怕灾祸波及自己，就和裴颁、王衍商议废黜她。王衍后悔了，这个计划就搁置起来了。

贾后便荒淫放荡，和太医令程据等人淫乱，丑闻传遍宫内外。洛阳南边有个捕盗都尉部下的小官吏，相貌美丽，举止端庄，在官署中受驱使服役，忽然穿上了非常华丽的衣服。大家都怀疑他是偷盗来的。都尉也有怀疑，就要把这事审问明白。贾后的远亲想要索取盗去的赃物，也去听小官吏的供词。小官吏说："以前在路上遇到一个老妇人。她说家里有人得病，巫师占卜说应该找一个城南边的少年人来镇邪，所以想麻烦我去一会儿，一定会有重报。于是我就跟去了，坐在车上后，车子放下了帷帐，又把我装入竹箱内，走了大约十几里地，经过了六七道门坎，打开竹箱后，忽然见到了高楼门阙和华丽的房舍。我问这是什么地方。她说是天上，就用香水给我洗澡，吃了丰美的食物，穿上好衣服，然后把我领进去，见到一个妇女，大约有三十五六岁，个子矮小，皮肤黝黑，眉毛后面有疤痕。我被她留了几个晚上，一起睡觉，欢歌饮宴。临出来时，她赠给我这些东西。"听供词的人听他说的妇女形貌，知道是贾后，很惭愧，讪笑着走了。都尉也明白是怎么回事。当时其他进宫的男人大多被害死了，只有这个小吏，因为贾后喜爱他，能保全生命出宫来。到河东公主有病时，巫师认为应该施行宽松的法令禳解，就以皇帝名义发布诏令大赦天下。

以前，贾后装作有身孕，在衣服里塞上东西充作胎儿，准备产妇的用品，然后把她妹夫韩寿的儿子韩慰祖拿来抱养，托词说是她在居丧期间所生的，所以没有被揭破。贾后便谋划废除太子，用她抱养的儿子代替太子。当时洛阳城里有个民谣："南风烈烈吹黄沙，遥望鲁国郁嵯峨，前至三月灭汝家。"贾后的母亲广城君因为贾后没有儿子，很敬重愍怀太子，经常劝说督促贾后，让她对愍怀太子加以慈爱。贾谧依仗尊贵，骄傲狂妄，不能尊重太子。广城君经常痛斥他。广城君病重以后，占卜的术士说不应该把她封在广城，就改封她为宜城君。贾后出宫去服侍母病十几天。太子经常去宜城君府上，领着医生出入，非常恭敬，尽到礼数。宜城君临死时拉着贾后的手，叫她尽心照顾太子，言语非常恳切。又说："赵粲和贾午一定会坏你的事，我死以后，不要再让她们进来，永远记住我的话。"贾后不能遵照这些话做，就独掌了国家大权，威震宫内外，又与赵粲、贾午专门定下奸计，诬蔑陷害太子，各种罪恶十分显著。当初，诛杀杨骏和汝南王司马亮，太保卫瓘、楚王司马玮等人，都是她在临时独自决断，宦官董猛参与了这些事。董猛，在武帝时做寺人监，服侍东宫太子，受到贾后的亲信，参与诛杀杨骏，被封为武安侯。董猛的三个哥哥都被封为亭侯，天下人全怨恨他。

到太子被废黜后，赵王司马伦、孙秀等人借着众人怨恨不满的情绪谋划废黜贾后。贾后多次派宫女换上平民衣服去民间探听消息，司马伦他们的计划泄漏出不少。贾后十分害怕，就害死了太子，以断绝众人的希望。赵王司马伦就领兵进宫，让翊军校尉齐王司马冏进宫殿中废黜贾后。贾后和司马冏的母亲不和，所以司马伦派他去。贾后吃惊地说:"你为什么来这里?"司马冏说:"有诏书抓皇后。"贾后说:"诏书应该从我这里出,你有什么诏书?"贾后到惠帝在的楼阁上,从远处向惠帝喊:"陛下有妻子,却让人去废黜她,你自己也快被人废黜了!"又问司马冏:"谁领头起事的?"司马冏说:"梁王、赵王。"贾后说:"拴狗应该拴住脖子,现在反而拴了它的尾巴,怎么会不变成这样呢!"贾后到了宫城西边,见到贾谧的尸体,再次放声大哭,却又突然停止了哭声。司马伦就假借圣旨派尚书刘弘等人拿着符节,送去用金屑和的酒,让贾后自杀。贾后在位十一年。赵粲、贾午、韩寿、董猛等人全都被处死。

临海公主先被封在清河,洛阳之乱中,被人抢去,转卖给吴兴人钱温。钱温用她陪嫁女儿。钱温的女儿对待公主非常残酷。元帝镇守建业时,公主到县官署去告状,说明自身经历。元帝诛杀了钱温和他的女儿,把公主改封在临海,宗正曹统娶了她。

羊祜传

【题解】

羊祜(221~278),字叔子,泰山南城(今山东费县西南)人。出身于官宦世家。知识渊博,擅长文辞,笃行儒学。曹魏末,任中领军,统率禁兵。西晋建立后,任尚书右仆射、卫将军。晋武帝有灭吴之志,以羊祜为都督荆州诸军事,出镇襄阳,在那里作灭吴的准备。咸宁二年(276)上疏建议伐吴,得到晋武帝赞同。后因病情加重。无法实现,举杜预自代。羊祜每次晋升,常常谦让,因而名望远播,受到朝野推崇。著有《老子传》。羊祜灭吴的愿望虽然未能实现,但他出谋划策,在江汉做准备,为西晋的灭吴和统一全国打下了基础。

【原文】

羊祜字叔子,泰山南城人也。世吏二千石,至祜九世,并以清德闻,祖续,仕汉南阳太守,父衜,上党太守。祜,蔡邕外孙,景献皇后同产弟。

祜年十二丧父,孝思过礼,事叔父耽甚谨。曾游汶水之滨,遇父老谓之曰:"孺子有好相,年未六十,必建大功于天下。"既而去,莫知所在。及长,博学能属文,身长七尺三寸,美须眉,善谈论。郡将夏侯威异之,以兄霸之子妻之。举上计吏,州四辟从事、秀才,五府交命,皆不就。太原郭奕见之曰:"此今日之颜子也。"与王沈俱被曹爽辟。沈劝就征,祜曰:"委质事人,复何容易。"及爽败,沈以故吏免,因谓祜曰:"常识卿前语。"祜曰:"此非始虑所及。"其先识不伐如此。

夏侯霸之降蜀也,姻亲多告绝,祜独安其室,恩礼有加焉。寻遭母忧,长兄发又卒,毁慕寝顿十余年,以道素自居,恂恂若儒者。

文帝为大将军,辟祜,未就,公车征拜中书侍郎,俄迁给事中、黄门郎。时高贵乡公好属文,在位者多献诗赋,汝南和迺以忤意见斥,祜在其间,不得而亲疏,有识尚焉。陈留王立,赐爵关中侯,邑百户。以少帝不愿为侍臣,求出补吏,徙秘书监。及五等建,封钜平子,邑六百户。钟会有宠而忌,祜亦惮之。及会诛,拜相国从事中郎,与荀勖共掌机密。迁中领军,悉统宿卫,入直殿中,执兵之要,事兼内外。

武帝受禅。以佐命之勋,进号中军将军,加散骑常侍,改封郡公,邑三千户。固让封不受,乃进本爵为侯,置郎中令,备九官之职,加夫人印绶。泰始初,诏曰:"夫总齐机衡,允釐六职,朝政之本也。祜执德清劲,忠亮纯茂,经纬文武,謇謇正直,虽处腹心之任,而不总枢机之重,非垂拱无为委任责成之意也。其以祜为尚书右仆射、卫将军,给本营兵。"时王佑、贾充、裴秀皆前朝名望,祜每让,不处其右。

帝将有灭吴之志,以祜为都督荆州诸军事、假节,散骑常侍、卫将军如故。祜率营兵出镇南夏,开设庠序,绥怀远近,甚得江汉之心。与吴人开布大信,降者欲去皆听之。时长吏丧官,后人恶之,多毁坏旧府,祜以死生有命,非由居室,

羊祜

书下征镇,普加禁断。吴石城守去襄阳七百余里,每为边害,祜患之,竟以诡计令吴罢守。于是戍逻减半,分以垦田八百余顷,大获其利。祜之始至也,军无百日之粮,及至季年,有十年之积。诏罢江北都督,置南中郎将,以所统诸军在汉东江夏者皆以益祜。在军常轻裘缓带,身不被甲,铃阁之下,侍卫者不过十数人,而颇以畋渔废政。尝欲夜出,军司徐胤执棨当营门曰:"将军都督万里,安可轻脱!将军之安危,亦国家之安危也。胤今日若死,此门乃开耳。"祜改容谢之,此后稀出矣。

后加车骑将军,开府如三司之仪。祜上表固让曰:"臣伏闻恩诏,拔臣使同台司。臣自出身以来,适十数年,受任外内,每极显重之任。常以智力不可顿进,恩宠不可久谬,夙夜战悚,以荣为忧。臣闻古人之言,德未为人所服而受高爵,则使才臣不进;功未为人所归而荷厚禄,则使劳臣不劝。今臣身托外戚,事连运会,诚在过宠,不患见遗。而猥降发中之诏,加非次之荣。臣有何功可以堪之,何心可以安之。身辱高位,倾覆寻至,愿守先人弊庐,岂可得哉!违命诚怵天威,曲从即复若此。盖闻古人申于见知,大臣之节,不可则止。臣虽小人,敢缘所蒙,念存斯义。今天下自服化以来,方渐八年,虽侧席求贤,不遗幽贱,然臣不能推有德,达有功,使圣听知胜臣者多,未达者不少。假令有遗德于版筑之

下,有隐才于屠钓之间,而朝议用臣不以为非,臣处之不以为愧,所失岂不大哉!臣忝窃虽久,未若今日兼文武之极宠,等宰辅之高位也。且臣虽所见者狭,据今光禄大夫李熹执节高亮,在公正色;光禄大夫鲁芝洁身寡欲,和而不同,光禄大夫李胤清亮简素,立身在朝,皆服事华发,以礼终始。虽历位外内之宠,不异寒贱之家,而犹未蒙此选,臣更越之,何以塞天下之望,少益日月!是以誓心守节,无苟进之志。今道路行通,方隅多事,乞留前恩,使臣得速还屯。不尔留连,必于外虞有阙。匹夫之志,有不可夺。"不听。

及还镇,吴西陵督步阐举城来降。吴将陆抗攻之甚急,诏祜迎阐。祜率兵五万出江陵,遣荆州刺史杨肇攻抗,不克,阐竟为抗所擒。有司奏:"祜所统八万余人,贼众不过三万。祜顿兵江陵,使贼备得设。乃遣杨肇偏军入险,兵少粮悬,军人挫衄。背违诏命,无大臣节。可免官,以侯就第。"竟坐贬为平南将军,而免杨肇为庶人。

祜以孟献营武牢而郑人惧,晏弱城东阳而莱子服,乃进据险要,开建五城,收膏腴之地,夺吴人之资,石城以西,尽为晋有。自是前后降者不绝,乃增修德信,以怀柔初附,慨然有吞并之心。每与吴人交兵,克日方战,不为掩袭之计。将帅有欲进谲诈之策者。辄饮以醇酒,使不得言。人有略吴二儿为俘者,祜遣送还其家。后吴将夏详、邵颙等来降,二儿之父亦率其属与俱,吴将陈尚、潘景来寇,祜追斩之,美其死节而厚加殡敛。景、尚子弟迎丧,祜以礼遣还。吴将邓香掠夏口,祜募生缚香,既至,宥之。香感其恩甚,率部曲而降。祜出军行吴境,刈谷为粮,皆计所侵,送绢偿之。每会众江沔游猎,常止晋地。若禽兽先为吴人所伤而为晋兵所得者,皆封还。于是吴人翕然悦服,称为羊公,不之名也。

祜与陆抗相对,使命交通,抗称祜之德量,虽乐毅、诸葛孔明不能过也。抗尝病,祜馈之药,抗服之无疑心。人多谏抗,抗曰:"羊祜岂鸩人者!"时谈以为华元、子反复见于今日。抗每告其戍曰:"彼专为德,我专为暴,是不战而自服也。各保分界而已,无求细利。"孙皓闻二境交和,以诘抗。抗曰:"一邑一乡,不可以无信义,况大国乎!臣不如此,正是彰其德,于祜无伤也。"

祜贞悫无私,疾恶邪佞、荀勖、冯纨之徒甚忌之。从甥王衍尝诣祜陈事,辞甚俊辩。祜不然之。衍拂衣而起。祜顾谓宾客曰:"王夷甫方以盛名处大位,然败俗伤化,必此人也。"步阐之役,祜以军法将斩王戎,故戎、衍并憾之,每言论多毁祜。时人为之语曰:"二王当国,羊公无德。"

咸宁初,除征南大将军,开府仪同三司,得专辟召。初,祜以伐吴必藉上流之势。又时吴有童谣曰:"阿童复阿童,衔刀浮渡江。不畏岸上兽,但畏水中龙。"祜闻之曰:"此必水军有功,但当思应其名者耳。"会益州刺史王浚征为大司农,祜知其可任,浚又小字阿童,因表留浚监益州诸军事,加龙骧将军,密令修舟楫,为顺流之计。

祜缮甲训卒,广为戒备。至是上疏曰:"先帝顺天应时,西平巴蜀,南和吴会,海内得以休息,兆庶有乐安之心。而吴复背信,使边事更兴。夫期运虽天所授,而功业必由人而成,不一大举扫灭,则众役无时得安。亦所以隆先帝之勋,成无为之化也。故尧有丹水之伐,舜有三苗之征,咸以宁静宇宙,戢兵和众者也。蜀平之时,天下皆谓吴当并亡,自此来十三年。是谓一周,平定之期复在今日矣。议者常言吴楚有道后服,无礼先强,此乃谓侯之时耳。当今一统,不得与古同谕。夫适道之论,皆未应权,是故谋之虽多,而决之欲独。

凡以险阻得存者,谓所敌者同,力足自固,苟其轻重不齐,强弱异势,则智士不能谋,而险阻不可保也。蜀之为国,非不险也,高山寻云霓,深谷肆无景,束马悬车,然后得济,皆言一夫荷戟,千人莫当。及进兵之日,曾无藩篱之限,斩将搴旗,伏尸数万,乘胜席卷,径至成都,汉中诸城,皆鸟栖而不敢出。非皆无战心,诚力不足相抗。至刘禅降服,诸营堡者索然俱散。今江淮之难,不过剑阁;山川之险,不过岷汉;孙皓之暴,侈于刘禅;吴人之困,甚于巴蜀。而大晋兵众,多于前世,资储器械,盛于往时。今不于此平吴,而更阻兵相守,征夫苦役,日寻干戈,经历盛衰,不可长久,宜当时定,以一四海。今若引梁益之兵水陆俱下,荆楚之众进临江陵,平南、豫州,直指夏口,徐、扬、青、兖并向秣陵,鼓旆以疑之,多方以误之,以一隅之吴,当天下之众,势分形散,所备皆急。巴汉奇兵出其空虚,一处倾坏,则上下震荡。吴缘江为国,无有内外,东西数千里,以藩篱自持,所敌者大,无有宁息。孙皓恣情任意,与下多忌,名臣重将不复自信,是以孙秀之徒皆畏逼而至。将疑于朝,士困于野,无有保世之计,一定之心。平常之日,犹怀去就,兵临之际,必有应者,终不能齐力致死,已可知也。其俗急速,不能持久,弓弩戟楯不如中国。唯有水战是其所便。一入其境,则长江非复所固,还保城池,则去长入短。而官军悬进,人有致节之志,吴人战于其内,有凭城之心。如此,军不逾时,克可必矣。"帝深纳之。

会秦凉屡败,祜复表曰:"吴平则胡自定,但当速济大功耳。"而议者多不同,祜叹曰:"天下不如意,恒十居七八,故有当断不断。天与不取,岂非更事者恨于后时哉!"

其后,诏以泰山之南武阳、牟、南城、梁父、平阳五县为南城郡,封祜为南城侯,置相,与郡公同。祜让曰:"昔张良请受留万户,汉祖不夺其志。臣受钜平于先帝,敢辱重爵,以速官谤!"固执不拜,帝许之。祜每被登进,常守冲退。至心素著,故特见申于分列之外。是以名德远播,朝野具瞻,搢绅佥议,当居台辅。帝方有兼并之志,仗祜以东南之任,故寝之。祜历职二朝,任典枢要,政事损益,皆谘访焉,势利之求,无所关与。其嘉谋谠议,皆焚其草,故世莫闻。凡所进达,人皆不知所由。或谓祜慎密太过者,祜曰:"是何言欤!夫入则造膝,出则诡辞,君臣不密之诫,吾惟惧其不及。不能举贤取异,岂得不愧知人之难哉!且拜爵公朝,谢恩私门,吾所不取。"

祜女夫尝劝祜"有所营置,令有归戴者,可不美乎"?祜默然不应,退告诸子曰:"此可谓知其一不知其二。人臣树私则背公,是大惑也。汝宜识吾此意。"尝与从弟琇书曰:"既定边事,当角巾东路。归故里,为容棺之墟。以白士而居重位,何能不以盛满受责乎!疏广是吾师也。"

祜乐山水,每风景,必造岘山,置酒言咏,终日不倦。尝慨然叹息,顾谓从事中郎邹湛等曰:"自有宇宙,便有此山。由来贤达胜士,登此远望,如我与卿者多矣!皆湮灭无闻,使人悲伤。如百岁后有知,魂魄犹应登此也。"湛曰:"公德冠四海,道嗣前哲,令闻令望,必与此山俱传。至若湛辈,乃当如公言耳。"

祜当讨吴贼有功,将进爵土,乞以赐舅子蔡袭。诏封袭关内侯,邑三百户。

会吴人寇弋阳、江夏,略户口,诏遣侍臣移书诘祜不追讨之意,并欲移州复旧之宜。祜曰:"江夏去襄阳八百里,此知贼问,贼去亦已经日矣。步军方往,安能救之哉!劳师以免责,恐非事宜也。昔魏武帝置都督,类皆与州相近,以兵势好合恶离。疆场之间,一彼一此,慎守而已,古之善教也。若辄徙州,贼出无常,亦未知州之所宜据也。"使者不能诘。

祜寝疾,求入朝。既至洛阳,会景献宫车在殡,哀恸至笃,中诏申谕,扶疾引见,命乘辇入殿,无下拜,甚见优礼。及侍坐,面陈伐吴之计。帝以其病,不宜常入,遣中书令张华问其筹策。祜曰:"今主上有禅代之美,而功德未著。吴人虐政已甚,可不战而克。混一六合,以兴文教,则主齐尧舜,臣同稷契,为百代之盛轨。如舍之,若孙皓不幸而没,吴人更立令主,虽百万之众,长江未可而越也,将为后患乎!"华深赞成其计。祜谓华曰:"成吾志者,子也。"帝欲使祜卧护诸将,祜曰:"取吴不必须臣自行,但既平之后,当劳圣虑耳。功名之际,臣所不敢居。若事了,当有所付授,愿审择其人。"

疾渐笃,乃举杜预自代。寻卒,时年五十八。帝素服哭之,甚哀。是日大寒,帝涕泪沾须鬓,皆为冰焉。南州人征市日闻祜丧,莫不号恸,罢市,巷哭者声相接。吴守边将士亦为之泣。其仁德所感如此。赐以东园秘器,朝服一袭,钱三十万,布百匹。诏曰:"征南大将军南城侯祜,蹈德冲素,思心清远。始在内职,值登大命,乃心笃诚,左右王事,入综机密,出统方岳。当终显烈,永辅朕躬,而奄忽殂陨,悼之伤怀。其追赠侍中、太傅,持节如故。"

祜立身清俭,被服率素,禄俸所资,皆以赡给九族,赏赐军士,家无余财。遗令不得以南城侯印入柩。从弟琇等述祜素志,求葬于先人墓次。帝不许,赐去城十里外近陵葬地一顷,谥曰成。祜丧既引,帝于大司马门南临送。祜甥齐王攸表祜妻不以侯敛之意,帝乃诏曰:"祜固让历年,志不可夺。身没让存,遗操益厉,此夷叔所以称贤,季子所以全节也。今听复本封,以彰高美。"

初,文帝崩,祜谓傅玄曰:"三年之丧,虽贵遂服,自天子达;而汉文除之,毁礼伤义,常以叹息。今主上天纵至孝,有曾闵之性,虽夺其服,实行丧礼。丧礼实行,除服何为邪!若因此革汉魏之薄,而兴先王之法,以敦风俗,垂美百代,不亦善乎!"玄曰:"汉文以末世浅薄,不能行国君之丧,故因而除之。除之数百年,一旦复古,难行也。"祜曰:"不能使天下如礼,且使主上遂服,不犹善乎!"玄曰:"主上不除而天下除,此为但有父子,无复君臣,三纲之道亏矣。"祜乃止。

祜所著文章及为《老子传》并行于世。襄阳百姓于岘山祜平生游憩之所建碑立庙,岁时飨祭焉。望其碑者莫不流涕,杜预因名为堕泪碑。荆州人为祜讳名,屋室皆以门为称,改户曹为辞曹焉。

祜开府累年,谦让不辟士,始有所命,会卒,不得除署。故参佐刘侩、赵寅、刘弥、孙勃等笺诣预曰:"昔以谬选,忝备官属,各得与前征南大将军祜参同庶事。祜执德冲虚,操尚清远,德高而体卑,位优而行恭。前膺显命,来抚南夏,既有三司之仪,复加大将军之号。虽居其位,不行其制。至今海内渴伫,群俊望风。涉其门者,贪夫反廉,懦夫立志,虽夷惠之操,无以尚也。自镇此境,政化被乎江汉,潜谋远计,辟国开疆,诸所规摹,皆有轨量。志存公家,以死勤事,始辟四掾,未至而陨。夫举贤报国,台辅之远任也;搜扬侧陋,亦台辅之宿心也;中道而废,亦台辅之私恨也。履谦积稔,晚节不遂,此远近所以为之感痛者也。昔召伯所憩,爱流甘棠;宣子所游,封殖其树。夫思其人,尚及其树,况生存所辟之士,便当随例放弃者乎!乞蒙列上,得依已至掾属。"预表曰:"祜虽开府而不备僚属,引谦之至，宜见显明。及扶疾辟士，未到而没。家无胤嗣，官无命士，此方之望，隐忧载怀。夫笃终追远，人德归厚，汉祖不惜四千户之封，以慰赵子弟心。请议之。"诏不许。

祜卒二岁而吴平，群臣上寿，帝执爵流涕曰："此羊太傅之功也。"因以克定之功，策告祜庙，仍依萧何故事，封其夫人。策曰："皇帝使谒者杜宏告故侍中太傅钜平成侯祜：昔吴为不恭，负险称号，郊境不辟，多历年所。祜受任南夏，思静其难，外扬王化，内经庙略，著德推诚，江汉归心，举有成资，某有全策。昊天不吊，所志不卒，朕用悼恨于厥心。乃班命群帅，致天之讨，兵不逾时，一征而灭，畴昔之规，若合符契。夫赏不失劳，国有彝典，宜增启土宇，以崇前命，而重违公高让之素。今封夫人夏侯氏万岁乡君，食邑五千户，又赐帛万匹，谷万斛。"

祜年五岁，时令乳母取所弄金环。乳母曰："汝先无此物。"祜即诣邻人李氏东垣桑树中探得之。主人惊曰："此吾亡儿所失物也，云何持去！"乳母具言之，李氏悲惋。时人异之，谓李氏子则祜之前身也。又有善相墓者，言祜祖墓所有帝王气，若凿之则无后，祜遂凿之。相者见曰："犹出折臂三公"，而祜竟堕马折臂，位至公而无子。

帝以祜兄子暨为嗣，暨以父没不得为人后。帝又令暨弟伊为祜后，又不奉诏。帝怒，并收免之。太康二年，以伊弟篇为钜平侯，奉祜嗣。篇历官清慎，有私牛于官舍产犊，及迁而留之。位至散骑常侍，早卒。

孝武太元中，封祜兄玄孙之子法兴为钜平侯，邑五千户。以桓玄党诛，国除。尚书祠部郎荀伯子上表讼之曰："臣闻咎繇亡嗣，臧文以为深叹，伯氏夺邑，管仲所以称仁。功高可百世不泯，滥赏无得崇朝。故太傅、钜平侯羊祜明德通贤，国之宗主，勋参佐命，功成平吴，而后嗣阙然，烝尝莫寄。汉以萧何元功，故绝世辄继，愚谓钜平封宜同酂国。故太尉广陵公准党翼贼伦，祸加淮南，因逆为利，窃飨大邦。值西朝政刑失裁，中兴因而不夺。今王道维新，岂可不大判减否，谓广陵国宜在削除。故太保卫瓘本爵菑阳县公，既被横害，乃进茅土，始赠兰陵，又转江夏。中朝名臣，多非理终，瓘功德无殊，而独受偏赏，谓宜罢其郡封，复邑菑阳，则与夺有伦，善恶分矣。"意寝不报。

祜前母，孔融女，生兄发，官至都督淮北护军。初，发与祜同母兄承俱得病，祜母度不能两存，乃专心养发，故得济，而承竟死。

发长子伦，高阳相。伦弟暨，阳平太守。暨弟伊，初为车骑贾充掾，后历平南将军、都督江北诸军事，镇宛，为张昌所杀，追赠镇南将军。祜伯父秘，官至京兆太守。子祉，魏郡太守。秘孙亮，字长玄，有才能，多计数。与之交者，必伪尽款诚，人皆谓得其心，而殊非其实也。初为太傅杨骏参军，时京兆多盗窃。骏欲更重其法，盗百钱加大辟，请官属会议。亮曰："昔楚江乙母失布，以为盗由令尹。公若无欲，盗宜自止，何重法为？"骏惭而止。累转大鸿胪，时惠帝在长安，亮与关东连谋，内不自安，奔于并州，为刘元海所害。亮弟陶，为徐州刺史。

【译文】

羊祜，字叔子，是泰山南城人，世代都有人当年俸二千石的大官，到羊祜时共九代，都以清廉有德行而闻名。祖父羊续，在汉朝任南阳太守。父羊衜，任上党太守。羊祜是东羊祜十二岁丧父，他的孝行的哀思超过常礼，侍奉叔父羊耽十分恭敬谨慎。他曾经在汶水边上游玩，遇一老人，老人对他说："你这孩子有好的面相，不到六十岁，一定会为国家建立大功。"说完而去，不知他住在哪里。羊祜长大后，博览群书，善做文章，身高七尺三寸，眉须浓密漂亮，善于言谈。郡将夏侯威感到他不同于凡人，把哥哥夏侯霸的女儿嫁给他。曾被荐举为上计吏，州官四次征辟他为从事、秀才，五府也请他做官，他都没有接受。太原人郭奕见到他后说："这位是今天的颜回呀。"后来羊祜与王沈一起被曹爽所辟用，王沈劝羊祜应命就职，羊祜说："委身侍奉别人，谈何容易。"后来曹爽失败，王沈因为是他的属官被免职，他对羊祜说："应该常常记住你以前的话。"羊祜说："这不是预先能想到的。"他的先见之明和不自夸就是这样。

夏侯霸投降蜀国后，姻亲都与他断绝来往，只有羊祜安慰他的家属，并更加照顾而礼敬他们。不久，羊祜母亲去世，长兄羊发又死，羊祜服丧守礼十余年，其间笃志自律，安分守己，朴实得像个儒生。

文帝司马昭为大将军，辟召羊祜，他没有应召，由公家车送到朝廷征拜为中书侍郎、不久升为给事中、黄门郎。当时高贵乡公曹髦爱好文学，有官位的人多进献诗赋，汝南人和逌因为冒犯而遭贬斥，羊祜在这期间并没有因此而亲亲疏疏，有识之士很推崇他。陈留王曹奂即帝位，被赐爵为关中侯，食邑一百户。因为对天子有点看不起而不愿意为近侍大臣，要求出外补做个官，后迁官为秘书监。建立五等制爵位以后，被封为钜平子，食邑六百户。钟会被天子宠爱而又多猜忌，羊祜也怕他。后钟会被诛杀，羊祜被任命为相国从事中郎，与荀勖共同掌握朝廷机密。迁任中领军，统率全部宿卫战士，在皇宫中值班，掌握了军队的核心，兼管内外政事。

晋武帝司马炎称帝，羊祜因为有辅助的功勋，进号中军将军，加官散骑常侍，改封为郡公，食邑三千户。但他坚持推让，于是由原爵晋升为侯，其间设置郎中令，备设九官之职，授给他夫人印绶。泰始年间初年，晋武帝下诏说："总揽中枢机要，统理六部，是朝廷的根本任务。羊祜道德高尚，忠心耿耿，文武兼备，坦荡忠正，虽已任以腹心之任，而不总揽中枢机密的重职，不是天子垂拱无为委任和责成臣下的本意。因此任命羊祜为尚书右仆射、卫将军，给以本营兵。"当时王佑、贾充、裴秀都是前朝有名望之臣，羊祜每每对他们谦让，不敢居其上。

晋武帝有了灭吴的打算，任命羊祜为都督荆州诸军事、假节、散骑常侍、卫将军照旧不变。羊祜统率军营的兵出镇到南方，开设学校，安抚远近地区，很得到江汉百姓的拥护。他对吴国人开诚宣布，投降的人想要回去都由他自己决定。当时风俗是长吏如果死在官府，后继者认为居住地不吉利，多把旧房拆毁，羊祜认为死生有命，不是由于居室，下书给下属，一律禁止。吴国石城的守备离开襄阳七百多里，常来侵扰，羊祜为此忧虑，最后用诡计使吴国撤销了守备。于是他减少一半戍兵，分出来开垦土地八百余顷，大获收益。羊祜最早到来时，军队没有百天的粮食，到了后期，粮食积蓄可用十年。天子下诏撤销江北都督，设置南中郎将，以其所属在汉东和江夏的各军都归羊祜统领。羊祜在军中常穿轻暖的皮裘衣，宽缓衣带，不穿盔甲，将帅所居地方的侍卫士兵不过十几人，但他常因为打猎钓鱼而耽误公务。有一次夜晚想出去，军司徐胤手执木棨挡着营门说："将军统辖万里之地，怎么可以轻易外出，将军的安危，也是国家的安危。我徐胤今天如果死了，这门才会开。"羊祜马上改为笑容，并感谢他，从此以后就很少独自外出了。

后来加官到车骑将军，开府仪式如同三司。羊祜上表坚持辞让，说："我听到朝廷下恩诏，要提拔臣下地位与三公相同。臣自从入仕以来，才十几年，所担任的内外职务，常常是显要的位置。我常想人的智力不可能有突然的长进，恩宠也不可能长久不衰，我日日夜夜为自己高位战战兢兢，把荣华当作忧患。臣听古人曾说：品德没有被大多数人所佩服而接受高的爵位，会使得有才能的人不再奋进；功劳没有被大多数人所钦佩而获得厚的俸禄，会使有功劳的臣下不再向前。今日臣身为外戚，事事都碰到好的运气，应该警诫受到过分的宠爱，而不怕被遗弃。而陛下多次从宫中降下诏书，加给我过分的荣耀。臣下有何功劳可以承受，怎么能使臣心安。因为高位而使人受到猜忌，全家的覆亡接着就会来到，这时再想守住祖先较简陋的住房，哪里还能实现！违命诚然要冒犯天威，违心服从就会如上所述。听说古人明白事理，大臣的官位层次等级，不可任就停止。臣虽小人，怎敢蒙受高位，只想遵循上述的道理。现在天下自归顺以来，才有八年，虽然朝廷诚心求取贤才，对于地位低和在偏僻处的人才也很少遗漏，然而臣下不能推荐有德行的人，进达有功之士，使得皇上知道超过臣下的人很多，还没有受到重视的人不少。假使有遗留像商代曾做版筑奴隶的大臣傅说那样的才德之士，或者隐居在渭水边钓鱼的西周的吕尚，而朝廷用了臣下而不以为非，臣下接受后也不觉得有愧，那么，这损失不是太大了吗！臣任官虽久，没有像今天这样兼有文武的极高荣宠，等同于宰辅的高位。还有，臣所看到的有限，而现今光禄大夫李熹高风亮节，在职公正严肃；光禄大夫鲁芝清白少欲，能团结人；光禄大夫李胤清正朴素，在朝廷上敬重前辈。始终讲究礼节。他们虽然历任内外要职，但与寒门之家无异，而还没有幸运获此高位，臣超过了他们，怎么能够平息天下人的怨望，为朝廷增光！因此我发誓守住节操，没有苟且晋升的想法。现今道路虽畅通，但边境多事，乞求皇上收回成命，让臣迅速回到边镇屯兵之处，不然在此流连，必然有外敌入侵的危险。匹夫的志愿，是不可能轻易改变的。"朝廷没有同意他辞让。

返回边镇后，吴国西陵督步阐以其城来投降。吴国将领陆抗进攻步阐十分猛烈，天子下诏命羊祜去迎接步阐。羊祜率兵五万从江陵出发，派遣荆州刺史杨肇进攻陆抗，没有成功，步阐最后被陆抗所擒获。有关官员上奏，"羊祜所统率的军队有八万多人，而贼军总共不过三万。羊祜把军队停顿在江陵，使贼军有时间加强防备。派遣杨肇的偏军进入险要地区，兵少粮运不继，军队受挫。羊祜违背了诏命，没有大臣应有的品质。应该免去官职，保留侯节回家。"结果因此被贬官为平南将军，而杨肇则免官为平民。

羊祜鉴于春秋时孟献子经营虎牢而郑国人畏惧，晏弱在东阳筑城而莱子国降服的经验，就进据险要地区，建造了五座城，占据了大批肥沃土地，夺得了吴国人的资财粮食，石城以西地区，都被晋军占有。从此来投降人的前后不断，于是进一步提倡实施恩德信义，以安抚刚来降附的人，因而产生了并吞吴国的念头。每次与吴人交战，先定好日期才开战，不搞突然袭击。将帅中有人建议施用阴谋诡计的人，羊祜就让他们不断喝酒，使他们无法再说。有人抓获吴国两男子为俘虏，羊祜立即把他们遣送回家。后来吴国将领夏详、邵颉等来投降,这两个男子的父也率领其同伴一起前来投降。吴将陈尚、潘景进犯,羊祜追杀了他们,然后宣扬两人的节操而厚加殡殓。潘景、陈尚的子弟来迎丧,羊祜用应有礼节送他们回家。吴将邓香到夏口进犯抢掠,羊祜悬赏活捉邓香,抓来后,又把他放回去。邓香感恩,就率领部队来投降。羊祜的军队进入吴国境内,收割田里稻谷作为粮食,都根据收割数量用绢偿还。每次会集部队在江沔一带游猎,常常限于西晋境内。如果禽兽先被吴国人所伤而后被晋兵夺得的,都送还给他们。于是吴人都很高兴和佩服。称他为羊公,而不呼他名字。

羊祜与陆抗相对垒,使者常有往来,陆抗称赞羊祜的德行与度量,虽然乐毅与诸葛孔明都不能与他相比。陆抗曾患病,羊祜向他赠药,陆抗服下从不疑心。有人对陆抗劝阻,陆抗说:"羊祜哪里会是个害人的人!"当时人以为这是春秋时的华元与子反重见于今日。陆抗常常告诫他的戍兵:"如果他们专讲德行,我们专施暴力,这是不战而自败。以后要各自分界自保,不要追求小利。"孙皓听说两境和好,责问陆抗。陆抗答:"一邑一乡,不可以没有信义,何况大国! 臣如不这样,正是使羊祜有德行的名声更大,对于他并无伤害。"

羊祜正直无私,痛恶奸邪之徒,荀勖、冯统等人很忌恨他。外甥王衍曾经到羊祜处陈述事情,言辞华丽诡弁。羊祜很不以为然,王衍拂袖而去。羊祜对宾客说:"王夷甫正因有大的名声而处于高位,然而伤风败俗,必是此人。"步阐之战,羊祜曾打算根据军法处斩王戎,故而王戎、王衍都怨恨他,言谈中常诋毁羊祜。当时人们概括说:"二王主持国政,羊公无德可言。"

咸宁年间初期,被任命为征南大将军、开府仪同三司,可以自行辟召僚佐。起初,羊祜认为伐吴必要凭借长江上流的地势。又当时吴国有童谣说:"阿童复阿童,衔刀浮渡江,不畏岸上兽,但畏水中龙。"羊祜听说后,说:"这必然是水军的作用大,但应当想应验在谁的身上。"刚好益州刺史王浚被任命为大司农,羊祜知道他可以任用,而王浚小字是阿童,因此上表请留王浚为监益州诸军事,加龙骧将军,秘密命令他造船,为顺流而下灭吴做准备。

羊祜修缮盔甲训练士兵,作广泛的军事准备。至此上疏建议:"先帝顺应天时,西平巴蜀,南与吴连和,海内得以休息,万民有安居乐业的心愿。但吴国背信弃义,在边境上经常掀起事端。机遇与命运虽然是上天所授予,而建功立业必定要靠人的努力,不进行一次大军出征扫灭敌人,则小的战役会使我们没有安宁的时间。这也是用来增加先帝的功勋,促成无为而治。所以尧有丹水之征伐,舜有三苗的讨平,这都是为了使世界宁静,停止战争让百姓和好。平蜀的时候,大家都认为吴国也应当同时灭亡,自从这时以来已经十三年了,正好是一个周期,平定吴的日期应该就在今天了。人们常议论说吴楚地区总是政治清明时最后归服,天下大乱时最先强盛,这就是说要等待时机。当今天下一统,不能与古代同日而谕。所谓符合一般道理的议论,都没有随机应变,所以出谋划策的人虽然众多,但决断则需要单独的个人。凡是凭地形险要而得以生存的,都认为敌方也是这样,力量足以自固。如果轻重不同,强弱悬殊,那么智士也无法谋略,险阻也不可凭借。蜀汉这个国家,并非不险峻,高山接近云端,深谷没有底,小心谨慎地驾驶车马,才能通过,都说一人当着关,千人也不能抵挡。可是到进兵的时候,这些藩篱也不起作用,斩将拔旗，敌军横尸数万，我军乘胜席卷各地，一直到达成都，汉中等城市都像鸟楼在巢中而不敢出来。不是他们都没有战斗决心，那是因为力量不足以对抗。等到刘禅投降，各营堡就一齐散光。现在长江、淮江的难渡，不超过剑阁；山川的险要，也不超过岷、汉；而孙皓的暴虐，却比刘禅厉害；吴国百姓的困苦，也超过了巴蜀的百姓。并且大晋的军队，多于前代；军事装备和武器，也盛于过去。今天不趁此时平定吴国，而继续屯兵守卫，那么出征的人会遭受苦役，造成天天战争不断，况且国家的盛衰，也不会一直不变；应当适时决定，统一天下。现在如果用梁州益州的兵沿长江水陆俱下，荆楚地区的军队进而靠近江陵，平南将军、豫州刺史的兵直指夏口，徐、扬、青、兖州的兵一起向秣陵进攻，用许多的战鼓旗帜来使敌人疑惑，用多方面的进攻使敌人不能判断何方为主，这样，处在一个角落的吴国，要抵挡天下众多兵力，他们必然会分散力量，使到处感到紧急。这时四川汉中的奇兵乘虚而入，只要吴国一个地方失败，就会引起举国上下震荡不安。吴国沿江建国，没有内外，东西数千里，靠长江作为藩篱来维持，由于战线长，需要防守地方也大，因而没有安宁的时候。孙皓专横任性，与下属矛盾重重，名臣重将都自感难保，因此象孙秀这一类人都因受到畏逼而避难来投。在朝廷将士们都心中自疑不安，在地方上士兵们困苦难熬，没有保卫国家的打算和安定的心思。在平常的日子里，尚且在投降问题上犹豫不决，当大军临近时，必然会有响应我们而来投降的人，他们终究不可能齐心协力战斗到死，这是可以断定的。他们的习俗在于速战，不能持久，弓弩戟楯等武器都不如中原，只有水上的战斗可算是他们的特长。但只要一入他们境内，那么长江已经不起作用，他们退还保卫城市，这样就去掉了长处而只剩下短处。我们官军深入敌境，人人都会有必死的斗志，吴军在自己内地打仗，有依赖城防的心理。由此可见，军事行动的时间不会太长，攻克取胜是必然的。”晋武帝很赞同羊祜的建议。

刚好到秦州与凉州屡遭失败，羊祜再次上表说：“吴国平定后则胡人叛乱自然会停止，只是应当迅速实现大功。”但很多人不赞同，羊祜叹道：“天下不如意的事，常常是十居八九，故而有当断不断，反受其乱的说法。上天给予的不去取，岂不是让做事的人到以后再遗憾吗！”

此后，皇帝下诏以泰山的南武阳、牟、南城、梁父、平阳五县为南城郡，封羊祜为南城侯，设置相的官职，与郡公同级。羊祜辞让说：“从前张良请求受封留侯万户，汉高祖不违背他的志愿。臣从先帝受封钜平，岂敢再受重爵，以招致官员的毁谤！”坚辞不受，晋武帝同意了。羊祜每次晋升，常常退让，诚恳的态度十分明显，所以往往得到意外的提升。因此有德行的名声越传越远，朝野人士都一致推崇他，士大夫们都说他应该居宰相的高位。晋武帝当时正筹划如何兼并吴国，要依仗羊祜来主持平定江南的工作，所以搁置了这件事。羊祜侍奉过两朝君主，掌握了中央机要大权，因此政治上的大事，都要请问他，对于权势和利禄，他从不去钻营。他筹划的良好计谋和公正议论的草稿，过后都加以焚毁，因而世人不知道其内容。凡他所推荐的人，本人都不知道其所由来。有人认为羊祜过于缜密，羊祜说：“这是什么话！古人有‘入朝则与皇帝促膝谈心，出朝则佯装不知’的训诫，我唯恐做不到这一点。不能举贤任能，岂不是有愧于知人之难！况且拜爵于朝廷，谢恩于私门，这是我所不干的。”

羊祜的女婿曾劝他"应该要经营安排自己的亲信,使能有一批依附和拥戴的人,这不是很重要而有利的事吗?"羊祜默然没有回答,后来告诫几个儿子说:"这可说是知其一不知其二。作为臣子树立私恩则必然背弃公义,这是大的祸乱呀。你们要记住我的意思。"羊祜曾给堂弟羊琇写信说:"平定边境的事完成以后,我就脱下朝服头戴角巾回到故乡,为自己安排墓地。以寒士而居高位,怎么能不因为太盛太满而受人责难!汉朝的疏广就是我的榜样。"

羊祜爱好山水,每次观赏风景,必然上岘山,一边饮酒一边言词咏诗,终日不倦。他曾感慨叹息,对从事中郎邹湛等说:"自从有天地便有此山,历来贤达有才能之士,登此山远望,类似你我那样是很多的,可是都湮灭而不被人知道,令人悲伤。如果百年之后有知,我的灵魂还应再登此山。"邹湛说:"您的品德冠于四海,继承了前哲的传统,您的名望,必能与此山一样长久。至于象我辈,则正如您前面所说的那些人呀。"

羊祜因为征讨吴国有功,朝廷要给他晋升爵位和增加封地,羊祜要求把这些转赐给舅舅的儿子蔡袭。于是朝廷下诏封蔡袭关内侯,食邑三百户。

刚好吴人国进攻弋阳、江夏,掠夺人口,武帝下诏派侍臣送信给羊祜责备他为什么不追讨,并且打算把州治迁回旧地。羊祜回答说:"江夏离开襄阳八百里,等到知道贼军入侵的消息,贼军离去也已经一天多了。这时步兵才赶去,哪里能够救急呢!如果空劳军队白跑一次,以此来免除责难,恐怕不合时宜。过去魏武帝曹操设置都督,一般都与州治相近,这是因为军事上要求集中而忌讳分散。战场之内,一彼一此,都是为了谨慎防守,这是古代有益的教训。如果动辄迁移州治,贼军出没无常,那时就不知州治应该迁到何处适宜了。"使者无法再指责。

羊祜卧病,要求入朝。到洛阳后,刚好景献皇后逝世,羊祜十分悲痛。皇帝下诏,让他抱病来见,并命他乘坐辇车上殿,不必跪拜,备受优礼。坐定后,羊祜当面陈述伐吴的大计。武帝因他有病,不宜常来,派遣中书令张华去问筹划和策略。羊祜说:"现在圣上有接受禅让的美事,但功德还不十分显著。吴国的暴虐已很严重,可以不战而胜。统一天下,振兴文化教化,这样,主上可同尧舜并列,臣下可与稷契等同,成为百代少有的盛世。如果放弃这计划,要是孙皓不幸而死,吴人另立贤主,那时虽有百万之众,长江未必可以渡越,这样吴国将成为后患!"张华十分赞同这计划。羊祜对张华说:"能实现我的志向的人,就是你呀。"武帝想让羊祜卧床统领诸将,羊祜说:"攻取吴国不必等臣亲自统领出征,但平定之后,要劳烦圣上费心。功和名誉的事,臣不敢去沾边。如果战事结束,要任官授职,希望能慎重选择其人。"

羊祜病渐加重,于是推举杜预接替自己。不久病死,年龄五十八岁。武帝穿着丧服十分悲哀地哭泣。这天刚大寒,武帝的泪水流到鬓须上,都结了冰。南州人在集市上听到羊祜死的消息,没有一个不号啕痛哭,并且停止了集市贸易,街上的哭声连成一片。吴国守边的将士也为他哭泣。羊祜的仁义和品德就是这样地感动人们。朝廷赏赐给东园的棺材,朝服一套,丧钱三十万,布一百匹。诏书说:"征南大将军南城侯羊祜,道德高尚,思想纯正深远。开初担任内职,后担负重任,忠心耿耿,掌管国家大事,入则参与机密,出则统率边镇兵力。本应当更有作为,长期辅佐寡人,然而忽然逝世,一想起便内心悲痛。

特追赠为侍中、太傅,持节不变。"

羊祜清廉俭朴,衣被都用素布,所得俸禄,都用来周济族人,或赏赐给战士,家无余财。临终遗言,不得把南城侯印放入棺内。堂弟羊琇等叙述羊祜的夙愿,要求葬在祖先墓地。武帝不同意,赐给离京城十里外近皇陵的葬地一顷,谥号曰:"成"。羊祜的送丧队伍出发,武帝在大司马门南亲自送行。羊祜外甥齐王司马攸上表说羊祜妻不愿按侯爵级别殓葬的原因,武帝下诏说:"羊祜坚持谦让多年,他的志愿不可违背。他身虽死而谦让的美德仍存,遗操越发感人,这就是古代伯夷、叔齐所以被称为贤人,延陵季子保全名节的原因。现在允许恢复原封爵,用以表彰他的高尚的美德。"

起初,文帝死,羊祜对傅玄说:"三年之丧,虽然重的是服满丧期,从天子开始,而汉文帝废除了这个礼仪,破坏了礼也损伤了道义,我常为此叹息。现在主上生来十分孝顺,有曾子、闵子骞的品性,虽然迫他脱下丧服,实际上仍在行丧礼。既然丧礼仍在行,为什么要除去丧服呢!如果趁此革除汉魏两代较薄的丧礼,而恢复先王之礼法,以使风俗淳厚,传之百代,不是很好的吗!"傅玄说:"汉文帝因为末世风俗浅薄,不能实行国君丧礼,因而废除它。现在已经废了数百年,一旦再恢复古礼,恐怕难以实行。"羊祜说:"不能使天下依礼而行,但能使主上服完丧服,不是也更好吗!"傅玄曰:"主上不除三年之丧,而天下除去,这是只有父子关系,没有君臣关系,三纲的道理有所亏缺了。"羊祜于是作罢。

羊祜所著文章以及《老子传》都已流传于世。襄阳的百姓在岘山羊祜平生游玩休息的地方建立了碑和庙,一年四时都去祭祀。看到碑的人没有一个不流泪,杜预因此称之为堕泪碑。荆州人为了避羊祜的名讳,屋室的"户"都改称"门",改户曹为辞曹。

羊祜开府多年,因谦让没有辟召士人,等开始有所辟召,刚好死,不得授官。因此过去羊祜的参佐刘侩、赵寅、刘弥、孙勃等上书给杜预说:"过去错被选拔,当了官属,我们各人得以与前征南大将军羊祜一起处理政事。羊祜德行高尚谦虚,操行清正,并且他德高而卑谦,位尊而端恭。先前他接受重命,来镇抚南方,有了三司的仪仗,又加大将军之称号。但虽居其位,没有按此级别行事。至今还为海内人士仰望,群贤效法。和他交往的人,贪心的人一变为清廉,懦弱的人立下了大志,虽然伯夷和柳下惠的操行,也无法超过他。他自从镇守此境,惠政和教化已经传遍了江汉地区,深谋远计,开辟国土疆域,各种规划运筹,都有一定的规制。他一心为国,以死来服勤王事,开始辟召四人为掾属,可惜还未来到他已逝世。推举贤才报效国家,是台辅大臣的重要任务,搜罗任用沉沦下层的奇才,是台辅大臣的夙愿;现在中途而废,也是台辅大臣的遗憾。一生谦和,日积月累,但晚年夙愿没有实现,这是远近的人所以为之感痛的原因。从前召伯休息之处,留下了甘棠佳话,宣子游历之地,都培植了树木。思念其人,尚且及于其树,何况他生前所辟召的人士,就应当随便放弃吗!乞求上官,能够依照已经来到的人使他们成为掾属。"杜预为此上表说:"羊祜虽然开府而不备僚属,他这样极端的谦让,应该表彰,后抱病辟士,可惜人未到他已去世。他家没有后嗣,做官没有任命士人,但对这一地方的百姓都很关怀和忧思。对死者的优褒追念,人们的德行会敦厚起来,汉高祖不惜用四千户之封,来安慰赵国子弟的心,请有关方面议定。"诏书不同意。

羊祜死后二年而吴国被平定,群众为皇帝庆贺祝寿,武帝拿着酒杯流着眼泪说:"这是羊太傅的功劳呵。"接着将克定吴国之功写成策文,祭告于羊祜庙,并按汉代萧何旧例,加封羊祜夫人。策文说:"皇帝派谒者杜宏祭告已故侍中太傅钜平成侯羊祜:过去吴国不恭命,凭赖天险称帝,使边境不安宁,已有多年。羊祜受任到南方,想加以平定,对外宣扬王威,对内有朝廷出谋划策,推行德治,江汉的人都心向朝廷,对征伐他胸有成竹和有万全之策。上天无情,他的志愿没有实现,朕的心中充满着悲痛和遗憾。于是命令将帅,出兵讨伐,动兵不久,一战而灭,羊祜过去的规划,与这次战争完全相合。赏功臣不能忘记他们的劳绩,国家有制度规定,应该给羊祜增加封邑,以褒奖他生前的功劳,但却重新违背了他的谦让胸怀。改封他夫人夏侯氏为万岁乡君,食邑五千户,另赐给帛万匹,谷万斛。"

羊祜五岁时,叫乳母取所玩的金环。乳母说:"你以前没有这种东西。"羊祜就走到邻居李氏的东墙下,在桑树中找到了金环。主人惊奇地说:"这是我死去儿子所失掉的物品,为什么要拿走?"乳母具体讲述了事情经过,李氏十分悲痛。当时人们很惊异,说李氏儿子就是羊祜的前身。又有一个善于相墓的人,说羊祜祖墓附近有帝王气,如果去挖掘则要没有后代,羊祜去挖掘了。看相的人看了后又说:"还会出一个折臂的三公高官",结果羊祜果然落马折臂,位至三公而没有儿子。

武帝起初命羊祜哥哥的儿子羊暨过继为后代,羊暨认为父亲死了不可再过继于人,武帝又命羊暨弟弟羊伊为羊祜的后代,羊伊也不肯。武帝大怒,都把他们收捕了。太康二年,命羊伊弟羊篇为钜平侯,作为羊祜嗣子。羊篇做官清廉谨慎,他的私牛在官舍中产下牛犊,后他升迁时就把这牛犊留下来给公家了。他位到散骑常侍,死得较早。

孝武帝太元年间,又封羊祜哥哥的玄孙之子羊法兴为钜平侯,食邑五千户。后来因是桓玄集团中人被杀,封爵被废除。尚书祠部郎荀伯子上表申诉说:"臣听说咎繇的后嗣死亡,臧文仲为此深叹;伯氏被剥夺封邑,管仲因此称仁。功高可以百代不绝,滥赏所得必然短命。已故太傅,钜平侯羊祜德高才俊,是国家的栋梁,功勋相当于佐命,功劳成于平吴大业,可是后代缺绝,祭祀无人。汉代因萧何有首功,所以后代一断就立刻继上,我以为钜平封爵应与酂国相当。已故太尉广陵公陈准成为逆贼司马伦党翼,把祸水加到淮南,发动叛逆来求私利,窃取一方大权。当时正碰到贾后专权,刑政失去准绳,中兴以后也没有剥夺。现在王道再兴,岂可以不判明是非,我认为广陵国应该废除。已故太保卫瓘本爵是菑阳县公,遭到杀害后才进封爵位,始赠为兰陵郡公,又转为江夏郡公。建都洛阳时期的名臣,大多不是善终,卫瓘并无特殊功德,而独独受赏,我认为应该废除他的郡封,恢复为菑阳县公,这样才能封赏和收夺有伦序,善恶才能分明。"结果,这个建议被搁下而没有回音。

羊祜的大母亲是孔融的女儿,生羊发,官做到都督淮北护军。起初,羊发与羊祜同母兄羊承都得病,羊祜母估计不能两人都存活,就专心照料羊发,使他免死,而羊承最后终于病死。

羊发的长子羊伦,任高阳国相。羊伦弟羊暨,任阳平太守。羊暨弟羊伊,起初为车骑将军贾充的属官,后历任平南将军、都督江北诸军事,镇守宛城,被张昌所杀,追赠为镇南将军。羊祜伯父羊秘,官至京兆太守,其子羊祉,官至魏郡太守。羊秘孙子羊亮,字长玄,有才能,多计谋。他与人交朋友,必先假装诚恳,别人都以为他对人真心,其实不是真的。最初任太傅杨骏参军,当时京兆地区多盗贼,杨骏想加重刑罚,偷百钱就处死,请官属们对此议论。羊亮说:"从前楚江乙的母亲失去布匹,认为偷盗的根源在令尹。您如果没有贪欲,盗贼也应该绝迹,何必用重的刑罚?"杨骏很惭愧而不再实行。不断加官至大鸿胪。当时晋惠帝在长安,羊亮与关东联谋,内心很不安,投奔到并州,被刘元海杀害。羊亮弟羊陶,官至徐州刺史。

贾充传

【题解】

贾充(217~282年),西晋王朝的开国元勋。他的功勋主要有二:一是甘冒遗臭万年的骂名帮助司马氏弑杀魏帝曹髦,二是司马炎做了皇上。这就使他在晋武帝一朝立于不败之地。贾充为了容身固位,又活动把女儿嫁给了皇太子。他这个又丑又妒的女儿当了皇后以后,就点起了"八王之乱"的导火索。贾充能文能武,奖进士流,是个很有才干的人物,但他秉性不正,专以谄媚取宠于主子,于是他失文才堕落为刀笔,武略堕落为弑贼,终于坐上晋朝第一奸臣的交椅。

【原文】

贾充字公闾,平阳襄陵人也。父逵,魏豫州刺史、阳里亭侯。逵晚始生充,言后当有充闾之庆,故以为名字焉。

充少孤,居丧以孝闻。袭父爵为侯。拜尚书郎,典定科令,兼度支考课。辩章节度,事皆施用。累迁黄门侍郎、汲郡典农中郎将。参大将军军事,从景帝讨毋丘俭、文钦于乐嘉。帝疾笃,还许昌,留充监诸军事,以劳增邑三百五十户。

后为文帝大将军司马,转右长史。帝新执朝权,恐方镇有异议,使充诣诸葛诞,图欲伐吴,阴察其变。充既论说时事,因谓诞曰:"天下皆愿禅代,君以为何如?"诞厉声曰:"卿非贾豫州子乎,世受魏恩,岂可欲以社稷输人乎!若洛中有难,吾当死之。"充默然。及还,白帝曰:"诞在扬州,威名夙著,能得人死力。观其规略,为反必也。今徵之,反速而事小;不徵,事迟而祸大。"帝乃徵诞为司空,而诞果叛。复从征诞,充进计曰:"楚兵轻而锐,若深沟高垒以逼贼城,可不战而克也。"帝从之。城陷,帝登垒以劳充。帝先归洛阳,使充统后事。进爵宣阳乡侯,增邑千户。迁廷尉,充雅长法理,有平反之称。

转中护军,高贵乡公之攻相府也,充率众拒战南阙。军将败,骑督成倅弟太子舍人济谓充曰:"今日之事如何?"充曰:"公等养汝,正拟今日,复何疑!"济于是抽戈犯跸。及常道乡公即位,进封安阳乡侯,增邑千二百户,统城外诸军,加散骑常侍。

钟会谋反于蜀,帝假充节,以本官都督关中、陇右诸军事,西据汉中,未至而会死。时军国多事,朝廷机密,皆与筹之。帝甚信重充,与裴秀、王沈、羊祜、荀勖同受腹心之任。

帝又命充定法律。假金章，赐甲第一品。五等初建，封临沂侯，为晋元勋，深见宠异，禄赐常优於群官。

充有刀笔才，能观察上旨。初，文帝以景帝恢赞王业，方传位於舞阳侯攸。充称武帝宽仁，且又居长，有人君之德，宜奉社稷。及文帝寝疾，武帝请问后事。文帝曰："知汝者贾公闾也。"帝袭王位，拜充晋国卫将军、仪同三司、给事中，改封临颍侯。及受禅，充以建明大命，转车骑将军、散骑常侍、尚书仆射，更封鲁郡公，母柳氏为鲁国太夫人。

贾充

充所定新律既班于天下，百姓便之。诏曰："汉氏以来，法令严峻。故自元成之世，及建安、嘉平之间，咸欲辩章旧典，删革刑书。述作体大，历年无成。先帝愍元元之命陷於密网，亲发德音，厘正名实。车骑将军贾充奖明圣意，咨询善道。太傅郑冲，又与司空荀顗、中书监荀勖、中军将军羊祜、中护军王业，及廷尉杜友、守河南尹杜预、散骑侍郎裴楷、颍川太守周雄、齐相郭颀、骑都尉成公绥荀辉、尚书郎柳轨等，典正其事。朕每鉴其用心，常慨然嘉之。今法律既成，始班天下，刑宽禁简，足以克当先旨。昔萧何以定律受封，叔孙通以制仪为奉常，赐金五百斤，弟子皆为郎。夫立功立事，古之所重。自太傅、车骑以下，皆加禄赏，其详仪故典。"於是赐充子弟一人关内侯，绢五百匹。固让，不许。

后代裴秀为尚书令，常侍、车骑将军如故。寻改常侍为侍中，赐绢七百匹。以母忧去职，诏遣黄门侍郎慰问。又以东南有事，遣典军将军杨嚣宣谕，使六旬还内。

充为政，务农节用，并官省职，帝善之。又以文武异容，求罢所领兵。及羊祜等出镇，充复上表欲立勋边境，帝并不许。从容任职，褒贬在己，颇好进士，每有所荐达，必终始经纬之，是以士多归焉。帝舅王恂尝毁充，而充更进恂。或有背充以要权贵者，充皆阳以素意待之。而充无公方之操，不能正身率下，专以谄媚取容。侍中任恺、中书令庾纯等刚直守正，咸共族之。

又以充女为齐王妃，惧后益盛。及氐羌反叛，时帝深以为虑，恺因时说，请充镇关中。乃下诏曰："秦凉二境，比年屡败，胡虏纵暴，百姓荼毒，遂使异类扇动，害及中州。虽复吴蜀之寇，未当至此。诚由所任不足以内抚夷夏，外镇丑逆，轻用其众而不能尽其力。非得腹心之重，推毂委成，大匡其弊，恐为患未已。每虑斯难，忘寝兴食。侍中、守尚书令、车骑将军贾充，雅量弘高，达见明远，武有折冲之威，文怀经国之虑，信结人心，名震域外。使权统方任，绥静西夏，则吾无西顾之念，而远近获安矣。其以充为使持节、都督秦凉二州诸军事；侍中、车骑将军如故，假羽葆、鼓吹，给第一驸马。"朝之贤良欲进忠规献替者，皆幸充此举,望隆惟新之化。

充既外出,自以为失职,深恨任恺,计无所从。将之镇,百僚饯于夕阳亭,荀勖私焉。充以忧告,勖曰:"公,国之宰辅,而为一夫所制,不亦鄙乎!然是行也,辞之实难。独有结婚太子,不顿驾而自留矣。"充曰:"然。孰可寄怀?"对曰:"勖请言之。"俄而侍宴,谕太子婚姻事,勖因言充女才质令淑,宜配储宫。而杨皇后及荀恺亦并称之。帝纳其言。会京师大雪,平地二尺,军不得发。既则皇储当婚,遂不西行。诏充居本职。先是羊祜密启留充,及是,帝以语充。充谢祜曰:"始知君长者。"

时吴将孙秀降,拜为骠骑大将军。帝以充旧臣,欲改班,使车骑居骠骑之右。充固让,见听。寻迁司空、侍中、尚书令,领兵如故。

会帝寝疾,充及齐王攸、荀勖参医药。及疾愈,赐绢各五百匹。初,帝疾笃,朝廷属意於攸。河南尹夏侯和谓充曰:"卿二女婿,亲疏等耳,立人当立德。"充不答。及是帝闻之,徙和光禄勋,乃夺充兵权,而位遇无替。寻转太尉、行太子太保、录书事。咸宁三年,日蚀於三朝,充请逊位,不许。更以沛国之公丘增其封,宠幸愈甚,朝臣咸侧目焉。

河南尹王恂上言:"弘训太后入庙,合食於景皇帝,齐王攸不得行其子礼。"充议以为:礼,诸侯不得祖天子,公子不得祢先君,皆谓奉统承祀,非谓不得复其父祖也。攸身宜服三年丧事,自如臣制。"有司奏;"若如充议,服子服,行臣制,未有前比。宜如恂表,攸丧服从诸侯之例。"帝从充议。

伐吴之役。诏充为使持节、假黄钺、大都督,总统六师,给羽葆、鼓吹、缇幢、兵万人、骑二千置左右长史、司马、从事中郎,增参军、骑司马各十人,帐下司马二十人,大车、官骑各三十人。充虑大功不捷,表陈"西有昆夷之患,经有幽并之戍,天下劳扰,年谷不登,与军致讨,惧非其时。又臣老迈,非所克堪。"诏曰:"君不行,吾便自出。"充不得已,乃受节钺,将中军,为诸军节度,以冠军将军杨济为副,南屯襄阳。吴江陵诸守皆降,充乃徙屯项。

王浚之克武昌也,充遣使表曰:"吴未可悉定,方夏,江淮下湿,疾疫必起,宜召诸军,以为后图。虽腰斩张华,不步以谢天下。"华豫平吴之策,故充以为言。中书监荀勖奏,宜如充表。帝不从,杜预闻充有奏,驰表固争,言平在旦夕。使及至辕辕,而孙皓已降。吴平,军罢。帝遣侍中程咸搞劳,赐充帛八千匹,增邑八千户;分封从孙畅新城亭侯,盖安阳亭侯;弟阳里亭侯混、从孙关内侯众增户邑。

充本无南伐之谋,固谏不见用。及师出而吴平,大惭惧,议欲请罪。帝闻充当诣阙,豫幸东堂以待之。罢节钺、僚佐,仍假鼓吹、麾幢。充与君臣上告成之礼,请有司具其事。帝谦嚷不许。

及疾笃,上印绶逊位。帝遣侍臣谕旨问疾,殿中太医致汤药,赐床帐钱帛,自皇太子宗室躬省起居。太康三年四月薨,时年六十六。帝为之恸,使使持节、太常奉策追赠太宰,加衮冕之服、缘缤绶、御剑,赐东园秘器、朝服一具,衣一袭,大鸿胪护卫丧事,假节钺、前后部羽葆、鼓吹、缇麾,大路、銮路、枆镂车、帐下司马大车,椎斧文衣武贲、轻车介士。葬礼依霍光及安平献王故事,给茔田一顷。与石苞等为王功配飨庙庭,谥曰武。追赠充于黎民为鲁殇公。

充妇广城君郭槐，性妒忌。初，黎民年三岁，乳母抱之当阁。黎民见充入，喜笑，充就而拊之。槐望见，谓充私乳母，既鞭杀之。黎民恋念，发病而死。后又生男，过期，复为乳母所抱，充以手摩其头。郭疑乳母，又杀之，儿亦思慕而死。充遂无胤嗣。

及薨，槐辄以外孙韩谧为黎民子，奉充后。郎中令韩咸、中尉曹轸谏槐曰："礼，大宗无后，以小宗支子后之，无异姓为后之文。无令先公怀腆后土，良史书过，岂不痛心。"槐不从。咸等上书求改立嗣，事寝不报。槐遂表陈是充遗意。帝乃诏曰："太宰、鲁公充，崇德立勋，勤劳佐命，背世殂殒，每用悼心。又胤子早终，世嗣未立。古者列国无嗣，取始封支庶，以绍其统，而近代更除其国。至於周之公旦，汉之萧何，或豫建元子，或封爵元妃，盖尊显勋庸，不同常例。太宰素取外孙韩谧为世子黎民后。吾退而断之，外孙骨肉至近，推恩计情，合於人心。其以谧为鲁公世孙，以嗣其国。自非功如太宰，始封无后如太宰，所取必以己自出不如太宰，皆不得以为比。"

及下礼官议充谥，博士秦秀议谥曰荒，帝不纳。博士段畅希旨，建议谥曰武，帝乃从之。自充薨至葬，赗赐二千万。惠帝即位，贾后擅权，加充庙备六佾之乐，母郭为宜城君。及郭氏亡，谥曰宣，特加殊礼。时人讥之，而莫敢言者。

初，充前妻李氏淑美有才行，生二女褒、裕，褒一名荃，裕一名浚。父丰诛，李氏坐流徙。后娶城阳太守郭配女，即广城君也。武帝践阼，李以大赦得还，帝特诏充置左右夫人，充母亦敕充迎李氏。郭槐怒，攘袂数充曰："刊定律令，为佐命之功，我有其分。李那得与我并！"充乃答诏，托以谦冲，不敢当两夫人盛礼，实畏槐也。而荃为齐王攸妃，欲令充遣郭而带其母。时沛国刘含母，及帝舅羽林监王虔前妻，皆毋丘俭孙女。此例既多，质之礼官，俱不能决。虽不遣后妻，多异居私通。充自以宰相为海内准则，乃为李筑室於永年里而不往来。荃、浚每号泣请充，充竟不往。会充当镇关右，公卿供帐祖道，荃、浚俱充遂去，乃排幔出於坐中，叩头流血，向充及群僚陈母应还之意。众以荃王妃，皆惊起而散。充甚愧愕，遣黄门将宫人扶去。既而郭槐女为皇太子妃，帝乃下诏断如李比皆不得还，后荃恚愤而死。

初，槐欲省李氏，充曰："彼有才气，卿往不如不往。"及女为妃，槐乃盛威仪而去。既入户，李氏出迎，槐不觉腿屈，因遂再拜。自是充每出行，槐辄使人寻之，恐其过李也。初，充母柳见古今重节义，竟不知充与成济事，以济不忠，数追骂之。侍者闻之，无不窃笑。及将亡，充问所欲言，柳曰："我教汝迎李新妇尚不肯，安问他事！"遂无言。及充薨后，李氏二女乃欲令其母祔葬，贾后弗之许也。及后废，李氏乃得合葬。李氏作《女训》行於世。

【译文】

贾充，字公闾，平阳襄陵人。父贾逵，曹魏时任豫州刺史，封阳里亭侯。贾逵晚年才生下贾充，说以后当有"充闾之庆"（光大门户的意思），于是就以此为他的名和字。

贾充自少丧父，居丧期间以孝闻名。承袭父亲的爵位为侯。拜官尚书郎，典掌制定法令，兼管度支考课。明辨法令，调剂度支，所建议都被采用。累升为黄门侍郎、汲郡典农中郎将。参大将军军事，随从大将军司马师讨伐毋丘俭、文钦于乐嘉。司马师病重，返回许昌,留贾充监诸军事,因功劳增加封邑三百五十户。

后来他担任大将军司马昭的司马,转右长史。司马昭刚开始执掌朝政大权,担心方镇有异议,派贾充前往诸葛诞那里,商议讨伐吴国的事,实际上是探查诸葛诞活动。贾充讲论起时事,于是对诸葛诞说:"天下人都希望魏帝禅让,您以为怎样?"诸葛诞厉声道:"你不是贾豫州的儿子么,世代承受魏帝的恩典,岂能打算把社稷送人呢!如果洛阳发难,我当以死相报。"贾充默然不语。及至他还朝,对司马昭说:"诸葛诞在扬州,威名早著,能得人为他拼命。察看他的动向,造反是必然的了。如果现在就征调他回朝,那么他很快就会造反但影响要小;如果不征调他,造反虽然推迟但祸事就大了。"司马昭便征调诸葛诞回朝为司空,而诸葛诞果然起兵反对司马氏。贾充又随司马昭征讨诸葛诞,献计道:"楚地之兵,轻剽而锐利,如果深沟高垒以逼近敌人城下,可不战而克。"司马昭听从了。攻克寿春之后,司马昭亲自登上城垒慰劳贾充。司马昭先回洛阳,让贾充统理后事。进爵宣阳乡侯,增加封邑一千户。升廷尉,贾充擅长法律,有平反冤狱之称。

转为中护军,魏帝曹髦攻讨司马昭的相府,贾充率众拒战于南阙。贾充将败,骑督成倅的弟弟太子舍人成济对贾充说:"今天的事怎么办?"贾充说:"大将军豢养着你们,正为的是今天,还有什么可犹豫的!"成济于是抽戈冲上,杀死魏帝曹髦。及至常道乡公曹奂即位(为魏元帝),贾充进封安阳乡侯,增加封邑一千二百户,通令城外诸军,加散骑常侍。

钟会在蜀谋反,司马昭命贾充假节,以本官都督关中、陇右诸军事,西据汉中,未到而钟会已死。当时军队、国家的事情很多,朝廷机密,都与贾充商议。司马昭很信任贾充,他与裴秀、王沈、羊祜、荀勖同受腹心之任。司马昭又命令贾充定法律。假金印;赐上等府第一处。初定五等封爵,封贾充为临沂侯,为晋之元勋,深受宠遇,俸禄赏赐常比群官优异。

贾充有刀笔之才,能观察主子的意图。开初,司马昭因为兄长司马师恢宏王业,正要传位于司马师的嗣子齐王司马攸(按司马师无子,司马昭把自己的次子司马攸过继给司马师为嗣子)。贾充称赞司马炎(司马昭的长子,即后来的晋武帝)宽大仁厚,而且又位居长子,有人君之德,应该奉受社稷,及至司马昭病重,司马炎求问后事。司马昭说:"了解你的是贾公闾。"司马炎继承晋王王位,拜贾充为晋国卫将军、仪同三司、给事中,改封临颍侯。等到晋王受魏帝禅让,贾充以建国元勋,转为车骑将军、散骑常侍、尚书仆射,改封鲁郡公,母亲柳氏为鲁国太夫人。

贾充所定的法律颁行天下以后,百姓觉得很实用。武帝降诏道:"汉朝以来,法令严峻。所以从元、成二帝之世,到建安(东汉献帝年号)、嘉平(魏齐王曹芳年号)之间,都想要辩明旧的典意,删定刑律。因为述旧创新的规模很大,所以历年没有成就。先帝怜悯百姓的生命陷于繁密的法网,亲自发布德音,要订正刑律的名实。车骑将军贾充,辅赞圣意,咨询为善之道。太傅郑冲,又与司空荀颢、中书监荀勖、中军将军羊祜、中护军王业,以及廷尉杜友、守河南尹杜预、散骑侍郎裴楷、颍川太守周雄、齐相郭颀、骑都尉成公绥、荀炜、尚书郎柳轨等,典掌其事。朕每鉴察其用心,常慨然嘉许。如今法律已经告成,开始颁行天下,刑法宽,禁令简,足以克当先帝的遗志。往昔萧何因为定律法而受封,叔孙通因为制朝仪而委任为太常,赐金五百斤,弟子全部为郎官。建功业,立大事,自古为人所重视。从太傅、车骑将军以下，全部增加俸禄赏赐，其细节依照旧时例典。"于是赐贾充的一个子弟为关内侯，赏绢五百匹。他坚决推辞，武帝不许。

后来贾充代替裴秀为尚书令，常侍、车骑将军如故。不久又改常侍为侍中，赐绢七百匹。因为母丧而去职，武帝派遣黄门侍郎慰问。又因为东南的边境有事，派遣典军将军杨嚣宣布谕旨，让他在六旬之内不朝。

贾充主持政务，重视农业，节约财用，裁减官职，武帝很是嘉许。他又因为文武官员的服饰不同，要求罢黜自己所率领的军队；及至羊祜等人出守边镇，他又上表要求立功于边塞，武帝都没有同意。他从容任职，对人物的褒贬自己说了算，很喜欢奖进士流。他每荐举一个人，必然由始到终为之经营，所以士流大多归心于他。武帝的舅父王恂曾经诋毁贾充，但贾充还是推荐王恂。有人背着贾充以结交权要，贾充在外表上都待之若素。但贾充没有公直刚正的操守，不能正己以为下属的表率，专靠谄媚讨好主子。侍中任恺、中书令庾纯等刚直守正，都很嫉恨他。

等到贾充的女儿当了齐王的王妃，都担心贾充的势力以后会更大。及至氐羌反叛，当时武帝深以为忧，任恺便进言，建议让贾充镇守关中。于是下诏道："秦、凉二州之境，连年屡败，胡虏横暴，百姓荼毒，于是异族嚣张，危及中州。虽是吴、蜀二寇，其祸未至于此。这确是由于所委任的官吏不足以内抚夷夏之民，外镇丑逆之虏，轻率地使用军队而不能人尽其力。如果不能起用腹心重臣，推毂委成，匡正其弊，恐怕要为患未已了。每一想到这灾难，我就废寝忘食。侍中、守尚书令、车骑将军贾充，雅量宽宏，见识明远，武有折冲之威风，文怀经国之远虑，信用结于人心，威名震于海外。使其权且统帅一方之任，平定西夏，则朕无西顾之忧，而远近得获安宁了。其以贾充为使持节、都督秦凉二州诸军事，侍中、车骑将军如故，假羽葆、鼓吹，赐驸马一座府第。"朝廷中的贤良，想要进忠言、建良策的，都庆幸贾充离开朝廷，希望乘机更新政治。

贾充既被调出，自以为丢掉了权柄，把任恺恨入骨髓，但也无计可施。他即将前往镇所的时候，百官饯行于夕阳亭。荀勖与他私下相见，贾充把自己的忧虑告诉了他，荀勖说："您是国家的宰辅，却被一个匹夫所制服，不是太无能了吗！然而这次外出，想辞掉也实在太难了。只有和太子结亲，那么不必停车就自然会留下的。"贾充说："是的。但谁能转达我的意愿呢？"荀勖说："让我去讲吧。"不久荀勖侍宴，谈论起太子的婚姻之事，荀勖便说贾充的女儿才貌双全，适宜为太子的妃匹。而杨皇后和荀𫖮也都称赞她。在此前羊祜曾密奏留下贾充，到这时，武帝把这事讲给了贾充。贾充感谢羊祜说："现在才知道您是忠厚人。"

当时吴国的将领孙秀来降，拜为骠骑大将军。武帝因为贾充是旧臣，想改变他的班位，就让车骑将军居于骠骑将军之上。贾充坚决推让，武帝同意了。不久他升迁为司空、侍中、尚书令，领兵如故。

正值武帝病重，贾充和齐王司马攸、荀勖参侍医药。及至病愈，每人赐绢五百匹。开初，武帝病危，朝廷归心于司马攸。河南尹夏侯和对贾充说："您的两个女婿，亲疏是一样的，立君应该立有德的。"贾充不做回答。到这时，武帝听说了这事，把夏侯和调任为光禄勋，又夺取了贾充的兵权，但位置待遇并不降低。不久又转为太尉、行太子太保、录尚书事。咸宁三年,日食于三朝(年、月、日之始,即元旦),贾充请求退位,不许,又把沛国的公丘增封给贾充,宠幸愈甚,朝臣对他侧目而视。

河南尹王恂上言:"弘训太后(齐王司马攸的生母)入庙,就配食于景皇帝(司马昭),齐王攸不得按她的儿子行礼。"贾充认为:"按礼,诸侯不得以天子为始祖,公子(诸侯之庶子)不得在自己的家庙中立先君的神主,都说的是继统承祀,没有说不能回复其父祖。齐王攸本人应为弘训太后服三年丧,自如臣子之制。"有司奏道:"如果按照贾充的主张,服亲子之丧,行臣子之制,这是没有先例的。应该按照王恂的表章,齐王攸的丧服从诸侯之例。"武帝接受了贾充的建议。

征伐吴国之役,武帝命贾充为使持节、假黄钺、大都督,统帅六军,给羽葆、鼓吹、缇幢、兵万人,骑士二千,置左右长史、司马、从事中郎,增加参军、骑司马各十人,帐下司马二十人,大车、官骑各三十人。贾充担心战役不能告捷,上表陈述:"西部有昆夷之边患,北部有幽并之兵戍,天下劳困,五谷歉收,兴兵对吴国实行讨伐,我担忧不是时机。另外臣已老迈,难当此任。"武帝说:"您不出行,我就亲自出征。"贾充不得已,才接受节钺,统帅中军,为诸军节度,以冠军将军杨济为副职,南行屯驻于襄阳,等吴国的江陵诸城守都投降以后,他才迁屯于项城。

王浚攻克武昌以后,贾充派遣使者上表说:"吴国不能够全部平定。此时正是夏季,江淮洼下潮湿,必然兴起瘟疫,应该召回诸军,以待将来行动。即使腰斩了张华,也不足以向天下谢罪。"张华参与了讨伐吴国的策划,所以贾充这样说。中书监荀勖上奏,应该按照贾充的表奏行事。武帝不同意。杜预听说贾充有奏表,火速上表争辩,说平定吴国,只在旦夕之间。杜预的使者才走到轘辕,而孙皓已经投降了。吴国平定,罢兵。武帝派遣侍中程咸犒劳,赐贾充帛八千匹,增加封邑八千户,分封他的从孙贾畅为新城亭侯,贾盖为安阳亭侯,其弟阳里亭侯贾混、从孙关内侯贾众,增加封户。

贾充本来不同意伐吴,坚决谏阻而未被接受。等到出师而吴国平定,他大为惭惧,商量着要去请罪。武帝听说贾充要旨阙请罪,预先前往东堂等候。罢去贾充的节钺、僚属,但仍假鼓吹、麾幢。贾充与群臣呈上告成的礼仪,建议有司准备行大礼。武帝谦让不同意。

及至病危,贾充奉上印绶辞位。武帝派遣侍臣传旨问病,殿中太医送汤药,赐以床帐钱帛,自皇太子、宗室以下都亲往问病。太康三年四月去世,年六十六岁。武帝为之哀痛,派遣使持节、太常奉策书追赠为太宰,加衮冕之服、绿缤绶、御剑,赐东园秘器、朝服一套,衣一件,大鸿胪护理丧事,假节钺、前后部羽葆、鼓吹、缇麾,大路车、銮路车、辒辌车、帐下司马大车,锤斧文衣武贲、轻车甲士。葬礼按照霍光及安平献王故事,给坟田一顷。与石苞等为王功配飨庙庭。谥号为"武"。追赠贾充之子贾黎民为鲁殇公。

贾充的妻子广城君郭槐,生性嫉妒。开初,贾黎民年三岁,乳母抱着他当阁。贾黎民见贾充进来,嬉笑着,贾充走过去抚爱。郭槐望见,说贾充与乳母有私情,当即就把她鞭打而死。黎民思恋乳母,发病而死。后来又生个男孩,过了周年,又被乳母抱着,贾充用手抚摸他的脑袋。郭槐疑心乳母,又把乳母杀死,孩子也思恋而死。贾充于是就没有了后嗣。

等到贾充去世，郭槐就把外孙韩谧过继为黎民的儿子，承贾充之嗣。郎中令韩咸、中尉曹轸谏止郭槐说："按礼，大宗没有后嗣，就用小宗的支子为后嗣，没有以异姓为后嗣的记载。不要让先公含羞于地下，良史书过于史册，岂不痛心！"郭槐不听从。韩咸等人上书要求改立后嗣，事情就扣下不做答复。郭槐于是上表陈述说是贾充的遗愿。武帝降诏道："太宰、鲁公贾充，建德立功，勤劳辅佐，辞世殒命，常使我悼念于心。又嫡子早逝，后嗣未立。古代列国无后嗣，就取始封国君的支庶，以承继祖祀，而近代则是废除其国。至于周朝的周公旦，汉朝的萧何，或者是预先确定世子，或者是封爵元妃，这是因为要尊显其功勋，不同于常例。太宰平素确定取外孙韩谧为黎民之后。我退下后推断：外孙是骨肉至亲，推施恩典，计以情感，都很合乎人心。其以韩谧为鲁公嫡孙，以嗣其国。如果不是象贾充那样功高，不是象贾充那样始封即无后嗣，不是象贾充那样所取后嗣是出于自己的决定，都不能以此为例。"

及至下诏让礼官讨论贾充的谥号，博士秦秀建议谥号为"荒"，武帝不接受。博士段畅迎合武帝的心思，建议谥号为"武"，武帝才同意。从贾充死到下葬，赐助葬钱二千万。惠帝即位，贾后把持大权，给贾充的祠增加六佾之乐，封其母郭槐为宜城君。及至郭槐去世，赠谥号为"宣"，特加殊礼。当时人讥讽此事，但没有人敢于上言。

开初，贾充的前妻李氏美丽端庄而有才有德，生了两个女儿贾褒和贾裕，贾褒又名贾荃，贾裕又名贾浚。李氏的父亲李丰被诛（因反对司马氏而被杀），李氏坐罪流放。贾充后来娶了城阳太守郭配的女儿，就是这个广城君。武帝登基，李氏因大赦得以归还，武帝特别命令贾充置左右夫人，贾充的母亲也敕命贾充迎回李氏。郭槐大怒，扬着袖子骂贾充道："你修订律令，为佐命元勋，有我一份功劳，李氏哪能和我并列！"贾充便答复诏旨，托以谦逊，不敢当两名夫人的盛礼，其实是他害怕郭槐。而贾荃是齐王攸的王妃，想让贾充打发走郭槐而迎还其母。当时沛国刘含的母亲，还有武帝舅父羽林监王虔的前妻，都是毋丘俭（也是因反对司马氏被杀的魏臣）的孙女。这种例子很多，质问于礼官，礼官也都不能解决。这些人虽然不打发走后妻，但大多安排前妻另住一处，暗自来往。贾充以为自己是宰相，应该成为海内的道德规范，就为李氏在永年里建造了住宅，但不和她往来。贾荃、贾浚经常号哭着请贾充去，贾充竟然始终不去一次。正值贾充要出镇关西，公卿祖道饯行，贾荃、贾浚担心贾充就这样走了，便撩开帐幔，径自来到座中，叩头流血，向贾充和众官僚陈述母亲应该回家的理由。众人因为贾荃是王妃，都吓得一哄而散。贾充惭愧惊愕，派黄门带着宫人把女儿搀走了。不久郭槐的女儿成了皇太子的妃子，武帝就下诏，凡属此类，都以李氏为前例，不得回夫家。后来贾荃愤怒而死。

早先，郭槐想去看李氏，贾充说："她有才气，你不如不去的好。"及至郭槐的女儿成了皇太子妃，她就大摆仪仗而去。进门之后，李氏出迎，郭槐不知不觉地脚就软下来，于是向李氏再拜。从此贾充每次出外，郭槐都派人去找寻，因为怕他到李氏那里去。早先，贾充的母亲柳氏知古今，重节义，但竟然不知道是贾充唆使成济弑杀了魏帝，她认为成济不忠，屡次追赶着骂他，侍者听见了，无不偷偷地发笑。等到她将死的时候，贾充问她有什么遗言，柳氏说："我教你把李氏媳妇接回来，你都不肯，还问别的什么事！"便一句话也不说。及至贾充死后，李氏的两个女儿就想让她们的母亲合葬。贾后不肯答应。等到贾后被废,李氏才得以合葬。李氏著有《女训》,行于世。

阮籍传

【题解】

阮籍(210~263),三国时魏文学家、思想家。字嗣宗,陈留尉氏(今属河南)人。"建安七子"之一阮瑀之子,与嵇康、向秀等七人齐名,并称"竹林七贤"。曾为散骑常侍、步兵校尉。

阮籍崇奉老庄,精通玄学,曾作《通老论》《达庄论》等文。其诗长于五言代表作《咏怀诗》八十二首,表现嗟生忧时,苦闷彷徨的心情,风格浑朴,多用比兴,对后世影响极大。又工文,有《大人先生传》等名篇传世。后人辑有《阮嗣宗集》。

【原文】

阮籍字嗣宗,陈留尉氏人也。父瑀,魏丞相掾,知名於世。籍容貌瑰杰,志气宏放,傲然独得,任性不羁,而喜怒不形於色。或闭户视书,累月不出,或登临山水,经日忘归。博览群籍,尤好庄老。嗜酒能啸,善弹琴。当其得意,忽忘形骸。时人多谓之痴,惟族兄文业每叹服之,以为胜己,由是咸共称异。

籍尝随叔父至东郡,兖州刺史王昶请与相见,终日不开一言,自以不能测。太尉蒋济闻其有隽才而辟之,籍请都亭奏记曰:"伏惟明公以含一之德,据上台之位,英豪翘首,俊贤抗足。开府之日,人人自以为掾属;辟书始下,而下走为首。昔子夏在於西河之上,而文侯拥篲;邹子处於黍谷之阴,而昭王陪乘。夫布衣韦带之士,孤居特立,王公大人所以礼下之者,为道存也。今籍无邹卜之道,而有其陋,猥见采择,无以称当。方将耕於东皋之阳,输黍稷之馀税。负薪疲病,足力不强,补吏之召,非所克堪。乞回谬恩,以光请举。"初,济恐籍不至,得记欣然。遣卒迎

阮籍

之,而籍已去,济大怒,於是乡亲共喻之,乃就吏。后谢病归。复为尚书郎,少时,又以病免。及曹爽辅政,召为参军。籍因以疾辞,屏於田里。岁馀而爽诛,时人服其远见。宣帝为太傅,命籍为从事中郎。及帝崩,复为景帝大司马从事中郎。高贵乡公即位,封关内侯,从散骑常侍。

籍本有济世志,属魏晋之际,天下多故,名士少有全者,籍由是不与世事,遂酣饮为常。文帝初欲为武帝求婚於籍,籍醉六十日,不得言而止。钟会数以时事问之,欲因其可否而致之罪,皆以酣醉获免。及文帝辅政,籍尝从容言於帝曰:"籍平生曾游东平,乐其风

土。"帝大悦,即拜东平相。籍乘驴到郡,坏府舍屏鄣,使内外相望,法令清简,旬日而还。帝引为大将军从事中郎。有司言有子杀母者,籍曰:"嘻!杀父乃可,至杀母乎!"坐者怪其失言。帝曰:"杀父,天下之极恶,而以为可乎?"籍曰:"禽兽知母而不知父,杀父,禽兽之类也。杀母,禽兽之不若。"众乃悦服。

籍闻步兵厨营人善酿,有贮酒三百斛,乃求为步兵校尉。遗落世事,虽去佐职,恒游府内,朝宴必与焉。会帝让九锡,公卿将劝进,使籍为其辞。籍沈醉忘作,临诣府,使取之,见籍方据案醉眠。使者以告,籍便书案,使写之,无所改窜。辞甚清壮,为时所重。

籍虽不拘礼教,然发言玄远,口不臧否人物。性至孝,母终,正与人围棋,对者求止,籍留与决赌。既而饮酒二斗,举声一号,吐血数升。及将葬,食一蒸肫,饮二斗酒,然后临诀,直言穷矣,举声一号,因又吐血数升。毁瘠骨立,殆致灭性。裴楷往吊之,籍散发箕踞,醉而直视,楷吊唁毕便去。或问楷:"凡吊者,主哭,客乃为礼。籍既不哭,君何为哭?"楷曰:阮籍既方外之士,故不崇礼典。我俗中之士,故以轨仪自居。"时人叹为两得。籍又能为青白眼,见礼俗之士,以白眼对之。及嵇喜来吊,籍作白眼,喜不怿而退。喜弟康闻之,乃赍酒挟琴造焉,籍大悦,乃见青眼。由是礼法之士疾之若仇,而帝每保护之。

籍嫂尝归宁,籍相见与别。或讥之,籍曰:"礼岂为我设邪!"邻家少妇有美色,当垆沽酒。籍尝诣饮,醉,便卧其侧。籍既不自嫌,其夫察之,亦不疑也。兵家女有才色,未嫁而死。籍不识其父兄,径往哭之,尽哀而还。其外坦荡而内淳至,皆此类也。时率意独驾,不由径路,车迹所穷,辄恸哭而反。尝登广武,观楚汉战场,叹曰:"时无英雄,使竖子成名!"登武牢山,望京邑而叹,於是赋《豪杰诗》。景元四年冬卒,时年五十四。

籍能属文,初不留思。作《咏怀诗》八十馀篇,为世所重。著《达庄论》,叙无为之贵。文多不录。

籍曾於苏门山遇孙登,与商略终古及栖神导气之术,登皆不应,籍因长啸而退。至半岭,闻有声若鸾凤之音,响乎岩谷,乃登之啸也。遂归著《大人先生传》,其略曰:"世人所谓君子,惟法是修,惟礼是克。手执圭璧,足履绳墨。行欲为目前检,言欲为无穷则。少称乡党,长闻邻国。上欲图三公,下不失九州牧。独不见群虱之处裈中,逃乎深缝,匿乎坏絮,自以为吉宅也。行不敢离缝际,动不敢出裈裆,自以为是绳墨也。然炎丘火流,焦邑灭都,群虱处於裤中而不能出也。君子之处域内,何异夫虱之处裈中乎!"此亦籍之胸怀志趣也。

子浑,字长成,有父风。少慕通达,不饰小节。籍谓曰:"仲容已豫吾此流,汝不得复尔!"太康中,为太子庶子。

【译文】

阮籍,字嗣宗,陈留(今河南开封东南)尉氏(今河南中部)人。父亲阮瑀,做过魏朝丞相曹操的僚属,在当时社会上颇有名气。阮籍的相貌奇伟出众,志气宏达豪放,有着独特的傲岸性格,他凭个性行事而不受拘束,心里感到高兴或恼怒时,从来不在脸色上表露出来。有时闭门读书,几个月也不出家门;有时登山玩水,好几天都忘记了回家。他博览群书,尤其喜爱《庄子》《老子》。好饮酒,能长啸又善于弹琴。当他得意的时候,总感到飘飘悠悠而忘记了自己形体的存在。当时多数人说他癫狂，只有他堂兄阮文业常常赞叹佩服他，认为阮籍胜过自己，由于阮文业的赞扬，大家才都称颂阮籍的奇特。

阮籍曾经跟随他叔父到东郡(今河南濮阳西南)，兖州(今属山东)刺史王昶请求与阮籍与他会面，阮籍却整天不开口说一句话，王昶感到阮籍这个人令人难以揣摩。太尉蒋济听说阮籍才智出众而征召他，阮籍前往亭长府内给蒋济写一份奏章，说："卑下俯伏上言，贤明的太尉，您以纯净的涵养美德，处于辅助国君的高级地位，使英雄豪杰翘首，让后士贤人踮脚。正当成立官署选拔官吏之日，人人都想自己能充任您的僚属，您的征召文书刚刚下达，我这个卑下走卒竟名列前茅。过去，子夏住在西河(今黄河与北洛河之间)为请子夏到魏国做官，魏国国君文侯亲自抱扫帚为他清道；邹子住在黍谷(今河北密云西南)，为请邹衍到燕国当导师，燕国国君昭王自己陪站在邹子车子的右厢。这些人衣带粗陋，深居简出，孤清独立，王公大人之师对他们礼贤下士，是因为他们身上存在着美德韬略。现在，阮籍并没有邹衍、子夏的美德韬略，有的是浅薄粗陋，卑下有辱于您的选拔，实在难以担当。我刚要到高朗朝阳的田野去耕耘种作，以缴纳国家的钱粮税收。况且我身患疾病，足力不强，不能为您奔走效劳。任命我为官属的召令，是我所不能承受的。乞求您收回对我的错误的恩赐，以便使这次明正的举荐选拔更闪耀光辉。"征召初时，蒋济唯恐阮籍不来，接到了阮籍的奏章，真是高兴，便派差役去迎接阮籍，但阮籍却已经离去，蒋济非常气恼。因此，乡亲都来劝告阮籍，阮籍接受官职。后来，阮籍又托病返乡。及后，阮籍又做了尚书郎。不久，又托病辞职。到了曹爽辅助朝政时，阮籍又被召为参军。阮籍还是以病推辞，而隐居于乡间。过了一年多，曹爽被杀，当时人们都钦佩阮籍有远见。宣帝司马懿作太傅时，阮籍被任命为从事中郎，到了司马懿驾崩后，阮籍又做了景帝司马师大将军的从事中郎。被封为高贵乡公的曹髦做皇帝时，阮籍被封为关内侯，后调任为散骑常侍。

阮籍本来就有匡时救世的志向。但他处于魏晋交替之时，当时天下多事，凡知名之士很少有好结果的，阮籍因而不干预世事，便时常开怀畅饮。文帝司马昭起初要为他的儿子武帝司马炎请求阮籍联结姻亲，而阮籍大醉六十日，使司马昭没有开口的机会而只好作罢。钟会数次问阮籍关于时事问题，企图根据阮籍是赞成还是反对来加给阮籍的罪名，但阮籍都饮得酩酊大醉，从而避免了遭受陷害。到了文帝司马昭辅助朝政时，阮籍曾经从容地对文帝说："我平时曾经游览过东平(今属山东)，喜欢那里的风俗习惯和地理环境。"文帝非常高兴，马上任命阮籍为东平相。阮籍骑着驴子到了东平郡，拆毁了东平相府舍衙门的围墙和影壁，使内外可以相望，并且精简了法令，过了十天，他便回乡了。文帝司马昭又举荐阮籍为大将军的从事中郎。管事的官吏谈到有一个做儿子的杀死了母亲的事，阮籍说："哎！杀死父亲还可以，竟到了杀死母亲！"在座的人都怪他失言。文帝司马昭说："杀死父亲是天下的极端罪恶，怎么认为可以呢？"阮籍说："禽兽知道母亲而不知道父亲。人杀了父亲，类似禽兽，杀死母亲，就连禽兽都不如了。"于是，大家都心悦诚服。

阮籍听说步兵兵营的厨师善于酿酒，并存有三百斛酒，他便请求去当步兵校尉。他把事务弃置不管，虽然辞去从事中郎，但还经常游乐于大将军的府内，每有朝堂宴会他也必定参加。文帝司马昭一再谦让帝王赐给他的九种器物，朝廷大臣劝司马昭进晋公位，接受赐予的九件器物，并指使阮籍为他们写劝时文。阮籍喝得大醉，忘记了写劝进文，大臣临到大将军府内时，才派使者去取劝进文，使者见到阮籍正靠着几案醉醺醺的，告诉阮籍来意后，阮籍便在几案上划字，让使者誊抄，文章竟没有一处改动过。文辞很清丽豪壮，为当时人们所赞赏。

　　阮籍虽然不受礼教的拘束，但是言语玄妙、悠远，说话不轻易褒贬人家。他非常孝顺，母亲逝世时，他正和人家下围棋，对方要求停止，阮籍却留下来与对方决战，赌个输赢。继之便喝了两斗酒，放声大哭，还吐了好几升血。母亲将要下葬时，他又吃了一块蒸猪腿，喝了二斗酒，然后靠近棺木与母亲遗体告别，这时连说话的气力也没有了。他再次放声大哭，因此又吐了好几升血，他因悲哀而消瘦，显得瘦骨嶙峋，以致几乎要死去。裴楷前往吊唁，阮籍披散着头发，伸开两脚，手按膝坐着，喝醉了直愣愣地看人，裴楷吊完唁便离去了。有的人问裴楷："凡是吊唁，主人都得先哀哭，客人才因礼俗而哭拜。阮籍既然不哭，你为什么要哭呢？"裴楷说："阮籍既然是超乎礼俗之外的人，当然不崇尚礼教法典；我是世俗中的人，所以自己要顺着礼仪之事。"当时的人都赞叹他们俩都做得很得体。阮籍又会用黑眼珠或眼白看人，看到拘泥于礼俗的人，他用白眼对待。嵇喜前来吊唁时，阮籍翻白眼怒视，嵇喜很不高兴地走了。嵇喜的弟弟嵇康听说，便带酒挟琴来访，阮籍十分高兴，才露出黑眼珠来。因此，尊崇礼法的人都憎恨阮籍如同仇敌，可是文帝司马昭却每每保护阮籍。

　　阮籍的嫂子曾经回娘家省亲，阮籍和他嫂子见面并与她告别，有的人就讥笑阮籍，阮籍却说："礼法难道是为我制定的吧？"邻居有一个颇具姿色的青年妇女，坐在酒垆旁边卖酒。阮籍曾经去买酒喝，喝醉了便躺在那个青年妇女旁边。阮籍自己不避嫌，那个青年妇女的丈夫审视阮籍，也没有怀疑。一户军人的家里有一个既有才学又有姿色的女子，还没出嫁就死了。阮籍并不认识这个女子的父兄，却径自去哭灵，尽了哀悼才返回。阮籍外表坦荡而内心纯净，一向如此。阮籍时常随意驾车独行，他不顺着道路走，直到车子到了尽头无法走了，才痛哭而归。阮籍还曾经登临广武山，观览楚汉对峙时的战场，他感慨地说："那时，没有真正的英雄，才使刘邦那小子成了名！"阮籍又登临武牢山，观望洛阳都城而发出感叹，于是写了《豪杰诗》。景元四年（263）冬天，阮籍死了，终年五十四岁。

　　阮籍善于写文章，下笔一点也不经心，他写了《咏怀诗》八十多首，为世间所珍重。作《达庄论》，叙述顺应自然，不求有所作为的可贵。他的文章多半没有存录。

　　阮籍曾经在苏门山遇见隐士孙登，他和孙登商讨古代开天辟地之理和修身养性练气之术，孙登一概不应答，于是阮籍长啸一声离开了。走到半山腰，听到一种好像凤凰鸣叫的声音回响于山谷之中，原来是孙登长啸声。阮籍回来后就写了《大人先生传》，文章简要地写道："世上的人所说的君子，一心只奉行礼法，一心以礼制约束自己；手里拿着圭璧，脚顺着绳墨走路；行为要成为当今的榜样，言语要成为后世的准则。青年时要称誉于乡里，成长后要闻名于都城。向上谋图充当朝廷大臣，往下企望不失去州府的最高官衔。难道没有见过成群的虮子聚集于裤子里吗？它们逃钻进深缝里，躲藏于破绵絮中，还自以为那是吉利的住宅。爬行得不敢离开缝隙，走动不敢离开裤裆，还自以为那里遵循行为准则哩！但是当热带的气浪灼热如火地袭来时，都市全被烤焦，成群的虮子只能处于裤子里头而出不来了。正人君子居于世间，与虮子藏匿于裤子里又有什么不同呢？"这也阮籍的儿子阮浑，字长成，有他父亲的作风。青少年时喜欢放荡旷达，不拘小节。阮籍却说："你堂兄仲容已经加入我们这一帮子了，你不能再这样了。"太康年间，阮浑当上了太子庶子。

嵇康传

【题解】

嵇康（224～263），字叔夜，谯郡铚（今安徽宿县西南）人。他和魏宗室通婚，官至中散大夫，世称嵇中散。为"竹林七贤"之一，和阮籍齐名。他崇尚老、庄，好谈养生服食之事，但富于正义感和反抗性，对当时政治的黑暗和虚伪的礼教和礼法之士极其不满，公开发表离经叛道、菲薄圣人的言论，遭到司马氏集团钟会的陷害，被司马昭所杀。他是当时著名的思想家，提出"越名教而任自然"，主张回归自然厌恶儒家各种人为的繁琐礼数。对文学、诗歌、音乐也有一定造诣，善鼓琴，并曾作《琴赋》。著作有《嵇中散集》。

【原文】

嵇康字叔夜，谯国铚人也。其先姓奚，会稽上虞人，以避怨徙焉。铚有嵇山，家于其侧，因而命氏。兄喜，有当世才，历太仆、宗正。

康早孤，有奇才，远迈不群，身长七尺八寸，美词气，有风仪，而土木形骸，不自藻饰，人以为龙章凤姿，天质自然，恬静寡欲，含垢匿瑕，宽简有大量，学不师受，博览无不该通，长好《老》《庄》。与魏宗室婚，拜中散大夫，常修养性服食之事，弹琴咏诗，自足于怀。以为神仙禀之自然，非积学所得。至于导养得理，则安期彭祖之伦可及，乃著《养生论》。又以为君子无私，其论曰："夫称君子者，心不措乎是非而行不违乎道者也，何以言之？夫气静神虚者，心不存于矜尚；体亮心达者，情不系于所欲。矜尚不存乎心，故能越名教而自任自然；情不系于所欲，故能审贵贱而通物情，物情顺通，故大道无违，越名任心，故是非无措也。是故言君子则以无措为主，以通物为美；言小人则以匿情为非，以违道为阙。何者？匿情矜吝，小人之至恶；虚心无措，君子之笃行也。是以大道言及吾无身，吾又何患。无以生为贵者，是贤于贵生也。由斯而言，夫至人之用心固不存有措矣。故曰："君子行道，忘其为身，斯言是矣。君子之行贤也，不察于有度而后行也，任心无邪，不议于善而后正也，显情无措。不论于是而后为也。是故傲然忘贤而贤与度会；忽然任心而心与善遇。倘然无措而事与是俱也。"其略如此。盖其胸怀所寄以高契难期，每思郢质，所与神交者惟陈留阮籍、河内山涛，豫其流者河内向秀、沛国刘伶、籍兄子咸、琅玡王戎，遂为竹林之游，世所谓'竹木七贤'也。戎自言与康居山阳二十年，未尝见其喜愠之色。

康尝采药游山泽，会其得意，忽焉忘反。时有樵苏者遇之，咸谓为神。至汲郡山中见孙登，康遂从之游。登沉默自守，无所言说。康临去，登曰："君性烈而才杰，其能免乎？"康又遇王烈，共入山，烈尝得石髓如饴，即自服半，馀半与康，皆凝而为石。又于石室中见一卷素书，遽呼康往取，辄不复见。烈乃叹曰："叔夜志趣非常而辄不遇，命也。"其神心所感。每遇幽逸如此。

山涛将去选官。举康自代。康乃与涛书告绝，曰：

"闻足下欲以吾自代，虽事不行，知足下故不知之也。恐足下羞庖人之独割，引尸祝以自助，故为足下陈其可否。

老子、庄周，吾之师也，亲居贱职。柳下惠、东方朔达人也，安乎卑位。吾岂敢短之哉！又仲尼兼爱，不羞执鞭。子文无欲卿相而三为令尹，是乃君子思济物之意也。所谓达能兼善而不渝，穷则自得而无闷。以此观之，故知尧舜之居世，许由之严栖，子房之佐汉，接舆之行歌，其揆一也。仰瞻数君，可谓能遂其志者也。故君子百行，殊涂同致，循性而动，各附所安。故有处朝廷而不出，入山林而不反之论。且延陵高子臧之风，长卿慕相如之节。意气所先，亦不可夺也。

稽康

吾每读尚子平，台孝威传，慨然慕之，想其为人，加少孤露，毋兄骄恣，不涉经学。又读《老》《庄》，重增其放。故使荣进之心日颓，任逸之情转笃。阮嗣宗口不论人过，吾每师之，而未能及。至性过人，与物无伤，惟饮酒过差耳。至为礼法之士所绳，疾之如仇雠，幸赖大将军保持之耳。吾以不如嗣宗之资而有慢弛之缺，又不识物情，阇于机宜，无万石之慎，而有好书之累，久与事接，疵衅日兴，虽欲无患，其可得乎？

又闻道士遗言，饵术黄精，令人久寿。意甚信之，游山泽，观鱼鸟，心甚乐之。一行作吏，此事便废，安能舍其所乐而从其所惧哉！

夫人之相知，贵识其天性，因而济之，禹不逼伯成子高，全其长也。仲尼不假盖于子夏，护其短也。近诸葛孔明不迫元直以入蜀，华子鱼不强幼安以卿相。此可谓能相终始，真相知者也。自卜已审，若道尽涂殚则已耳。足下无事冤之令转于沟壑也。

吾新失母兄之欢，意常悽切。女年十三，男年八岁，未及成人，况复多疾，顾此恨恨，如何可言？今但欲守陋巷，教养子孙，时时与亲旧叙离阔，陈说平生，浊酒一杯，弹琴一曲，志意毕矣。岂可见黄门而称贞哉！若趣欲共登王涂，期于相致，时为欢益，一旦迫之，必发狂疾。自非重雠，不至此也。既以解足下，并以为别。

此书既行，知其不可羁屈也。

性绝巧而好锻。宅中有一柳树甚茂，乃激水环之，每夏月，居其下以锻。东平吕安服康高致，每一相思，辄千里命驾。康友而善之，后安为兄所枉诉，以事系狱，辞相证引，遂复收康。康性慎言行，一旦缧绁，乃作《幽愤诗》曰：

"嗟余薄祜，少遭不造。哀茕靡识，越在襁褓。母兄鞠育，有慈无威。恃爱肆好，不训不师。爰及冠带，凭宠自放。抗心希古，任其所尚。托好庄老，贱物贵身。志在守朴，养素全真。

曰予不敏，好善暗人。子玉之败，屡增惟尘。大人含弘，藏垢怀耻。人之多僻，政不由己。惟此褊心，显明臧否。感悟思愆，恒若创痏。欲寡其过，谤议沸腾。性不伤物，频致怨憎。昔惭柳惠，今愧孙登。内负宿心，外恶育朋。仰慕严郑，乐道闲居，与世无营，神气晏如。

咨予不淑，婴累多虞。匪降自天，实由顽疏理弊患结，卒致囹圄。对答鄙讯，縶此幽阻。实耻讼冤，时不我与，虽曰义直，神辱志沮。澡身沧浪，曷云能补。雍雍鸣雁，厉翼北游，顺时而动，得意忘忧。嗟我愤叹，曾莫能畴。事与愿违，遭兹淹留，穷达有命，亦又何求。

古人有言，善莫近名。奉时恭默，咎悔不生，万石周慎，安亲保荣。世务纷纭，祗搅余情。安乐必诫，乃终利贞。煌煌灵芝，一年三秀。予独何为，有志不就。惩难思复，心焉内疚。庶勖将来，无馨无臭。采薇山阿，散发岩岫。永啸长吟，颐神养寿。

初康居贫，尝与向秀共锻于大树之下，以自赡给。颍川钟会，贵公子也。精练有才辩，故往造焉。康不为之礼，而不锻辍。良久会去，康谓曰："何所闻而来，何所见而去？"会曰："闻所闻而来，见所见而去。"会以此憾之。及是，言于文帝曰："嵇康卧龙也，不可起。公无忧天下，愿以康为虑耳。"因谮康欲助毋丘俭，赖山涛不听。昔齐戮华士，鲁诛少正卯，诚以害时乱教，故圣贤去之。康安等言论放荡，非毁典谟。帝王者所不宜容宜，因衅除之，以淳风俗。帝既昵听信谗，遂并害之。

康将刑东市，太学生三千人请以为师，弗许。康顾视日影，索琴弹之曰："昔袁孝尼尝从吾学《广陵散》，吾每靳固之，《广陵散》于今绝矣。"时年四十，海内之士。莫不痛之。帝寻悟而恨焉。初康尝游于洛西，暮宿华阳亭，引琴而弹，夜分，忽有客诣之，称是古人。与康共谈音律，辞致清辩，因索琴弹之，而为《广陵散》。声调绝伦，遂以授康，仍誓不传人，亦不言其姓字。

康善谈理，又能属文。其高情远趣，率然玄远，撰上古以来高士为之传赞，欲友其人于千载也。又作《太师箴》，亦足以明帝王之道焉。复作《声无哀乐论》，甚有条理。

【译文】

嵇康字叔夜，是三国时魏国谯郡铚人。他的祖先姓奚，会稽的上虞人，因为躲避仇家，才搬迁到这里。铚地有座稽山（今安徽宿县西南），他的家就在稽山的山侧，因以嵇为姓。哥哥嵇喜，有做官的才干，历任太仆、宗正等官职。

嵇康早年是孤儿，有奇特的才能，孤高而不合群。他身高七尺八寸，谈吐和气质很好，很有风度仪表，保持本来面目，不加修饰，人们认为他有龙的文采、凤的姿容，天生的资质出于自然。心境清静淡泊没有世俗的欲望，有宽宏的度量，待人宽厚心胸豁达。学问不是由老师传授，而博览群书无不完备通晓，长大以后爱好读《老子》《庄子》。嵇康和魏国的宗室成婚，被授官中散大夫。他常常研习道家涵养本性和服用丹药等事情，弹琴吟诗，胸怀中自我感觉满足。他认为神仙秉承于自然，不是因为长期的学习所能做到的，只要导引养生找到它的规律，那么象安期生、彭祖那样的长寿也可以达到，便撰写了《养生论》。又认为君子应该没有私心，他的主张说："被称为君子的，是指心里不掺杂是是非非，而行为不违背常道的人。这话怎样解释？凡是气静神虚的人，心里不在于夸大自己的操守；领悟透彻心里豁达的人，性情不为自己的欲念所连累干扰。心里没有夸大自己操守的想法，所以能够超越名声和教化而任其自然，性情不受自己欲念的连累干扰，所以能够明白贵贱而通晓物理人情。对物理人情顺意通晓，所以不会违背常理正道；超脱于名声放任自己的心情，所以不受是是非非的掺杂干扰。因此说君子以没有掺杂干扰为最重要，以通晓物理人情为善美；说小人隐匿真情为不对，违背常理正道为过错。这是为什么隐匿真情自我夸张，是小人最令人厌恶的行径；心里不带成见没掺杂干扰，是君子诚笃遵行的美德。所以常道正理说'及吾无身，吾又何患'。不以生命为贵的人：才能胜过看重生命的人。从这一点来说，修养达到最高境界者的本心，原来就不存在掺杂干扰。所以说，'君子行道，忘其为身'，这种说法很对。君子做好事，不是先衡量法度然后才去行动；听凭自己的本心便没有邪恶的想法，不是先谈论善良与否然后才去纠正；袒露自己的真情便无矫揉造作，不是先谈论正确与否然后才去修饰。因此能超然忘贤，而贤与法相符；忽然忘心，而心与善相合；潇洒而不造作，而事情正确密不可分。"他的大致意见就是如此。原来嵇康内心深藏的抱负，认为十分契合的人很难遇到，常常想能有《庄子》中所说的郢人那种气质的知己。和嵇康以道义相交、推心置腹的只有陈留的阮籍、河内的山涛，参与嵇康这一流派是河内的向秀、沛国的刘伶、阮籍的侄子阮咸、琅玡的王戎，他们经常一起在竹林中行游，被世人称为"竹林七贤"。王戎自称和嵇康在山阳一同居住了二十年，从未看到嵇康脸上流露出欢喜或恼怒的神色。

嵇康曾经因为采摘药材而遨游高山大泽，遇到如愿以偿满意而归的时候，忽然忘记回去。当时有些打柴割草的人遇见他，都以为他是神仙。他到汲郡的山里见到孙登，嵇康便跟随孙登一起行游玩乐。孙登为人沉默注意自己的操守，和嵇康没有交谈。嵇康临离开的时候，孙登说："你的性情刚毅而才气俊秀，能够避免灾难吗！"嵇康又遇到王烈，一起到山里去，王烈曾经得到象饴糖般的石髓乳，自己吃了一半，余下的一半给嵇康时，却凝固成了石头。王烈又在石室中见到一卷兵书，急忙叫嵇康去取来，兵书立即就不见了。王烈便叹息说："叔夜的志向情趣非同寻常而总是得不到机遇，这是命运啊！"他的精神和心灵所感应的，每次所遇到隐逸的机会却竟然这样。

山涛在离任尚书吏部郎时，推荐嵇康出来代替自己的官职。嵇康便写信给山涛表示和他绝交，信中说：

听说足下要推荐我出来代替自己的职务，这件事虽然没有成功，但因此知道足下原来并不了解我。恐怕是足下独自做这样的官害羞，要拉我给您当助手，就像厨师羞于一个人屠宰，想拉祭师去帮忙一样，让我手执屠刀，也沾上一身腥气，所以为足下陈述能不能这样做。

老子、庄周，是我的老师，身处卑下的职位；柳下惠、东方朔，是通达知命的人，安于低下的职位。我怎么敢妄加评论他们！孔子主张兼爱，为了道义，即使要他去执鞭赶车也不以为耻；子文没有当卿相的欲望，却三次登上令尹的高位，这就是君子想救世济人的心意。这就是所谓"达则兼善天下"而始终不改变原先的志向，"穷则独善其身"而能恬然自得没有烦恼苦闷的人。从以上所谈的道理来看，所以知道唐尧、虞舜在位于世，许由的隐居不仕，张良辅佐刘邦建立汉朝，楚国隐士接舆唱歌劝孔子归隐，他们出处行为不同，而原则都是一样的。举目仰望唐尧、虞舜这些人，可以说他们是能够实现自己志向的人了。

所以君子的各种行为表现,所走的道路虽然各不相同而终归到达同一地点,都是顺着本性而行动,各得其所,所以有人在朝廷做官而不肯离去;有人在山林隐逸而不肯返回尘世的说法。况且吴国的季札推崇曹国子臧的高风亮节,司马相如敬慕蔺相如的节操,他们都从中寄托了自己的志向,这是不能强加改变的。

我每次读到《尚子平》《台孝威传》赞叹仰慕,可以想象到他们的为人。加以我少年时孤苦而且羸弱,母亲和兄长很骄宠我,所以不去读那些修身做官的经书,又读了《老子》《庄子》,更助长了我的举止随便懒散,所以使我对做官求荣的进取心一天天减弱,而放纵任性的情意越加强烈。阮籍口里不谈论别人的过错,我常常想学习他这一长处,但

山涛

没有能做到。阮籍天性敦厚超过一般人,待人接物没有害人之心,只是有饮酒过度的毛病而已,以致遭到礼法之士的弹劾,对他恨得象仇敌那样,幸亏得到大将军司马昭的保护。我的天赋才资不如阮籍,反而有傲慢懒散的缺点;又不懂事理,不明白应当随时机的变化而变化;没有汉代万石那样的谨慎小心,而有尽情直言、不知道避忌的毛病;如果长期和人事接触,那么得罪人的事情每天都会发生,虽然想求得太平无事,这怎么能做得到!

又听到道士传言,服食术根、黄精等药草,可以使人长寿,心里很相信。游玩于山水之间,观赏鱼游鸟飞,心里感到非常快乐。一旦去做官,这些使我惬意的事便都失掉了,怎么能舍弃自己乐意的事而去做那些自己所怕做的事呢!

人们的相互了解,贵于认识彼此的天性,然后顺其天性加以帮助。禹不强迫伯成子高,出来做官,是为了成就他的节操;孔子不向子夏借雨伞,是为了掩饰子夏爱财的短处。近来的诸葛亮不强迫徐庶跟随自己去四川,华歆不强迫管宁做卿相,禹、孔子、诸葛亮、华歆这些人才可以说是自始至终够朋友,是真正相知的人。我自己经过考虑并已经决定,如果我无路可走,那也就算了,足下要平白无故地使我受到冤屈,让我辗转于山沟河谷之间陷于绝境。

我刚死了母亲和兄长,失去了他们的欢爱,心中常常感到凄凉悲切。女儿才十三岁,儿子八岁,还没有长大成人,况且又多疾病,想到这些心里的悲伤,不知从何说起。现在我只愿过贫穷的生活,教育抚养子女,时时和亲朋故旧叙谈离别之情,谈论往事,浊酒一杯,弹琴一曲,志向情意就都满足了,怎么能见阉者而称赞他守贞呢!如果急于我共登仕途,想把我招去,和你共作欢乐,一旦来强迫我,那么我一定会发疯的。如果不是有深仇

大恨,想来你不至于这样做的。写这封信,既是为了摆脱足下对我的推荐,并且也是用来告别的。

这封书信送到以后,山涛知道嵇康不会受羁绊屈服。

嵇康生性非常机巧而喜好打铁。住处有一株柳树长得很茂盛,便引水将树环绕起来,每当夏天,在树荫下锤打铁器。东平吕安很佩服嵇康的高卓情趣,每当想念他,便不远千里驾车来拜访,嵇康对他很友好。后来吕安被兄长诬告控诉,因为受事情的连累被投入监牢,供词经过相互验证援引,便又将嵇康逮捕。嵇康的性格说话和行动都很谨慎,一壁被捕入狱,便写了《幽愤诗》,说:

可叹我福分浅薄,少年时遭到父丧,悲伤和孤独都还不懂,由于当时年纪还很幼小。母亲和兄长对我抚养教育,只有慈爱没有威吓,自恃得到宠爱而肆意撒娇,缺少教育。到了成年之时,凭借骄纵而自负放任,坚守自己的本心希望追及古人,任凭所崇尚的做。寄托于爱好《庄子》《老子》,轻视财物而重视身躯,志向在于节操淳朴,涵养自身的素性以保持本性。

我缺乏明智,却喜欢品评别人的善恶得失,子玉遭到身败名裂,屡屡使我增添脱离尘世的想法。德行高尚者有容忍人的器量,能承受耻辱。人们多怀有偏执,想达到纯正却身不由己。以为这种褊急的性情,才能表明自己的评品褒贬;等觉悟到自己的过失,悲痛得象受伤留下痕。想要减少过失,但诽谤非议沸沸扬扬,生性并不是要伤害别人,但频繁地招致怨恨憎恶。既有愧于古人柳下惠,又有愧于今人孙登,对内有违凤愿,对外辜负了自己的好友。仰慕古代隐士严光和郑谷,安贫乐道而隐居,与世无争,神气可以得到安然。

叹息我自己失德无行,遭遇到许多不幸的事。这不是上天降临的,实在是由于自己顽劣狂放所造成的,有悖于常理使得祸患连结,最终身陷牢狱。要答复我目前的审讯,只是身在拘禁之中,实在耻于诉讼申冤,我还有什么时间。虽说是道理正直,但是精神遭受凌辱志气已经沮丧,即便在清水中洗涤,还谈得上什么补救。天空的鸿雁鸣叫和谐,振翅向北方遨游,顺应时节而行动,得意自在而忘却忧愁。唉,我悲愤叹息,还能有什么筹划打算。事实和愿望互相违背,遭遇到目前的羁留,贫穷和显达都是命中注定的,还能有什么要求?

古人曾经说过,做好事不要追求名声。顺乎时代虔恭而沉静不言,灾祸就不会发生。万石君周到谨慎,安抚亲属保持了荣耀。世上的事情纷纷扰扰,只能搅乱我的性情,安宁快乐必须铭诫于心,最终于会顺利吉祥。生命炽盛的灵芝草,一年中成熟三次,唯独我还能做什么,有志向而不能成功。以过去的祸难为鉴戒思考再三,心中觉得内疚,希望勉励自己今后,能无声无息。在山坳里采野菜而食,在深山石窟中披散头发隐居,放声歌咏,颐养精神求得长寿。

当初,嵇康家居贫穷时,曾经和向秀一起在大树底下打铁,来养活自己。颍川的钟会,是富贵人家的公子,为人精干练达有才识能言善辩,所以去拜访嵇康。嵇康看见了他不施礼,仍旧打铁不止。等了很久钟会才离去,嵇康对钟会说:"你听到什么而到这里来?又看到什么而离去?"钟会说:"我听到所听到的而到这里来,看到所看到的而离去。"钟会因此感到遗憾。到这时,便告诉文帝司马昭说:"嵇康,是隐居的杰出人物,无法让他出来做官。您不必为天下的事担忧,可虑的只是嵇康而已。"因而诬告说嵇康要帮助毌丘俭造反,幸好山涛劝告没有听从。从前齐国杀掉华士,鲁国诛杀少正卯,实在是由于他们有害时政扰乱教化,所以圣贤要把他们除掉。嵇康、吕安等人说话议论毫无顾忌,诽谤诋毁国家的典制法则,作为帝王不应当宽容这种行为,应当借助这个机会把他们除掉,使风气质朴敦厚。司马昭亲近钟会听信了他的话,便把嵇康、吕安一起杀害。

嵇康将被押赴刑场行刑,三千名太学生请求将他赦免当太学的老师,没有得到准许。嵇康回头看看自己在太阳下的身影,向别人要了琴弹奏,说:"从前袁孝尼曾经要跟我学习弹奏《广陵散》,我总是不肯教给他,到今天《广陵散》将成为绝响了!"当时他的年龄才四十岁。海内的士人,无不感到痛惜。司马昭不久后便省悟而感到悔恨。当初,嵇康曾经在洛阳西面游览,傍晚时留宿在华阳亭,取琴弹奏起来。半夜里,忽然有客人来,自称是古代人,和嵇康一起谈论音乐声律,谈吐清晰明辨,因此索取琴弹奏起来,这就是《广陵散》,琴声音调无与伦比,便把它教给嵇康,还发誓不再传给别人,也不肯说出自己的姓名。

嵇康善于谈论玄理,又很会写文章,高超的情怀和深远的旨趣,飘然高尚而又清远。撰写上古以来超世脱俗隐士的传记并加以评论,想和千年以前的这些人结交。嵇康又写了《太师箴》,也足以阐明帝王的治理之道。还写了《声无哀乐论》,说得很有条理。

皇甫谧传

【题解】

皇甫谧(215~282),魏晋间著名医家。幼年名静,字士安,自号玄晏先生,安定朝那(今甘肃灵台)人。年二十方发愤读书,随乡人席坦学习,勤学不倦。他家里贫穷,每每带着经书去干活,遂博综典籍百家之言,成为当时著名的经学大师。他曾多次拒绝晋武帝的征召和乡人的举荐,在回答乡亲劝他应命去做官的《释劝论》中,指出了医学的重要性和他学习的决心。甘露(256~260)年间他得了风痹症,更促使他发愤研读医书,于是习览经方,手不辍卷,遂臻至妙。他一生以著述为务,著作甚多,有《礼乐》《圣真》诸论、《帝王世纪》《玄晏春秋》《年历》《高士》《列女》《逸士》《论寒食散方》《针灸甲乙经》等。其中以《针灸甲乙经》流传最广,影响最大。

《针灸甲乙经》是中国医学史上第一部针灸学专著。皇甫谧以《素问》《针经》《明堂孔穴针灸治要》为依据,采集和整理大量古代针灸文献资料,"使事类相从,删其浮辞,除其重复,论其精要,厘为十二卷"而成,命名为《针灸甲乙经》(又称《黄帝三部针经》《黄帝针灸甲一乙经》,简称《甲乙经》)。该书问世后,一直被认为是学习针灸必读的古医籍,在国外,也有深远影响。早在日本奈良朝,就规定了《针灸甲乙经》为医学教育的必读教材之一。当今日本、朝鲜、法国等研究针灸学,仍以本书为主要参考资料。

《针灸甲乙经》对生理、病理、诊断、俞穴、治疗等针灸基本理论,做了系统的科学论述,它的产生。标志着针灸理论体系的确立与临床医疗实践的结合。《针灸甲乙经》的前六卷主要述针灸学的基本理论,后六卷为临床治疗部分。

【原文】

皇甫谧,字士安,幼名静,安定朝那人,汉太尉嵩之曾孙也。出后叔父,徙居新安。年二十,不好学,游荡无度,或以为痴。尝得瓜果,辄进所后叔母任氏。任氏曰:"《孝经》云:'三牲之养,犹为不孝'。汝今年余二十。目不存教,心不入道,无以慰我。"因叹曰:"昔孟母三徙以成仁,曾父烹豕以存教,岂我居不卜邻,教有所阙,何尔鲁钝之甚也!修身笃学,自汝得之,于我何有!"因对之流涕。谧乃感激,就乡人席坦受书,勤力不怠。居贫,躬自稼穑,带经而农,遂博综典籍百家之言。沉静寡欲,始有高尚之志,以著述为务,自号玄晏先生。著《礼乐》《圣真》之论。后得风痹疾,犹手不缀卷。

或劝谧修名广交,谧以为"非圣人孰能兼存出处,居田里之中亦可以乐尧舜之道,何必崇接世利,事官鞅掌,然后为名乎"。作《玄守论》以答之,曰:

或谓谧曰:"富贵人之所欲,贫贱人之所恶,何故委形待于穷而不变乎?且道之所贵者,理世也;人之年美者,及时也。先生年迈齿变,饥寒不赡,转死沟壑,其谁知乎?"

谧曰:"人之所至惜者,命也;道之所必全者,形也。性形所不可犯者,疾病也。若扰全道以损性命,安得去贫贱存所欲哉?吾闻食人之禄者怀人之忧,形强犹不堪,况吾之弱疾乎!且贫者士之常,贱者道之实,处常得实,没齿不忧,孰与富贵扰神耗精者乎!又生为人所不知,死为人所不惜,至矣!暗聋之徒,天下之有道者也。夫一人死而天下号者,以为损也;一人生而四海笑者,以为益也。然则号笑非益死损生也。是以至道不损,至德不益。何哉?体足也。如回天下之念以追损生之祸,运四海之心以广非益之病,岂道德之至乎!夫唯无损,则至坚矣;夫唯无益,则至厚矣。坚故终不损,厚故终不薄。苟能体坚厚之实,居不薄之真,立乎损益之外,游乎形骸之表,则我道全矣。"遂不仕。耽玩典籍,忘寝与食,时人谓之"书淫"。或有箴其过笃,将损耗精神。谧曰:"朝闻道,夕死可矣,况命之修短分定悬天乎!"

叔父有子既冠,谧年四十丧所生后母,遂还本宗。

城阳太守梁柳,谧从姑子也。当之官,人劝谧饯之。谧曰:"柳为布衣时过吾,吾送迎不出门,食不过盐菜,贫者不以酒肉为礼。今作郡而送之,是贵城阳太守而贱梁柳,岂中古人之道,是非吾心所安也。"

时魏郡召上计掾,举孝廉;景元初,相国辟,皆不行。其后乡亲劝令应命,谧为《释劝论》以通志焉。其辞曰:

相国晋王辟余等三十七人,及泰始登禅,同命之士莫不毕至,皆拜骑都尉,或赐爵关内侯,进奉朝请,礼如侍臣。唯余疾困,不及国宠。宗人父兄及我僚类,咸以为天下大庆,万姓赖之,虽未成礼,不宜安寝,纵其疾笃,犹当致身。余唯古今明王之制,事无巨细,断之以情,实力不堪,岂慢也哉!乃伏枕而叹曰:"夫进者,身之荣也;退者,命之实也。设余不疾,执高箕山,尚当容之,况余实笃!故尧舜之世,士或收迹林泽,或过门不敢入。咎繇之徒两遂其愿者,遇时也。故朝贵致功之臣,野美全志之士。彼独何人哉!今圣帝龙兴,配名前哲,仁道不远,斯亦然乎!客或以常言见逼,或以逆世为虑。余谓上有宽明之主,下必有听意之人,天网恢恢,至否一也。何尤于出处哉!"遂究宾主之论,以解难者,名曰客曰："盖闻天以悬象致明,地以含通吐灵。故黄钟次序,律吕分形。是以春华发萼,夏繁其实,秋风逐暑,冬冰乃结。人道以之,应机乃发。三材连利,明若符契。故士或同升于唐朝,或先觉于有莘,或通梦以感主,或释钓于渭滨,或叩角以干齐,或解褐以相秦,或冒谤以安郑,或乘驷以救屯,或班荆以求友,或借术于黄神。故能电飞景拔,超次迈伦,腾高声以奋远,抗宇宙之清音。由此观之,进德贵乎及时,何故屈此而不伸?今子以英茂之才,游精于六艺之府,散意于众妙之门者有年矣。既遭皇禅之朝,又投禄利之际,委圣明之主,偶知已之会,时清道真,可以冲迈,此真吾生濯发云汉、鸿渐之秋也。韬光逐数,含章未曜,龙潜九泉,砥焉执高,弃通道之远由,守介人之局操,无乃乖于道之趣乎?

且吾闻招摇昏回则天位正,五教班叙则人理定。如今王命切至,委虑有司,上招连主之累,下致骇众之疑。达者贵同,何必独异?群贤可从,何必守意?方今同命并臻,饥不待餐,振藻皇涂,咸秩天官。子独栖迟衡门,放形世表,逊遁丘园,不睠华好,惠不加人,行不合道,身婴大疢,性命难保。若其羲和促辔,大火西颓,临川恨晚,将复何阶!夫贵阴贱璧,圣所约也;颠倒衣裳,明所箴也。子其鉴先哲之洪范,副圣朝之虚心,冲灵翼于云路,浴天池以濯鳞,排阊阖,步玉岑,登紫闼,侍北辰,翻然景曜,杂沓英尘。辅唐虞之主,化尧舜之人,宣刑错之政,配殷周之臣,铭功景钟,参叙彝伦,存则鼎食,亡为贵臣,不亦茂哉!而忽金白之辉曜,忘青紫之班瞵,辞容服之光粲,抱弊褐之终年,无乃勤乎?"

主人笑而应之曰:"吁!若宾可谓习外观之晖晖,未睹幽人之仿佛也;见俗人之不容,未喻圣皇之兼爱也;循方圆于规矩,未知大形之无外也。故曰:天玄而清,地静而宁,含罗万类,旁薄群生,寄身圣世,托道之灵。若夫春以阳散,冬以阴凝,泰液含光,元气混蒸,众品仰化,诞制殊征。故进者享天禄,处者安丘陵。是以寒暑相推,四宿代中,阴阳不治,运化无穷,自然分定,两克厥中。二物俱灵,是谓大同;彼此无怨,是谓至通。

若乃衰周之末,贵诈贱诚,牵于权力,以利要荣。故苏子出而六主合,张仪入而横势成,廉颇存而赵重,乐毅去而燕轻,公叔没而魏败,孙膑刖而齐宁,蠡种亲而越霸,屈子疏而楚倾。是以君无常籍,臣无定名,损义放诚,一虚一盈。故冯以弹剑感主,女有反赐之说,项奋拔山之力,蒯陈鼎足之势,东郭劫于田荣,颜阖耻于见逼。斯皆弃礼丧真,苟荣朝夕之急者也,岂道化之本与!

若乃圣帝之创化也,参德乎二皇,齐风乎虞夏,欲温温而和畅,不欲察察而明切也;欲混混若玄流,不欲荡荡而名发也;欲索索而条解,不欲契契而绳结也;欲芒芒而无垠际,不欲区区而分别也;欲然而日章,不欲示白若冰雪也;欲醇醇而任德,不欲琐琐而执法也。是以见机者以动成,好遁者无所迫。故曰:一明一昧,得道之概;一弛一张,合礼之方;一浮一沉,兼得其真。故上有劳谦之爱,下有不名之臣;朝有聘贤之礼,野有遁窜之人。是以支伯以幽疾距唐,李老寄迹于西邻,颜氏安陋以成名,原思娱道于至贫,荣期以三乐感尼父,黔娄定谥于布衾,干木偃息以存魏,荆莱志迈于江岑,君平因蓍以道著,四皓潜德于洛滨,郑真躬耕以致誉,幼安发发乎今人。皆持难夺之节,执不回之意,遭拔俗之主,全彼人之志。故有独定之计者,不借谋于众人;守不动之安者,不假虑于群宾。故能弃外亲之华,通内道之真,去显显之明路,入昧昧之埃尘,宛转万情之形表,排托虚寂以寄身,居无事之宅,交释利之人。轻若鸿毛,重若泥沉,损之不得,测之愈深。真吾徒之师表,余迫疾而不能及者也。子议吾失宿而骇众，吾亦怪子较论而不折中也。

夫才不周用，众所斥也；寝疾弥年，朝所弃也。是以胥克之废，丘明列焉；伯牛有疾，孔子斯叹。若黄帝创制于九经，岐伯剖腹以蠲肠，扁鹊造虢而尸起，文挚徇命于齐王，医和显术于秦晋，仓公发秘于汉皇，华佗存精于独识，促景垂妙于定方。徒恨生不逢乎若人，故乞命诉乎明王。求绝编于天录，亮我躬之辛苦，冀微诚之降霜，故俟罪而穷处。

其后武帝频下诏敦逼不已，谧上疏自称草莽臣曰："臣以尪弊，迷于道趣，因疾抽簪，散发林阜，人纲不闲，鸟兽为群。陛下披榛采兰，并收蒿艾。是以皋陶振褐，不仁者远。臣惟顽蒙，备食晋粟，犹识唐人击壤之乐，宜赴京城，称寿阙外。而小人无良，致灾速祸，久婴笃疾，躯半不仁，右脚偏小，十有九载。又服寒食药，违错节度，辛苦荼毒，于今七年。隆冬裸袒食冰，当暑烦闷，加以咳逆，或若温疟，或类伤寒，浮气流肿，四肢酸重。于今困劣，救命呼吸，父兄见出，妻息长诀。仰迫天威，扶舆就道，所苦加焉，不任进路，委身待罪，伏枕叹息。臣闻《韶》《卫》不并奏，《雅》《郑》不兼御，故郤子入周，祸延王叔；虞丘称贤，樊姬掩口。君子小人，礼不同器，况臣糠麸，糅之雕胡？庸夫锦衣，不称其服也。窃闻同命之士，咸以毕到，唯臣疾疢，抱衅床蓐，虽贪明时，惧毙命路隅。设臣不疾，已遭尧舜之世，执志箕山，犹当容之。臣闻上有明圣之主，下有输实之臣；上有在宽之政，下有委情之人。唯陛下留神垂恕，更旌瑰俊，索隐于傅岩，收钓于渭滨，无令泥滓，久浊清流。"谧辞切言至，遂见听许。

岁余，又举贤良方正，并不起。自表就帝借书，帝送一车书与之。谧虽羸疾，而披阅不息。初服寒食散，而性与之忤，每委顿不伦，尝悲恚，叩刃欲自杀，叔母谏之而止。

济阴太守蜀人文立，表以命士有赘为烦，请绝其礼币，诏从之。谧闻而叹曰："亡国之大夫不可与图存，而以革历代之制，其可乎！夫'束帛戋戋'，《易》之明义，玄纁之贽，自古之旧也。故孔子称夙夜强学以待问，席上之珍以待聘。士于是乎三揖乃进，明致之难也；一让而退，明去之易也。若殷汤之于伊尹，文王之于太公，或身即莘野，或就载以归，唯恐礼之不重，岂吝其烦费哉！且一礼不备，贞女耻之，况命士乎！孔子曰：'赐也，尔爱其羊，我爱其礼。'弃之如何？政之失贤，于此乎在矣。"

咸宁初，又诏曰："男子皇甫谧沈静履素，守学好古，与流俗异趣，其以谧为太子中庶子。"谧固辞笃疾。帝初虽不夺其志，寻复发诏征为议郎，又召补著作郎。司隶校尉刘毅请为功曹，并不应。著论为葬送之制，名曰：《笃终》。曰：

玄晏先生以为存亡天地之定制，人理之必至也。故礼六十而制寿，至于九十，各有等差，防终以素，岂流俗之多忌者哉！吾年虽未制寿，然婴疢弥纪，仍遭丧难，神气损劣，困顿数矣。常惧夭陨不期，虑终无素，是以略陈至怀。

夫人之所贪者，生也；所恶者，死也。虽贪，不得越期；虽恶，不可逃遁。人之死也，精歇形散，魂无不之，故气属于天；寄命终尽，穷体反真，故尸藏于地。是以神不存体，则与气升降；尸不久寄，与地合形。形神不隔，天地之性也；尸与土并，反真之理也。今生不能保七尺之躯，死何故隔一棺之土？然则衣衾所以秽尸，棺椁所以隔真，故桓司马石椁不如速朽；季孙玙璠比之暴骸；文公厚葬，《春秋》以为华元不臣；杨王孙亲土，《汉书》以为贤于秦始皇。如令魂必有知，则人鬼异制，黄泉之亲，死多于生，必将备其器物，用待亡者。今若以存况终，非即灵之意也。如其无知，则空夺生用，损之无益，而启奸心，是招露形之

中
华
传
世
藏
书

二
十
四
史

精
华

晋
书

八
一
一

祸,增亡者之毒也。

夫葬者,藏也。藏也者,欲人之不得见也。而大为棺椁,备赠存物,无异于埋金路隅而书表于上也。虽甚愚之人,必将笑之。丰财厚葬以启奸心,或剖破棺椁,或牵曳形骸,或剥臂捋金环,或扪肠求珠玉。焚如之形(刑),不痛于是?自古及今,未有不死之人,又无不发之墓也。故张释之曰:"使其中有欲,虽固南山犹有隙;使其中无欲,虽无石椁,又何戚焉!"斯言达矣,吾之师也。夫赠终加厚,非厚死也,生者自为也。遂生意于无益,弃死者之所属,知者所不行也。《易》称'古之葬者,衣之以薪,葬之中野,不封不树'。是以死得归真,亡不损生。

故吾欲朝死夕葬,夕死朝葬,不设棺椁,不加缠敛,不修沐浴,不造新服,殡唅之物,一皆绝之。吾本欲露形入坑,以身亲土,或恐人情染俗来久,顿革理难,今故粗为之制。奢不石椁,俭不露形。气绝之后,便即时服,幅巾故衣,以籧篨裹尸,麻约二头,置尸床上。择不毛之地,穿坑深十尺,长一丈五尺,广六尺,坑讫,举床就坑,去床下尸。平生之物,皆无自随,唯赍《孝经》一卷,示不忘孝道。籧篨之外,便以亲土。土与地平,还其故草,使生其上,无种树木。削除,使生迹无处,自求不知。不见可欲,则奸不生心,终始无忧惕,千载不虑患。形骸与后土同体,魂爽与元气合灵,真笃爱之至也。若亡有前后,不得移祔。祔葬自周公来,非古制也。舜葬苍梧,二妃不从,以为一定,何必周礼。无问师工,无信卜筮,无拘俗言,无张神坐,无十五日朝夕上食。礼不墓祭,但月朔于家设席以祭,百日而止。临必昏明,不得以夜。制服常居,不得墓次。夫古不崇墓,智也。今之封树,愚也,若不从此,是戮尸地下,

死而重伤。魂而有灵,则冤悲没世,长为恨鬼。王孙之子,可以为诚。死誓难违,幸无改焉!而竟不仕。太康三年卒,时年六十八。子童灵、方回等遵其遗命。

谧所著诗赋诔颂论难甚多,又撰《帝王世纪》《年历》《高士》《逸士》《列女》等传。《玄晏春秋》,并重于世。门人挚虞、张轨、牛综、席纯、皆为晋名臣。

【译文】

皇甫谧,字士安,幼年名静,是安定朝那人,汉代太尉皇甫嵩的曾孙。皇甫谧出生后即过继给他叔父为子,随叔父迁居新安。他到二十岁还不好好学习,终日无节制的游荡,或有人以为他是呆傻人。曾经得到一些瓜果,即进呈给他的叔母任氏。任氏说:"《孝经》说:"虽然每天用牛、羊、猪三牲来奉养父母,仍然是不孝之人。'你今年近二十,眼睛没有阅读过书本,心中不懂道理,没有什么可以安慰我的。"因此叹息说:"从前,孟轲的母亲迁居了三次,使孟子成为仁德的大儒;曾参的父亲杀猪使信守诺言的教育常存,难道是我没有选择好邻居,教育方法有所缺欠,否则你怎么会如此鲁莽愚蠢呢! 修身立德,专心学习,是你自己有所得,我能得到什么呢!"因而面对皇甫谧涕泪交流。皇甫谧深受感动,并激发了他的志气,于是到同乡人席坦处学习,勤读不倦。他家很贫穷,他在亲自参加农业劳动时,每每带着经书去干活,以便在休息的时候能诵读,于是广泛的阅读了国家的重要文献和诸子百家学说。他性格沉静,很少欲念,开始有崇高的志向,就以写作为事业,自号玄晏先生。著有《礼乐》《圣真》等书。后来得了风痹症,仍不停地阅读和写作。

有人劝皇甫谧多和达官贵人交往,以博得好名声。皇甫谧认为"只有圣人才能出仕

做官得到好名声，隐居田里也享有尧舜之道的美名，自己不是圣人，又何必接交达官贵人，为公事忙碌，然后得到名声呢"。他写《玄守论》来回答他们。说：

或有人对谧说："人人都渴望得到富贵，人人都厌恶贫贱，为什么将自己的形体托付给贫穷而不想改变呢？况有道的人所看重的是治理国家的学问，而一般的人则以及时享乐为美事。先生已年老齿衰，衣食亦不充裕，如为生计奔波死于溪谷，有谁会知道您呢？"

谧说："人所最珍惜的是生命，修道所求体是形体的完备。生命和形都不可为疾病所侵犯。若扰乱了形体以致损及性命，怎么能脱离贫贱而存富贵呢？我听说吃人家禄米的人就得分担人家的忧患，形体强壮的人尚不堪承受，何况我体弱多病呢！而且读书人经常是贫穷的，求道的人的确也常受到轻视，然处于贫穷之中而得到道的真谛，一辈子没有

皇甫谧

忧患，怎么能与为了追求富贵扰神耗精相比呢！另外，生时不为人知道，死时不被人惋惜，这样的人才是最得道的真谛的呀！聋哑的人，是天下最得道的人。一个人死了，天下的人都为他号啕大哭，因为他的死，对天下有很大的损失；有的人健在，全国的人都为之而欢欣鼓舞，因为他的健在，对全国人都有好处。然而，天下人的哭或笑，并不能使该死的人不死，该生的不生。所以有至道至德的人，不会因外界影响而损益到他的死生。为什么呢？因为他的体魄充实。如果为了挽回天下人的悲痛而去追求损害生命的名利，顺应全国人的心意去追求无益于身的富贵，这哪是道德的至高境界呢！只有不追求名利，才会无损于性命，身体就会更坚强；只有不求无益于身体的富贵，道行就会更深厚。身体坚强就不会损及生命，道行深厚就不会变浅薄。如果能保持坚实的身体，深厚的道行，将名利、富贵置之度外，看作只是形体表面的东西，那么我的道行是最完善的。

于是，皇甫谧没有去做官。他潜心玩味经典册籍，甚至废寝忘食，故当时人说他是"书淫"。有人告诫他过于专心，将会耗损精神。皇甫谧说："早晨学到了道理，黄昏死去也是值得的，何况生命的长短是上天预定的呢！"

叔父后来有了儿子，且已二十岁了，时谧年四十，叔父儿子的生母泳睦了。于是皇甫谧回到了本宗。

城阳太守梁柳是皇甫谧父亲堂姊妹的儿子。当梁柳要去城阳赴任时，有人劝皇甫谧为他饯行。谧说："梁柳未做官时探望过我，我都不出门迎送，吃饭也不过盐菜之类，贫穷的人不以酒肉来招待。现在他当了郡太守而以酒宴来饯行，是看重城阳太守的官职而看轻了梁柳本人，难道这符合古人的为人之道吗？那样做，我的心里会不安的。"

当时魏郡守曾召他充任上计掾，也曾举荐他为孝廉；景元初，相国也曾征召他，皇甫

谥都不赴任。后来乡亲们都来劝他应召，他写了《释劝论》表达他的志向。该文辞说：

相国晋王征召我们三十七人，到泰始元年晋皇帝登位时，被征召的人都到达，并都授予骑都尉之职，或赐以关内侯之爵位，有参与朝会的资格，受到如皇帝侍臣的待遇。只有我为疾病困扰，得不到国家的恩宠。同宗之人、父兄以及历次与我一起被征召的人们，都以为天下大庆，百姓有了依赖，我虽然没有参加登禅大典，也不应安于寝食，纵然有严重疾病，也应当投身效力。我仅以古今圣明王朝的制度为准则，无论事情大小，都要按具体情况而定，实在是力不从心，那里是怠慢呢！于是伏枕叹息说："去当官的话，身份荣耀；退隐归家，可保全性命。如果我没有生病，躲避征召如巢父、许由之隐居箕山，尚且可以容忍，何况我实在是病重呢！所以在尧舜的时代，有识之人或隐迹于深山泽国，或如大禹过家门而不敢入。但咎繇之流却能出仕隐居两遂其愿，他们是遇到了好时机呀！所以，朝廷器重有功的臣子，百姓赞美实现自己志愿的有识之人。他们是什么样的人哪！现今圣帝接位，皇朝兴旺，可与前代圣君明王同享盛名，仁者的轨迹是不会遥远的，我们也必然会遭逢古人那样的机遇。朋友或用一般的道理逼我去出仕做官，或因我不顺世情而为我担忧。我认为，上有宽容圣明的君主，下面一定有听从他旨意的人士，天网是那样的宽广，被罗入天网中或被遗留下来的人都是一样的，何以出仕的人要受到褒奖，而退隐的人要受到责难呢！于是推究朋友和自己的言论，以解疑释难，命名为《释劝》。

朋友说："听说天空日星高照才能导致光明，大地阴阳通畅才能化生万物。所以黄钟按次序排列，律吕分形象正音。春天的花发萼开花，夏天才盛结果实，秋风遂去暑热，冬天及能结冰。人伦之道也是按照这个道理，顺应时机而发生发展。天人相应，就像符契一样显明，故有识之士，或如在尧舜之时共同得到举用；或如伊尹为商汤迎于有莘；或如里人为殷武帝夜梦所遇；或如姜太公渭水遇文王而舍弃垂钓；或如宁戚叩牛角而歌，得齐桓公之重用；或如伯里奚为秦缪公所赎，脱去布衣而事秦；或如郑子产甘冒毁谤使郑国安定；或如祈奚乘驷去见宣子以免叔向之罪；或如伍举班荆与友蔡声子坐，共同商议归楚问题；或如张良从黄神处学得兵法知识。这些有识之士，都是遇到了明主，飞黄腾达，越格提升，声名日隆，远播四方，如清音充塞宇宙。由此看来，进取要及时抓住机会，为什么要屈志节而不伸展抱负？现在，以你的雄才大略，精于礼、乐、射、御、书、数之六艺，又广泛研讨了其他各种精微奥妙的道理有多年了。既然遇到了新帝接位之盛世，又逢取得禄利的时机，皇帝圣明，可以委属，同僚相遇，都是知己，这种清明的时代，正可以奋勇前进，大干一番，真是我们此生奋发有为、大展宏图的时候。如果隐居山林，满腹才华没有显露，就像蛟龙潜藏于九泉之下，固执隐居念头，放弃了通向仕官之路，守着耿介之人的局限操守，不是与有道之士的志趣相违背吗？

而且，我听说招摇星辰晨昏交替运行是天体正常的表现，父母兄弟子次序有常则是人道安定。现皇帝的诏命急切传来，委付地方官吏来谋划处理，而你不应召，则会招来上违背皇帝命令之罪，下使大家为之担忧。明智的人贵在随俗俯仰，又何必与众不同呢？许多贤士都随众出仕，你又何必固执己见？今天，和你一同被征召的人都已到京师，忙得饿了都顾不上吃饭，出仕朝廷，皆任高官，独你游息于陋屋。放浪形骸于世情之外，退隐于山林田院，鄙视荣华富贵，仁惠也不施于百姓，这种隐退行为并不合于至道，身为大病所困，性命难以保全。至如日神催促，大火星西坠，时光一去不复返，失去机会，后悔不及,还有什么登用可言!不在乎璧玉而珍视光阴。圣人们皆受此约束,而君命所召,来不及穿好衣服就赴任,是明智的人所遵守的规诫。你应该以古圣先贤之大法为借鉴,迎合圣朝虚心求贤的盛意,展开神灵的翅膀飞向凌云的天衢,到天池去洗濯鳞甲,推开天门,步入玉台,跨进紫宫的小门,陪伴着北辰,景况就大为改变,人才济济,如落英般繁荣。辅助唐虞一样的明主,教成如尧舜时期的风尚,宣布刑法搁置不用(无人再犯法)的政令,配以殷周时期的大臣,功勋将铭刻于景公钟上,以常理而论,在官则列鼎而食,不在官则为公卿大夫的家臣,不也都是美事吗!轻视黄金白银的光耀,忘却青紫之印绶,推辞尊贵的衣服,终年穿着破烂的粗布衣服,不苦吗?"

主人笑而答道:"嗨!你们可以说是只习惯于从表面看问题,隐士心理的深处就看不透了;只看到世俗之人的狭隘,就不明白圣皇宽广的胸怀,只郁循于规可以正圆,矩可以正方,不知天地之大无所不包。所以说,天空幽远而清澈,大地宁静而广袤,天地包容万物、普被众生,我们生活于圣明之世,托天地之福。春天阳气上升而散发,冬天阴气下降而凝结,泰液池水含万物而化生光彩,元气未分,混沌为一,万物仰赖天地的化育,产生不同的发展规律和特性。所以,出仕为官的人享受朝廷的俸禄,隐退之士安居于山陵,寒来暑往顺序相移,四季遵循着一定规律交替而得其中,天地任运自然而动,形成物质世界的无穷变化。然而事物都是天然分定的,阳性的,阴性的,动的,静的都能按它们的本性正常发展,阴阳二气得以充分发挥作用,这就是所称谓的大同;彼此没有抵触,没有乖违,这就是至通。

至若春春钦焦时期,狡诈的人,受到国君的重视;诚实的人,反而被视为无华富贵。故苏秦出而说服六国纵合以抗秦;张仪则以连横政策游说六国与秦修好,赵国因有廉颇而名重于诸侯间,燕国则因乐毅将军的离去而衰弱,魏国因公叔没的离逝为齐、秦等国战败,孙膑受刖刑后为齐国所有,齐国得以安宁,越国任用范蠡、文种得称霸,楚王疏远了屈原为秦所颠覆。所以,国君的地位并不稳定,大臣也没有固定的名分,损仁义或以诚相待,有使国家衰败或强盛之别。冯谖弹剑而歌,感动了主人孟尝君,女宽说服魏舒拒绝贿赂,项羽虽有拔山之力,仍兵败而自刎乌江;蒯通献策韩信与刘邦、项羽三分天下,东郭先生被田荣劫掠,颜阖以鲁王礼聘为耻而逃走。这种人皆是背弃礼义丧失天真,是只图眼前朝夕荣辱的急性人,哪里是寻求事物规律变化的本性呢!

圣帝开创的王朝,功德可以和伏羲、神农并列,风化可和虞舜、夏禹媲美,希望柔和而舒畅,不希望分析明辨而相责;希望如水之滚滚源远流长,不希望名声传播如荡涤之势;希望小心谨慎条分缕析地解决问题,不希望问题如同绳索结成死疙瘩而忧苦;希望知识广博无际,不希望窄而局限;希望人的道德深远谦退,初视未见而后明著,不希望明白显示如冰雪之洁白;希望用道德教化百姓,不希望事无巨细,一律绳之以法。所以见机而作的人,由于仕进而成其大功,喜欢隐居的人,也遂其所愿而不加强制。所以说,既懂得阳明也懂得阴暗,是懂得了天道之梗概;既知松弛,也知紧张,符合礼节的规定;知道世事的浮沉,也就兼得了道和礼的真谛。所以上有皇帝对有识之士谦恭接待之爱,下有并不出名的臣子;朝廷有聘用贤士的典礼,山野有避世的贤人。所以支伯以自己有幽忧之疾而拒绝唐尧的禅让,老子李耳乘牛车西去大秦,颜回以安居陋巷而成名,原思安于至贫而乐道,荣期以自己有三乐(指为人、为男和长寿为三乐)使孔子深为感动,黔娄终身为布衣不仕，段干木隐居守道于魏国，荆莱虽居江边仍有崇高志向，君平隐于卖卜，依着龟以忠孝信义教人而有道名，四皓（指秦末束园公、角里先生、绮里季、夏黄公四人，年皆八十有余，须眉皓齿，故名四皓）有德，隐居于洛水之滨，郑真躬自耕种，世人钦佩他的清高，幼安避乱辽东，讲诗书，明礼让，至今民人受到他的感化。这些人都保持着难以夺去的节操，坚持不可挽回的意志，遇到超俗的明主，便能成全他的志向。所以有能独自定计谋的人，就不与其他人商量；坚守不可动摇的信念，就不考虑众宾客的建议。因此，能放弃如同皇室戚属那样的华贵，追求内在道德的真谛，不走明显可达富贵的道路，而愿进入昏暗不明的世俗中，委婉随顺各种不同的情况，排除空虚寂寞而寄身于中，居住于没有事故发生的房屋，结交并不看重金钱利益的人。或轻如鸿毛，或重如泰山，损伤了他们，就得不到他们的辅助，而得到了他们，在实践中测试他们，更加觉得他们学识高深。这些人真是我们可以师法、可为表率的人。我因为疾病困扰而不能达到这一境界，你们议论我以前没有应召出仕做皇帝的"侍臣"而使你们受到惊吓，我也怪你们只知计较寻常之理而不知折中相处。

有才不为朝廷所用，会受到世人的责难；卧病多年，会为朝廷所抛弃。所以晋下军佐胥克患蛊疾，为正卿欲缺所废；伯牛生了病，孔子去探望时有所叹息"这样的人竟有这样的病"。如黄帝创制了九针之经，岐伯有剖腹去肠之术，扁鹊经虢国而使太子起死回生，文挚用激怒法为齐王治病牺牲了生命，医和以医术显名于秦晋诸国，仓公阐发了汉皇秘典，华佗有独到的见识和精湛的技术，仲景制定的方剂流传后世。只恨我生不逢这些医家，故只好乞求申诉于圣明的皇帝之前。请求在朝廷簿录中去掉我的名字，原谅我抱病之体的痛苦，希望我诚恳之心能感动上天，我在穷乡僻壤之处等待朝廷的罪责。

后来武帝屡次下诏督促逼迫出仕朝廷，皇甫谧上书自称草野之臣说："我因患匡痹症，迷恋道之旨趣，因为有病而归隐林泽山川之间，不熟习人伦礼法，常与鸟兽为伴。陛下到处求贤，连我这样不是贤人的人也被收取了。贤人皋陶脱去布衣当了官，不贤的人就远远地离开了朝廷。我只是个顽钝愚蠢的人，我吃晋王朝的粮食，享受着天下太平、击壤而歌的安乐生活，应该到京城去，在宫阙之外，高呼皇帝万寿无疆。而我因不良的品德，才招致灾祸，久为疾病所困，半个身子麻木不仁，右脚肌肉萎缩而变小，已有十九载。又因服寒食散，违背了服食的规则，反造成毒害，至今已有七年。盛冬时得袒露身体服食冰雪，暑天更觉烦闷，并伴有咳嗽气喘，或像患了温疟症，或又类似伤寒症，气急浮肿，四肢酸得。现在情况更为严重，生命危在旦夕之间，父兄见了离去，妻儿常待诀别。如果迫于皇帝的权威乘车上路，则病痛更会加剧，所以只好不走仕进之路，将身待罪，俯伏枕上叹息。我听说《韶》《卫》两种音乐不能同时演奏，《雅》《郑》两种曲子也不能同时进奏，周时王叔（晋厉公）受离间计而杀郤子，自身反被牵连作为郤子同党而被捕；虞丘是贤者，但因多年未举荐贤良、斥退不肖为楚庄王夫人樊姬所讥笑（虞闻之而荐孙叔敖，楚得孙辅，三年而称霸）。所以，有地位的人和被统治者，在敬神典礼中用不同器皿，何况我这大麦糠皮的本质，怎能和菰米相粲合呢！我如同一个平庸的人，穿着显贵的锦缎绸衣是不相称的。我听说与我一同被征召的人都已到达京师，只有臣我因有疾病，待罪床席，虽也贪图能有光明的前途，但惧怕在路途丧命。即使我没有疾病，且已遇到这样的尧舜之世，如巢父、许由高隐于箕山，亦尚可容忍。我听说上有圣明的皇帝，下就有敢于说出实情的大臣;上有宽容的政策,下就有能委婉表达心愿的人。只有陛下能留心才智之士和宽待我这样久病的人,希望能重新旌表奇才导能之士,从傅岩索请隐居的贤人,从渭水之滨请来(像姜子牙)垂钓的隐士,不使泥滓久久的混杂于清流之中。"皇甫谧的恳切言词,终于获得了准许。

过了一年多,又被举荐贤良方正,都不去。自己上书给皇帝要求借书。皇帝送给他一车书。他虽然患有重病,仍勤读不已。开始服寒食散,因身体素质与药性相抵触,常常困顿疲惫不堪,曾悲愤而想伏刃自杀,经他叔母劝阻而止。

济阴太守四川人文立,上书皇帝,认为任命贤士送礼物很麻烦,请求免去礼物币帛,皇帝下令从其所请。谧听说后叹息道:"亡国的大夫,不可和他计议国家存亡的大事,用他的建议,革除历代相传制度,怎么可以呢!用小小的束帛来作为聘用的礼节,是《易经》明确规定的,用玄色的玉帛征聘,是自古以来就有的制度。所以孔子宣称夜以继日的努力学习以待前来请教的人,有道之儒者,就像宴席上的珍馐,等待帝王的招聘。真正的儒者,经过王者的三揖,方才进而出仕,说明招致贤士之难;一有微词诘责,便引身而退,说明贤士离去的容易。如殷汤礼聘伊尹,文王对于姜太公,或聘迎于莘之野,即任以国政;或载与俱归即立为军师,都只恐怕礼仪不够隆重,怎么会吝啬其花费之大呢!而且一种聘礼不具备,贞节的女子即觉得是一种耻辱,何况著名的贤士呢!孔子说:'赐呀!你爱的是羊,我爱的是礼仪',放弃了社会怎样呢?朝廷丧失贤士,就在于这种情况。

咸宁初年,又下诏说:"皇甫谧从容不迫平凡自安,坚持学习,喜好古文献典籍,与世俗之人有完全不同的志趣,故任命谧为太子中庶事。"皇甫谧以病重固辞。开始,皇帝并不勉强他改变志向,不久以后又下诏征辟皇甫谧为议郎,后又补任命为著作郎。司隶教尉刘毅请任命皇甫谧为功曹,皇甫谧都不应允。写了有关葬送制度的论著,命名为《笃终》。说:

玄晏先生认为生死是大自然的规律,人理的必然趋势。按礼规定,六十岁时就制定寿具,直到九十岁,寿具各有不同的等级差别,在平日就准备好以防终日的到来,这哪里是世俗多忌讳的呢!我年龄虽未到六十,然而为疾所困已十多年,屡次遇到丧亡的危难,精神形体都遭到损伤,濒危已多次了。我常常恐惧不知何时就夭寿而终,忧虑身后之事平时没有准备,所以大略地陈述我对葬送的真诚看法。

人所贪恋的,是生存;所厌恶的,是死亡。但虽然贪生,也不可能越过寿命期限;虽怕死,也不可能逃脱。人死了,精神活动停止,形体腐败消散,但魂魄如大气一样,无处不到,所以气属于天,寄托于形体的生命终会达到极限,但最终的尸体,返于本来的真寂,所以,尸体藏于地。神如果不再存在于人体,则与大气同升降;尸体不能长久的保存,与大地合为一体。形体与神是不会不相合的,这与天地的性质一样;尸体与大地合并,是返于本来真寂的至理。今天活着尚且不能保护七尺的躯体,为什么死了要隔上一个棺木呢?死后穿的衣衾反倒肮脏了尸体,所用棺椁反使与大自然(土地)隔绝,所以桓司马自为石椁,三年未成,孔夫子说,还不如速朽为好;季孙与美玉同葬,就如暴露尸骸一般;华元等厚葬宋文公,《春秋》认为他们的行为不是臣子所为;杨王孙遗嘱裸葬,《汉书》认为他的这种做法远较秦始皇贤明。如果认为灵魂必定有知觉,则人与鬼虽有不同的制度,但在黄泉的亲戚较活着的人多,他们必将会准备器物,用来接待死亡的人。今天若用活着的人的想法来比拟死了的人的思想,那就不是灵魂本来的意思了。如果灵魂本来就无知觉,则厚葬就是白白夺去活人的东西,消耗在毫无益处的死人身上,而且使奸诈之人生心盗取,反倒招致暴露尸骸之祸,增加对死者的毒害。

葬的意思是藏。藏,是不想让人看见。而大做棺椁,又将生时的物品用来陪葬,就好像在路边埋了金子又写说明书在上面一样。虽然是极其愚蠢的人,也会笑话的。以丰厚的财宝厚葬死者使奸人生偷盗之心,或是打破棺材;或将尸体牵拽;或割断胳臂取下金镯;或按摸肠子探求珠玉。这种剖棺盗金玉,比之烧杀之刑,不更为惨痛吗?自古至今,没有不死的人,也没有不被发掘的坟墓。故张释之说:"假使其中有利可图,虽把棺柩封锢在南山的下面,还是有隙可钻的;假使其中无利可图,即使没有石棺柩,又有什么可发愁的呢!"这话实在是表述得很全面的,真可为我的老师。为死者加以厚葬,并不是对死者表示孝心,而是给活着的人看,遂做出对生者死者都毫无益处的厚葬,抛弃死者的遗嘱,聪明的人是不这么干的。《易经》说:"古代的葬法,以草盖死者,葬于荒野之中,也不积土为坟,也不种树以标其处。"所以死者能返归大自然,也不会伤害生者。

所以我希望早晨死,黄昏就葬;黄昏死,早晨就葬,不备棺木,不用布帛缠裹,不修饰,不沐浴,不缝制新衣服,口中珠玉也一概不用。我本来想裸体入坑,身体直接与土接触,恐怕亲人受世俗影响已久,要立时革除这种习俗很难,所以我今天粗略定下规矩。奢侈不过石椁,收敛只要不裸体。气绝以后,即穿当时穿的衣服,以及过去用的旧幅巾,用粗席裹上尸体,用麻绳捆住尸首两头,将尸体停放床上。选择不能长粮食的地,挖深十尺、长一丈五尺、宽六尺的坑。挖坑完毕,将床抬到坑边,抽去床,将尸下到坑中。生平所用之物,都不用,随葬,只需带着《孝经》一卷,以表示不忘孝道,粗席之外,便直接接触土地。坑中土填到与周围地平,然后种上以前原有的草,使草继续生长在上面,不种树木、不芟除上面的杂草,使无迹象可知葬处,自己寻求也不能知道。不见可图之利,则奸人不会生偷盗之心,自始至终都不用恐惧,一千年也不需忧虑。尸体与大地融合,魂灵与元气合一,真是厚爱到极点。如果死亡日子有前后,不应该将后丧合前丧。祔葬的礼节自周公以后开始,并不是古代就有的制度。虞舜死后葬于苍梧之野,他的二个妃子并没与他葬在一起,如果认为是一定之理,那何必有周礼呢?不需请教师工,不信卜筮之人,不拘泥于世俗之言,也不设置神主牌位,不要在十五日早晚上供祭祀。祭祀不需到墓前,而于每月初一日在家上供,一百日而止。上供也只需在日出前漏三刻和日入后漏三刻,不得在深夜。日常在家穿丧服,不需到坟屋去居住。古代并不崇尚筑坟墓,是明智的做法。今天积土为坟,种树以标其处,都是愚蠢的。若不遵从我这规矩去做,是戮尸于地下,使死者又一次受到损伤。如果灵魂有知,必定冤恨悲伤不止,长久为抱恨之鬼。王孙子弟,可以以此为戒。死者的誓言是不可违背的,希望不要改变。

皇甫谧终究还是没去做官。太康三年去世,当时年六十八岁。子童灵、方回等能遵其遗嘱去做。

皇甫谧著诗、赋、诔、颂、论、难六种文体的诗文甚多,还撰《帝王世纪》《年历》《高士》《逸士》《列女》等传及《玄晏春秋》等书,皆为世人所重视,门人挚虞、张轨、牛综、席纯,都为晋代著名的大臣。

潘岳传

【题解】

潘岳（247~300），西晋文学家，字安仁，荥阳中牟（今属河南）人。曾任河阳令、著作郎、给事黄门侍郎等职。方事权贵，后为赵王司马伦和孙秀所杀。

潘岳与陆机齐名，长于诗赋，善缀辞令，造语工整，体现了太康文学讲究形式美的倾向。《悼亡诗》三首是其代表作。诗赋之外。他还"善为哀诔之文"，今存祭文、铭、诔等二十余篇，辞婉情切，哀痛感人。明人张溥辑有《潘黄门集》。

【原文】

潘岳字安仁，荥阳中牟人也。祖瑾，安平太守。父茈，琅玡内史。岳少以才颖见称，乡邑号为奇童，谓终，贾之俦也。早辟司空太尉府举秀才。

潘岳塑像

泰始中，武帝躬耕藉田，岳作赋以美其事，曰：

伊晋之四年正月丁未，皇帝亲率群后藉于千亩之甸，礼也。于是乃使甸师请畿，野庐扫路，封人墐宫，掌舍设枑，青坛郁其岳立兮，翠幕默以云布。结崇基之灵阯兮，启四途之广阼。沃野膏腴，豪壤平砥。清洛浊渠，引流激水。遐阡绳直，迩陌如矢。葱犗服于缥轭兮，绀辕缀於黛耜。俨储驾於塵左兮，俟万乘之躬履。百僚先置，位以职分，自上下下，具惟命臣。袭春服之蓁蓁兮，接游车之辚辚。微风生於轻幌兮，纤埃起乎朱轮。森奉璋以阶列兮，望皇轩而肃震。若湛露之晞朝阳兮，象星之拱北辰也。

于是前驱鱼鹿，属车辚萃，闾阖洞启，参涂方驷，常伯陪乘，太仆执辔。后妃献穜稑之种，司农撰播殖之器，挈壶掌升降之节，宫正设门闾之

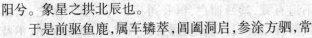

跸。天子乃御玉辇，荫华盖，冲牙铮铪，绡纨缲缲。金根照耀。以炯晃兮，龙骥腾骧而沛艾。表朱玄於离坎兮，飞青缟於震兑。中黄晔以发辉兮，方绎纷其繁会。五路鸣鸾，九旗扬旆，琼钑入云罕晻蔼。箫管嘲哳以啾嘈兮，鼓鼙硠磕以砰磕，苟蜼巍巍以轩翥兮，洪钟越乎区外。震震填填尘雾连天，以幸乎藉田。蝉冕蔼以灼灼兮，碧色肃其千千。似夜光之剖荆璞兮若茂松之依山颠也。

于是我皇乃降灵坛，抚御耦，游场染履供糜在手。三推而舍，庶人终亩。贵贱以班，或五或九。于斯时也，居糜都鄙，人无华裔，长幼杂逻以交集，士女颁斌而咸庋。被褐振裾，垂髫总髻，蹑踵侧肩，挎裳连袂。黄尘为之四合兮，阳光为之潜翳。动容发音而观者，莫不抃舞乎康衢，讴吟乎圣世，情欣乐乎昏作兮，虑尽力乎树艺。靡谁督而常勤兮，莫之

课而自厉。躬先劳而悦使令，岂严刑而猛制哉！

有邑老田父，或进而称曰："盖损益随时，理有常然。高以下为基，人以食为天。正其末者端其本，善其后者慎其先。夫九土之宜弗任，四业之务不一，野有菜蔬之色，朝乏代耕之秩。无储蓄以虞灾，徒望岁以自必，三代之衰，皆此物也。今职上昧旦丕显，夕惕若惕，图匮於丰，防俭於逸，钦哉钦哉，惟谷之恤。展三时之弘务，致仓廪於盈溢，固尧汤之用心，而存救之要术也。"若乃庙祧有事，祝宗诹日，簠簋普淖，则此之自实，缩鬯萧茅，又於是乎出。黍稷馨香，旨酒嘉栗。宜其时和年登，而神降之吉也。古人有言曰："圣人之德，无以加於孝乎！"夫孝者，天之性，人之所由灵也。昔者明王以孝治天下，其或继之者，邈哉希矣！逮我皇晋，实光斯道，仪刑乎于万国，爱敬尽於祖考。故躬稼以供粢盛，所以致孝也，勤穑以足百姓，所以固本也，能本而孝，盛德大业至矣哉！此一役也，二美显焉，不亦远乎，不亦重乎！敢作颂曰：

'思乐甸畿，薄采其芳。大君戾止，言藉其农。其农三推，万国以祗。耨我公田，遂及我私。我簠斯盛，我篚斯齐。我仓如陵，我庾如坻。念兹在兹，永言孝思。人力普存，祝史正辞。神祇攸歆，逸豫无期。一人有庆，兆民赖之。'

岳才名冠世，为众所疾，遂栖迟十年。出为河阳令，负其才而郁郁不得志。时尚书仆射山涛、领吏部王济、裴楷待并为帝所亲遇，岳内非之，乃题阁道为谣曰："各崤刺促不得休。"

转怀令。时以逆旅逐末废农，奸淫亡命，多所依凑，败乱法度，敕当除之。十里一官橘，使老小贫户守之。又差吏掌主，依客舍收钱。岳议曰：

谨案：逆旅，久矣其所由来也。行者赖以顿止，居者薄收其直，交易贸迁，各得其所。官无役赋，因人成利，惠加百姓而公无末费。语曰："许由辞帝尧之命，而舍於逆旅。"《外传》曰："晋阳处父过宁，舍於逆旅。"魏武皇帝亦以为宜，其诗曰："逆旅整设，以通商贾。"然则自尧到今，未有不得客舍之法。唯商鞅尤之，固非圣世之所言也。方今四海会同，九服纳贡，八方翼翼，公私满路。近畿辐辏，客舍亦稠。冬有温庐，夏有凉荫，刍秣成行，器用取给。疲中必投，乘凉近进，发梢写鞍，皆有所憩。

又诸劫盗皆起于回绝，止乎人众。十里萧条，则奸轨生心；连陌接馆，则寇情震慑。且闻声有救，已发有追，不救有罪，不追有戮，禁暴捕亡，恒有司存。凡此皆客舍之益，而官橘之所乏也。又行者贪路，告籴炊爨皆以昏晨。盛夏昼热，又兼星夜，既限早闭，不及橘门。或避晚关，进逐路隅，祗是慢藏诲盗之原。苟以客舍多败法教，官守棘橘独复何人？彼河桥孟津，解券输钱，高第督祭，数入校出，品郎两岸相检，犹惧或失之。故悬以禄利，许以功报。今贱吏疲人，独专橘税，管开闭之权，藉不校之势，此道路之蠹，奸利所殖也。率历代之旧俗，获猜行留之欢心，使客舍洒扫，以待征旅择家而息，岂非众庶颙颙之望。请曹列上，朝廷从之。

岳频宰二邑，勤於政绩。调补尚书度支郎，迁廷尉评，以公事免。杨骏辅政，高选吏佐，引岳为太傅主簿。骏诛，除名。初，谯人公孙宏少孤贫，客田於河阳，善鼓琴，颇能属文。岳之为河阳令，爱其才艺，待之甚厚。至是，宏为楚王玮长史，专杀生之政。时骏冈纪皆当从坐，同署主簿朱振已就戮。岳其夕取急在外，宏言之玮，谓之假吏，故得免。未几，选为长安令，作《西征赋》，述所经人物山水，文清旨诣，辞多不录。徵补博士，未召，以母疾辄去官免。寻为著作郎，转散骑侍郎，迁给事黄门侍郎。

岳性轻躁，趋世利，与石崇等谄事贾谧，每候其出，与崇辄望尘而拜。构愍怀之文，岳之辞也。谧二十四友，岳为其首。谧《晋书》限断，亦岳之辞也，其母数诮之曰："尔当知足，而乾没不已乎？"而岳终不能改。

既仕宦不达，乃作《闲居赋》曰：

岳读《汲黯传》至司马安四至九卿，而良史书之，题以巧宦之目，未曾不慨然废书而叹也。曰：嗟乎！巧诚有之，拙亦宜然。顾常以为士之生也，非至圣无轨微妙玄通者，则必立功立事，效当年之用。是以资忠履信以进德，修辞立诚以居业。仆少窃乡曲之誉，忝司空太尉之命，所奉之主，即太宰鲁武公其人也。举秀才为郎。逮事世祖武皇帝，为河阳、怀令，尚书郎，廷尉评。今天子谅闇之际，领太傅主簿。府主诛，除名为民。俄而复官，除长安令。迁博士，未召拜，亲疾，辄去官免。自弱冠涉于知命之年，八徙官而一进皆，再免，一除名，一不拜职，迁者三而已矣。虽通塞有遇，抑亦拙之效也。昔通人和长舆之论余也，固曰："拙于用多"。称多者，吾岂敢，言拙，则信而有徵。方今俊乂在官，百工惟时，拙者可以绝意乎宠荣之事矣。太夫人在堂，有羸老之疾，尚何能违膝下色养，而屑屑从斗筲之役？於是览止足之分，庶浮云之志，筑室种树，逍遥自得。池迢足以渔钓，春税足以代耕。灌园鬻蔬，供朝夕之膳，牧羊酤酪，俟伏腊之费。孝乎惟孝，友于兄弟，此亦拙者之为政也。乃作《闲居赋》以歌事遂情焉。其辞曰：

遨愤素之长圃，步先哲之高衢。虽吾颜之云厚，犹内愧於甯蓬。有道余不仕，无道吾不遇，何巧智之不足，而拙艰之有馀也！於是退而闲居，于洛之涘。身齐逸民，名缀下士。背京沂伊，面郊后市。浮梁黝以过度，灵台杰其高峙。窥天文之祕奥，睹人事之终始。其西则有元戎禁营，玄幕绿徽，黝子巨黍，异絫同归，石骏雷骇，激矢虹飞，以先启行，耀我皇威。其东则有明堂辟雍，清穆敞闲，环林紫映。圆海回泉，聿追孝以严父，宗文考以配天，祗圣敬以明顺，养更老以崇年。若乃背冬涉春，阴谢阳施，天子有事于柴燎，以郊祖而展义，张钧天之广乐，供千乘之万骑，服桩桩以齐玄，管啾啾而并吹，煌煌乎，隐隐乎，兹礼容之壮观，而王制之巨丽也。两学齐列，双宇如一，右延国胄，左纳良逸。祁祁生徒，济济儒术，或升之堂，或人之室。教无常师，道在则是。故髦士投绂，名王怀玺训若风行，应犹草靡。此里仁所以为美，孟母所以三徙也。

爰定我居，筑室穿池，长杨映沼。芳枳树樀，游鳞谗潏，菡萏敷披，竹木蓊蔼，灵果参差。张公大谷之梨，梁侯乌椑之柿，周文弱枝之枣，房陵朱仲之李，靡不毕植。三桃表樱胡之别，二柰耀丹白之色，石榴蒲桃之珍，磊落蔓延乎其侧。梅杏郁棣之属，繁荣藻丽之饰，华宝照烂，言所不能极也。菜则葱韭蒜芋，青筍紫姜，堇荠甘旨，蓼荾芬芳，襄荷依阴，时藿向阳，绿葵含露，白薤负霜。

於是凛秋暑退，熙春寒往，微雨新晴，六合清朗。太夫人乃御版舆，升轻轩，远览王畿。近周家园。体以行和，药以劳宣，常膳载加，旧疴有痊。於是席长筵，列孙子，柳垂荫。车结轨，陞摘紫房，水挂赪鲤，或宴于林，或禊于汜。昆弟斑白，儿童稚齿，称万寿以献觞，咸一惧而一喜。寿觞举，慈颜和，浮杯乐饮，丝竹骈罗，顿足起舞，抗音高歌，人生安乐，孰知其他。退求己而自省，信用薄而才劣。奉周任之格言，敢陈力而就列。几陋身之不保，而奚拟乎明哲，仰众妙而绝思，终优游以养拙。

初，岾为琅玡内史，孙秀为小史给岳，而狡黠自喜。岳恶其为人，数挞辱之，秀常衔忿。及赵王伦辅政，秀为中书令。岳於省内谓秀曰："孙令犹忆畴昔周旋不？"答曰："中心藏之，何日忘之。"岳於是自知不免。俄而秀遂诬岳及石崇、欧阳建谋奉淮南王允、齐王冏为乱，诛之，夷三族。岳将诣市，与母别曰："负阿母！"初被收，俱不相知，石崇已送在市，岳俊至，崇谓之曰："安仁，卿亦复尔邪！"岳曰："可谓白首同所归。"岳《金谷诗》云："投分寄石友，白首同所归。"乃成其谶。岳母及兄侍御史释、弟燕令豹、司徒掾据、据弟诜，兄弟之子，已出之女。无长幼一时被害。唯释子伯武逃难得免。而豹女与其母相抱号呼不可解，会诏原之。

岳美姿仪，辞藻绝丽，尤善为哀诔之文。少时常挟弹出洛阳道，妇人遇之者，皆连手萦绕，投之以果，遂满车而归。时张载甚丑，每行，小儿以瓦石掷之，委顿而反。岳从子尼。

【译文】

潘岳，字安仁，荥阳中牟（今属河南）人。祖父潘瑾，任过安平（今山东益都）太守。父亲潘茈，曾任琅玡（今山东临沂）内史。潘岳年少就以才华聪颖闻名，乡里称他为奇童，说是与终军、贾谊一样的人才。早年就被征召到司空太尉府，选用为秀才。

泰始年间（265~274），晋武帝亲自耕种农田，以奉祀宗庙，潘岳作赋赞美此事，写道：

晋朝泰始四年（268）正月，皇帝亲自带领诸位皇后、妃子坐在千亩田畴的郊野上，这是大祀。于是，便命掌管田高职贡的官员清理千里地面，掌管达国道路的野庐氏扫清道路，掌管典守封疆官员设立社坛行宫，管理房舍，建立阻挡行人的障碍。青色的台坛，如山岳耸立；绿色的帷幕，似黑云密布。构筑社坛，建立了牢固的基础，宽广的石阶辟开了四方的道路。丰美的原野有着肥沃的土地，富饶的土地坦荡犹如砥石。清澈的洛河、浑浊的沟渠，引来了流水，激起了浪花。远方的道路如绳一般笔直，近处的道路也像弓箭一样。青绿的犍牛驾着青色的车轭，天青的车辕连着黑色的未耙。恭谨严肃地候驾于民房左右，等待着万乘之尊亲自到来。文武百官先行抵达，位次的先后以职务大小分列，自上而下都是朝廷大臣。穿着青色的套服，繁华盛美，迎接天子游车，车马辚辚鸣响。微风吹拂着轻飘的车幔，红色的车轮扬起细微的尘埃。手捧玉璋严肃地排列在石阶上，望见皇帝的车驾深感肃穆惶恐，如浓重的露水被太阳晒干一样敬畏，似天上的星星拱卫北极星一样肃穆。

接着，前导富丽堂皇，从车如鱼鳞一般密布。天门如洞敞开，笔直的道路上四马之乘并行，常伯陪着车乘，太仆乎执马辔。后宫嫔妃献上稑秬种子，司农大臣手持播种栽植的工具，挈壶氏掌握着祭山祭水的礼节，宫中之长负责门卫和清道的责任。天子乘坐玉辇，遮盖在华盖下面，"冲牙"佩玉触碰，铮铮有声，轻纱细绢飘拂，悉索作响。"金根"车驾明亮耀眼，千里龙驹摇首奔腾，青绢白纱东西飘荡。金黄的光华当空辉耀，彩色的飘带华丽绵簇，五路的銮铃高声鸣响，九种旗帜扬起垂旒。雪亮的长戟如花蕊密集，云罕车似昏暗的云气，箫声、管声杂交错，大鼓、小鼓震耳欲聋，钟磬高耸飞架，洪亮的钟声震彻域外。声响宏大，车马众多，尘雾漫天，因为皇帝驾临亲身耕田奉祀宗庙，蝉绸皇冠光芒闪烁，碧玉色泽浓绿欲滴，好象夜光之璧出于荆山璞石，如同繁茂之松依倚高山之巅。

接着，我皇走下灵坛，手抚御用耒具，举足走进场圃，长缰绳执在手中。君王推了三次便放下，最后全由农民耕完。贵人与平民以地位高低依次耕田，有的推五次，有的推九次。此时，住处不分都城、小邑，人不论华夏、外族，成人、小孩纷纷聚集，士人、妇女相杂而至。穿着粗衣，挽起后裾，重发束髻，接踵擦肩，拉衣连袖，黄色的尘埃四处扬起，太阳的光芒受到遮蔽。人们喜形于色，开口赞颂无不鼓掌舞蹈于大路上，讴歌吟诵这圣明之世。情绪欣喜，勉力劳作，一心想着尽力耕植。无人督促，常自勤劳，不征税收自加勉励。皇上率先躬耕，百姓喜爱驱遣，岂需严刑峻法加以约束？

有乡邑老农上前赞颂道："收成增减听凭天时，道理自有常规，上以下作为基础，人以日食为天，摆正细末的人也能端正根本，善待未来的人也能谨慎对待过去。九州事务不承担，士农工商业务不专一，民间有菜色饥民，朝廷没有厚禄者愿意代耕，没有防备天灾的储存，空望年年可以自足，夏、商、周的衰弱，全是这种情况。如今，圣上早晨行大明之道，夜间警惕担心，丰裕时考虑到匮缺，安逸时防止贫乏，实在值得钦敬呀！只有五谷最使他忧虑。展开春秋夏弘大的农务，使仓廪五谷充盈流溢。实在是唐尧、成汤的用心，防备应急的重要手段。"至于祖庙祭祀之事，祝祷择日，祭器中的黍稷，便是这栽植的果实，祭祀缩酒，也来自这庄稼。黍稷馨香四溢，美酒嘉栗。正合时序和谐，年成丰登，是神仙降予的吉利。古人说："圣人的品德，没在超过孝的了！"孝是自然的本性，人由此成为善的东西。过去，贤明的君王以孝来治理天下，对这加以继承的，太少了！及至我皇天晋朝，确实发扬光大这条道义。作为法式为万国所信服，对于祖上极尽敬爱之心。所以，皇上躬亲稼穑以供奉祭祀的谷物，是以它来巩固基础的。有了基础又行孝道，盛美的品德、宏伟的基业便到极致了！这是第一件事。基业、孝道这两桩美事全具备了，不也传之遥远吗？不也十分重大吗？冒昧作颂歌道：

"快乐啊，千里郊野，摘取那花卉。伟大的君王到来了，到田里农耕。耒具三推，万国恭敬。耕耨公田，又施及我的私田。我的祭祀食器装满，我的祭祀食器整饬，我的仓廪如山一样高，我的谷堆高如砥石。对此念念不忘，歌咏孝义。人的能力广泛地得到爱护，司祝之官有笃实、公正的评定。天地之神为之感动，安乐未有尽期。一人有善德，万民仰赖它。"

潘岳的才华、声名盖世，为众人所忌妒，因此，游息达十年。他出任河阳（今河南孟州市境）县令。恃其才气，郁闷不得志。当时，尚书仆射山涛、领吏部王济、裴楷等人都得到皇帝的赏识。潘岳内心非议他们，于是写了歌谣题于尚书阁："尚书阁东头，有一只大牛，王济作鞴套上牛颈，裴楷作鞴套在后头，和峤劳碌不得休。"

后来，潘岳转为怀县（今河南武陟西南）令。当时，客舍因经商弃农，淫乱亡命之徒，多以此为依托，败坏扰乱了法纪制度，皇上下诏取消。十里路设立一座官办客舍，让贫穷人家的老人和小孩看守着，又派小官掌握主持，按照普通客舍那样收费。潘岳上书议论道：

谨此考查：旅舍，其由来很久了。旅行的人靠它停留、歇息。主人微薄地收取住宿费，物件交换，贩运买卖，各自获得它所应得的。官方不加役使赋税，顺应人力而成其利，恩惠施予百姓而官方不费一点钱财。书上说："许由拒绝了尧的任命，住在客舍里。"《外传》说："晋国的阳处父经过宁城，住在客舍里。"魏武帝也认为设客舍是适宜的，他的诗写道："设立客舍，用来使商人通行。"但是，自从唐尧到今天，未曾有过不要客舍的法制。唯独商鞅责难它，这本来就不是在圣明之世应说的话。如今，天上朝拜，全国纳贡，八方富庶，公私充盈。京畿附近人物集聚，客舍也稠密，冬天有温暖的房舍，夏天有凉爽的树荫，饲牛马的草料成堆，器具用品供给需要，疲乏的牛一定要投宿，乘凉就近而来。大车启程，马鞍移置，都可以得到休憩。

而且许多抢劫盗窃都发生在远僻之处，平息于人多的地方。十里萧条冷僻，歹徒就要心怀不轨；道路相连，馆舍相接，寇就要心情恐惧。况且听到呼声就有人援救，已经逃走的也有人追逐，不救助的要问罪，不追逐的要被杀。禁绝暴行，追捕逃犯，常有这些都是客舍的好利，而是官办客舍所缺乏的。而且，行路人要多赶路，要求籴烧饮，都在傍晚或早晨，盛夏白天炎热，还要在星夜赶路，既规定要早早关门，便赶不到官方客舍了。有的要避免晚上关闭，便奔走于道路的旁侧，这种地方疏于管理，这又产生招致盗窃的根源。如果以客舍多方败坏法规教化为由，派官吏守候着贫瘠的官办客舍，难道还有什么人来往吗？那河桥、孟津地方，解送契据，缴纳钱财，有高官监督、检察，查点收入，核审送出，众人在两岸检查，或许还担心会遗失它呢！因此，以俸禄、好处悬赏，许诺予以功劳、报酬。如今，卑鄙的小官，衰弱的人独自占有官办客舍的收入，掌管、开、关的权力，凭借不加审核的权利，这种道路上的蛀虫，孳生了以奸邪手段得利的现象。遵循历代旧有的习俗，使行人住行都感到高兴，让客舍有人洒水扫地，以待候旅行者选择住下，这难道不是众人所恭仰企望的吗？

潘岳请求官署上呈，朝廷顺从了他的意见。

潘岳兼管两县，勤于政务劳绩。调动补任尚书度支郎，又改任庭尉评，后因公事免职。杨骏辅佐朝政，提拔官吏，引荐潘岳为太傅主簿。杨骏被诛，他也被取消名籍。当初，谯县人公孙宏少年时孤苦贫穷，客居河阳种田为生，善于弹琴，很能写文章。潘岳任河阳县令时，爱惜他的才能技艺，待他很宽厚。到杨骏被诛之时，公孙宏任楚王司马玮的长史，专管宰杀政事。当时，杨骏门下的人都受连累获罪，同官署任主簿的朱振已经被杀戮。潘岳那天夜里告假在城外，公孙宏告诉楚王司马玮，说潘岳是暂代理的官吏，因此免于一死。不久，被选任长安令，写了《西征赋》，描述了沿途所经之地的人物古迹、山形水势，文采清丽，旨趣深远，所用的词语大多不见记载。征召补任博士，未拜职，因母亲生病随即离开，免除了官职。随后任著作郎，又转为散骑侍郎，还升迁为给事黄门侍郎。

潘岳性情轻浮暴躁，趋附世利。他和石崇等人谄媚地侍奉贾谧，每每等候他出门，两人就望着车马扬起的尘埃顶礼膜拜。贾谧草拟的关于愍怀的文章就是潘岳写的。贾谧的"二十四友"，潘岳是第一位。贾谧关于《晋书》的起笔年限的议疏，也是潘岳的手笔。潘岳的母亲几次讥诮他说："你应当知道满足，你还要侥幸冒险不停吗？"但潘岳终究不能改变。既然在仕途宦海中不能显达，潘岳便作《闲居赋》，说道：

潘岳读《汲黯传》读到司马安四次升迁，直到九卿地位，优秀的史官写到它经"巧宦"为题目，我未尝不感慨地放下书而叹息。叹道：哎！诚然有"巧宦"的道理，但"拙"本来也是有的，回想起来，常认为士人的一生，如果不是没有轨迹而能精通于玄妙之门的至圣之人，就必须建立功勋，成就大业，为当代效劳立功。因此，奉献忠贞，履行信义，以便增进德行；修饰辞句，树立真诚，以便保持功业。我少年时就在乡里窃有声誉，有愧于司空、太尉的举荐,他就是我所尊奉的主人太宰鲁武公这个人。太尉举荐秀才,命我为郎。到了侍奉世祖武皇帝时,我任河阳、怀县县令、尚书郎、廷尉评。今当天子居丧之际,我任太傅主簿。太傅杨骏被杀,我也被除了名籍,成为平民。不久,又复任官职,授予长安县令,升迁为博士,还未拜受官职,母亲生病,随即离开,官职被免。自少年到五十岁这知天命的年纪,八次转变官职才进升一级官阶,有两次免去官职,一次取消名籍,一次未拜受官职,三次迁居才算了结。虽然仕途通达或阻塞都遇到,但这也是"拙"的应验。过去,博古通今之人和长舆论及我,坚持说:"像你这样固拙守穷的人要比显达用世的人更多才多艺",其所说的"多才多艺"我哪里敢当?所说的"拙",就实在有可验证的。如今,贤德的人在任,众官下逢时候,"拙"人可以对荣耀之事断绝念头了。老母亲健在,有衰弱老迈的疾病,怎么能够违背子女孝养,侍奉父母的职责,而去忙碌不安地从事才短识浅的职务呢?因此,接受了知止知足的名分,产生了视名利为浮云的念头。在家筑室种树,逍遥自在,池塘沼地就够我捕鱼垂钓,春谷取利可以代替耕作。浇园卖菜,满足朝夕的膳食,养羊卖乳,准备好冬夏的费用。只有行大孝、与兄弟友善,这也是笨拙的人在处理政务啊!于是,创作《闲居赋》,用来歌唱此事表达感情。歌词是:

遨游在三坟五典八索九丘的书圃里,追随在先贤圣哲的崇高的大路上。虽然对我说来有些脸皮厚,但还是在心内感到有愧于君子宁蘧。天下施行仁政,我却不去做官,天下不行仁政,我也不愚拙。我是多么巧智不足、笨拙有余啊!因此,隐退而闲居在洛水岸边。身份等同于节行超逸的人,名字联结着下等士人。背负京城,迎着伊水,前有郊野,后是都市。浮桥青黑,作凌波之路径,灵台高耸,巍然峙立。窥探日月五星的秘密奥藏,探究人间事情的终了起始。住宅西侧有兵车战乘、禁军营地、黑色帷幕、绿色旌旗。"黢子""巨黍"的良弓,同机连弩;炮车抛石,如雷声震骇;急疾的飞箭,像虹虫纷飞,这一切在前开路,以显耀我皇的威武。住宅东边有天子宣明政教的大堂,水绕璧环一般的学府,清幽肃穆,敞亮宽大。环抱的竹木萦绕掩映,圆环的泉水如海流回旋。以敬重父亲来追补孝义,崇尚帝业以配于天帝,效法这种神圣的敬奉,以显得光明顺畅;设立三老五更之位奉养老人,以此来尊崇老人。到了冬去春来,阴气衰歇,阳气广布。天有祭祀之事,积薪烧柴,以祭祀祖宗来伸张礼义。铺展天上的神乐,备好千辆兵车、万匹战马,服饰悉索有声,全是黑色,箫管啾啾一起吹响。光明灿烂,盛大无比,这是礼仪法度的大观,王者制度的宏丽,国学与太学并列,两处殿宇如一,右边聘请国学教育贵胄子弟,左边太学招纳贤良隐逸之才。众多的学生子弟,庄重美好的儒家学说,有的已升堂,有的则入室,都深得其道。教育没有固定的老师,有道则可以为师。因此,英俊之士弃官来学,著名国君藏起玉玺也来学,德化教化如风一样吹遍,受业学习的如草一样披靡。这就是居于仁者之乡可以为善的缘故,也是孟子之母三次迁居的原因。

于是选定我的住处,建起房子,开凿池塘。可爱的杨树映着小池,芳香的枳树筑成篱笆。游鱼出没,荷花开放,竹木茂盛,美果参差。张公大谷中的夏梨,梁侯乌椑上的柿子,周文王的弱枝枣树,房陵县仙人朱仲窃过的李子,无不种植。含桃、荆桃、山桃显示了樱桃、胡桃的不同,白李、赤李闪耀着红、白两种不同颜色,石榴、葡萄累累的珍贵果实,垂挂蔓绕在它的旁边。梅子、杏子、郁李、棣树之类,有着繁茂、荣盛、华藻、美丽的装饰,花蕊果实相映璀璨,言辞不能全部表达。蔬菜则有葱、韭、蒜、芋、青竹笋、紫色姜。董菜、荠菜甘甜。蓼草、荽菜芬芳。襄荷依着荫翳而生,藿花按时向着太阳转,绿葵含着露珠,白薤负着霜花。

接着,寒秋暑退,和春寒去,微雨新晴,天地清净明朗。太夫人便坐着"版舆"之车,登上轻轩,远览王都,就近绕着家园,以行走来调养身体,以劳作来取代药效,日常膳食有所增加,旧病有所痊愈。于是,摆上长长的酒宴,孙子、儿子排列就座,柳树垂下绿荫,车辆轨道连接,旱地上摘来紫色的果子,水里钓起红色的鲤鱼,有时欢宴于林中,有时祭祀在汜水。兄弟头发斑白,儿童幼稚,举起酒杯祝福万寿无疆,无不见其衰老而忧惧,见其长寿而欣喜,寿酒高举,慈颜和悦,快乐地饮着罚杯之酒,丝竹乐器并排罗列,足叩地而起舞,扬起声而高唱,人生求安乐,哪知其他事。隐退只求自己多加反省,信任使用如此菲薄,而且气具低劣。奉行周任的格言,敢于在任职时施展才力。孤陋之身几乎都保不住了,还读什么明智。向往老子的"众妙之门",断绝仕宦的思虑,优哉游哉而守拙终身。

当初,潘芘任琅玡内史,孙秀作为小吏侍候潘岳,这人诡诈自负,潘岳厌恶他的为人,多次鞭挞侮辱他,孙秀长期怀恨。到赵王司马伦辅佐朝政时,孙秀任中书令。潘岳在宫禁里问孙秀说:"孙令还记得过去相处的事吗?"孙秀回答说:"心里藏着这件事,哪一天能忘掉它。"潘岳由此自己知道将不免于难。不久孙秀诬告潘岳以及石崇、欧阳建图谋尊奉淮南王司马允、齐王司马冏反叛作乱,诛杀了他们,夷灭了三族。潘岳要送去斩首时,与他母亲告别道:"我辜负了阿母的教诲!"当初,被收监时,他和石崇都互不知道对方被抓,石崇已经先送到要弃市的地方,潘岳后来才到。石崇对他说:"安仁,您也如此呀?"潘岳答道:"可以说是'白首同所归'。"潘岳写过赠石崇的《金谷诗》道:"投分寄石友,白首同所归。"竟成了他的谶语。潘岳的母亲以及兄侍御史潘释、弟燕县令潘豹、司徒掾潘据、潘据的弟弟潘诜,兄弟的儿子,自己生的女儿,无论年长年幼一起被杀害。只有潘释的儿子伯武逃难免于一死。而潘豹的女儿与她母亲相抱哭叫,拆不开她们,下诏赦免了。

潘岳风姿仪态俊美,诗文辞采极为华丽,特别善于写作哀悼的文章。年轻时,常带着弹弓乘车出洛阳大道游玩,遇上他的妇女都手挽着手地围着他,往他车上扔果子,结果满载而归。同时代的人张载长得很丑,每次出门,小孩就用瓦片石块投掷他,疲乏狼狈而归。潘岳有侄子潘尼。

司马伦传

【题解】

司马伦,晋宣帝之子,八王之一。初封琅玡王。太子废拜为右军将军。后与孙秀结伙,陷害太子、图谋权力、兴乱作叛,为诸王作乱之首。后被杀。

【原文】

赵王伦,字子彝,宣帝第九子也,母曰柏夫人。魏嘉平初,封安乐亭侯。五等建,改封东安子,拜谏议大夫。

武帝受禅，封琅玡郡王。坐使散骑将刘缉买工所将盗御裘，廷尉杜友正缉弃市，伦当与缉同罪。有司奏伦爵重属亲，不可坐。谏议大夫刘毅驳曰："王法赏罚，不阿贵贱，然后可以齐礼制而明典刑也。伦知裘非常，蔽不语吏，与缉同罪，当以亲贵议减，不得阙而不论。宜自于一时法中，如友所正。"帝是毅驳，然以伦亲亲故，下诏赦之。及之国，行东中郎将、宣威将军。咸宁中，改封于赵，迁平北将军、督邺城守事，迁安北将军。元康初，迁征西将军、开府仪同三司，镇关中。伦刑赏失中，氐、羌反叛，征还京师。寻拜车骑将军、太子太傅。深交贾、郭，谄事中宫，大为贾后所亲信。求录尚书，张华、裴𫖮固执不可。又求尚书令，华、𫖮不许。

愍怀太子废，使伦领右军将军。时左卫司马督司马雅及常从督许超，并尝给事东宫，二人伤太子无罪，与殿中中郎士猗等谋废贾后，复太子，以华、𫖮不可移，难以图权，伦执兵之要，性贪冒，可假以济事，乃说伦嬖人孙秀曰："中宫凶妒无道，与贾谧等共废太子。今国无嫡嗣，社稷将危，大臣将起大事。而公名奉事中宫，与贾、郭亲善，太子之废，皆云豫知，一朝事起，祸必相及。何不先谋之乎？"秀许诺，言于伦，伦纳焉。遂告通事令史张林及省事张衡、殿中侍御史殷浑、右卫司马督路始，使为内应。事将起，而秀知太子聪明，若还东宫，将与贤人图政，量己必不得志，乃更说伦曰：太子为人刚猛，不可私请。明公素事贾后，时议皆以公为贾氏之党。今虽欲建大功于太子，太子含宿怒，必不加赏于明公矣。当谓逼百姓之望，翻覆以免罪耳。此乃所以速祸也。今且缓其事，贾后必害太子，然后废后，为太子报仇，亦足以立功，岂徒免祸而已。"伦从之。秀乃微泄其谋，使谧党颇闻之。伦、秀因劝谧等早害太子，以绝众望。

太子既遇害，伦、秀之谋益甚，而超、雅惧后难，欲悔其谋，乃辞疾。秀复告右卫佽飞督闾和，和从之，期四月三日丙夜一筹，以鼓声为应。至期，乃矫诏教三部司马曰："中宫与贾谧等杀吾太子，今使车骑入废中宫。汝等皆当从命，赐爵关中侯。不从，诛三族。"于是众皆从之。伦又矫诏开门夜入，陈兵道南，遣翊军校尉、齐王冏将三部司马百人，排阁而入。华林令骆休为内应，迎帝幸东堂。遂废贾后为庶人，幽之于建始殿。收吴太妃、赵粲及韩寿妻贾午等，付暴室考竟。诏尚书以废后事，仍收捕贾谧等，召中书监、侍中、黄门侍郎、八坐，皆夜入殿，执张华、裴𫖮、解结、杜斌等，于殿前杀之。尚书始疑诏有诈，郎师景露版奏请手诏。伦等以为沮众，斩之以徇。明日，伦坐端门，屯兵北向，遣尚书和郁持节送贾庶人于金墉。诛赵粲叔父中护军赵浚及散骑侍郎韩豫等，内外群官多听黜免。伦寻矫诏自为使持节、大都督、督中外诸军事、相国、侍中、王如故，一依宣、文辅魏故事，置左右长史、司马、从事中郎四人、参军十人、掾属二十人、兵万人。以其世子散骑常侍虔领冗从仆射；子馥前将军，封济阳王；虔黄门郎，封汝阴王；诩散骑侍郎，封霸城侯。孙秀等封皆大郡，并据兵权，文武官封侯者数千人，百官总已听于伦。

伦素庸下，无智策，复受制于秀，秀之威权振于朝廷，天下皆事秀而无求于伦。秀起自琅玡小史，累官至赵国，以谄媚自达。既执机衡，遂恣其奸谋，多杀忠良，以呈私欲。司隶从事游颢与殷浑有隙。浑诱颢奴晋兴，伪告颢有异志。秀不详察，即收颢及襄阳中正李迈，杀之，厚待晋兴，以为己部曲督。前卫尉石崇、黄门郎潘岳皆与秀有嫌，并见诛。于是京邑君子不乐其生矣。

淮南王允、齐王冏以伦、秀骄僭，内怀不平。秀等亦深忌焉，乃出冏镇许，夺允护军。

允发愤，起兵讨伦。允既败灭，伦加九锡，增封五万户。伦伪为饰让，诏遣百官诣府敦劝。侍中宣诏，然后受之。加馘抚军将军、领军将军，馥镇军将军、领护军将军，虔中军将军、领右卫将军，诩为侍中。又以孙秀为侍中、辅国将军，相国司马，右率如故。张林等并居显要。增相府兵为二万人，与宿卫同，又隐匿兵士，众过三万，起东宫三门四角华橹，断宫东西道为外徼。或谓秀曰："散骑常侍杨准、黄门侍郎刘逵欲奉梁王肜以诛伦。"会有星变，乃徙肜为丞相，居司徒府，转准逵为外官。

伦无学，不知书；秀亦以狡黠小才，贪淫昧利，所共立事诸，皆邪佞之徒，惟竞荣利，无深谋远略。馘浅薄鄙陋，馥、虔馘很强戾，诩愚嚚轻诐，而各乖导，互相憎毁。秀子会，年二十，为射声校尉，尚帝女河东公主。公主母丧未期，便纳聘礼。会形貌短陋，奴仆之下者，初与富室儿于城西贩马，百姓忽闻其尚主，莫不骇愕。

伦、秀并惑巫鬼，听妖邪之说。秀使牙门赵奉诈为宣帝神语，命伦早入西宫。又言宣帝于北芒为赵王佐助，于是别立宣帝庙于芒山。谓逆谋可成。以太子詹事裴劭、左军将军卞粹等二十人为从事中郎，掾属又二十人。秀等部分诸军，分布腹心，使散骑常侍、义阳王威兼侍中，出纳诏命，矫作禅让之诏，使使持节、尚书令满奋，仆射崔随为副，奉皇帝玺绶以禅位于伦。伦伪让不受。于是宗室诸王、群公卿士咸假称符瑞天文以劝进，伦乃许之。左卫王舆与前军司马雅等率甲士入殿，譬喻三部司马，示以威赏，皆莫敢违。其夜，使张林等屯守诸门。义阳王威及骆休等逼夺天子玺绶。夜漏未尽，内外百官以乘舆法驾迎伦。惠帝乘云母车，卤薄数百人，自华林西门出居金墉城。尚书和郁，兼侍中、散骑常侍、琅玡王睿，中书侍郎陆机从，到城下而反。使张衡卫帝，实幽之也。

伦从兵五千人，入自端门，登太极殿，满奋、崔随、乐广进玺绶于伦，乃僭即帝位，大赦，改元建始。是岁，贤良方正、真言、秀才、孝廉、良将皆不试；叶吏及四方使命之在京邑者，太学生年十六以上及在学二十者，皆署吏；郡县二千石令长赦日在职者，皆封侯；郡纲纪并为孝廉，县纲纪为廉吏。以世子为太子，馥为侍中、大司农、领护军、京兆王，虔为侍中、大将军领军、广平王，诩为侍中、抚军将军、霸城王，孙秀为侍中、中书监、骠骑将军、仪同三司，张林等诸党皆登卿将，并列大封。其余同谋者咸超阶越次，不可胜纪，至于奴卒厮役亦加以爵位。每朝会，貂蝉盈坐，时人为之谚曰："貂不足，狗尾续。"而以苟且之惠取悦人情，府库之储不充于赐，金银冶铸不给于印，故有白版之侯。君子皆耻服其章，百姓亦知其不终矣。

伦亲祠太庙，还，遇大风，飘折麾盖。孙秀既立非常之事，伦敬重焉。秀住文帝为相国时所居内府，事无巨细，必谘而后行。伦之诏令，秀辄改革，有所与夺，自书青纸为诏，或朝行夕改者数四，百官转易如流矣。时有雉入殿中，自太极东阶上殿，驱之，更飞西钟下，有顷，飞去。又伦与殿上得异鸟，问皆不知名，累日向夕，宫西有素衣小儿言是服留鸟。伦使录小儿并鸟闭牢室，明旦开视，户如故，并失人鸟所在。伦目上有瘤，时以为妖焉。

时齐王冏、河间王颙、成都王颖并拥强兵，各据一方。秀知冏等必有异图，乃选亲党及伦故吏为三王参佐及郡守。

秀本与张林有隙，虽外相推崇，内实忌之。及林为卫将军，深怨不得开府，潜与馘笺，具说秀专权，动违众心，而功臣皆小人，扰乱朝廷，可一时诛之。馘以书白伦，伦以示秀。

秀劝伦诛林，伦从之。于是伦请宗室会于华林园，召林、秀及王舆入，因收林，杀之，诛三族。

及三王起兵讨伦檄至，伦、秀始大惧，遣其中坚孙辅为上军将军，积弩李严为折冲将军，率兵七千自延寿关出，自虏张泓、左军蔡璜、前军闾和等率九千人自坂关出，镇军司马雅、扬威莫原等率八千人自成皋关出。召东平王楙为使持节、卫将军，都督诸军以距义师。使杨珍昼夜诣宣帝别庙祈请辄言宣帝谢陛下，某日当破贼。拜道士胡沃为太平将军，以招福祐。秀家日为淫祀，作厌胜之文，使巫祝选择战日。又令近亲于嵩山著羽衣，诈称仙人王乔，做神仙书，述伦祚长久以惑众。秀欲遣馥、虔领兵助诸军战，馥、虔不肯。虔素亲爱刘舆，秀乃使舆说虔，度然后率众八千为三军继援。而泓、雅等连战虽胜，义军散而辄合，雅等不得前。许超等与成都王颖军战于黄桥，杀伤万余人。泓径造阳翟，又于城南破齐王冏辎重，杀数千人，遂据城邸阁。而冏军已在颍阴，去阳翟四十里。分军渡颍，攻泓等不利。泓乘胜至于颍上，夜临颍而阵。被纵轻兵击之，诸军不动，而孙辅、徐建军夜乱，径归洛自首。辅，建之走也，不知诸军督尚存，乃云："齐王兵盛，不可当，泓等已没。"伦大震，秘之，而召虔及超还。会泓败冏露布至，伦大喜，乃复遣超，而虔还已至庾仓。超还济河，将士疑阻，锐气内挫。泓等悉其诸军济颍，进攻冏营，冏出兵击其别率孙髦、司马谭、孙辅，皆破之，士卒散归洛阳，泓等收众还营。秀等知三方日急，诈传破冏营，执得冏，以诳惑其众，令百官皆贺，而士猗、伏胤、孙会皆詹事刘琨节，督河北将军，率步骑千人催诸军战。会等与义军战于激水，大败，退保河上，刘琨烧断河桥。

自义兵之起，百官将士咸欲诛伦、秀以谢天下。秀知众怒难犯，不敢出省。及闻河北军悉败，忧慑不知所为。义阳王威劝秀至尚书省与八坐议征战之备，秀从之。使京城四品以下子弟年十五以上，皆诣司隶，从伦出战。内外诸军悉欲劫杀秀，威惧，自崇礼闼走还下舍。许超、士猗、孙会等军既并还，乃与秀谋，或欲收余卒出战，或欲焚烧宫室，诛杀不附己者，挟伦南就孙旗、孟观等，或欲乘船东走入海，计未决。王舆反之，率营兵七百余人自南掖门入，敕宫中兵各守卫诸门，三部司马为应于内。舆自往攻秀，秀闭中书南门。舆放兵登墙烧屋，秀及超、猗遽去出，左卫将军赵泉斩秀等以徇。收孙奇于右卫营，付廷尉诛之。执前将军谢惔、黄门令骆休、司马督王潜，皆于殿中斩之。三部司马兵于宣化闼中斩孙弼以徇。时司马馥在秀坐，舆使将士囚之于散骑省，以大戟守省阁。八坐皆入殿中，坐东除树下。王舆屯云龙门，使伦为诏曰："吾为孙秀等所误，以怒三王。今已诛秀，其迎太上复位，吾归老于农亩。"传诏以驺虞幡敕将士解兵。文武官皆奔走，莫敢有居者。黄门将伦自华林东门出，及甦皆还汶阳里第。于是以甲士数千迎天子于金墉，百姓咸称万岁。帝自端门入，升殿，御广室，送伦及甦等付金墉城。

初，秀惧西军至，复召虔还。是日宿九曲，诏遣使者免虔官，虔惧，弃军将数十人归于汶阳里。

梁王肜表伦父子凶逆，宜伏诛。百官会议于朝堂，皆如肜表。遣尚书袁敞持节赐伦死，饮以金屑苦酒。伦惭，以巾覆面，曰："孙秀误我！孙秀误我！"于是收甦、馥、度、诩付廷尉狱，考竟。馥临死谓度曰："坐而破家也！"百官是伦所用者，皆斥免之，台省府卫仅有存者。自兵兴六十余日，战所杀害仅十万人。凡与伦为逆豫谋大事者：张林为秀所杀；许超、士猗、孙弼、谢惔、殷浑与秀为王舆所诛；张衡、闾和、孙髦、高越自阳翟还，伏胤战败还

【译文】

赵王司马伦,字子彝,宣帝司马懿第九个儿子,其母亲称柏夫人。魏嘉平初年,受封为安乐亭侯。五等制度建立,改封为东安子,擢拜为谏议大夫。

武帝受禅称皇帝,封为琅玡郡王。受牵连派散骑将刘缉买通工匠盗取御裘,廷尉杜友以刘缉正法弃市。司马伦应当与刘缉一样治罪。有司奏疏武帝,司马伦授爵尊重,属于宗亲,不能与刘缉一样坐法治罪。谏议大夫刘毅驳斥有司说:"王法所定赏罚,不阿附于贵贱,如此,随后才能与礼制相称,明典章刑法。司马伦清楚御裘是非常之物,他荫蔽盗案,不告官吏,与刘缉一样有罪,值得以宗亲尊贵论减免惩处,但是不能不加治罪。适宜于采取临时的法度,由杜友正定。"武帝认为刘毅驳得有道理,然而以司马伦是朝廷至亲的缘故,下诏赦免了他。等到司马伦到他的封国去。署为代理东中郎将、宣威将军职。咸宁年间,改封司马伦于赵国,迁职为平北将军、督邺城守备事,进擢为安北将军。元康初年,迁职为征西将年、开府仪同三司,镇守关中。司马伦掌握刑罚与赏赐有失于中正,氐、羌反叛,征召返回京师。不久即拜受为车骑将军、太子太傅。与贾模、郭彰有深入的交往,以谄媚行事于中宫,深为贾后亲信。司马伦请求任职尚书职,张华、裴𬱖坚持认为不能任尚书。司马伦请求授职为尚书令,张华、裴𬱖又没有准许。

愍怀太子被废为平民,任司马伦为领右军将军。当时左卫司马督司马雅和常从督许超,共同给事在东宫,两人伤感太子没有罪过而被废除,与殿中中郎士猗等人图谋废贾后,复立太子。因为张华、裴𬱖坚定不可动摇,难与他们图谋商议,司马伦掌握重兵,性情贪冒,可以利用他废贾后,复太子位。于是,劝说司马伦的嬖人孙秀说:"中宫凶恶妒忌不讲道义,与贾谧等人废除了太子。现在,国家没有嫡系子孙继承皇位,国家政权将会危亡,大臣将作乱有害于朝廷。而你的名分在上侍奉中宫,与贾谧、郭彰亲密友善。而太子的被废除,都说是意料中的事,因此,一旦事情爆发,灾祸一定会降临你们头上。为什么在事发之前不先图谋呢?"孙秀许诺。将事情告诉司马伦,司马伦又采纳了他们的设想。于是告诉通事令史张林、省事张衡、殿中侍御史殷浑、右卫司马督路始,让他们做内应。事情即将开始,而孙秀清楚太子为人聪明,若太子回到东宫,将与贤人高士共谋朝政,想必自己一定不得志,于是就又劝说司马伦说:"太子为人刚毅勇猛,不私自请受。明公历来事奉贾后,时下的舆论都认为你是贾氏的党徒。现在虽然想建立大功,恢复太子位,太子因为胸怀过去的怨恨,一定不会加赏给你。当然可以说,受逼于百姓的愿望,能够翻覆以功补过,可以免去以往的罪过不给处罚。这就因而会成为迅速招致祸害的原因。现在暂且缓行这事,贾后一定会谋害太子,害死太子以后再废除贾后,为太子报仇,也可以因此而立功,岂止是单单地免除祸害而已。"司马伦听从了他的话。孙秀于是稍微泄漏一点有关谋复太子位的事,让贾谧的党徒们听到这消息。司马伦、孙秀进而劝说贾谧等人及早谋害太子,用以根绝大家的愿望。

太子既然遇害,司马伦、孙秀的图谋进一步加快了步伐。许超、司马雅害怕以后招致祸患,想悔改先前图谋复太子位的事,以疾病为故辞让不参与图谋。孙秀又告右卫佽飞督间和，间和听从他的计策，约定在四月三日夜间一筹，以鼓声为号相呼应。到期，矫称受诏书敕三部司马说："中宫与贾谧等人杀害了我们的太子，今天派遣车兵、骑兵进宫，废除中宫贾后。你们都应该听从命令，然后赐你们关中侯；不听从命令，诛灭三族。"于是，大家都听从了命令。司马伦又假冒诏命，开宫门夜间入宫，排列兵阵于道南，派翊军校尉、齐王司马冏将领三部司马一百人，排列队伍开进宫中。华林令骆休做内应，侍迎司马衷巡幸东堂。于是就废贾后为平民，囚禁她在建始殿。逮捕了吴太妃、赵粲和韩寿的妻子贾午等人，将他们投入刑室进行拷问。假冒诏命，诏告尚书有关废贾后的事，接连逮捕贾谧等人，召集中书监、侍中、黄门侍郎、八坐，都连夜进入宫殿，逮捕张华、裴頠、解结、杜斌等人，并在殿前杀了他们。尚书开始猜疑诏书有诈，郎师景拿出在朝中露版奏请出示惠帝手诏。司马伦等认为师景行为有碍大家的行动，斩杀了他。第二天，司马伦坐端门。屯兵向北，派尚书和郁持节送贾庶人去金墉。杀赵粲的叔父中护军赵浚和散骑侍郎韩豫等人，宫廷内外的官吏有许多遭到了罢免。司马伦不久又假冒诏命，自己做持节使、大都督、督中外军事、相国、侍中，封王同以前，都比同宣帝司马懿、文辅佐曹魏的故事，设置左右长史、司马、从事中部四人，参军十人，掾属二十人，兵士一万人。任命他的世子散骑常侍司马荂领冗从仆射，儿子司马馥为前将军，册封为济阳王；儿子司马虔为黄门郎，册封为汝阴王；儿子司马诩为散骑侍郎，册封为霸城侯。孙秀等人受封赐得到的食邑都是大郡，并且都据有兵权。文武官员受封为侯的多达数千人，百官大体都听命于司马伦。

司马伦素来平庸鄙下，没有智慧和谋略，于是又被孙所控制秀。孙秀的威权振动了朝廷，天下都事奉孙秀而不求于司马伦。孙秀从琅玡小史发迹，连续做官在赵国，以善于谄媚主人而获得发展。他既然已经掌握了朝政的关键，于是就放肆地施展他的奸谋，杀了许多忠臣良吏，用以达到他的个人目的。司隶从事游颢与殷浑有矛盾，殷浑引诱游颢的家奴晋兴，诬告游颢怀有二心，孙秀不仔细审察，就逮捕了游颢和襄阳中正李迈，并杀了他们。厚待晋兴，任命他做了自己的部曲督。前卫尉石崇、黄门郎潘岳都与孙秀有矛盾，一并被诛杀。由此开始，京师贤德有才能的人不再乐意于生存。

淮南王司马允、齐王司马冏因为司马伦、孙秀骄纵僭越常规，对他们心怀不满。孙秀等人也深恶痛绝。于是让司马冏出京师外镇许昌，剥夺了司马允的护军。司马允愤怒，起兵讨伐司马伦。司马允因失败而被灭，司马伦加封九锡。增加封邑五万户。司马伦假意谦让不受，惠帝司马衷只好下诏遣百官到司马伦府敦劝他受赐，由侍中宣读诏命后，他才接受了封赐。加封司马荂为抚军将军、领军将军，司马馥为镇军将军、领护军将军，司马虔为中军将军、领右卫将军，司马诩为侍中。又任命孙秀为侍中、辅国将军、相国司马，右率旧职不变。张林等人都一并跃居在显要位置上。增加相府兵，数量达到两万人，与惠帝宿卫相等，又隐匿名士，兵员总数超过三万人。起造东宫三门和四角的华橹，断绝东宫东、西道以为外徽之逆。有人对孙秀说："散骑常侍杨桦、黄门侍郎刘逵企图事奉梁王司马彤以讨伐司马伦。"碰巧有星变现象发生，于是改任司马彤为丞相，居处司徒府，转任杨桦、刘逵为外官。

司马伦没有学问，不懂得书本知识。孙秀也是擅长狡黠，薄学小才，贪婪淫逸，昧义而重利。他们所以能共事而立，因为都是邪佞之徒，只懂得竞逐名利，没有深谋远虑。司马荂浅薄无才，鄙陋缺德；司马馥、司马虔阴狠歹毒，强悍暴庚；可马诩愚妄轻浮。他们还各自乖戾，互相憎毁。孙秀的儿子孙会，年龄二十岁，任射声校尉，娶皇帝女儿河东公主。公主的母亲死了，不到一周年，就进行了纳聘之礼。孙会个子矮小，形貌丑陋，是属于奴仆中的下等人才那样的人。开始与富家子弟在城西贩卖马匹，百姓忽然听到他娶了公主，没有一个不感到惊愕。

司马伦、孙秀都受惑于巫术鬼怪，听信妖邪的学说。孙秀派牙门赵奉冒充是先帝的神语，命司马伦及早进入西宫。又说宣帝在北芒作赵王的辅佐助手，于是，又另立宣帝庙于芒山。说图谋叛逆可以成功。任命太子从詹事裴劭、左军将军卞粹等二十人为从事中郎，又任掾属二十人。孙秀部署军，安排心腹，派散骑常侍、义阳王司马威兼侍中，出面纳受诏命。矫做皇帝禅让的诏书，派使持节、尚书令满奋为主，仆射崔随为副手，奉皇帝玺绶，禅让皇位给司马伦。司马伦假意辞让不受皇帝位。因此，宗室诸侯王、所有朝廷公卿士大夫都假借称道有符瑞天文，用以劝进司马伦，司马伦许诺受玺绶，登皇帝位。左卫王舆与前军司马雅等人率领甲士入殿中，视同三部司马的军队，以示威仪，朝廷满班文武都没有谁敢于违抗。这天夜里，派张林等人屯守宫殿的几个门。义阳王司马威和骆休等人逼迫惠帝交出玺缓。夜漏还没有到尽头，宫廷内外的百官牙僚按礼乘舆车泽驾迎候司马伦。惠帝乘云母车，随带卤薄几百人，从华林西门出宫，去就居金塘城。尚书和郁，兼侍中、散骑常侍、琅玡王司马睿，中书侍郎陆机送从惠帝出宫，到城下即返回。派张衡保护惠帝，实际是幽禁了惠帝。

司马伦带兵五千人，从端门入宫，登太极殿，满奋、崔随、乐文进玺授给司马伦，于是僭登皇帝位，大赦天下，改年号为建始。这年，贤良方正、直言、秀才、孝廉、良将都免除了考试，凡是官吏和受派遣到京师为使者、太学生年满十六岁以上和尚在学校年满二十岁的人，都封官授史。郡县二千石令长大赦天下，这天在职的，都赐封为侯。郡国纲纪一并为孝廉，县纲纪为廉史。将世子司马荂立为太子，司马馥任侍中、大司农、领护军、京兆王，司马虔任侍中、大将军领军、广平王，司马翊任侍中、抚军将军、霸城王，孙秀任侍中、中书监、骠骑将军、仪同三司，张林等党徒都登任卿、将位置，并列受大封赐。其他参与司马伦阴谋的人任官都超阶越次，不可胜记。及至奴婢、走卒、供召唤役使的人也都加封了爵位。每次朝会，貂蝉之吏满座于朝廷。这时有人为此谚语说："貂不足，狗尾续。"司马伦以苟且的恩惠取悦人情，府库中的储备不够封赐，金银冶炼铸造供应不够刻印的需要，因此而有白版未受金银印绶的侯。贤达有操守的人都耻于佩带这种印绶。百姓也清楚他们不能得到善终。

司马伦亲自到太庙祭礼，返回时，遇上刮大风，吹折飘散了麾盖。孙秀既然为司马伦图谋成功非比寻常的事，僭夺了皇帝位，司马伦非常敬重他。孙秀住在文帝司马昭任相国的所居住的内府，事无巨细，司马伦一定先咨询于孙秀而后再行动。司马伦的诏命，孙秀动辄给予删改，如果有些增删，就自己用青纸书写作为诏书。至有朝行夕改多达四次的，百官为之奔忙如流星穿梭。这时，有野鸡进入殿中，从太极殿东阶上殿，追赶它，又飞到西钟下，有一会儿，飞离去。又一次司马伦在殿上得到一只奇怪的鸟，询问左右，都不知道是什么鸟。过一天到了傍晚，宫西有个穿素衣的小孩说是一只服刘鸟。司马伦派人将小孩与鸟一同关进了牢房。第二天一早开门看时，门窗和先前一样完好，但是人和鸟丢了，不知道到哪里去了。司马伦眼睛上生瘤子，时人认为那是妖邪侵害造成的。

这时,齐王司马冏、河间王司马颙、成都王司马颖都一样地拥有强兵,各据一方。孙秀清楚司马冏一定会图谋不轨,于是选派他的亲信和司马伦以前的旧官作三王的参佐和郡守。

孙秀本来与张林有矛盾。虽然表面上互相推崇,内心却互相忌恨。等到张林任卫将军,深深地恨任卫将军而不得开府。暗中送给司马莕,一一陈述孙秀专权,行动违背大家的心愿,而身居高位名义上的功臣都是卑陋小人,他们扰乱了朝廷,可在同一时刻诛杀他们。司马莕将张林所致书交给了司马伦,司马伦将书给孙秀看。孙秀劝司马伦杀张林,司马伦听从了孙秀的话。于是,司马伦请宗室家族集合至华林园,召集张林、孙秀和王舆入华林园,借机逮捕张林,杀了他,诛灭三族。

等三王起兵讨伐司马伦的战书一到,司马伦、孙秀开始大为恐惧。派他们的中坚孙辅任上军将军、积弩李严任折冲将军,率领七千人,从延寿关出兵;征虏张泓、左军蔡璜、前军闾和等人率领九千人从崿坂关出兵;镇军司马雅、扬感莫原等人率八千人从成皋关出兵;使派东平王司马为使持节、卫将军,都督诸军以抗拒三王的军队。派杨珍昼夜到宣帝司马懿在芒山的别庙祈求,请予保护。称说皇帝感谢司马伦的祈求,第一天当破三王军。拜任道士胡沃为太平将军,用以招求福祥和佑护。孙秀平日滥行祭祀,祈请神灵,创作厌胜的文章,用巫祝选择开战的日期。又命令亲信到嵩山穿着羽衣,假称是仙人王乔,创作神仙书,陈述司马伦当政会长久,用以蛊惑大众。孙秀想派司马馥、司马虔领兵协助诸军作战,司马馥、司马虔不愿意服从。司马虔平常与刘舆亲近,孙秀就派刘舆劝说司马虔。司马虔服从调遣,率领八千兵作三军的后援。司马泓、司马雅虽然接连取得战争胜利,但是三王的义军随散即合,司马雅等人不能前进。许超等人的军队与城都王司马颖的军队会战在黄桥,杀死伤达万余人。张泓直到阳翟,又在城南打击了齐王司马冏的辎重车辆,杀几千人,于是以城为守,保卫邸阁。而司马冏的军队已经在颖阴,离阳翟有四十里远。司马冏分军渡过颖水,攻打张泓等人,没有取得胜利。张泓乘胜前进,到达颖上,夜间沿颖水列阵。司马冏快速派遣轻装部队攻击张泓的阵营,诸军没有行动,而孙辅、徐建的军队在夜间自相扰乱,孙辅、徐建只得径自归顺洛阳向司马伦自首去了。孙辅、徐建逃到了洛阳,不清楚诸军督还存在,就说:"齐王的兵势强盛,锐不可当,张泓等人已经死了。"司马伦大为震动,将这一消息秘而不宣,因而召令司马虔和许超返回。恰好张泓打败司马冏的露布送到,司马伦大喜过望,才又遣使许超继续战斗,但是司马虔已经返回到了庾仓。许超返回过黄河,将士都怀疑将受到敌兵阻碍,于是锐气自然受到挫伤。张泓等人尽率诸军过颖水,进攻司马冏军营,司马冏出兵攻打张泓的别帅孙髦、司马谭、孙辅,都被攻破,离散的士兵回到了洛阳,张泓等人集中残余部队回到军营。孙秀等人清楚孙辅、张泓、司马雅三个方面的军事日益紧迫,于是假传已经破司马冏军营、擒获了司马冏,用以扰乱视听,蛊惑人心,命令百官都为之庆贺。而士猗、伏胤、孙会都各自杖节,不相服从。司马伦又授给太子詹事刘琨节钺,督河北将军,率步兵、骑兵一千人督诸军作战。孙会等人与三王义军战于激水,大败而回,退兵保黄河以上,刘琨烧断河桥以断三王义军的追杀。

义兵兴起讨伐,百官军将都想要诛杀司马伦、孙秀以谢罪于天下。孙秀清楚众怒难犯,不敢出宫省视政事。等到听说黄河以北的军队全部失败,忧虑烦懑不知所措。义阳王司马威劝孙秀到尚书省与八坐商议率军征战的准备,孙秀听从了司马威的话。命令京师四品以下的子弟、年龄在十五岁以上的人,都报到到司隶,跟随司马伦出战。京师内外诸军都想劫掠杀死孙秀。司马威害怕,从崇礼闼逃回了下舍。许超、士猗、孙会等人率领的军队都已经一齐返回,就与孙秀谋划。有的想集中剩下的士兵出战,有的想焚烧宫室,杀死不服从自己的人,挟持司马伦到南方去投靠孙旗、孟观等人,有的想乘船向东到海滨去,计策没有决断。王舆反戈一过,率领营兵七百多人从南掖门入宫,敕令宫中兵各自分开守卫诸宫门,三部司马做内应,王舆亲自领兵去杀孙秀。孙秀关闭了中书南门,王舆纵使兵卒登上宫墙,烧毁房屋,孙秀、许超和士猗仓皇逃出,左卫将军赵泉斩杀了孙秀等人使之徇罪受到惩罚。逮捕孙奇关押在右卫营,交附廷尉惩治他。逮捕前将军谢惔、黄门令骆休、司马督王潜,都在殿中受戮诛杀。三部司马兵在宣化闼中斩杀孙弼以正法。这时,司马馥在孙秀处陪坐,王舆派将士将他囚禁在散骑省,以大戟守备省门。八坐都入殿,坐东除树下。王舆领兵屯驻云龙门,命令司马伦下诏说:"我被孙秀等人错误引导,因此触怒了三王。今天已经杀了孙秀,即将迎接太上皇恢复皇帝位,我回归原籍,终老于田间耕种。"传诏书,用驺虞幡敕令将士罢兵。朝廷的文武官员都奔走逃亡,没有谁敢再留宫中。黄门将司马伦从华林园东门逐出,司马荂也从华林园东门逐出,都遣回汶阳里宅第。于是,就此用甲士数千人迎接天子于金墉,百姓都呼万岁。惠帝从端门入宫,升殿上朝,行御广室,遣送司马伦及世子司马荂等人去金墉城。

起先,孙秀害怕西面军的到来,又召令司马虔还洛阳,这天止宿于九曲。惠帝诏命派使者免除了司马虔的官,司马虔害怕,丢下军将数十人返回到了汶阳里。

梁王司马肜表奏司马伦父子凶恶,大逆不道,应当伏诛处以极刑。百官集会,商议这事于朝廷,都赞同司马肜的表奏。惠帝司马衷遣尚书袁敞持节赐司马伦死,让他饮金屑苦酒。司马伦惭愧,用巾遮面,说:"孙秀害我!孙秀害我!"即此,逮捕司马荂、司马馥、司马虔、司马诩,交付廷尉关押拷问。司马馥临死对司马虔说:"受你牵连破坏了一家!"百官中凡是被司马伦任命的,都被斥责免官。台、省、府、卫继续留任的微乎其微。从兴兵起历时六十多天,在战斗中受杀害的达十万人。

凡是与司马伦图谋不轨,危害朝廷有关而死的人:张林被孙秀杀害;许超、士猗、孙弼、谢惔、殷浑与孙秀被王舆所杀;张衡、闾和、孙髦、高越从阳翟返洛阳,伏胤战败返回济阳后,都被斩于东市;蔡璜在阳翟投降齐王司马冏,返回洛阳后自杀;王舆因有平乱并复皇帝位的功劳,免受死罪,后来与东莱司马蕤谋杀司马冏,伏法被杀。

祖逖传

【题解】

祖逖(266~321),字士雅,晋范阳遒县(今河北涞水县北)人。出身于北方士族,慷慨仗义,有济世之才。青年时与刘琨同为司州主簿,两人情谊深厚,闻鸡起舞,互相激励。西晋末,祖逖率领宗族数百家南迁。建兴元年(313),要求北伐,被司马睿任为豫州刺史,率所部渡长江，中流击楫，誓死收复中原。所部纪律严明，得到北方人民的响应，收复了黄河以南地区。后东晋内部矛盾激化，祖逖知北伐无望，忧愤成疾而死。祖逖力主北伐，为实现统一作了积极的贡献，他的爱国精神始终被人们传颂。

【原文】

祖逖字士稚，范阳遒人也。世吏二千石，为北州旧姓。父武，晋王掾，上谷太守。逖少孤，兄弟六人。兄该、纳等并开爽有才干。逖性豁荡，不修仪检，年十四五犹未知书，诸兄每忧之。然轻财好侠，慷慨有节尚，每至田舍，辄称兄意散谷帛以赒贫乏，乡党宗族以是重之。后乃博览书记，该涉古今，往来京师，见者谓逖有赞世才具。侨居阳平。年二十四，阳平辟察孝廉，司隶再辟举秀才，皆不行。与司空刘琨俱为司州主簿，情好绸缪，共被同寝。中夜闻荒鸡鸣，蹴琨觉曰："此非恶声也。"因起舞。逖、琨并有英气，每语世事，或中宵起坐，相谓曰："若四海鼎沸，豪杰并起，吾与足下当相避于中原耳。"

辟齐王冏大司马掾、长沙王乂骠骑祭酒，转主簿，累迁太子中舍人、豫章王从事中郎。从惠帝北伐，王师败绩于荡阴，遂退还洛。大驾西幸长安，关东诸侯范阳王虓、高密王略、平昌公模等竞召之，皆不就。东海王越以逖为典兵参军、济阴太守，母丧不之官。

及京师大乱，逖率亲党数百家避地淮泗，以所乘车马载同行老疾，躬自徒步，药物衣粮与众共之，又多权略，是以

祖逖

少长咸宗之，推逖为行主。达泗口，元帝逆用为徐州刺史，寻征军谘祭酒，居丹徒之京口。

逖以社稷倾覆，常怀振复之态。宾客义徒皆暴杰勇士，逖遇之如子弟。时扬土大饥，此辈多为盗窃，攻剽富室，逖抚慰问之曰："比复南塘一出不？"或为吏所绳，逖辄拥护救解之。谈者以此少逖，然自若也。时帝方拓定江南，未遑北伐，逖进说曰："晋室之乱，非上无道而下怨叛也。由藩王争权，自相诛灭，遂使戎狄乘隙，毒流中原。今遗黎既被残酷，人有奋击之志。大王诚能发威命将，使若逖等为之统主，则郡国豪杰必因风向赴，沈溺之士欣于来苏，庶几国耻可雪，愿大王图之。"帝乃以逖为奋威将军、豫州刺史，给千人廪，布三千匹，不给铠仗，使自招募。仍将本流徙部曲百余家渡江，中流击楫而誓曰："祖逖不能清中原而复济者，有如大江！"辞色壮烈，众皆慨叹。屯于江阴，起冶铸兵器，得二千余人而后进。

初，北中郎将刘演距于石勒也，流人坞主张平、樊雅等在谯，演署平为豫州刺史，雅为谯郡太守。又有董瞻、于武、谢浮等十余部，众各数百，皆统属平。逖诱浮使取平，浮谲平与会，遂斩以献逖。帝嘉逖勋，使运粮给之，而道远不至，军中大饥。进据太丘。樊雅遣众夜袭逖，遂入垒，拔戟大呼，直趣逖幕，军士大乱。逖命左右距之，督护董昭与贼战，走之。逖率众追讨，而张平余众助雅攻逖。蓬陂坞主陈川，自号宁朔将军、陈留太守。逖遣

使求救于川,川遣将李头率众援之,逖遂克谯城。

初,樊雅之据谯也,逖以力弱,求助于南中郎将王含,含遣桓宣领兵助逖。逖既克谯,宣等乃去。石季龙闻而引众围谯,含又遣宣救逖,季龙闻宣至而退。宣遂留,助逖讨诸屯坞未附者。

李头之讨樊雅也,力战有勋。逖时获雅骏马,头甚欲之而不敢言,逖知其意,遂与之。头感逖恩遇,每叹曰:"若得此人为主,吾死无恨。"川闻而怒,遂杀头。头亲党冯宠率其属四百人归于逖,川益怒,遣将魏硕掠豫州诸郡,大获子女车马。逖遣将军卫策邀击于谷水,尽获所掠者,皆令归本,军无私焉。川大惧,遂以众附石勒。逖率众伐川,石季龙领兵五万救川,逖设奇以击之,季龙大败,收兵掠豫州,徙陈川还襄国,留桃豹等守川故城,住西台。逖遣将韩潜等镇东台。同一大城,贼从南门出入放牧,逖军开东门,相守四旬。逖以布囊盛土如米状,使千余人运上台,又令数人担米,伪为疲极而息于道,贼果逐之,皆弃担而走。贼既获米,谓逖士众丰饱,而胡戍饥久,益惧,无复胆气。石勒将刘夜堂以驴千头运粮以馈桃豹,逖遣韩潜、冯铁等追击于汴水,尽获之。豹宵遁,退据东燕城,逖使潜进屯封丘以逼之。冯铁据二台,逖镇雍丘,数遣军要截石勒,勒屯戍渐蹙。候骑常获濮阳人,逖厚待遣归,咸感逖恩德,率乡里五百家降逖。勒又遣精骑万人距逖,复为逖所破,勒镇戍归附者甚多。时赵固、上官巳、李矩、郭默等各以诈力相攻击,逖遣使和解之,示以祸福,遂受逖节度。逖爱人下士,虽疏交贱隶,皆恩礼遇之,由是黄河以南尽为晋土。河上堡固先有任子在胡者,皆听两属,时遣游军伪抄之,明其未附。诸坞主感戴,胡中有异谋,辄密以闻。前后克获,亦由此也。其有微功,赏不逾日。躬自俭约,劝督农桑,克己务施,不畜资产,子弟耕耘,负担樵薪,又收葬枯骨,为之祭酹,百姓感悦。尝置酒大会,耆老中坐流涕曰:"吾等老矣!更得父母,死将何恨!"乃歌曰:"幸哉遗黎免俘虏,三辰既朗遇慈父。玄酒忘劳甘瓠脯,何以咏恩歌且舞。"其得人心如此。故刘琨与亲故书,盛赞逖威德。诏进逖为镇西将军。

石勒不敢窥兵河南,使成皋县修逖母墓,因与逖书,求通使交市。逖不报书,而听互市,收利十倍,于是公私丰赡,士马日滋。方当推锋越河,扫清冀朔,会朝廷将遣戴若思为都督,逖以若思是吴人,虽有才望,无弘致远识,且已翦荆棘,收河南地,而若思雍容,一旦来统之,意甚怏怏。且闻王敦与刘隗等构隙,虑有内难,大功不遂。感激发病,乃至妻孥汝南大木山下。时中原士庶咸谓逖当进据武牢,而反置家险阨,或谏之,不纳。逖虽内怀忧愤,而图进取不辍,营缮武牢城,城北临黄河,西接成皋,四望甚远。逖恐南无坚垒,必为贼所袭,乃使从子汝南太守济率汝阳太守张敞、新蔡内史周闳率众筑垒。未成,而逖病甚。先是,华谭、庾阐问术人戴洋,洋曰:"祖豫州九月当死。"初有妖星见于豫州之分,历阳陈训又谓人曰:"今年西北大将当死。"逖亦见星,曰:"为我矣!方平河北,而天欲杀我,此乃不祐国也。"俄卒于雍丘,时年五十六。豫州士女若丧考妣,谯梁百姓为之立祠。册赠车骑将军。王敦久怀逆乱,畏逖不敢发,至是始得肆意焉。寻以逖弟约代领其众。约别有传。逖兄纳。

【译文】

祖逖,字士稚,范阳遒县人。祖上世代担任年俸二千石的大官,是北方的大姓。父亲祖武,任晋王司马炎的下属官、上谷太守。祖逖少年时父亲去世,兄弟共有六人。兄祖该、祖纳等都开朗爽直有才能。祖逖性格豁达,不修仪表,十四五岁还不好好读书学习,几个哥哥都为他担忧。然而他轻财物讲义气,为人慷慨有气节,每到田舍农家,总称说遵照他哥哥的主意,把谷帛散发和救济贫困人家,乡里及宗族的人们都很敬重他。后来他注意学习,博览群书,懂得些古今的事。他到京师,见到他的人都说他有治理国家大事的才能。他侨居在阳平郡。二十四岁时,阳平郡征辟察举孝兼,司隶校尉再辟举秀才,他都不去。后来他与司空刘琨同任司州主簿,两人情投意合,同床共被而睡。夜半听到野鸡啼叫,祖逖用脚把刘琨踢醒,说:"这不是坏声音呀。"于是两人一起到外面舞剑。祖逖与刘琨都有大丈夫气概,每讲到世上的大事,在半夜里会坐起来谈论。他们互相商定:"如果天下大乱,四方英雄好汉纷纷起兵,我们就避难离开中原。"

祖逖被辟任为齐王司马冏的大司马掾、长沙王司马乂的骠骑祭酒,转为主簿,不断加官升为太子中舍人、豫章王从事中郎。他随从晋惠帝北伐,在荡阴战败,退回洛阳。皇帝向西到了长安,关东的诸侯范阳王司马虓、高密王司马略、平昌公司马模等人竞相辟召祖逖,他都不去。东海王司马越任命祖逖为典兵参军、济阴太守,祖逖因母亲去世没有就任。

后来京师洛阳大乱,祖逖率领亲属宗党数百家避难到淮河和泗水地区。他把自己所乘的车马让给同行的老人和病人,自己徒步行走,所带的药物和衣服粮食都与大家一起享用,祖逖又会出主意,多计谋,因此无论老少人人都爱戴和相信他,推举他为行主。到达泗口,晋元帝司马睿预任他为徐州刺史,不久征召为军谘祭酒,住在丹徒的京口。

祖逖因为西晋政权被少数族推翻,就常常抱有振兴复国的志向。他的宾客徒附义从都是勇猛之士,祖逖对他们就如自己子弟,当时扬州大灾荒,这些人多数做盗窃之事,特别是掠夺富户,祖逖一边抚慰一边询问他们说:"近来又到南塘夺取财物了吗?"有的人被官吏所揭露逮捕,祖逖就去保护救解他们,人们为此非议祖逖,然而他却若无其事。当时晋元帝正在开拓江南地区,巩固东晋政权,顾不上北伐,祖逖上表说:"晋朝的大乱灭亡,不是因为皇帝无道而后下民百姓怨恨叛乱,而是由于藩王争权,自相残杀,才使戎狄乘机,进居中原。现今留在中原的黎民百姓被残酷压迫,人人都有奋起出击的志向。大王如果能下决心任命一个将领,使像我祖逖那样的人作为统帅,这样,各地郡国的豪杰之士必然会闻风响应,比较消极的人也会醒悟过来,也许能战胜敌人,洗刷国耻,希望大王能实行。"晋元帝就任命祖逖为奋威将军、豫州刺史,给他可供一千人吃的粮食,三千匹布,不给盔甲武器,让他自己招募士兵。祖逖就带着同他一起来的几百家乡亲渡过长江,船到中流,祖逖用船桨在船舷边拍打,向大家发誓说:"我祖逖如果不能扫平占领中原的敌人而再来渡这条江,那就像大江一样有去无回!"他声调激昂,气概豪壮,大家都为之感动,人人激奋。到了江阴,停顿下来,烧炉铸造兵器,又招募到二千多人,就向北进发。

起初,北中郎将刘演抗拒石勒,流民坞主张平、樊雅等在谯城刘演任命张平为豫州刺史,樊雅为谯郡太守。又有董瞻、于武、谢浮等十余部,各有数百人,都统属于张平。祖逖拉拢谢浮使他攻取张平,谢浮诱骗张平来相见,趁机斩张平,把他首级献给祖逖。晋元帝嘉奖祖逖功勋,命运送粮食给他,但因路远没有到达,因而军中粮食大缺。祖逖进而占据太丘,樊雅派其军队夜晚来袭击祖逖,攻入营垒,拔戟大呼,直冲祖逖帐幕,军士大乱,祖逊命令左右战士坚持抵抗，督护董昭率军作战，打退了樊雅军。祖逊率部队追讨，而张平的余部又帮助樊雅攻祖逊。蓬陂坞主陈川，自号宁朔将军、陈留太守。祖逊派使者向陈川求救，陈川派其将李头率领军队来支援，祖逊终于攻克了谯城。

以前，樊雅占据谯城时，祖逊因为力量不足，向南中郎将王含要求帮助，王含派遣桓宣领兵去帮助祖逊。祖逊攻克谯城后，桓宣军就回去了。石虎听到这消息后领兵包围了谯城，王含又派桓宣去救祖逊，石虎知道桓宣军到就退兵。桓宣留在谯，帮助祖逊讨伐各处没有归附的坞壁。

李头在讨伐樊雅时，因拚力作战而有功勋。祖逊在战斗中得到了樊雅的骏马，李头想要但不敢讲，祖逊知道他的心思，就送给了他。李头感恩，常叹道："如果得到此人为主子，我死而无恨。"陈川听到后恼怒，就杀了李头。李头的亲信冯宠率领他的部下四百人投归祖逊，陈川更加发怒，派他的将领魏硕掠夺豫州各郡，俘获了许多人口和车马。祖逊派遣将军卫策在谷水迎击魏硕，全部截获了他所掠夺的人口车马，并放了他们回去，军队没有私留一点。陈川大为惧怕，就带着他的部众去依附石勒。祖逊率领部众讨伐陈川，石虎领兵五万救陈川，祖逊设下奇计袭击他，石虎大败，收兵到豫州掠夺，把陈川徙回襄国，留下桃豹守陈川旧城蓬陂，住在西台。祖逊派遣将领韩潜等人镇守东台。同一大城，贼军从南门出入放牧，祖逊军开东门，相持四十天，双方都缺粮。祖逊用布袋盛土好象一袋袋米，使千余人运上台，又命几个人挑米，假装好像十分疲劳而在路上休息，贼军来抢米，他们就弃米而逃。贼军得了米，以为祖逊士兵都不能吃饱，而少数的士兵长久吃不饱，因此更加惧怕，士气低落。石勒的将领刘夜堂用千头驴运粮食来救援桃豹，祖逊派韩潜、冯铁等追击到汴水，获得了全部粮食。桃豹晚上逃走，退而占据东燕城，祖逊派韩潜进军到封丘驻屯下来逼近他。冯铁占据了两台，祖逊镇守雍丘，多次派军队攻击堵截石勒军，石勒屯兵戍卫的地区日渐缩小。祖逊的侦察兵常俘获濮阳人，祖逊总是优待他们并送他们回去，这些人都感谢祖逊恩德，就率领乡里五百家来投降。石勒又派遣一万精锐骑兵来抗拒祖逊，再次被祖逊打败，石勒统治下的镇戍向祖逊投降的很多。当时赵固、上官已、李矩、郭默等互相之间用欺诈和武力不断斗争，祖逊派使者去调解使他们和好，并指明出路，这些人都接受祖逊的指挥。祖逊对人热情礼贤下士，即使是跟自己关系疏远和地位低下的人，也同样热情地以礼相待。因此黄河以南地区都成了晋朝的土地。对黄河边上的坞堡早先留有人质在石勒军中的，祖逊都听任他们两边都交往，并常派些小部队假装进攻他们，以表明他们未归附晋朝。各坞堡主对祖逊感恩戴德，少数族中有什么动静，常常秘密来报告。祖逊前后能多次打胜仗，这是一个重要的原因。祖逊对待部下只要他们有一点功劳就加以赏赐，从来不超过一天。他自己却生活俭朴，积极奖励农业生产，把省下来的钱尽量帮助部下，不积蓄私产，子弟也从事农耕背柴。他又收葬枯骨，加以祭奠，百姓都十分感动喜悦。在一次酒会上，父老乡亲流着泪说："我们这些人已经老了，现在重新得到了父母，死了还有什么可遗憾的！"于是唱歌道："幸运呀我们黎民免做俘虏，日月星辰重放光芒遇到了慈父，让我们用葫芦盛着美酒再献上一束干肉，怎样来歌颂你的恩德，让我们且歌且舞吧。"他就是这样的得人心。故而刘琨在给亲戚的信中，大为称赞祖逊的威望和德行。晋元帝下诏进升祖逊为镇西将军。

石勒不敢出兵到黄河以南，命人在成皋县修祖逊母亲的坟墓，并写信给祖逊，请求通使节互市贸易。祖逖没有回信，但听任双方互市，收利十倍，于是官方和私人都富足起来，兵马日益强壮。正当祖逖要跨过黄河，扫清河北冀朔地区的少数族，碰到了朝廷将要派遣戴若思为都督来统管他，祖逖认为戴若思是南方吴人，虽然有名望，但没有远见卓识，自己已经翦除荆棘，收复了黄河以南土地，而戴若思斗志不坚，一旦来统管，北伐大业就会夭折，因此心中闷闷不乐。而且他又听说王敦与刘隗等矛盾激化，怕朝廷中出现内难，北伐大功就更不能成功。由此忧郁发病，他把妻子和子女安排在汝南大木山下。当时中原的士大夫都知道祖逖要进据虎牢，而他反而把家属安置在险要之处，就劝阻他，祖逖没有同意。祖逖虽然内心忧愤，而图谋进取的计划并没有停止，他营造修缮虎牢城，城北面临黄河，西接成皋，四面望去很远。祖逖恐怕南边没有坚固的营垒，一定会被贼军袭击，于是命侄子汝南太守祖济率领汝阳太守张敞、新祭内史周闳率领部队修筑营垒。还未修成，而祖逖病已很严重。早先，华谭、庾阐询问有方术的人戴洋，戴洋说："豫州刺史祖逖九月当死"。天空中有妖星在豫州这部分第一次出现，历阳人陈训又对人说："今年西北大将当死。"祖逖也见到这颗星，说："这是为我的星！我刚刚平定河北，而天要杀我，这是不保佑国家呀。"不久死于雍丘，年龄五十六岁。豫州的男男女女好象死了父母，谯县、梁国的百姓为他立祠。皇帝赠官车骑将军。王敦早已想叛乱，因害怕祖逖不敢发动，到这时开始肆意横行了。不久任命祖逖弟祖约代领部众。祖约另有传。祖逖兄祖纳。

王导传

【题解】

王导(276~339)，字茂弘，琅玡临沂(今山东临沂北)人。西晋末年，琅玡王司马睿为安东将军镇守下邳(今江苏睢宁西北)时，王导在他的将军府中任司马，成为司马睿的主要谋士。到司马睿渡江镇守建康(今江苏南京)，王导作为南渡的北方士族代表，设法取得了江南士族的支持，奠定了司马睿称帝的基础。东晋王朝建立后，王导官居宰相，致力于制定制度、开设学校，并通过树立皇室权威来调和南北士族间的矛盾，受到南北士族双方的尊重，从而以这种特殊地位，先后在元帝、明帝、成帝三朝执掌朝政，以至当时有"王与马、共天下"的说法。王导为东晋王朝得以建立并延续二百七十余年做出了突出贡献。

【原文】

王导，字茂弘，光禄大夫览之孙也。父裁，镇军司马。导少有风鉴，识量清远。年十四，陈留高士张公见而奇之，谓其从兄敦曰："此儿容貌志气，将相之器也。"初袭祖爵即丘子。司空刘寔寻引为东阁祭酒，迁秘书郎、太子舍人、尚书郎，并不行。后参东海王越军事。

时元帝为琅玡王，与导素相亲善。导知天下已乱，遂倾心推奉，潜有兴复之志。帝亦雅相器重，契同友执。帝之在洛阳也，导每劝令之国。会帝出镇下邳，请导为安东司马。军谋密策，知无不为。及徙镇建康，吴人不附。居月余，士庶莫有至者，导患之。会敦来

王导

朝，导谓之曰："琅玡王仁德虽厚，而名论犹轻。兄威风已振，宜有以匡济者。"会三月上巳，帝亲观禊，乘肩舆，具威仪。敦、导及诸名胜皆骑从。吴人纪瞻、顾荣，皆江南之望，窃觇之，见其如此，咸惊惧，乃相率拜于道左。导因进计曰："古之王者，莫不宾礼故老，存问风俗，虚己倾心，以招俊父。况天下丧乱，九州分裂，大业草创，急于得人者乎！顾荣、贺循，此土之望，未若引之以结人心。二子既至，则无不来矣。"帝乃使导躬造循、荣，二人皆应命而至。由是吴会风靡，百姓归心焉。自此之后，渐相崇奉，君臣之礼始定。

俄而洛京倾覆，中州士女避乱江左者十六七。导劝帝收其贤人君子，与之图事。时荆扬晏安，户口殷实。导为政务在清静，每劝帝克己励节，匡主宁邦。于是尤见委杖，情好日隆，朝野倾心，号为"仲父"。帝尝从容谓导曰："卿，吾之萧何也。"对曰："昔秦为无道，百姓厌乱，巨猾陵暴，人怀汉德，革命反正，易以为功。自魏氏以来，迄于太康之际，公卿世族，豪侈相高，政教陵迟，不遵法度。群公卿士，皆厝于安息，遂使奸人乘衅，有亏至道。然否终斯泰，天道之常。大王方立命世之勋，一匡九合，管仲、乐毅于是乎在，岂区区国臣所可拟议！愿深弘神虑，广择良能。顾荣、贺循、纪瞻、周玘，皆南士之秀，愿尽优礼，则天下安矣。"帝纳焉。

永嘉末，迁丹杨太守，加辅国将军。导上笺曰："昔魏武，达政之主也；荀文若，功臣之最也，封不过亭侯。仓舒，爱子之宠，赠不过别部司马。以此格万物，得不局迹乎！今者临郡，不问贤愚豪贱，皆加重号，辄有鼓盖，动见相准。时有不得者，或为耻辱。天官混杂，朝望颓毁。导忝荷重任，不能崇浚山海，而开导乱源，饕窃名位，取紊彝典，谨送鼓盖加崇之物，请从导始。庶令雅俗区别，群望无惑。"帝下令曰："导德重勋高，孤所深倚。诚宜表彰殊礼，而更约己冲心，进思尽诚，以身率众。宜顺其雅志，式允开塞之机。"拜宁远将军，寻加振威将军。愍帝即位，征吏部郎，不拜。

晋国既建，以导为丞相军谘祭酒。桓彝初过江，见朝廷微弱，谓周顗曰："我以中州多故，来此欲求全活，而寡弱如此，将何以济！"忧惧不乐，往见导，极谈世事。还，谓顗曰："向见管夷吾，无复忧矣。"过江人士，每至暇日，相要出新亭饮宴。周顗中坐而叹曰："风景不殊，举目有江河之异。"皆相视流涕。惟导愀然变色曰："当共戮力王室，克复神州，何至作楚囚相对泣邪！"众收泪而谢之。俄拜右将军、扬州刺史、监江南诸军事，迁骠骑将军，加散骑常侍、都督中外诸军、领中书监、录尚书事、假节，刺史如故。导以敦统六州，固辞中外都督，后坐事除节。

于时军旅不息，学校未修。导上书曰：

夫风化之本在于正人伦，人伦之正存乎设庠序。庠序设，五教明，德礼洽通，彝伦攸叙，而有耻且格；父子兄弟夫妇长幼之序顺，而君臣之义固矣。《易》所谓"正家而天下定"

者也。故圣王蒙以养正,少而教之,使化沾肌骨,习以成性,迁善远罪而不自知,行成德立,然后裁之以位。虽王之世子,犹与国子齿,使知道而后贵。其取才用士,咸先本之于学。故《周礼》,卿大夫献贤能之书于王,王拜而受之,所以尊道而贵士也。人知士之贵由道存,则退而修其身以及家,正其家以及乡,学于乡以登朝。反本复始,各求诸己,敦朴之业著,浮伪之竞息,教使然也。故以之事君则忠,用之莅下则仁。孟轲所谓"未有仁而遗其亲,义而后其君者也。"

自顷皇纲失统,颂声不兴,于今将二纪矣。《传》曰:"三年不为礼,礼必坏;三年不为乐,乐必崩",而况如此之久乎!先进忘揖让之容,后生惟金鼓是闻。干戈日寻,俎豆不设,先王之道弥远,华伪之俗遂滋,非所以端本靖末之谓也。殿下以命世之资,属阳九之运,礼乐征伐,翼成中兴。诚宜经纶稽古,建明学业,以训后生,渐之教义,使文武之道坠而复兴,俎豆之仪幽而更彰。方今戎虏扇炽,国耻未雪,忠臣义夫所以扼腕拊心。苟礼仪胶固,淳风渐著,则化之所感者深而德之所被者大。使帝典阙而复补,皇纲弛而更张,鲁心革面,饕餮检情,揖让而服四夷,缓带而天下从。得乎其道,岂难也哉!故有虞舞干戚而化三苗,鲁僖作泮宫而服淮夷。桓文之霸,皆先教而后战。今若聿遵前典,兴复道教,择朝之子弟并入于学,选明博修礼之士而为之师,化成俗定,莫尚于斯。

帝甚纳之。及帝登尊号,百官陪列,命导升御床共坐。导固辞,至于三四,曰:"若太阳下同万物,苍生何由仰照!"帝乃止。进骠骑大将军、仪同三司。以讨华轶功,封武冈侯。进位侍中、司空、假节、录尚书,领中书监。会太山太守徐龛反,帝访可以镇抚河南者,导举太子左卫率羊鉴。既而鉴败,抵罪。导上疏曰:"徐龛叛戾,久稽天诛。臣创议征讨,调举羊鉴。鉴阘懦覆师,有司极法。圣恩降天地之施,全其首领。然臣受重任,总录机衡,使三军挫衄,臣之责也。乞自贬黜,以穆朝伦。"诏不许。寻代贺循领太子太傅。时中兴草创,未置史官。导始启立,于是典籍颇具。时孝怀太子为胡所害,始奉讳,有司奏天子三朝举哀,群臣一哭而已。导以为皇太子副贰宸极,普天有情,宜同三朝之哀。从之。及刘隗用事,导渐见疏远,任真推分,澹如也。有识咸称导善处兴废焉。

王敦之反也,刘隗劝帝悉诛王氏,论者为之危心。导率群从昆弟子姪二十余人,每旦诣台待罪。帝以导忠节有素,特还朝服,召见之。导稽首谢曰:"逆臣贼子,何世无之,岂意今者近出臣族!"帝跣而执之曰:"茂弘,方托百里之命于卿,是何言邪!"乃诏曰:"导以大义灭亲,可以吾为安东时节假之。"及敦得志,加导守尚书令。初,西都覆没,海内思主,群臣及四方并劝进于帝。时王氏强盛,有专天下之心。敦惮帝贤明,欲更议所立,导固争乃止。及此役也,敦谓导曰:"不从吾言,几致覆族。"导犹执正议,敦无以能夺。

自汉魏已来,赐谥多由封爵,虽位通德重,先无爵者,例不加谥。导乃上疏,称:"武官有爵必谥。卿校常伯无爵不谥,甚失制度之本意也"从之。自后公卿无爵而谥,导所议也。

初,帝爱琅玡王裒,将有夺嫡之议,以问导。导曰:"夫立子以长。且绍又贤,不宜改革。"帝犹疑之。导日夕陈谏,故太子卒定。

及明帝即位,导受遗诏辅政。解扬州,迁司徒,一依陈群辅魏故事。王敦又举兵内向。时敦始寝疾,导便率子弟发哀。众闻,谓敦死,咸有奋志。及帝伐敦,假导节,都督诸军,领扬州刺史。敦平,进封始兴郡公,邑三千户,赐绢九千匹,进位太保,司徒如故。剑履上殿，入朝不趋，赞拜不名。固让。帝崩，导复与庾亮等同受遗诏，共辅幼主，是为成帝。加羽葆鼓吹，班剑二十人。及石勒侵阜陵，诏加导大司马、假黄钺，出讨之。军次江宁，帝亲饯于郊。俄而贼退，解大司马。

庾亮将征苏峻，访之于导。导曰："峻猜险，必不奉诏。且'山薮藏疾'，宜包容之。"固争不从。亮遂召峻。既而难作，六军败绩，导入宫侍帝。峻以导德望，不敢加害，犹以本官居己之右。峻又逼乘舆幸石头，导争之不得。峻日来帝前肆丑言，导深惧有不测之祸。时路永、匡术、贾宁并说峻，令杀导，尽诛大臣，更树腹心。峻敬导，不纳，故永等贰于峻。导使参军袁耽潜讽诱永等，谋奉帝出奔义军。而峻卫御甚严，事遂不果。导乃携二子随永奔于白石。

及贼平，宗庙宫室并为灰烬。温峤议迁都豫章，三吴之豪请都会稽，二论纷纭，未有所适。导曰"建康，古之金陵，旧为帝里。又孙仲谋、刘玄德俱言王者之宅。古之帝王不必以丰俭移都。苟弘卫文大帛之冠，则无往不可；若不绩其麻，则乐土为虚矣。且北寇游魂，伺我之隙。一旦示弱，窜于蛮越，求之望实，惧非良计。今特宜镇之以静，群情自安。"由是峤等谋并不行。

导善于因事，虽无日用之益，而岁计有余。时帑藏空竭，库中惟有练数千端，鬻之不售，而国用不给。导患之，乃与朝贤俱制练布单衣。于是士人翕然竞服之，练遂踊贵，乃令主者出卖，端至一金。其为时所慕如此。

六年冬，蒸，诏归胙于导，曰："无下拜。"导辞疾不敢当。初，帝幼冲，见导，每拜。又尝与导书手诏，则云："惶恐言"，中书作诏，则曰："敬问"，于是以为定制。自后元正，导入，帝犹为之兴焉。

时大旱，导上疏逊位。诏曰："夫圣王御世，动合至道，运无不周，故能人伦攸叙，万物获宜。朕荷祖宗之重，托于王公之上，不能仰陶玄风，俯洽宇宙，亢阳逾时，兆庶胥怨，邦之不臧，惟予一人。公体道明哲，弘犹深远，勋格四海，翼亮三世，国典之坠，实仲山甫补之，而猥崇谦光，引咎克让。元首之愆，寄责宰辅，祗增其阙。博综万机，不可一日有旷。公宜遗履谦之近节，遵经国之远略。门下速遣侍中以下敦喻。"导固让。诏累逼之。然后视事。

导简素寡欲，仓无储谷，衣不重帛。帝知之，给布万匹，以供私费。导有羸疾，不堪朝会，帝幸其府，纵酒作乐，后令舆车入殿。其见敬如此。

石季龙掠骑至历阳，导请出讨之。加大司马、假黄钺、中外诸军事，置左右长史、司马，给布万匹。俄而贼退，解大司马，复转中外大都督，进位太傅，又拜丞相，依汉制罢司徒官以并之。册曰："朕凤罹不造，肆陟帝位，未堪多难，祸乱旁兴。公文贯九功，武经七德，外缉四海，内齐八政。天地以平，人神以和，业同伊尹，道隆姬旦。仰思唐虞，登庸隽闾，申命群官，允厘庶绩。朕思凭高谟，弘济远猷，维稽古建尔于上公，永为晋辅。往践厥职，敬敷道训，以亮天工，不亦休哉！公其戒之！"

是岁，妻曹氏卒，赠金章紫绶。初，曹氏姓妒，导甚惮之，乃密营别馆，以处众妾。曹氏知，将往焉。导恐妾被辱，遽令命驾，犹恐迟之，以所执麈尾柄驱牛而进。司徒蔡谟闻之，戏导曰："朝廷欲加公九锡。"导弗之觉，但谦退而已。谟曰："不闻余物，惟有短辕犊车，长柄麈尾。"导大怒，谓人曰："吾往与群贤共游洛中，何曾闻有蔡克儿也。"

于是庾亮以望重地逼，出镇于外。南蛮校尉陶称间说亮当举兵内向，或劝导密为之防。导曰："吾与元规休戚是同。悠悠之谈，宜绝智者之口。则如君言，元规若来，吾便角巾还第，复何惧哉！"又与称书，以为庾公，帝之元舅，宜善事之。于是谗间遂息。时亮虽居外镇，而执朝廷之权，即据上流，拥强兵，趋向者多归之。导内不能平，常遇西风尘起，举扇自蔽，徐曰："元规尘污人。"

自汉魏以来，群臣不拜山陵。导以元帝眷同布衣，匪惟君臣而已。每一崇进，皆就拜，不胜哀戚。由是诏百官拜陵。自导始也。

咸康五年薨，时年六十四。帝举哀于朝堂三日，遣大鸿胪持节监护丧事。赗襚之礼，一依汉博陆侯及安平献王故事。及葬，给九游辒辌车、黄屋左纛、前后羽葆鼓吹、武贲班剑百人，中兴名臣莫与为比。册曰："盖高位以酬明德，厚爵以答懋勋，至乎阖棺标迹，莫尚号谥，风流百代，于是乎在。惟公迈达冲虚，玄鉴劭邈，夷淡以约其心，体仁以流其惠。棲迟务外，则名隽中夏；应期濯缨，则潜算独运。昔我中宗、肃祖之基中兴也，下帷委诚而策定江左，拱己宅心而庶绩咸熙。故能威之所振，寇虐改心，化之所鼓，梼杌易质。调阴阳之和，通彝伦之纪，辽陇承风，丹穴景附。隆高世之功，复宣武之绩，旧物不失，公协其献。若乃荷负顾命，保朕冲人，遭遇艰坻，夷险委顺。拯其沦坠而济之以道，扶其颠倾而弘之以仁，经纬三朝而蕴道弥旷。方赖高谟，以穆四海，虽天不吊，奄忽薨殂，朕用震恸于心。虽有殷之殒保衡，有周之丧二南，曷谕兹怀！今遣使待节、谒者仆射任瞻锡谥曰'文献'，祠以太牢。魂而有灵，嘉兹荣宠！"

【译文】

王导，字茂弘，光禄大夫王览之孙。父亲名王裁，官至镇军司马。王导年幼时就有风度，有远见。十四岁时，陈留县名士张公见到他十分吃惊，对他的堂兄王敦说："看这位少年的相貌心志。是做将相的人才。"最初王导承袭祖上的爵位即丘子。不久司空刘寔引荐他做东阁祭酒，升秘书郎、太子舍人、尚书郎，他均未赴任。而后做了东海王司马越的参军事。

当时晋元帝还是琅玡王，他与王导一向亲密友善。王导看到天下已经大乱，便全力拥戴（琅琊王），暗自立下复兴（晋室）的心志。晋元帝对他也十分器重，志趣相投如挚友，元帝在洛阳时，王导时常劝他到自己的封国去。及至元帝出镇下邳，请王导做安东司马，凡军国大计，他都积极筹划。元帝出镇建康后，吴人并不依附，时过一个多月，仍没有士人百姓前去拜望，王导为此深感忧虑。待王敦来朝见，王导对他说："琅玡王仁德虽厚，但名望还轻。你在此早已声名大振，应该设法匡济时局。"三月上巳节，元帝亲自前去观看修禊仪式，一路乘坐肩舆，威仪齐备。王敦、王导以及众名臣骁将也都骑马扈行。吴人纪瞻，顾荣都是江南一带名望极高的人，他们私下前去观望，看到这种场面，都十分吃惊，于是相继在路旁迎拜。王导因此又献计说："古代凡是能够称王天下的，没有不礼贤遗老先贤，存问风俗，虚心坦诚，以便招揽天下俊杰。更何况现在天下大乱，九州分裂，我们立国的大业尚在初创，当务之急在于取得民心呢。顾荣、贺循二位是当地名门之首，不如将他们吸引来以便广收人心。他们二位一来，其他人便没有不来的了。"元帝遂派王导亲自登门拜请贺循、顾荣，他们两人也就应命前去朝见元帝，吴地受其影响，民心归附。从此之后,各地相继尊奉元帝,开始有了君王与臣子的礼数。

不久洛阳陷落,中原一带十之六七的士人和妇女逃避战乱迁到江南,王导劝元帝招揽其中的贤人君子,同他们共图大业。其时荆州、扬州一带社会安定,人丁兴旺。王导为政力求清静无为,时常规劝元帝克制一己私欲,厉行节约,匡正君主以使国家安定。由此更为元帝倚重,君臣之间也日见亲密,朝野上下众望所归,尊他为"仲父"。元帝曾缓缓地对王导说:"你就是我的萧何。"王导答道:"昔日秦政无道,百姓愤而反叛,豪门奸宄欺凌百姓,暴虐无道,人心盼望汉的德政,革命反正便容易成功。自曹魏至太康,公卿士族,竞相攀比奢侈豪华,政务教化衰颓,法度无人遵守,众公卿士族皆苟且偷安,于是奸猾之徒乘隙而起,使至道有所亏损。然而否极泰来,是天道常理。大王正在建立命世勋业,要一统天下,管仲、乐毅因此而存在,这哪里是我这小小国臣所能比拟的呢!希望大王从长远计,广择良能。顾荣、贺循、纪瞻、周玘都是南方俊杰,希望能给他们充分的优崇和礼遇,若如此便会天下安定了。"元帝采纳了他的意见。

永嘉末年,(王导)升丹阳太守,加辅国将军。王导上奏道:"昔日魏武帝是执政至善的君主,荀文若是功臣之首,但(魏武帝)对他也只是封了一个亭侯而已。仓舒是最得宠的爱子,对他也只是赠了一个别部司马。以此推究其他一切,还不该慎重吗?如今只要做了一郡之长,不论贤能愚钝,不问豪贵低贱,一律加封重号,恩赐鼓盖,他人也竞相比附。偶或有得不到封赏的,便以为是耻辱。致官吏中鱼龙混杂,朝廷威望衰微败坏。我徒负重任,不能填山淘海、疏导乱源,只是尸位素餐,紊乱法规。现谨将鼓盖等加赏之物奉还。愿自此从我开始,或能使雅俗有别,众望不致迷乱。"元帝下令称:"王导德行高尚,功勋崇厚,深为我所倚重,理应以殊礼表彰。但他反而检点自己,淡泊心志,更思竭尽忠诚,以身率众。应当顺应他的雅志,给他拓开壅塞的机会。"拜王导为宁远将军,不久加振威将军。愍帝即位,召王导为吏部郎,为王导所辞。

晋国建立后,以王导为丞相军咨祭酒。桓彝刚过江时,看到朝廷微弱,对周颉说:"我因中原多难,才来到这里求生存,现在这里如此势单力薄,拿什么来扶危济难呢!"于是忧虑、疑惧,闷闷不乐。后来去见王导,两人畅谈时局国事,回来后对周颉说:"刚才见到管夷吾,我不再担忧了。"由北方渡江而来的士人,一遇闲暇,常相约出门到新亭聚会宴饮。周颉居中而坐,叹道:"风景依旧,抬眼望去,江河已自不同。"在座的人都相视垂泪。只有王导十分不悦,正颜说道:"我们应当同心同德为王室效力,以便早日克复中原,何至于如做楚囚般相对流泪呢!"众人于是收泪认错。不久王导官拜右将军、扬州刺史,监江南诸军事,升骠骑将军,加散骑常侍、都督中外诸军事、领中书监、尚书事、假节,仍任扬州刺史。王导因王敦统御六州,坚辞中外都督,后又因事除去假节。

其时战事不断,学校未建,王导为此上书陈说:

"风化的根本在于正人伦,人伦要正在于设学校。学校设立,就可做到五教分明,德礼遍通、伦常有序,人人有羞耻之心,且能自我约束。父子、兄弟、夫妇、长幼这些人伦关系和顺有序,君臣的名分就固定了,这就是《易经》所说'治家使之端正有序,则天下安定'。所以圣明的君主对臣民都是启蒙时养正,年幼时教化,使之深入肌骨,习以成性,不知不觉便能做到近善远恶,等到已形成良好的举止和高尚的道德,再量才授官。即便是君主的子嗣,也与贵族之子无异,要使他先通晓义理,然后才使他显贵。大凡择取人才,任用士子，都要先根据学问。所以《周礼》记载说，卿大夫向周王进献贤能之书，周王行拜礼而后受纳，就是以此表示尊崇义理，敬重士人。人们明白了士人所以尊贵是因为天下存在义理，便可退而修养身心乃至治理家庭，家庭正然后治理乡俗，学于乡然后才能登朝，如此循环往复，人人各善其身，就会使淳朴之风大张，浮华虚伪之气日消，这就是教化的作用。以这样的人事国君，他会忠心不二；治理下民，他会以仁德为怀。这就是孟轲所说'没有仁人会遗弃自己的父母，义士会怠慢自己的君主的。'

自从近来皇室衰微，听不到朝廷上乐颂之声至今已二十余年。《左传》说'三年不举行礼仪，礼仪必定损毁，三年不奏乐，乐必定崩坏'，更何况已过了这样久的时间。前人忘掉了拱手相让的礼仪，后辈晚生也只听到过鸣金击鼓。日日操动干戈，祭祀之礼不行，这样离先王之道越来越远，奢华虚伪的习气于是滋生漫延，这可不能说是正本清源。殿下以命世才略，逢阳九机运，兴礼乐，举征伐，促成晋室中兴。实在应该整理古籍，倡导学术，以训导后生，让文王武王之道在失落后复兴，祭祀的仪典自幽冥中昭著。如今戎虏气焰嚣张，国耻未雪，忠臣义士为此痛心疾首。若礼仪稳固下来，淳朴之风渐次昭彰，那么就会使教化深入人心，德政广布天下。使帝王典章缺佚而后复补，皇朝纲纪松弛而后更张，使兽性者洗心革面，贪险者收敛行迹，并以揖让之礼使四夷臣服，以政令从容使天下归顺。只要合乎治道，做到这些还会困难吗！昔日有虞氏舞动干戚而使三苗归化，鲁僖公创设泮宫而令淮夷臣服。齐桓公、晋文公称霸天下都是先教化而后征伐。如今若遵从前典，兴复道德教化，选朝中子弟送入学校，取明达博学、优贤通礼之士做老师，使教化成而风俗定，便没有比这更好的了。"

元帝十分赞同，采纳了他的意见。

及至元帝登基，百官陪位，命王导到御床与元帝同坐。王导坚决不肯受命，再三推辞，说："若太阳降至同万物一样，苍生靠什么来照耀呢？"元帝于是不再坚持。王导晋升为骠骑大将军、仪同三司。因讨伐华轶有功，封武冈侯。进位为侍中、司空、假节、录尚书，领中书监。其时太山太守徐龛谋反，元帝想选派一员能够镇抚河南的将领，王导举荐太子左卫率羊鉴。不久羊鉴战败抵罪。王导上疏道："徐龛反叛，早当受诛，我提议征讨，推举羊鉴赴命。羊鉴愚昧软弱，致使大军倾覆，被朝廷处以极刑。赖圣恩广施天地，将其性命保全。而我身负重任，总领机要，三军战败，我也责无旁贷。我请求贬黜，以整肃朝纲。"元帝下诏不准。不久王导代贺循领太子太傅。当时晋室中兴草创，尚未设置史官，王导首倡设立，于是典籍大致完备。孝怀太子为胡人所害，要下葬时，有司奏请天子下葬举哀三日，群臣下葬哭悼一次即可。王导以为皇太子地位仅在天子之下，普天有情，因此也应行三朝举哀之仪。元帝听从。刘隗当权后，王导逐渐被元帝疏远，他遇事诚心推让，与刘隗分担政务，自甘淡泊。有识之士都称道他善处荣辱进退之境。

王敦举兵叛乱，刘隗劝元帝尽杀王姓族人，朝野人士都为此担心。王导率领王氏族人弟子二十余人，每日清晨赴朝廷待罪。元帝念王导一向忠诚有节操，特送还朝服，并召见他。王导跪下叩头谢道："逆臣贼子哪朝没有？不料今天竟出我们王姓家族！"元帝赤足扶起他说："茂弘，我正要任你出镇方面，你说的这是什么话呢？"下诏说："王导大义灭亲，可以把我做安东将军时的节钺授他。"王敦得志后，加王导守尚书令。当年西都洛阳覆没，天下企盼早立君主，群臣及四方人士都劝元帝登基。当时王氏势力强盛，有专治天下之心，王敦惮惧元帝贤明，想更立他人为帝，王导坚持抗争才制止。及至这次事变，王敦对王导说："不依我的主张，几乎导致王氏全族覆灭。"但是王导依然坚持正义，王敦无法令他改变。

自汉魏以来，赠赐谥号大多依据死者爵位，这样即使生前地位显赫、德高望重，但若没有封爵，死后也照例不能加赠谥号。王导为此上疏称："武官有封爵必定有谥号，而卿校、常伯没有封爵便得不到谥号，这样实在有失制度的本意。"他的意见被采纳。从此公卿没有封爵也能得到谥号，正是依从了王导的建议。

当初，元帝偏爱琅玡王司马裒，有意废黜嫡子皇储，征询王导意见，王导回答："立太子理当立嫡长子，况且司马绍又很贤能，不应改立他人。"元帝仍犹豫不决，王导日夜劝谏，太子地位终于稳定。

明帝即位，王导受遗诏辅佐朝政，解除扬州刺史，升为司徒，完全依照陈群在曹魏辅政的旧例。王敦再次举兵进攻。当时王敦已病，王导率族中子弟为他发丧，众人听说王敦已死，斗志高昂。明帝出征讨伐王敦，授予王导节杖，都督诸军，领扬州刺史。平定王敦之乱后，王导晋封为始兴郡公，给采邑三千户，赐绢九千匹，晋升为太保，仍兼司徒，并给以"剑履上殿，入朝不趋，赞拜不名"的礼遇。王导再三辞让。明帝死，王导又与庾亮等人共同接受遗诏，辅佐幼主成帝。加给王导羽盖、鼓吹乐队，并班剑二十人。石勒进犯阜陵，成帝下诏加王导大司马、假黄钺，出征讨伐石勒。大军驻于江宁，成帝亲自在郊外设宴为之饯行。不久来敌败退，王导卸去大司马。

庾亮要征召苏峻，征求王导意见，王导回答："苏峻性情多疑阴险，一定不会奉诏，而且山泽之中，暗藏险情。最好包容他。"王导力争无效。于是庾亮召苏峻。不久乱起，六军战败。王导入皇宫侍奉成帝。苏峻因他德高望重，不敢加害，仍让他任原官，位在自己之上。苏峻又逼迫成帝去石头城，王导与之争辩无效。苏峻每日到成帝面前肆意谩骂，王导深恐有不测之祸。这时路永、匡术、贾宁等人都游说苏峻，让他杀掉王导，尽诛大臣，在朝中重新培植心腹党羽。苏峻因敬畏王导而没有采纳，路永等人因此又对苏峻怀有二心。王导派参军袁耽暗诱路永等人，计划让他奉护成帝逃到义军中去，因苏峻防范严密未能成功，王导于是带着两个儿子跟随路永一起逃到白石。

平定苏峻叛乱后，宗庙宫室悉数化为灰烬。温峤倡言迁都豫章，三吴富豪请求迁都会稽，两派意见纷争不已，无所适从。王导提出："建康是古代的金陵，皇帝的故里，且孙仲谋、刘玄德都曾说这里是王者的居所。古时的帝王都不依地方的丰俭而迁徙国都，如果能够弘扬卫文公衣大帛之冠励精图治的精神，那么迁都于何处都无不可。若百姓尽废其业，那么即便身处乐土也是枉然。而且北方敌寇游魂一直伺机寻隙，我们一旦示弱，迁都于蛮越之地，贪图地望殷实，恐怕并非良策。当今尤其应该镇静处之，如此一来，民心自会安定。"于是温峤等人的意见均未被采纳。

王导善于理财，日常用度虽不见宽裕，但每一年度总有节余。当时府库空竭，只有数千端练，卖不出去，国用匮乏，王导为此忧虑，便和朝官显贵们一起做练布单衣。士人们见到后争相仿效穿着。练价因此大涨，王导命主管官员出售库藏练，每端价格卖到一金。时人对他敬佩就是到了如此程度。

成帝六年冬，行冬祀，成帝下诏让王导主持祭祀，称"无须下拜"。王导竭力推辞不敢承受。当初成帝年幼时,每见王导都要下拜;成帝写诏书给王导,则加"惶恐言",中书作诏书,则说"敬问",于是这种做法成为定制。以后每到元正大典,王导入朝,成帝仍旧因他来而起立表示尊敬。

时逢大旱,王导上疏请求逊位。成帝下诏回答:"圣王治世,所行均合于至道,举措无不周详妥帖,所以能够人伦有序,万物各有所适。朕受祖宗重托,位在王公百官之上,仰不能得玄风熏染,俯不能协和宇宙,上天久旱,百姓皆怨,国运不佳,责任在我一人。公通晓道义且明哲,深谋远略,功勋感通四海,辅佐我晋室三朝。国运所以不衰,实在是仲山甫补救的功劳。公十分推崇谦退之风,引咎而能让,但是元首的过失怎么能推诿给宰辅呢?这样只能增加元首的过责。公总理万机,不可以一日不在,因此应当放弃'谦逊'这种眼前的操守,而服从经略邦国的长远大计。门下速派侍中以下官员前去敦促晓谕。"王导仍极力推让,诏书屡下,迫使他从命,而后他才复职。

王导俭朴寡欲,仓无存粮,衣无余帛。成帝得知,赏给布万匹,作为私人费用。王导病重,不能上朝,成帝亲自到他的府邸纵酒作乐,而后令他可以乘舆车赴朝,对他敬重到如此程度。

石季龙的骑兵一路劫掠至历阳,王导请求出征讨伐。加授大司马、假黄钺、都督中外诸军事,设立左右长史、司马,给布万匹。不久石季龙兵退,王导卸去大司马,转任中外大都督,进位太傅,又拜丞相,依照汉朝制度,免去司徒,把它并入丞相。册文写道:"朕久处多难之世,以后登上帝位,尚经不起太多磨难,祸乱已从旁兴起,公文才通贯九功,武略囊括七德,外可平定四海,内可修齐八政,天地因此太平,人神因此和洽。功业与伊尹相匹,道德与姬旦同高。敬忆唐尧虞舜,拔擢贤能,告诫百官,治理众务。朕想凭借妙策,广籍深谋,惟有仿照古制,立你为上公,永做我晋室宰辅。去履行职守,敬施法理,以佐助天工,不亦甚好!请公谨慎为之。"

这一年王导妻曹氏去世,赠金章紫绶。早年,曹氏性好妒忌,王导对她十分惮惧,私下在别处营造府邸,安置群妾。曹氏得知,要去那里,王导唯恐群妾蒙受羞辱,急忙命人驾车赶去,仍恐迟到,便用手中的麈尾柄驱牛快进。司徒蔡谟听说后,开玩笑对王导说:"朝廷要赐你九锡。"王导没有觉察,只是谦虚推让。蔡谟说:"没听说有其他东西,只有短辕牛车,长柄麈尾。"王导大怒,对人道:"当年我与群贤同游洛中时,还没听说有蔡克的儿子呢!"

其时庾亮因声望太重,地位逼人而被派出镇于外。南蛮校尉陶称挑唆庾亮举兵向内,有人劝王导暗中防备,王导回答:"我和元规休戚与共,那些无稽之谈,最好不要出自明智人之口。即便如你所言,元规真要攻来,我辞官回家就是,又有什么可怕的!"又给陶称写信,告诉他庾亮是皇帝的大舅,他理应善待。这样一来,谗言离间之词就自然平息了。当时庾亮虽领兵在外,但仍执掌朝廷权柄,他镇守上游,手握重兵,归附者甚众。王导内心不平,曾在西风卷起尘土时,举扇遮蔽,并缓缓说道:"元规的尘土把人弄脏了。"

自汉魏以来,群臣不祭拜帝陵。王导因被元帝眷接,同于布衣之交,而不只是君臣关系,所以每遇升迁,都要到元帝陵寝祭拜,不胜哀痛。从此下诏命百官祭帝陵,就是从王导开始的。

咸康五年王导去世,时年六十四岁。成帝在朝堂哀悼三日,派大鸿胪持符节督办丧事,并依照汉朝博陆侯和安平献王的规格,赐给丧仪所用车马衣衾。下葬时,又赐九游丧车、黄屋大辒、前后羽盖鼓吹乐队及武贲班剑百人。中兴名臣中没有人能与他相匹敌。册书写道:"高位应酬劳美德之人,厚爵宜答谢功勋卓著者,及至盖棺论功,没有比赐赠谥号更好的了,流芳百世,在此一举。公超逸达观,淡泊虚静,思虑深远。平易恬淡以约束心志,体恤仁爱而广布惠泽,优游于俗务之外,则美名传扬于中原,适时隐居山林,则独自暗筹机遇。往昔中宗、肃宗开创中兴大业,以至诚延揽群贤而奠基于江南,拱手治理而天下归心、众务兴旺。所以能威风振扬而寇虐洗心革面,教化兴作而恶人改邪归正。阴阳调合,伦常有序,辽、陇承受风习,南边如影相依,成就盛世之功,复兴宣帝、武帝业绩,不失前代典章文物,公皆有筹划之功。公背负顾命重托,保朕幼童。遭逢艰危而化险为夷,拯救沦落而以道行相济,扶持颠倾而以仁慈广助,辅佐我三朝晋室而深妙的道行传之益远。朕正要仰赖神机妙策,以睦天下,岂料苍天不加体恤,令公溘然而逝,朕为此痛心疾首。殷商丧失伊尹,周朝丧失周公召公又怎能与此哀痛相比!现派遣使持节、谒者仆射任瞻前去赐公谥号称'文献',以太牢祭祀。公若在天有灵,就请受此殊荣!"

葛洪传

【题解】

葛洪(公元281?~341年),晋代著名学者,既是著名的医学家、道教学者,又是一代文化宗师。自号抱朴子,著有《抱朴子》内外篇。外篇言儒,内篇言道,是中国文化史上的要籍。又有《金匮药方》《肘后备急方》等著作传世。

【原文】

葛洪字稚川,丹杨句容人也。祖系,吴大鸿胪。父悌,吴平后入晋,为邵陵太守。洪少好学,家贫,躬自伐薪以贸纸笔,夜辄写书诵习,遂以儒学知名。性寡欲,无所爱习,不知棋局几道,摴蒲齿名。为人木讷,不好荣利,闭门却扫,未尝交游。于余杭山见何幼道、郭文举,目击而已,各无所言。时或寻书问义,不远数千里崎岖冒涉,期于必得。遂究览典籍,尤好神仙导养之法。从祖玄,吴时学道得仙,号曰葛仙公,以其炼丹秘术授弟子郑隐。洪就隐学,悉得其法焉。后师事南海太守上党鲍玄。玄亦内学,逆占将来,见洪深重之,以女妻洪。洪传玄业,兼综练医术,凡所著撰,皆精核是非,而才章富赡。

太安中,石冰作乱,吴兴太守顾秘为义军都督,与周玘等起兵讨之。秘檄洪为将兵都尉,攻冰别率,破之,迁伏波将军。冰平,洪不论功赏,径至洛阳,欲搜求异书以广其学。

洪见天下已乱,欲避地南土,乃参广州刺史嵇含军事。及含遇害。遂停南土多年,征镇檄命一无所就。后还乡里,礼辟皆不赴。元帝为丞相。辟为掾,以平贼功,赐爵关内侯。咸和初,司徒导召补州主簿,转司徒掾,迁谘议参军。干宝深相亲友,荐洪才堪国史,选为散骑常侍,领大著作。洪固辞不就,以年老,欲练丹以祈遐寿,闻交阯出丹,求为句漏令。帝以洪资高,不许。洪曰:"非欲为荣,以有丹耳。"帝从之。洪遂将子侄俱行。至广州，刺史邓岳留不听去，洪乃止罗浮山炼丹。岳表补东官太守，又辞不就。岳乃以洪兄子望为记室参军，在山积年优游闲养，著述不辍，其自序曰：

洪体乏进趣之才，偶好无为之业。假令奋翅则能陵厉玄霄，骋足则能追风蹑景，犹欲戢劲翮于鷦鷯之群，藏逸迹于跛驴之伍，岂况大块禀我以寻常之短羽，造化假我以至驽之蹇足？自卜者审，不能者止。又岂敢为苍蝇而慕冲天之举，策跛鳖而追飞兔之轨。饰嫫母之笃陋，求媒阴之美谈；推沙砾之贱质，索千金于和肆哉！夫儌侥之步而企及夸父之踪，近才所以踬疑也；要离之羸而强赴扛鼎之势，秦人所以断筋也，是以望绝于荣华之途，而志安乎穷圮之域；藜藿有八珍之甘，蓬荜有藻棁之乐也。故权贵之家，虽咫尺弗从也。知道之士，虽艰远必造也。考览奇书，既不少矣，率多隐语，难可卒解，自非至精不能寻究，自非笃勤不能悉见也。

道士弘博洽闻者寡，而意断妄说者众。至于时有好事者，欲有所修为，仓卒不知所从，而意之所疑又无足谘。今为此书，粗举长生之理。其至妙者不得宣之于翰墨，盖粗言较略以示一隅，冀悱愤之徒省之可以思过半矣。岂谓暗塞必能穷微畅远乎？聊论其所先觉者耳。世儒徒知服膺周孔，莫信神仙之书，不但大而笑之，又将谤毁真正。故予所著子言黄白之事，名曰"内篇"，其余驳难通释，名曰"外篇"，大凡内外一百一十六篇，虽不足藏诸名山，且欲缄之金匮，以示识者。

自号抱朴子，因以名书。其余所著碑诔诗赋百卷，移檄章表三十卷，神仙、良吏、隐逸、集异等传各十卷，又抄《五经》《史》《汉》、百家之言，方技杂事三百一十卷，《金匮药方》一百卷，《肘后要急方》四卷。

洪博闻深洽，江左绝伦，著述篇章富于班马，又精辩玄赜，析理入微。后忽与岳疏云："当远行寻师，克期便发"，岳得疏，狼狈往别。而洪坐至日中，兀然若睡而卒。岳至，遂不及见。时年八十一。视其颜色如生，体亦柔软，举尸入棺，甚轻，如空衣，世以为尸解得仙云。

【译文】

葛洪字稚川，丹杨句容人。祖父葛系，（三国）吴国的大鸿胪，父亲名葛悌，吴国平定后进入晋朝，做过邵陵太守。葛洪从小喜欢学习，家里贫困，亲自上山砍柴去卖用以换来纸张笔墨，晚上总是写字读书学习，因此由博通经典而知名当时。禀性寡欲，没有什么爱好游玩之习，不知道围棋盘纵横有多少道，也不知道赌博骰子的名称。为人木讷，不追求荣誉、金钱，关起门来，不欢迎客人，从来没有与朋友交游。曾在余杭山见过何幼道、郭文举，只不过是看见过吧了，都没对他传授过什么。有时为了寻找书籍探求意义，不远数千里跋涉着崎岖山路，只期待着得到他所需要的。于是阅尽了典籍，尤其喜欢神仙导引养生之类的知识。他有一个堂祖父名叫葛玄，吴国时学习道术成了神仙，号称葛仙公。他曾把炼丹秘术传授给弟子郑隐。葛洪跟从郑隐学习，全部学到了郑隐的道术。后来拜师于南海太守上党鲍玄。鲍玄也是擅长道术的人，能用占法推知未来之事。鲍玄见到葛洪十分器重，并把女儿嫁给了葛洪。葛洪传承了鲍玄的道业，并且还广泛地了解医术，凡是他撰述的著作，都很精审、准确，而且文辞优美，富于才华。

太安年中，石冰作乱，吴兴太守顾秘担任义军首领，和周玘等起兵讨伐石冰。顾秘传檄葛洪担任带兵的都尉，攻打石冰的别部，攻破了，升为伏波将军。石冰之乱平定后，葛洪不接受封功论赏，就径直到洛阳，想搜求奇异典籍用来增广自己的学识。

葛洪看到天下已经变乱，想躲避到南方，于是就去担任广州刺史嵇含的参知军事。等到嵇含遇害，于是就停留在南方多年，征聘传檄一次也没有接受过。后来回到家乡，礼聘征辟都不去。晋文帝做丞相，任命为属官，因平定贼乱有功，被封赐为关内侯。咸和初年，司徒王导召命他为州主簿，转任为司徒属官，后迁为谘议参军。干宝十分亲近友敬葛洪，推荐葛洪才华能修撰国史，选拔他为散骑常侍、领大著作等职务。葛洪坚决地推辞不接受。因为年纪大，想访求炼丹之术以延年益寿。听说交阯出产丹砂，请求担任句漏的县令。皇帝因为葛洪天资高，不同意。葛洪解释说："并不是贪求荣耀，是因为那儿出产丹砂。"皇帝同意了他的请求。葛洪就带领子女、侄辈一块儿出发，至了广州，广州刺史邓岳留住他不让他离去，葛洪于是住在罗浮山炼丹。邓岳为葛洪上表补官东官太守，他又推却不接受。邓岳于是就任用葛洪哥哥的儿子葛望为记室参军。葛洪在罗浮山住了多年，悠闲自如，一直勤奋地写作著述，他在给自己的著作写序时说：

"我葛洪本身缺乏进取为政的才能，独独喜欢清静无为之事。即使能展开双翅就能直冲云霄，迈开双足则可以追风踏影者，尚且想要收藏起强劲的双翅立于矮小的鷦鹩群中，掩藏住快捷的足迹隐身于跛驴之中，更何况大自然赋予我十分寻常普通的短小羽毛，上天给我的只是最为迟钝的跛足。占卜者自己很清楚，不能干的事情就停止。又怎么敢身似苍蝇而羡慕有冲天凌云的壮举？赶着跛足的乌龟而去追赶飞兔的足迹？把嫫母的丑陋掩盖起来，而去求得说媒者的夸美，推开砂石一样的贱陋之质，而在出售宝玉的市场中索价千金。那些只有矮小的僬侥一样步子却希冀赶上夸父的足迹，这就是那些无才者所以失败挫折的原因。以要离这样弱小而却勉强去应付扛鼎一样的事情，这就是秦人之所以折断筋骨的原因。所以说期望往往断绝在荣华富贵的道路之中，而立志者很安适地生活在穷恶之境中。野菜之中有八珍一样的美味，茅屋之中也有华丽堂皇的享受，所以权势贵盛的家庭，即使近在半尺也不要跟从。而对于明道的人，即使再艰难曲远，也一定要去拜访。考查阅读奇异之书已经不少了，大多都是隐秘之言，很难一下得到解释，除非至为精明之人是不能明白，也除非踏实勤奋之人不能全部清楚。

道士之中知识渊博、闻见广泛的人很少，却主观推断、胡乱说的人很多。至于每有一些喜欢道术的人，想要有所修炼，昏昏然不知道从何下手，而心里又怀犹豫却没什么地方可以询问。现在写下这本书，大致标举了探求长生的道理，其中最为精彩的不能写在纸墨之上，大概是讲一些提纲以见内容的一部分。希望勤奋而又有志之人认真思索，那就得到的很多了。难道说昏暗闭塞一定能穷尽深意，直达远旨吗？只不过是论述一些自己首先想到的问题。世上的学者只知道服膺周孔儒家之学，不信仰神仙之书，不仅放肆地讥笑神仙之学，而且还诽谤此学的真谛，所以我写下这部子论来说神仙炼丹的事情，称之为《内篇》，其他杂乱无序，难以串通解释的部分，称之为《外篇》，总共内外篇一百一十六篇，虽然不值得深藏在名山之中，姑且用金锁把它锁起来，以便告诉想了解的人。

自称抱朴子，因此把书也命名为《抱朴子》。其他著述如碑文诔言、诗文赋达百卷，移书、檄文、上章、奏表三十卷，《神仙传》《良吏传》《隐逸传》《集异传》等传记各十卷，又选抄了《五经》《史记》《汉书》百家之言，方技杂事三百一十卷，《金匮药方》一百卷，《肘后要急方》四卷。

葛洪博学广识，深沉通达，江左无比，所撰著述文章超过班固、司马迁，而且精思善辩，道学修养很深。后来突然给邓岳一封书信，说："要出远门寻找老师，定下了日期出发。"邓岳得信后，急忙赶去道别，而葛洪坐到中午，直立着象睡了的样子死去了。邓岳到了，竟没来得及见一面。当时年八十一。看上去颜色象活着的人一样，身体也很柔软，抬起尸体进入棺材，很轻，象是一件空衣，世间人认为是尸体解化得仙了。

王羲之、王徽之、王献之传

【题解】

王羲之（公元321~376年，一说303~361年），字逸少，琅琊临沂（今属山东省）人。他出身贵族家庭，是东晋司徒王导的侄子。官至会稽内史、右军将军，因此史称其为"王右军"。因他与王述关系不好，辞官归隐，定居于会稽郡山阴县（今浙江省绍兴市）。王羲之是东晋著名书法家，后人尊为"书圣"。他少年时从其父王旷学习，后又从师卫夫人，草书学张芝，正书学钟繇，博采众长，自成一家。他精研诸体，推陈出新，一改汉魏以来带隶意的古朴书风，形成妍美流便的新体。如果说钟繇的书法是从隶书、章草向楷书过渡时期的代表书家的话，那么王羲之则是摆脱隶意开楷书之先河并使之臻于完美高度的书法大师。因而他的书法对后世影响极大，后世的书法大家大都从五体而出。他的书迹，流传下来的较多，但大都是刻本、临本或双钩本。其行书有《乐毅伦》《黄庭径》《东方朔像赞》《兰亭序》等，草书以《快雪帖》《姨母帖》《表形帖》《初月帖》等最著名。

王羲之

王徽之（公元？~388年），字子猷，王羲之子，王献之兄。曾任大司马桓温、车骑将军桓冲的参军，后官至黄门侍郎，弃官归隐。其为人有才而放浪、怪诞，好声色，尤爱竹子，声称不可一日无竹。笃于手足之情，他和献之俱病重，他发愿代弟而死。王徽之亦善书，明刻《宝晋斋法帖》即收有他的书迹。

王献之（公元344~386年），字子敬，王羲之第七子。初为州主簿，历任秘书郎、秘书丞、吴兴太守，最后官中书令。因此，人称之为"王大令"。王献之也是东晋著名书法家，与其父王羲之齐名，人称"二王"。王献之兼精诸体，以行草书擅长。他在继承张芝、王羲之的基础上，进一步改变古拙书风，形成自己的流畅英发、笔势奔放、颇有媚趣的书风，其后经唐人张旭、怀素的发展，形成狂草一体。存世墨迹有《鸭头丸帖》，其他有《洛神赋十三行》《十二月帖》以及《中秋帖》《送梨帖》《保母帖》等。

【原文】

王羲之字逸少，司徒导之从子也。祖正，尚书郎。父旷，淮南太守。元帝之过江也，旷首创其议。羲之幼讷于言，人未之奇。年十三，尝谒周顗，顗察而异之。时重牛心炙。坐客未啖，顗先割啗羲之，于是始知名。及长，辩赡，以骨鲠称，尤善隶书，为古今之冠，论者称其笔势，以为飘若浮云，矫若惊龙。深为从伯敦、导所器重。时陈留阮裕有重名，为敦主簿。敦尝谓羲之曰："汝是吾家佳子弟，当不减阮主簿。"裕亦目羲之与王承、王悦为王氏三少。时太尉郗鉴使门生求女婿于导，导令就东厢遍观子弟。门生归，谓鉴曰："王氏诸少并佳，然闻信至，咸自矜持。唯一人在东床坦腹食，独若不闻。"鉴曰："正此佳婿邪！"访之，乃羲之也，遂以女妻之。

起家秘书郎，征西将军庾亮请为参军，累迁长史。亮临薨，上疏称羲之清贵有鉴裁。迁宁远将军、江州刺史。羲之既少有美誉，朝廷公卿皆爱其才器，频召为侍中、吏部尚书，皆不就。复授护军将军，又推迁不拜。扬州刺史殷浩素雅重之，劝使应命，乃遗羲之书曰："悠悠者以足下出处足观政之隆替，如吾等亦谓为然。至如足下出处，正与隆替对，岂可以一世之存亡，必从足下从客之适？幸徐求众心。卿不时起，复可以求美政不？若豁然开怀，当知万物之情也。"羲之遂报书曰："吾素自无廊庙志，直王丞相时果欲内吾，誓不许之，手迹犹存，由来尚矣，不于足下参政而与进退。自儿娶女嫁，便怀尚子平之志，数与亲知言之，非一日也。若蒙驱使，关陇、巴蜀皆所不辞。吾虽无专对之能，直谨守时命，宣国家威德，固当不同于凡使，必令远近咸知朝廷留心于无外，此所益殊不同居护军也。汉末使太傅马日磾慰抚关东，若不以吾轻微，无所为疑，宜及初冬以行，吾唯恭以待命。"

羲之既拜护军，又苦求宣城郡，不许，乃以为右军将军、会稽内史。时殷浩与桓温不协，羲之以国家之安在于内外和，因以与浩书以戒之，浩不从。及浩将北伐，羲之以为必败，以书止之，言甚切至。浩遂行，果为姚襄所败。复图再举，又遗浩书曰：

知安西败丧，么私惋怛，不能须臾去怀。以区区江左，所营综如此，天下寒心，固以久矣，而加之败丧，此可熟念。往事岂复可追，愿思弘将来，合天下奇命有所，自隆中兴之业。政以道胜宽和为本，力争武功，作非所当，因循所长，以固大业，想识其由来也。

自寇乱以来，处内外之任者，未有深谋远虑，括囊至计，而疲竭根本，各从所志，竟无一功可论，一事可记，忠言嘉谋弃而莫用，遂令天下将有土崩之势，何能不痛心悲慨也。任其事者，岂得辞四海之责！追咎往事，亦何所复及，宜更虚己求贤，当与有识供之，不可复令忠允之言常屈于当权。今军破于外，资竭于内，保淮之志非复所及，莫过还保长江，都督将各复归镇，自长江以外，羁縻而已。任国均者，引咎责躬，深自贬降以谢百姓，更与朝贤思布平政，除其烦苛，省其赋役，与百姓更始，庶可以允塞群望，救倒悬之急。

使君起于布衣，任天下之重，尚德之举，未能事事允称，当董统之任而败丧至此，恐阖朝群贤未有与人分其谤者。今宜修德补阙，广延群贤，与之分任，尚未知获济所期。若犹以前事为未工。故复求之于分外，宇宙虽广，自容何所！知言不必用，或取怨执政，然当情慨所在，正自不能不尽怀极言。若必亲征，未达此旨，果行者，愚智所不解也。愿复与众共之。

复被州符，增运千石，征役兼至，皆以军期，对之丧气，罔知所措。自顷年割剥遗黎，刑徒竟路，殆同秦政，唯未加参夷之刑耳，恐胜、广之忧，无复日矣。

又与会稽王笺陈谙不宜北伐，并论时事曰：

古人耻其君不为尧舜，北面之道，岂不愿尊其所事，比隆往代，况遇千载一时之运？顾智力屈于当年，何得不权轻重而处之也。今虽有可欣之会，内求诸己，而所忧乃重于所欣。《传》云："自非圣人，外宁必有内忧。"今外不宁，内忧已深。古之弘大业者，或不谋于众，倾国以济一时功者，亦往往而有之。诚独运之明足以迈从，暂劳之弊终获永逸者可也。求之于今，可得拟议乎！

夫庙算决胜，必宜审量彼我，万全而后动。功就之日，便当因其众而即其实。今功未可期，而遗黎歼尽，万不馀一。且千里馈粮，自古为难，况今转运供继，西输许洛，北入黄河。虽秦政之弊，未至于此，而小室之忧，便以交至。今运无还期，征求日重，以区区吴越经纬天下十分之九，不亡何待！而不度德量力，不弊不已，此封内所痛心叹悼而莫敢吐诚。

往者不可谏，来者犹可追，愿殿下更垂三思，解而更张，令殷浩、荀羡还据合肥、广陵，许昌、谯郡、梁、彭城诸军皆还保淮，为不可胜之基，须根立势举，谋之未晚，此实当今策之上者。若不行此，社稷之忧可计日而待。安危之机，易于反掌，考之虚实，著于目前，愿运独断之明，定之于一朝也。

地浅而言深，岂不知其未易。然古人处间阎行阵之间，尚或干时谋国，详裁者不以为讥，况厕大臣末行，岂可默而不言哉！存亡所系，决在行之，不可复持疑后机，不定之于此，后欲悔之，亦无及也。

殿下德冠宇内。以公室辅朝，最可直道行之，致隆当年，而未允物望，受殊遇者所以痌瘝长叹，实为殿下惜之。国家之虑深矣，常恐伍员之忧不独在昔，麋鹿之游将不止林薮而已。愿殿下暂废虚远之怀，以救倒悬之急，可谓以亡为存，转祸为福，则宗庙之庆，四海有赖矣。

时东土饥荒，羲之辄开仓振贷。然朝廷赋役繁重，吴会尤甚，羲之每上疏争之，事多见从。又遗尚书仆射谢安书曰：

顷所陈论，每蒙允纳，所以令下小得苏息。各安其业。若不耳，此一郡久以蹈东海矣。

今事之大者未市、漕运是也。吾意望朝廷可申下定期，委之所司，勿复催下，但当岁终考其殿最。长吏尤殿，命槛车送诣天台。三县不举，二千石必免，或可左降，令在疆塞极难之地。

又自吾到此，从事常有四五，兼以台司及都水御史行台文符如雨，倒错违背，不复可知。吾又瞑目循常推前，取重者及纲纪，轻者在五曹。主者淮事，未尝得十日，吏民趋走，功费万计。卿方任其重，可徐寻所言。江左平日，扬州一良刺史便足统之，况以群才而更不理，正由为法不一，牵制者众，思简而易从，便足以保守成业。

仓督监耗盗官米，动以万计，吾谓诛翦一人，其后便断，而时意不同。近检校诸县，无不皆尔。徐姚近十万斛，重敛以资奸吏，令国用空乏，良可叹也。

自军兴以来，征役及充运死亡叛散不反者众，虚耗至此，而补代循常，所在凋困，莫知所出。上命所差，上道多叛，则吏及叛者席卷同去。又有常制，辄令其家及同伍课捕。课捕不擒，家及同伍寻复亡叛。百姓流亡，户口日减，其源在此。又有百工医寺，死亡绝没，家户空尽，差代无所，上命不绝，事起或十年、十五年，弹举获罪无懈息，而无益实事，何以堪之！谓自今诸死罪原轻者及五岁刑，可以充此，其减死者，可长充兵役，五岁者，可充杂工医寺，皆令移其家以实都邑。都邑既实，是政之本。又可绝其亡叛。不移其家，逃亡之患复如初耳。今除罪而充杂役，尽移其家，小人愚迷，或以为重于杀戮，可以绝奸。刑名虽轻，惩肃实重，岂非适时之宜邪！

羲之雅好服食养性，不乐在京师，初渡浙江，便有终焉之志。会稽有佳山水，名士多居之，谢安未仕时亦居焉。孙绰、李充、许询、支遁等皆以文义冠世，并筑室东土与羲之同好。尝与同志宴集于会稽山阴之兰亭，羲之自为之序以申其志，曰：

永和九年，岁在癸丑，暮春之初，会于会稽山阴之兰亭，修禊事也。群贤毕至，少长咸集。此地有崇山峻岭，茂林修竹，又有清流激湍，映带左右，引以为流觞曲水，列坐其次。虽无丝竹管弦之盛，一觞一泳，亦足以畅叙幽情。

兰亭集序

是日也，天朗气清，惠风和畅，仰观宇宙之大，俯察品类之盛，所以游目骋怀，足以极视听之娱，信可乐也。

夫人之相与，俯仰一世，或取诸怀抱，悟言一室之内，或因寄所托，放浪形骸之外。虽趣舍万殊，静躁不同，当其欣于所遇，暂得于己，快然自足，不知老之将至。及其所之既倦，情随事迁，感慨系之矣。向之所欣，俛仰之间，已为陈迹，犹不能不以之兴怀。况修短随化，终期于尽。古人云，死生亦大矣，岂不痛哉！

每览昔人兴感之由，若合一契，未尝不临文嗟悼，不能喻之于怀。固知一死生为虚诞，齐彭殇为妄作，后之视今，亦犹今之视昔，悲夫！故列叙时人，录其所述，虽世殊事异，所以兴怀，其致一也。后之览者，亦将有感于斯文。

或以潘岳《金谷诗序》方其文，羲之比于石崇，闻而甚喜。

性爱鹅，会稽有孤居姥养一鹅，善鸣，求市未能得，遂携亲友命驾就观。姥闻羲之将至，烹以待之，羲之叹惜弥日。又山阴有一道士，养好鹅，羲之往观焉，意甚悦，固求市之。道士云："为写《道德经》，当举群相赠耳。"羲之欣然写毕，笼鹅而归，甚以为乐。其任率如此。尝至门生家，见棐几滑净，因书之，真草相半。后为其父误刮去之，门生惊懊者累日。

又尝在蕺山见一老姥，持六角竹扇卖之。羲之书其扇，各为五字。姥初有愠色。因谓姥曰："但言是王右军书，以求百钱邪。"姥如其言，人竞买之。他日，姥又持扇来，羲之笑而不答。其书为世所重，皆此类也。每自称"我书比钟繇，当抗行；比张芝草，犹当雁行也"。曾与人书云："张芝临池学书，池水尽黑，使人耽之若是，未必后之也。"羲之书初不胜庾翼、郗愔。及其暮年方妙。尝以章草答庾亮，而翼深叹伏，因与羲之书云："吾昔有伯英章草十纸，过江颠狈，遂乃亡失，常叹妙迹永绝。忽见足下答家兄书，焕若神明，顿还旧观。"

时骠骑将军王述少有名誉，与羲之齐名，而羲之甚轻之，由是情好不协。述先为会稽，以母丧居郡境，羲之代述，止一吊，遂不重诣。述每闻角声，谓羲之当候己，辄洒扫而待之。如此者累年，而羲之竟不顾，述深以为恨。及述为扬州刺史，将就征，周行郡界，而不过羲之，临发，一别而去。先是，羲之常谓宾友曰："怀祖正当作尚书耳，投老可得仆射。要求会稽，便自邈然。"及述蒙显授，羲之耻为之下，遣使诣朝廷，求分会稽为越州。行人失辞，大为时贤所笑。既而内怀愧叹，谓其诸子曰："吾不减怀祖，而位遇悬邈，当由汝等不及坦之故邪！"述后检察会稽郡，辩其刑政，主者疲于简对。羲之深耻之，遂称病去郡，于父母墓前自誓曰："维永和十一年三月癸卯朔，九日辛亥，小子羲之敢告二尊之灵。羲之不天，夙遭闵凶，不蒙过庭之训。母兄鞠育，得渐庶几，遂因人乏，蒙国宠荣。进无忠孝之节，退违推贤之义，每仰咏老氏、周任之诫，常恐死亡无日，忧及宗祀，岂在微身而已！是用寤寐永叹，若坠深谷。止足之分，定之于今。谨以今月吉辰肆筵设席，稽颡归诚，告誓先灵。自今之后，敢渝此心，贪冒苟进，是有无尊之心而不子也。子而不子。天地所不复载，名教所不得容。信誓之诚，有如皦日！"

羲之既去官，与东土人士尽山水之游，弋钓为娱。又与道士许迈共修服食，采药石不远千里，遍游东中诸郡，穷诸名山，泛沧海，叹曰："我卒当以乐死。"谢安尝谓羲之曰："中年以来，伤于哀乐，与亲友别，辄作数日恶。"羲之曰："年在桑榆，自然至此，顷正赖丝竹陶写，恒恐儿辈觉，损其欢乐之趣。"朝廷以其誓苦，亦不复征之。

时刘惔为丹杨尹，许询尝就惔宿，床帷新丽，饮食丰甘。询曰："若此保全，殊胜东山。"惔曰："卿若知吉凶由人，吾安得保此。"羲之在坐，曰："令巢许遇稷契，当无此言。"二人并有愧色。

初，羲之既优游无事，与吏部郎谢万书曰：

古之辞世者，或被发阳狂，或污身秽迹，可谓艰矣。今仆坐而获逸，遂其宿心，其为庆幸，岂非天赐！违天不祥。

顷东游还，修植桑果，今盛敷荣，率诸子，抱弱孙，游观其间，有一味之甘，割而分之，以娱目前。虽植德地殊邈，犹欲教养子孙以敦厚退让。或以轻薄，庶令举策数马，彷佛万石之风。君谓此何如？

比当与安石东游山海，并行田视地利，颐养闲暇。衣食之余，欲与亲知时共欢宴，虽不能兴言高咏，衔杯引满，语田里所行，故以为抚掌之资，其为得意，可胜言邪！常依陆贾、班嗣、杨王孙之处世，甚欲希风数子，老夫志愿尽于此也。

万后为豫州都督，又遗万书诫之曰："以君迈往不屑之韵，而俯同群辟，诚难为意也。然所谓通识，正自当随事行藏，乃为远耳。愿君每与士之下者同，则尽善矣。食不二味，居不重席，此复何有，而古人以为美谈。济否所由，实在积小以致高大，君期存之。"万不年五十九卒,赠金紫光禄大夫。诸子尊父先旨,固让不受。

有七子,知名者五人。玄之早卒。次凝之。亦工草隶,仕历江州刺史、左将军、会稽内史。王氏世事张氏五斗米道,凝之弥笃。孙恩之攻会稽,僚佐请为之备。凝之不从,方入靖室请祷,出语诸将佐曰:"我已请大道,许鬼兵相助,贼自破矣。"既不设备,遂为孙恩所害。

徽之字子猷。性卓荦不羁,为大司马桓温参军,蓬首散带,不综府事。又为车骑桓冲骑兵参军,冲问:"卿署何曹?"对曰:"似是马曹。"又问:"管几马?"曰:"不知马,何由知数!"又问:"马比死多少?"曰:"未知生,焉知死!"尝从冲行,值暴雨,徽之因下马排入车中,谓曰:"公岂得独擅一车!"冲尝谓徽之曰:"卿在府日久,比当相料理。"徽之初不酬答,直高视,以手板柱颊云:"西山朝来致有爽气耳。"

时吴中一士大夫家有好竹,欲观之,便出坐舆造竹下,讽啸良久。主人洒扫请坐,徽之不顾。将出主人乃闭门,徽之便以此赏之,尽欢而去。尝寄居空宅中,便令种竹。或问其故,徽之但啸咏,指竹曰:"何可一日此无君邪!"尝居山阴,夜雪初霁,月色清朗,四望皓然,独酌酒咏左思《招隐诗》,忽忆戴逵。逵时在剡,便夜乘小船诣之,经宿方至,造门不前而反。人问其故,徽之曰:"本乘兴而行,兴尽而反,何必见安道邪!"雅必放诞,好声色,尝夜与弟献之共读《高士传赞》,献之赏"井丹高结",徽之曰:"未若'长卿慢世'也。"其傲达若此。时人皆钦其才而秽其行。

后为黄门侍郎,弃官东归,与献之俱病笃。时有术人云:"人命应终,而有生人乐代者,则死者可生。"徽之谓曰:"吾才位不如弟,请以馀年代之。"术者曰:"代死者,以己年有馀,得以足亡者耳。今君与弟算俱尽,何代也!"未几,献之卒,徽之奔丧不哭,直上灵床坐,取献之琴弹之,久而不调,叹曰:"呜呼子敬,人琴俱亡!"因顿绝。先有背疾,遂溃裂,月馀亦卒。子桢之。

桢之字公干,历位侍中、大司马长史。桓玄为太尉,朝臣毕集,问桢之:"我何如君亡叔?"在坐咸为气咽。桢之曰:"亡叔一时之标,公是千载之英。"一坐皆悦。

操之字子重,历侍中、尚书、豫章太守。

献之字子敬。少有盛名,而高迈不羁,虽闲居终日,容止不怠。风流为一时之冠。年数岁,尝观门生樗蒲,曰:"南风不竞。"门生曰:"此郎亦管中窥豹,时见一斑。"献之怒曰:"远惭荀奉倩,近愧刘真长。"遂拂衣而去。尝与兄徽之、操之俱诣谢安,二兄多言俗事,献之寒温而已。既出,客问安王氏兄弟优劣。安曰:"小者佳。"客问其故,安曰:"吉人之辞寡,以其少言,故知之。"尝与徽之共在一室,忽然火发,徽之遽走,不遑取履。献之神色恬然,徐呼左右扶出。夜卧斋中,而有偷人入其室,盗物都尽。献之徐曰:"偷儿,青毡我家旧物,可特置之。"群偷惊走。

工草隶,善丹青。七八岁时学书,羲之密从后掣其笔不得,叹曰:"此儿后当复有大名。"尝书壁为方丈大字,羲之甚以为能,观者数百人。桓温尝使书扇,笔误落,因画作乌驳牛,甚妙。

起家州主簿、秘书郎,转丞,以选尚新安公主。尝经吴郡,闻顾辟疆有名园,先不相识,乘平肩舆径入。时辟疆方集宾友,而献之游历既毕,傍若无人。辟疆勃然数之曰:"傲主人，非礼也。以贵骄士，非道也。失是二者，不足齿之伧耳。"便驱出门。献之傲如也，不以屑意。

鸭头丸帖（局部）

谢安甚钦爱之，请为长史。安进号卫将军。复为长史。太元中，新起太极殿，安欲使献之题榜，以为万代宝，而难言之，试谓曰："魏时陵云殿榜未题，而匠者误钉之，不可下，乃使韦仲将悬凳书之。比讫，须鬓尽白，裁馀气息。还语子弟，宜绝此法。"献之揣知其旨，正色曰："仲将，魏之大臣，宁有此事！使其若此，有以知魏德之不长。"安遂不之逼。安又问曰："君书何如君家书？"答曰："故当不同。"安曰："外论不尔。"答曰："人那得知！"寻除建威将军、吴兴太守，征拜中书令。

及安薨，赠礼有同异之议，唯献之徐邈共明安之忠勋。献之乃上疏曰："故太傅臣安，少振玄风，道誉洋溢。弱冠退栖。则契齐箕皓；应远释褐，而王献允塞。及至载宣威灵，强猾消殄。功勋既融，投绂高让。且服事先帝。春隆布衣。陛下践阼，阳秋尚富，尽心竭智以辅圣明。考其潜跃始终，事情缱绻，实大晋之俊辅，义笃心襄臣矣。伏惟陛下留下宗臣，澄神于省察。"孝武帝遂加安殊礼。

未几，献之遇疾，家人为上章，道家法应首过，问其有何得失。对曰："不觉馀事，唯忆与郗家离婚。"献之前妻，郗昙女也。俄而卒于官。安僖皇后立，以后父，追赠侍中、特进、光禄大夫、太宰，谥曰宪。无子，以兄子静之嗣，位至义兴太守。时议者以为羲之草隶，江左中朝莫有及者，献之骨力远不及父，而颇有媚趣。桓玄雅爱其父子书，各为一帙，置左右以玩之。

【译文】

王羲之字逸少，是司徒王导的堂侄。他的祖父王正，官至尚书郎。父亲王旷，官至淮南太守。晋元帝渡江南迁，就是王旷首先提议。王羲之年幼时语言迟钝，别人也并不认为他有什么特异之处。在他十三岁时，曾经去拜访周𫖮，周𫖮审视了一会儿，对他很感惊异。当时宴客很重视烤牛心这道菜，宴会开始时，其他客人还没尝这道菜，周𫖮首先切给王羲之吃，从此王羲之才开始知名。他成年以后，富于才辩，以耿直著称，尤其擅长楷书，是古往今来的佼佼者，人们评论他的运笔气势，以飘忽如浮云，矫健如惊龙来形容。他深受堂伯父王敦、王导的器重。当时陈留人阮裕名声很重，在王敦手下任主簿。王敦曾对王羲之说:"你是我们家的优秀子弟,应不次于阮主簿。"阮裕也认为王羲之和王承、王悦是王家的三位优秀青年。当时太尉郗鉴派他的门客去王导家选择女婿,王导让这位门客去东厢房挨个相看他的子侄。这位门客回去以后,对郗鉴说:"王家的小伙子们都很好,但是当他们得知我是选女婿的,一个一个的都做出一本正经的样子,只有一个人在东床上敞着怀吃饭,好象不知道有这回事。"郗鉴听了以后,说道:"这个人就是我要选的好女婿啊!"一打听,原来他就是王羲之,于是就把女儿嫁给他。

王羲之初任官为秘书郎,征西将军庾亮聘请他为参军,历升至长史。庾亮临死前,向朝廷上奏,称赞王羲之品行清高且有鉴识。后来升任宁远将军、江州刺史。王羲之在少年时就有很好的名声,朝廷上的公卿贵官都很爱重他的才具,多次征召他任侍中、吏部尚书,他都不干。又任他为护军将军,他又推脱不接受。扬州刺史殷浩一向敬重他,劝他接受任命,给他写信说道:"很多人都以你的进退来考察国家政事的兴衰,我们这些人也是这样。你的进退关系到国家的兴衰,怎么能置一代兴亡于不顾,只顾满足自己的心意呢?希望你细心体察众人的心意。你若不应时任职,国家哪有善政可言呢?你如果豁然想通了,就能够体验到众人的心意所向了。"王羲之写信回答说:"我一向无心在朝廷上任职,王丞相在位时就坚持让我在朝廷任职,我誓不答应,那时我写的书信手迹尚在,可见我的这种志向由来已久,并不是你参政之后我才不愿任职的。自从儿子娶妻、女儿出嫁之后,我就立志学尚子平那样隐居不仕,也曾多次向亲朋知己说过,并非一天两天的事了。承您不弃。如果想任用我的话,即使是关陇、巴蜀地区,我也在所不辞。我虽然不具备应对朝廷事务的才能,但能忠于职守,宣扬国威和德政教化,所起的作用,自当不同于一般的使臣,一定让远近的百姓们都知道朝廷对他们并不见外,这样给国家带来的好处,比起护军将军一职所起的作用,就大不相同了。汉代末年曾派太傅马日磾去安抚关东地区,若不嫌我身份低微,对我的能力无所怀疑的话,最好在初冬时节赴任,我恭敬地等待任命。"

王羲之被任为护军将军后,又苦苦要求去宣城郡任职,朝廷不答应,于是任他为右军将军、会稽内史。当时殷浩与桓温二人不和,王羲之认为国家的安定在于朝臣和外官的和衷共济,因而给殷浩写信,进行劝诫,殷浩不听他的劝告。在殷浩要北伐的时候,王羲之认为必败无疑,便写信劝止,言词十分恳切。殷浩最终还是出征了,果然被姚襄打得大败。殷浩想再次北征,王羲之又写信给他说:

得知安西将军谢尚失败的消息,国家和我本人都为之痛惜,时刻不能忘怀。小小的江左地区,竟治理成这样,使天下人为之寒心,已非一朝一夕了,再加上这次失败,这真应该认真地加以研究。过去的事已无法挽回,希望筹划开拓未来的方略,让天下百姓有个安身立命之地,以此成就中兴的大业。治理政事,道义是成功的关键,行政宽容和谐是根本,一味以武功取胜,这样做是不应该的,遵循以道义取胜的原则,以此来巩固大业,我想您会清楚其中的道理。

自从战乱以来,掌管朝廷和地方大权的人,没有深谋远虑、锦囊妙计,而一味损耗百姓,各逞其志,结果竟无一功可论,一事可记,忠正的言论和好的策略摈弃不用。致使天下将出现土崩瓦解之势,怎么能使人不痛心疾首、悲愤万端呢!当事者又怎么能推脱使天下陷于混乱的罪责呢?追究过去的罪责,又能起什么作用?应该改弦更张,虚心求取贤人,和有识之士共同商订大计,不能再出现忠正言论屈服于当权者个人意志那样的局面了。现在军队在外失败，国内物资耗尽，保住淮河一线的想法已经无力做到，不如退保长江一线，都督将领各回旧镇，长江以北各地，只是维持现有的局面罢了。掌握国家大权的人，应引咎自责，应自行贬降，向百姓谢罪，一改过去的做法，和朝廷的贤能臣僚制订平稳的政治措施。废除那些烦琐规定，减轻百姓的赋役负担，和百姓一起重新做起，这样差不多能满足百姓的希望，把他们从艰难困苦中解救出来。

刺史大人您出身于平民百姓，担当国家的重任，在推行德政方面，没有做到事事妥当，您身为统帅而遭到这样的失败，恐怕朝廷上的贤能之士没有人肯分担这个责任的。现在应赶快推行德政，以弥补过去的失误，广招贤能之士，和他们分担责任，即使这样做，尚且不能断定能否达到预期目的。如果您认为以前做得还不够，因而再去追求不合时宜的东西，天地虽然这样广大，还有您立足之地吗！我明白我说的话您一定不听，反而会招致您的怨恨，但是我在这个问题上感触很深，因而不能不尽情陈言。如果您一定要率兵出征，不明白这个道理而贸然行动，我实在无法理解。希望您再和其他人共同斟酌。

又接到州衙的命令，让会稽增运军粮一千石，征调军粮和劳役同时进行，又都限定军事需要的时间，我面对这一切，灰心丧气，不知所措。经年以来，剥夺黎民百姓，其恶果是罪徒满路，这和秦始皇时的虐政相差无几，只不过还没有实行灭三族的刑罚罢了，我担心陈胜、吴广那样的灾难，过不了多久就会发生。

王羲之又向会稽王上书，陈述殷浩不应北伐的道理，并论及当时政事，说道：

古人因其君主没有成为尧舜那样而感到羞耻，做臣子的人，哪有不希望他所侍奉君主受到尊崇，可以和前代圣君贤主比美，何况现在又是千载难逢的大好时机呢？但是现在的才智和力量都比不上当年，又怎能不根据轻重情况的不同而妥善处理呢？现在虽然有令人高兴的事，但是反躬自问，令人忧愁的事多于令人高兴的事。经典上说得好："若不是圣人治理天下，外面虽然显得安宁无事，必有重重的内忧。"现在的情况是，外边既不安宁，内忧却更加深重。古代能成就大业的人，有人或许不依靠大家的智谋，而能尽全国的力量建立一时功业的，也往往不乏其人。那是因为个人的智谋确实足以超过众人，用国家暂时的困苦能获得一劳永逸的结果，只有这样的人，才能做到这一点。用这个标准衡量现在的人，能和古人相比吗？

要使朝廷的决策必胜，一定要仔细衡量敌我双方的情况，具备了万全之策才能行动。成功之后，就应利用当地的民众和实力扩充自己的力量。现在成功还没有把握，但是饱经战乱之后的幸存者也会被奸灭殆尽，万不剩一。再说从千里之外运送军粮，这是自古以来的一大难题，何况现在要转运供给，向西运往许昌、洛阳，向北运过黄河。即使是秦朝的弊政，也没有达到这样的程度，那么十家九空的忧患，便会接踵而至。现在从事转运的人没有归还日期，各种征调又日重一日，仅以小小的吴越地区，维系天下十分之九的军需，不灭亡还有什么结局呢！而又不量力而行，不失败不停止，国内的人因此而痛心悲叹，但没有人敢说真话。

已经过去的事，说也没用，未来的事情还可以加以补救，希望殿下您能考虑再三，改弦更张，下令殷浩、荀羡回师据守合肥、广陵，许昌、谯郡、梁、彭城等地的驻军都回师把守淮河一线，建立起不可战胜的根基，等根基牢固形成攻势，再出兵征伐，也为时不晚，这确实是在当前形势下最高明的策略。如果不这么做，国家的灾难就会不日而至。掌握安危变化的关键,易如反掌,考察国家的虚实,形势就明摆在眼前,希望殿下您英明决断,决定于一时之间。

我的地位低下,而谈论国家的重大问题,我怎不知这是很难的事情?但是古人或身为平民百姓,或是军阵中的士卒,他们尚且为国家出谋划策,决策者并不因此讥笑他们,况且我身居大臣之末位,怎能沉默不语呢!在关系到国家存亡的关键时刻,决定了就去实行,决不能犹豫不定延误时机,这时不作出决断,后悔可就晚了。

殿下您德高望重,国内众望所归,以皇室贵胄辅佐朝廷,您最有条件地去直说直做,使国家出现当年那样兴盛局面,但是您的作为并不像人们期望的那样,这使我这个受您器重的人为之终夜兴叹,我真为您感到可惜。国家陷于深度的灾难之中,我时常担心,伍子胥的忧虑不仅是古代的悲剧,麋鹿出没的地方不只是山林水泽这样的地方。希望殿下您暂时摈弃那些清虚玄远不切实际的追求,解救国家的危难,这可以说在败亡的危局中奋力图存,转祸为福,这是国家的大幸,四海的百姓也有所依赖了。

当时东部地区发生灾荒,王羲之就开仓赈济灾民。但是朝廷征发的赋税徭役仍很繁重,吴郡、会稽一带尤其严重,王羲之多次上疏力争,往往被朝廷采纳。他又给尚书付射谢安写信说:

近来我陈述的意见,常常被您采纳,因此令下之后,百姓们可以稍事休养生息,各务其本业。如不是这样,这一郡百姓都跳东海喂鱼了。

现在大事还没有安排的,漕运就是其中之一。我的意见是,希望朝廷下达规定的期限,交有关部门办理,不要再催逼下层,只是到年底考核成绩的好坏就行了。主管官员的成绩最差的,派囚车把他送交朝廷治罪。如果有三个县完不成任务,郡守一定要免职,有的可以降级使用,让他到边远艰苦地区任职。

再者,自从我来到这里,助手常常有四五个人,加上上司衙门以及都水御史行衙的文件之多,象雨点般下发,其中颠倒错误,互相抵触,不知有多少。我只能闭着眼睛按常规办理,推给下面,只是拣重要的事交主簿办理,一般的则交下面机构办理。主管人到任,还不到十天,官吏和百姓来回奔走,费用金钱数以万计。您正担任重要职务,您可以认真地考虑一下我所说的情况。在平时,江左地区,扬州只用一位称职的刺史就足以把政事统理得井井有条,现在有一群有才能的人来治理,反而没有治理好,只因为法令不一,多方牵制。我想,用简而易行的办法,便足以守住已有的成就。

仓库监督官耗费、盗窃官米,往往数以万计,我认为杀掉一人,便能断绝这种弊端,但是当权的人不同意。近来检查各县,都是这样。余姚市被耗盗官米十万斛,向百姓收取重税,却用来肥了贪官污吏,致使国用缺乏,真可叹啊!

自从有战事以来,各种征调徭役以及担任转运军粮的人,死亡叛乱散逃回不了原地的人很多,百们被损耗到这种程度,国家仍按常规,抽人补充代替,因此,各地都被弄得凋敝困苦,谁也不知该怎么办。被长官遣派出去的人,上路以后,多数叛逃,于是监送的官吏也和叛逃的人一起逃跑了。按照常规,就让叛逃者的家属和邻里负责追捕。追捕不到人,家属和邻里接着也叛逃而去。百姓流离逃亡,户口日见其少,原因就在这里。另外,各种工匠和医生,或死或逃,家家空无一人,没有人代替他们的差役,但是上司还不断催促,这种情况已延续了十年或十五年,尽管官吏不断遭到弹劾而获罪,但于事无补,这样下去,老百姓如何能承受! 我认为从现在开始,各种减死的罪犯以及判五年徒刑的罪犯,可以补充逃亡人户的亏缺,减死罪犯可长期服兵役,判五年徒刑的罪犯可以充当各色工匠医生,把他们的家属也迁来,以充实城市。城市得到充实,这是行政的根本,又可以杜绝逃亡事件的发生。如不把他们的家属迁来,逃亡之患仍将和以前一样重演。现在免除他们服刑而充当杂役,又把他们的家属迁来,小民愚昧无知,有的人可能认为这种惩罚比杀头还严重,因而可以杜绝奸恶。惩罚虽然看起来很轻,但惩办的性质却很严重,这难道不是适合现时需要的措施吗!

王羲之平常喜欢服丹食药,涵养性情,不喜欢住在京城,他刚渡过浙江,便产生终身住在这里的想法。会稽有秀丽的山水,很多名人都生活在这里,谢安在做官以前也住在此地。孙绰、李充、许询、支遁等人都以文章名满天下,都在江东一带构筑别墅,和王羲之志趣相投。他曾和这些志趣相投的人在会稽郡山阴县的兰亭聚集宴饮,王羲之亲自撰文表达他的志趣,文章说:

永和九年,这年的干支为癸丑,在暮春三月上旬,众人会集在会稽郡山阴县的兰亭,采兰游戏,以驱除不祥的晦气。高人贤士们都到了,老老少少聚集在一起。这里有高山峻岭,茂密的森林,长长的竹子,又有清澈见底的小溪。小流湍急,萦绕如带,利用溪水漂流酒杯,取以饮酒,人们依次坐在岸边。虽然没有乐队助兴的盛大场面,但是一边喝酒,一边吟诗,也足以尽情抒发幽雅的情怀。

这一天,晴空万里,空气清新,暖风轻拂,令人心胸舒畅,仰头纵眼望去,宇宙是如此广大,低头细察,万物是如此繁盛,这样放眼纵观,敞开胸怀,使耳目得到极大的享受,确实是赏心乐事啊!

人们在互相交往中,很快就度过一生。有的人互相敞开胸怀,在一室之内促膝畅谈;有的人寄情于万物,放浪不羁,忘记了自身的存在。虽然他们对人生的追求千差万别,性格或恬静或躁急各有不同,但是他们对自己的境遇感到满意的时候,即使是暂时的称心,他也会痛快满足,从而忘记了老年即将到来。一旦对所追求的东西感到厌倦,心情随之发生变化,无限的感慨也随之而来了。以前曾为之高兴的事情,顷刻之间,已成为过眼烟云,因而不能不引起无限感慨。况且人的生命的长短,听命于自然,最终是要完结的。古人说:"人的生和死,也是大事情啊!"这怎么能不引起无限悲痛呢!

当我考察古人产生感慨的原因时,发现竟然是如出一辙,我面对书卷,不能不感慨悲叹,弄不明白这究竟是为什么。我当然明白,那种认为生死如一、寿灭相同的说法是虚假荒诞之词,后世的人考察今天的人和事,也就像今天的人考察古代的人和事一样,想来真让人悲伤! 因此我逐一记下参加集会人的姓名,并录下他们所做的诗文。后世和今天,虽然时代不同,人事各异,但引起人产生感慨的原因,却是一致的。后世的读者,读了我这篇文章也将会产生感慨的。

有人拿潘岳的《金谷诗序》和王羲之这篇文章相比,把王羲之和石崇相比,王羲之听了很高兴。

王羲之生性喜欢鹅,会稽有个老寡妇饲养了一只鹅,叫声很好听,王羲之要买下这只鹅,但没有买成,于是他带着亲友前去观看。老寡妇听说王羲之要来。把那只鹅宰了煮熟来招待他,王羲之为此整日叹惜。又有个山阴县道士饲养了一群好鹅,王羲之前往观看,非常高兴,执意要买下。道士说:"你替我抄写一部《道德经》,我把这一群鹅送给你。"王羲之欣然命笔,抄写毕,把鹅用笼子装起来带回,满心高兴。王羲之就是这样真诚坦率。有一次他到他门客家里,看到桌面光滑干净,就在上面写满了字,一半是楷书,一半是草书。后来门客的父亲没注意把字刮掉,那位门客为此懊丧了好几天。王羲之又曾在蕺山看到一个老妇,手拿六角竹扇叫卖,王羲之在她的竹扇题了字,每把扇子上五个

羲之笼鹅图

字。老妇人起初是满脸怒气,他对老妇人说:"您只说这是王右军的书法,每把扇子可要价一百钱。"老妇人按着他的话去卖,人们竞相购买。又一天,老妇人又拿来扇子求王羲之书写,王羲之笑而不答。他的书法被世人珍重,都和这事一样。他经常自称:"我的书法同钟繇相比,可以说是并驾齐驱;比起张芝的书法,应该说仅在其次。"他曾给人写信说:"张芝在池塘边练字,洗笔把池水都染成黑色,别人如果能这样入迷,未必赶不上他。"王羲之的书艺,起初不如庾翼、郗愔,到他晚年,书艺才达到精妙的境界。他曾用章草体给庾亮写回信,庾翼看到,深为佩服,因而给王羲之写信说:"我过去曾收藏张芝的章草十幅,过江南渡时颠沛流离,于是遗失了,常为这样精妙的书法绝迹而感叹。忽见您给家兄写的回信,书法美妙入神,好像张芝的书迹又呈现在面前。"

当时骠骑将军王述年少名高,与王羲之齐名,但王羲之很看不起他,因此二人不大合得来。王述先前曾在会稽任职,因母亲逝世,回会稽郡境内守孝,王羲之接替王述的职务,只去吊唁了一次,就没有再去。王述每次听到吹角声,认为是王羲之来问候自己,于是洒扫庭院来等待,这样一连几年,王羲之竟然没有来看他,王述对此非常怨恨。后来王述被任为扬州刺史,将要赴任时,在会稽郡内走了一圈,却不却见王羲之,临走时,才去告别了一下。在此之前,王羲之常对他的宾朋们说:"王述只是个做尚书的材料,到老可能得个仆射的职位。他得到会稽内史的职位,就飘飘然了。"当王述被任为大官,王羲之作为王述的下属,感到羞耻,便派人去京师,请求朝廷把会稽郡分出来设立越州,派去的人言词失妥,深受当时贤明人士的讥笑。事后王羲之内心惭愧,满腹感慨,对他的儿子们说:"我不比王述差,而职位相差悬殊,或是由于你们不如王坦之(王述子)的缘故!"后来王述查考会稽郡的政事,当问及刑狱的情况时,主管官员疲于回答问题,被弄得狼狈不

堪。王羲之对此深感羞耻，于是称病离开会稽郡，来到他父母的坟前发誓说："在永和十一年三月（癸卯日是初一）九日辛亥，儿子王羲之敬告二老在天之灵。羲之生来不幸，很早父亲去世，未得到父亲的教诲。母亲和哥哥的扶养，使我慢慢长大成人，因人才缺乏，才得到国家的职位。我在职任上在忠孝方面没有建立名节，退职之举又违背了荐贤而代的道义，每当我诵读老子、周任的告诫，常担心一旦失身死去，辱及祖宗，哪里仅仅是自身的事呢！因此我昼夜叹息，像坠入万丈深谷。知足而止，现在就做出决定。恭敬地在这月的吉日良辰摆设筵席，向祖宗叩头行礼，满怀诚心，在二老灵前发誓：从今以后，如果我胆敢变心，贪图禄位，投机进身，那我是无视父母的不肖之子。作为儿子而不肖，是天地所不容、礼教所不齿的。誓言出自诚心，就像白日在天一般！"

王羲之去职以后。和吴郡、会稽一带的人士，尽情游览山水、捕鸟钓鱼，娱乐身心。他又和道士许迈一起炼丹服药，为采集药石不远千里，遍游东部各郡，遍访名山大川，泛舟东海。他感叹道："我最后会纵情游乐而死。"谢安曾对他说："我中年以后，因喜怒哀乐伤害了身体，和亲友离别，就会好几天心情不好。"王羲之说："人到了晚年，自然是这样，刚要想听听音乐来陶冶情操，又常常担心儿子们发觉，对欢乐情绪有所影响。"朝廷鉴于他发了绝誓，就不再征召他做官。

当时刘惔任丹杨尹，许询曾在刘惔处借宿，床帐被褥都新鲜艳丽，饮食也十分丰盛，美味俱全。许询说："如果能保持这样的生活，比在东山强多了。"刘惔说："你若知道吉凶祸福是由人们的行为决定的，我哪能保证永远过这样的生活。"王羲之当时在座，说道："如果巢父、许由遇上稷、契，不会说这种话。"说得许询和刘炎二人都脸有愧色。

王羲之去官之初，优游无所事事，他给吏部侍郎谢万写信说：

古代逃世隐居的人，有的披乱头发装疯卖傻，有的满身污垢，也够艰难的了。现在我安坐安逸，实现了当初的愿望，实为大幸，这难道不是上天赐予的吗！违背天意是不会有好结果的。

前些时东游归来，种植桑树果树，现在长得茂盛，鲜花盛开，我带领儿子们，怀抱小孙孙，在桑果林中游玩，摘得好吃的果子，切开分吃，享受眼前的欢乐。虽然我的道德修养不深，仍想以敦厚退让教育子孙。如果子孙有轻薄举动，就罚他用马鞭子去清点马匹，效法古代万石君的风范，你认为这样做怎么样？

近来将要和谢安石东游山海，同时到田野考察收成情况，以此来打发闲暇时光。除衣食之外的剩余，想和知心朋友时时进行欢宴，虽不能吟诗作赋，但举杯痛饮。讲讲田野里的所见所闻，以此来作为谈笑之助，这种得意的生活，言语是表达不出来的！我常常按照陆贾、班嗣、杨王孙等人的处世原则去做，很想学习他们的高风，我的志愿就全在这里了。

后来谢万任豫州都督，王羲之又给他写信进行劝诫，说道："以你豪迈不羁的次质，屈居群官之中，实在令人难以想象。但是所谓通达明智的人，也只能随事行止，这样才能达到远大的目标。希望您经常和下层官吏在生活上保持一致，那就完美无缺了。吃饭只有一道菜，睡席不用双层，这有什么，但古人却传为美谈。成功与否的原因，在于积小以成大，您要好好记住。"谢万对他的建议未能采用，后来果然失败。

王羲之五十九岁时去世，朝廷赠衔金紫光禄大夫。他的儿子们遵从他的生前本意，坚辞不受。

他有七个儿子,著名的有五人。王玄之早年夭折。次子王凝之,也擅长草书、楷书,历官江州刺史、左将军、会稽内史。王氏家族世代信奉张道陵的五斗米道,王凝之尤其虔诚。孙恩进攻会稽的时候,王凝之的助手们劝他做好御敌的准备,王凝之不听,却是入静室进行祈祷,他走出静室对诸将说:"我已经祈请过天师,天师答应派鬼兵助战,贼军自会被消灭。"因他没有防御措施,被孙恩所杀害。

王徽之字子猷。他生性卓然不群,放浪不羁,担任大司马桓温的参军,经常散披头发,衣不系带,也不管府中事务。他又担任车骑将军桓冲的骑兵参军,桓冲问他:"你主管什么部门?"王徽之回答:"大概是马曹。"桓冲又问:"马曹管理多少马匹?"他回答:"我管理的是否马曹都不清楚,怎么能知道马匹的数目!"桓冲再问:"近来马匹死了多少?"他回答说:"我连活马的数目都不知道,哪会知道死马的数目!"他曾随桓冲出门,正赶上下暴雨,王徽之下马钻进桓冲的车中,对桓冲说:"您怎么能一人独占一辆车!"桓冲曾对王徽之说:"你在我的衙门任职已经很久了,不久我会提拔你的。"王徽之并不答谢,眼睛向上仰视。用手牌板着面颊,说道:"早晨的西山带来一股清爽的空气。"

当时吴郡有一位士大夫家有一片好竹林,王徽之想去观看,便乘轿离家来到竹林边,面对竹林,吟诵了好长时间。主人打扫庭院请他入座,王徽之不加理睬。他将要出去的时候,主人关上大门,王徽之对主人此举非常欣赏,宾主入座,尽欢而去。他曾借住一处空宅,他住进后就令人栽种竹子。有人问他暂时借住种竹子干什么,王徽之只是吟诵,手指竹子说:"怎么能一天没有这位来陪伴呢!"他曾住在山阴县,有一天夜里大雪初晴,月光明朗,放眼四望,一片银白,他独斟独饮,吟诵左思的《招隐诗》。忽然想起了戴逵。当时戴逵住在剡县,王徽之当夜乘船去拜访,船行了一夜才到,来到戴逵门前便往回走。别人问他这是为什么,他说:"我本乘兴而来,现在兴尽,自然往回走,何必要见到戴逵呢!"他禀性放浪怪诞,好声色,有一天夜里和他的弟弟献之一起读《高士传赞》,王献之非常赞赏"井丹高洁"这句话,王徽之说:"我看比不上'长卿慢世'这句话更妙。"他就是这样的傲俗放达。当时人都钦佩他的才能而鄙薄他的品行。

后来王徽之任黄门侍郎,弃官离开京师东还,与王献之同染重病。当时有个江湖术士说:"人在生命终结的时候,如果有活人乐意代他而死,那么死者可以复活。"王徽之对术士说:"我的才能和地位都不如弟弟,请求用我的余生来代替弟弟。"术士说:"代死的人,是因为自己的寿命还有余年,能够补足将死的人。现在你和你的弟弟寿命都到了尽头,用什么来代替呢!"不久,王献之去世,王徽之凭吊死者却不哭泣,径直坐在灵床上,拿过王献之的琴就弹起来,弹得时间长了,琴声变了调,他感叹说:"可叹啊子敬(王献之字),人琴俱亡!"说罢就昏死过去。他原先背部生疮,这时疮烂溃裂,过了一个多月也去世了。

王献之

他的儿子叫王桢之。

桢之字公干,历任侍中、大司马长史。桓玄任太尉时,朝臣们聚齐,他问王桢之:"我比你死去的叔叔怎么样?"在座的人听了这话都感到憋气。王桢之说:"先叔是一时的楷模,您是千载的英俊人物。"满座朝臣才高兴地舒了一口气。

王操之字子重,历任侍中、尚书、豫章太守。

王献之字子敬。少年时代即负有盛名,豪迈不羁,即使是在家闲居,容貌举止,毫不懈怠,文采风流为一时之最。他刚几岁的时候,曾在旁观看门客们赌博,局面将分出胜负,王献之说:"南边的将要失利。"门客说:"这个小主人管中窥豹,有时也能看出一点门道。"王献之发怒说:"我的才能只是远不及荀粲,近不及刘惔罢了。"说罢拂衣而去。他曾和哥哥徽之、操之一起去拜访谢安,二位哥哥在谢安面前所说的大都是生活琐事,王献之则只寒暄了几句罢了。他们走后,在座的客人评论王氏兄弟的优劣,谢安说:"年岁小的那个好。"客人问他为什么这么说,谢安说:"贤人往往寡言少语,因他说话很少,因此我知道他好。"王献之和哥哥徽之二人在一间房子里,房内起火,徽之马上逃走,连鞋也顾不得穿。献之则镇定自若,从容叫人把他扶出去。有一次他正在寝室睡觉,有几个小偷窜进他的房间,把房中的东西都偷光了。王献之慢条斯理地对小偷说:"小偷,那块青毡是我家祖传之物,你们可把它留下。"这伙小偷闻声惊慌逃去。

王献之草书、楷书写得很好,又擅长绘画。他七八岁时开始学习书法,他的父亲王羲之悄悄从他背后夺他的毛笔,未能夺下,因而王羲之感叹地说:"这孩子日后也会大为出名。"他曾在墙壁上写一丈见方的大字,王羲之认为难能可贵。来围观的有好几百人。桓温曾请他书写扇面,他不慎失手把笔落在扇面上,他趁势画了一头黑色母牛,非常精妙。

他初任州主簿、秘书郎,又转为秘书丞,选配新安公主。他曾经过吴郡,听说顾辟疆有座名园,他们过去并不认识,便乘轿直进园中。当时顾辟疆正在和朋友聚会,王献之游遍了花园,旁若无人。顾辟疆十分恼火,责备他:"对主人傲慢,是无礼的行为。自持高贵,骄慢士人,不合道义。犯有这两种过失,就是不足挂齿的粗野人。"把他赶出门外。王献之傲然如初,毫不介意。

谢安对王献之非常爱重,请他担任自己的长史。谢安进号为卫将军,仍任他为长史。太元年间,朝廷新建立太极殿,谢安想让王献之题写匾额,成为流传万代的墨宝,但是谢安难以启齿,便试探性地对王献之说:"曹魏时,陵云殿的匾额还没有题写,被工匠误钉上去,取不下来,于是请韦诞悬挂凳子书写。等写好以后,韦诞的胡须头发都变白了,累得只剩一口气。回来以后,对他的弟子说,以后绝不要这样写字。"王献之揣摩到这话的意思,严肃地说:"韦诞是魏国的大臣,哪里会有这种事!如果真是这样,从这事也可以看出魏国短命的原因了。"谢安于是也不再逼迫他。谢安又问道:"你的书法和你父亲相比怎么样?"王献之回答说:"本来就不相同。"谢安说:"外边的议论可不是这样。"王献之回答说:"别人哪里知道!"不久,王献之升任建威将军、吴兴郡太守,又征调他为中书令。

谢安逝世以后,对他的丧礼规格和追赠有不同意见,只有王献之、徐邈一起申明谢安对朝廷的忠诚和所建立的功勋。王献之向朝廷上疏说:"已故的太傅谢安,少年时代就在玄学领域名声大振,清淡声誉洋溢四海。年轻时隐居,节操可与箕子、商山四皓比美。适应国家的需要出仕任职,为国家出谋划策稳妥周到。及其率兵出征,强敌即被消灭。在他建立了功勋以后，却谦恭退让。再者，他服侍先帝，君臣关系融洽，超过了布衣之交。陛下您即位时，年纪很轻，他殚心竭愿辅佐陛下。回顾他从隐居到出仕的一生，时时事事以国事为重，他确是大晋优秀辅臣，全心全意为国的高义，超过了以往的大臣。希望陛下关心这位举世景仰的大臣，对他的追赠礼仪加以明察。"晋武帝于是下令用特殊礼仪追赠谢安。

不久，王献之身染重病，他的家人问五斗米道师上表请求消除病灾，按照五斗米道的规矩，病人必须向道师陈述自己的过失并发誓改正，于是家人问他有什么过失。王献之回答："没有想起有其他过失，只想起和郗家离婚这件事。"王献之的前妻，是郗昙的女儿。不久就死在官位上。安僖后被册立，因王献之是皇后的父亲，追赠他为侍中、特进、光禄大夫、太宰，赠谥号为"宪"。他没有儿子，过继他哥哥的儿子静之为后，静之官至义兴太守。当时人们认为，王羲之的草书、楷书，江左和中原没人赶得上他，王献之的书法骨力赶不上他父亲，但妩媚可喜。桓玄特别喜爱他父子二人的书法，各装订一册，放在身边时时欣赏。

陈寿传

【题解】

陈寿（233~297），字承祚，安汉（今四川南充北）人，著名的西晋史学家。他少时受学于同郡史学家谯周（201~270 年），"聪明敏识，属文富艳"。后出仕，屡被谴黜。入晋后，被举为孝廉，作佐著作郎，又升任著作郎，出补平阳侯相，编成了《诸葛亮集》。不久，他又入为著作郎，吴灭（280 年）后，他开始整理三国史事，著魏、蜀、吴书共六十五卷，称为《三国志》，是为继司马迁、班固之后写成的第三部纪传体史书。这部书包括《魏志》三十卷，《蜀志》十五卷，《吴志》二十卷，只有纪、传而无表、志。其《魏志》前几卷都是本纪体裁，因此，此书名为《三国志》，实际上是以魏为正统。为了维护当时统治者司马氏的利益，《三国志》有不少曲笔，但对曹魏与孙吴刑政的苛虐、徭役的繁重，却并不掩饰。其内容涵盖也较广阔，凡是这一时期政治、军事、经济上的重要人物，以及学术、文学、艺术、科技上有贡献者都得到了反映。它全书爽洁简约，但"裁制有余，文采不足"。

陈寿塑像

【原文】

陈寿字承祚，巴西安汉人也。少好学，师事同郡谯周，仕蜀为观阁令史。宦人黄皓专弄权威，大臣皆曲意附之，寿独不为之屈，由是屡被谴黜。遭父丧，有疾，使婢丸药，客往见之，乡党以为贬议。及蜀平，坐是沈滞者累年。司空张华爱其才，以寿虽不远嫌，原情不至贬废，举为孝廉，除佐著作郎，出补阳平令。撰《蜀相诸葛亮集》奏之。除著作郎，领本郡中正。撰《魏吴蜀三国志》，凡六十五篇。时人称其善叙事，有良史之才。夏侯湛时著《魏书》，见寿所作，便坏己书而罢。张华深善之，谓寿曰："当以《晋书》相付耳。"其为时所重如此。或云丁仪、丁廙有盛名于魏，寿谓其子曰："可觅千斛米见与，当为尊公作佳传。"丁不与之，竟不为立传。寿父为马谡参军，谡为诸葛亮所诛，寿父亦坐被髡，诸葛瞻又轻寿。寿为亮立传，谓亮将略非长，无应敌之才，言瞻惟工书，名过其实。议者以此少之。

张华将举寿为中书郎，葛勖忌华而疾寿，遂讽吏部迁寿为长广太守。辞母老不就。杜预将之镇，复荐之于帝，宜补黄散。由是授御史治书。以丁母忧去职。母遗言令葬洛阳，寿尊其志。又坐不以母归葬，竟被贬议。初，谯周尝谓寿曰："卿必以才学成名，当被损折，亦非不幸也。宜深慎之。"寿至此，再致废辱，皆如周言。后数岁，起为太子中庶子，未拜。元康七年，病卒，时年六十五。

梁州大中正、尚书郎范頵等上表曰："昔汉武帝诏曰：'司马相如病甚，可遣悉取其书。'使者得其遗书，言封禅事，天子异焉。臣等案：故治书侍御史陈寿作《三国志》，辞多劝诫，明乎得失，有益风化，虽文艳不若相如，而质直过之，愿垂采录。"于是诏下河南尹、洛阳令，就家写其书。寿又撰《古国志》五十篇、《益都耆旧传》十篇，余文章传于世。

【译文】

陈寿，字承祚，巴西郡安汉县人。少年时代他就很好学，拜同郡学者谯周为师，后入仕蜀国为观阁令史。宦官黄皓弄事专权，大臣们都阿谀曲附，只有陈寿不向他低头屈服，因此屡遭排挤。在为他父亲服丧期间，他得了病，便让婢女调治药丸，这件事被看望他的客人看到了，于是乡亲邻里认为陈寿应受到贬责。蜀国被平定之后，陈寿便因此事多年在仕途上不得升进。司空张华怜惜他的才华，认为陈寿虽然没有远避嫌疑，但根据当时的实际情况，不至于将陈寿贬废，于是推举陈寿为孝廉，授佐著作郎，出任阳平令。他编撰了《蜀相诸葛亮集》，上奏给皇上。于是升为著作郎，兼任本郡中正。又编撰《魏吴蜀三国志》，共六十五篇。当时人夸赞他擅长叙述历史，有作为良史的才华。夏侯湛当时也编撰了《魏书》，他看到陈寿的著作后，便销毁了自己的书并不再写。张华非常欣赏《三国志》，对陈寿说："应当把《晋书》的著述也交付与你。"陈寿就是这样被当时所看重。也有人说，丁仪、丁廙在魏国负有盛名，陈寿对他们的儿子说："可用一千斛米献给我，我会为你们的父亲写作好的传记"，丁的儿子不给他米，他于是就不为丁仪、丁廙立传。陈寿的父亲曾是马谡的参军，马谡被诸葛亮诛杀，陈寿的父亲也因此受到剃发的刑罚。诸葛瞻又轻视陈寿。陈寿为诸葛亮作传，说诸葛亮帅兵作战不是他的长处，没有应敌的才能；说诸葛瞻仅擅长书法，名过其实。评论者因此而轻视这部书。

张华准备荐举陈寿为中书郎，荀勖嫉妒张华，因而憎恶陈寿，授意吏部迁陈寿为长广太守。陈寿以母老为借口，辞官不就。杜预将要到镇南任大将军，重新向皇帝举荐陈寿，认为可以任命他为黄门侍郎与散骑常侍。于是授官为御史治书。后来因母亲去世，回家守丧,辞去官职。他母亲临终嘱托他将自己埋葬在洛阳,陈寿遵照母亲的遗愿办了。陈寿由于没有将母亲运回故乡归葬,竟然又受到贬议。起初,谯周对陈寿说:"您一定会以才学成就功名,理当受到别人的贬损中伤,也并不是不幸。应当非常谨慎这一点。"后来陈寿果然到了这一步,并二次遭到清议的侮辱,都同谯周的预言一样。许多年后,复官为太子中庶子,未及就职,元康七年,便因病去世了,时年六十五岁。

梁州大中正,尚书郎范颖等上表说:"过去汉武帝曾下诏说:'司马相如病重,可派人去把他的著述都取来。'使者拿到司马相如的遗著,其中所言封禅之事,使天子感到吃惊。我们下臣认为:已故治书侍御史陈寿作《三国志》,多有规劝警戒之辟,阐明得失,有益于社会教化,虽然文采不如司马相如那么艳丽,但如实记事超过了他,希望陛下恩准采录陈寿的著述。"于是下诏书命令河南尹、洛阳令,到陈寿家里抄写《三国志》。陈寿又撰写有《古国志》五十篇、《益都耆旧传》十篇,其他的文章也传播于当时。

司马彪传

【题解】

司马彪(? ~约306),字绍统,河内温县(今河南温县西)人,西晋史学家。他是晋朝的宗室,因少年无行,不得为嗣,故不交人事,博览群书,潜心著述,如《庄子注》《九州春秋》等。其中以《续汉书》最为知名。其书计八十篇,纪、传、志均备。后因范晔《后汉书》出,《续汉书》的纪、传部分逐渐散佚。书中的志则因《后汉书》无志而被南朝人刘昭取并入《后汉书》中得以流传至今。志原为八篇,刘昭并入《后汉书》时分为三十卷,即《律历》三卷,《礼仪》三卷,《祭祀》三卷,《天文》三卷,《五行》六卷,《郡国》五卷,《百官》五卷,《舆服》二卷。它们的材料根据大概是《东观汉记》的志,因此有较高的史料价值。虽早将其并入了《后汉书》中,后人仍相沿称其为《续汉书志》。

【原文】

司马彪字绍统,高阳王睦之长子也。出后宣帝弟敏,少笃学不倦,然好色薄行,为睦所责,故不得为嗣,虽名出继,实废之也。彪由此不交人事,而专精学习,故得博览群籍,终其缀集之务。初拜骑都尉。泰始中,为秘书郎,转丞。注《庄子》,作《九州春秋》。以为:"先王立史官以书时事,载善恶以为沮劝,撮教世之要也。是以《春秋》不修,则仲尼理之;《关雎》既乱,则师挚修之。前哲岂好烦哉?盖不得已故也。汉氏中兴,讫于建安,忠臣义士亦以昭著,而时无良史,记述烦杂,谯周虽已删除,然犹未尽,安顺以下,亡缺者多。"彪乃讨论众书,缀其所闻,起于世祖,终于孝献,编年二百,录世十二,通综上下,旁贯庶事,为纪、志、传凡八十篇,号曰《续汉书》。泰始初,武帝亲祠南郊,彪上疏定议,语在《郊祀传》。后拜散骑侍郎。惠帝末年卒,时年六十余。

初,谯周以司马迁《史记》书周秦以上,或采俗语百家之言,不专据正经,周于是作《古史考》二十五篇,皆凭旧典,以纠迁之谬误。彪复以周为未尽善也,条《古史考》中凡百二十二事为不当,多据《汲冢纪年》之义,亦行于世。

【译文】

　　司马彪字绍统,是高阳王司马睦的长子。过继给宣帝司马懿的弟弟司马敏为子。司马彪年少时笃学不倦,但由于喜好女色,行为不检,深受司马睦的斥责,并因此不能作为王位的继承人。司马彪虽然在名义上过继给了司马敏,实际上是以此废除了他的继承权。由于这件事,司马彪便不再热心于交朋结友,转而集中精力,专心学习,博览群书,完成了他编写、注释书籍的工作。起初,司马彪被授以骑都尉的官职。泰始年间,为秘书郎,不久转为秘书丞。他注释了《庄子》,编纂了《九州春秋》。司马彪认为:"过去的君主都设立史官,用来书录时事,记载善恶,用以惩罚劝勉,收集教化世人的经验教训。因此对没有修饰的《春秋》,仲尼给予整理;《关雎》散乱,师挚给予修整。难道是前哲们喜好麻烦吗?大概是不得不如此的原因吧。自东汉建国,到建安年间,忠君之臣,仁义之士也已经闻名天下,但东汉没有好的史官,所修史籍也冗繁芜杂。谯周虽已有所删除,但还没有刊削完毕。安顺年间以后,佚失阙漏者还有很多。"司马彪于是查阅、参照了许多有关东汉史的记述,编纂收集到的资料,起于世祖,终于孝献,编写了二百年的历史,共记载十二个皇帝,上下贯通综合,又缀录众多史事,纂成纪、志、传共几十篇,名为《续汉书》。泰始初年,晋武帝亲自到南郊祭拜,司马彪上疏使意见最终确定下来,其文收在《郊祀志》。后来司马彪被授以散骑侍郎。惠帝末年去世,终年六十余岁。

　　起初,谯周因为司马迁《史记》记载周秦以上史事,有些地方采用民间俗语,不完全依据严肃的经典,于是作《古史考》二十五篇,完全凭据旧典,以纠正司马迁的谬误。司马彪又认为谯周所考也未能尽善,于是摘出《古史考》不正确者共一百二十二条,据《汲冢纪年》的记载予以改正,司马彪的这部书也流传于世。

胡威传

【题解】

　　胡威,字伯武,一名貔,淮南寿春(今安徽寿县)人。他父亲胡质在三国魏政权中以忠正清廉而著称,任官至征东将军、荆州(治今河南新野)刺史。胡威自小就廉洁谨慎,他从京城洛阳去荆州探望父亲时,没有车队仆从,只是单身骑驴而行。在归途中,当他发现沿途对他加以照顾的人是父亲帐下的都督时,就把父亲给的一匹绢偿还给都督,并与都督分手。胡威在魏、晋之际历任侍御史、徐州刺史、豫州刺史、尚书、青州刺史等职,仍以清慎著称。曾劝谏晋武帝不可对高官贵戚过于宽纵,但未被采纳,死于青州刺史任上。

【原文】

　　胡威,字伯武,一名貔,淮南寿春人也。父质,以忠清著称,少与乡人蒋济、朱绩俱知名于江淮间,仕魏至征东将军、荆州刺史。威早砺志尚。质之为荆州也,威自京都定省,家贫，无车马僮仆，自驱驴单行。每至客舍，躬放驴，取樵炊爨食毕，复随侣进道。既至，见父，停厩中十余日。告归，父赐绢一匹为装。威曰："大人清高，不审于何得此绢？"质曰："是吾俸禄之余，以为汝粮耳。"威受之，辞归。质帐下都督先威未发，请假还家，阴资装于百余里，要威为伴，每事佐助。行数百里，威疑而诱问之，既知，乃取所赐绢与都督，谢而遣之。后因他信以白质，质杖都督一百，除吏名。其父子清慎如此，于是名誉著闻。

拜侍御史，历南乡侯、安丰太守，迁徐州刺史。勤于政术，风化大行。

后入朝，武帝语及平生，因叹其父清，谓威曰："卿孰与父清？"对曰："臣不如也。"帝曰："卿父以何为胜耶？"对曰："臣父清恐人知，臣清恐人不知，是臣不及远也。"帝以威言直而婉，谦而顺。累迁监豫州诸军事、右将军，豫州刺史，入为尚书，加奉车都尉。

威尝谏时政之宽，帝曰："尚书郎以下，吾无所假借。"威曰："臣之所陈，岂在丞、郎、令史，正谓如臣等辈，始可以肃化明法耳。"拜前将军、监青州诸军事、青州刺史，以功封平春侯。太康元年，卒于位，追赠使持节、都督青州诸军事、镇东将军，余如故。谥曰烈。

子奕嗣。奕字次孙，仕至平东将军。威弟罴，字季象，亦有干用，仕至益州刺史、安东将军。

【译文】

胡威，字伯武，他又名胡貔，是淮南寿春人。他父亲胡质，以忠正清廉著称，年轻时与同乡人蒋济、朱绩在长江、淮南之间都很有名气，出仕三国魏政权，官至征东将军、荆州刺史。胡威自小就砥砺自己的志向。胡质担任荆州刺史时，胡威自京城洛阳前去探望父亲，由于家中贫困，没有车马以及僮仆，只是自己单身骑驴前往。每到一个客站，胡威就自己放驴、取柴做饭，吃完后再与旅伴一起上道。到达荆州后，胡威拜见父亲，在驿站中停留了十余天，然后向父亲告辞，父亲赐他一匹绢以供路途上使用。胡威说："您为人清高，不知是在何处得到此绢的？"胡质说："这是我俸禄的结余，以作为你路上的开销。"胡威这才接受这匹绢，告辞返京。胡质帐下的都督在胡威未出发前，就请假还家，暗中置下路上所需物品，在百余里外等候胡威，邀胡威作为旅伴，事事都帮助胡威。一起行走数百里后，胡威心中疑惑，就引他说话以得知实情，既知他是父亲帐下的都督，就取出父亲所赐给的那匹绢偿付给都督，向他道谢后与他分手。以后，胡威在其他信中将此事告诉胡质，胡质责打都督一百杖，除去他的吏名。胡质父子如此清廉谨慎，因此名誉广为人知。

胡威以后出任侍御史，历任南乡侯，安丰太守，迁任徐州刺史。他勤于处理政事，治理得法，当地风化大行。

以后胡威奉召入朝，晋武帝司马炎与他谈论过去的事情，于是感叹他父亲胡质的清廉作风，对胡威说："你与父亲相比，谁更清廉？"胡威回答说："我不如父亲。"晋武帝说："你父亲在哪方面比你强呢？"胡威回答说："我父亲的清廉行为唯恐别人知道，我的清廉行为唯恐别人不知道，因此，我远远不及父亲。"晋武帝认为胡威的回答直率而且婉转，谦合而又恭顺。胡威又迁任监豫州诸军事、右将军、豫州刺史。以后，他又奉召入朝担任尚书，加奉车都尉。

胡威曾批评晋武帝对臣下过于宽纵，晋武帝说："对于尚书郎以下的官吏，我从不加以宽免。"胡威说："我所指的，并不在于丞、郎、令史等中下级官吏，正是说的象我这样的人也不可宽纵,才可以肃清风化、严明法纪。"他又被任命为前将军、监青州诸军事、青州刺史,因功被封为平春侯,太康元年,他死于任上,朝廷追赠使持节、都督青州诸军事、镇东将军,其余如故,又赐给谥号称烈。他儿子胡奕承袭他的爵位。

胡奕字次孙,出仕西晋,官至平东将军。胡威的弟弟胡罴,字季象,也有才干,官至益州刺史、安东将军。

邓攸传

【题解】

邓攸(？~326),字伯道,平阳襄陵(今山西临汾东南)人。他小时以孝著称,被中正品评为灼然二品,出任吴王文学,后历任太子洗马、东海王司马越参军、吏部郎、河东(治今山西夏县西北)太守。西晋怀帝永嘉(307~313)末,他被石勒所俘虏,携带妻子逃出。由于考虑无法两全,他舍弃亲生儿子,而带侄子逃生。以后,他辗转逃到江东,被东晋元帝司马睿任命为太子中庶子,后迁任吴郡(治今江苏苏州)太守。在郡作风清廉,法纪严明,深受百姓爱戴。在他离职时,有数千人牵住他的船进行挽留。以后,邓攸又历任侍中、吏部尚书、护定将军、太常等职,后迁任尚书右仆射,于晋成帝咸和元年(326)去世。他舍弃自己的亲生儿子后,妻子一直未再怀孕,当时人感念他的仁义,十分同情,认为是"天道无知"。

【原文】

邓攸,字伯道,平阳襄陵人也。祖殷,亮直强正。钟会伐蜀,奇其才,自黾池令召为主簿。贾充伐吴,请殷为长史,后授皇太子《诗》,为淮南太守。梦行水边,见一女子,猛兽自后断其盘囊。占者以为水边有女,汝字也,断盘囊者,新兽头代故兽头也,不作汝阴,当汝南也。果迁汝阴太守。后为中庶子。

攸七岁丧父,寻丧母及祖母,居丧九年,以孝致称。清和平简,贞正寡欲。少孤,与弟同居。初,祖父殷有赐官,敕攸受之。后太守劝攸去王官,欲举为孝廉,攸曰:"先人所赐,不可改也。"尝诣镇军贾混,混以人讼事示攸,使决之。攸不视,曰:"孔子称听讼吾犹人也,必也使无讼乎!"混奇之,以女妻焉。举灼然二品,为吴王文学,历太子洗马、东海王越参军。越钦其为人,转为世子文学、吏部郎。越弟腾为东中郎将,请攸为长史。出为河东太守。

永嘉末,没于石勒。然勒宿忌诸官长二千石,闻攸在营,驰召,将杀之。攸至门,门干乃攸为郎时干,识攸,攸求纸笔作辞。干候勒和悦致之。勒重其辞,乃勿杀。勒长史张宾先与攸比舍,重攸名操,因称攸于勒。勒招之幕下,与语悦之,以为参军,给车马。勒每东西,置攸车营中。勒夜禁火。犯之者死。攸与胡邻毂,胡夜失火烧车。吏按问,胡乃诬攸。攸度不可与争,遂对以弟妇散发温酒为辞。勒赦之。既而胡人深感,自缚诣勒以明攸。而阴遗攸马驴,诸胡莫不叹息宗敬。石勒过泗水,攸乃斫坏车,以牛马负妻子而逃。又遇贼,掠其牛马,步走,担其儿及弟子绥。度不能两全,乃谓其妻曰:"吾弟早亡,唯有一息,理不可绝,止应自弃我儿耳。幸而得存,我后当有子。"妻泣而从之。乃弃之。其子朝弃而暮及。明日,攸系之于树而去。

至新郑,投李矩。三年,将去,而矩不听。荀组以为陈郡、汝南太守,愍帝征为尚书左丞、长水校尉,皆不果就。后密舍矩去,投荀组于许昌,矩深恨焉,久之,乃送家属还攸。攸与刁协、周顗素厚,遂至江东,元帝以攸为太子中庶子。时吴郡缺守,人多欲之,帝以授攸。攸载米之郡,俸禄无所受,唯饮吴水而已。时郡中大饥,修表振贷,未报,乃辄开仓救之。台遣散骑常侍桓彝、虞騑慰劳饥人,观听善不,乃劾攸以擅出谷。俄而有诏原之。攸在郡刑政清明,百姓欢悦,为中兴良守。后称疾去职。郡常有送迎钱数百万,攸去郡,不受一钱。百姓数千人留牵攸船,不得进,攸乃小停,夜中发去。吴人歌之曰:"紞如打五鼓,鸡鸣天欲曙。邓侯拖不留,谢令推不去。"百姓诣台乞留一岁,不听。拜待中。岁余,转吏部尚书。蔬食弊衣,周急振乏。性谦和,善与人交,宾无贵贱,待之若一,而颇敬媚权贵。

永昌中,代周顗为护军将军,太宁二年,王敦反,明帝密谋起兵,乃迁攸为会稽太守。初,王敦伐都之后,中外兵数每月言之于敦。攸已出在家,不复知护军事,有恶攸者,诬攸尚白敦兵数。帝闻而未之信,转攸为太常。时帝南郊,攸病不能从。车驾过攸问疾,攸力病出拜。有司奏攸不堪行郊而拜道左,坐免。攸每有进退,无喜愠之色。久之,迁尚书右仆射。咸和元年卒,赠光禄大夫,加金章紫绶,祠以少牢。

攸弃子之后,妻不复孕。过江,纳妾,甚宠之,讯其家属,说是北人遭乱,忆父母姓名,乃攸之甥。攸素有德行,闻之感恨,遂不复畜妾,卒以无嗣。时人义而哀之,为人之语曰:"天道无知,使邓伯道无儿。"弟子绥服攸丧三年。

【译文】

邓攸,字伯道,是平阳襄陵人。他的祖父邓殷,为人亮直强正。钟会征伐蜀国,欣赏他的才干,将他从渑池令召为自己的主簿。贾充讨伐吴国,请邓殷为长史。以后,他为皇太子讲授《诗经》,出任淮南太守。他梦见在水边行走,见到一个女子,又有猛兽从后边把他的盘囊咬断。占梦的人认为水边有女子,是汝字,咬断盘囊,是用新的兽头来代替旧的兽头,因此,不是担任汝阴太守,就是汝南太守。他果然调任汝阴太守。以后又担任太子中庶子。

邓攸七岁时父亲去世,不久,母亲与祖母也相继去世,他守丧九年,以孝著称。他为人清慎和气,平易简朴,贞正寡欲。他从小成为孤儿,与弟弟居住在一起。起初,他祖父邓殷有赐官,命令邓攸接受。以后,太守劝邓攸辞去王官,准备推举他为孝廉,邓攸说:"这是出于先人所赐,不可改变。"他曾去拜见镇军将军贾混,贾混把别人的诉状及情况拿给邓攸看,让他做出决断。邓攸不看,说:"孔子说:听理诉讼我与一般人一样,应该做的是使人不进行诉讼。"贾混十分欣赏,把女儿嫁给邓攸为妻。邓攸被中正品评为灼然二品,任吴王文学,历任太子洗马、东海王司马越参军。司马越很钦佩他的为人,迁他为东海王世子文学,后转任吏部郎。司马越的弟弟司马腾出任东中郎将,请邓攸任长史。又出任河东太守。

晋怀帝永嘉末,邓攸被石勒俘虏。然而石勒一向忌恨太守等高级官吏,听说邓攸在营中,派人骑马去召他,打算杀死他。邓攸到达石勒门前,门干正是邓攸为郎时的干,认识邓攸,邓攸就求他找来纸笔。给石勒写上一封书信。门干等石勒高兴时,呈上邓攸的书信。石勒赏识邓攸的文辞,才没有杀死他。石勒的长史张宾先前与邓攸是邻居,很看重邓攸的名望节操,于是向石勒推荐邓攸。石勒把邓攸召到账下,与他谈话,谈后很高兴,就以他为参军,给他车马。石勒每次外出征伐,就把邓攸安置在车营中。石勒夜间禁止点火,违犯者要处死。邓攸的车子与胡人相邻,胡人夜里失火烧毁车辆。官吏来调查,胡人就诬陷邓攸。邓攸自知无法与他争辩,就回答说是因弟媳妇服药,必须把酒温热而引起失火,石勒知道后,下令宽赦邓攸。以后胡人深感邓攸的恩德,捆上自己去见石勒,以辨明邓攸的冤情。而且胡人暗中送给邓攸马、驴,胡人们听说后,无不叹息敬服邓攸。石勒过泗水,邓攸就砍坏车辆,以牛、马驮妻子逃跑。又遇到强盗,掠走牛、马,只好担着自己的儿子以及侄子邓绥。邓攸估计不能两全,就对自己妻子说:“我弟弟早已去世,只有这一个儿子,按理不能使他断绝后代,只能舍弃咱们自己的儿子。假如幸能活下去,我后来还应当有儿子。”他妻子哭着同意了。于是把自己儿子扔掉。他儿子早晨被扔掉,傍晚时又追上来。第二天,邓攸把儿子绑在树上而离去。

邓攸到达新郑,投靠李矩。过了三年,想要离去,而李矩不允许。荀组任命邓攸为陈郡、汝南太守。晋愍帝征召他为尚书左丞、长水校尉,邓攸都不能就职。以后,他暗中离开李矩,到许昌投奔荀组,李矩大为恼恨,过了很久,才把家属送还给邓攸。邓攸与刁协、周顗一向关系很好,于是到达江东。晋元帝以邓攸为太子中庶子。当时吴郡没有太守,有许多人觊觎这个职位,元帝把这授给邓攸。邓攸自己运载着米到吴郡赴任,不接受俸禄,只是饮用吴郡的水而已。当时郡中正闹饥荒,邓攸上表请求朝廷允许开仓振贷,朝廷还未答复,他就擅自开仓拯救饥民。尚书台派遣散骑常侍桓彝、虞騄慰劳饥民,察看地方官员的政绩,于是他们就弹劾邓攸擅自开仓出谷。不久,朝廷下诏原谅邓攸的做法。邓攸在吴郡政治清廉,法纪严明,百姓欢悦,成为东晋中兴时期著名的好太守。以后,他声称有病而离职。吴郡中常置备有送迎官员的钱数百万,邓攸离开吴郡时,一钱也不接受。百姓数千人牵住邓攸的船进行挽留,使船无法行驶,邓攸于是暂时停住,到半夜时开船离去。吴郡人唱歌谣说:“紞如打五鼓,鸡鸣天欲曙,邓侯拖不留,谢令推不去。”百姓到尚书台乞求再留邓攸一年,未得到允许。邓攸被任命为侍中。一年左右,转任吏部尚书。他平时只吃蔬菜,穿旧衣,但经常周济别人的困乏。他性格谦顺和气,善与人交往,不分贵贱,一视同仁,只是有些敬媚权贵。

晋元帝永昌中,他代替周顗为护军将军。晋明帝太宁二年,王敦起兵造反,明帝密谋起兵,就迁邓攸为会稽太守。起初,王敦征伐京都之后,朝廷内外的军兵数目每个月都要向王敦报告。邓攸在接到调任命令后已离职在家,不再掌管护军事务,但有与他关系不好的人,诬告邓攸还把军兵的数字报告王敦。明帝听到,但不相信,将邓攸调为太常。当时明帝要到南郊举行祭天仪式,邓攸有病,不能侍从。明帝到邓攸家探望他的病情,邓攸带病勉强出来见行礼。有关机构上奏邓攸不能去参加南郊的祭天仪式,却能在道边行礼拜见皇帝,邓攸的官职因此而被免除。邓攸每次遇到进退升黜的事情,都没喜欢或怨怒的表情。过了一段时候,他被任命为尚书右仆射。成帝咸和元年,邓攸去世,追赠光禄大夫,加金章紫绶,并以少牢的规格对他进行祭祀。

邓攸抛弃自己的儿子以后,妻子未再怀孕。过江以后,邓攸收纳一妾,十分宠爱,讯问她的家属,说是北方人遭遇战乱流亡到江东来的,回忆父母的姓名,正是邓攸的外甥。邓攸一向以有德行著称,听到后感到很悔恨,于是不再纳妾,最终还是没有儿子。当时人感念他的仁义而且哀伤他没有后代,流传说:"天道无知,使邓伯道无儿。"他舍子而救出的侄子邓绥为他服丧三年。

顾恺之传

【题解】

顾恺之字长康,小字虎头,晋陵无锡(今江苏无锡市)人。他博学有才气,但一生未做过大官,只是在桓温、殷仲堪等权贵府中任幕僚之类的小官。他为人诙谐,且时有怪僻的行径,有点装疯卖傻。这是魏晋文人怀才不遇、满腹愤恨无处发泄的一种变态表现。

顾恺之是我国历史上著名的画家,尤以画人物见长。他画人物,并不注重人物外形的相似,而特别注重传神。他认为,传神的关键处,在于眼睛。所以他画人物肖像,往往几个月不肯点眼睛。经过苦苦观察思考之后,才点出眼睛,分外传神,把人物的精神气质充分表现出来。他的这种主张和艺术实践,体现了我国人物画的优秀传统。可惜的是,他的作品没有保存到今天,读者无由一睹他的画作风貌。

【原文】

顾恺之字长康,晋陵无锡人也。父悦之,尚书左丞。恺之博学有才气,尝为《筝赋》成,谓人曰:"吾赋之比嵇康琴,不赏者必以后出相遗,深识者亦当以高奇见贵。"

桓温引为大司马参军,甚见亲昵。温薨后,恺之拜温墓,赋诗云:"山崩溟海竭,鱼鸟将何依!"或问之曰:"卿凭重桓公乃尔,哭状其可见乎?"答曰:"声如震雷破山,泪如倾河注海。"

恺之好谐谑,人多爱狎之。后为殷仲堪参军,亦深被眷接。仲堪在荆州,恺之尝因假还,仲堪特以布帆借之,至破冢,遭风大败。恺之与仲堪笺曰:"地名破冢,真破冢而出。行人安稳,布帆无恙。"还至荆州,人问以会稽山川之状。恺之云:"千岩竞秀,万壑争流。草木蒙笼,若云兴霞蔚。"桓玄时与恺之同在仲堪坐,共作了语。恺之先曰:"火烧平原无遗燎。"玄曰:"白布缠根树旍旎。"仲堪曰:"投鱼深泉放飞鸟。"复作危语。玄曰:"矛头淅米剑头炊。"仲堪曰:

顾恺之

"百岁老翁攀枯枝。"有一参军云:"盲人骑瞎马临深池。"仲堪眇目,惊曰:"此太逼人!"因罢。恺之每食甘蔗,恒自尾至本。人或怪之。云:"渐入佳境。"

尤善丹青,图写特妙,谢安深重之,以为有苍生以来,未之有也。恺之每画人成,或数年不点目精,人问其故,答曰:"四体妍蚩,本无缺少于妙处,传神写照,正在阿睹中。"尝悦一邻女,挑之弗从,乃图其形于壁,以刺针钉其心,女遂患心痛。恺之因致其情,女从之,遂密去针而愈。恺之每重嵇康四言诗,因为之图,恒云:"手挥五弦易,目送归鸿难。"每写起人形,妙绝于时,尝图裴楷象,颊上加三毛,观者觉神明殊胜。又为谢鲲象,在石岩里,云:"此子宜置丘壑中。"欲图殷仲堪,仲堪有目病,固辞。恺之曰:"明府正为眼耳,若明点瞳子,飞白拂上,使如轻云之蔽月,岂不美乎!"仲堪乃从之。恺之尝以一厨画糊题其前,寄桓玄,皆其深所珍惜者。玄乃发其厨后,窃取画,而缄闭如旧以还之,绐云未开。恺之见封题如初,但失其画,直云妙画通灵,变化而去,亦犹人之登仙,了无怪色。

恺之矜伐过实,少年因相称誉以为戏弄。又为吟咏,自谓得先贤风制。或请其作洛生咏,答曰:"何至作为老婢声!"义熙初,为散骑常侍,与谢瞻连省,夜于月下长咏,瞻每遥赞之,恺之弥自力忘倦。瞻将眠,令人代己,恺之不觉有异,遂申旦而止。尤信小术,以为求之必得。桓玄尝以一柳叶给之曰:"此蝉所翳叶也,取以自蔽,人不见己。"恺之喜,引叶自蔽,玄就溺焉,恺之信其不见也,甚以珍之。

初,恺之在桓温府,常云:"恺之体中痴黠各半,合而论之,正得平耳。"故俗传恺之有三绝:才绝,画绝,痴绝。年六十二,卒于官,所著文集及《启蒙记》行于世。

【译文】

顾恺之字长康,是晋陵郡无锡县人。他的父亲顾悦之,曾任尚书左丞。顾恺之很博学,也很有才气,他曾作成一篇《筝赋》,对别人说:"我这篇赋比起嵇康的那把琴,不懂的人必然认为它晚出而被遗弃,识见高明的人一定会因为它的高妙奇特而加以珍贵。"

大司马桓温引荐他为大司马参军,很受桓温的宠信。桓温死后,顾恺之到桓温墓前拜祭,作了一首诗,诗中说:"山崩沧海干,鱼鸟何所依!"有人问他说:"你是这样的依重桓公,痛哭的情景可以用诗表达出来吗?"顾恺之回答说:"声如震雷破山,泪如倾河注海。"

顾恺之诙谐好开玩笑,人们都喜欢和他亲近。后来任殷仲堪的参军,也很受器重。殷仲堪在荆州做官时,顾恺之曾请假回家,殷仲堪特别借给他一条船用布帆。行船至破冢的地方,遭遇大风,船被风浪击坏。顾恺之写信对殷仲堪说:"那个地名叫破冢,真是破冢而出啊!同行的人都平安,布帆也没坏。"回到荆州,人们问起会稽地方山川景物的状貌,顾恺之说:"千座山峰,各显灵秀,万道溪流,争相奔泻。草木郁郁葱葱,象云蒸霞飞。"有一次桓玄和顾恺之一起在殷仲堪家做客,三人比试,看谁说出的话能道出事之极致、最为彻底。顾恺之说:"火烧平原,寸草不留。"桓云说:"白布裹棺材,竖起招魂幡。"殷仲堪说:"投鱼于深渊,放鸟于蓝天。"又比试谁的话最道出危险的景状。桓玄说:"长矛顶上淘米,利剑尖上煮饭。"殷仲堪说:"百岁衰老翁,攀援枯树枝。"有一个参军在旁边插嘴:"盲人骑瞎马,走近深水池。"殷仲堪一只眼因生病而失明,听了这话,吃惊地说:"这话太逼人了!"因此不再说了。顾恺之每次吃甘蔗,总是从尖上慢慢嚼至根部,别人觉得这种吃法很奇怪。他却说:"这样可以渐入佳境。"

他尤其擅长绘画,勾线设色,奥妙无比,谢安深为佩服,认为开天辟地以来,还没有人达到这样高的成就。顾恺之每画完人像,经常好几年不点眼神。人家问他为什么,他回答说:"四肢的美和丑,本来无关紧要,人像的传神,只在这里。"他曾爱上一个邻家的少女,顾恺之挑逗她,少女不从,于是他把那少女的像画在墙上,用针扎在心脏部位,那少女就得了心痛病。顾恺之向对方诉说了爱慕之情,少女答应了,他偷偷拔掉针,少女的病也随之而愈,顾恺之很欣赏嵇康的四言诗,因此为诗配图,他常说:"画出手弹五弦琴的场面很容易,要画出目送归雁的意境很难。"因此,要画成一幅人像,都妙绝一时。他曾为裴楷画像,在面颊部位加上三根毛,观看者觉得人像特别有精神。又曾为谢鲲画像,把他安排在山石之中,他说:"这位先生应该置身于丘壑之中。"他想为殷仲堪画像,殷仲堪因为自己眼有毛病,坚辞不允。顾恺之对他说:"刺史大人您的特点恰恰在眼上,如果把眼球点得黑黑的,再用飞白笔轻抹,象薄云蔽月,不是很美吗!"殷仲堪这才答应。他曾装满一柜子画,柜门上贴了封条,寄给桓玄,这些画都是他珍爱的精品。桓玄把柜子背面打开,偷偷把画取出来,而前面柜门上的封条依旧,把柜子送还,捉弄顾恺之,说柜子并没有打开。顾恺之见封条如旧,但画却没有了,他只说:"好画通灵气,变化飞去了,正象人成仙上天一样。"他毫没露出惊怪的表情。

顾恺之的矜持自夸,言过其实,那些轻薄少年便对他胡乱吹捧,以此来嘲弄他。又好吟诗,自以为颇得古人的风韵。有人请他效法洛阳书生用鼻音来咏诗,他回答说:"不屑于学那老奴婢的声音!"义熙初年,任散骑常侍之职,衙门与谢瞻相邻,夜里在月色下长时间吟诗,谢瞻在远处高声赞扬,顾恺之越发起劲,忘记了疲倦。谢瞻要睡觉,让人代替自己,顾恺之也没觉察到换了人,于是直吟到天亮才停止。他特别相信邪道小术,认为用心访求,一定能学到手。桓玄曾拿一片树叶捉弄他,说道:"这是蝉借以藏身的树叶,用它来遮盖自己,别人就看不见你。"顾恺之高兴,便拿树叶遮盖自己,醒玄就当面小便,恺之便确信他看不见自己,因而对那片树叶十分珍视。

当初,顾恺之在恒温府中任职,桓温常说:"顾恺之身上,呆痴和狡黠各占一半,二者合起来,正好平衡。"因此,世俗传说顾恺之有三绝:才绝、画绝、痴绝。六十二岁时,死于任所,他的著作文集和《启朦记》流传于世上。